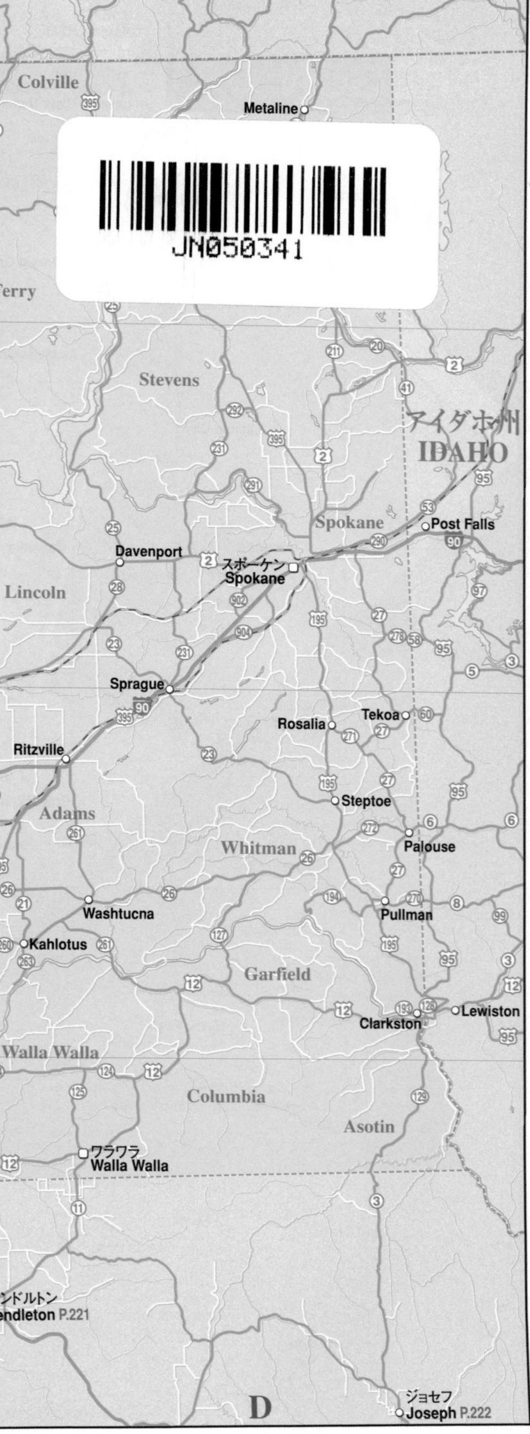

Colville
Metaline
JN050341
Ferry
Stevens
アイダホ州
IDAHO
Spokane
Post Falls
Davenport
スポーケン
Spokane
Lincoln
Sprague
Tekoa
Rosalia
Ritzville
Steptoe
Adams
Whitman
Palouse
Washtucna
Pullman
Kahlotus
Garfield
Clarkston
Lewiston
Walla Walla
Columbia
Asotin
ワラワラ
Walla Walla
ンドルトン
endleton P.221
D
ジョセフ
Joseph P.222

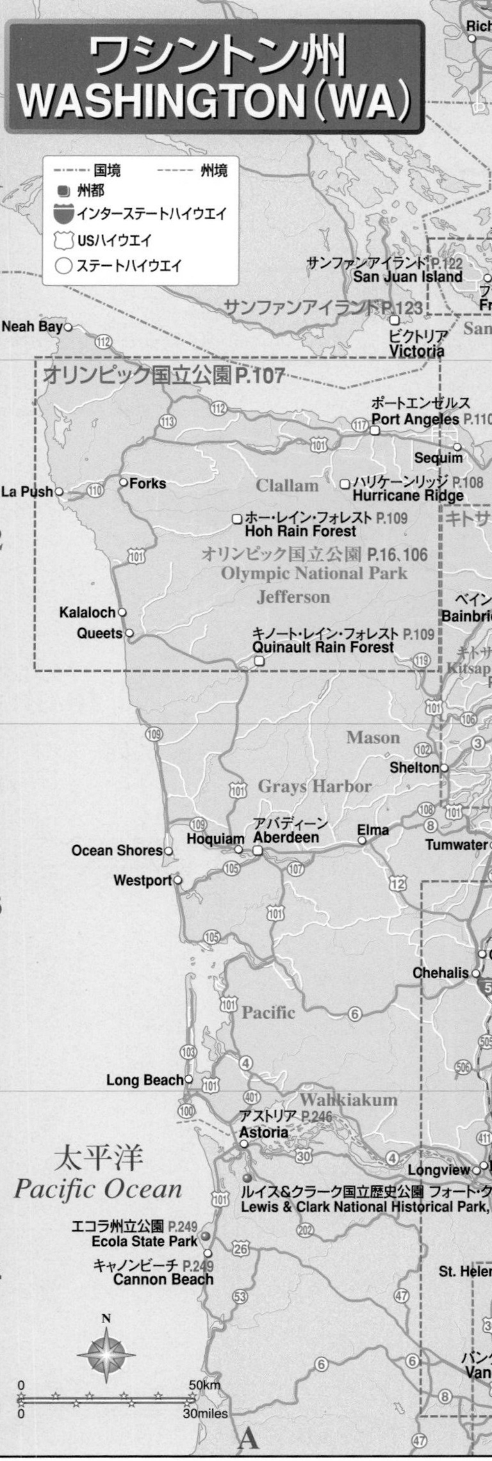

ワシントン州 WASHINGTON（WA）

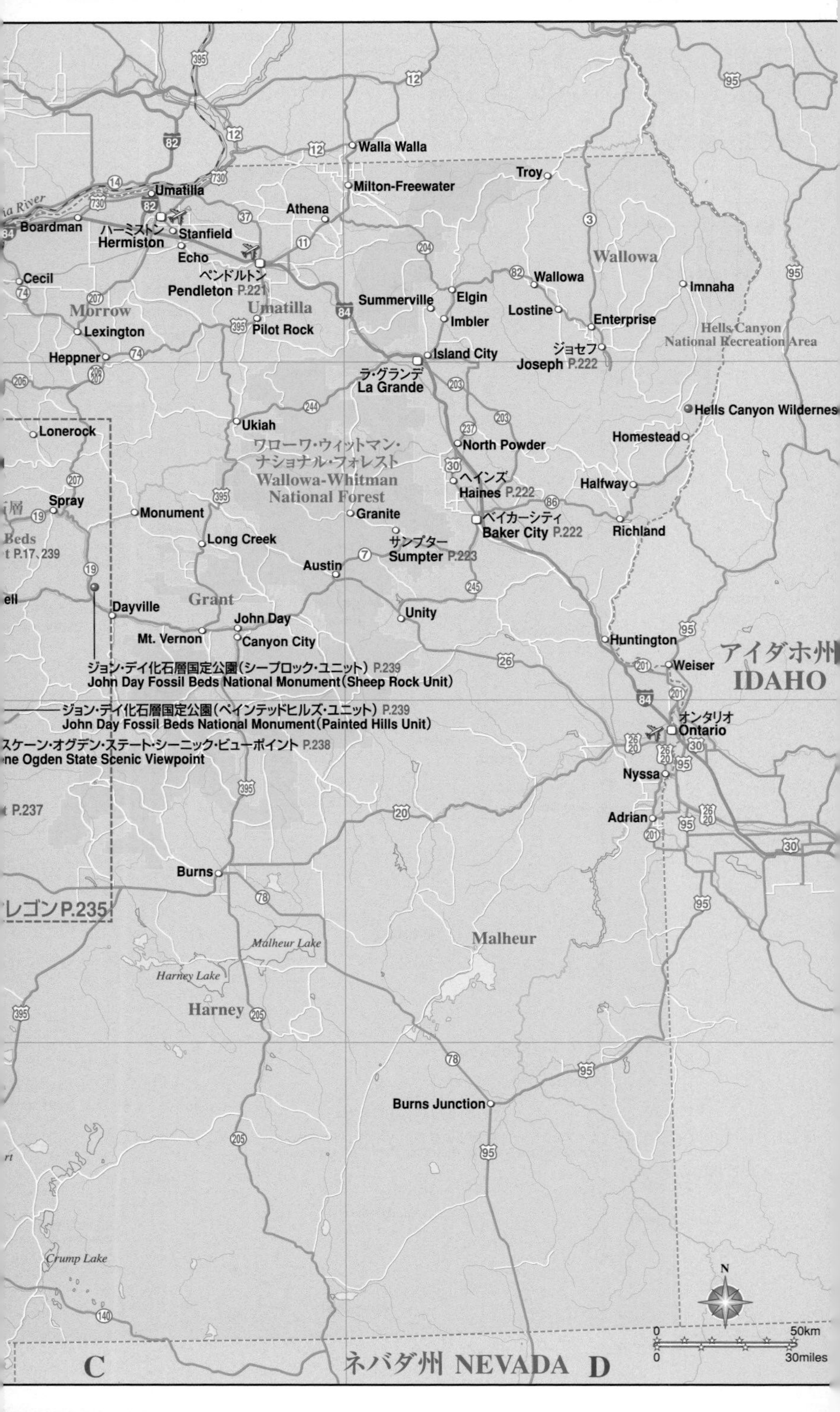

Walla Walla
Milton-Freewater
Troy
Umatilla
Athena
Boardman
ハーミストン
Hermiston
Stanfield
Echo
ペンドルトン
Pendleton P.221
Umatilla
Wallowa
Wallowa
Imnaha
Cecil
Morrow
Lexington
Pilot Rock
Summerville
Elgin
Imbler
Lostine
Enterprise
Hells Canyon
National Recreation Area
Heppner
Island City
ラ・グランデ
La Grande
ジョセフ
Joseph P.222
Hells Canyon Wildernes
Lonerock
Ukiah
ワローワ・ウィットマン・
ナショナル・フォレスト
Wallowa-Whitman
National Forest
North Powder
Homestead
ヘインズ
Haines P.222
Halfway
Spray
Monument
Granite
ベイカーシティ
Baker City P.222
Richland
Long Creek
サンプター
Sumpter P.223
Austin
Grant
Dayville
John Day
Mt. Vernon
Canyon City
Unity
Huntington
アイダホ州
IDAHO
Weiser
ジョン・デイ化石層国定公園（シープロック・ユニット） P.239
John Day Fossil Beds National Monument（Sheep Rock Unit）
ジョン・デイ化石層国定公園（ペインテッドヒルズ・ユニット） P.239
John Day Fossil Beds National Monument（Painted Hills Unit）
オンタリオ
Ontario
スケーン・オグデン・ステート・シーニック・ビューポイント P.238
ne Ogden State Scenic Viewpoint
Nyssa
Adrian
Burns
Malheur Lake
Malheur
Harney Lake
Harney
Burns Junction
Crump Lake
N
0
50km
0
30miles
C
ネバダ州 NEVADA
D

シアトル ポートランド

ワシントン州とオレゴン州の大自然

Seattle Portland

COVER STORY

「全米で住んでみたい街No.1」に何度も選ばれてきたポートランド。なんでも自分で作ってしまおうというDIY精神あふれる人が多く住み、サードウエイブコーヒー、ビールやサイダーの自家醸造、ストリートアートのブームを生み出した。今回表紙を飾ったアーリン・シュニッツアー・コンサートホールは、1928年に完成したイタリア・ロココ様式の劇場。ダウンタウンの中心地にあり、1976年にはアメリカの国定歴史建造物に認定された。古い街並みの魅力を残しながら一部リノベーションを施し、街を活性化させている取り組みのひとつ。街づくりの面でも注目を集めているエリアでもある。

地球の歩き方 編集室

出発前に必ずお読みください！　旅のトラブルと安全対策…P.307

141 ポートランド Portland

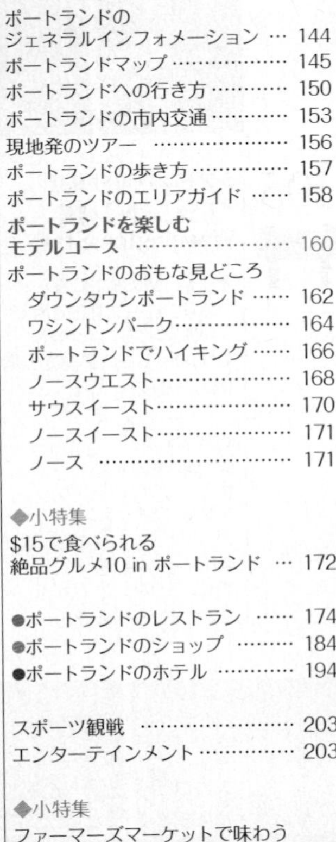

205 ポートランドからの小旅行 オレゴン州 Oregon State

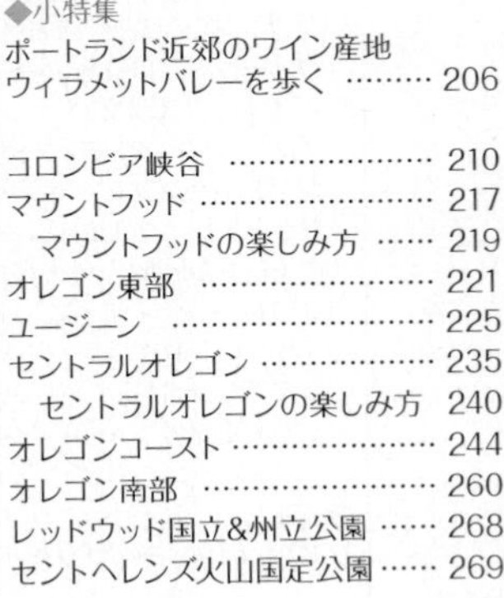

273 旅の準備と技術
Travel Tips

Column

歩き方の使い方

本書で用いられる記号・略号

市全図のうち該当する見どころがあるエリアを示しています

紹介している見どころがあるエリアを示しています

見どころの名称

MP.34-A2＝地図位置を表します

★★★ おすすめ度を３段階で示しています（☆☆☆３つが最高）

その土地らしいスポット&公園

博物館&美術館&動物園

買い物&食事

- M 地図位置
- 住 住所
- ☎ 電話番号
- Free トールフリー（米国内通話無料電話番号）
- 無料 日本国内通話で無料の電話番号
- FAX ファクス番号
- URL ウェブサイトアドレス（http://の記載を省略）※日本ではアクセスできないウェブサイトもある
- E eメールアドレス
- 営 営業／開館・開園時間
- 休 休業／休館日
- 料 料金
- 行き方 列車、バス、車、タクシー、徒歩でのアクセス方法
- バス バス
- 車 車／タクシー

欄外
- MEMO 旅行の参考になるような情報
- 投稿 読者投稿

（見本）

シアトルのおもな見どころ

ダウンタウンシアトル Downtown Seattle

シアトル観光の一番人気はここ MP.34-A2

パイク・プレイス・マーケット Pike Place Market

シアトルで最も有名な観光ポイントのパイク・プレイス・マーケットは、1907年8月17日に創設され、アメリカの公設市場の先駆けとなった場所。2017年に創設110周年を迎え、6月にマーケットが一部拡張された。その広さは約9エーカー。1st Ave.西側の海寄りにあり、Pike St.、Pine St.、Stewart St.、Virginia St.がマーケットへと通じている。Pike St.の突き当たり正面にある時計とネオンサインは市場のランドマークだ。そのままPike Place通りを右手に進むと、海寄りのメインアーケードを中心に建物が両側に隙間なく並ぶ。農家や職人たちが直接店を出す露店や魚屋、自家製パンや菓子を売る小売店、地ビール工房、チーズ工房、美食で評判の大小レストランやカフェ、それに、あのスターバックス・コーヒーの1号店（→P.82）もある。

終日大混雑する市場の中で、ひときわにぎわうのが、メインアーケードの中央に店を構えるパイク・プレイス・フィッシュ・マーケットPike Place Fish Market。商談がまとまるや、お店のお兄さんが売り物となったサケやカニをカウンターへと放り投げる威勢のいいパフォーマンスが見られるからだ。魚が宙を飛ぶ瞬間、観光客からはやんやの喝采があがる。

その店のすぐ前の通路にはメス豚のブロンズ像レイチェルRachel the Piggy Bankがいる。マーケットのマスコット的存在で、市場創設79周年の記念として1986年に作られたもの。ワシントン州ウィドビーアイランドの彫刻家ジョージア・ギーバーGeorgia Gerber氏が製作し、島にいた優秀なメス豚と同じ名前がつけられた。実は貯金箱になっていて、観光客の善意で寄せられた寄付金は毎年$20000に達するという。

春から夏は花屋さんが店開き

この時計は市場のシンボル

上／一面にスターバックス1号店も　下／名物の魚屋パイク・プレイス・フィッシュ・マーケット

豚の貯金箱レイチェル

パイク・プレイス・マーケット
住85 Pike St., Seattle
☎(206) 682-7453
URL www.pikeplacemarket.org
営月〜土9:00〜18:00、日9:00〜17:00(店により異なる)
案内所：毎日10:00〜18:00
休サンクスギビング、クリスマス
行き方 Pike St.と1st Ave.の角。サウンド・トランジット・リンク・ライトレイル・リンク・ワンラインのWestlake駅から徒歩8分。Pike Pl.突き当たりに案内所があり、各種パンフレットが置かれているほか、マーケットについての質問にも答えてくれる。

セイバー・シアトル・フード&カルチャー・ツアー・オブ・パイク・プレイス・マーケット
Savor Seattle Food & Culture Tour of Pike Place Market
☎(206) 338-1841
URL www.savorseattletours.com
ツアー／毎日10:00、10:30、14:00、14:30。ガムの壁から出発。所要約2時間　料$55
パイク・プレイス・マーケットに入る8店で、チーズやチョコレート、ペストリー、クラブケーキなどを試食できるウオーキングツアー。

フレンズ・オブ・ザ・マーケット・ヒストリー・ツアー
Friends of the Market History Tour
URL www.friendsofthemarket.net
営(6〜9月)土8:30出発、所要1時間30分。前日の金曜12:00までにウェブサイトから予約すること。
料大人$15、シニア$10、子供(6〜12歳)$8
集合 豚のブロンズ像、レイチェル前。
歴史や、マーケット内のアートワークを知ることができるツアー。

MEMO シアトルダウンタウンのホテルからシータック空港までのタクシー料金　均一の$40が設定されている。ただし、途中で停車、下車できない。チップを入れると、約$46。

レストラン

（見本）お手軽にロブスターロールが食べられる　シーフード／ダウンタウン／MP.34-A4
メイソン・フェイマス・ロブスターロール Mason's Famous Lobster Roll
ファストフード・スタイルで気軽にシーフード料理を食べられる。ロブスターをマヨネーズとレモンバターであえたClassic Lobster Roll ($22) やニューイングランド風クラムチャウダー ($5〜)、ロブスタービスク ($5〜) などがある。
住1307 1st Ave., Seattle　☎(206) 223-4980　URL www.masonslobster.com　営毎日11:00〜21:00

ショップ

（見本）ノードストロームのディスカウント店　アウトレット／ダウンタウン／MP.34-A1
ノードストローム・ラック Nordstrom Rack
老舗のデパートであるノードストロームで売れ残った商品を値引きして大量に売っている店。最新アイテムはさすがに見あたらないが、カジュアルな洋服や小物類が非常にリーズナブルな値段で売られている。Nikeのシューズなどアメリカンブランドも安い。
住Westlake Center 400 Pine St., Seattle　☎(206) 448-8522　URL www.nordstromrack.com　営月〜土10:00〜20:00、日11:00〜19:00

ホテル

（見本）ビジネスにも観光にも適したロケーション　高級／ダウンタウン／MP.34-B2
ヒルトン・シアトル Hilton Seattle
ライトレイルのUniversity駅まで3ブロック、ウエストレイクセンターまで4ブロックと立地がいい。ロビーやフロントデスクは14階にあるのでエレベーターで。ロビーがあるフロア以外は、客室のカードキーがないとエレベーターは停まらないので安心だ。
住1301 6th Ave., Seattle, WA 98101　☎(206) 624-0500　URL www.hilton.com　料Ⓢ①Ⓣ$209〜768　$49　$10.95　256室

- ジャンルなど／所在エリア／地図位置
- 物件データ

ホテル設備の略号

- コーヒーメーカー
- 冷蔵庫／ミニバー
- バスタブ
- ヘアドライヤー
- BOX 室内金庫
- ルームサービス
- レストラン
- F フィットネスセンター／プール
- コンシェルジュ
- J 日本語を話すスタッフ
- コインランドリー／当日仕上げクリーニング
- WiFi ワイヤレスインターネット接続
- P 駐車場

※全室完備の場合のみ、ブルー色で表示していま

地図凡例

- インターステートハイウエイ
- US ハイウエイ
- ステートハイウエイ
- 観光案内所
- ホテル
- レストラン
- カフェ
- フードカート（屋台村）
- ショップ
- ナイトスポット
- シアター
- ギャラリー
- ミュージアム
- ランドマーク
- 駐車場
- 郵便局
- 空港
- 病院
- バス停

Ln.	Lane
Rd.	Road
St.	Street
Ave.	Avenue
Blvd.	Boulevard
Dr.	Drive
Hwy.	Highway
Pkwy.	Parkway

クレジットカード

- A アメリカン・エキスプレス
- D ダイナースクラブ
- J JCB
- M マスターカード
- V ビザ

ホテルの客室

- Ⓢ シングルルーム（1 ベッド 1 名使用）
- Ⓓ ダブルルーム（1 ベッド 2 名使用）
- Ⓣ ツインルーム（2 ベッド 2 名使用）
- Su スイートルーム（リビング＋ベッドルーム）

駐 駐車料金（1 泊当たり）

Wi-Fi Wi-Fi 利用料金（1 日当たり）

カード 利用できるクレジットカード

♿ 車椅子対応の部屋

本書の特徴

本書は、ワシントン州とオレゴン州のおもな観光地を旅行される方を対象に、個人旅行者が現地でいろいろな旅行を楽しめるように、各都市へのアクセス、ホテル、レストランなどの情報を掲載しています。もちろんツアーで旅行される際にも十分活用できるようになっています。

掲載情報のご利用にあたって

編集室では、できるだけ最新で正確な情報を掲載するよう努めていますが、現地の規則や手続きなどがしばしば変更されたり、またその解釈に見解の相違が生じることもあります。このような理由に基づく場合、または弊社に重大な過失がない場合は、本書を利用して生じた損失や不都合について、弊社は責任を負いかねますのでご了承ください。また、本書をお使いいただく際は、掲載されている情報やアドバイスがご自身の状況や立場に適しているか、すべてご自身の責任でご判断のうえでご利用ください。

現地取材および調査時期

本書は、2023 年 4 ～ 5 月の取材調査データを基に編集されています。また、追跡調査を 2023 年 8 月まで行いました。しかしながら時間の経過とともにデータの変更が生じることがあります。特にホテルやレストランなどの料金は、旅行時点では変更されていることも多くあります。したがって、本書のデータはひとつの目安としてお考えいただき、現地では観光案内所などで、できるだけ新しい情報を入手してご旅行ください。

新型コロナウイルス感染症について

新型コロナウイルス（COVID-19）の感染症危険情報について、全世界に発出されていたレベル 1（十分注意してください）は、2023 年 5 月 8 日に解除されましたが、渡航前に必ず外務省のウェブサイトにて最新情報をご確認ください。

◎外務省 海外安全ホームページ・アメリカ合衆国危険情報
URL www.anzen.mofa.go.jp/info/pcinfectionspothazardinfo_221.html#ad-image-0

発行後の情報の更新と訂正について

本書に掲載している情報で、本書の発行後に変更された掲載情報や訂正箇所は、『地球の歩き方』ホームページの「更新・訂正情報」で可能なかぎり最新のデータに更新しています（ホテル、レストラン料金の変更などは除く）。下記 URL よりご確認いただき、ご旅行前にお役立てください。

URL www.arukikata.co.jp/travel-support/

投稿記事について

投稿記事は、多少主観的になっても原文にできるだけ忠実に掲載してありますが、データに関しては編集室で追跡調査を行っています。投稿記事のあとに（東京都○○ '23）などとあるのは、寄稿者と旅行年を表しています。ただし、ホテルなどの料金を追跡調査で新しいデータに変更している場合は、寄稿者データのあとに調査年度を入れ［'23］としています。

なお、ご投稿をお送りいただく場合は、P.272 をご覧ください。

ジェネラルインフォメーション

アメリカ合衆国の基本情報

▶ 旅の英会話
→P.310

国　旗
Stars and Stripes
　13本のストライプは1776年建国当時の州の数、50の星は現在の州の数を表す。

正式国名
アメリカ合衆国 United States of America
　アメリカという名前は、イタリアの探検家でアメリカ大陸を確認したアメリゴ・ベスプッチのファーストネームから取ったもの。

国　歌
Star Spangled Banner

面　積
約962万8000km²
日本の約25倍（日本は約37万7900km²）。

人　口
約3億3328万人。シアトルは約74万9000人、ポートランドは約63万5000人（2022年推定）。

首　都
ワシントン特別行政区 Washington, District of Columbia
　全米50のどの州にも属さない連邦政府直轄の行政地区。人口は約67万人。

元　首
ジョー・バイデン大統領 Joe Biden

政　体
大統領制　連邦制（50州）

人種構成
白人75.5%、アフリカ系13.6%、アジア系6.3%、アメリカ先住民1.3%など。

宗　教
キリスト教が主流。宗派はバプテスト、カトリックが多いが、都市によって分布に偏りがある。少数だがユダヤ教、イスラム教なども。

言　語
主として英語だが、法律上の定めはない。スペイン語も広域にわたって使われている。

通貨と為替レート

▶ 外貨の両替
→P.280

　通貨単位はドル（$）とセント（¢）。**$1＝146.20円（2023年8月31日現在）**。紙幣は1、5、10、20、50、100ドル。なお、50、100ドル札は、小さな店で扱わないこともあるので注意。硬貨は1、5、10、25、50、100セント（＝$1）の6種類だが、50、100セント硬貨はあまり流通していない。

$1

$5

$10

$20

$50

$100

1¢

5¢

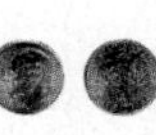

10¢

25¢

電話のかけ方

▶ 電話
→P.306

日本からの電話のかけ方　例：シアトル（206）123-4567へかける場合

事業者識別番号
0033（NTTコミュニケーションズ）
0061（ソフトバンク）
携帯電話の場合は不要
＋
国際電話識別番号
010※
＋
アメリカの国番号
1
＋
市外局番（エリアコード）
206
＋
相手先の電話番号
123-4567

参考：携帯3キャリアともに、「0」を長押しして「＋」を表示させると、国番号からのダイヤルでかけられる。

※ NTTドコモの携帯電話・スマートフォンは、事前にWORLD CALLの申し込みが必要。

祝祭日（連邦政府の祝日）

▶イベントカレンダー→P.276

※※印のある日は州によって祝日となる。ワシントン州、オレゴン州では※は祝日、※は平日扱い。なお、店舗などで「年中無休」をうたっているところでも、元日、サンクスギビングデイ、クリスマスの3日間はほとんど休み。また、メモリアルデイからレイバーデイにかけての夏休み期間中は、営業時間などのスケジュールを変更するところが多い。

1月	1/1		元日　New Year's Day
	第3月曜		マーチン・ルーサー・キングの日 Martin Luther King, Jr.'s Birthday
2月	第3月曜	※	大統領の日 Presidents' Day
3月	3/17	※	セント・パトリック・デイ St. Patrick's Day
4月	第3月曜	※	愛国者の日 Patriots' Day
5月	最終月曜		メモリアルデイ（戦没者追悼の日）Memorial Day
6月	6/19		ジューンティーンス（奴隷解放記念日）Juneteenth
7月	7/4		独立記念日 Independence Day
9月	第1月曜		レイバーデイ（労働者の日）Labor Day
10月	第2月曜	※	インディジェナス・ピープルズ・デイ（先住民の日）Indigenous People's Day
11月	11/11		ベテランズデイ（退役軍人の日）Veterans Day
	第4木曜		サンクスギビングデイ Thanksgiving Day
	サンクスギビングデイの翌日	※	ザ・デイ・アフター・サンクスギビング The Day after Thanksgiving
12月	12/25		クリスマス Christmas Day

ビジネスアワー

以下は一般的な営業時間の目安で、スーパーマーケットは21:00頃、ドラッグストアは22:00頃の閉店。

銀　行

月～金 9:00 ～ 17:00

デパートやショップ

月～土 10:00 ～ 20:00、日 12:00 ～ 18:00

レストラン

朝からオープンしているのはレストランというより気軽なコーヒーショップやダイナー。朝食 7:00 ～ 10:00、昼食 11:00 ～ 14:30、ディナー 17:30 ～ 22:00。バーは深夜まで営業。

電気&映像方式

電圧とプラグ

電圧は120ボルト。3つ穴プラグ。100ボルト、2つ穴プラグの日本製品も使えるが、電圧数がわずかではあるが違うので注意が必要。特にドライヤーや各種充電器などを長時間使用すると過熱する場合もあるので、時間を区切って使うなどの配慮が必要だ。

映像方式

テレビ・ビデオは日本とアメリカともにNTSC方式、ブルーレイのリージョンコードは日本とアメリカともに「A」なので、両国のソフトはお互いに再生可能。しかし、DVDのリージョンコードはアメリカ「1」に対し日本「2」のため、「ALL CODE」の表示のあるソフト以外はお互いに再生できない。

アメリカから日本へかける場合　例：東京（03）1234-5678

国際電話識別番号 **011** ＋ 日本の国番号 **81** ＋ 市外局番（頭の0は取る） **3** ＋ 相手先の電話番号 **1234-5678**

▶アメリカ国内の公衆電話のかけ方→P.306

▶アメリカ国内通話

同じ市外局番（エリアコード）へかける場合は市外局番が不要。異なるエリアコードへかける場合は最初に1をダイヤルし、市外局番からダイヤルする

▶公衆電話のかけ方

1）受話器を持ち上げる
2）都市により異なるが、最低通話料50¢を入れ、相手先の電話番号を押す（プリペイドカードの場合はアクセス番号を入力し、ガイダンスに従って操作する）
3）「初めの通話は○分○ドルです」とアナウンスが流れるので、案内された額以上の金額を投入すれば電話がつながる

チップ

▶チップについて
→P.302

レストラン、タクシー、ホテルの宿泊(ベルボーイやベッドメイキング)など、サービスを受けたときにはチップを渡すのが慣習となっている。額は、特別なことを頼んだ場合や満足度によっても異なるが、以下の相場を参考に。

レストラン

合計金額の15～23%。サービス料が勘定に含まれている場合は、そのまま席を立ってよい。

タクシー

運賃の約15～20%(最低でも$1)。

ホテル宿泊

ベルボーイは荷物の大きさや個数によって、ひとつにつき$2～3。荷物が多いときはやや多めに。

ベッドメイキングは枕元などに$1～2。

飲料水

水道の水をそのまま飲むこともできるが、ミネラルウオーターを購入するのが一般的。スーパーやコンビニ、ドラッグストアなどで販売している。

水は、スーパーマーケットやドラッグストアで購入できる

気　候

▶各都市のジェネラルインフォメーション
シアトル
→P.30
ポートランド
→P.144

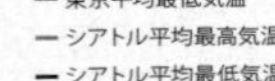

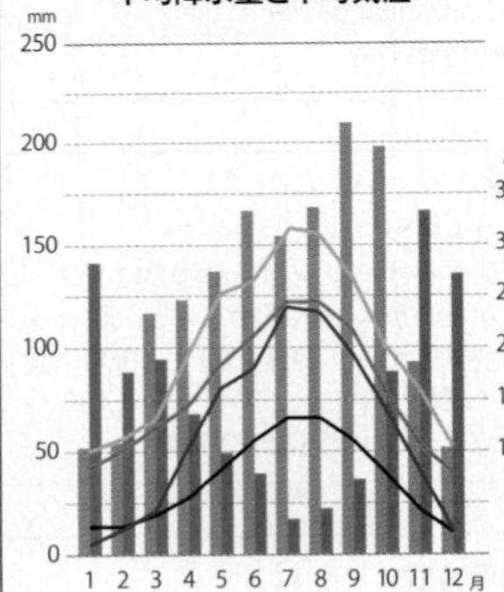

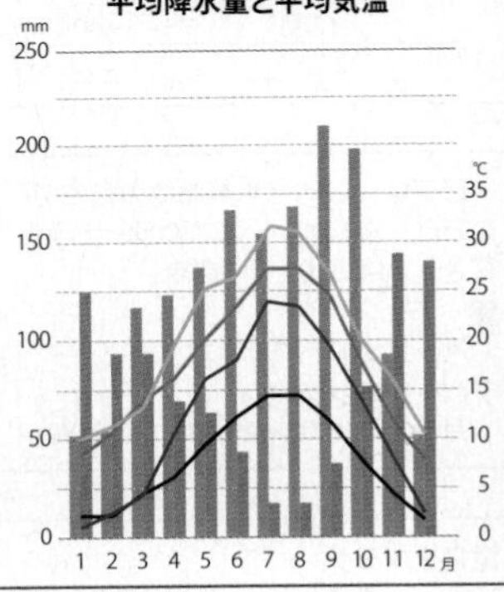

日本からのフライト

▶航空券の手配
→P.286

2023年8月現在、シアトルへは東京国際空港(羽田空港)からデルタ航空と全日空が、成田国際空港から日本航空が直行便を運航している(所要約9時間)。ポートランドへは、日本からの直行便が運航していないため、アメリカ国内での乗り継ぎになる。

時差とサマータイム

アメリカ本土内には4つの時間帯がある。太平洋標準時 Pacific Standard Time(シアトルやポートランドなど)は日本時間マイナス17時間、山岳部標準時 Mountain Standard Time(デンバーなど)はマイナス16時間、中部標準時 Central Standard Time(シカゴなど)はマイナス15時間、東部標準時 Eastern Standard Time(ニューヨークなど)はマイナス14時間。夏はデイライト・セービング・タイム(サマータイム/夏時間)を採用し、1時間時計の針を進める州がほとんど。その場合、日本との時差は1時間短くなる。

夏時間を実施する期間は、3月第2日曜日から、11月第1日曜日まで。移動日にあたる場合、タイムスケジュールに十分注意する必要がある。

郵便

郵便料金

日本への航空便は封書、はがきともに$1.50。規定の封筒や箱に入れるだけの荷物を定額で郵送できるタイプもある。

町によって郵便局の営業時間は多少異なる。一般的な局は平日の9：00～17：00くらい。

▶郵便
→P.303

出入国

ビザ

90日以内の観光、商用が目的ならば基本的にビザは不要。ただし、頻繁にアメリカ入出国を繰り返していたり、アメリカでの滞在が長い人は入国を拒否されることもある。なお、ビザ免除者となるにはESTAによる電子渡航認証の取得が義務づけられている。

パスポート

パスポートの残存有効期間は、基本的に滞在日数以上あればOKとされているが、実際には入国日から90日以上あることが望ましい。

▶ ESTA（エスタ）の取得→P.284
▶パスポートの取得
→P.282
▶出入国の手続き
→P.288

税　金

物を購入するときにかかるセールスタックス Sales Taxとホテルに宿泊するときにかかるホテルタックス Hotel Taxなどがある。また、レストランで食事をした場合はセールスタックスと同額の税金、またそれに上乗せした税金がかかる。率（%）は州や市によって異なる。

シアトルではセールスタックスとレストランタックスは10.25%、ホテルタックスは15.7%。ポートランドではセールスタックスとレストランタックスはなく、ホテルタックスは16%。

▶シアトルの税率
→P.30
▶ポートランドの税率
→P.144

安全とトラブル

日本人の遭いやすい犯罪は、置き引き、ひったくりなど。犯行は複数人で及ぶことが多く、ひとりが気を引いているスキに、グループのひとりが財布を抜いたり、かばんを奪ったりする。日本語で親しげに話しかけ、言葉巧みにお金をだまし取るケースも多い。日本から1歩でも出たら、「ここは日本ではない」という意識を常にもつことが大切。

警察・救急車・消防署

911

▶旅のトラブルと安全対策
→P.307

年齢制限

ワシントン州、オレゴン州では、飲酒可能な年齢は21歳から。場所によっては、お酒を買うときにも身分証明書の提示を求められる。ライブハウスなどお酒のサーブがあるところも身分証明書が必要。

アメリカでは若年層の交通事故がとても多く、大手レンタカー会社では一部の例外を除き25歳以上にしか貸し出さない。21歳以上25歳未満の場合は割増料金が必要なことが多い。

▶マナーについて
→P.302

度量衡

距離や長さ、面積、容量、速度、重さ、温度など、ほとんどの単位が日本の度量衡とは異なる。

▶日本とアメリカのサイズ比較表
→P.301
▶アメリカの温度の単位
→P.275

時差表

日本時間	0	1	2	3	4	5	6	7	8	9	10	11	12	13	14	15	16	17	18	19	20	21	22	23
東部標準時(EST)	10	11	12	13	14	15	16	17	18	19	20	21	22	23	0	1	2	3	4	5	6	7	8	9
中部標準時(CST)	9	10	11	12	13	14	15	16	17	18	19	20	21	22	23	0	1	2	3	4	5	6	7	8
山岳部標準時(MST)	8	9	10	11	12	13	14	15	16	17	18	19	20	21	22	23	0	1	2	3	4	5	6	7
太平洋標準時(PST)	7	8	9	10	11	12	13	14	15	16	17	18	19	20	21	22	23	0	1	2	3	4	5	6

※3月第2日曜から11月第1日曜まではデイライト・セービング・タイムを実施している。夏時間は時計の針を1時間進める制度で、通称「サマータイム」。ただし、アリゾナ州(MST)、ハワイ州(HAST)では実施されていない。なお、ピンク色の部分は日本時間の前日を示している。2023年11月から夏時間は廃止される予定。

シアトル＆ポートランドの基礎知識

アメリカ西海岸の北部に位置するシアトルとポートランドは、都市のすぐそばに森や海が広がり、自然のなかにできたような街。ワシントン州とオレゴン州のおもな都市では、ロハスなレストラン巡りや、カヌーやサイクリングなどのアクティビティが楽しい。郊外の大自然は雄大で美しく、ドライブの車窓風景にも心癒やされる。

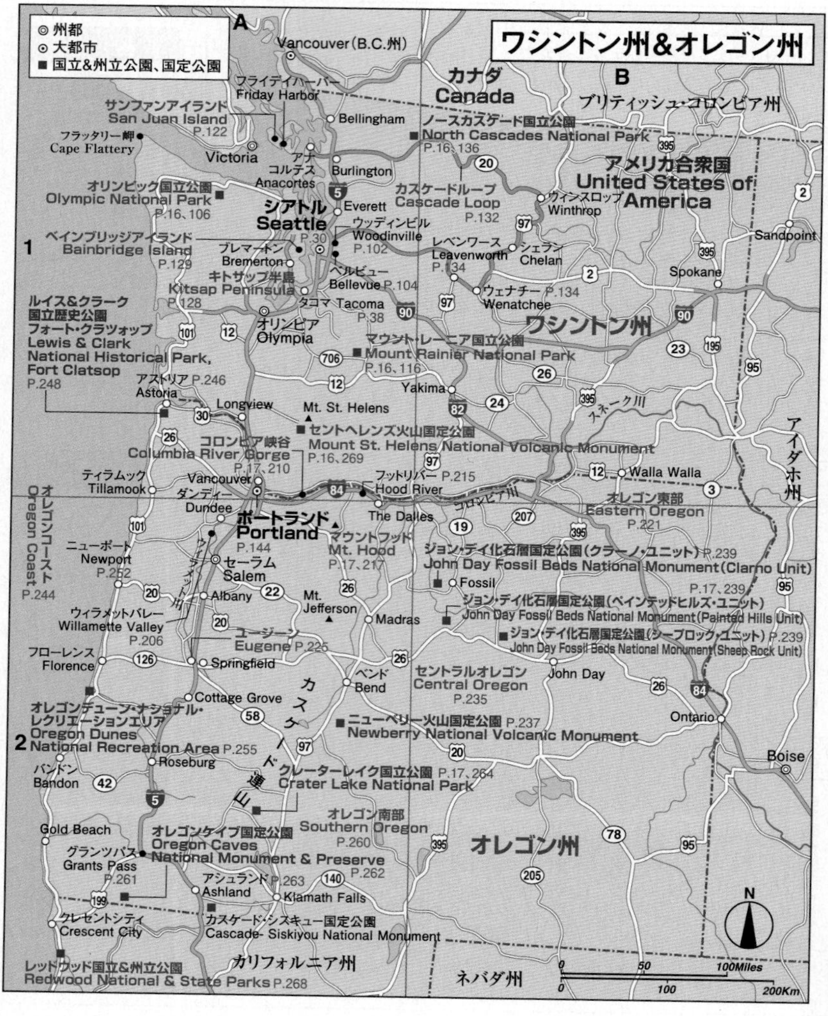

ワシントン州＆オレゴン州

◎ 州都
⊙ 大都市
■ 国立&州立公園、国定公園

A
B
1
2

Vancouver（B.C.州）
カナダ
Canada
ブリティッシュ・コロンビア州
フライデイハーバー
Friday Harbor
サンファンアイランド
San Juan Island
P.122
フラッタリー岬
Cape Flattery
Victoria
Bellingham
ノースカスケード国立公園
North Cascades National Park
P.16、136
アナコルテス
Anacortes
Burlington
アメリカ合衆国
United States of America
オリンピック国立公園
Olympic National Park
P.16、106
Everett
カスケードループ
Cascade Loop
P.132
ウィンスロップ
Winthrop
シアトル
Seattle
P.30
ウッディンビル
Woodinville
P.102
ベインブリッジアイランド
Bainbridge Island
P.129
ブレマートン
Bremerton
ベルビュー
Bellevue P.104
レベンワース
Leavenworth
P.134
シェラン
Chelan
Sandpoint
Spokane
キトサップ半島
Kitsap Peninsula
P.128
タコマ Tacoma
P.38
ウェナチー P.134
Wenatchee
ルイス&クラーク国立歴史公園フォート・クラツォップ
Lewis & Clark National Historical Park, Fort Clatsop
P.248
オリンピア
Olympia
ワシントン州
マウント・レーニア国立公園
Mount Rainier National Park
P.16、116
アストリア P.246
Astoria
Yakima
Longview
Mt. St. Helens
スネーク川
セントヘレンズ火山国定公園
Mount St. Helens National Volcanic Monument
P.16、269
アイダホ州
コロンビア峡谷
Columbia River Gorge
P.17、210
ティラムック
Tillamook
Vancouver
フッドリバー P.215
Hood River
Walla Walla
ダンディー
Dundee
コロンビア川
オレゴン東部
Eastern Oregon
P.221
オレゴンコースト
Oregon Coast
P.244
ポートランド
Portland
P.144
The Dalles
マウントフッド
Mt. Hood
P.17、217
ニューポート
Newport
P.252
セーラム
Salem
ウィラメット川
ジョン・デイ化石層国定公園（クラーノ・ユニット）P.239
John Day Fossil Beds National Monument (Clarno Unit)
P.17、239
Fossil
Albany
Mt. Jefferson
Madras
ジョン・デイ化石層国定公園（ペインテッドヒルズ・ユニット）
John Day Fossil Beds National Monument (Painted Hills Unit)
ジョン・デイ化石層国定公園（シープロック・ユニット）P.239
John Day Fossil Beds National Monument (Sheep Rock Unit)
ウィラメットバレー
Willamette Valley
P.206
ユージーン
Eugene P.225
フローレンス
Florence
Springfield
ベンド
Bend
セントラルオレゴン
Central Oregon
P.235
John Day
Cottage Grove
カスケード連山
オレゴンデューン・ナショナル・レクリエーションエリア
Oregon Dunes National Recreation Area P.255
ニューベリー火山国定公園 P.237
Newberry National Volcanic Monument
Ontario
Boise
Roseburg
バンドン
Bandon
クレーターレイク国立公園 P.17、264
Crater Lake National Park
オレゴン南部
Southern Oregon
P.260
Gold Beach
オレゴンケイブ国定公園
Oregon Caves National Monument & Preserve
P.262
グランツパス
Grants Pass
P.261
オレゴン州
アシュランド P.263
Ashland
Klamath Falls
クレセントシティ
Crescent City
カスケード・シスキュー国定公園
Cascade- Siskiyou National Monument
N
レッドウッド国立&州立公園
Redwood National & State Parks P.268
カリフォルニア州
ネバダ州
0 50 100Miles
0 100 200Km

シアトルはワシントン州最大の都市
※シアトルのジェネラルインフォメーション（→P.30）

ワシントン州 ジェネラルインフォメーション

1年をとおして雪に覆われているオリンピック山脈

アメリカ西海岸の最北に位置し、カナダとも国境を接するワシントン州。世界遺産に登録されているオリンピック国立公園（→P.106）をはじめ、夏には高山植物のお花畑が一面に広がるマウント・レーニア国立公園（→P.116）など、大都市のすぐ近くに、雄大で奥深い大自然が残されている。いずれも車で行く観光地だが、シアトル発の日帰りツアーを利用すれば、車がない旅行者でも気軽に自然の豊かさを満喫できる。都市での街歩きも組み合わせれば、シアトルとワシントン州、それぞれの魅力を堪能できるはずだ。シアトルでは、ロブスターやサーモンといった海産物を食べることもお忘れなく。

略　　称	WA
州　　都	オリンピア
最大の都市	シアトル
人　　口	約778万人（シアトル74万9000人）<2022年推定>
面　　積	18万4800km^2
愛　　称	エバーグリーンステイト（常緑の州）
主要産業	ハイテク、木材、航空宇宙、輸入住宅、農産物
姉妹県	兵庫県
姉妹都市	神戸市（シアトルと）ほか35都市以上
世界遺産	オリンピック国立公園
おすすめ観光地	サンファンアイランド、マウント・レーニア国立公園
観光局（日本）	シアトル・ワシントン州観光事務所 URL www.visitseattle.jp

ポートランドはオレゴン州最大の都市
※ポートランドのジェネラルインフォメーション（→P.144）

オレゴン州 ジェネラルインフォメーション

16世紀の中頃はオレゴンテリトリーと呼ばれ、現在のワシントン州、アイダホ州、カナダのブリティッシュ・コロンビア州の一部も占有していた。1803年トマス・ジェファソン大統領がルイジアナをフランスから買収すると、西部開拓の幕が上がり、1840年から1860年にかけて、オレゴントレイルを通って大勢の人々が西への大移動を始めた。近年は環境重視の政策が行き渡り、自然を守りながら、ハイテクや農業にめざましい発展をみせている。雄大でピュアな自然を求めて、オレゴンコーストやセントラルオレゴンを旅したい。

略　　称	OR
州　　都	セーラム
最大の都市	ポートランド
人　　口	約424万人（ポートランド63万5000人）<2022年推定>
面　　積	25万5000km^2
愛　　称	ビーバーステイト（ビーバーの州）
主要産業	木材、ハイテク、農業、観光、水産、繊維
姉妹県	富山県
姉妹都市	札幌市（ポートランドと）ほか25都市以上
おすすめ観光地	オレゴンコースト、セントラルオレゴン
観光局（日本）	オレゴン州観光局 日本事務所 ☎(03) 6261-5464 E travelоregon.jp@aviareps.com URL travelоregon.jp ポートランド観光協会 日本事務所 E TravelPortland.Japan@aviareps.com URL travelportland.jp

巨大な岩がオレゴンコーストに鎮座する

話題のニュースをGet
シアトルの最新情報&注目スポット

シアトルで注目を集めているニュースや最新スポットをご紹介！

セーフコフィールドがT・モバイルパークに

MLBシアトル・マリナーズの本拠地セーフコフィールドが、2018年T・モバイルパーク（→P.59、100）に名称が変更された。2024年1月には、NHL（ナショナル・ホッケー・リーグ）の試合も開催される。

マリナーズで会長付き特別補佐兼インストラクターを務めるイチローは、試合前の練習によく参加しているそう

シアトルにNHL（ナショナル・ホッケー・リーグ）のチームが誕生

2021-22年シーズンより、シアトル・クラーケン（→P.101）がNHLに加入した。本拠地とするクライメット・プレッジ・アリーナは、以前あったキーアリーナを約3年かけて改修工事したもの。

館内ツアーも催行されているクライメット・プレッジ・アリーナ

ウオーターフロントにピア62が完成

2020年シアトル水族館近くにピア62がオープンした。2019年から始まったウオーターフロント周辺（→P.54）の大規模工事により、高架道路（アラスカンウエイ）や高架橋が撤去され、2023年現在も遊歩道の拡張工事が行われている。

ヨガやサッカー、ライブ演奏などが行われているピア62

ライトレイルの延伸

シアトル・タコマ国際空港（シータック空港）周辺からワシントン大学を結んでいたサウンドトランジット・リンク・ライトレイル・リンク・ワンライン（→P.43）がワシントン大学の北6kmにあるノースゲート駅まで2021年延びた。2025年にはベルビューにもつながる予定。

ノースゲート駅周辺にはスーパーマーケットのTargetやデパートのNordstromなどがある

シアトル・タコマ国際空港（シータック空港）に国際線到着施設が完成

2022年5月、シアトル・タコマ国際空港（シータック空港、→P.39）に国際線到着施設がオープンした。日本から直行便でシアトルに到着した乗客は、この施設で預託荷物をピックアップし、入国審査を受ける。

ワシントン州の自然をモチーフにした彫刻も飾られているバゲージクレームエリア

シアトルが2026年FIFAワールドカップの開催地に

2026年に開催が予定されているFIFAワールドカップが、シアトルにあるルーメン・フィールド（→P.101）でも行われる。ルーメン・フィールドは、NFLのシアトル・シーホークス、MLSのシアトル・サウンダーズFCのホームスタジアムだ。

ダウンタウンからも徒歩圏内のルーメン・フィールド

話題のニュースをGet
ポートランドの最新情報＆注目スポット

ポートランドで注目を集めているニュースや最新スポットをご紹介！

ポートランド市内で行われているフリーマーケット

2011年に始まったフリーマーケットPortland Flea。2023年は4～10月の最終週の土・日曜開催になった。ポートランド在住のアーティストや市内のビンテージショップなどが店を出している。場所は土曜がエコトラストビル（MAP P.146-A1）、日曜がノバビル（MAP P.149-A4）。2024年の開催日はウェブサイトで確認を。

Portland Flea　URL www.pdxflea.com

古着やアンティーク雑貨を中心に約40の露店が集まる

ポートランドでも楽しめるナイトマーケット

ポートランド・ナイト・マーケットPortland Night Marketは、2015年から始まったイベント。7、9、10、11月の各月2日間（金・土曜）行われ、飲食や工芸品などを扱った屋台が約175出店する。2024年の開催日はウェブサイトで確認を。

Portland Night Market　MAP P.149-A4　住 100 S.E. Alder St., Portland　URL www.pdxnm.com

アジアで開催されているナイトマーケットに影響を受けて始まったイベント

アメリカのTV番組『ザ・シンプソンズ』のキャラクターの名前が付いた橋

パールディストリクト周辺を南北に走るI-405を交差する歩道橋が2021年に完成した。ポートランド生まれのマット・グレイニング氏によって作られた『ザ・シンプソンズ』に敬意を示し、登場人物の名前にちなんでネッド・フランダーズ橋Ned Flanders Crossingと名付けられたそう。Ned Flanders Crossing　MAP P.148-B4

『ザ・シンプソンズ』の登場人物の名前は、ポートランド市内の通り名からもつけられたといわれている

日系アメリカ人の歴史について紹介する博物館がオープン

2021年5月チャイナタウンにできたオレゴン日系博物館（→P.168）は、日系アメリカ人の歴史に焦点を当てた博物館。1890年代から日系人はポートランドに住み始めたが、太平洋戦争中強制収容所に抑留された過去をもつ。

こぢんまりとしているが、充実した展示内容の博物館

マックス・ライトレイルのレッドラインが延伸

ポートランド国際空港からダウンタウンを経由してビーバートンまで走っているマックス・ライトレイル（→P.154）のレッドラインが、2024年には日系企業が集まるヒルズボロまで延びる予定だ。

将来ポートランド国際空港から乗り換えなしでヒルズボロまで行くことができる

ポートランド国際空港の改装工事

2020年から始まったポートランド国際空港（→P.150）の改装工事。2025年の完成を目指して20億ドルかけて行われている。メインターミナルは拡張され、レストランやショップがさらに増える予定だ。2021年にはコンコースBやレンタカーセンターが完成した。

アメリカの旅行雑誌で「ベスト・エアポート」に何度も選ばれている空港

街を出ればすぐそこに多彩な絶景が待っている

パシフィック・ノースウエストの大自然

シアトルやポートランドから少し足を延ばせば広がる絶景の数々。
長い時間をかけて、自然が作り出してきた壮大な風景は、見る者を圧倒する。
さまざまな要因が重なって奇跡的に生まれた、唯一無二の存在を目に焼き付けたい。

神々しい風景

ノースカスケード国立公園

North Cascades National Park

➡P.136

300を超える氷河をもつ山々は、霧に覆われていることが多い。霧が晴れると、湖や滝は神秘的な姿を現す。シアトルから北東に210km、車で約3時間30分。

一面がターコイズブルーに輝くディアブロ湖

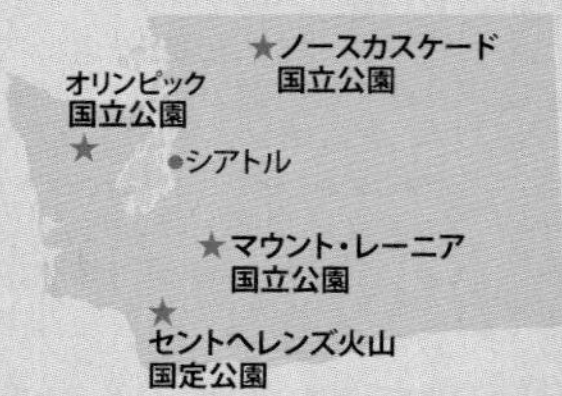

カスケード山脈の最高峰

マウント・レーニア国立公園

Mount Rainier National Park

➡P.116

雄大な姿が富士山に似ていたことから、日系移民の間で「タコマ富士」と呼ばれてきた。シアトルから南東に150km、車で約2時間30分。

色鮮やかなルピナスやインディアンペイントブラシが咲き誇るリフレクションレイクのトレイル

ワシントン州

★ノースカスケード国立公園
オリンピック国立公園
●シアトル
★マウント・レーニア国立公園
★セントヘレンズ火山国定公園

世界遺産に登録されている

オリンピック国立公園

Olympic National Park

➡P.106

コケで埋め尽くされた温帯森林や氷河が点在する山間部など、さまざまな表情を見せてくれる。シアトルから北西に190km、車で約3時間30分。

木の幹をコケが覆い、幻想的な雰囲気が漂っているホー・レイン・フォレスト

カスケード山脈の活火山

セントヘレンズ火山国定公園

➡P.269

Mount St. Helens National Volcanic Monument

1980年に起こった大噴火は、20世紀後半では世界最大級といわれている。シアトルから南へ240km、車で約3時間30分。

かつては富士山のように美しい円錐形だったが、噴火で山頂が500mも吹き飛んでしまった

世界で9番目に深い湖であるクレーターレイク。オレゴン州唯一の国立公園である

全米で最も深い湖
クレーターレイク国立公園
Crater Lake National Park
→P.264

マウントマザマの噴火によってできたカルデラ湖。約594mの深さの湖は、太陽の位置により多彩な色を映し出す。ポートランドから南東に450km、車で約5時間50分。

火山灰が地表に現れ、赤や褐色に変化したペインテッドヒルズ・ユニット

世界有数の化石発掘現場
ジョン・デイ化石層国定公園
John Day Fossil Beds National Monument
→P.239

5400万～600万年前の地層が発見された地で、動植物の進化の過程を観察できる。ポートランドから南東に380km、車で約4時間30分。

太平洋岸に出現した巨大な石
フェイスロック州立シーニック・ビューポイント
Face Rock State Scenic Viewpoint
→P.256

男の人の顔やテーブルの形に似た岩が点在する

オレゴンコースト沿いには、約1500万年前に噴火した山から流れ出た溶岩でできた、巨大な岩が鎮座する。ポートランドから南西に400km、車で約4時間40分。

オレゴン州最高峰
マウントフッド
→P.217
Mt. Hood

マウントフッドを眺めながらカヤックを体験できるトリリアム湖

山頂部は1年をとおして雪に覆われている。富士山と高さと形が似ていることから、日系人から『オレゴン富士』と呼ばれている。ポートランドから南東に100km、車で約1時間50分。

氷河が溶けてできた峡谷
コロンビア峡谷
→P.210
Columbia River Gorge

カナダのロッキー山脈からオレゴン州北部に流れるコロンビア川の両岸には、絶壁がそびえている。ポートランドから西に50km、車で約50分。

オレゴン州最大の落差を誇るマルトノマ滝

パシフィック・ノースウエストで味わう地ビール

シアトル＆ポートランドでブリュワリー巡り

Enjoy Craft Beer at the Famous Breweries in Seattle & Portland!

地ビール造りが盛んな街、シアトルとポートランド。1年を通して雨が降る時期が多いことから、ワシントン州とオレゴン州は水が十分にあることで有名だ。さらに、ワシントン州は世界でも有数のホップの生産地として知られている。また、モルトもワシントン州とオレゴン州で大量に収穫されている。ビールを造るうえで重要な3つの資源（水、ホップ、モルト）が豊富にあることから、ワシントン州とオレゴン州ではおいしいビールを造ることができるのだ。

ビールの楽しみ方

お店のスタッフにおすすめを聞くのもいいが、いろいろな種類のビールを楽しみたいなら、**4〜6種類のビールを少量［約4オンス（120mℓ）］ずつ提供しているサンプラー（Sampler）、フライト（Flight）**をまずオーダーするのがいい。下記のABVやIBUなどを基準にIPAやピルスナーなどさまざまな種類を選ぶのがコツ。サンプラーで気に入ったものを**グラス［ハーフパイント（235mℓ）やパイント（470mℓ）］**で頼もう。

サンプラーは4〜6種類のビールが味わえてだいたい$10

ビール用語

●**ABV（アルコール度数（%） Alcohol By Volume）**
アルコール飲料に含まれるエチルアルコール（エタノール）の濃度を%で示したもの。ビールの場合ABV4〜7.5%のものが多い

●**Flavor（香り）**　フルーティなものからモルト、ホップ、ハーブ、シナモンなどまでさまざま

●**IBU（苦味　International Bittering Units）**
使用するホップの量や煮込み時間によって決まる苦味のこと。一般的に日本のビールは20で、数字が大きいほど苦くなる

●**OG（オリジナルグラビティ Orignial Gravity）**
ビールの発酵が始まる前の麦汁の糖の量の比率（水を1としたときの比率）

●**FG（ファイナルグラビティ Final Gravity）**
ビールの発酵が終わったときの麦汁の糖の量の比率（水を1としたときの比率）

※OGとFGの差が大きいとアルコール度数が高くなる
※FGが高いと糖が多く残っているので甘味が出る

ビール用語を把握しておけばオーダーしやすい

ビールの種類

上面発酵ビール：常温（20°C前後）で発酵させる

- **ペールエール Pale Ale**　ホップの苦味と香りが際立つ。フルーティな味わい
- **スタウト Stout**　大麦を焦がした黒ビール。味が濃く苦味もある
- **アイピーエー IPA（India Pale Ale）**　防腐効果の高いホップを多く入れているので、強い苦味がある
- **バレーワイン Barley Wine**　大麦で造ったワインのような高いアルコール度数をもつ
- **ポーター Porter**　モルトの香りとホップの苦味をもつ。アルコール度数の高いものがスタウト
- **ベルジャン・ホワイト Belgian White**　小麦が原材料の半分以上を占め、白い色が特徴。苦味がなくさわやかな味わい

下面発酵ビール：低温度（10度以下）で発酵させる

- **ピルスナー Pllsner**　日本の淡色のラガービールに近く、すっきりとした飲み心地
- **ラガー Lager**　ホップの苦味や色が薄めで、炭酸が強い

自然発酵ビール：空気中を浮遊する野生の酵母を使用して発酵させる

- **ランビック Lambic**　酸味が強く、フルーツを一緒に漬け込むものもある

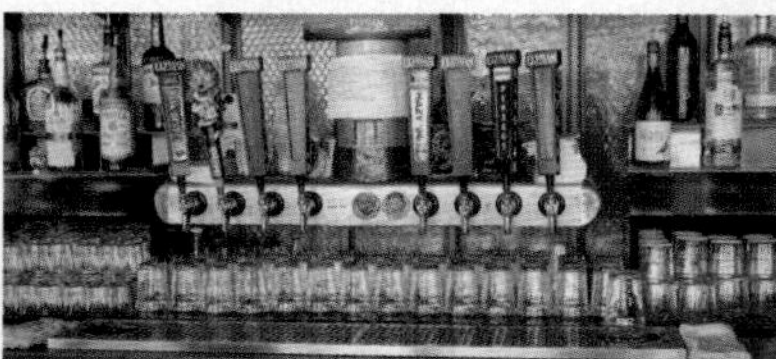

お店によってはほんの少し試飲させてくれるところもあるのでオーダーする際に聞いてみよう

シアトル

1980年代ピラミッド・ブリュワリーやパイク・ブリューイング・カンパニー（→P.28）がオープンしてから、シアトルに地ビールブームが到来した。近年は、趣味が高じて創設されたルーベンズ・ブリュー（→下記）やストウブ・ブリューイング（→P.81脚注）がバラードに誕生。現在は市内に60軒以上のブリュワリーがあるといわれている。

Brewery シアトルのクラフトビールシーンを盛り上げた

エリジアン・ブリューイング・カンパニー

1995年に創業して以来、ビールのコンペティションで数々の賞を獲得しているブリュワリー。1年を通して味わえるオリジナルビール11種類を含め、約20種類の樽生ビールを取り揃える。2022年ワシントン・ビア・アワードで金賞を受賞したScarlet Beastや銅賞を受賞したPomace Ringを味わいたい。

おみやげにもいいコースターは、余分にもらっておくといい

Elysian Brewing Company
エリア キャピトルヒル　MP.36-B2
住1221 Pike St., Seattle　☎（206）906-9148
URL www.elysianbrewing.com
営毎日12:00～21:00（金土～23:00）　カード A M V

Brewery 息子の名前にちなんでルーベンズと名付けた家族経営のブリュワリー

ルーベンズ・ブリュー

2010年にオーナーのアダムさんが自宅でビールを作ったのがルーベンズ・ブリューの始まり。2012年ナショナル・ホームブリュー・コンペティションで銅賞を獲得し、ブリュワリーをオープンした。2022年ワシントン・ビア・アワードで金賞を受賞したLilywhite Witや銅賞を受賞したRobust Porterをぜひ。

屋外にはテラス席があり気持ちいい

Reuben's Brews
エリア バラード　MP.67外
住5010 14th Ave. N.W., Seattle　☎（206）784-2859
URL reubensbrews.com　営毎日11:00～22:00
カード A M V

シアトルその他のブリュワリー→P.83

ポートランド

1980年代中頃から地ビールブームが起こり、ブリッジポート・ブリューイング・カンパニーやマクミナミンズが誕生した。近年は、カスケード・ブリューイング・バレル・ハウス（→P.182）やスティープルジャック・ブリューイング・カンパニー（→下記）など個性あるブリュワリーが続々とオープン。現在ではポートランド市内に約70軒のブリュワリー&ブリューパブがあるといわれている。

Brewery トム・クック親子が2018年にポートランドで創業

ボン・エバート・ブリューイング+キッチン

数々のビールイベントで賞を獲得している近年注目のブリュワリー。2022年のグレート・アメリカン・ビア・フェスティバルで銅賞を受賞したGerman Pilsnerや2023年のオレゴン・ビア・アワードで銀賞を獲得したIPAは特に人気がある。

サイズはいろいろあるので、ビールを飲み慣れていない人でも気楽にトライできる

Von Ebert Brewing + Kitchen
エリア パールディストリクト　MP.148-B4
住131 N.W. 13th Ave., Portland
☎（503）820-7721　URL www.vonebertbrewing.com
営毎日11:30～22:00（日～21:00）　カード A M V

Brewery ローカルコミュニティ交流の場所にもなっている

スティープルジャック・ブリューイング・カンパニー

1909年に完成したメトロポリタン・コミュニティ教会を改装し、2019年にブリューパブとしてオープン。約20種類の樽生ビールのほか、ワインやカクテルもある。教会として機能していた時代からある大きなステンドグラスや講壇を前にしてアルコールを飲むと不思議な感覚に陥るはずだ。

ステンドグラスから太陽光が燦々と入り明るい館内

Steeplejack Brewing Co.
エリア ノースイースト　MP.149-B2
住2400 N.E. Broadway, Portland　☎（503）206-8880
URL www.steeplejackbeer.com
営毎日11:00～22:00（日～21:00）　カード A M V

ポートランドその他のブリュワリー→P.182

アメリカのコーヒー文化が生まれた街

シアトル＆ポートランドで立ち寄りたい コーヒーショップ

スターバックス・コーヒーが誕生したシアトル。アメリカの本格的なコーヒー文化は、ここから始まった。1年をとおして雨や霧が多く、それを避けるように地元の人はコーヒショップに逃げ込む。そのため、数多くのカフェがシアトルで生まれたのではないかといわれている。そのコーヒー文化は、隣のオレゴン州ポートランドにも「サードウエイブ」というかたちで波及した。現在はシアトルに勝るとも劣らず、独立系のコーヒーショップがポートランドに林立している。

焙煎方法や使用するコーヒー豆など、こだわりはそれぞれ違う。街歩きの足休めとしてではなく、コーヒーを味わうためにコーヒーショップのハシゴを楽しもう。

コーヒー豆の種類

コーヒー豆は、中央アフリカのエチオピアで誕生し、起源はアラビカ、ロブスタ、リベリカという3大原種にあるとされている。そのうち一般的に出回っているのがアラビカ種とロブスタ種。現在世界で飲まれているコーヒーの70%は、アラビカ種が使用されている。

アラビカ種は、標高1000～2000mで栽培され、発芽から収穫まで5～6年かかる。害虫に弱く値段も高いが､ほどよいコクと酸味をもつ。一方、ロブスタ種は、標高600メートル以下の低地で栽培することができ、発芽から収穫まで約3年。害虫に強く値段は安いが、強烈な苦味と独特の香りをもつので、インスタントコーヒーや缶コーヒーに使用される。

世界中のバリスタに愛されているマッツァ社のコーヒーグラインダー

ノースウエスト（シアトル＆ポートランド）における コーヒーの歴史

1930～1970年 ファーストウエイブ

真空パックが流通し始め、コーヒー豆（ロブスタ種）を大量に焙煎、包装し、スーパーマーケットで販売していた。値段は安いが質が悪く浅煎りのため、味の薄いアメリカンが主流。コーヒーは自宅やレストランで飲むものだった。

1970～2000年 セカンドウエイブ

シアトルでスターバックス・コーヒーやシアトルズ・ベスト・コーヒー、タリーズコーヒーが誕生。味や品質を重視するスペシャルティコーヒーの販売が開始された。深煎りのコーヒー豆（アラビカ種）をエスプレッソマシンで抽出するのが特徴だ。イタリアのカフェの雰囲気をアメリカに持ち込み、おしゃれな雰囲気を醸し出す店内。自宅と職場の間で、ぶらりと立ち寄ることができ、リラックスできる場所「サードプレイス」を生み出した。

カフェラテアートはバリスタの腕の見せどころ

2000年以降 サードウエイブ

スペシャルティコーヒーを販売するコーヒーショップが世界中に広まり、大量生産、大量焙煎、大量消費の流れに巻き戻される。大規模チェーン店を嫌う人々が出てきた結果、地元に根付いたこぢんまりとしたカフェが増える。生産国ではなく農園単位でコーヒー豆を買い付け、それぞれのショップで焙煎するようになってきた。コーヒー豆本来のうま味を引き出すために、焙煎方法、抽出器具にこだわっている。

シアトル カフェ事情

1971年シアトル在住のジェラルド・ボールドウィン氏、ゴードン・バウカー氏、ゼブ・シーゲル氏がサンフランシスコにあるピーツコーヒー＆ティーに影響を受け、コーヒー豆の焙煎会社スターバックス・コーヒーをシアトルにオープン。1986年ハワード・シュルツ氏がスターバックス・コーヒーを買収し、エスプレッソコーヒーを主体としたカフェラテ、カプチーノなどを提供するカフェを展開、全米に店舗を拡大していく。1991年ジム・スチュワート氏がウオーターフロントに開いたコーヒーショップは、シアトルズ・ベスト・コーヒーと名称を変更。1992年タリーズコーヒーが誕生し、3大コーヒーチェーン店（スターバックス・コーヒー、シアトルズ・ベスト・コーヒー、タリーズコーヒー）がシアトルの街を席巻する。その後、地元に根付いたカフェもぽつりぽつりとオープンするが、現在もシアトルではスターバックス・コーヒーの占める割合が多い。

Coffee ラテアートを世界に広めたオーナーのカフェ

エスプレッソ・ビバーチェ

1988年、キャピトルヒルに小さなコーヒースタンドを開いたオーナーのデイビッド・ショーマ氏。創業時からカフェラテにハートや葉のマークを描き始めると、たちまち注目を浴び、本やDVDを発行するまでになった。エスプレッソコーヒーを顔料として塗装したカウンターが、いい雰囲気を醸し出している。

シアトルの情報誌で常にベスト・コーヒーショップTop10に入る店

Espresso Vivace
エリアキャピトルヒル　MP.36-B1
住532 Broadway Ave. E., Seattle　☎(206)860-2722
URLespressovivace.com　営毎日6:00～19:00
カードAMV

Coffee 併設する焙煎工房も見学できる

カフェ・ビータ

常時10種類のコーヒー豆を取り揃えている

毎年スタッフが直接コーヒー農場に行き、品質をチェックし、中間業者をとおさない適正価格で買い付けたコーヒー豆だけを使用するこだわりの店。コーヒー豆はメキシコ、コロンビア、エチオピアなどから輸入する。店舗奥の工房にある1930年代の焙煎機で毎日少量ずつ焙煎しているという。

Caffe Vita
エリアキャピトルヒル　MP.36-B2
住1005 E. Pike St., Seattle　☎(206)712-2132
URLwww.caffevita.com　営毎日7:00～19:00　カードAMV

シアトルその他のコーヒーショップ→P.81～82

ポートランド カフェ事情

1980～1990年代後半にかけてポートランドにもスターバックス・コーヒーやピーツコーヒーという全米に展開している大型店が誕生した。しかし、"Keep Portland Weirdポートランドは風変わりな街のままで"というスローガンがあるように、個性的な人が多いポートランドは大手コーヒーチェーン店を拒否。こぢんまりとした、地元に根付いたカフェを好んだ。1999年ポートランド市内にスタンプタウン・コーヒー・ロースターズが生まれる。スタンプタウン・コーヒー・ロースターズは、スタッフが農園に直接買い付けに行き、独自の焙煎方法でコーヒー独自のおいしさを追求するサードウエイブという流れを生み出した。2000年代後半には、ハートロースターズ（→P.182）やコアバコーヒー（→P.181）、バリスタ（→P.181）などが誕生。現在市内には約700軒のカフェがあるといわれている。

Coffee サードウエイブのコーヒームーブメントを生んだ

スタンプタウン・コーヒー・ロースターズ

ポートランドを代表するカフェ＆コーヒー焙煎所で、ポートランドのコーヒー文化を作ったといわれている。市内に5店舗展開し、2020年京都にも進出した。コーヒー豆の素材のよさに加え、焙煎技術は市内でトップクラスと評判。

センスあるデザインの紙コップ

Stumptown Coffee Roasters
エリアダウンタウン　MP.147-C1
住128 S.W. 3rd Ave., Portland
URLwww.stumptowncoffee.com
営毎日7:00～17:00　カードAMV

Coffee エコに徹底的にこだわるオーナーの店

ウオーターアベニュー・コーヒー

バリスタ養成所も経営するオーナーのマット・ミレット氏は、「環境に優しく、ローカルコミュニティを大切に」をモットーにコーヒーを入れる。100年以上前に作られたカウンターや椅子をカフェで再利用したり、焙煎したてのコーヒー豆を自らが提携カフェに届けたりするという。

スタッフが一杯一杯ていねいにいれてくれる

Water Avenue Coffee
エリアサウスイースト　MP.149-A4
住1028 S.E. Water Ave., #145, Portland
☎(503)808-7083　URLwateravenuecoffee.com
営毎日7:00～17:00　カードAMV

ポートランドその他のコーヒーショップ→P.181～182

シアトル&ポートランドの料理図鑑

シアトルで人気 Top.2 メニュー

サーモン
Salmon

特別なスパイスで味つけされたアラスカ産のサーモン

●アイバーズ・サーモンハウス（→P.79）
●サウスパークシーフード（→P.175）

クラムチャウダー
Clam Chowder

ホワイトクリームを使ったニューイングランド風が主流

●アセニアン・シーフード・レストラン・アンド・バー（→P.78）
●ダン&ルイス・オイスターバー（→P.176）

●シアトルのレストラン、カフェ
●ポートランドのレストラン、カフェ

パシフィック・ノースウエストで食べたいメニュー

ハンバーガー
Hamburger

地元産の新鮮な野菜がたっぷりと入ったハンバーガー

●バージニアイン（→P.76）
●ブレッド&インク・カフェ（→P.174）

ピザ
Pizza

生地が薄いものと厚いもの両方ある

●トゥッタベーラ・ナポリタン・ピッツェリア（→P.80）
●ドベビビ（→P.179）

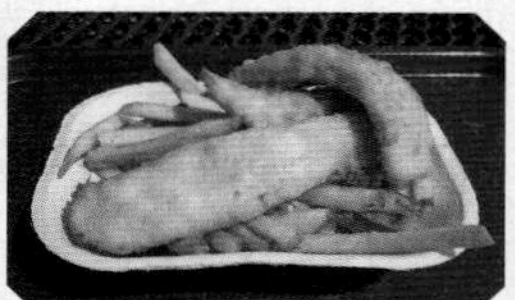

フィッシュ&チップス
Fish & Chips

白身魚やサーモンのフライにポテトが付いたもの

●アイバーズ・サーモンハウス（→P.79）
●サウスパークシーフード（→P.175）

エッグベネディクト
Egg Benedict

マフィンの上にベーコンやハム、ポーチドエッグが載る

●オッドフェローズ・カフェ＋バー（→P.77）
●ブレッド&インク・カフェ（→P.174）

ベーグル
Bagle

ゴマやにんにく、シナモンなどが混ぜ込まれたものもある

●エルタナ（→P.82）
●スピールマンベーグル&コーヒー（→P.181）

パンケーキ
Pancake

ベーコンやハム、フルーツと一緒に

●ポーテージ・ベイ・カフェ（→P.77）
●スラッピーケークス（→P.180）

ステーキ
Steak

約30日間寝かせてうま味を凝縮させた熟成肉がおすすめ

●エルガウチョ（→P.78）
●リングサイドステーキハウス（→P.175）

バーベキュー
BBQ

特製のソースで味つけされた骨付きの豚バラ（スペアリブ）

●ジャックスBBQ（→P.77）
●レベレンズBBQ（→P.175）

ロブスターロール
Lobster Loll

メイン州産のロブスターにマヨネーズを混ぜ合わせたサンドイッチ

●メイソン・フェイマス・ロブスターロール（→P.78）

太平洋の近くに位置する2都市では、 シーフードが最も人気の料理。そのほか、 アメリカ定番のハンバーガーやピザからアサイーボウル、スムージーなどまでバリエーションも豊かだ。 ここでは下記メニューが食べられる代表的なレストランをご紹介。

ポートランドで人気 Top2メニュー

ダンジネスクラブ Dungeness Crab

みそがよく詰まっていて、身がしまっているカニ

●テイラー・シェルフィッシュ・ファームズ（→P.79）
●サウスパークシーフード（→P.175）

カキ Oyster

生でもフライでもシチューでも、 おいしい

●テイラー・シェルフィッシュ・ファームズ（→P.79）
●イート・オイスターバー（→P.176）

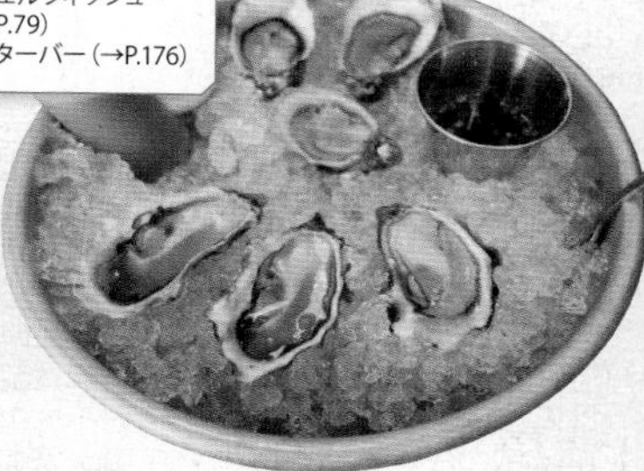

ムール貝 Mussels

にんにくやスパイスで味付けした酒蒸しが人気

●エリオッツ・オイスター・ハウス（→P.79）
●ダン＆ルイス・オイスターバー（→P.176）

マカロニ＆チーズ Mac & Cheese

ゆでたマカロニにチーズソースを絡めたもの

●ビーチャーズ・ハンドメイド・チーズ（→P.29）
●マザーズ・ビストロ＆バー（→P.174）

パスタ Pasta

リングイネやペンネ、 フェットチーネなどさまざま

●ハウトゥー・クック・ア・ウルフ（→P.80）
●ドーリーオリーブ（→P.177）

タコス Tacos

豚肉やアボカド、 レタスなどをトルティーヤで包む

●ラカルタ・デ・オアハカ（→P.80）
●マッツBBQタコス（→P.173）

ポキ丼 Poke

酢飯やレタスにマグロ、サーモン、とびこなどを載せる

●FOBポキバー（→P.75）

アサイーボウル Acai Bowl

グラノーラやバナナ、 アサイースムージーが入る

●バーブボウル（→P.81）
●カリオカボウルズ（→P.180）

Sweets♥スイーツ

ワッフル Waffle

トッピングにはフルーツやホイップクリーム、 メープルシロップを

●オッドフェローズ・カフェ＋バー（→P.77）
●ワッフルウインドー（→P.180）

ドーナツ Doughnut

オレオクッキーやベーコンが載ったものもある

●トップポット・ドーナツ（→P.83）
●ブードゥードーナツ（→P.181）

スムージー Smoothie

イチゴやバナナ、 ケール、 セロリなどを使った体に優しいジュース

●エメラルドシティ・スムージー（→P.81）
●モベリ（→P.180）

編集室厳選

シアトル&ポートランドでおみやげ探し

シアトル Seattle

スターバックス・コーヒー1号店

→P.82

すべて1号店限定のグッズ

$22.95 1号店のデザインが描かれたセラミック製タンブラー

$22.95 Been There Series ステンレスボトル

$24.95 ロゴ入りトートバッグ

$24.95 ピンバッジ5個入り

$10.95 100%アラビカ種のコーヒー豆

$12.95 Been There Seriesマグカップ

$35 チェリーやブルーベリーをドライフルーツにし、チョコレートで包んだチャッカチェリーズ

メイド・イン・ワシントン

→P.90

$15 海塩が振りかけられたフランズ・チョコレート（→P.90）のSmoked Salt Caramels

$9 リバティオーチャード（→P.134）のトルコ伝統菓子ターキッシュデライト

$20 シアトルで加工された、ひと味違うスモークサーモン

スターバックス・リザーブ・ロースタリー・キャピトルヒル店

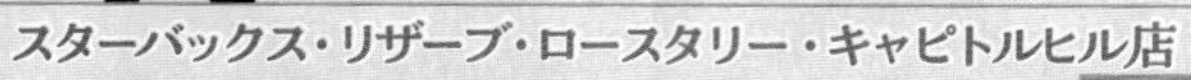

→P.82

$24.95 綿100%のトートバッグ

$19.95 Illustration Seattleのマグカップ

$34.95 4つでひとセットの革製コースター

$38 定番のベースボールキャップ

シアトル・マリナーズ・チームストア

→P.59、89

$42 いちばん人気のTシャツ

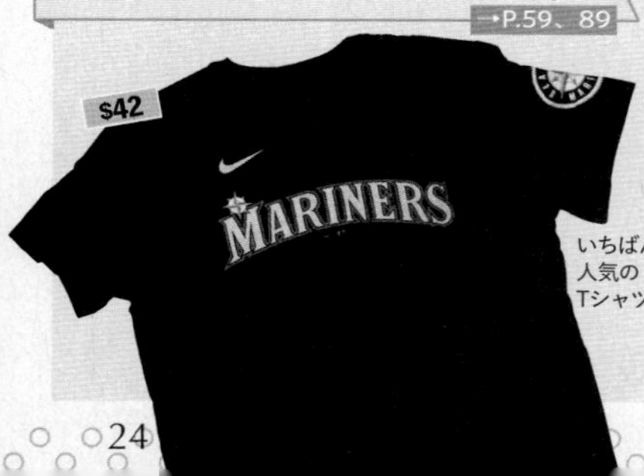

$3 マリナーズのロゴ入りボールペン

$7 マリナーズの本拠地T・モバイルパークのマグネット

$18 球場に持ち込み可能な透明バッグ

The List of Souvenirs Items

旅の記念となるものや友人へのおみやげを買って帰りたい。自分用からバラマキ用まで、シアトル＆ポートランドらしいおすすめグッズを紹介しよう。　※商品は時期や店舗により取り扱っていないこともある。

ポートランド

パウエルズブックス

→P.192

コットン製のトートバッグ

タイル製のコースター

ポートランドらしいデザインのマグカップ

どっしりとした陶磁器のマグカップ

スタンプタウン・コーヒー・ロースターズ

→P.21

オリジナルのブレンドコーヒー豆

ダイナーでよく見かける厚みのあるマグカップ

プロビデンスパーク・チームストア (PTFC Authentics)

→P.203

女子サッカープロリーグに所属するポートランド・ソーンズFCのハット

プロサッカーMLSのポートランド・ティンバーズのTシャツ

メイド・イン・オレゴン

→P.191

ブラックベリーとラズベリーの交配種タイベリージャム

ジェイコブセンソルトの塩のセット

ウッドブロックチョコレート（→P.193）のチョコレートバー

マリオンベリーでコーティングされたナッツ

マリオンベリージャム

ローストされたヘーゼルナッツ

スミス・ティーメーカー（→P.174脚注）のティーバッグ・ボックスセット

ポートランドの看板が描かれたトートバッグ

バラの香りがするバスソルトとシャンプー、石鹸のセット

スーパーマーケットでお値打ち品をGet!

日本人に人気のオーガニックスーパーでも、お手頃価格の商品が揃っている。バラマキみやげに最適なものが多い。特に、オーガニック食材を数多く取り扱うホールフーズ・マーケットとオリジナルのスナック菓子が豊富なトレーダージョーズはぜひ立ち寄りたいスーパーマーケットチェーン店だ。

Whole Foods Market ホールフーズ・マーケット

1980年、テキサス州オースチンで誕生。米国農務省（USDA）のオーガニック認定を受けた農作物のほか、地元の農家から取り寄せた新鮮な食材を販売している。特に、オーガニック調味料やアロマセラピーの品揃えが充実。

Whole Foods Market 🌐www.wholefoodsmarket.com

$2.29 ペパーミント味のタブレット

$2.19 ベリー味のインスタント・オートミール

$4.99 オーガニック、ビーガン、グルテンフリーのプロテインバー

$1.99 オーガニック・リップバー

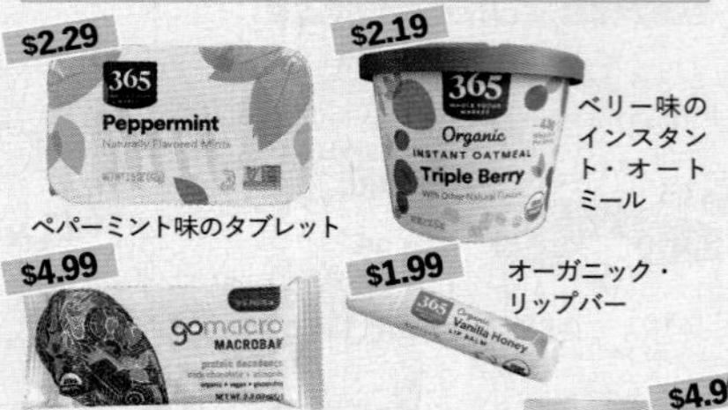

$4.99 時差ボケに最適な睡眠サポートグミ

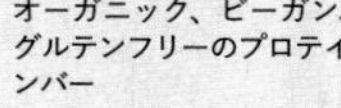

$5.49 ドクターブロナー・ペパーミント・ソープ

$12.29 ナチュラル原料の日焼け止め

$3.99 シアトル&ポートランド限定のエコバッグ

シアトル

●ダウンタウン店 MP.33-B2
住2210 Westlake Ave., Seattle 営毎日8:00-21:00
●マディソン・ブロードウエイ店 MP.33-B3
住1001 Broadway, Seattle 営毎日8:00-21:00

ポートランド

●パールディストリクト店 MP.146-A2
住1210 N.W. Couch St., Portland 営毎日8:00-21:00
●ローレルハースト店 MP.149-B3
住2825 E. Burnside St., Portland 営毎日8:00-21:00

Trader Joe's トレーダージョーズ

1967年、カリフォルニア州パサデナにオープンしたグルメ・グローサリーストア 。自社ブランドのオリジナル商品が多いのが特徴で、良質なワインやナッツ、ドライフルーツの品揃えが豊富だ。

Trader Joe's
🌐www.traderjoes.com

$3.99 グルテンフリーのパンケーキミックス

$1.99 グラインダー付きのシーズニング

$2.29 ジンジャー味のミントタブレット

$2.29 チョコレートが詰まったココア・バトンクッキー

$6.99 シグネチャーJoeシリーズのコーヒー豆

$2.99 バターのうま味たっぷりのバター・ワッフル・クッキー

$6.99 オーガニック・アルガンオイル

$3.99 フェイシャル・ローズウオーターのミスト

99¢ 99¢ 左／シアトル限定のエコバッグ　右／ポートランド限定のエコバッグ

シアトル

●キャピトルヒル店 MP.36-B2
住1700 Madison St., Seattle 営毎日9:00～21:00
●クイーンアン店 MP.73
住1916 Queen Anne Ave. N., Seattle 営毎日9:00～21:00
●ユニバーシティディストリクト店 MP.37-A2
住4555 Roosevelt Way N.E., Seattle 営毎日9:00～21:00

ポートランド

●ノブヒル店 MP.148-A2
住2122 N.W. Glisan St., Portland 営毎日8:00～21:00

スーパーマーケットの利用法

1 エコバッグは、Reusable Bag、Eco-Friendly Shopping Bagと呼ばれ、各スーパーオリジナルのものは、$1～4で買える。

2 レジは、購入点数によりレーンが分かれていることが多い。点数が少ない場合は、エクスプレスレーンExpress Laneを利用できる。

3 ホールフーズ・マーケットには、サラダバーやフルーツバーのコーナーがある。自分の好きな量だけ野菜や果物をテイクアウト用のボックスに入れてキャッシャーに持っていく。

量り売りで販売しているフルーツやサラダ

Seattle
シアトル

シアトル観光　人気No.1スポット

パイク・プレイス・マーケットをとことん楽しむ！

A パイク・ブリューイング・カンパニー

1989年シアトルに誕生したブリュワリー。常時約10種類の樽生ビールを味わえるほか、フードメニューも豊富。

6種類のビールが味わえるサンプラー$16

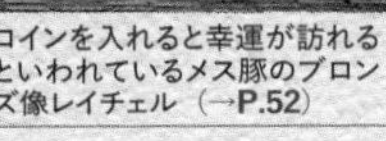

コインを入れると幸運が訪れるといわれているメス豚のブロンズ像レイチェル（→P.52）

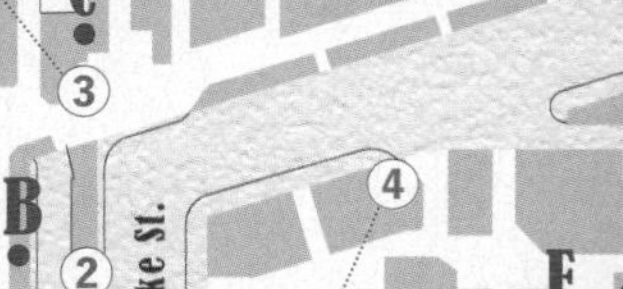

ガムが大量に建物に貼り付けられたガムの壁（→P.53）

観光案内所

果物屋の屋根にのっているカラフルなメス豚の像

ワシントン州の名産品を販売しているメイド・イン・ワシントン（→P.90）

B デイリーダズン・ドーナツ・カンパニー

揚げたてのミニドーナツ専門店。シナモンやメープル、シュガー、プレーンなど7種類ある。

プレーンドーナツは6個$5.25、12個$7.25

C パイク・プレイス・フィッシュ・マーケット

お客さんから注文が入るたびに、店員がその魚をカウンター奥に投げるので、そのパフォーマンス見たさに行列ができる魚屋。

パイク・プレイス・マーケットでいちばん有名な店

映画の台本やキャラクターグッズもあり

D ゴールデン・エイジ・コレクタブルズ

北西部で最大の漫画のコレクションを誇るといわれるコミック店。バットマンやスター・ウォーズなどのアメリカンコミックもある。

E キッチンベイシックス

1984年にオープンしたキッチン用品店。鮮やかな色使いで日本にもファンがいる食器ブランドFiestaを取り扱っている。

プレートやマグカップ、小皿など品揃えも豊富

シアトルに来たら必ず訪れたいパイク・プレイス・マーケット（→P.52）。観光客だけでなく地元の人も通う市民の台所だ。4ブロックを占めるマーケットは、200以上のレストランやショップが集まり、1日では回りきれないほど。新鮮な果物や総菜をつまみながら歩き回りつつ、立ち寄るべきポイントをしっかりおさえて、とことん楽しもう。

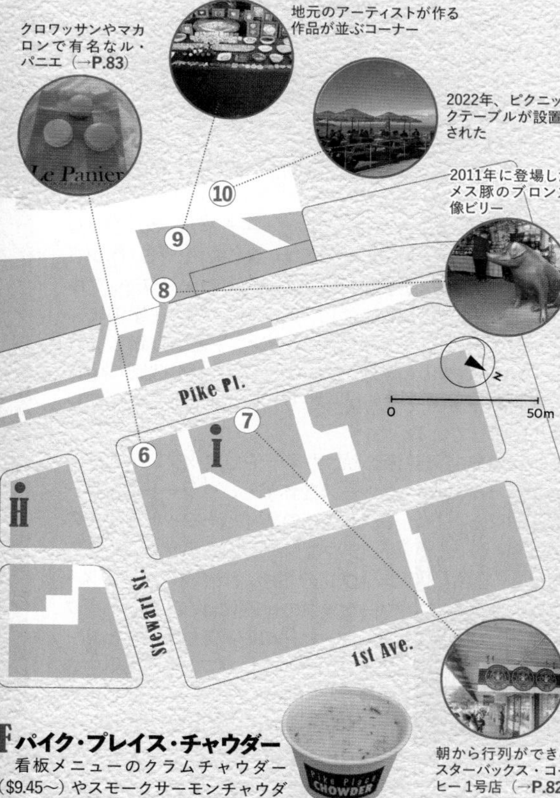

クロワッサンやマカロンで有名なル・パニエ（→P.83）

地元のアーティストが作る作品が並ぶコーナー

2022年、ピクニックテーブルが設置された

2011年に登場したメス豚のブロンズ像ビリー

朝から行列ができるスターバックス・コーヒー1号店（→P.82）

F パイク・プレイス・チャウダー

看板メニューのクラムチャウダー（$9.45～）やスモークサーモンチャウダー、ロブスターロールなどを提供するカジュアルな雰囲気のシーフード店。

全米のチャウダーコンテストで数々の賞を獲得しているクラムチャウダー

G チャッカチェリーズ

ワシントン州で収穫されたチェリーやブルーベリーをドライフルーツにし、チョコレートで絡めたスイーツを専門に扱う店。

果物本来の甘さが引き立つよう添加物は極力使用していないそう

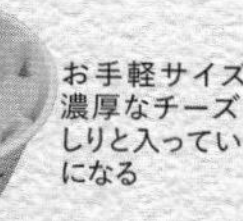

お手軽サイズだが、濃厚なチーズがぎっしりと入っていて満腹になる

H ビーチャーズ・ハンドメイド・チーズ

成長ホルモンを使わずに育てられた牛のミルクで作られたチーズは絶品。マカロニとチーズを絡めたMac & Cheese（$8.69）はアメリカ人のおふくろの味。

I ピロシキピロシキ

ロシアの伝統的な家庭料理のピロシキ。ビーフとチーズが入ったものやスモークサーモンが挟まれたものなど、具材も豊富。

いちばん人気のBeef & Cheese（$8）

DATA

パイク・プレイス・マーケット
Pike Place Market
MP.34-A2
URL www.pikeplacemarket.org
行き方 サウンドトランジット・リンク・ライトレイル・リンク・ワンラインのWestlake駅から徒歩約8分。

A パイク・ブリューイング・カンパニー
Pike Brewing Company
住 1415 1st Ave., Seattle
☎ (206) 622-6044
URL www.pikebrewing.com
営 毎日11:00～21:00 カード A M V

B デイリーダズン・ドーナツ・カンパニー
Daily Dozen Doughnuts Co.
住 93 Pike St., Seattle
☎ (206) 467-7769
営 毎日8:00～17:00（日～16:00）
カード A M V

C パイク・プレイス・フィッシュ・マーケット
Pike Place Fish Market
住 86 Pike Pl., Seattle
☎ (206) 682-7181
URL www.pikeplacefish.com
営 毎日7:00～17:00 カード A M V

D ゴールデン・エイジ・コレクタブルズ
Golden Age Collectables
住 1501 Pike Pl., #401, Seattle
☎ (206) 622-9799
URL goldenagecollectables.com
営 毎日9:00～19:00（水9:30～）
カード A M V

E キッチンベイシックス
Kitchen Basics
住 1514 Pike Pl., Seattle
☎ (206) 622-2014
営 毎日10:00～17:00 カード A M V

F パイク・プレイス・チャウダー
Pike Place Chowder
住 1530 Post Alley, Seattle
☎ (206) 267-2537
URL www.pikeplacechowder.com
営 毎日11:00～17:00 カード A M V

G チャッカチェリーズ
Chukar Cherries
住 1529-B Pike Pl., Seattle
☎ (206) 623-8043
URL www.chukar.com
営 毎日9:00～18:00 カード A M V

H ビーチャーズ・ハンドメイド・チーズ
Beecher's Handmade Cheese
住 1600 Pike Pl., Seattle
☎ (206) 956-1964
URL beechershandmadecheese.com
営 毎日9:00～19:00 カード A M V

I ピロシキピロシキ
Piroshky Piroshky
住 1908 Pike Pl., Seattle
☎ (206) 764-1000
URL www.piroshkybakery.com
営 毎日8:00～19:00 カード A M V

シアトル
Seattle

深い入江となったピュージェット湾に面したシアトルは、海と緑に囲まれた美しい都市だ。エメラルドシティとも呼ばれているが、シアトルという名前は、アメリカ先住民の偉大な酋長、チーフ・シアトルに由来する。それほど広くないダウンタウンの南には、MLBシアトル・マリナーズの本拠地、T・モバイルパークがある。

生活水準も高く、文化的にも豊かなこの街からは、ニルヴァーナやパール・ジャムに代表されるグランジ・ロックが誕生した。さらに、伝説のギタリスト、ジミ・ヘンドリックス（1942〜1970年）生誕の地でもある。また、カンフー映画の大スター、ブルース・リー（1940〜1973年）も18歳でシアトルに移住し、ワシントン大学在学中に、カンフーにさまざまな武術を取り入れた、シュン・ファン・グンフーという新しい武道をあみ出した。ふたりともその生涯を閉じ、今は、ジミ・ヘンドリックスはレントンのグリーンウッド墓地（→P.32 脚注MEMO）で、ブルース・リーはキャピトルヒルのレイクビュー墓地（→P.63）で静かに眠っている。

こうした偉人たちの足跡を訪ねる旅も興味深いが、カヌーやカヤック、ハーバークルーズを体験し、バラードやフリーモントなどのネイバーフッドを歩くのが、ツウなシアトルの歩き方だ。ダウンタウンの名所、パイク・プレイス・マーケットの一画には、スターバックス・コーヒーの1号店もある。ビル・ゲイツのマイクロソフトも、世界中の空を飛ぶボーイングも、シアトルで育ち、世界的な一流企業に成長していったのだ。

ハーバークルーズに参加すればダウンタウンを一望できる

ジェネラルインフォメーション

新鮮なシーフードを食べたい

シアトル	ワシントン州キング郡の郡庁所在地 太平洋岸北西部で最大の都市
面積	217.4km²
人口	74万9000人（2022年推定）
時差	太平洋標準時　日本との時差－17時間 夏時間－16時間
セールスタックス	（売り上げ税）10.25%
レストランタックス	（飲食税）10.25%
ホテルタックス	（宿泊税）15.7%
アルコール	21歳以上
たばこ	公共の建物内では禁煙。 レストラン、バー内も禁煙。ホテル客室は一部可。
気候と気温	春の訪れは4月。5月からが本格的なレジャーシーズンの始まりだ。夏は涼しく、冬も緯度のわりには寒くない。秋から冬は雨季となり、雨の日が続く。観光シーズンは6〜10月。夏はカラッと暑く、日差しが強いので帽子、サングラス、日焼け止めは必携。夏の平均気温は18℃。冬の平均気温は6℃。
在米公館	在シアトル日本国総領事館（→P.308）

MEMO シアトルが舞台の映画　トム・ハンクスとメグ・ライアン出演の『めぐり逢えたらSleepless in Seattle』やマット・ディロンとブリジット・フォンダ主演の『シングルスSingles』、ジュリア・スタイルズとヒース・レジャー主演の『恋のからさわぎ10 Things I Hate About You』などがある。

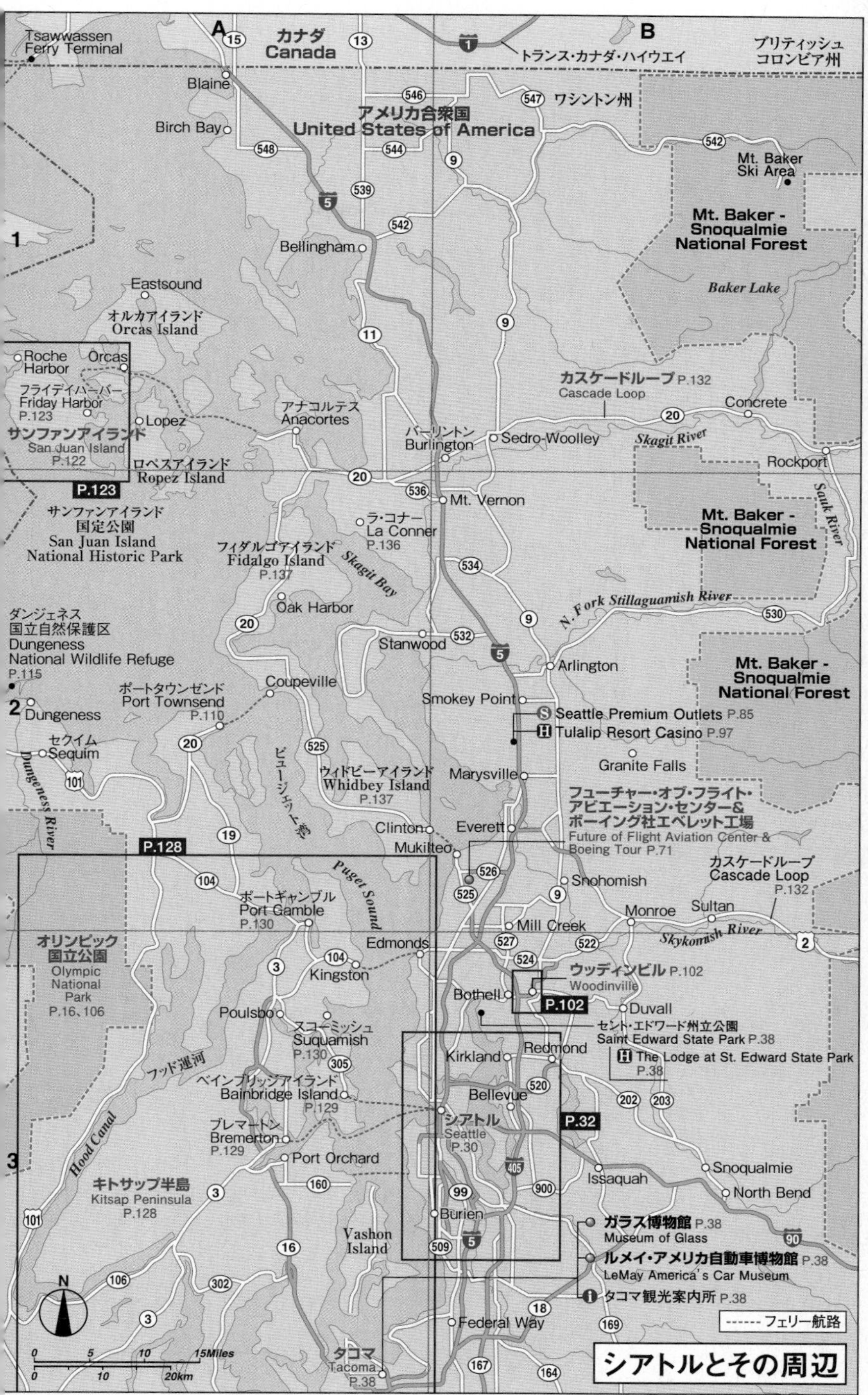

ジェネラルインフォメーション／シアトルとその周辺

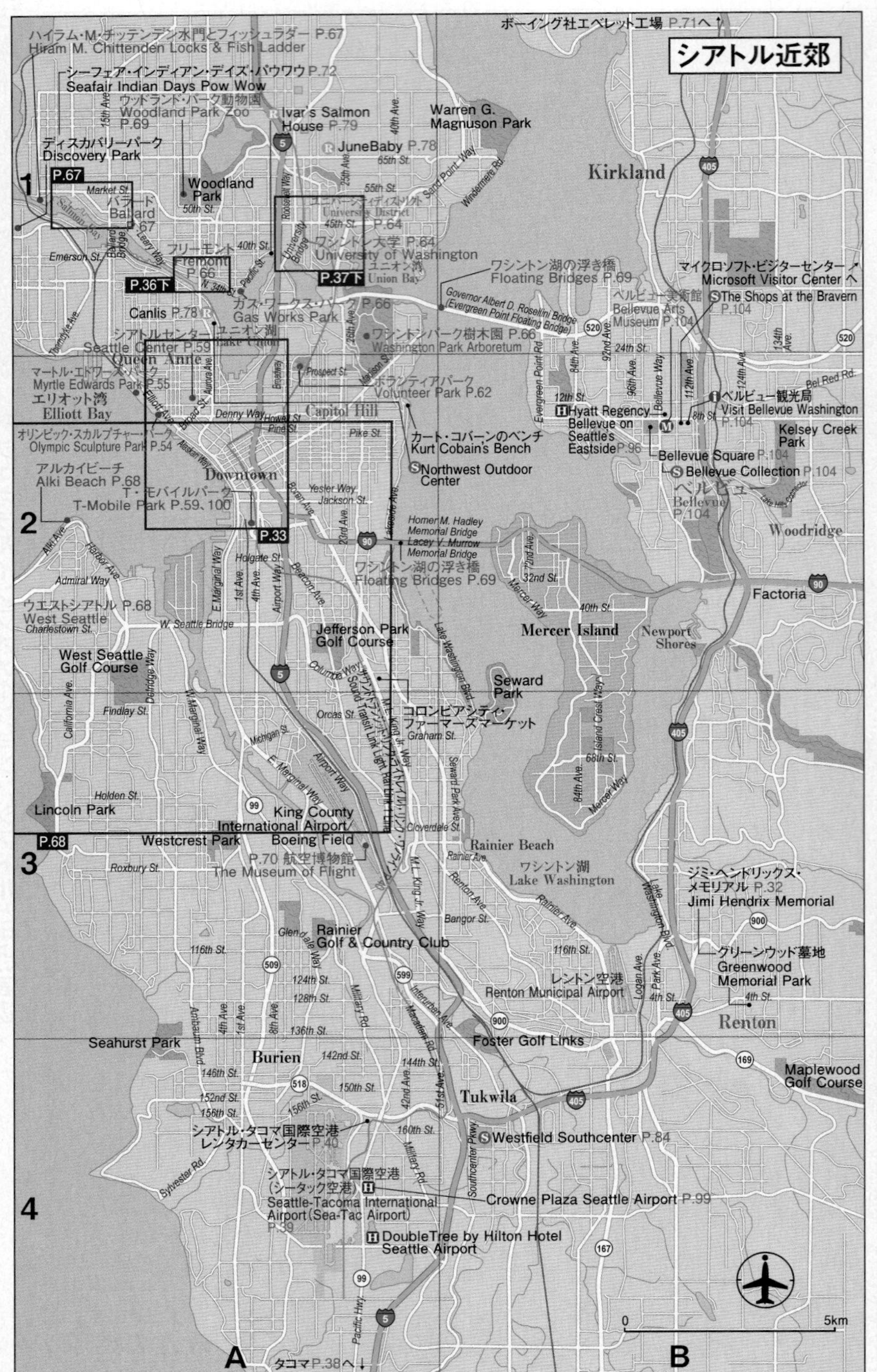

MEMO グリーンウッド墓地　世界的に有名なロックギタリスト、ジミ・ヘンドリックスの墓（ジミ・ヘンドリックス・メモリアルJimi Hendrix Memorial）がある。Greenwood Memorial Park　Ⓜ P.32-B3　㊟350 Monroe Ave. N.E.,

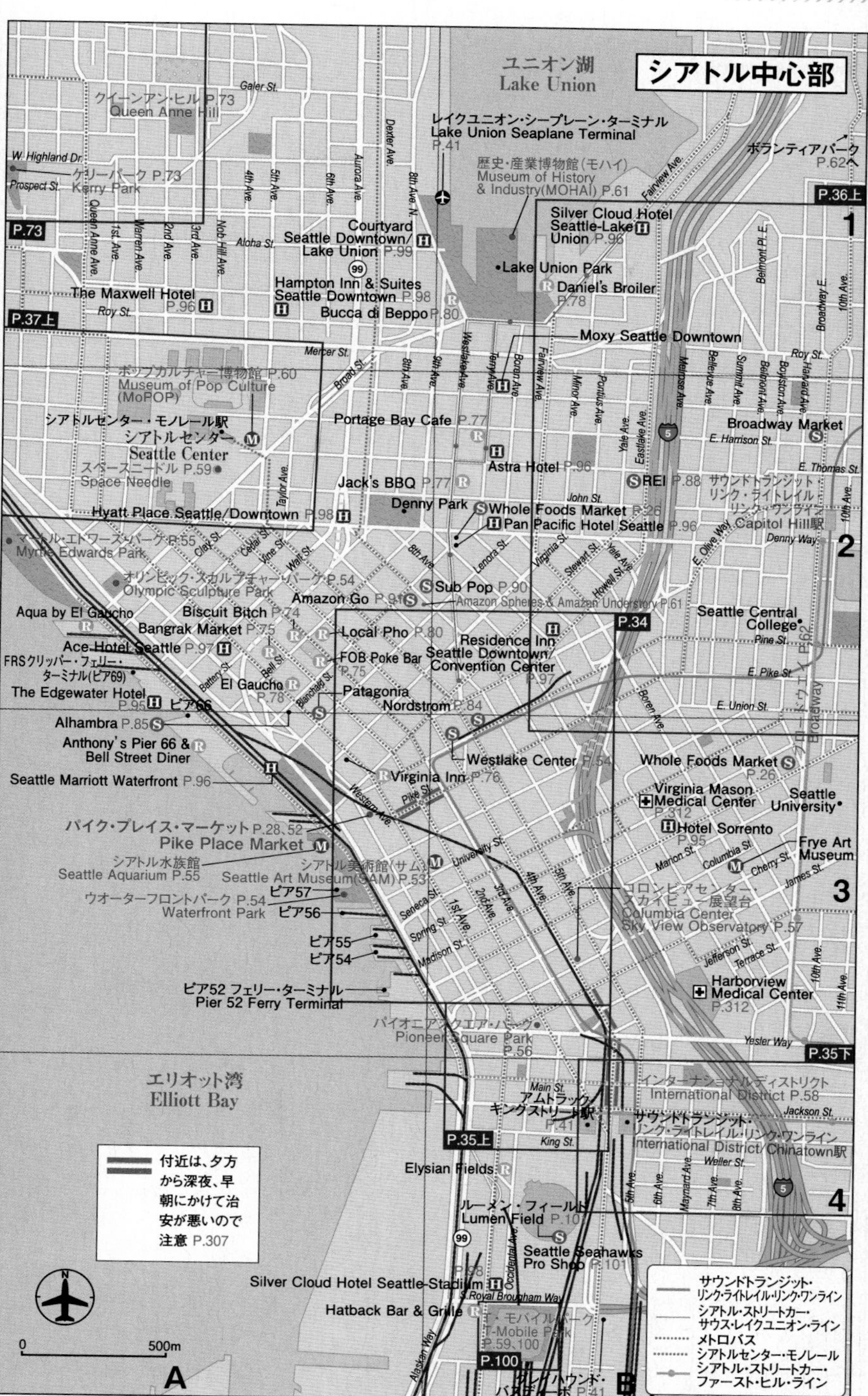

↘Renton ☎(425)255-1511 行き方 シアトルダウンタウンのUnion St. & 5th Ave.からバス＃101でレントン・トランジット・センターまで行き、バス＃105に乗り換える。N.E. 4th St. & Monroe Ave. N.E.で下車。徒歩2分。所要約1時間10分。

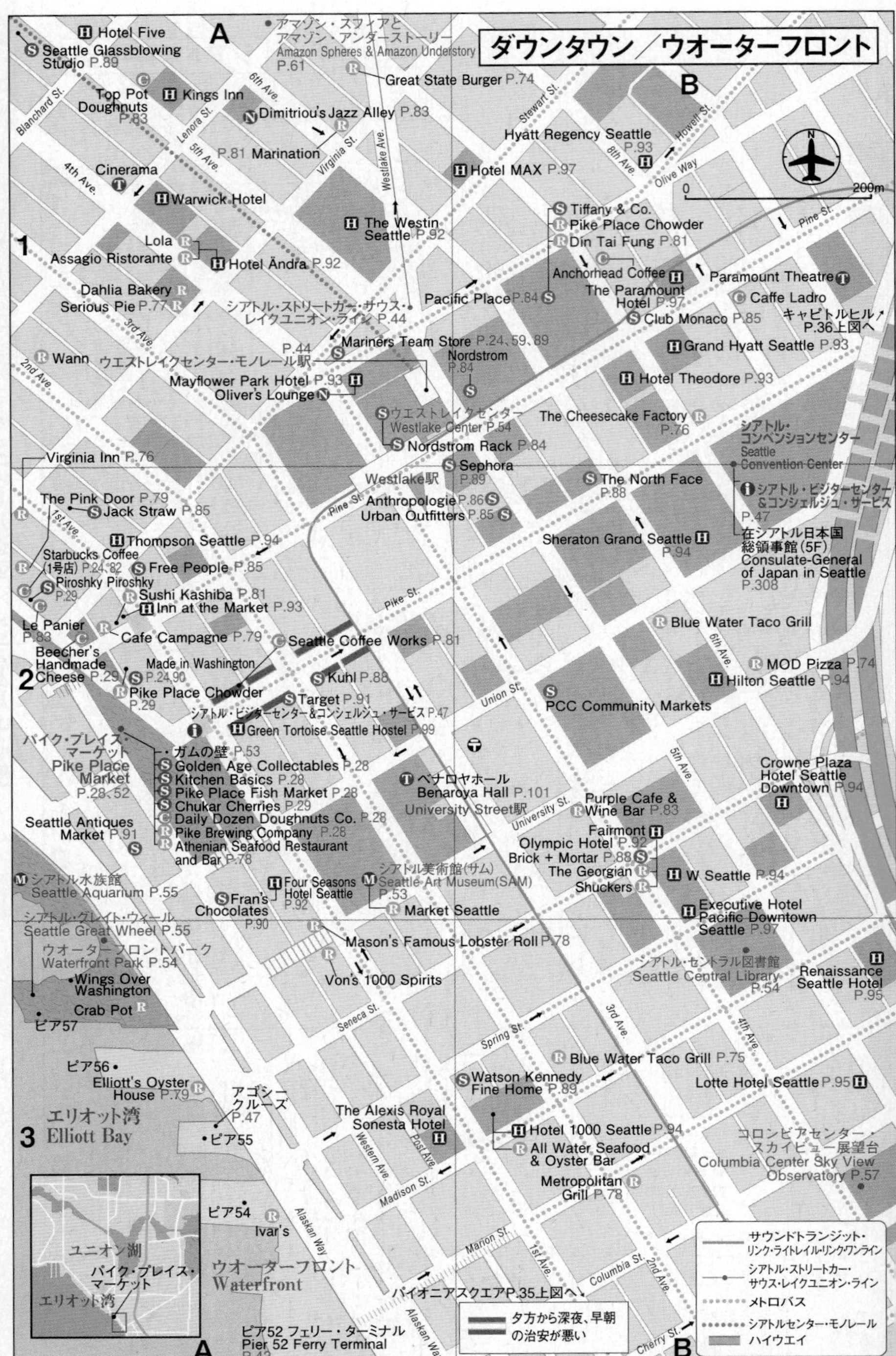

MEMO 治安情報 Pike St.の3rd Ave.から1st Ave.周辺は夕方から早朝にかけて治安が悪くなるので注意すること（→P.307）。

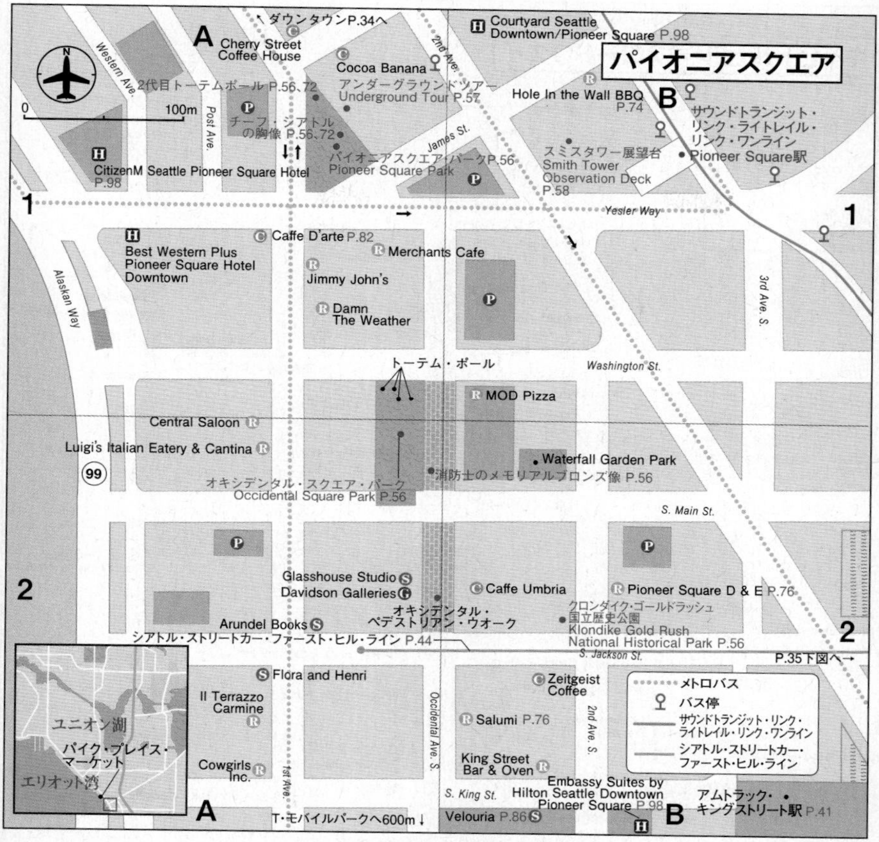

パイオニアスクエア
↖ダウンタウンP.34へ
A
B
1
2
Cherry Street Coffee House
Courtyard Seattle Downtown/Pioneer Square P.98
Cocoa Banana
Western Ave.
2nd Ave.
2代目トーテムポール P.56、72
アンダーグラウンドツアー Underground Tour P.57
Hole In the Wall BBQ P.74
サウンドトランジット・リンク・ライトレイル・リンク・ワンライン Pioneer Square駅
0 100m
Post Ave.
チーフ・シアトルの胸像 P.56、72
James St.
パイオニアスクエア・パークP.56 Pioneer Square Park
スミスタワー展望台 Smith Tower Observation Deck P.58
CitizenM Seattle Pioneer Square Hotel P.98
Yesler Way
Best Western Plus Pioneer Square Hotel Downtown
Caffe D'arte P.82
Merchants Cafe
Jimmy John's
Damn The Weather
Alaskan Way
3rd Ave. S.
トーテム・ポール
Washington St.
MOD Pizza
Central Saloon
Luigi's Italian Eatery & Cantina
99
Waterfall Garden Park
消防士のメモリアルブロンズ像 P.56
オキシデンタル・スクエア・パーク Occidental Square Park P.56
S. Main St.
Glasshouse Studio
Davidson Galleries
Caffe Umbria
Pioneer Square D & E P.76
オキシデンタル・ペデストリアン・ウオーク
Arundel Books
クロンダイク・ゴールドラッシュ国立歴史公園 Klondike Gold Rush National Historical Park P.56
シアトル・ストリートカー・ファースト・ヒル・ライン P.44
S. Jackson St.
P.35下図へ→
Flora and Henri
Zeitgeist Coffee
Il Terrazzo Carmine
Salumi P.76
Occidental Ave. S.
2nd Ave. S.
メトロバス
バス停
サウンドトランジット・リンク・ライトレイル・リンク・ワンライン
シアトル・ストリートカー・ファースト・ヒル・ライン
ユニオン湖
パイク・プレイス・マーケット
エリオット湾
Cowgirls Inc.
1st Ave.
King Street Bar & Oven
Embassy Suites by Hilton Seattle Downtown Pioneer Square P.98
S. King St.
アムトラック・キングストリート駅 P.41
T-モバイルパークへ600m↓
Velouria P.86

インターナショナルディストリクト
Washington St.
5th Ave. S.
6th Ave. S.
S. Washington St.
夕方～早朝の治安が悪い
Kobe Terrace Park
藤寿司
サウンドトランジット・リンク・ライトレイル・リンク・ワンライン International District/Chinatown駅
S. Main St.
Panama Hotel Tea & Coffee House P.82
Maneki
←P.35上図へ
Kobo
5
Chengdu Memory
Jackson St.
Dim Sum King
ヒング・ヘイ・パーク Hing Hay Park P.58
Jade Garden
10th Ave. S.
3
アムトラック・キングストリート駅 Amtrak King Street Station P.41
中華門
正面玄関
Hostelling International Seattle at the American Hotel P.99
King's Barbeque House
Tai Tung Chinese Restaurant
King St.
ウイング・ルーク博物館 P.58 Wing Luke Museum
Honey Court Seafood Chinese Restaurant
Oasis Tea Zone
Shanghai Garden
Ton Kiang BBQ Noodle House
S. Weller St.
紀伊國屋書店 P.59
Ocean Star Seafood Restaurant
Ho Ho Seafood Restaurant
Uwajimaya P.91
FlixBus バス停 P.41、152
ユニオン湖
パイク・プレイス・マーケット
エリオット湾
4th Ave. S.
5th Ave. S.
6th Ave. S.
S. Lane St.
0 200m
Daiso P.88
Maynard Ave. S.
7th Ave. S.
8th Ave. S.
メトロバス
シアトル・ストリートカー・ファースト・ヒル・ライン
A
B
S. Dearborn St.

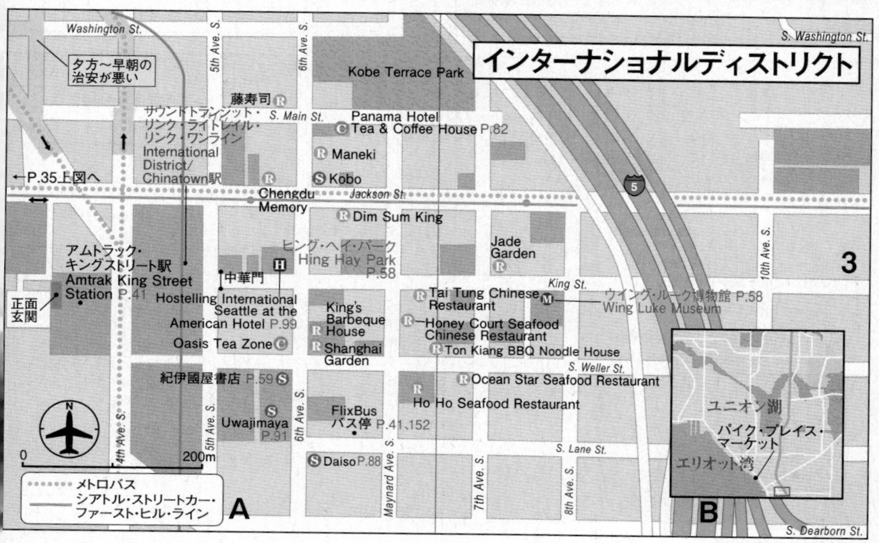

MEMO **治安情報**　夕方から早朝にかけて、4th Ave.のJames St.からJackson St.のエリアやオキシデンタル・スクエア・パーク周辺の治安が悪くなるので注意すること（→P.307）。

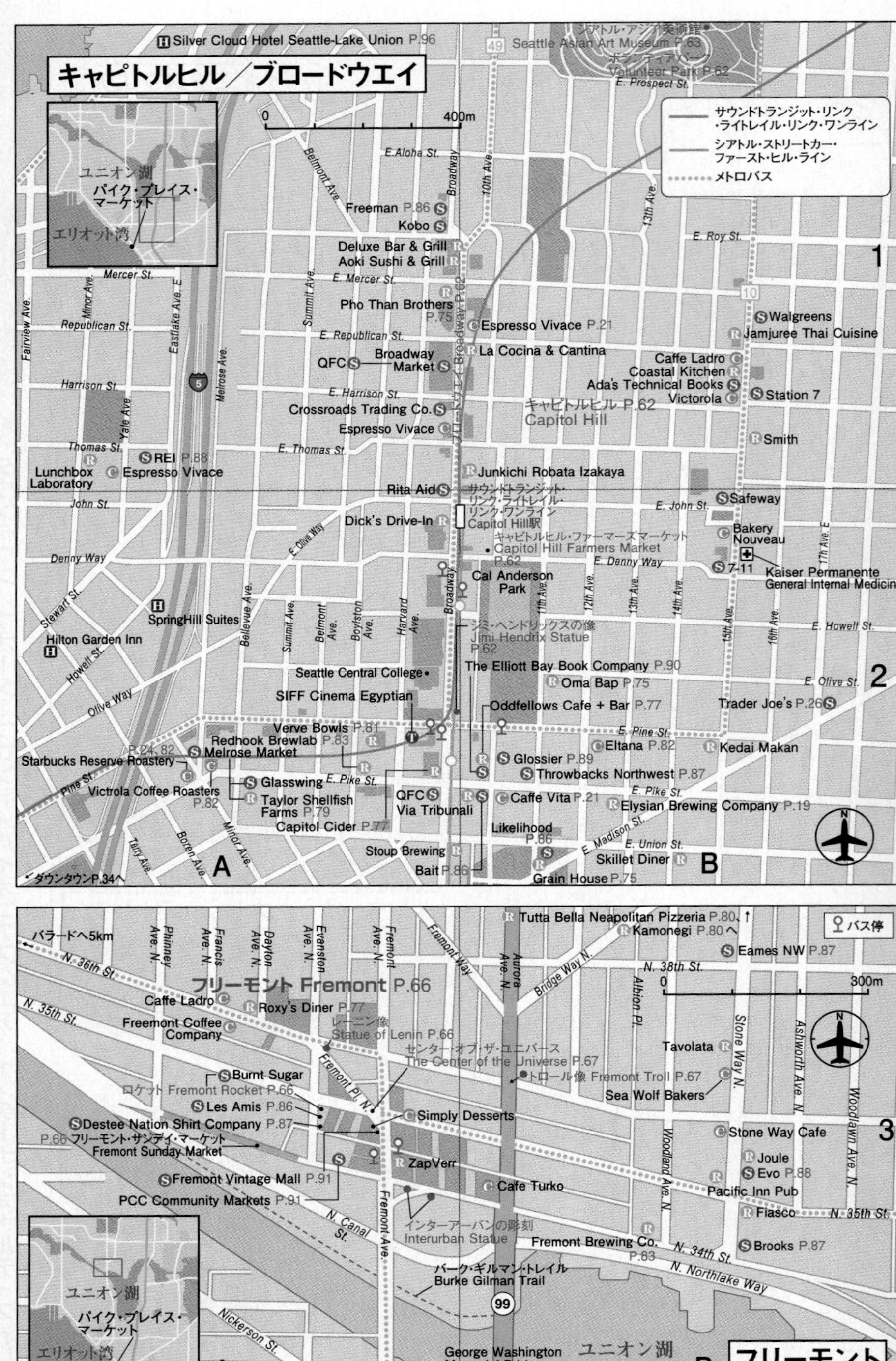

キャピトルヒル／ブロードウエイ
Silver Cloud Hotel Seattle-Lake Union P.96
シアトル・アジア美術館
Seattle Asian Art Museum P.63
ボランティアパーク
Volunteer Park P.62
E. Prospect St.
サウンドトランジット・リンク・ライトレイル・リンク・ワンライン
シアトル・ストリートカー・ファースト・ヒル・ライン
メトロバス
ユニオン湖
パイク・プレイス・マーケット
エリオット湾
Freeman P.86
Kobo
Deluxe Bar & Grill
Aoki Sushi & Grill
Pho Than Brothers P.75
Espresso Vivace P.21
La Cocina & Cantina
QFC
Broadway Market
Crossroads Trading Co.
Espresso Vivace
Walgreens
Jamjuree Thai Cuisine
Caffe Ladro
Coastal Kitchen
Ada's Technical Books
Victorola
Station 7
キャピトルヒル P.62
Capitol Hill
Smith
REI P.88
Lunchbox Laboratory
Espresso Vivace
Junkichi Robata Izakaya
Rita Aid
サウンドトランジット・リンク・ライトレイル・リンク・ワンライン Capitol Hill駅
Dick's Drive-In
キャピトルヒル・ファーマーズマーケット
Capitol Hill Farmers Market P.62
Safeway
Bakery Nouveau
7-11
Kaiser Permanente General Internal Medicine
Cal Anderson Park
SpringHill Suites
Hilton Garden Inn
ジミ・ヘンドリックスの像
Jimi Hendrix Statue P.62
Seattle Central College
The Elliott Bay Book Company P.90
Oma Bap P.75
SIFF Cinema Egyptian
Oddfellows Cafe + Bar P.77
Trader Joe's P.26
Verve Bowls P.81
Redhook Brewlab P.83
P.24, 82
Starbucks Reserve Roastery
Melrose Market
Glasswing
Taylor Shellfish Farms P.79
Victrola Coffee Roasters P.82
Capitol Cider P.77
QFC
Via Tribunali
Glossier P.89
Throwbacks Northwest P.87
Eltana P.82
Kedai Makan
Caffe Vita P.21
Elysian Brewing Company P.19
Likelihood P.86
Stoup Brewing
Bait P.86
Skillet Diner
Grain House P.75
ダウンタウンP.34へ
Mercer St.
Republican St.
Harrison St.
Thomas St.
John St.
Denny Way
Stewart St.
Howell St.
Olive Way
Pine St.
E. Aloha St.
E. Roy St.
E. Mercer St.
E. Republican St.
E. Harrison St.
E. Thomas St.
E. John St.
E. Denny Way
E. Olive Way
E. Howell St.
E. Olive St.
E. Pine St.
E. Pike St.
E. Union St.
E. Madison St.
Broadway
10th Ave.
13th Ave.
Fairview Ave.
Minor Ave.
Eastlake Ave. E
Melrose Ave.
Yale Ave.
Belmont Ave.
Summit Ave.
Bellevue Ave.
Boylston Ave.
Harvard Ave.
11th Ave.
12th Ave.
14th Ave.
15th Ave.
16th Ave.
17th Ave. E
Terry Ave.
Boren Ave.
ブロードウエイ Broadway P.62
0 400m
1
2
A
B
バス停
バラードへ5km
N. 36th St.
N. 35th St.
Phinney Ave. N.
Francis Ave. N.
Dayton Ave. N.
Evanston Ave. N.
Fremont Ave. N.
Fremont Way
Aurora Ave. N.
Bridge Way N.
Albion Pl.
Stone Way N.
Ashworth Ave. N.
Woodlawn Ave. N.
Woodland Ave. N.
N. 38th St.
Tutta Bella Neapolitan Pizzeria P.80
Kamonegi P.80
Eames NW P.87
0 300m
フリーモント Fremont P.66
Caffe Ladro
Roxy's Diner P.77
Freemont Coffee Company
レーニン像
Statue of Lenin P.66
センター・オブ・ザ・ユニバース
The Center of the Universe P.67
トロール像 Fremont Troll P.67
Tavolata
Sea Wolf Bakers
Burnt Sugar
ロケット Fremont Rocket P.66
Les Amis P.86
Destee Nation Shirt Company P.87
P.66 フリーモント・サンデイ・マーケット
Fremont Sunday Market
Simply Desserts
Stone Way Cafe
Joule
Evo P.88
Pacific Inn Pub
ZapVerr
Fremont Vintage Mall P.91
Cafe Turko
PCC Community Markets P.91
Fiasco
N. 35th St.
Fremont Pl. N.
N. Canal St.
Fremont Ave.
インターアーバンの彫刻
Interurban Statue
Fremont Brewing Co. P.83
N. 34th St.
Brooks P.87
N. Northlake Way
バーク・ギルマン・トレイル
Burke Gilman Trail
99
Nickerson St.
George Washington Memorial Bridge
ユニオン湖
Lake Union
ダウンタウンへ8km
3
A
B
フリーモント

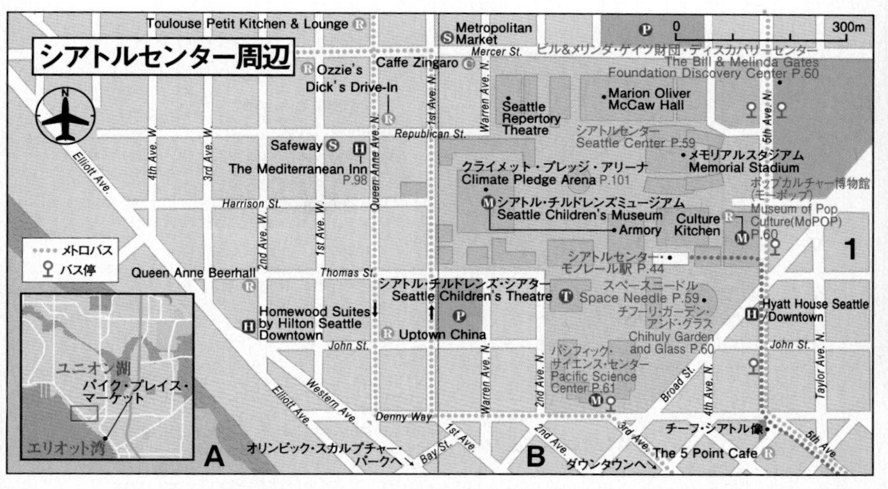

シアトルセンター周辺
Toulouse Petit Kitchen & Lounge
Metropolitan Market
0 300m
Mercer St.
ビル&メリンダ・ゲイツ財団・ディスカバリー・センター
The Bill & Melinda Gates Foundation Discovery Center P.60
Ozzie's
Caffe Zingaro
Dick's Drive-In
Marion Oliver McCaw Hall
Seattle Repertory Theatre
Republican St.
シアトルセンター
Seattle Center P.59
Safeway
The Mediterranean Inn P.98
メモリアルスタジアム
Memorial Stadium
クライメット・プレッジ・アリーナ
Climate Pledge Arena P.101
ポップカルチャー博物館(モーポップ)
Museum of Pop Culture(MoPOP) P.60
Elliott Ave.
4th Ave. W.
3rd Ave. W.
Harrison St.
Queen Anne Ave. N.
1st Ave. N.
Warren Ave. N.
5th Ave. N.
シアトル・チルドレンズミュージアム
Seattle Children's Museum
Culture Kitchen
Armory
メトロバス
バス停
2nd Ave. W.
1st Ave. W.
シアトルセンター・モノレール駅 P.44
1
Queen Anne Beerhall
Thomas St.
シアトル・チルドレンズ・シアター
Seattle Children's Theatre
スペースニードル
Space Needle P.59
Hyatt House Seattle/Downtown
Homewood Suites by Hilton Seattle Downtown
チフーリ・ガーデン・アンド・グラス
Chihuly Garden and Glass P.60
Uptown China
John St.
ユニオン湖
パイク・プレイス・マーケット
パシフィック・サイエンス・センター
Pacific Science Center P.61
Western Ave.
Elliott Ave.
Denny Way
Warren Ave. N.
2nd Ave. N.
Broad St.
4th Ave. N.
Taylor Ave. N.
チーフ・シアトル像
エリオット湾
A
オリンピック・スカルプチャー・パークへ
Bay St.
1st Ave.
B
2nd Ave.
3rd Ave.
ダウンタウンへ
The 5 Point Cafe
5th Ave.

N.E. 50th St.
A
15th Ave. N.E.
16th Ave. N.E.
17th Ave. N.E.
Cedars Restaurant
ユニバーシティディストリクト
B
0 500m
Trader Joe's P.26
11th Ave. N.E.
12th Ave. N.E.
Brooklyn Ave. N.E.
N.E. 47th St.
Costa's Restaurant
University Village P.84
Din Tai Fung
Williams Sonoma
Allbirds
Anthropologie
Apple Store
Banana Republic
J. Crew
2
Roosevelt Way
Residence Inn Seattle University District
Thai Tom P.80
Caliburger
Urban Outfitters
18th Ave. N.E.
20th Ave. N.E.
21st Ave. N.E.
22nd Ave. N.E.
ワシントン大学生協
University of Washington Bookstore P.64
N.E. 45th St.
ユニバーシティディストリクト
University District P.64
サウンドトランジット・リンク・ライトレイル・リンク・ワンライン U District駅
バーク博物館
Burke Museum P.65
N.E. 43rd St.
Crossroads Trading P.88
ゴルフ練習場
Flowers Bar & Restaurant
Chipotle Mexican Grill
Thanh Vi
Cafe Allegro
Bulldog News & Cafe
Cafe on the Ave
N.E. 42nd St.
University Inn P.99
Big Time Brewery and Alehouse
Cafe Solstice
Shultzy's Bar & Grille
University Kitchen
N.E. 41st St.
ヘンリー・アート・ギャラリー
Henry Art Gallery P.65
サウンドトランジット・リンク・ライトレイル・リンク・ワンライン
メトロバス
N.E. Campus Pkwy.
ビジターセンター P.64
セントラルプラザ
The College Inn P.99
スッツァロー&アレン図書館 P.64
Suzzallo & Allen Libraries
学生会館
Husky Union (HUB)
University Way N.E.
15th Ave. N.E.
ワシントン大学
University of Washington P.64
ユニオン湖
パイク・プレイス・マーケット
エリオット湾
3
ドラムヘラー噴水
Drumheller Fountain
シアトルダウンタウンへ約8km
バーグ・グリアン遊歩道
Burke Glian Trail
Montlake Blvd. N.E.
N.E. Pacific St.
ユニオン湾
Union Bay
ヘク・エドムンドソン・パビリオン
Hec Edmundson Pavilion
Agua Verde Paddle Club & Café P.65
ポーテージ湾
Portage Bay
サウンドトランジット・リンク・ライトレイル・リンク・ワンライン
University of Washington駅
ハスキースタジアム
Husky Stadium
ワシントン大学ウオーターフロント・アクティビティ・センター
University of Washington Waterfront Activity Center P.64
A
ワシントン大学メディカルセンター
B

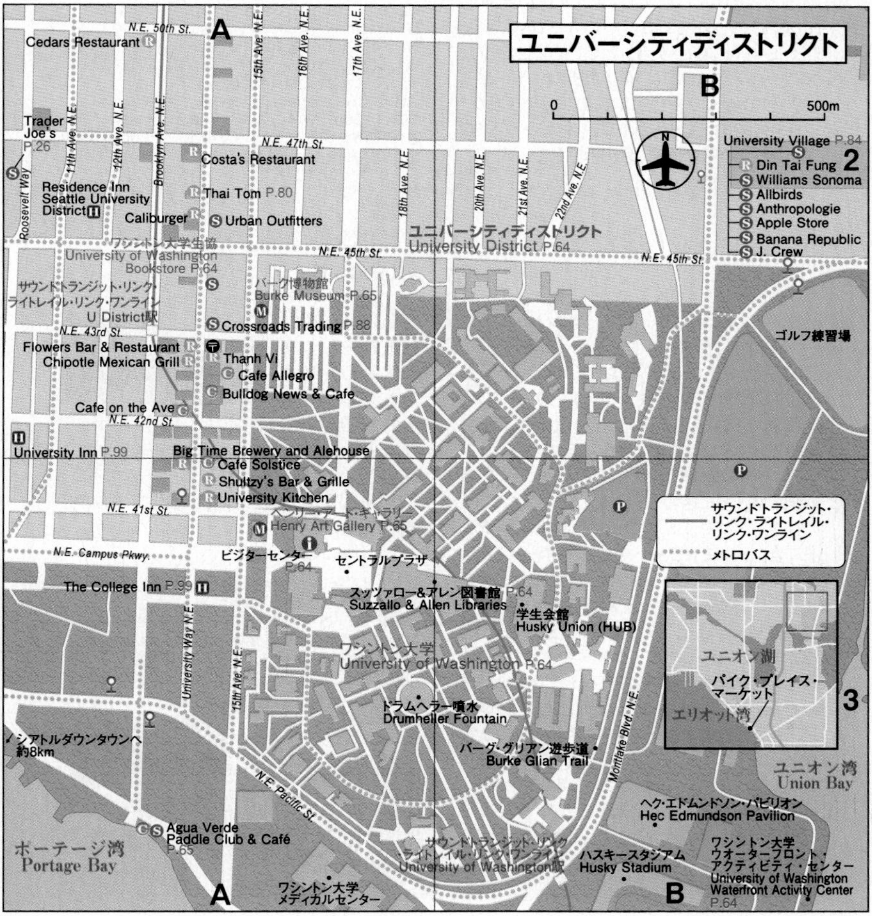

COLUMN

ガラス工芸が盛んな町
タコマ Tacoma

シアトルの南40kmに位置する**タコマ**は、林業で潤ってきた。1900年代初頭には多くの日本人が移り住み、日本人街もあったという。現在はその跡地にワシントン大学タコマ校が立ち、学生街として成り立っている。

ダウンタウンにある**ガラス博物館Museum of Glass**では、タコマ出身のデール・チフーリDale Chihuly氏の作品のほか、全米で活躍する作家のガラス細工を展示。さまざまなイベントを開催し、タイミングが合えば現地アーティストのガラス製作を実際に見られる。

タコマダウンタウンから南へ1.5km行くと、**ルメイ・アメリカ自動車博物館LeMay America's Car Museum**がある。展示車両のほとんどは、ハロルド・ルメイ氏の親族によって寄付されたもの。ハロルド氏存命中、プライベートコレクションとしては、世界最大を誇ったそう。1925年製のT型フォード・ピックアップトラックや1929年製のキャデラック・シリーズ321B・ビクトリアクーペなど、レアなクラシックカーが約350台展示されている。

ダウンタウンからガラス博物館へ向かう歩道橋は、「ガラスの橋The Bridge of Glass」と呼ばれ、デール・チフーリ氏の作品が100点以上展示されている

タコマダウンタウンへの行き方

車 シアトルからI-5を南へ51km行き、Exit 133で下り、I-705Nを2km進む。所要約50分。
鉄 アムトラック・キングストリート駅からSounder S Line Seattle-Lakewood/Tacomaでタコマドーム駅下車、徒歩約10分。所要約1時間10分。
バス シアトルダウンタウンのStewart St. & 2nd Ave.からサウンドトランジット・バス#590、594でタコマの10th & Commerce TC下車。所要約1時間10分。

ガラス博物館 MP.31-A3
住1801 Dock St., Tacoma ☎(253)284-4750
URL www.museumofglass.org 営水〜日10:00〜17:00
休月火 料大人$20、学生$18、子供(6〜18歳) $12

ルメイ・アメリカ自動車博物館 MP.31-A3
住2702 E. D St., Tacoma ☎(253)779-8490
URL www.americascarmuseum.org
営木〜月10:00〜17:00 休火水
料大人$22、子供(5〜17歳) $16、4歳以下無料

タコマ観光案内所 MP.31-A3
住1516 Commerce St., Tacoma
☎(253) 284-3254 URL www.traveltacoma.com
営〈5月下旬〜9月上旬〉月〜金10:00〜16:00、〈9月中旬〜5月中旬〉火〜金10:00〜16:00

COLUMN

セント・エドワード州立公園

シアトルの北東20kmにある**セント・エドワード州立公園Saint Edward State Park**。326エーカー(1.3km²)の広さをもち、初級から上級まで14のハイキングトレイルのほか、子供向けの遊具もある。ロッジから木々が生い茂るトレイルを抜けた先にあるのがワシントン湖。春〜秋季には水浴びやカヤックを楽しむ地元の人でにぎわっている。

州立公園の入口に立つ建物が、**ロッジ・アット・セント・エドワード州立公園The Lodge at St. Edward State Park**。スペースニードルを手がけた建築家ジョン・グラハム・ジュニア氏の父ジョン・グラハム・シニア氏が設計し、1931年にセント・エドワード神学校として建設された。1976年まで神学校として使われたが、その後約40年使用されていなかった。2021年5月、神学校校舎であったロマネスク様式の建物とアールデコ様式のインテリアをうまくミックスさせ、ホテルとして再始動した。84部屋からなるホテルの館内にはいたるところで、神学校時代の面影を見ることができる。地下にあるバーThe Tonsorium Barは神学校時代に学生の理髪をしていた部屋。地元アーティストの作品が並べられている回廊にぶら下がる時計は神学校時代のものだ。レストランCedar + Elmは、以前ダイニングホールがあった場所で、大きな窓は当時のものを使用している。

セント・エドワード州立公園の中心に立つロッジ・アット・セント・エドワード州立公園

セント・エドワード州立公園
Saint Edward State Park
MP.31-B3 住14445 Juanita Dr. N.E., Kenmore
☎(425) 823-2992 URL www.parks.wa.gov/577/Saint-Edward 営毎日8:00〜日没 料無料

ロッジ・アット・セント・エドワード州立公園
The Lodge at St. Edward State Park
MP.31-B3
住14477 Juanita Dr. N.W., Kenmore
☎(425) 470-6500
URL www.thelodgeatstedward.com
料ⓈⒹ$300〜、Su$700〜
駐無料 Wi-Fi無料
カード AMV 84室

ロッジにはスパ施設のほか、レストランやカフェ、バーもある

シアトルへの行き方

飛行機

日本から

2023年8月現在、シアトル・タコマ国際空港（SEA）へ、デルタ航空（DL）と全日空（NH）が東京国際空港（羽田空港、HND）から、日本航空（JL）が成田国際空港から、直行便を運航している。アメリカン航空（AA）、ユナイテッド航空（UA）などのアメリカ国内での乗り継ぎ便などでもシアトルへ入れる。

アメリカ国内から

ポートランドをはじめ、アメリカ各地からデルタ航空、ユナイテッド航空などおもな航空会社が乗り入れている。

シアトル・タコマ国際空港（シータック空港）
Seattle-Tacoma International Airport (Sea-Tac Airport、SEA)

シアトルダウンタウンの南約20kmのシアトル市とタコマ市の中間に位置し、サウンドトランジット・リンク・ライトレイル・リンク・ワンラインのほか、空港シャトルバスやタクシーなどでダウンタウンへアクセスできる。市内中心部まで所要40～50分。空港は、シータック空港と略称で呼ばれている。

シアトル・タコマ国際空港（シータック空港）
MP.32-A4
住17801 International Blvd., Seattle
☎(206) 787-5388
URL www.portseattle.org/sea-tac

デルタ航空(DL)
羽田発シアトル行き直行便
DL166便　毎日1便
HND発16:05→
SEA着同日9:30
所要9時間25分

全日空(NH)
羽田発シアトル行き直行便
NH118便　毎日1便
HND発17:25→
SEA着同日10:35
所要9時間10分

日本航空(JL)
成田発シアトル行き直行便
JL68便　毎日1便
NRT発18:05→
SEA着同日11:15
所要9時間10分

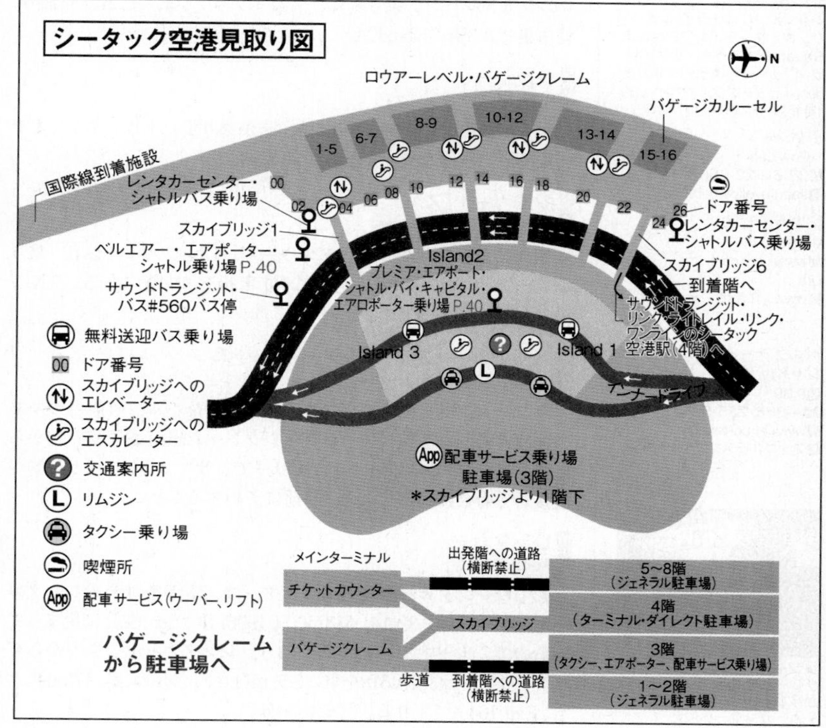

シータック空港駅に停車中のサウンドトランジット・リンク・ライトレイル・リンク・ワンライン

サウンドトランジット・リンク・ライトレイル・リンク・ワンライン
MP.32-A1〜A4
Free(1-800)201-4900
URLwww.soundtransit.org
料シータック空港駅からWestlake駅まで：大人$3、18歳以下無料

プレミア・エアポート・シャトル・バイ・キャピタル・エアロポーター
MP.39
☎(206)244-0011
URLpremierairportshuttle.com
料市内まで：片道$62〜

空港からベルビューへ公共交通機関で行く
バゲージクレーム出口02そばの停留所からサウンドトランジット・バス#560がベルビューダウンタウンへ行く。約40分、$3.25。もしくは、サウンドトランジット・リンク・ライトレイル・リンク・ワンラインでPioneer Square駅まで行き、サウンドトランジット・バス#550に乗り換えベルビューダウンタウンへ。約1時間20分、$6.25。

タクシー
Yellow Cab
☎(206)622-6500
URLseattleyellowcab.com

配車サービス
Uber
URLwww.uber.com
Lyft
URLwww.lyft.com

ベルエアー・エアポーター・シャトル
MP.39
Free(1-866)235-5247
URLwww.airporter.com
料アナコルテスまで：片道$54

レンタカー利用者はバゲージクレーム出口番号02、26そばからシャトルバスに乗りレンタカーセンターへ向かう

空港到着から荷物ピックアップまで

日本からの到着便はAゲートかSゲートに到着。荷物をピックアップしてから入国審査を受ける。乗り継ぎをする場合はサインに従って荷物を預け、メインターミナルへ。シアトルが最終目的地ならそのまま進み、バゲージクレームエリアを出て好みの交通手段で市内へ。

空港から市内へ

サウンドトランジット・リンク・ライトレイル・リンク・ワンライン
Sound Transit Link Light Rail Link 1 Line

シータック空港周辺からワシントン大学の北までを結ぶ列車。空港からダウンタウンの中心部ウエストレイク駅まで約38分で走る。運行間隔は8〜15分。ダウンタウン中心部は、Westlake駅、University Street駅、Pioneer Square駅、International District/Chinatown駅に停車する。各駅停車で料金もダウンタウンまで大人$3と格安。乗り場はスカイブリッジ6を渡り、駐車場4階北側の専用通路を約400m行った所。自動券売機でチケットを購入して乗車。現金、クレジットカードが使える。

プレミア・エアポート・シャトル・バイ・キャピタル・エアロポーター
Premier Airport Shuttle By Capital Aeroporter

空港のシャトル乗り場からホテルまで乗せて行ってくれる相乗りのシャトルバン。乗り場は、スカイブリッジ3、または4を渡り、駐車場ビル3階のIsland2A。

タクシー
Taxi

スカイブリッジを渡った駐車場3階が乗り場。ダウンタウンまで所要30分。料金はチップ込みで約$50。

配車サービス
App Based Rideshares

個人による送迎車サービスのウーバーUberとリフトLyft。乗り場は、スカイブリッジ3を渡り、駐車場ビル3階にある「TNC/Rideshare」サインのそば。

ベルエアー・エアポーター・シャトル
Bellair Airporter Shuttle

ワシントン州北部のアナコルテスやベリンハム、南東のヤキマ方面行きのシャトルバス。バゲージクレーム出口番号02の外から出発。ワシントンステート・フェリーで、サンファンアイランドへ直接行く場合に利用しよう。事前に予約すること。

レンタカー
Rent-A-Car

おもなレンタカー会社のカウンターは、空港敷地外のレンタカーセンター（MP.32-A4、住3150 S. 160th St., Seattle）に集まっているので、シャトルバスで向かおう。レンタカーセンターからダウンタウンへは、WA-518を東に2.5km行き、I-5Nに入る。17km北上し、Exit 164-Aで下りる。所要約30分。

MEMO **シアトルダウンタウンのホテルからシータック空港までのタクシー料金**　均一の$40が設定されている。ただし、途中で停車、下車できない。チップを入れると、約$46。

鉄　道

カナダのバンクーバーやワシントン州タコマ、オレゴン州ポートランド、ユージーンなどから、**アムトラックAmtrak**のカスケード号、コーストスターライト号が、キングストリート駅Amtrak King Street Stationに到着。駅はダウンタウンの南東1kmにある。

ホームに停車中のアムトラック・カスケード号

鉄道駅から市内へ

アムトラックが到着するキングストリート駅からダウンタウンへは徒歩約25分。坂が多い町なので、ホテルへは駅前からタクシーが便利だ。駅外の階段を上り、東へ1ブロック行くと、サウンドトランジット・リンク・ライトレイル・リンク・ワンラインのInternational District/Chinatown駅があり、ライトレイルでダウンタウン中心部まで約10分。

長距離バス

オリンピック半島のポートエンゼルス、ワシントン州タコマ、オリンピア、オレゴン州ポートランド、ユージーンなどから**グレイハウンドGreyhound**のバスが走る。バスディーポは、ダウンタウンの南東2.5km。

ライトレイルの駅前にある

バスディーポから市内へ

グレイハウンドのバスディーポはサウンドトランジット・リンク・ライトレイル・リンク・ワンラインのStadium駅の目の前。ライトレイルで、ダウンタウン中心部にあるWestlake駅まで約12分。

水上飛行機

ケンモア・エアKenmore Airなどの水上飛行機で、サンファンアイランドやカナダのビクトリアからダウンタウン北のユニオン湖Lake Unionやボーイング空港Boeing Fieldなどへ45分〜1時間ほどで到着する。レイクユニオン・シープレーン・ターミナルがダウンタウンに最も近く、便利だろう。

ケンモア・エアのレイクユニオン・シープレーン・ターミナル

アムトラックのキングストリート駅

アムトラック・キングストリート駅
MP.35-A3、P.45-A3
住303 S. Jackson St., Seattle
Free(1-800) 872-7245
URL www.amtrak.com
営毎日6:00〜21:30
ユージーン〜ポートランド〜シアトル
1日5便。ポートランドから所要3時間30分。
料片道$33〜

グレイハウンド・バスディーポ
MP.33-B4、P.45-A3
住503 S. Royal Brougham Way, Seattle
☎(206) 624-0618
URL www.greyhound.com
営毎日3:00〜20:00
ポートランド〜シアトル
1日2便、所要約4時間
料片道$24〜
ポートエンゼルス〜シアトル
1日2便(時期により異なる)、所要約3時間30分
料片道$29〜

ケンモア・エア
☎(425) 486-1257
Free(1-866) 435-9524
URL www.kenmoreair.com
サンファンアイランド・フライデイハーバー〜シアトル
運航／5月中旬〜11月上旬
料大人：片道$164〜(季節や曜日により異なる)

レイクユニオン・シープレーン・ターミナル
Lake Union Seaplane Terminal
MP.33-B1
住950 Westlake Ave. N., Seattle
行き方Lake Union Parkからシアトル・ストリートカー・サウス・レイクユニオン・ライン(→P.44)でウエストレイクセンターまで約15分。

水上飛行機で爽快な空の旅を

MEMO **グレイハウンドと共同運行するフリックスバス**　ポートランドとシアトルを結ぶ。FlixBus URL www.flixbus.com　バス停は、シアトルはインターナショナルディストリクトの住622 S. Lane St., Seattle（MP.35-A3）。

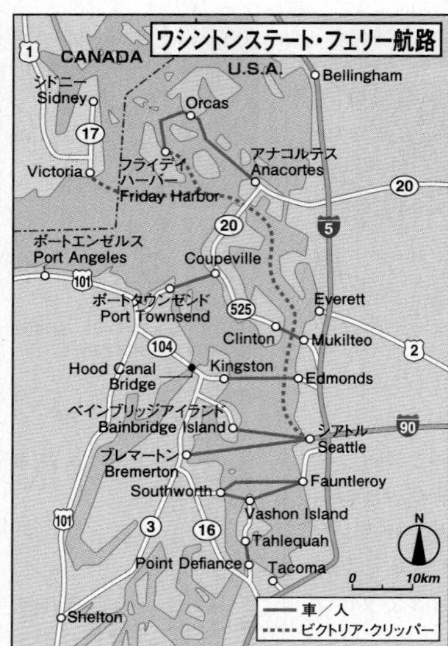

フェリー

ワシントンステート・フェリー
Washington State Ferries

ピュージェット湾に面するシアトルとその周辺へ、ワシントンステート・フェリーが約10航路を運航している。そのうち、ベインブリッジアイランドBainbridge IslandやブレマートンBremertonからのフェリーは、ウオーターフロントの**ピア52**に到着。

サンファンアイランドSan Juan IslandのフライデイハーバーFriday HarborからアナコルテスAnacortes行きのフェリーは、シアトルから北西へ約130kmの所に着く。

ピュージェット海峡を行くフェリー

FRSクリッパー・フェリー
FRS Clipper Ferries

FRSクリッパー・フェリーは、カナダのビクトリアから、シアトルまで運航する高速フェリー。シアトルのピア69の専用桟橋へ接岸する。カナダのビクトリアからの便は4月～1月中旬までの運航で、ビクトリアから約3時間の船旅だ。車両は乗船できない。

ピア69はFRSクリッパー・フェリー専用桟橋

フェリー乗り場から市内へ

ピア52からダウンタウンのWestlake駅まで徒歩18分。もしくは、トランジットトンネル駅のPioneer Square駅まで歩き（約8分）、サウンドトランジット・リンク・ライトレイル・リンク・ワンラインかメトロバスでダウンタウンへ。

ピア69からダウンタウンへは、徒歩20分。

ダウンタウンへ歩いていくならウオーターフロント沿いを歩くのがいい

ワシントンステート・フェリー
M P.42
☎(206) 464-6400
Free (1-888) 808-7977
URL wsdot.wa.gov/travel/washington-state-ferries
料 ベインブリッジアイランド～シアトル：大人$9.45、18歳以下無料、車$16.80～21.40、自転車は$1の追加

ピア 52
M P.45-A2
住 801 Alaskan Way, Seattle
行き方 Pier 52へは、サウンドトランジット・リンク・ライトレイル・リンク・ワンラインのPioneer Square駅から徒歩8分。

FRSクリッパー・フェリー
M P.45-A1
住 2701 Alaskan Way, Pier 69, Seattle
☎(206) 448-5000
URL www.clippervacations.com
料 ビクトリア～シアトル：$129～199（季節、事前購入などで異なる）
行き方 ピア69へは、サウンドトランジット・リンク・ライトレイル・リンク・ワンラインのWestlake駅から徒歩で約20分、タクシーで8分。

シアトル発のクルーズ
URL www.portseattle.org
シアトルは近年クルーズの出港地としてにぎわっている。ロイヤルカリビアン、プリンセスクルーズ、ノルウェージャン・アンコールなど約10の大型クルーズラインが運航し、アラスカ、ヨーロッパなどへ多彩なツアーを催行。

MEMO **FRSクリッパー・フェリーのシアトル―サンファンアイランド便** 2023年、シアトルからサンファンアイランド（→P.122）のフライデイハーバーへ行くサンファンアイランド便（サンファン・クリッパー）は↗

シアトルの市内交通

キングカウンティ・メトロトランジットKing County Metro TransitとサウンドトランジットSound Transitが、シアトルとキング郡一帯の公共交通システムを運行している。旅行者がおもに利用するのは、キングカウンティ・メトロトランジットのメトロバスやストリートカー、サウンドトランジットのサウンドトランジット・リンク・ライトレイル・リンク・ワンラインだろう。メトロバスもサウンド・トランジット・リンク・ライトレイル・リンク・ワンラインも電子プリペイドのORCAカード（→P.44）が利用できる。

サウンドトランジット・リンク・ライトレイル・リンク・ワンライン
Sound Transit Link Light Rail Link 1 Line

シータック空港周辺からダウンタウンやワシントン大学を経由してノースゲート駅まで走る列車。毎日4:30頃～翌2:00頃（土日～翌1:00頃）まで運行する。シータック空港からダウンタウン、ダウンタウンからキャピトルヒルやワシントン大学へ行くのに便利だ。地下を走るダウンタウンのWestlake駅、University Street駅、Pioneer Square駅、International District/Chinatown駅は総じてトランジットトンネル駅Transit Tunnel Stationと呼ばれている。

メトロバス
Metro Bus

シアトル市内からキング郡一帯を走る路線バス。路線は約170路線あり、シアトルの中心部からクイーンアンやフリーモント、バラードに行くときに便利だ。運行時間は路線によって異なるが、5:30から翌1:00頃まで。乗車するときに、現金かORCAカード（→P.44）で、先払い。

バス停の看板で自分の乗りたい路線を探そう

キングカウンティ・メトロトランジット
URL kingcounty.gov/en/dept/metro

サウンドトランジット・リンク・ライトレイル・リンク・ワンライン
MAP P.32-A1～A4、P.43
URL www.soundtransit.org
料 距離により異なり、大人$2.25～3.50、18歳以下無料

メトロバス
MAP P.45
料 大人$2.75、18歳未満無料。1日券$4か$8（利用するバス路線により異なる）。

メトロ・カスタマー・インフォメーション
☎(206) 553-3000
営 毎日6:00～18:00

メトロ・カスタマー・サービスオフィス
MAP P.45-A3
住 201 S. Jackson St., Seattle
営 月～金8:30～13:00、14:00～16:30

トランスファー（乗り継ぎ）
バスに限り、現金払いのときはトランスファーチケットがもらえ、1回だけ乗り継ぎが無料。ORCAカード（→P.44）での乗り継ぎは2時間以内は無料。

ダウンタウンでは地下をサウンドトランジット・リンク・ライトレイル・リンク・ワンラインが走る

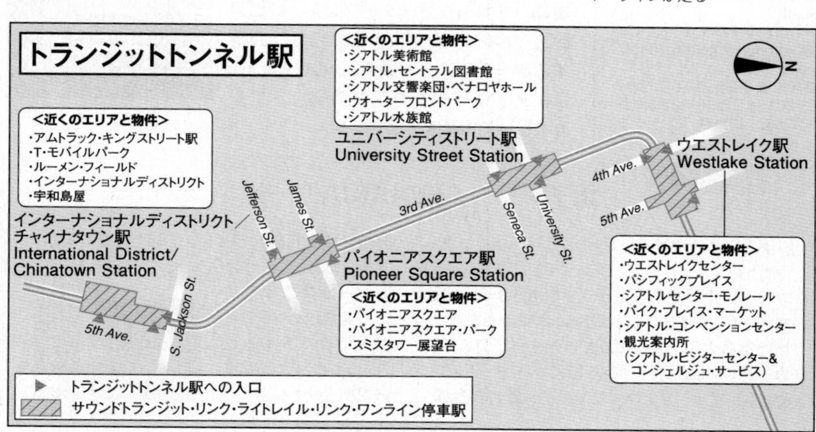

↘運休している。2024年のスケジュールは未定。

シアトル・ストリートカー
Seattle Streetcar

サウス・レイクユニオン・ライン South Lake Union Lineと**ファースト・ヒル・ラインFirst Hill Line**がある。サウス・レイクユニオン・ラインはウエストレイクセンター近くからダウンタウン北東のユニオン湖を経由して、フレッド・ハッチンソン・がん研究所Fred Hutchinson Cancer Research Centerまでを結ぶ。ファースト・ヒル・ラインはパイオニアスクエアのオキシデンタルモールOccidental Mallからインターナショナルディストリクトを経由して、キャピトルヒルまでを結ぶ。切符はホームの自動券売機で購入する。もしくは、ORCAカード（→下記）をカードリーダーにタッチすること。ストリートカーは全駅に停車するシステムではない。降りる場合は、必ず車内の黄色のテープを押そう。ただし、停留所に人が立っていれば停車する。

ダウンタウンからユニオン湖へはストリートカーで

シアトルセンター・モノレール
Seattle Center Monorail

ダウンタウン中心部にある**ウエストレイクセンターWestlake Center**と**シアトルセンターSeattle Center**を3分ほどで結ぶモノレール。夕暮れ時は車窓から眺める夜景が美しい。

ダウンタウンの乗り場は、ショッピングモールのウエストレイクセンター3階。シアトルセンターの乗り場は、スペースニードルそばにある。

モノレールから街を眺めよう

キングカウンティ・ウオータータクシー
King County Water Taxi

ウエストシアトルWest Seattle行きと、バションアイランドVashon Island行きの2航路があり、乗り場はいずれもウオーターフロントの**ピア50**。ウエストシアトルまで15分。到着するシークレスト埠頭Seacrest Dockには、メトロバスの#775が待機し、アルカイビーチ方面に向かう。

ウオーターフロントの景色を楽しみたい

シアトル・ストリートカー
MP.45、P.34-A1、P.35-A2～B2、P.35-A3～B3
☎(206) 553-3000
URL www.seattle.gov/transportation/getting-around/transit/streetcar
営 サウス・レイクユニオン・ライン：月～土6:00～21:00（土7:00～）、日10:00～19:00（10～15分間隔）
ファースト・ヒル・ライン：月～土5:00～22:30（土6:00～）、日10:00～20:00（12～25分間隔）
料 大人$2.25、18歳以下無料。1日券：大人$4.50

シアトルセンター・モノレール
MP.45
☎(206) 905-2620
URL www.seattlemonorail.com
営 月～金7:30～23:00、土日8:30～23:00（約10分間隔）
料 片道：大人$3.50、子供（6～18歳）$1.75、5歳以下無料
ウエストレイクセンター駅
MP.34-A1
シアトルセンター駅
MP.37-B1

キングカウンティ・ウオータータクシー
West Seattle行き
MP.45-A2
URL kingcounty.gov/en/dept/metro/travel-options/water-taxi
営 月～木5:55～18:45、金5:55～22:45、土8:30～22:45、日8:30～18:30（冬季は短縮あり）
料 〈現金・チケット〉片道：大人$5.75、18歳以下無料。〈ORCAカード〉大人$5、18歳以下無料。チケットは乗船前に自動券売機で購入するか、現金もしくはORCAカードで支払う。
ピア50
MP.45-A2
住 801 Alaskan Way, Seattle
シークレスト埠頭
MP.68-A1
住 1660 Harbor Ave. S.W., Seattle
メトロバス#775
URL kingcounty.gov/en/dept/metro
営 月～金6:24～19:00（金～23:00）、土日8:55～23:00（日～18:56） 料 無料

COLUMN
電子プリペイドのORCAカード

メトロバスやサウンドトランジット・リンク・ライトレイル・リンク・ワンライン、ストリートカーの乗車に便利な電子プリペイドカード。日本のJRなどでおなじみのSuicaやIcocaなどに当たるもので、$5～400までチャージできる。カード本体は$3。サウンドトランジット・リンク・ライトレイル・リンク・ワンライン駅の自動券売機で購入可能。ライトレイルは乗車する前と下車したあとに、ウオータータクシーやストリートカーは乗車する前に、黄色いカードリーダーにタッチすること。メトロバスは乗車時にタッチする。

プラスチック製のカード

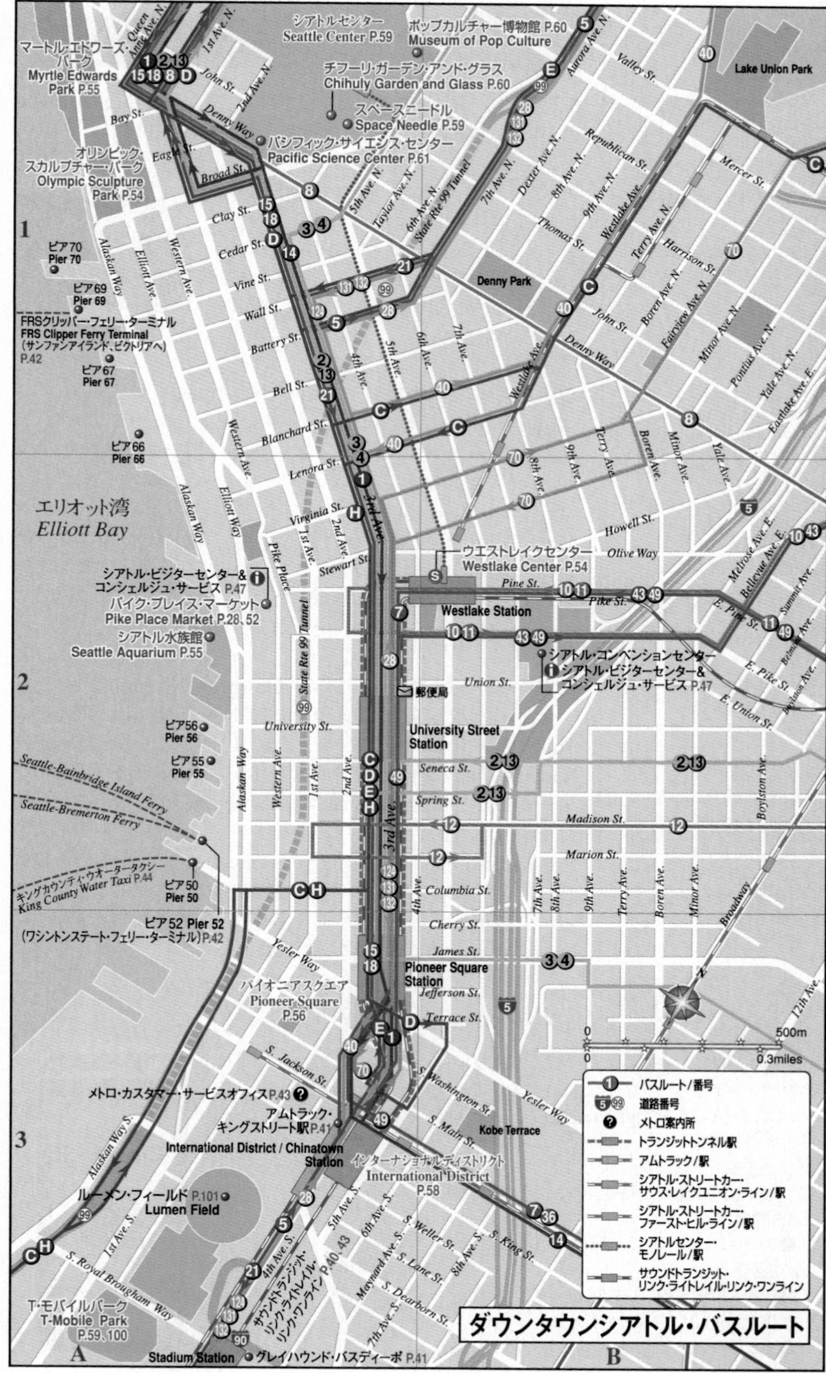
ダウンタウンシアトル・バスルート
シアトルセンター Seattle Center P.59
ポップカルチャー博物館 P.60 Museum of Pop Culture
チフーリ・ガーデン・アンド・グラス Chihuly Garden and Glass P.60
スペースニードル Space Needle P.59
パシフィック・サイエンス・センター Pacific Science Center P.61
マートル・エドワーズ・パーク Myrtle Edwards Park P.55
オリンピック・スカルプチャー・パーク Olympic Sculpture Park P.54
Lake Union Park
Denny Park
ピア70 Pier 70
ピア69 Pier 69
FRSクリッパー・フェリー・ターミナル FRS Clipper Ferry Terminal (サンファンアイランド、ビクトリアへ) P.42
ピア67 Pier 67
ピア66 Pier 66
エリオット湾 Elliott Bay
ウエストレイクセンター Westlake Center P.54
Westlake Station
シアトル・ビジターセンター&コンシェルジュ・サービス P.47
パイク・プレイス・マーケット Pike Place Market P.28、52
シアトル水族館 Seattle Aquarium P.55
シアトル・コンベンションセンター
シアトル・ビジターセンター&コンシェルジュ・サービス P.47
郵便局
University Street Station
ピア56 Pier 56
ピア55 Pier 55
Seattle-Bainbridge Island Ferry
Seattle-Bremerton Ferry
キングカウンティ・ウオータータクシー King County Water Taxi P.44
ピア50 Pier 50
ピア52 Pier 52 (ワシントンステート・フェリー・ターミナル) P.42
Pioneer Square Station
パイオニアスクエア Pioneer Square P.56
メトロ・カスタマー・サービスオフィス P.43
アムトラック・キングストリート駅 P.41
International District / Chinatown Station
インターナショナル・ディストリクト International District P.58
Kobe Terrace
ルーメン・フィールド P.101 Lumen Field
T-モバイルパーク T-Mobile Park P.59、100
Stadium Station
グレイハウンド・バスディーポ P.41
サウンドトランジット・リンク・ライトレイル・リンク・ワンライン P.40、43
0 500m
0 0.3miles
バスルート/番号
道路番号
メトロ案内所
トランジットトンネル駅
アムトラック/駅
シアトル・ストリートカー・サウス・レイクユニオン・ライン/駅
シアトル・ストリートカー・ファースト・ヒル・ライン/駅
シアトルセンター・モノレール/駅
サウンドトランジット・リンク・ライトレイル・リンク・ワンライン

現地発のツアー

シティ・サイトシーイング・ホップオン・ホップオフ　City Sightseeing Hop-On Hop-Off

市内のおもな見どころを循環する乗り降り自由のトロリーツアー。スペースニードルやシアトル・グレイト・ウィール、パイオニアスクエア、インターナショナルディストリクト、コロンビアセンター、シアトル・セントラル図書館、シアトル美術館、ウエストレイクセンター、パイク・プレイス・マーケット、アマゾン・スフィアなどに停車する。30分間隔で運行し、1周1時間20分。

乗り降り自由なので便利なトロリーツアー

シティ・サイトシーイング・ホップオン・ホップオフ
Free (1-800) 564-4160
URL city-sightseeing.com/en/142/seattle
営 毎日10:00〜16:00（時期により異なる）
料 1日券：大人$54、子供（5〜11歳）$30、2日券：大人$69、子供（5〜11歳）$37

ツアーズ・ノースウエスト　Tours Northwest

市内のおもな見どころを中型バスで巡るツアー（シアトル・シティ・ツアー）。パイク・プレイス・マーケットやウオーターフロント、パイオニアスクエア、T・モバイルパーク、スターバックス・コーヒー本社、インターナショナルディストリクト、シアトルセンター、フリーモント、バラード、ハイラム・M・チッテンデン水門などを車窓から見学。ダウンタウンのウエストレイクセンター周辺（住 1900 4th Ave., Seatle）かシアトル・セントラル図書館、ポップカルチャー博物館から出発する。所要約3時間。

ツアーズ・ノースウエスト
☎ (206) 768-1234
URL www.toursnorthwest.com
営〈5〜9月〉毎日9:30、11:30、14:00、〈10月〉毎日9:30、13:00、〈11〜4月〉毎日13:00
料 シアトル・シティ・ツアー／大人$80.84、子供（3〜12歳）$71.75

エバーグリーン・エスケープス　Evergreen Escapes

オリンピック国立公園日帰りツアーOlympic National Park Day Tourやマウント・レーニア国立公園日帰りツアーMt. Rainier National Park Day Tour、セントヘレンズ火山国定公園日帰りツアーMt. St. Helens National Monument Day Tour（5月中旬〜10月下旬の催行）、スノーコーミッシュ滝とワイナリー巡りSnoqualmish Falls & Washington Wine Tasting Tourなどを催行している。どのツアーも最大定員10人と小規模なので、希望する場所で停車したり、観光時間を多く取ってくれたりと融通が利く。市内のホテルにピックアップあり。

エバーグリーン・エスケープス
☎ (206) 650-5795
URL www.evergreenescapes.com
料 オリンピック国立公園日帰りツアー／$265、マウント・レーニア国立公園日帰りツアー／$265、セントヘレンズ火山国定公園日帰りツアー／$265、スノーコーミッシュ滝とワイナリー巡り／$229
ツアーの催行時間は時期によって異なる。ウェブサイトで確認を。

COLUMN

観光にお得なパスCityPASS

下記の見どころの入場券やハーバークルーズツアーのチケットなどがセットになっているパス。**シティパスCityPass**を使って5ヵ所すべてを訪れるなら、トータルでほぼ半額をセーブできる。下記の6ヵ所の窓口、もしくはウェブサイトから購入が可能で、使用開始日から9日間有効だ。

●スペースニードル（→P.59）同一日の昼と夜の2回分
●シアトル水族館（→P.55）
以下4つから3つ選択できる。
●アゴシークルーズのハーバークルーズ（→P.47）
●ポップカルチャー博物館（→P.60）
●ウッドランド・パーク動物園（→P.69）
●チフーリ・ガーデン・アンド・グラス（→P.60）

CityPASS
Free (1-888) 330-5008
URL www.citypass.com/seattle
料 大人$119、子供（5〜12歳）$89

©CityPASS

アゴシークルーズ　Argosy Cruises

シアトルで最も人気が高いのが、アゴシークルーズ社のクルーズツアー。一番人気はピア55から出航するハーバークルーズHarbor Cruiseで、エリオット湾を1時間かけて周遊し、オリンピック山塊やダウンタウンのスカイラインを遠望する。ほかにも、ハイラム・M・チッテンデン水門を抜けてレイク・ワシントン・シップ・カナルを通り、ユニオン湖へといたる2時間のロックスクルーズLocks Cruise（下船場所はツアーにより異なるので注意すること）などがある。

跳ね橋が上がる瞬間を目撃

ショー・ミー・シアトル　Show Me Seattle

パイク・プレイス・マーケット周辺を歩いて回るツアー（テイスト・パイク・プレイス・マーケット・フードツアー）。常時行列ができているレストランや総菜店、カフェの人気メニューを試食することができる。所要約2時間。

シアトルの歩き方

シアトル中心部の見どころは、そう広くない範囲にまとまっている。バスと徒歩だけで2～3日あれば回れるだろう。メトロバスは、シアトル市内と周辺の見どころを観光するのには必須の交通手段だ。

ダウンタウンからエリオット湾方向へは、急な下り坂が続き、海沿いから中心部へ歩くのはかなり労力を要する。そこで、シアトル美術館を見学後、パイク・プレイス・マーケットに向かうといい。そのあと、ウオーターフロントに下りて、シアトル水族館やシーフードレストランに立ち寄ろう。ウオーターフロントから歩いてパイオニアスクエア、インターナショナルディストリクトに向かうのがおすすめ。

シアトル郊外にあるボーイング社エベレット工場や航空博物館は、シアトル観光で最も人気のある見どころ。時間に余裕があるなら、シアトルダウンタウンから北に6km行ったワシントン大学やフリーモント、バラードに行くといい。

スタッフが常駐しているパイク・プレイス・マーケットにある観光案内所

ロックスクルーズへ出発

アゴシークルーズ
M P.34-A3
住 1101 Alaskan Way, Pier 55, Seattle
☎ (206) 623-1445
Free (1-888) 623-1445
URL www.argosycruises.com
営 ハーバークルーズ：〈5月下旬～10月上旬〉毎日10:45、12:05、13:25、14:45、16:05、17:25、〈10月中旬～5月中旬〉毎日10:45、12:05、13:25、14:45。ロックスクルーズ：〈5月下旬～10月上旬〉毎日12:30、15:30、〈10月中旬～5月中旬〉金～月12:30、15:30
料 ハーバークルーズ／大人$39、シニア（65歳以上）$32、子供（4～12歳）$20、3歳以下無料。ロックスクルーズ／大人$54～69、シニア（65歳以上）$46～61、子供（4～12歳）$25～40、3歳以下無料

ショー・ミー・シアトル
☎ (206) 633-2489
URL showmeseattle.com
営 テイスト・パイク・プレイス・マーケット・フードツアー：〈5～10月〉毎日10:00、10:30、13:30、14:00、14:30、〈11～4月〉毎日14:00
料 テイスト・パイク・プレイス・マーケット・フードツアー／大人・子供（6歳以上）$58.99、5歳以下無料

観光案内所

シアトル・ビジターセンター&コンシェルジュ・サービス Seattle Visitor Center & Concierge Services
URL visitseattle.org

パイク・プレイス・マーケット
M P.34-A2
住 1st Ave. & Pike St., Seattle
営 毎日10:00～18:00
パイク・プレイス・マーケットの正面にあり、地図やパンフレットなどを取り揃える。

シアトル・コンベンションセンター
M P.34-B1～B2
住 701 Pike St., Seattle
☎ (206) 461-5888
営 月～金9:00～16:30（時期により異なる）
シアトル・コンベンションセンターの1階にある。

シアトルのエリアガイド

シアトル中心部の観光ポイントは大きく11のエリアに分けられる。
市街に点在する個性的なネイバーフッドへ、ぜひ出かけてみよう。

ダウンタウンシアトル A
Downtown Seattle（→P.52）

歴史的な建物と近代的な摩天楼が混在するシアトルの中心部。大型ショッピングモールやブティックなどが並び、買い物に最適なエリアだ。

ウオーターフロント B
Waterfront（→P.54）

エリオット湾に面したウオーターフロントには、いくつもの埠頭（ピア）が並び、シアトル水族館やアゴシークルーズの発着所がある。

パイオニアスクエア C
Pioneer Square（→P.56）

シアトル発祥の地として、19世紀に建てられた石造りの建物が保存されている。昼間の観光は問題ないが、夜は治安が悪くなるので注意しよう。

インターナショナルディストリクト

International District（→P.58）

T・モバイルパークの北東にあり、中国人やベトナム人などアジアからの移民が多い。夜間は治安が悪いので、女性のひとり歩きはおすすめしない。

シアトルセンター

Seattle Center（→P.59）

シアトル名物のスペースニードルが立つ広大な総合公園。20以上もの娯楽施設が集まっている観光エリアだ。

サウス・レイクユニオン

South Lake Union（→P.61）

2010年代にアマゾン・ドット・コムの本社が移転してきたことから、レストランやショップが続々とオープン。ユニオン湖畔には歴史・産業博物館がある。

キャピトルヒル G
Capitol Hill（→P.62）

ダウンタウンの東側にある若者に人気のエリア。Pine St.やPike St.、Broadway沿いには、ユニークなカフェやレストランが軒を連ねている。

ユニバーシティディストリクト

University District（→P.64）

ワシントン大学を囲むようにして広がる学生街。その中心はN.E. 45th St. とUniversity Wayが交差するあたり。

フリーモント&バラード

Fremont & Ballard（→P.66〜67）

フリーモントは、多くのアーティストや若い学生に愛されてきた地元意識の強い街。一方、バラードは、石畳の通り沿いにおしゃれな雑貨店やレストランが並ぶ。

ウエストシアトル

West Seattle（→P.68）

エリオット湾を挟んでダウンタウンと向き合う。アルカイビーチ沿いにカフェやレストランが集まる。

ベルビュー

Bellevue（→P.104）

シアトルから車で東へ約20分のハイテク産業でにぎわう街。イーストサイド最大のショッピングエリア、ベルビュースクエアがある。

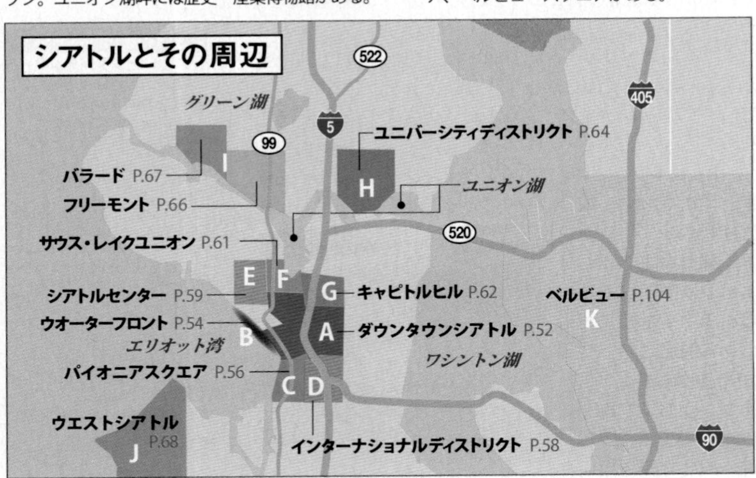

アクセス表

公共の交通機関 🚌バス 🚝モノレール 🚈ライトレイル ※所要の時間はおおよその時間

出発地 / 目的地	ダウンタウン：400 Pine St., Seattleとウオーターフロントパーク：1401 Alaskan Way, Seattle	パイオニアスクエア：100 Yesler Way, Seattleとインターナショナルディストリクト：600 5th Ave. S., Seattle	シアトルセンター：400 Broad St., Seattle	キャピトルヒル：140 Broadway E., Seattle	ユニバーシティディストリクト：4326 University Way N.E., Seattleとフリーモント：600 N. 34th St., Seattleとバラード：2209 N.W. Market St., Seattle
ダウンタウン：400 Pine St., Seattleとウオーターフロントパーク：1401 Alaskan Way, Seattle		パイオニアスクエア-ダウンタウン🚈：Pioneer Square駅→Westlake駅（10分） パイオニアスクエア-ウオーターフロントパーク 徒歩12分 インターナショナルディストリクト-ダウンタウン🚈：International District/Chinatown駅→Westlake駅（12分） インターナショナルディストリクト-ウオーターフロントパーク🚈：International District/Chinatown駅→University Street駅（18分）	シアトルセンター-ダウンタウン🚝：Seattle Center→Westlake Center（3分） シアトルセンター-ウオーターフロントパーク 🚌3：5th Ave N & Broad St→3rd Ave & Union St（20分）	キャピトルヒル-ダウンタウン🚈：Capitol Hill駅→Westlake駅（3分） キャピトルヒル-ウオーターフロントパーク🚈：Capitol Hill駅→University Street駅（14分）	ユニバーシティディストリクト-ダウンタウン🚈：U District駅→Westlake駅（13分） ユニバーシティディストリクト-ウオーターフロントパーク🚈：U District駅→University Street駅（22分） フリーモント-ダウンタウン🚌40、62：Fremont Ave N & N 34th St→Pine & 3rd（20分） フリーモント-ウオーターフロントパーク🚌40、62：Fremont Ave N & N 34th St→3rd Ave & Union St（30分） バラード-ダウンタウン🚌40：NW Market St & Ballard Ave NW→Pine & 3rd（35分） バラード-ウオーターフロントパーク🚌40：NW Market St & Ballard Ave NW→3rd Ave & Union St（43分）
パイオニアスクエア：100 Yesler Way, Seattleとインターナショナルディストリクト：600 5th Ave. S., Seattle	ダウンタウン-パイオニアスクエア🚈：Westlake駅→Pioneer Square駅（10分） ダウンタウン-インターナショナルディストリクト🚈：Westlake駅→International District/Chinatown駅（12分） ウオーターフロントパーク-パイオニアスクエア徒歩12分 ウオーターフロントパーク-インターナショナルディストリクト🚈：University Street駅→International District/Chinatown駅（18分）		シアトルセンター-パイオニアスクエア🚌3：5th Ave N & Denny Way→3rd Ave & James St（20分） シアトルセンター-インターナショナルディストリクト🚌1：Denny Way & 2nd Ave N→S Jackson St & 5th Ave S（26分）	キャピトルヒル-パイオニアスクエア🚈：Capitol Hill駅→Pioneer Square駅（10分） キャピトルヒル-インターナショナルディストリクト🚈：Capitol Hill駅→International District/Chinatown駅（13分）	ユニバーシティディストリクト-パイオニアスクエア🚈：U District駅→Pioneer Square駅（19分） ユニバーシティディストリクト-インターナショナルディストリクト🚈：U District駅→International District/Chinatown駅（20分） フリーモント-パイオニアスクエア🚌62：Fremont Ave N & N 34th St→3rd Ave. & James St.（31分） フリーモント-インターナショナルディストリクト🚌40：Fremont Ave N & N 34th St→4th Ave S & S Jackson St（36分） バラード-パイオニアスクエア 🚌40：NW Market St & Ballard Ave NW→3rd Ave & James St（45分） バラード-インターナショナルディストリクト🚌40：NW Market St & Ballard Ave NW→4th Ave. S. & Jackson St.（50分）
シアトルセンター：400 Broad St., Seattle	ダウンタウン-シアトルセンター🚝：Westlake Center→Seattle Center（3分） ウオーターフロントパーク-シアトルセンター🚌4：3rd Ave & Pike St→5th Ave N & Broad St（20分）	パイオニアスクエア-シアトルセンター🚌3：3rd Ave & Columbia St→Cedar St & Denny Way（23分） インターナショナルディストリクト-シアトルセンター🚌1：S Jackson St & 5th Ave S→3rd Ave & Vine St（23分）		🚌8：E John St & 10th Ave E→Denny Way & 2nd Ave N（21分）	ユニバーシティディストリクト-シアトルセンター 🚈：U District駅→Westlake駅 乗り換え🚝：Westlake Center→Seattle Center（25分） フリーモント-シアトルセンター🚌62：Fremont Ave N & N 34th St→Dexter Ave & Denny Way（22分） バラード-シアトルセンター🚌D：NW Market St & 15th Ave NW→3rd Ave & Cedar St（39分）
キャピトルヒル：140 Broadway E., Seattle	ダウンタウン-キャピトルヒル🚈：Westlake駅→Capitol Hill駅（3分） ウオーターフロントパーク-キャピトルヒル🚈：University Street駅→Capitol Hill駅（14分）	パイオニアスクエア-キャピトルヒル🚈：Pioneer Square駅→Capitol Hill駅（12分） インターナショナルディストリクト-キャピトルヒル🚈：International District/Chinatown駅→Capitol Hill駅（14分）	🚌8：5th Ave N & Denny Way→E John St & Broadway E（15分）		ユニバーシティディストリクト-キャピトルヒル🚈：U District駅→Capitol Hill駅（7分） フリーモント-キャピトルヒル🚌62：Fremont Ave N & N 34th St→3rd Ave & Pine St 乗り換え🚈：Westlake駅→Capitol Hill駅（34分） バラード-キャピトルヒル🚌40：NW Market St & Ballard Ave NW→3rd Ave & Union St乗り換え🚈：University Street駅→Capitol Hill駅（40分）
ユニバーシティディストリクト：4326 University Way N.E., Seattleとフリーモント：600 N. 34th St., Seattleとバラード：2209 N.W. Market St., Seattle	ダウンタウン-ユニバーシティディストリクト🚈：Westlake駅→U District駅（13分） ダウンタウン-フリーモント🚌40、62：Pine & 3rd→Fremont Ave N & N 34th St（22分） ダウンタウン-バラード🚌40：Pine & 3rd→NW Market St & Ballard Ave NW（35分） ウオーターフロントパーク-ユニバーシティディストリクト🚈：University Street駅→U District駅（24分） ウオーターフロントパーク-フリーモント🚌40、62：3rd Ave & Union St→Fremont Ave N & N 34th St（30分） ウオーターフロントパーク-バラード🚌40：3rd Ave & Union St→NW Market St & Ballard Ave NW（40分）	パイオニアスクエア-ユニバーシティディストリクト🚈：Pioneer Square駅→U District駅（21分） パイオニアスクエア-フリーモント🚌62：3rd Ave. & James St.→Fremont Ave N & N 34th St（24分） パイオニアスクエア-バラード🚌40：3rd Ave & James St→NW Market St & Ballard Ave NW（44分） インターナショナルディストリクト-ユニバーシティディストリクト🚈International District/Chinatown駅→U District駅（17分） インターナショナルディストリクト-フリーモント🚌40：4th Ave S & S Jackson St→Fremont Ave N & N 34th St（30分） インターナショナルディストリクト-バラード🚌40：4th Ave S & S Jackson St→NW Market St & Ballard Ave NW（42分）	シアトルセンター-ユニバーシティディストリクト🚝：Seattle Center→Westlake Center乗り換え🚈：Westlake駅→U District駅（30分） シアトルセンター-フリーモント🚌62：Dexter Ave N & Denny Way→Fremont Ave N & N 34th St（22分） シアトルセンター-バラード🚌D：1st Ave N & Denny Way→NW Market St & 15th Ave NW（31分）	キャピトルヒル-ユニバーシティディストリクト🚈：Capitol Hill駅→U District駅（12分） キャピトルヒル-フリーモント🚈：Capitol Hill駅→Westlake駅 乗り換え🚌40：3rd Ave & Pine St→Fremont Ave N & N 34th St（30分） キャピトルヒル-バラード🚈：Capitol Hill駅→U District駅 乗り換え🚌44：U District Station Bay 1→NW Market St & Ballard Ave NW（35分）	

※サウス・レイクユニオンへは、P.61側注参照。
※ウエストシアトルへは、ウオーターフロントまで行き、ピア50からキングカウンティ・ウオータータクシーで。
※ベルビューへは、ダウンタウンまで行き、Union St. & 5th Ave.からサウンドトランジット・バス#550でN.E. 4th St. & 105th Ave. N. E.下車。

シアトルを楽しむモデルコース

Model Course

初めてのシアトル

乗り降り自由のトロリーツアーと公共交通機関でおもな観光地を回る2日間！！

DAY 1 シアトルの必訪スポット巡り

7:30 **パイク・プレイス・マーケット**（→P.52）を散策。**スターバックス・コーヒーの1号店**（→P.82）でおみやげ探しと近隣の**ル・パニエ**（→P.83）で朝食を

徒歩 8分

1号店限定商品をゲットしたい

9:00 **ウエストレイクセンター**（→P.54）からモノレールでシアトルセンターへ

モノレール 3分

9:05 **スペースニードル**（→P.59）、**チフーリ・ガーデン・アンド・グラス**（→P.60）、**ポップカルチャー博物館**（→ P.60）を訪問。**ポップカルチャー博物館**の**カルチャーキッチン**（→P.60）でランチを。シティ・サイトシーイング・ホップオン・ホップオフ（→P.46）に乗車

トロリー 15分

ジミ・ヘンドリックスが使用したギターが展示されているポップカルチャー博物館

14:15 **シアトル・グレイト・ウィール**（→P.55）の観覧車からダウンタウンを眺める。**ウオーターフロントパーク**（→P.54）を散歩

トロリー 10分

15:25 シアトル発祥の地、パイオニアスクエア（→P.56）へ。**アンダーグラウンドツアー**（→P.57）でシアトルの昔を知る

トロリー 8分

17:30 シアトルいち高い展望台の**コロンビアセンター・スカイビュー展望台**（→P.57）へ

徒歩 18分

18:30 **パイク・プレイス・マーケット**（→P.52）に戻り、ブリューパブの**パイク・ブリューイング・カンパニー**（→P.28）で夕食を

DAY 2 少し足を延ばして、郊外の人気エリアへ

8:15 話題の**アマゾンゴー**（→P.91）で飲み物を購入

朝早くからやっている便利なコンビニ

徒歩 15分

9:15 キャピトルヒル（→P.62）の**スターバックス・リザーブ・ロースタリー**（→P.82）で朝食を

メトロバス #124 45分

10:00 エア・フォース・ワン（大統領専用機）やコンコルドが展示されている**航空博物館**（→P.70）へ

エア・フォース・ワンの機内にも入れる

メトロバス #124 45分

13:30 **パイク・プレイス・マーケット**（→P.52）にある、映画『めぐり逢えたら』に登場した**アセニアン・シーフード・レストラン・アンド・バー**（→P.78）でシーフードを昼食に

メトロバス #2 25分

15:30 人気の撮影スポット、**ケリーパーク**（→P.73）へ

メトロバス #32 30分

16:30 トロール像やレーニン像がある**フリーモント**（→P.66）へ

ちょっと不気味な像

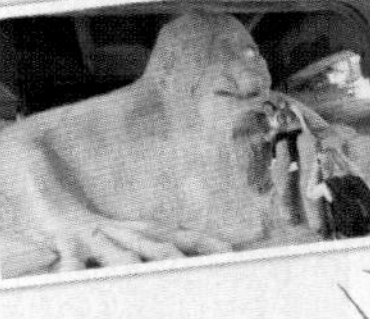

巨大なトロール像をバックに記念撮影を

メトロバス #5 30分

17:30 **T・モバイルパーク**（→P.59）でシアトル・マリナーズの試合観戦

一塁側からはダウンタウンも見渡せる

※シティ・サイトシーイング・ホップオン・ホップオフのトロリーツアー（→P.46）は、催行日時とスケジュールが時期により異なるので、現地で確認す

シアトル・マリナーズやアマゾン本社で認知度が高まったシアトル。
ここでは、初めてシアトルを訪れる人とリピーター向けのコースを紹介しよう。

モノレール　トロリー　メトロバス　ストリートカー　徒歩　ライトレイル

リピーターのシアトル

人気のショップやレストランを訪れる2日間!!

DAY 1 評判のレストランをおさえつつ博物館巡り

9:10 **パイク・プレイス・マーケット**(→P.52)の**ピロシキピロシキ**(→P.29)で朝食を購入

できたてアツアツ

ひき肉入りのピロシキはボリュームたっぷり

徒歩 6分

9:45 **ウエストレイクセンター**(→P.54)からシアトル・ストリートカー・サウス・レイクユニオン・ラインに乗車

ストリートカー 15分

10:00 **歴史・産業博物館**(→P.61)でシアトルや近隣の町の歴史を学ぶ

メトロバス Cライン25分

12:00 キャピトルヒル(→P.62)の**テイラー・シェルフィッシュ・ファームズ**(→P.79)で生ガキを

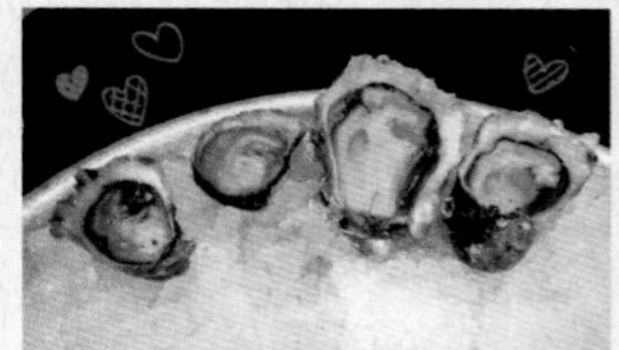

養殖所から直接送られてくるのでどれも新鮮

徒歩 18分

13:30 現代アートが充実の**シアトル美術館**(→P.53)へ

徒歩 5分

15:00 巨大な水槽で有名な**シアトル水族館**(→P.55)へ

ライトレイル 40分

17:30 2018年にジェームズ・ビアード賞を獲得した**ジューンベイビー**(→P.78)で夕食を

創作南部料理が味わえる

DAY 2 注目のショップで買い物三昧

8:30 ダウンタウン(→P.52)の**トップ ポット・ドーナツ**(→P.83)で軽く朝食を

甘さたっぷりのドーナツで腹ごしらえ

意外とサクサクした食感

メトロバス #10 35分

9:15 ブルース・リーの墓がある**レイクビュー墓地**(→P.63)へ

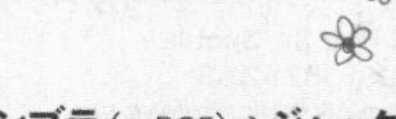

メトロバス #10 30分

10:15 **アルハンブラ**(→P.85)や**ジャックストロー**(→P.85)、**フリーピープル**(→P.85)など、ダウンタウンでシアトルの最新ファッションをチェック

男女ともきれいめ系ファッションが並ぶジャックストロー

徒歩 10分

11:45 人気シェフが経営するレストラン、**シリアスパイ**(→P.77)でランチ

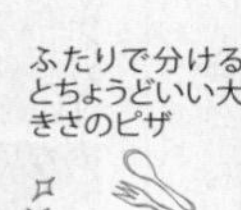

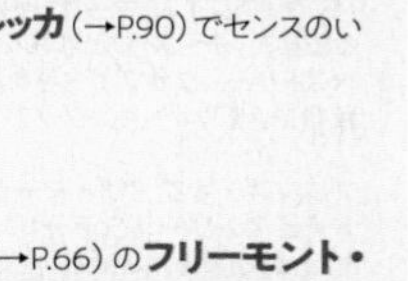

ふたりで分けるとちょうどいい大きさのピザ

メトロバス #40 35分

13:15 バラード(→P.67)にある**リ・ソウル**(→P.87)や**カリナリーエッセンシャルズ**(→P.90)、**ルッカ**(→P.90)でセンスのいい雑貨探しを

メトロバス #40 20分

16:00 フリーモント(→P.66)の**フリーモント・ビンテージ・モール**(→P.91)でアンティーク探索

日本人に人気のFire-Kingのマグカップもある

メトロバス #5+#773 1時間10分

18:20 景色のいいレストラン、**ソルティーズ・オン・アルカイビーチ**(→P.79)でシーフード料理を

シアトルのおもな見どころ

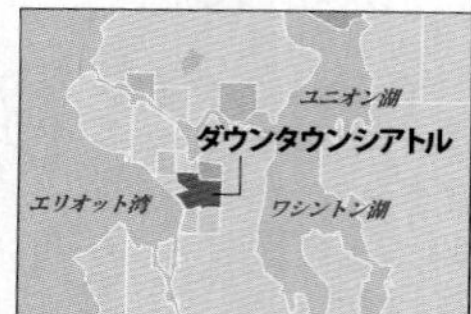

春から夏は花屋さんが店開き

パイク・プレイス・マーケット
住85 Pike St., Seattle
☎(206) 682-7453
URL www.pikeplacemarket.org
営月〜土9:00〜18:00、日9:00〜17:00(店により異なる)
案内所：毎日10:00〜18:00
休サンクスギビング、クリスマス
場所 Pike St.と1st Ave.の角。サウンド・トランジット・リンク・ライトレイル・リンク・ワンラインのWestlake駅から徒歩8分。Pike Pl.突き当たりに案内所があり、各種パンフレットが置かれているほか、マーケットについての質問にも答えてくれる。

セイバー・シアトル・フード&カルチャー・ツアー・オブ・パイク・プレイス・マーケット
Savor Seattle Food & Culture Tour of Pike Place Market
☎(206) 338-1841
URL www.savorseattletours.com
ツアー／毎日10:00、10:30、14:00、14:30。ガムの壁から出発。所要約2時間、料$55
パイク・プレイス・マーケットに入る8店で、チーズやチョコレート、ペストリー、クラブケーキなどを試食できるウオーキングツアー。

フレンズ・オブ・ザ・マーケット・ヒストリー・ツアー
Friends of the Market History Tour
URL www.friendsofthemarket.net
営〈6〜9月〉土8:30出発、所要1時間30分。前日の金曜12:00までにウェブサイトから予約すること。
料大人$15、シニア$10、子供(6〜12歳) $8
場所 豚のブロンズ像、レイチェル前。
歴史や、マーケット内のアートワークを知ることができるツアー。

ダウンタウンシアトル Downtown Seattle

シアトル観光の一番人気はここ
パイク・プレイス・マーケット Pike Place Market

MP.34-A2

この時計は市場のシンボル

シアトルで最も有名な観光ポイントの**パイク・プレイス・マーケット**は、1907年8月17日に創設され、アメリカの公設市場の先駆けとなった場所。2017年に創設110周年を迎え、6月にマーケットが一部拡張された。その広さは9エーカー（約3万6400m²）。1st Ave.西側の海寄りにあり、Pike St.、Pine St.、Stewart St.、Virginia St.がマーケットへと通じている。Pike St.の突き当たり正面にある時計とネオンサインは市場のランドマークだ。そのままPike Place通りを右手に進むと、海寄りのメインアーケードを中心に建物が両側に隙間なく並ぶ。農家や職人たちが直接店を出す露店や魚屋、自家製パンや菓子を売る小売店、地ビール工房、チーズ工房、美食で評判のレストランやカフェ、それに、あの**スターバックス・コーヒーの1号店**（→P.82）もある。

上／一画にスターバックス1号店も　下／名物の魚屋パイク・プレイス・フィッシュ・マーケット

終日大混雑する市場の中で、ひときわにぎわうのが、メインアーケードの中央に店を構える**パイク・プレイス・フィッシュ・マーケットPike Place Fish Market**。商談がまとまるや、お店のお兄さんが売り物となったサケやカニをカウンターへと放り投げる威勢のいいパフォーマンスが見られるからだ。魚が宙を飛ぶ瞬間、観光客からはやんやの喝采があがる。

その店のすぐ前の通路には**メス豚のブロンズ像レイチェルRachel the Piggy Bank**がいる。マーケットのマスコット的存在で、市場創設79周年の記念として1986年に作られたもの。ワシントン州ウィドビーアイランドの彫刻家ジョージア・ギーバーGeorgia Gerber氏が製作し、島にいた優秀なメス豚と同じ名前がつけられた。実は貯金箱になっていて、観光客の善意で寄せられた寄付金は毎年＄20000に達するという。

豚の貯金箱レイチェル

そもそもこの市場が開設された1907年当時、タマネギの価格が10倍にもはね上がり、市民たちは中間業者の不当な搾取に憤りを募らせていた。そんな折、市民が生産者から直接産物を購入できる公設市場の設置を、シアトル市議会議員トーマス・レベルThomas Revelle氏が提案し、実現させた。この「市民が直接生産者と出会って産物を買える」という理念は今も変わっていない。市場に入る店の多くが個人経営で、手作りの商品が並べられている。

パイク・プレイス・フィッシュ・マーケット脇の**天井に掲げられた切り絵**にも注目してほしい。シアトル在住の日本人作家、曽我部あき氏によって製作されたもので、第2次世界大戦前後の日系農業従事者の暮らしを描いたもの。当時、市場には、日系人が作った野菜も並べられていた。しかし第2次世界大戦が勃発。日系人たちは西海岸から強制移住させられたため、今彼らの姿を市場で見ることはできない。100年以上の歴史を経たこの市場には、さまざまな人間模様が刻まれている。

日系人の歴史を刻んだ切り絵

また、マーケット南にあるポスト・アレーPost Alleyは、シアトルで最も不衛生な観光スポットとして悪名高い。マーケット劇場Market Theaterがある通りの両側に並ぶ建物に無数のチューインガムが貼り付けられている。1993年、入場待ちの少年が暇つぶしにガムと硬貨を壁に貼り付けたのが始まりとされている**ガムの壁Gum Wall**。2015年11月に壁一面のガムが取り除かれたが、清掃後も観光客が続々とガムを貼り付け、通りに1歩立ち入るだけで、甘味料の甘い匂いが鼻につく。

軽食が食べられるディ・ロレンティはマーケット入口にある

つまみ食いしたくなるほど新鮮な果物

ガムの壁はパイク・プレイスマーケット正面から左の小道を入った所

ガムの壁
住1428 Post Alley, Seattle

★★ ネイティブアートと現代美術の競演 MP.34-A2

シアトル美術館（サム）
Seattle Art Museum（SAM）

ハンマーを振り下ろす巨大な彫刻、『ハマリング・マンHammering Man』でおなじみの美術館は、レストランやギフトショップを含めて4フロア構成。収蔵品は2万5000点を超え、アフリカンアート、アメリカンアート、装飾美術、ヨーロッパアート、現代アート、ネイティブ&メソアメリカンアート、オセアニア&アボリジナルアートなどを揃える。特に16～18世紀のヨーロピアンアートは必見。別館のシアトル・アジア美術館Seattle Asian Art Museum（→P.63）とオリンピック・スカルプチャー・パークOlympic Sculpture Park（→P.54）もあわせて見学したい。

腕が動く『ハマリング・マン』

シアトル美術館(サム)
住1300 1st Ave., Seattle
☎(206) 654-3100
URLwww.seattleartmuseum.org
営水～日10:00～17:00
休月火
料大人$32.99、シニア(62歳以上)$27.99、15～19歳$22.99、14歳以下無料。インターネットで事前購入の場合$3割引きあり。毎月第1木曜はすべての入館者が無料。第1金曜は62歳以上の入場が$5(要ID)。
入口は1st Ave.とUnion St.の角。1st Ave.に面した1階に美術館ショップ「SAM Shop」と評判のレストラン「Market Seattle」がある。
土日はハイライトツアーが開催される。時間はウェブサイトか館内で確認を。

ウエストレイクセンター
住400 Pine St., Seattle
☎(206) 467-1600
URL www.westlakecenter.com
営月～土10:00～20:00、日12:00～19:00（時期により異なる）
行き方 サウンドトランジット・リンク・ライトレイル・リンク・ワンラインのWestlake駅下車。

アシアン・ストリート・フードホール
☎(206) 695-2510
URL aseanstreat.com
営毎日11:00～21:00

旅行中、何度も通るウエストレイクセンター周辺

シアトル・セントラル図書館
住1000 4th Ave., Seattle
☎(206) 386-4636
URL www.spl.org
営毎日10:00～18:00（火～木～20:00）
行き方 サウンドトランジット・リンク・ライトレイル・リンク・ワンラインのWestlake駅下車、徒歩9分。

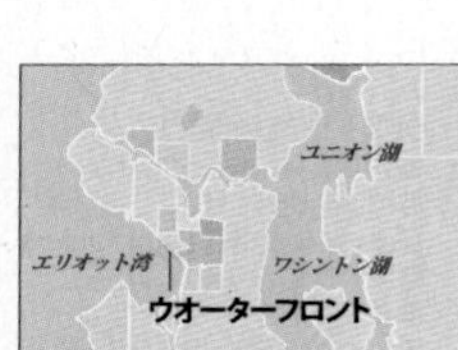

ウオーターフロントパーク
住1401 Alaskan Way, Seattle
営毎日6:00～22:00
行き方 パイク・プレイス・マーケット正面のPike Place Hillclimb Walkを下りた所がPier 59。

オリンピック・スカルプチャー・パーク
住2901 Western Ave., Seattle
URL www.seattleartmuseum.org
営公園：毎日日の出30分前～日没の30分後まで
パビリオン：毎日9:00～16:00
行き方 ダウンタウンの3rd Ave. & Pike St.からメトロバス#1で1st Ave. N. & Broad St.下車、徒歩5分。パイク・プレイス・マーケットから徒歩20分。

ダウンタウンの中心にあるショッピングモール MP.34-A1

ウエストレイクセンター Westlake Center

ガラス張りの店内にはさんさんと太陽が降り注ぎ、モール内はとても明るい雰囲気。アウトレットショップのSaks Off 5th、Nordstrom Rackを含め約15のショップが入るほか、2階にはフードコート、3階はシアトルセンター行きのモノレール（→P.44）発着駅にもなっている。地下はサウンドトランジット・リンク・ライトレイル・リンク・ワンラインの駅とつながっており、ダウンタウンの交通の拠点。モールの前にはタイル敷きの広場に噴水があり、カフェやジュースバーも出る。週末にはストリートパフォーマーも登場し、にぎやかになる。1階の4th Ave.沿いには、2022年アジア料理店が集まるフードコートの**アシアン・ストリート・フードホールAsean Streat Food Hall**がオープンした。

ガラスと鋼鉄で創られた知のオブジェ MP.34-B3

シアトル・セントラル図書館 Seattle Central Library

ガラスと鋼鉄を組み合わせ、1億6590万ドルをかけて2004年に誕生した図書館。設計は、オランダ生まれの建築家レム・コールハースとジョシュア・ラムス、LMNシアトル建築事務所が担当した。150万冊の収蔵力を誇り、10階の読書室にはガラスの天井から光が降り注ぎ、ビルの向こうに海を望むことができる（要事前予約）。

斬新なデザインが目を引く

ウオーターフロント Waterfront

エリオット湾に面するボードウオーク MP.34-A3

ウオーターフロントパーク Waterfront Park

ピア54から63にかけて続く遊歩道の中心にある公園。2019年から拡張工事が始まり、2023年8月現在閉鎖されているが、2024年の完成時には新しいピアもできる予定だ。潮の香りを味わいながら何もしないでのんびりと過ごしたい。

巨大な彫刻作品が並ぶ MP.33-A2

オリンピック・スカルプチャー・パーク Olympic Sculpture Park

ウオーターフロント北端、ピア70の先にある巨大な彫刻作品が展示された公園。アレキサンダー・カルダーの赤いオブジェ『イーグルThe Eagle』やルイーズ・ブルジョワの『アイベンチEye Benches』など、ユニークな作品が海をバックに20点ほど並んでいる。無料で入場できるので、天気のよい日に訪れてみよう。

MEMO **ウオーターフロントの工事** ウオーターフロント沿いに走っていた高架道路（アラスカンウエイ）が撤去され、インターナショナルディストリクト周辺からレイクユニオンエリアまでを結ぶトンネル↗

★ 天気のいい日にはオリンピック国立公園の山々が見える MP.33-A2

マートル・エドワーズ・パーク
Myrtle Edwards Park

ピア70北側のオリンピック・スカルプチャー・パークの先に広がる眺めのいい公園。エリオット湾沿いに芝生やサイクリングコースが整備され、よく晴れた日には、地元の家族連れがピクニックやジョギングにやってくる。海を見ながらの散歩にも最適なコースだ。

★★ ウオーターフロントの景色を楽しもう MP.34-A3

シアトル・グレイト・ウィール
Seattle Great Wheel

2012年、ウオーターフロントのピア57に登場した観覧車。8人乗りのゴンドラは地上53mの高さまで上がり、ダウンタウンの摩天楼やスペースニードル、エリオット湾を行き来するフェリーなどを眺めることができる。特に日没後は、高層ビル群がライトアップされ、ロマンティックだ。また、VIP席(料$50)なら、床がガラス張りのゴンドラに乗って、座席から真下をのぞくことができる。約12分のライドは、ノンストップで3周する。

ゴンドラからすばらしい眺望を楽しみたい

★★ ウオーターフロント随一の見どころ MP.34-A2

シアトル水族館
Seattle Aquarium

そう大きくはないがユニークな展示が並ぶ楽しい水族館。400種類以上の海洋生物が飼育されている。いちばん人気がある展示は、入口を入って正面にあるWindow On Washington Waters。縦6m、横12mの水槽は、12万ガロンの水量を誇る。サケやスズキが悠々と泳ぎ回り、ヒトデやウニのすみかになっている。毎日5回行われるダイブショーとガイドツアーの評判もいい。

最もユニークなのは秋口にかけて産卵のために海から川へ上るサケのための人工ラダー。水族館を取り巻くように、海から続く低い階段のような高さのものが設けられている。サケは生まれ故郷に戻って産卵をするといわれるが、この水族館はサケの餌に混ぜていた薬品を海に流すのだそう。するとその薬品の匂いを嗅ぎつけて、サケは産卵をするためにこの水族館に戻ってくるというわけだ。

Window On Washington Watersで行われているショー

マートル・エドワーズ・パーク
住3130 Alaskan Way, Seattle
☎(206) 684-4075
営24時間
行き方ダウンタウンの3rd Ave. & Pike St. からメトロバス#1で1st Ave. N. & Broad St.下車、徒歩8分。

潮風が気持ちいい遊歩道

シアトル・グレイト・ウィール
住1301 Alaskan Way, Pier 57, Seattle
☎(206) 623-8607
URLseattlegreatwheel.com
営月～金11:00～22:00(金～23:00)、土日10:00～23:00(日～22:00)。時期により異なる
料大人$17、シニア$15、子供(3～11歳)$12
行き方パイク・プレイス・マーケット正面のPike Place Hillclimb Walkを下り、Alaskan Wayを南に200m。

シアトル水族館
住1483 Alaskan Way, Pier 59, Seattle
☎(206) 386-4300
URLwww.seattleaquarium.org
営毎日9:30～17:00。時期により異なる
料大人(13歳以上)$28.95～34.95、子供(4～12歳)$22.45～24.45、3歳以下無料。時期により異なる
行き方パイク・プレイス・マーケット正面のPike Place Hillclimb Walkを下りた目の前。
※入口を入って正面にあるWindow on Washington Watersは、ワシントン州沿岸ニアベイの岩場を再現したもの。大水槽のガラス越しにサケやロックフィッシュが泳いでいる。1日5回(10:00、11:45、12:15、13:15、15:00)、ダイバーが水槽の中から観客とおしゃべりするショーが人気だ。

↘(SR-99)が2019年に開通した。

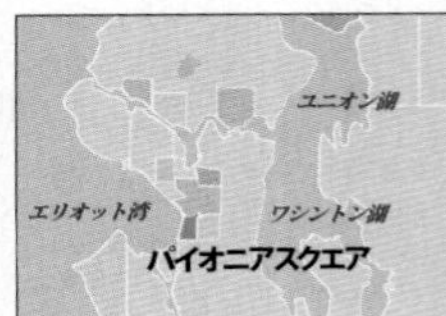

パイオニアスクエア
MP.35-A1〜B2
URL www.pioneersquare.org
行き方 ダウンタウンのWestlake駅からサウンドトランジット・リンク・ライトレイル・リンク・ワンラインでPioneer Square駅下車。ウエストレイクセンターから徒歩20分。

パイオニアスクエア・パーク
住 100 Yesler Way, Seattle
URL www.seattle.gov/parks
営 毎日6:00〜22:00
行き方 ダウンタウンのPike St. & 3rd Ave.からメトロバス#21で3rd Ave. & Cherry St.下車、徒歩5分。もしくは、Westlake駅からサウンドトランジット・リンク・ライトレイル・リンク・ワンラインでPioneer Square駅下車、徒歩3分。

2代目トーテムポール

オキシデンタル・スクエア・パーク
住 117 S. Washington St., Seattle
URL www.seattle.gov/parks
営 毎日6:00〜22:00
行き方 ダウンタウンの3rd Ave. & Pike St.からメトロバス#27でPrefontaine Pl. S. & Yesler Way下車、徒歩4分。もしくは、ダウンタウンのWestlake駅からサウンドトランジット・リンク・ライトレイル・リンク・ワンラインでPioneer Square駅下車、徒歩7分。

消防士のメモリアルブロンズ像

クロンダイク・ゴールドラッシュ国立歴史公園
住 319 2nd Ave. S., Seattle
☎ (206) 220-4240
URL www.nps.gov/klse
営 水〜日10:00〜17:00 休 月火
料 無料

パイオニアスクエア
Pioneer Square

ここが実質的なシアトル発祥の地 MP.35-A1

パイオニアスクエア・パーク
Pioneer Square Park

偉大な酋長チーフ・シアトルの胸像

トロリーの待合所だったパーゴラ

イエスラーウエイYesler Wayと1st Ave.の角に位置する石畳でできた三角形の広場。この場所に、実業家で市長をも務めた**ヘンリー・イエスラーHenry Yesler**（1810〜1892年）は製材所を建て、町を発展させた。シアトル大火災（1889年）のあとにイエスラーが建てた広場には、高さ18mのアラスカ・トリンギット族が彫った**2代目トーテムポール**や、シアトルの名前の由来になった偉大な酋長**チーフ・シアトルの胸像Statue of Chief Seattle**、ビクトリア調のパーゴラ（旧トロリー待合所）などが並ぶ。初代のトーテムポールは、1899年にシアトルの有力者たちがアラスカへ出かけた際、トリンギットの村から盗んできたもので、1938年放火により焼失。その後、トリンギット族の子孫によりレプリカが立てられ、今にいたる。

昼下がりのカフェタイムはここで MP.35-A1〜A2

オキシデンタル・スクエア・パーク
Occidental Square Park

Occidental Ave.とS. Main St.の交差点にあるオキシデンタル・スクエア・パーク周辺は、昼間は近くに勤める会社員たちがランチを取るスポット。れんが敷きの広い路地の両脇にはギャラリーやカフェが並ぶ。**消防士のメモリアルブロンズ像Fallen Firefighters Memorial**、トーテムポールとトーテムベアなど、まるで一帯は野外ギャラリーのよう。ただし、日没後は治安がよくないので要注意。

室内にある!?国立歴史公園 MP.35-B2

クロンダイク・ゴールドラッシュ国立歴史公園
Klondike Gold Rush National Historical Park

1890年代のシアトルの様子を紹介した博物館。1890年代にカナダのユーコン準州Yukonを流れるクロンダイク川で金が見つかり、シアトルはその海路と陸路での中継地になった。金探索者たちが、世界中からシアトルに殺到し、シアトルの商店主や居酒屋、売春宿の店主たちは、ひと財産築くほど稼ぎまくった。当時の町のにぎわいを2フロアからなる展示で知ることができる。

シアトルの地下世界を大探検

MP.35-A1

アンダーグラウンドツアー
Underground Tour

1965年に執筆家で歴史家の**ビル・スパイデルBill Speidel**氏が始めたこのツアーは、シアトル市内に約20ヵ所残されている地下世界のうち、地権者の協力のもとに公開されている数ヵ所を探訪するというもの。

ツアー出発前に20分間シアトルの地下についての歴史を聞いたあと、1時間のウオーキングツアーに出る。地下が残された理由は、1889年のシアトル大火災のあと、1日に2回も水洗トイレの水が逆流した。そのため、汚水まみれの低地を埋め立て、道路の高さを2.5～10m近くかさ上げしたのだ。復興後すぐに築かれた建物の1階部分が道路の下にもぐってしまい、いつしか地下は人々の記憶から忘れ去られてしまったからだという。精通したガイドの案内で、地下に残る銀行やホテル、汚水の逆流を繰り返したトイレなどを見て回ろう。

汚水が逆流した水洗トイレ

アンダーグラウンドツアー
住614 1st Ave., Seattle
☎(206) 682-4646
URL www.undergroundtour.com
営ツアー：〈4～9月〉毎日9:00～19:00、〈10～3月〉毎日10:00～18:00の毎正時出発。夏季は増便あり
料大人$22、シニア(60歳以上)・学生(13～17歳要ID)$20、子供(7～12歳) $10
入場からウオーキングツアー終了まで1時間20分近くかかるので、6歳以下には不向き。
ウェブサイトでもツアー開始1時間前までチケットを購入できる。
日本語の解説文あり。

シアトルでいちばん高い展望室

MP.34-B3

コロンビアセンター・スカイビュー展望台
Columbia Center Sky View Observatory

1985年に完成したコロンビアセンターは、ワシントン州でいちばん高いビル。76階建て、高さ284mの建物は、黒い外観に覆われ現代的だ。73階にはシアトルいち高い展望台があり、ダウンタウンやスペースニードル、マウント・レーニア、エリオット湾などを見渡すことができる。2018年Sky View Cafe & Barもオープンした。

コロンビアセンター・スカイビュー展望台
住700 4th Ave., Seattle
☎(206) 386-5564
URL skyviewobservatory.com
営毎日12:00～21:00(時期により異なる)
料大人・学生(14歳以上) $30、シニア(65歳以上) $27、子供(5～13歳) $24、4歳以下無料。
メインロビーから一気に73階の展望台までエレベーターで昇る。

COLUMN

アンダーグラウンドの歴史

1851年11月13日、現在のウエストシアトルに**アーサー・デニー Arthur Denny**率いる24人の入植者たちが上陸した。冬の寒風に耐えかねた彼らは、1852年2月、エリオット湾の東岸に移る。ここが現在のパイオニアスクエアだ。

先住民のリーダーの名を取ってこの町はシアトルと名づけられたが、実業家**ヘンリー・イエスラー Henry Yesler**が市長になると街は堕落してゆく。売春が町の主要産業となり、道路の大穴に水がたまって子供が溺れ死ぬような事故が多発した。

その後シアトルは、1889年6月6日の大火災で壊滅したことを契機に、まったく新しい街として復興を始める。

当時、人々が最も気にしたのは下水の問題だった。1880年代に水洗トイレが普及したシアトルは、干満の激しいエリオット湾の潮位の影響をもろに受け、満潮になると下水が逆流してしまうのだ。それを防ぐため、道路を高くしてそこに下水管をとおす案があったが、イエスラーが猛反対し、古い街のままの高さに建物も道路も造られた。しかし汚い過去を繰り返したくないという市民の願いは強く、結局、道路は約3m高くすることに決まる。

道路が高くなり、地上と歩道との間に段差ができると、新たな問題が発生した。通り沿いの店に行くにははしごを登り降りしなければならず、落ちてしまう人が続出したのだ。この解決策として歩道にふたが付けられる。ふたはガラス張りだったため、下の店が見えるようになっていた。

やがてふたは完全にふさがれてしまい、かつての2階が1階になり、人々は2階から出入りするようになる。パイオニアスクエアに見られる、玄関のアーチの形が不自然なビルは、この名残だ。そして、かつての1階は地下となり、人々は地下を利用しなくなってしまった。こうして1907年以降地下空間は捨て去られ、人々の記憶からも消えていったのである。

かつての「マンハッタンの外で最も高いビル」　MP.35-B1

スミスタワー展望台
Smith Tower Observation Deck

タイプライター王、L.C.スミスが建てた38階建て（484フィート、148m）のビル。1914年の完成時は世界で4番目に高いビルとして名をはせた。ニューヨークにあるメトロポリタン生命保険ビルをイメージしてデザインされたという、鉛筆の芯のような尖塔が目印だ。2016年に約20ヵ月に及ぶ改装工事を終え、1階にはギフトショップとチケット売り場、ギャラリーがオープンした。完成当時の様子を描いたポスターや展示を見終わったら、真鍮と銅でできたエレベーターで展望台に向かおう。35階の展望ルームには、中国の西太后から贈られた立派な椅子が置いてあり、独身女性が座ると1年以内に結婚できるという伝説がある。展望ルームの一角には、禁酒法時代のもぐり酒場をイメージしてデザインされた**スミスタワー展望台バーSmith Tower Observatory Bar**もあり、カクテルやサンドイッチなどを楽しめる。

展望ルームから一歩外に出ると鉄の柵だけで囲まれた展望廊下。風が吹き込むなかシアトル・グレイト・ウィールやスペースニードル、アムトラック・キングストリート駅、シアトル・マリナーズの本拠地T・モバイルパークを眺めることができる。

インターナショナルディストリクト
International District

日本語の標識もある、エキゾチックな香り漂うエリア　MP.33-B4、P.35-A3〜B3

インターナショナルディストリクト
International District

パイオニアスクエアの南、アムトラック・キングストリート駅の東側のエリア。1900年初頭から1942年にかけては日系人が、それ以降は中国人、ベトナム人が多く住んでいることから、ジャパンタウン、チャイナタウン、リトルサイゴンとも呼ばれている。

にぎやかなのは5th Ave.と8th Ave.、S. Main St. と S. Lane St.に囲まれたエリア。Maynard Ave. S.とS. King St.が交差する所には赤い柱の中国風東屋がある**ヒング・ヘイ・パークHing Hay Park**があり、早朝や夕方には太極拳をする中国人グループの姿が見られる。その周辺には中国、日本、ベトナム、フィリピン、カンボジアなどアジア各国人の経営するレストランや店も並ぶ。「紀伊國屋書店」も入っている「宇和島屋（→P.91、MP.35-A3）」はシアトルに住む日本人の強力な味方。

あまり知られていない歴史を学ぼう　MP.35-B3

ウイング・ルーク博物館
Wing Luke Museum

1900年代初頭、日本や中国をはじめアジア各国からシアトルに渡ってきた移民の歴史を解説した博物館。ジャパンタウンやチャイナタウンをインターナショナルディストリクトに作り上げた日系アメリカ人と中国系アメリカ人についての展示が豊富だ。

スミスタワー展望台
住506 2nd Ave., Seattle
☎(206) 624-0414
URL www.smithtower.com
営水〜日11:00〜20:00（金土〜21:00）　休月火
ただし、イベントなどがある場合は、閉鎖されることもある。ウェブサイトなどで確認しよう。
料大人・シニア・学生・子供（6〜12歳）$19、5歳以下無料

スミスタワー展望台バー
営水〜金15:00〜21:00（金〜22:00）、土日11:00〜22:00（日〜21:00）　休月火　料スミスタワー展望台の入場料と同じ

コロンビアセンター（左）とスミスタワー展望台（右）

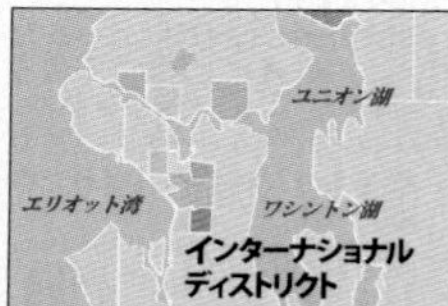

インターナショナルディストリクト
URL cidbia.org
行き方ダウンタウンの3rd Ave. & Union St.からメトロバス#14で5th Ave. & Jackson St.下車。もしくは、ダウンタウンのWestlake駅からサウンドトランジット・リンク・ライトレイル・リンク・ワンラインでInternational District / Chinatown駅下車。

ヒング・ヘイ・パーク
MP.35-A3
住423 Maynard Ave. S., Seattle
営毎日6:00〜22:00

ウイング・ルーク博物館
住719 S. King St., Seattle
☎(206) 623-5124
URL www.wingluke.org
営水〜月10:00〜17:00
休火
料大人$17、シニア$15、学生（13〜18歳）$12.50、子供（5〜12歳）$10、5歳以下無料（隣接するホテルの館内ツアーHistoric Hotel Tourも含む）（P.59側注へ続く）

MEMO 1940年代のジャパンタウンを知るための良書　『あの日、パナマホテルで（ジェイミー・フォード著、集英社文庫）』は、現在も存在するパナマホテルPanama Hotelを舞台に、中華系少年と日系少女が織りなす小説。

100年前と現在のインターナショナルディストリクトを比較できるコーナーは、貴重な写真が多く飾られ、興味深い。また、ブルース・リーの道場や彼がよく通ったレストランなどを巡る**ブルース・リー・チャイナタウン・ツアーBruce Lee's Chinatown Tour**、1910年頃に雑貨屋かつホテルであった建物を見学する**ヒストリック・ホテル・ツアーHistoric Hotel Tour**などが催行されている。

★★★ 鉄骨むき出しの外観がユニーク MP.33-B4

T・モバイルパーク
T - Mobile Park

2001年から2012年7月中旬までイチロー選手が活躍し、2018年5月には会長付き特別補佐に就任したことも話題となったメジャーリーグベースボール（MLB）**シアトル・マリナーズ**（→P.100）の本拠地。1977年から使用していたキングドームの老朽化が激しかったため、1999年キングドームの1km南にセーフコフィールドを建設。開閉式の屋根をもつ球場は、通常屋根が開いた状態で試合が行われるが、雨が降り始めると3枚のパネルが閉じられる。座席数は4万7000で、内・外野のどの席からもフィールドが見られるように設計されている。また、レフト側にあるスコアボードは、昔からの野球ファンにはたまらない手動式だ。1階3塁側通路には、マリナーズで活躍した選手を紹介したコーナーMariners Hall of Fameが設けられていて、佐々木主浩投手（2000～2003年在籍）やランディ・ジョンソン投手の写真のほか、イチロー選手の写真やプレートも飾ってある。2019年にセーフコフィールドからT・モバイルパークに名称が変更された。

シアトルセンター
Seattle Center

★★★ シアトルのランドマーク MP.37-B1

スペースニードル
Space Needle

タワーの上部にUFOのような円盤がくっついている塔がスペースニードルだ。1962年のシアトル万国博覧会に合わせドイツのシュトゥットガルトテレビ塔を模して建てられた。高さ184mのタワーで、円盤部の展望台（展望台の高さは158m）からはシアトルのパノラマが展開する。天気のよい日には、南にダウンタウンと真っ白なマウント・レーニア、東にワシントン湖とクイーンアン・ヒル、そして西には船が行き交うエリオット湾と、かなたに連なるオリンピック山脈を見渡すことができる。2018年5月、展望台の外デッキが巨大ガラスで覆われ、ガラスの椅子も設置された。さらに8月には、展望台の下のフロアに、床がガラスでできた回転展望台**ルーペ The Loupe**がオープン。45分かけて1周する。

シアトル随一の眺望が楽しめる

(P.58側注の続き)
ホームタウン・チャイナタウン・ツアー：大人$24.95、シニア$21.95、学生(13～18歳)$18.95、子供(5～12歳)$16.95、4歳以下無料(入館料込み)
ブルース・リー・チャイナタウン・ツアー：大人$48.95、シニア$44.95、学生(13～18歳)$39.95、子供(5～12歳)$29.95、4歳以下無料(入館料込み)
ヒストリック・ホテル・ツアー：水～月10:30、13:30、15:30、所要45分

T・モバイルパーク
住1250 1st Ave. S., Seattle
URLwww.mlb.com/mariners/ballpark
行き方ダウンタウンのWestlake駅からサウンドトランジット・リンク・ライトレイル・リンク・ワンラインでStadium駅下車、徒歩10分。もしくは、3rd Ave. & Pike St.からメトロバス#21で1st Ave. & S. Atlantic St.下車。パイオニアスクエアからは徒歩15分。

マリナーズ・チームストア T・モバイルパーク店
住1250 1st Ave. S., Seattle
☎(206) 346-4287
営月～土10:00～18:00、日10:00～17:00(試合がある日は延長あり。時期により変更あり)
ダウンタウン店→P.89

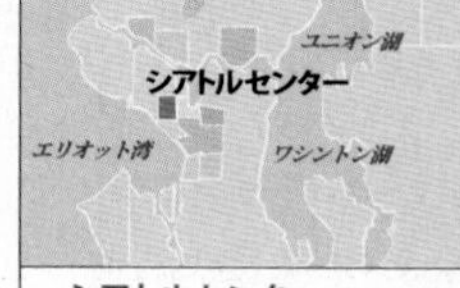

シアトルセンター
MP.37-B1
URLwww.seattlecenter.com
行き方ダウンタウンのWestlake Centerからシアトルセンター・モノレールで3分(料大人$3.50、子供$1.75)。

スペースニードル
住400 Broad St., Seattle
☎(206) 905-2100
URLwww.spaceneedle.com
営毎日9:00～23:00(時期により異なる)
料大人$30～42.50、シニア(65歳以上)$25.50～36、子供(5～12歳)$22.50～32、4歳以下無料。入場時間により異なる。
24時間内再入場可能パス：大人$59～60.50、シニア$54～55.50、子供$44～45.50
行き方シアトルセンター・モノレールのSeattle Center駅目の前。

MEMO 旅行中に日本の書籍を読みたくなったら　宇和島屋の中に紀伊國屋書店が入る。**Kinokuniya**　MP.35-A3
☎(206) 587-2477　URLwww.kinokuniya.com　営毎日10:00～20:00

ポップカルチャー博物館（モーポップ）
住325 5th Ave. N., Seattle
☎(206) 770-2700
URLwww.mopop.org
営毎日10:00～17:00（時期により異なる）
休サンクスギビング、クリスマス
料大人$26.50～31.25、シニア（65歳以上）・学生$23.75～28.25、子供（5～12歳）$18.50～22、4歳以下無料。曜日により異なる
行き方シアトルセンター・モノレールのSeattle Center駅目の前。

カルチャーキッチン
☎(206) 262-3030
営木～火10:00～17:00
休水

斬新なデザインの建物

ニルヴァーナのカート・コバーンが着用したカーディガンも展示されている

ロックンロールの殿堂 MP.37-B1

★★★ ポップカルチャー博物館（モーポップ） Museum of Pop Culture（MoPOP）

ロックミュージックやサイエンスフィクション（SF、空想科学）、ポップカルチャーに焦点を当てた博物館。建築家、フランク・ゲイリーFrank Gehry氏による3階建ての建物は、斬新でユニークだ。

おもな展示がある2階はアメリカロックやポップスの歴史を解説する。1970年代から現在まで、その時代を代表するバンドやミュージシャンの写真を豊富に展示。特に、シアトル出身のアーティスト、ジミ・ヘンドリックスJimi Hendrixや一世を風靡したバンド、ニルヴァーナNirvanaのギャラリーが充実しており、彼らがライブで使用したステージ衣装やギター、ドラムなどのほか、コンサートのポスターや掲載された雑誌なども見ることができる。また、館内中央のステージはスカイチャーチSky Churchと呼ばれるアリーナ。巨大スクリーンに、さまざまなミュージシャンのライブ映像が流れている。ギターギャラリーGuitar Galleryには、1960年代から現在まで製造されたビンテージギターが20本以上並べられ、レスポールやギブソンなどギターファンでなくても垂涎ものばかり。

3階は「サウンドラボ」で体験コーナーが中心だ。ギターやキーボードを使って作曲したり、ダンスのステップを練習したりする。最後のオンステージでは、観客2万人のライブを経て自分のステージ用ポスターを制作。1階には人気のレストラン、**カルチャーキッチンCulture Kitchen** があり、サラダやサンドイッチなどが食べられる。

ギターで作られたオブジェ

チフーリ・ガーデン・アンド・グラス
住305 Harrison St., Seattle
☎(206) 753-4940
URLwww.chihulygardenandglass.com
営毎日9:00～21:00（日～20:00）。時期により異なる
料大人$30～37.50、シニア（65歳以上）$25.50～32、子供（5～12歳）$22.50～28、4歳以下無料。日時、入館時間により異なる
行き方スペースニードルの目の前

バー
営毎日10:30～20:00

ガラス彫刻を集めた博物館 MP.37-B1

★★★ チフーリ・ガーデン・アンド・グラス Chihuly Garden and Glass

世界的に有名なガラス彫刻家、**デール・チフーリDale Chihuly**氏の作品を集めた博物館。ワシントン州タコマ市出身のチフーリ氏は、吹きガラスの世界に革新をもたらしたといわれている。花瓶やコップなど普段使いであったガラス製品に芸術という概念を付け加えたのだ。鮮やかな色使いに加え、細部までいきわたる至高の技巧を堪能してほしい。館内は、展示ホール、グラスハウス、中庭と3つのエリアに分かれている。それぞれ、太陽光や室内照明とのバランスを考えたガラスの魅力をふんだんに引き出す。ホールの奥には、**バーThe Bar**も併設し、チフーリ氏の趣味である栓抜きや置物のコレクションも目にすることができる。

自然と見事に調和しているガラスの彫刻

MEMO **シアトルセンター向かいにあるビル＆メリンダ・ゲイツ財団・ディスカバリーセンター** 世界中の人々が、貧困に苦しむことなくよりよい暮らしを営み、高等教育を受けられることを提唱する博物館。↗

体験学習ができる科学館

MP.37-B1

パシフィック・サイエンス・センター
Pacific Science Center

プラネタリウムがあり、レーザーショーも行われ、体験をとおして科学を楽しく理解するための設備が整った本格的な科学館。中央の白いアーチを囲んだ斬新なデザインの建物は、日系アメリカ人の建築家ミノル・ヤマザキ氏の設計によるものだ。子供たちが楽しんで科学に触れられるようなアトラクションがめじろ押し。例えば自転車こぎによる発電の仕組み、人体の器官の立体図による解説、コンピューターを操作しながら音楽や絵を作っていくなど、体験しながら学べるものがたくさん。

サイエンス・センター入口

パシフィック・サイエンス・センター
住200 2nd Ave. N., Seattle
☎(206) 443-2001
URLpacificsciencecenter.org
営毎日10:00～17:00（時期により異なる）
料大人$22.95、シニア（65歳以上）$21.95、3～17歳$17.95、2歳以下無料。
アイマックス：大人$12、シニア（65歳以上）$9、3～17歳$9。
レーザーショー：大人$15、シニア（65歳以上）$12、3～17歳$12
行き方シアトルセンター・モノレールのSeattle Center駅から徒歩3分。

サウス・レイクユニオン
South Lake Union

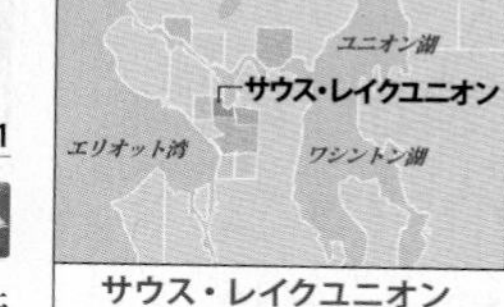

サウス・レイクユニオン
MP.33-A1～B2
行き方シアトル・ストリートカー・サウス・レイクユニオン・ラインでLake Union Park下車。

シアトルの歴史を学ぼう

MP.33-B1

歴史・産業博物館（モハイ）
Museum of History & Industry (MOHAI)

2012年にシアトル近郊のモントレイクからユニオン湖畔に移転し、オープンした博物館。シアトルだけでなくピュージェット湾エリアの歴史について解説する。当地で誕生したボーイングやスターバックス・コーヒー、アマゾン・ドット・コムなどの大企業がどのように発展していったのかを知ることができるほか、船首の飾り像などの展示を見て回ることができる。

ユニオン湖畔に面して立つ博物館

歴史・産業博物館（モハイ）
住860 Terry Ave. N., Seattle
☎(206) 324-1126
URLmohai.org
営毎日10:00～17:00
料大人$22、シニア（65歳以上）$18、学生$17、子供（14歳以下）無料
行き方シアトル・ストリートカー・サウス・レイクユニオン・ラインでLake Union Park下車、目の前。

アマゾン・ドット・コムの社屋が公開されている

MP.33-A2

アマゾン・スフィアとアマゾン・アンダーストーリー
Amazon Spheres & Amazon Understory

2018年1月にオープンしたワークスペース＆植物園の**アマゾン・スフィア**。アマゾン・ドット・コム社屋に併設し、世界30ヵ国から取り寄せられた4万本もの植物が植えられている。通常はアマゾン・ドット・コムの社員にしか公開されていないが、毎月特定の日なら事前の予約で一般の入場も可能だ。地下にはギャラリーの**アマゾン・アンダーストーリー**があり、地元のアーティストの作品を展示している。アンダーストーリーは予約の必要はなく自由に立ち寄れる。

アマゾン・スフィアは3つのガラスの球体が連なったガラスドーム

アマゾン・スフィア
住2111 7th Ave., Seattle
URLwww.seattlespheres.com
営第1土曜、第3土曜の10:00～18:00。ウェブサイトから事前に予約すること。
料無料
行き方ウエストレイクセンターから徒歩8分。

アマゾン・アンダーストーリー
営火～土10:00～18:00
休日月
料無料

↘The Bill & Melinda Gates Foundation Discovery Center　MP.37-B1　住440 5th Ave. N., Seattle　☎(206) 709-3100
営水～土10:00～17:00　休日～火　料無料

キャピトルヒル
Capitol Hill

ブロードウエイ
行き方 ダウンタウンのPike St. & 4th Ave.からメトロバス#11や49でHarvard Ave. & Pine St.下車。もしくは、ダウンタウンのWestlake駅からサウンドトランジット・リンク・ライトレイル・リンク・ワンラインでCapitol Hill駅下車。

キャピトルヒル・ファーマーズマーケット
M P.36-B2
住 E. Denny Way bet. Broadway & 10th Ave., Seattle
URL seattlefarmersmarkets.org/chfm
営 日11:00〜15:00
行き方 ダウンタウンのWestlake駅からサウンドトランジット・リンク・ライトレイル・リンク・ワンラインでCapitol Hill駅下車。

ボランティアパーク
住 1247 15th Ave. E., Seattle
☎ (206) 684-4075
URL www.seattle.gov/parks
営 毎日6:00〜22:00
行き方 ダウンタウンのPike St. & 4th Ave.からメトロバス#10で15th Ave. E.& E. Prospect St.下車、目の前。

ウオータータワー展望台
M P.63
営 毎日10:00〜日没
料 無料

ボランティアパーク温室
M P.63
住 1400 E. Galer St., Seattle
☎ (206) 684-4743
URL www.volunteerparkconservatory.org
営 火〜日10:00〜16:00 休 月
料 大人$6、子供(6〜17歳) $4、5歳以下無料。毎月第1木曜と第1土曜は無料

れんが造りの貯水塔、ウオータータワー展望台は、ボランティアパークの南端にある

★★ キャピトルヒルのメインストリート M P.33-B1〜B3、P.36-A1〜A2、P.36-B1

ブロードウエイ
Broadway

ブロードウエイの中心はUnion St.からRoy St.までのBroadway沿い。近年、おしゃれなカフェやレストランが続々とオープンしているうえ、LGBTQの中心地としてにぎわっている。日曜日には、**キャピトルヒル・ファーマーズマーケットCapitol Hill Farmers Market**も開催されるので立ち寄ってみるといい。

シアトルいちヒップなカルチャーがあふれているエリア

★★ シアトル市民の休息地 M P.36-B1、P.63

ボランティアパーク
Volunteer Park

キャピトルヒルのシンボルともいえる公園で、キャピトルヒルの北東にある。ニューヨークのセントラルパークの設計で有名な**オルムステッド・ブラザーズOlmsted Brothers**によってデザインされ、自然の木をそのまま生かすデザインだ。木々の葉は移り行く季節をそのまま映し、美しい。

公園の南にあり目に入るのが、れんがで造られた貯水塔の**ウオータータワー展望台Water Tower Observation Deck**。上部は展望台になっていて、上からは金網越しに、ダウンタウンのビル群やワシントン湖に架かる浮き橋、ユニオン湖がよく見える。

また、貯水塔の北には**シアトル・アジア美術館Seattle Asian Art Museum** (→P.63)、その前には満々と水をたたえた貯水池、その奥には珍しい熱帯植物やサボテンがたくさん展示されている**ボランティアパーク温室Volunteer Park Conservatory**などがある。

イサム・ノグチ作の『黒い太陽Black Sun』の奥にスペースニードルが望める

MEMO **ブロードウエイにあるアート作品** BroadwayとPine St.の角には、シアトル出身の天才ギタリスト、ジミ・ヘンドリックスの像が鎮座している。**Jimi Hendrix Statue** M P.36-A2

中国美術が充実した珠玉の美術館 MP.36-B1、P.63

シアトル・アジア美術館
Seattle Asian Art Museum

外観も美しいシアトル・アジア美術館

シアトル美術館(→P.53)の別館で、中国・韓国・日本美術に特化している。1933年、創設ディレクターで鉱物学者でもあった、**リチャード・E・フラー博士Dr. Richard E. Fuller**が父親の遺産(25万ドル)で建築した。アメリカ・アールデコ様式の建物は、細部にまで優雅さがある。1991年に、シアトル美術館がダウンタウンに移転するまで、シアトルの美術の殿堂として市民に親しまれてきた。

正面玄関に鎮座する対のラクダは、古代中国の塑像。酸性雨対策で現在はレプリカに代わったが、昔は本物が置かれ、子供たちがラクダにまたがり、記念撮影する場所だったという。収蔵品はフラー一族が収集した中国各王朝をほぼ網羅する中国美術や日本美術が中心で、ひすい、陶磁器、彫刻、日本の根付け、籠細工などが展示されている。

シアトル・アジア美術館
住1400 E. Prospect St., Seattle
☎(206) 654-3100
URL www.seattleartmuseum.org
営金～日10:00～17:00
休月～木、おもな祝日
料大人$14.99～17.99、シニア(65歳以上) $12.99～15.99、学生・子供(15～19歳) $9.99～12.99、14歳以下無料
行き方ダウンタウンのPike St. & 4th Ave.からメトロバス#10で、15th Ave. E. & E. Prospect St.下車。徒歩6分。

ブルース・リー、シアトルに眠る MP.63

レイクビュー墓地
Lake View Cemetery

この墓地には『燃えよドラゴン』『ドラゴン怒りの鉄拳』などの代表作を残して亡くなった、カンフー映画の大スター、**ブルース・リーBruce Lee**(1940～1973年)の墓がある。ブルース・リーは、サンフランシスコに生まれ、香港で亡くなったが、若い頃アメリカ人と結婚し、シアトルにも暮らしていた。ワシントン大学哲学科に一時在籍し、チャイナタウンにカンフー道場「振藩國術館」を設立、詠春拳(ウィン・チュン)を基本とした振藩功夫(ジュン・ファン・グンフー)を指導し、この街で本格的に武道家として歩み始めた。

1973年7月20日、香港で32歳の生涯を閉じたブルース・リーの亡骸は、この地に埋葬された。その後、息子**ブランドン・リーBrandon Lee**も同地に葬られ、今も、ファンのささげる花やカードが墓前に絶えない。

ブルース・リーとブランドン・リーのお墓が並ぶ

レイクビュー墓地
住1554 15th Ave. E., Seattle
☎(206) 322-1582
URL www.lakeviewcemeteryassociation.com
営毎日9:00～日没(夏季は20:00、冬季は16:15、春・秋季は18:00頃まで)
行き方ダウンタウンの4th Ave.& Pike St.からメトロバス#10で、E. Garfield St. & Grandview Pl. E.下車。E. Garfield St.を西に1ブロック行った所。ボランティアパークから徒歩約10分。

ボランティアパーク

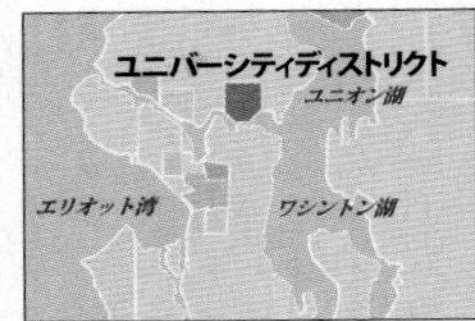

ユニバーシティディストリクト
行き方ダウンタウンの 3rd Ave. & Pike St. からメトロバス #49、70 で U District Station Bay 1 下車、約 35 分。もしくは、ダウンタウンの Westlake 駅からサウンドトランジット・リンク・ライトレイル・リンク・ワンラインの U District 駅で下車。

ワシントン大学生協
MP.37-A2
住4326 University Way N.E., Seattle
☎(206) 634-3400
URLwww.ubookstore.com
営月〜土10:00〜18:00、日12:00〜16:00

ワシントン大学
URLwww.washington.edu
構内には、博物館、ギャラリーなど観光客が立ち寄れる施設も多い。
ビジターセンター
MP.37-A3
住022 Odegaard, Seattle
☎(206) 543-9198
営月〜金9:00〜16:30
休土日、おもな祝日
キャンパスマップがもらえる。
スッツァロー&アレン図書館
MP.37-A3〜B3
☎(206) 543-0242
営月〜金9:00〜20:00(金〜17:00)、日13:00〜20:00(時期により異なる)
休土

大学構内は広大なのでビジターセンターでキャンパスマップを入手しよう

スッツァロー&アレン図書館

ユニバーシティディストリクト University District

ワシントン大学の学生街 MP.32-A1、P.37-A2〜B3

ユニバーシティディストリクト University District

ダウンタウンの北東8kmにある**ワシントン大学University of Washington**の周りに広がる学生街。中心はN.E. 45th St.とUniversity Wayが交差するあたりで、学生向けの安いレストラン、カフェ、バー、ファストファッションの店、古着屋などが集まる。University Way沿いの44th〜45th St.間にある**ワシントン大学生協University of Washington Bookstore**にはぜひ立ち寄りたい。書籍、文具、衣料品、雑貨とかなりの品揃えだ。大学のスポーツチーム名である**ハスキーズHuskies**のロゴ入りグッズはおみやげにいい。大学のマスコットである犬のシベリアンハスキーのぬいぐるみが売れ筋だ。なお、22:00過ぎになると、ひと気がなくなるので女性のひとり歩きは注意したい。

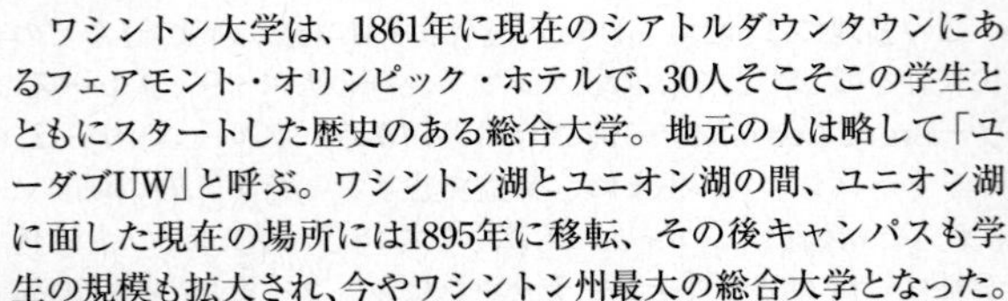
大学街の中心路、University Wayを散策しよう

実力も人気も高い名門校 MP.37-A2〜B3

ワシントン大学 University of Washington

ワシントン大学は、1861年に現在のシアトルダウンタウンにあるフェアモント・オリンピック・ホテルで、30人そこそこの学生とともにスタートした歴史のある総合大学。地元の人は略して「ユーダブUW」と呼ぶ。ワシントン湖とユニオン湖の間、ユニオン湖に面した現在の場所には1895年に移転、その後キャンパスも学生の規模も拡大され、今やワシントン州最大の総合大学となった。2023年8月現在、約5万4000人の学生が履修登録している。

構内中央にある広場がセントラルプラザCentral Plaza。赤れんがが使われているので通称レッドスクエアといわれている。広場の階段下には、南東方面にマウント・レーニアを望む眺望スポット、ドラムヘラー噴水Drumheller FountainとレニエビスタRainier Vistaがある。図書館はゴシック建築の**スッツァロー&アレン図書館Suzzallo & Allen Libraries**を含め約15あり、蔵書のなかには日本全国の電話帳まであるというから、その充実ぶりには脱帽してしまう。工学、経営学、薬学は全米でトップランク。最近はコンピューターサイエンスの評判も高い。学生の3分の1近くが大学院に所属することも、教育レベルの高さを物語っている。

スポーツのほうも、水上スポーツ、フットボール、バスケットボールが人気、実力ともに評価が高い。大学のスポーツチームは、ハスキーズHuskies(シベリアンハスキーのこと)というマスコット・キャラクターとともに親しまれている。チームカラーはパープル。

MEMO **ワシントン大学で楽しむアクティビティ** ハスキースタジアムの裏にあるウオーターフロント・アクティビティ・センターでは、カヌーやボートの貸し出しを行っている。**Waterfront Activity Center** MP.37-B3 ↗

ヘンリー・アート・ギャラリー　Henry Art Gallery

ワシントン大学付属の現代美術館。コレクションは2万8000点と小規模だが、20世紀現代アートの常設展のほかにも意欲的な特別展を常に開催し、注目を浴びている。一画には礼拝堂のような雰囲気をたたえたジェームス・タレル・スカイスペースJames Turrell Skyspaceがあり、瞑想のインスタレーションが数多く行われている。体が傾いたような錯覚を覚える不思議な空間だ。

ヘンリー・アート・ギャラリー外観

ヘンリー・アート・ギャラリー
Ⓜ P.37-A3
住 15th Ave. N.E. & N.E. 41st St., Seattle
☎ (206) 543-2280
URL henryart.org
営 木〜日10:00〜19:00(金〜日〜17:00)
休 月〜水
料 寄付制($10ぐらいを目安に)
行き方 ワシントン大学キャンパスの南西にある。

バーク博物館　Burke Museum

1885年に創設されたワシントン州で最も古い公立の博物館。2019年10月、1億600万ドルかけて建てられた新館が完成し、移転再オープンした。3階建ての建物にはカフェの**オフ・ザ・レズ・カフェ Off the Rez Cafe**も入り、アメリカ・インディアンの伝統料理フライブレッドやナバホタコスなどが食べられる。

ガラスと木材がうまくマッチした建物

博物館はシアトルを中心としたアメリカ大陸の太平洋岸の文化人類学と自然史関係のコレクションで知られている。シアトル近郊で発掘された1億6000万年前の恐竜の化石なども興味深いが、さらに見応えがあるのがアメリカ・インディアンの工芸品類だ。シアトル周辺の海や川を実際に航行していたヒマラヤスギをくり抜いたカヌーや、意味深い彫刻が施されたトーテムポール、バスケットやマスク、捕鯨や狩猟のための道具類などは、彼らの生活様式や文化の理解をよりいっそう深めてくれる。

バーク博物館
Ⓜ P.37-A2
住 4300 Memorial Way N. E., Seattle
☎ (206) 543-7907
URL www.burkemuseum.org
営 火〜日10:00〜17:00。第1木曜は20:00まで
休 月、おもな祝日
料 大人$22、シニア(62歳以上)$20、学生・子供(4〜18歳)$14。3歳以下と第1木曜は無料
行き方 ワシントン大学キャンパスの北西にある。

オフ・ザ・レズ・カフェ
営 火〜日10:00〜17:00
休 月

珠玉の工芸品が並ぶ

COLUMN

ポーテージ湾でのカヤック

アグアベルデ・パドルクラブ&カフェ
Agua Verde Paddle Club & Café

シアトルでカヤックを体験できる場所は数々あるが、比較的波が穏やかで初心者にも安全に体験できるのは**アグアベルデ・パドルクラブAgua Verde Paddle Club**があるポーテージ湾だ。ワシントン大学の南側で、キャンパスからもほど近く、快晴の日には行列ができる。出発前、「カヤックは自己責任で行い、乗っている最中はライフジャケットを脱がない」などと書かれた契約書にサインをする。ライフジャケットを身に付け、パドルの使い方、舵の切り方、カヤックへの乗り方などを教わったら、さっそく湖へ！

水上家屋や風景を楽しみながら、シアトルの夏を満喫しよう。クラブには、メキシコ料理が味わえるカフェ **Agua Verde Café**も併設する。

内海は波も穏やかで快適

Agua Verde Paddle Club
Ⓜ P.37-A3
住 1307 N.E. Boat St., Seattle
☎ (206) 632-1862
URL aguaverdepaddleclub.com
営 〈3〜10月〉月〜土11:00〜20:00(土9:00〜)、日9:00〜18:00(時期により異なる)
料 レンタル1時間:シングルカヤック$24、ダブルカヤック$32、スタンドアップ・パドルボード$27
カード A M V

Agua Verde Café
Ⓜ P.37-A3
住 1303 N.E. Boat St., Seattle
☎ (206) 545-8570
URL www.aguaverdecafe.com
営 毎日10:00〜21:30(金土〜22:00)
カード A M V

↘ 住 3710 Montlake Blvd. N.E., Seattle　☎ (206) 543-9433　URL www.washington.edu/ima/waterfront　営 毎日10:00〜18:00(時期により異なる)　料 カヌー1時間：$16、カヤック1時間：$19

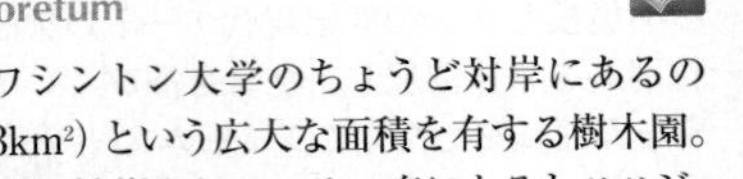

世界中から集められた樹木は5500種類以上 Ⓜ P.32-A1～A2

ワシントンパーク樹木園 Washington Park Arboretum

ユニオン湾を挟んでワシントン大学のちょうど対岸にあるのが、230エーカー（約0.93km²）という広大な面積を有する樹木園。なるべく自然に見えるように植樹されている。春になるとツツジ、シャクナゲなどの色とりどりの花が咲き乱れ、とても美しい。

樹木園の南端には日本から呼ばれた造園師たちによって造られた**日本庭園Japanese Garden**がある。あちこちに置かれた花崗岩は、カスケード山脈から傷をつけないように運ばれてきたもの。よく手入れが行き届いた庭には鯉が泳ぐ池、小さな滝、茶室、東屋などがバランスよく配されている。

ワシントンパーク樹木園
住2300 Arboretum Dr. E., Seattle ☎(206)543-8800
営ビジターセンター：毎日9:00～17:00、トレイル：毎日 日の出～日没 料無料
行き方ダウンタウンのPike St. & 4th Ave.からメトロバス#43で24th Ave. E. & E. Newton St.下車、徒歩10分。所要約45分。

日本庭園
住1075 Lake Washington Blvd. E., Seattle
☎(206) 684-4725
URL www.seattlejapanesegarden.org
営火～日10:00～17:00（夏季は延長あり） 休月
料大人$10、シニア（65歳以上）・子供（6～17歳）$6、5歳以下無料

フリーモント&バラード Fremont & Ballard

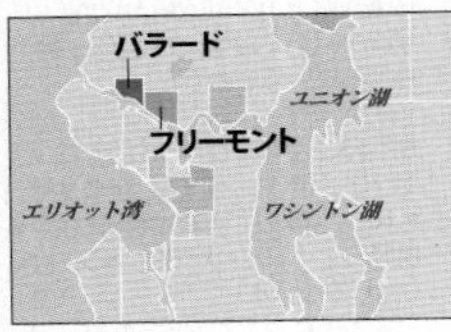

アートがいっぱいの街 Ⓜ P.32-A1、P.36-A3～B3

フリーモント Fremont

ダウンタウンの北約6kmにあるフリーモントは、Fremont Ave.とN. 35th St.の交差点を中心に広がるカルトなネイバーフッド。街の各所にアーティストの作ったレーニン像やロケット、トロール像までがそびえている。センター・オブ・ザ・ユニバースの支柱には、「トロール 2ブロック」「ルーブル 9757km」など方向と距離が示されていておもしろい。N. 35th St.沿いには、アンティークショップ、古着屋や小粋なレストランが軒を並べ、にぎわっている。また、毎週日曜日には1990年から始まった青空市の**フリーモント・サンデイ・マーケットFremont Sunday Market**も開催。地元のアーティストが参加し、約125の店や屋台が並ぶ。

レーニン像

フリーモント
URL fremont.com
行き方ダウンタウンの3rd Ave. & Pine St.からメトロバス#40、62でFremont Ave. N. & N. 34th St.下車、約25分。

フリーモント・サンデイ・マーケット
Ⓜ P.36-A3
住3401 Evanston Ave. N., Seattle
URL www.fremontmarket.com
営日10:00～16:00

COLUMN

眺めのいい場所　ガス・ワークス・パーク

シアトルには眺望自慢の場所が3ヵ所あるといわれている。その筆頭はクイーンアン・ヒルのケリーパークKerry Park（→P.73）、それからウエストシアトルのドゥワミッシュヘッドDuwamish Head（→P.68）、そしてここ、ウォーリングフォードの**ガス・ワークス・パークGas Works Park**だ。1906年から1956年までガス製造工場が稼働していたが、公害をまき散らすという理由で閉鎖され、その後も取り壊されることなく、市はその廃墟を残したまま公園を造った。実は、工場跡地には今も過去の残留物である有毒物質が残っているのだとか。土壌改良工事は今なお進行中だ。つまり、悪弊を忘れない、都市再生のモニュメントというわけ。青く輝くユニオン湖にはヨットやカヤックがスイスイと行き交い、湖越しに見るダウンタウンのスカイラインもすばらしい。

ガス・ワークス・パーク Gas Works Park
Ⓜ P.32-A1
住2101 N. Northlake Way, Seattle
営毎日6:00～22:00
行き方フリーモントの中心部からN. 34th St.を東に1km。ダウンタウンの3rd Ave. & Pine St.から、メトロバス#62で、N. 35th St. & Woodland Park Ave. N.下車、南へ1km。

MEMO フリーモントの彫像　**レーニン像Statue of Lenin**　Ⓜ P.36-A3　住N. 36th St.とFremont Pl. N.、Evanston Ave. N.の角、**ロケットFremont Rocket**　Ⓜ P.36-A3　住N. 35th St.とEvanston Ave. N.の角、↗

近年、ブリュワリーが続々と誕生している　MP.32-A1、P.67

バラード Ballard

フリーモントから5kmほど北西の太平洋に隣接したエリア。街の名前は、地主で元汽船船長だったウィリアム・R・バラードWilliam R. Ballard（1847～1929年）に由来する。もともとはスカンジナビアの食品店が並び、スカンジナビア諸国の国旗がはためくスカンジナビア移民の街だったが、近年すっかりおしゃれに変貌し、若者から大人まで年齢を問わず楽しめるようになった。

街の中心は、N.W. Market St. と22nd Ave.、Ballard Ave.が交差するあたり。れんが敷きの舗道をバラードアベニューBallard Ave.に沿って歩いて行くと、1800年代の建物を小粋に改装したショップやレストランがずらりと並ぶ**オールドバラードOld Ballard**の街並みが広がる。買い物や食事、そぞろ歩きが楽しい一画なのだ。また、毎週日曜はバラードアベニューの一部が歩行者天国となり、**バラード・ファーマーズマーケットBallard Farmers Market**が開かれる。地元の農家が作る新鮮なフルーツや野菜、ジャムなどが露店に並び、多くの人でにぎわう。

海と湖の交差点　MP.32-A1

ハイラム・M・チッテンデン水門とフィッシュラダー Hiram M. Chittenden Locks & Fish Ladder

ワシントン湖（淡水）とピュージェット湾（海水）を結んで東西に走るワシントン湖シップ運河は、年間4万隻ものボートが行き交う交通の要所。1917年、水位の低いピュージェット湾から水位の高いワシントン湖へスムーズに船を誘導させるため、海側にチッテンデン水門が造られた。その仕組みは、海から入ってきたボートが水門に入ると、水門内の水位が上昇し、水位が同じになると開門し、湖側へと抜けるというもの。同年、海と湖を行き来するサケやニジマスのための魚道、**フィッシュラダーFish Ladder**も設けられた。21段の段差を上る魚をガラス窓越しに見学できる。遡上の季節は毎年6～9月。

バラード
行き方 ダウンタウンの3rd Ave. & Union St.から、メトロバス#40でN.W. Market St. & Ballard Ave. N.W.下車、約35分。フリーモントからは、Fremont Ave. N. & N. 34th St.からメトロバス#40でN.W. Market St. & Ballard Ave. N.W.下車。約20分。

バラード・ファーマーズマーケット
M P.67
住 5345 Ballard Ave. N.W., Seattle（Ballard Ave. N.W.の22nd Ave. N.W.とVernon Pl. N.W.の間）
URL www.sfmamarkets.com/visit-ballard-farmers-market
営 日9:00～14:00

地元住民も通う

ハイラム・M・チッテンデン水門とフィッシュラダー
住 3015 N.W. 54th St., Seattle
営 毎日7:00～21:00
行き方 ダウンタウンの3rd Ave. & Union St.からメトロバス#40でN.W. Market St. & Ballard Ave. N.W.下車。Market St.を西に1.3km行った所。約55分。
フィッシュラダー
営 毎日7:00～20:45
料 無料
ビジターセンター
☎ (206) 783-7059
営〈5～10月〉水～日10:00～18:00、〈11～4月〉水～日10:00～15:00
休 月火
わかりやすい図解入りのパンフレットがある。

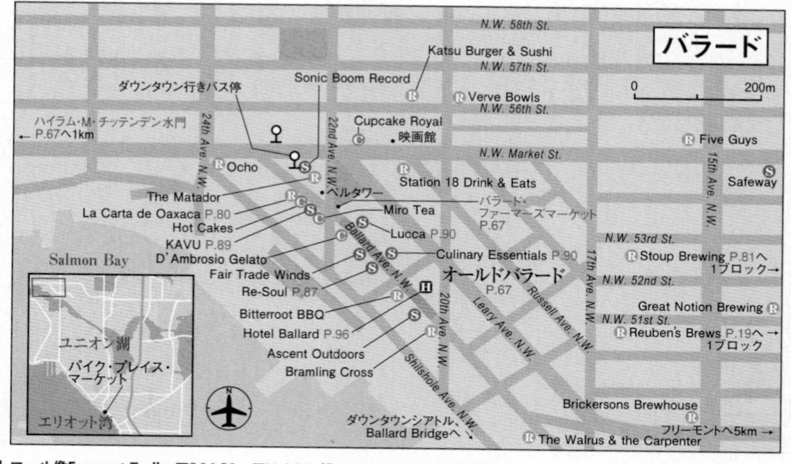

↘ **トロール像Fremont Troll**　M P.36-B3　住 N. 36 St.沿いAurora Ave. N.の道路下、　**センター・オブ・ザ・ユニバース The Center of the Universe**　M P.36-A3　住 N. 35th St.とFremont Pl. N., Fremont Ave. N.の角

アルカイビーチ

行き方 キングカウンティ・ウオータータクシー・ウエストシアトル・ルートでシークレスト埠頭まで行き、メトロバス#775に乗り換える。

キングカウンティ・ウオータータクシー

ウオーターフロントのピア50からウエストシアトルのシークレスト埠頭まで、所要15分。
URL kingcounty.gov
営 月～木5:55～18:45、金5:55～22:45、土8:30～22:45、日8:30～18:30（冬季は短縮あり）
料〈現金・チケット〉片道：大人$5.75、18歳以下無料、〈ORCAカード〉大人$5、18歳以下無料

ウエストシアトル
West Seattle

★ ダウンタウンの高層ビル群が美しく見える　M P.32-A2、P.68-A1～B2

アルカイビーチとウエストシアトル
Alki Beach & West Seattle

ドゥワミッシュヘッドにて

エリオット湾を挟んでダウンタウンと向き合うウエストシアトルは、市民の憩いの場。アルカイビーチ沿いの**ドゥワミッシュヘッドDuwamish Head**からパイオニアモニュメントあたりまでは、夏になると日光浴を楽しむ人々でにぎわう。ビーチ沿いにはカフェやレストランが並ぶ。映画『めぐり逢えたらSleepless in Seattle』のなかで、トム・ハンクスが子供と凧揚げをするシーンはここで撮影された。ビーチのなかほどの道路際には、1851年11月13日、シアトルに最初の一歩を刻んだ探検家、アーサー・デニーArthur Denny一行24名の到着を記した石碑も立つ。彼らは翌年、パイオニアスクエア周辺へと移るが、街の歴史はここから始まったのだ。61st Ave. S.W.を南に進むと、先住民の歴史を紹介した**ログハウス博物館Log House Museum**（→脚注）がある。

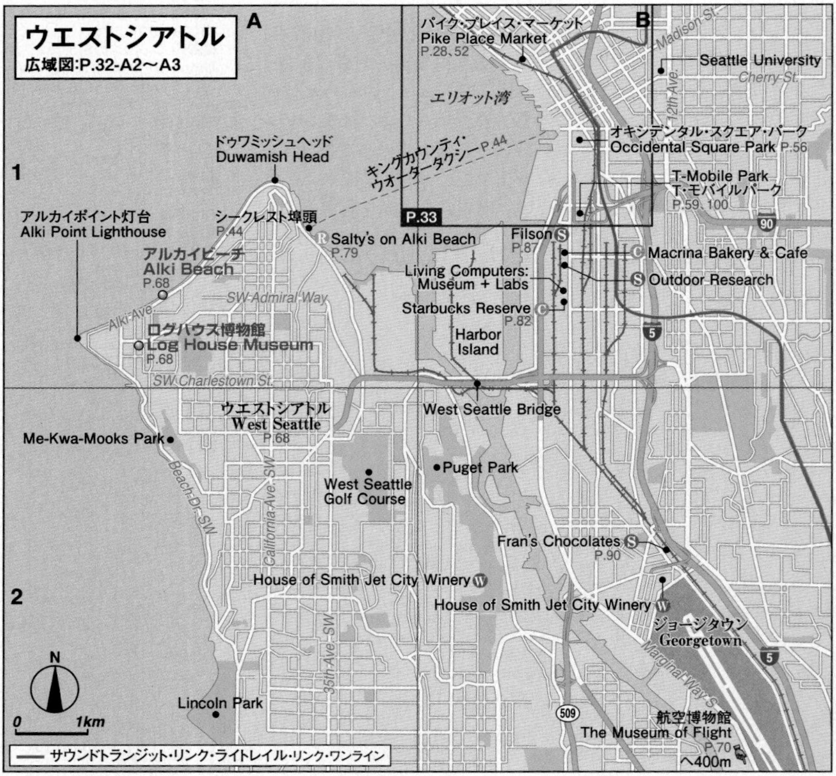

ウエストシアトル
広域図:P.32-A2～A3

A B 1 2
パイク・プレイス・マーケット Pike Place Market P.28、52
Madison St.
Seattle University
Cherry St.
12th Ave.
エリオット湾
オキシデンタル・スクエア・パーク Occidental Square Park P.56
ドゥワミッシュヘッド Duwamish Head
キングカウンティ・ウオータータクシー P.44
T-Mobile Park T-モバイルパーク P.59、100
P.33
アルカイポイント灯台 Alki Point Lighthouse
シークレスト埠頭 P.44
Salty's on Alki Beach P.79
Filson P.87
Macrina Bakery & Cafe
Living Computers: Museum + Labs
Outdoor Research
アルカイビーチ Alki Beach P.68
SW Admiral Way
Alki Ave.
Starbucks Reserve P.82
ログハウス博物館 Log House Museum P.68
Harbor Island
SW Charlestown St.
ウエストシアトル West Seattle P.68
West Seattle Bridge
Me-Kwa-Mooks Park
Beach Dr. SW
Puget Park
West Seattle Golf Course
California Ave. SW
Fran's Chocolates P.90
House of Smith Jet City Winery
House of Smith Jet City Winery
ジョージタウン Georgetown
35th Ave. SW
Marginal Way S.
N
0 1km
Lincoln Park
航空博物館 The Museum of Flight P.70 へ400m
— サウンドトランジット・リンク・ライトレイル・リンク・ワンライン

MEMO ログハウス博物館　M P.68-A1　住 3003 61st Ave. S.W., Seattle　☎(206)350-0999　URL www.loghousemuseum.org　営 金土12:00～16:00　休 日～木　料 寄付制（大人$5、子供$3）

シアトル郊外
Seattle Outskirts

家族連れに大人気の動物園 MP.32-A1

ウッドランド・パーク動物園
Woodland Park Zoo

シアトルで家族連れに大人気なのが、92エーカー（4046㎡）という広大な敷地を誇るウッドランド・パーク動物園。1899年に設立された由緒ある動物園で、世界中から集められた約250種、900頭もの動物たちが、檻や柵の中にいるのではなく、自然に近い形で飼育されている。というのも「サバンナにすむ動物たちAfrican Savanna」や「熱帯アジアTropical Asia」「温帯性雨林Tropical Rain Forest」「北国にすむ動物たちLiving Northern Trail」など、気候風土別のエリアを設け、動物たちの環境を自然にも配慮して飼育しようと試みているわけだ。自然保護活動にも積極的で、数多くの自然環境保護プロジェクトに参加しているという。

とにかく広いので、入口で地図をもらったら、興味のある動物から見始めるとよいだろう。園内には、タコスやブリトーなどの軽食が食べられる1899 Groveやピクニックエリアも随所に設けられており、ランチや水筒持参で出かければ、まる1日思う存分楽しめるだろう。

動物園の南口のすぐ外には、入園無料のバラ園Rose Gardenもあり、バラの季節には、芳しい香りに包まれる。

水辺が大好きなペンギン

ウッドランド・パーク動物園
住5500 Phinney Ave., N. Seattle
☎(206) 548-2500
URL www.zoo.org
営〈5月～9月上旬〉毎日9:30～18:00、〈9月中旬～4月〉毎日9:30～16:00
料大人$27、シニア(65歳以上) $25、子供(3～12歳) $16.50
行き方ダウンタウンの3rd Ave. & Pine St.からメトロバス#5でPhinney Ave. N. & N. 55th St.下車、約25分。

広大な敷地内を闊歩するキリン

2.5エーカーに200種類のバラが咲いているローズガーデン

世界でも珍しい浮き橋 MP.32-A1～B1、P.32-A2～B2

ワシントン湖の浮き橋
Floating Bridges

ワシントン湖には、橋全体が水上に浮かんでいる橋がある。湖の南側、マーサーアイランドとシアトルを結ぶI-90に架かる橋の**ホーマー・M・ハドレー・メモリアル・ブリッジHomer M. Hadley Memorial Bridge**（西行き）と**レイシー・V・マロー・メモリアル・ブリッジLacey V. Murrow Memorial Bridge**（東行き）、ベルビューとシアトルを結ぶWA-520に架かる橋の**ガバナー・アルバート・D・ロセリーニ・ブリッジGovernor Albert D. Rosellini Bridge**（別名エバーグリーン・ポイント・フローティング・ブリッジEvergreen Point Floating Bridge、WA-520 Bridge）だ。ホーマー・M・ハドレー・メモリアル・ブリッジは1989年に開通、レイシー・V・マロー・メモリアル・ブリッジは1993年に再建された。2016年に完成したガバナー・アルバート・D・ロセリーニ・ブリッジは、全長7708フィート（2349m）で、世界でいちばん長い浮き橋だ。どちらの橋も、船が行き来できるように、両端部分は水面より高く設計されている。車で通過するぶんには揺れも感じないのでこれが浮き橋とは想像もできない。ワシントン湖クルーズツアーに参加すると、ホーマー・M・ハドレー・メモリアル・ブリッジをくぐるので下から見ることができ、橋全体が微妙に揺れているのが見てとれるだろう。

ベルビューとシアトルを結ぶエバーグリーン・ポイント・フローティング・ブリッジ

★航空マニア必訪
航空博物館
The Museum of Flight

MP.32-A3

修復もバッチリ！
実際に稼働する機種も多い

シアトルダウンタウンから南へ11km、エリオット湾とワシントン湖の間に横たわるドゥワミッシュ川沿いにある航空機専門の博物館。航空機製造会社の**ボーイングBoeing**が誕生した地に1965年オープンした。6階建ての高さに相当するガラス張りの館内には、レオナルド・ダ・ヴィンチからNASAまでの人類の航空史をカバーした展示と、60機もの本物の航空機がゆったりと展示されている。

ボーイングが初めて旅客を乗せて飛んだ12人乗りの複葉機Boeing 80A-1型（1929年）、ワシントン大学の学生が作ったライト兄弟1902年グライダーの復元機Wright 1902 Glider Reproduction（1960年）などが並び、ベトナム戦争で使われたマクダネル・F-4C・ファントムMcDonnell F-4C（F-110A）Phantom II（1964年）は平和への願いを込めてここに納められている。

本館から連絡通路でMarginal Wayを渡った先にあるAviation Pavilionには、ケネディやニクソンの時代から使われたエア・フォース・ワン（大統領専用機）やコンコルドもあり、近くで見ることができるのは貴重な体験だ。また、空だけでなく宇宙船のコーナーもあり、アポロ宇宙計画の歴史のパネル展示や、月や火星の重力を体験できるコーナーもある。

おもな機種だけ見たい人には、1日数回行われる無料のハイライトツアー（約30分）がおすすめだ。また、入口隣にあるシアターでは航空機に関する短編映画を常時上映している。なお、同博物館では古い航空機の修復も行っているので、展示品がよく替わることをお忘れなく。

第2次世界大戦時に活躍した戦闘機の隼のレプリカNakajiama Ki-43-IIIa Hayabusa も展示されている

航空博物館
住9404 E. Marginal Way S., Seattle
☎(206) 764-5700
URL www.museumofflight.org
営毎日10：00～17：00。第1木曜は21:00まで
休サンクスギビング、クリスマス
料大人(18～64歳) $26、シニア(65歳以上) $22、子供(5～17歳) $18、4歳以下無料。第1木曜の17:00～21:00は無料
行き方ダウンタウンの3rd Ave. & Pike St.からメトロバス#124でE. Marginal Way S. & S. 96th Pl.下車、約40分。
車ならダウンタウンからI-5をSea-Tac方面(南)へ11km進みExit 158で下りる。Boeing Access Rd.を西に600m進み、E. Marginal Way S.を北へ進んだ南側。約20分。
※日本語のオーディオガイド($5)あり。

ハイライトツアー
集合場所グレイトギャラリー入口
時間時期により異なるので、スタッフに問い合わせのこと。グレイトギャラリー入口の掲示板に示されている。
料無料

博物館正面には、アメリカ空軍大佐であり宇宙飛行士のマイケル・アンダーソン氏の銅像が立つ。2003年アメリカ上空で空中分解したスペースシャトルのコロンビア号に乗っていた

Aviation Pavilionに展示されているエア・フォース・ワン

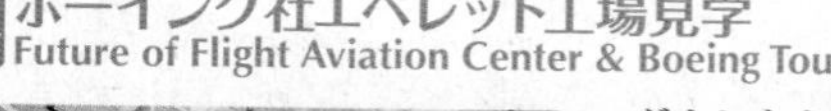

少し遠いけれど行く価値あり

MP.31-B2

ボーイング社エベレット工場見学
Future of Flight Aviation Center & Boeing Tour

フューチャー・オブ・フライト・アビエーション・センター・ギャラリー

ダウンタウンシアトルから北へ約40km行ったエベレット市にある航空機製造会社、ボーイングBoeingの工場。その南隣のマカティオ市に**フューチャー・オブ・フライト・アビエーション・センターFuture of Flight Aviation Center**と呼ばれる体験型展示場が併設され、ボーイング社の工場ツアーとともに日本人旅行者に人気がある。

エベレット工場の床面積は約40万m²。東京ドームの8.5倍もあり、ボーイング社の767、777型機を組み立てる作業場は、ジャンボ機を6機同時に組み立てる能力をもっている。総工費は1967年当時のレートで720億円。ジャンボ機24機が駐機できる駐機場、外板疲労テスト装置、3000m級の滑走路、ジャンボジェットのエンジンを遠くコネチカット州にあるユナイテッド・テクノロジー社から貨車で運び込むための引き込み線までを備えた、容積では世界最大の建物（4億7200万立方フィート、1330万m³）だ。

本物の作業現場を実感するツアー

2023年8月現在ボーイング社の工場見学ツアーは休止している。アビエーション・センター・ギャラリーやスカイデッキ、ギフトショップはオープン。2023年冬、工場見学ツアーは再開予定。

ツアーはまず、フューチャー・オブ・フライト・アビエーション・センターにある240人収容のシアターで、ボーイング社の歴史やボーイング777の組み立て工程を説明したビデオを観る。そのあと、専用バスでエベレット工場に移動。ガイドの先導で地下通路から上階の展望デッキへ上り、工場を見学する。工場の高さは11階建てのビルに匹敵し、全長は3.4km。現在3万人以上の従業員が3交代制で働いている。天井には機体の一部を引き上げるためのクレーン用のレールがいくつも走り、組み立て途中の機体のすぐ横にはオフィススペースも作られ、この工場ならではの光景に驚かされるだろう。約1時間の見学後、再びフューチャー・オブ・フライト・アビエーション・センターに戻ってツアーは終了。帰りのバスはギフトショップ裏手に横付けされるので、売店で名機のプラモデルなどをおみやげに買おう。アビエーション・センター・ギャラリーには、ボーイング707から最新鋭の787ドリームライナーまで、尾翼やエンジンなどの実物が展示され、触ることもできる。操縦のシミュレーションや機体のデザインなどを体験できるコーナーもあり、子供にも楽しめそうだ。疲れたら、ガラス張りの明るいカフェPaper Plane Cafeで休憩を。

展望デッキから見るボーイング777の組み立て工程

ボーイング社エベレット工場見学

2023年8月現在、工場見学ツアーは一時休止中。フューチャー・オブ・フライト・アビエーション・センター・ギャラリーはオープン。

住 8415 Paine Field Blvd., Mukilteo

Free (1-800) 464-1476

URL www.futureofflight.org

営 木〜月8:30〜17:30（時期により異なる）

休 火水、サンクスギビング、クリスマス、元日

料 アビエーション・センター・ギャラリー／大人（16歳以上）$6、シニア（65歳以上）子供（6〜15歳）$3、5歳以下無料。チケットは入口で当日購入も可能だが、オンラインで事前に購入するほうが無難だ。

行き方 シアトルからI-5を36km北上、Exit 189で下り、WA-526を西進。8km行き、84th St. S.W.を左折。所要約40分。路線バスなどもあるが、乗り換えが多いうえ、複雑でわかりにくいので、車がない人はツアーで訪れよう。

※ボーイング社エベレット工場内は写真撮影不可。

フューチャー・オブ・フライト・アビエーション・センターはエベレット市の南、マカティオ市にある。つまり観光客が訪れることができるのは、両市にまたがるボーイング社のごく一部の敷地だ。

巨大なエベレット工場

Images Courtesy of Boeing

シアトルのネイティブ文化

空を見上げるチーフ・シアトルの像

街の名前になった酋長 チーフ・シアトル

トーテムポールが立つパイオニアスクエア・パーク（→P.56）にある三角形の広場は、1852年シアトルに入植した**ヘンリー・イエスラーHenry Yesler**が製材所を造り、白人やドゥワミッシュ族Duwamish Tribeの人々に仕事を与え、白人が町造りを始めた場所。広場の片隅には、苦悩の表情を浮かべ天を仰ぐ、インディアンの胸像が立っている。彼こそ、アメリカ・インディアン（先住民）と白人に平和の尊さを説いたドゥワミッシュ族の酋長「シアルスSealth」だ。一般に**チーフ・シアトルChief Seattle**と呼ばれているが、それは沿岸部の先住民の言葉ルスフッドシードを英語読みに置き換えたもの。

そもそも先住民が北米大陸へやってきたのは、1万1000年～1万2000年前のこと。シアトルに暮らす部族はドゥワミッシュ族と呼ばれていた。ピュージェット湾周辺には、ほかにスコーミッシュ族、コースト・サリッシュ族、チヌーク族などがおり、互いに共存する関係にあった。内陸部に暮らす平原部族とは異なり、川や湖、海の周りで暮らし、サケやタラ、貝などを主食に、毛皮にするためのヘラジカやシカを追って生活していた。自然の中で暮らす彼らの生き方は、実にエコロジカルだった。白人たちがシアトルにやってくると、森は切り開かれ、干潟は埋められ、環境は悪化する。先住民と入植者の関係も日に日に悪くなっていった。1854年、見かねた連邦政府は先住民に物品と居留地を提供する代わりに、シアトルを含むワシントン州西部の土地を白人に引き渡すことを要求した。こうしたなか、チーフ・シアトルはこの年、白人と先住民に向けて語りかけた。「地球は人間に属するのではない。人間が地球に属するのだ。私たち誰もがそのことを知っている。すべてのものは結びついている。家族に流れる血のように。すべてのものはつながっている。地球に降りかかる災いは、地球の息子たち、娘たちの身にも降りかかる」

しかし翌年、先住民と白人の抗争が勃発。最後まで中立を貫いたドゥワミッシュ族もポートマディソン居留地への移動を命ぜられた。入植者たちは、チーフ・シアトルの和平への努力に感謝し、その名前を町名に残したのだ。

2代目トーテムポールの正面

パイオニアスクエア周辺の トーテムポール

パイオニアスクエア・パークに立つトーテムポールは、1899年にシアトル商工会議所のメンバーがアラスカ・トリンギット族の村から盗んできたものだった。頭にレイブン（ワタリガラス）が刻まれたトーテムポールは、Chief-of-all-womenと呼ばれた先住民の女性をたたえ、レイブン・クラン（ワタリガラスの一族）が1790年頃造ったものだった。しかし1938年放火により焼失、1940年にそのレプリカが建てられた。シアトル市がトリンギット族に2代目のポールを依頼すると、先住民は最初のポールと合わせて$5000を要求したという。

オキシデンタル・スクエア・パークに立つ歓迎のトーテムポール

広場から歩いて数分の**オキシデンタル・スクエア・パークOccidental Square Park**（→P.56）にも、4本のトーテムポールが立っている。キトサップ半島のポールズボ出身の彫刻家デュアン・パスコDuan Pascoが彫ったもので、クワキュートル族の歓迎のしぐさ、熊、太陽とワタリガラス、クジラの尾に乗った男の像などが並んでいる。

MEMO 先住民の祭典、シーフェア・インディアン・デイズ・パウワウ　ネイティブアートを売る店や薪で焼かれたネイティブ伝統のサーモンの炭火焼きを提供する露店が出る。Seafair Indian Days Pow Wow

COLUMN

ケリーパークから歩き始めよう クイーンアン・ヒルのお屋敷街を散歩

シアトルセンターからQueen Anne Ave. N.の坂道を上った丘は、**クイーンアン・ヒルQueen Anne Hill**と呼ばれ、落ち着いたレストランや居心地のいいカフェが点在するネイバーフッドだ。Queen Anne Ave. N.はかなりの急坂だが、周囲には英国風の住宅街が広がり、雰囲気がいい。

特にアッパー・クイーンアンと呼ばれるあたりでは、スペースニードルを眼下に望む**ケリーパークKerry Park**が、眺めのよい場所として人気がある。ベンチが置かれ、夏の昼下がり、また夕暮れ時、ここに来れば美しい景色が見られることを、誰もが皆知っているのだ。展望台からは、ダウンタウンの高層ビル群が見渡せ、スペースニードルやエリオット湾を行き交うタンカー、ユニオン湖、天気のよい日には遠くにマウント・レーニアの勇姿を望むこともできる。

住人たちにこよなく愛されているこの場所から、W. Highland Dr.を西へと歩いて行くと、英国調の瀟洒なお屋敷街へと誘われ、**マーシャルパークMarshall Park**という小さな公園に出る。芝生の向こうにベンチが置かれ、高台の丘の上からエリオット湾の真っ青な海が見渡せるのだ。公園の眼下には、日曜日に結婚式がよく行われているという少し大きめの公園、**キネアパークKinnear Park**もある。

Queen Ann Ave.は急な坂道なので北のBoston St.から南のHighland Dr.に向かって下るといい。

クイーンアン・ヒル
MP.33-A1
行き方クイーンアンの中心であるQueen Anne Ave. N.とBoston St.あたりへは、ダウンタウンの3rd Ave. & Pike St.からメトロバス#13でQueen Ann Ave. N. & W. McGraw St.下車。もしくは、3rd Ave. & Pike St.からメトロバス#3でBoston St. & 1st Ave. N.下車。所要約25分。

ケリーパーク
MP.73
住211 W. Highland Dr., Seattle
営毎日6:00〜22:00
行き方ダウンタウンの3rd Ave. & Pike St.からメトロバス#2、13でQueen Anne Ave. N. & Highland Dr.下車、Highland Dr.を西に2ブロック行った左側。シアトルセンターを過ぎ、Queen Anne Ave. N.の急な坂を上り始めた所がHighland Dr.だ。所要約23分。

マーシャルパーク
MP.73外
住1191 7th Ave. W., Seattle
営毎日4:00〜23:30
行き方ケリーパークからHighland Dr.を西に500m。徒歩6分。

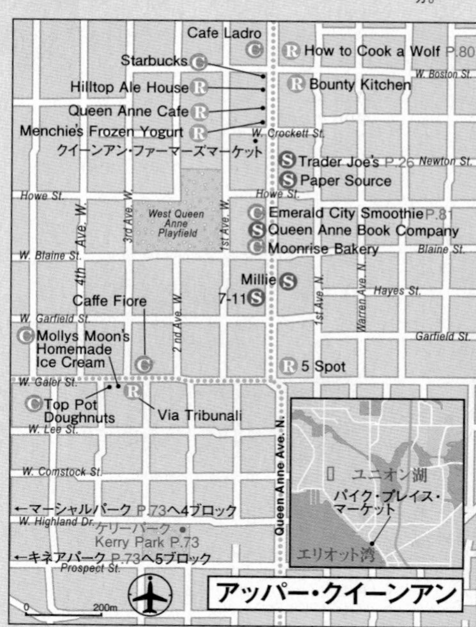

キネアパーク
MP.73外
住899 W. Olympic Pl., Seattle
営毎日6:00〜22:00
行き方マーシャルパークから7th Ave. W.を南に進み、Prospect St.を左折。Kinnear Pl.を東へ1ブロック、7th Ave.を南へ1ブロック下ると目の前。徒歩5分。

ケリーパーク（上）、お屋敷街（下）

$15で食べられる 絶品グルメ10 inシアトル

IT先進都市のシアトルは日本よりも物価が高いうえ、
円安の影響もあって食事代がかなりかかる。
ここでは、リーズナブルでボリュームのあるメニューを10品紹介しよう。

1 ハンバーガー $7 と フライドポテト $4.25

アメリカンチーズとレタス、ピクスルが入り、特製ソースがかかったハンバーガー Great State Burgerと波型にカットされたポテト Crinkle-cut Fries

グレート・ステート・バーガー

シアトル近郊の農家で取れた野菜と、草を飼料として育てられた牛の肉を使ったハンバーガーが人気のファストフード店。

Great State Burger
エリア ダウンタウン　M P.34-A1
住 2041 7th Ave., Seattle　☎ (206) 775-7880
URL greatstateburger.com　営 月～金8:00～20:00、土日11:00～20:00（日～16:00）　カード A M V

2 ピザ $11.29

モッドピザ

6インチ（$9.29）から11インチ（$13.29）まで3つのサイズがある、シアトル生まれのピザショップ。30種類以上あるトッピングは無料。

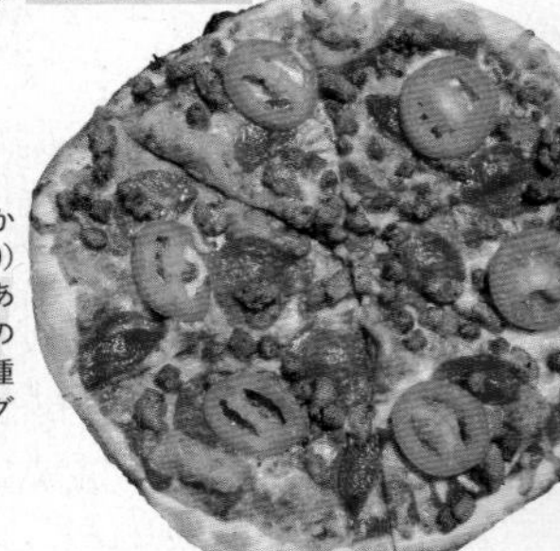

ミートボールとペパロニがのった Mad Dogピザにトマトをトッピングしたもの

MOD Pizza
エリア ダウンタウン　M P.34-B2　住 1302 6th Ave., Seattle
☎ (206) 332-0200　URL modpizza.com
営 毎日10:30～22:00（木～土～23:00）　カード A M V

3 ビスケットサンドイッチ $7.50

ビスケットビッチ

アメリカ南部の家庭料理として有名なビスケットサンドイッチ。スコーンのように食べ応えがあり、スパム、ベーコンが入ったものもある。

卵とチェダーチーズ、ポークソーセージが挟まったサンドイッチBitchwich

Biscuit Bitch
エリア ダウンタウン　M P.33-A2　住 2303 3rd Ave., Seattle
☎ (206) 728-2219　URL biscuitbitch.square.site
営 毎日8:00～13:00　カード A M V

4 BBQサンドイッチ $11

長時間スモークされた牛肉のみが挟まったサンドイッチ Brisket Sandwich

ホール・イン・ザ・ウオールBBQ

バーベキューソースに漬けた肉を約16時間煮込み、スモークしたセントルイススタイルのBBQ専門店。ブリスケット、ポーク、チキンから選べる。

Hole In the Wall BBQ
エリア パイオニアスクエア　M P.35-B1
住 215 James St., Seattle　☎ (206) 622-8717
URL holebbqseattle.com　営 月～金11:00～14:30
休 土日　カード A M V

5 ポキ丼 $13.99

白米にキュウリや海藻サラダ、マグロ、ハマチがのった丼Poke

FOBポキバー

玄米やケール、トルティーヤチップスをベースに、玉ねぎやハラペーニョ、海藻サラダ、ホタテ、サーモン、ハマチ、タコなどから数種類のトッピングを選べるポキ丼専門店。

FOB Poke Bar
エリア ダウンタウン　M P.33-A2
住 220 Blanchard St., Seattle　☎ (206) 728-9888
URL fobpokebar.com　営 毎日11:00～21:00
カード A M V

6 タコサラダ $10.75

トルティーヤチップスやチーズ、ワカモレ、サルサ、サワークリームが入るTaco Salad

ブルーウオーター・タコ・グリル

ファストフードスタイルで、ブリトーやタコス、ナチョスなどのメキシコ料理が味わえる店。ムール貝やイカなどの海鮮もトッピングできる。

Blue Water Taco Grill
エリア ダウンタウン　M P.34-B3
住 1000 2nd Ave., Seattle　☎ (206) 838-8999
URL www.bluewatertacogrill.com
営 月～金7:30～15:00　休 土日　カード A M V

7 豚バラ丼 $15

ピリ辛のBBQソースとニンニクソースでマリネされた豚バラ丼Braised Pork Belly Bowl

オマパプ

ビビンパやキムチ・フライドライス、プルコギ丼、韓国風フライドチキン丼、チャプチェなどの韓国料理を気軽に食べられる。

Oma Bap
エリア キャピトルヒル　M P.36-B2
住 1640 11th Ave., Seattle　☎ (206) 485-7530
URL www.omabap.com　営 月～金11:30～20:00　休 土日
カード A M V

8 パッタイ $15

もやしやにら、細ネギに鶏肉が入ったタイ風焼きそばPad Thai

バンラックマーケット

タイにある市場の屋台に着想を得てオープンしたレストラン。カオマンガイやガパオライス、カオ・パットなどもある。

Bangrak Market
エリア ダウンタウン　M P.33-A2　住 2319 2nd Ave., Seattle
☎ (206) 735-7352　URL www.bangrakmarket.com
営 月～金11:00～15:00、16:00～24:00（金～翌2:00）、土日12:00～翌2:00（日～23:00）　カード A M V

9 フォー $12.95

肩バラ肉やモモ肉がたっぷりと入ったフォー Pho Bo

フォー・ザン・ブラザーズ

ベトナムの国民食ともいわれる麺料理フォーの専門店。スジ、センマイ、バラ肉などから肉の部位を選べる。

Pho Than Brothers
エリア キャピトルヒル　M P.36-A1
住 527 Broadway E., Seattle　☎ (206) 568-7218
URL thanbrothers.com　営 毎日11:00～21:00
カード A M V

10 バインミー $7.95

フランスパンに豚肉のマリネやハーブ、パクチーが挟まれたサンドイッチBanh Mi

グレインハウス

ベトナム料理を中心にレモングラス・ジンジャーポーク定食や牛丼、とんこつラーメン、春巻き、肉まんなど、さまざまなアジア料理が味わえる。

Grain House
エリア キャピトルヒル　M P.36-B2
住 1150 11th Ave., Seattle　☎ (206) 453-4594
URL www.grainhouseseattle.com　営 月～土11:00～21:00　休 日
カード A M V

シアトルのレストラン

豊かな海の幸に恵まれたグルメシティ、シアトル。1年中食べられるサーモンやカキ、カニなどの魚介類をはじめ、オーガニックで育てられた旬の野菜や果物を使った「ノースウエスト料理」が、シアトルを代表する料理だ。ディナータイム前に設定されている、ハッピーアワー（15:00～18:00頃）と呼ばれる時間帯に行けば、ドリンク料金の割引などを行っている店も多く、高級店でもお得に楽しめる。高級店は苦手という人は、パイク・プレイス・マーケットで市場グルメを堪能しよう。

R 1903年創業の老舗ビストロ　ノースウエスト料理／ダウンタウン／MP.34-A2

バージニアイン

Virginia Inn

パイク・プレイス・マーケット近くにあるカジュアルレストラン。カラマリやスモークサーモン、芽キャベツのバター炒めなど小皿メニューが充実している。ランチなら、サーモンサンドイッチ（$20）やフライドチキンバーガー（$19）がおすすめ。

住1937 1st Ave., Seattle
☎(206)728-1937
URL virginiainnseattle.com
営月～金11:30～20:00（金～21:00）、土日10:00～21:00（日～20:00）
カード A M V

R 大人気のチーズケーキを味わいたい　アメリカ料理／ダウンタウン／MP.34-B1

チーズケーキファクトリー

The Cheesecake Factory

いつも混み合っているチェーンレストラン。人気の理由はメニューの豊富さ。名物のチーズケーキだけでも常時30種類以上あり、どれにしようか迷ってしまうほど。ボリューム満点のステーキ、パスタ、ピザ、サラダなどは$18前後で味わえる。

住700 Pike St., Seattle
☎(206) 652-5400
URL www.thecheesecakefactory.com
営毎日11:00～22:00（金土～23:00）
カード A M V

R ブランチが有名　アメリカ料理／パイオニアスクエア／MP.35-B2

パイオニアスクエアD&E

Pioneer Square D & E

週末は開店待ちの人が出る、おしゃれな雰囲気のレストラン。目玉焼きとベーコンがのったトーストのD & E Breakfast（$15）や豚肉とトマト、アボカドがはさまったサンドイッチのPolk Berry Sandwich（$14）が人気。夕食時は、パスタやハンバーガーもある。

住314 2nd Ave. S., Seattle
☎(206) 445-7472
URL pioneersquarede.com
営月～金11:00～20:00（木金～21:00）、土日10:00～21:00（日～20:00）
カード A M V

R 評判の自家製サラミソーセージ　アメリカ料理／パイオニアスクエア／MP.35-B2

サルミ

Salumi

テイクアウトもできる自家製サラミの名店。入口を入ると燻製中のサラミがずらりと並ぶ。メニューはサンドイッチかサラミの盛り合わせなど、実にシンプルだが、ほとんどの客が注文するのがサンドイッチ（$15～）。少し厚めのパンに好みのサラミを挟んでもらう。アットホームな店内はいつも満員。

住404 Occidental Ave. S., Seattle
☎(206) 621-8772
URL salumideli.com
営月～土10:00～15:00
休日
カード M V

MEMO ダウンタウンには、フードトラックと呼ばれる屋台が出る　ホットドッグやピザからサンドイッチ、BBQ、ハワイアンなどさまざまな料理を楽しむことができる。**Seattle Food Truck**　URL www.seattlefoodtruck.com

R 新鮮な素材にこだわりをみせる　アメリカ料理／ダウンタウン／MP.34-A1

シリアスパイ
Serious Pie

2012年ジェームズ・ビアード賞の「最優秀料理店主賞」を獲得した、シアトルを代表するスターシェフのトム・ダグラス氏が経営するレストラン。薄い生地を石窯でじっくりと焼いたピザは、パリパリと音を立てるほどのクリスピーさが食欲をそそる。自家農園から取り寄せる野菜や自家製の燻製を使用している。

住2001 4th Ave., Seattle
☎(206) 838-7388
URL www.seriouspieseattle.com
営毎日11:30～21:00（金土～22:00）
カード A M V

R 地元の人もすすめるブランチスポット　アメリカ料理／サウス・レイクユニオン／MP.33-B2

ポーテージ・ベイ・カフェ
Portage Bay Cafe

地元で取れたオーガニック食材を使った料理が自慢のレストラン。パンケーキ($14.75～)やフレンチトースト（$15～）を注文すれば、店内中央にあるトッピングバーでフルーツや生クリーム、ナッツなどを自由に取ることができる。週末は開店前に行列ができるので、10分前には到着しておきたい。

住391 Terry Ave. N., Seattle
☎(206) 462-6400
URL www.portagebaycafe.com
営毎日8:00～13:30（土日～14:00）
カード A M V

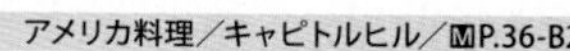

R れんがむき出しの落ち着いた雰囲気　アメリカ料理／キャピトルヒル／MP.36-B2

オッドフェローズ・カフェ＋バー
Oddfellows Cafe + Bar

2008年にオープンして以来、シアトルのおしゃれさんに愛されているカフェレストラン。自家製のビスケットとスクランブルエッグのセット（$16）やエッグベネディクト（$17）、ローストポークサンドイッチ（$18）など、どれを取っても外れがない。週末の朝は混むので早めに訪れたい。

住1525 10th Ave., Seattle
☎(206)325-0807
URL www.oddfellowscafe.com
営月～金9:00～21:00（金～22:00）、土日8:00～22:00（日～21:00）
カード A M V

R 近年は、ビールよりもサイダーが粋　アメリカ料理／キャピトルヒル／MP.36-A2

キャピトルサイダー
Capitol Cider

ワシントン州産のリンゴを発酵させたサイダー（アルコール飲料）が飲めるレストラン＆バー。アルコール度数は約6%と普通のビールより高いが、リンゴのさっぱりとした味わいとドライな飲み口はどんな料理にも合う。チキンウイング（$16）やクリスピーカラマリ（$15）などおつまみも充実。

住818 E. Pike St., Seattle
☎(206) 397-3564
URL www.capitolcider.com
営火～金17:00～22:30（金～翌2:00）、土12:00～翌2:00、日10:00～22:30
休月
カード M V

R アメリカンダイナーで楽しいひとときを　アメリカ料理／フリーモント／MP.36-A3

ロキシーズダイナー
Roxy's Diner

香辛料で味付けした牛肉を燻製にしたパストラミのサンドイッチ（$16.95～）がいち押しのダイナー。ライ麦パンにマスタードが塗り込まれただけのシンプルなものだけに、牛肉のおいしさが引き立つ。壁一面に描かれた現代アートがファンキーだ。

住462 N. 36th St., Seattle
☎(206) 632-3963
URL www.pastramisandwich.com
営毎日8:00～15:00（時期により異なる）
カード A M V

R 低温でじっくりと焼き上げたBBQがやみつきに　アメリカ南部料理／サウス・レイクユニオン／MP.33-B2

ジャックスBBQ
Jack's BBQ

オーナーのジャックさんが、2012年テキサスで開催されたBBQのサマーキャンプに参加し、州内の有名レストランを回って修業した後、シアトルで開業。スペアリブやブリスケット、プルドポークなどから2種類選べるBBQ Plate（$23.50）がおすすめ。平日の10:00まではタコスとコーヒーのみの提供。

住228 9th Ave. N., Seattle
☎(206) 708-7642
URL jacksbbq.com
営月～金7:00～10:00、11:00～21:00（月～14:00、金～22:00）、土日11:00～22:00（日～21:00）
カード A M V

MEMO シアトルで手軽にシーフードを食べるなら　ウオーターフロントのピア54～56に並ぶIvar'sやCrab Potなどのテイクアウトもできる店がおすすめ。クラムチャウダーやフィッシュ＆チップスは夕食にもなる。

R ダウンタウンからちょっと遠いが行ってほしいレストラン　アメリカ南部料理／シアトル郊外／MP.32-A1

ジューンベイビー JuneBaby

2018年ジェームズ・ビアード賞で「最優秀ニュー・レストラン賞」を獲得した注目のレストラン。ポークチョップやナマズのフライ、牛テールなどの伝統的なアメリカ南部料理をさっぱりと仕上げ、あと味さわやかなメニューが多い。ライトレイルのRoosevelt駅から徒歩約15分。

住2122 N.E. 65th St., Seattle
☎(206) 257-4470
URL www.junebabyseattle.com
営水～日17:00～21:00
休月火
カード A M V

R シアトルいちの呼び声高し　ステーキ／ダウンタウン／MP.34-B3

メトロポリタングリル Metropolitan Grill

数々の雑誌や新聞に取り上げられている名店。ワシントン州産の最高級格付けの霜降り肉かアイダホ州産のアメリカ和牛しか使用しないというこだわりをもつ。マッシュポテトかサラダ、ベイクドポテト、アスパラガスのベアルネーズソースなどが付いたサーロイン（$49）は脂がのって日本人好みの味。ドレスコードはビジネスカジュアル。

住820 2nd Ave., Seattle
☎(206) 624-3287
URL www.themetropolitangrill.com
営毎日16:30～21:30
カード A M V

R 正装してで出かけたい一流店のひとつ　ステーキ／ダウンタウン／MP.33-A2

エルガウチョ El Gaucho

スーツやジャケットを着た大人が集うシアトル随一の高級店。カリフォルニア州の牧場でていねいに育てられた肉を28日間熟成させ、専用の炭火グリルで焼き上げる。ワシントン州やオレゴン州をはじめ、200種類以上を取り揃えているワインから肉に合ったものを選んでもらおう。

住2200 Western Ave., #101, Seattle
☎(206) 728-1337
URL elgaucho.com
営火～土16:00～21:30（金土～22:00）
休日月
カード A M V

R シアトル周辺で50年以上経営を続ける老舗　ステーキ／サウス・レイクユニオン／MP.33-B1

ダニエルズブロイラー Daniel's Broiler

安定した味とサービスを求める年配の常連客が多いレストラン。ザガットサーベイや地元誌でも毎年、高評価を得ている。ニューヨークストリップ（$78）やリブアイ（$82～）、フィレミニヨン（$80～）は、マッシュポテトかベイクドポテトがサイドに付く。ユニオン湖が見渡せる窓際がおすすめ。

住809 Fairview Pl. N., Seattle
☎(206) 621-8262
URL danielsbroiler.com
営毎日15:00～21:00
カード A M V

R 映画に登場したシーフードレストラン　シーフード／ダウンタウン／MP.34-A2

アセニアン・シーフード・レストラン・アンド・バー Athenian Seafood Restaurant and Bar

1909年、ベーカリー＆軽食堂として始まった老舗レストラン。映画『めぐり逢えたらSleepless in Seattle』の撮影が行われ、1990年後半は観光客が殺到した。現在もエリオット湾を眺めながら食事を取りたい人で行列になる。おすすめは、フライドシーフードの盛りあわせ（$24.99）やフィッシュ＆チップス（$17.99）。

住1517 Pike Place, Seattle
☎(206) 624-7166
URL www.atheniansseattle.com
営月火木11:00～18:00、金～日9:00～19:00（日～15:00）
休水
カード A M V

R お手軽にロブスターロールが食べられる　シーフード／ダウンタウン／MP.34-A3

メイソン・フェイマス・ロブスターロール Mason's Famous Lobster Roll

ファストフード・スタイルで気楽にシーフード料理を食べられる。ロブスターをマヨネーズとレモンバターであえたClassic Lobster Roll（$22）やニューイングランド風クラムチャウダー（$5～）、ロブスタービスク（$5～）などがある。

住1307 1st Ave., Seattle
☎(206) 223-4980
URL www.masonslobster.com
営毎日11:00～21:00
カード A M V

MEMO ビジネスディナーに最適　雰囲気、お値段、料理の味どれをとっても最高位のアメリカ料理レストラン。要事前予約。**Canlis**　MP.32-A1　住2576 Aurora Ave. N., Seattle　☎(206) 283-3313　URL canlis.com ↗

R 新鮮な素材の味を堪能したい　シーフード／ウオーターフロント／MP.34-A3

エリオッツ・オイスター・ハウス
Elliott's Oyster House

1975年創業の老舗レストランで、「本格的にシーフードを食べるならここ」と評判だ。おすすめは、エリオット湾で取れたカニのダンジネスクラブ。蒸したものをバターと特製ソースで食べたい。クラムチャウダー $7〜、生ガキ1個$4〜などもある。

住1201 Alaskan Way, Pier 56, Seattle
☎(206)623-4340
URL www.elliottsoysterhouse.com
営毎日12:00〜21:00（金土〜22:00）
カード A M V

R カジュアルな雰囲気で生ガキが食べられる　シーフード／キャピトルヒル／MP.36-A2

テイラー・シェルフィッシュ・ファームズ
Taylor Shellfish Farms

1880年代からシアトル近郊でカキの養殖を始めた老舗が開いたオイスターバー。養殖所から新鮮なカキが直接送られてくるため、お手頃価格で販売することが可能になった。ワシントン州産のShigokuやKumamotoなど1個$3〜。10種類以上のワインやビールを取り揃える。

住1521 Melrose Ave., Seattle
☎(206) 501-4321
URL www.taylorshellfishfarms.com
営毎日12:00〜20:00（金土〜21:00）
カード A J M V

R ユニオン湖を一望するシーフード店　シーフード／ユニバーシティディストリクト周辺／MP.32-A1

アイバーズ・サーモンハウス
Ivar's Salmon House

クラムチャウダーで有名なアイバーズが経営するレストラン。ユニオン湖の北岸にあり、オープンデッキからダウンタウンと湖を一望できる。シーフードの炭火焼きを食べながら、店内の随所に飾られたネイティブアートを鑑賞したい。ログハウスを模した建物は必見。家族連れに最適だ。サーモンのサンプラーは$41。

住401 N.E. Northlake Way, Seattle
☎(206) 632-0767
URL www.ivars.com
営毎日11:00〜21:00
カード A M V

R ウオーターフロントを眺めることができ、ロマンティックな雰囲気　シーフード／ウエストシアトル／MP.68-A1

ソルティーズ・オン・アルカイビーチ
Salty's on Alki Beach

スタッフの行き届いたサービスと景色のよいことでたいへん人気の、アルカイビーチにあるレストラン。2018年4月には当時の日本の首相も訪れた。毎日の仕入れによってメニューは異なるが、どの品もシンプルに調理されているので魚本来の味が楽しめる。予算はディナーでひとり$60ぐらい。

住1936 Harbor Ave. S.W., Seattle
☎(206) 937-1600
URL www.saltys.com
営月〜金11:30〜20:30（月16:30〜、金〜21:00）、土日10:00〜21:00（日〜20:30）
カード A M V

R カジュアルフレンチの朝食を　フランス料理／ダウンタウン／MP.34-A2

カフェカンパーニュ
Cafe Campagne

南仏をイメージしたロマンティックなカフェレストラン。料理やワインの評判も高く、夜は1品$25〜40くらい。狙い目なのが$20程度で利用できるランチや週末のブランチだ。オムレツや焼きたてパンなど、単純なメニューもフランス料理店が出すと、ひと味違う。

住1600 Post Alley, Seattle
☎(206) 728-2233
URL cafecampagne.com
営ランチ：水〜金10:00〜15:00、ディナー：水〜土16:30〜20:00（土〜21:00）、
ブランチ：土日9:00〜15:00（日〜16:00）
休月火　カード A J M V

R ピンクのドアが目印の隠れ家的レストラン　イタリア料理／ダウンタウン／MP.34-A2

ピンクドア
The Pink Door

パイク・プレイス・マーケット近くでおしゃれに食事をするならおすすめのレストラン。旬の食材を使用した料理は彩りも美しい。ワインは約80種類揃い、カラマリやチーズのサンプルセットなどおつまみも充実している。パスタやピザ、リゾットなどが$23〜26。

住 1919 Post Alley, Seattle
☎(206) 443-3241
URL www.thepinkdoor.net
営ランチ：火〜土11:30〜16:30、ディナー：火〜土17:00〜22:00
休日月
カード A M V

↘ 営火〜土17:00〜24:00　休日月　カード A M V

R 子供連れでも楽しめる　　イタリア料理／サウス・レイクユニオン／MP.33-B1

ブッカ・ディ・ベッポ

Bucca di Beppo

本場イタリアのにぎやかな雰囲気に満ちたレストラン。正統派の伝統的なイタリア料理はどのメニューも量が多めなので、大勢でひと皿をシェアするといい。ペパロニ・ピザ（$27～）やソーセージ&マッシュルーム・ピザ（$27）、ラザニア（$38～）、チキン・サルティンボッカ（$35～）などがある。

住701 Westlake Ave. N., Seattle
☎(206) 244-2288
URLwww.bucadibeppo.com
営毎日11:00～21:30（木～20:00、金土～23:00）
カードAMV

R 手頃な値段の本格イタリアン　　ニューイタリアン／クイーンアン／MP.73

ハウトゥー・クック・ア・ウルフ

How to Cook a Wolf

ここ15年ほど、シアトルで最も注目されている料理人、イーサン・ストーウェル氏の店。素朴なイタリア料理を目指す同店は、オープンキッチンとカウンターやテーブル席が近く、和やかな雰囲気。料理は見た目の派手さより、おいしさ重視。旬の地元産の食材がふんだんに使われている。パスタは$25～。

住2208 Queen Anne Ave. N., Seattle
☎(206) 838-8090
URLwww.ethanstowellrestaurants.com
営毎日16:00～22:00
カードAMV

R 薪窯で香ばしく焼かれたナポリ伝統のピザ　　ピザ／フリーモント周辺／MP.36-B3外

トゥッタベーラ・ナポリタン・ピッツェリア

Tutta Bella Neapolitan Pizzeria

西海岸で初めて、ナポリピザ発祥の地、ナポリ公認のピザ店として認定された。ナポリで修業後、伝統にのっとり、製法、材料、焼き方にもこだわり、石造りの薪窯でていねいに焼かれたピザは、もっちりとした食感を楽しめる。カジュアルな店内は家族連れで大盛況。ピザは$15～25。

住4411 Stone Way N., Seattle
☎(206) 633-3800
URLwww.tuttabella.com
営毎日11:00～22:00
カードAMV

R 大人気のメキシコ料理店　　メキシコ料理／バラード／MP.67

ラカルタ・デ・オアハカ

La Carta de Oaxaca

オアハカ出身の兄弟3人が切り盛りするメキシコ料理店。オープンキッチンで手作りされるタコス、スパイシーなソース、ピリッと辛い肉料理が絶品。味の確かさには定評があり、週末には開店と同時に席が埋まる。店内の雰囲気もよく、壁に飾られたメキシコ人のモノクロ写真が渋い！　ビーフタコスは$16。

住5431 Ballard Ave. N.W., Seattle
☎(206) 782-8722
URLseattlemeetsoaxaca.com
営ランチ：火～土12:00～15:00、ディナー：火～木17:00～21:30、金土17:00～23:00
休日月
カードADJMV

R 常に行列ができる有名店　　タイ料理／ユニバーシティディストリクト／MP.37-A2

タイトム

Thai Tom

ワシントン大学の学生街にあるレストラン。パッタイ（$12.75）やイエローカレー（$8.50）、生春巻き（$6）など、お手頃価格で本格的タイ料理が味わえる。座席数が少なく、平日は大学生、週末は社会人でにぎわっているので長居はできない。

住 4543 University Way N.E., Seattle
☎(206) 548-9548
営毎日11:30～21:00（日12:00～）
カードMV

R こってり料理で胃が疲れたときには　　ベトナム料理／ダウンタウン／MP.33-A2

ローカルフォー

Local Pho

ウエストレイクセンターから歩いて8分ほどの、ベルタウンにある。牛肉のフォー（$13.50）やシーフードのフォー（$14.50）は、牛骨から取られたスープがさっぱりしていて、体に優しい。サンドイッチのバインミー（$10.50～）は、ポーク、チキン、ビーフ、豆腐から選べる。

住 2230 3rd Ave., Seattle
☎(206) 441-5995
URLlocalphobelltown.com
営月～土10:00～21:00
休日
カードMV

MEMO シアトル在住の日本人がすすめる、天ぷらとそばの店　**Kamonegi**　MP.36-B3外　住1054 N. 39th St., Seattle　☎(206) 632-0185　URLwww.kamonegiseattle.com　営火～土16:00～21:30　休日月

R ファストフード感覚で利用できる
ハワイ料理&韓国料理／ダウンタウン／MP.34-A1

マリネーション

Marination

2009年からフードカートでタコスやケサディーヤ、カツサンドイッチの販売を開始したが、5年後には、店舗をもつまでにファンが広がった。ピリ辛のキムチチャーハン（$10.50～）がおすすめ。アマゾン本社が近く、お昼時は行列ができるので、時間をずらすとよい。

住 2000 6th Ave., Seattle
☎ (206) 327-9860
URL marinationmobile.com
営 月～土11:00～20:00
休 日
カード M V

R あの名店がシアトルダウンタウンに登場
台湾料理／ダウンタウン／MP.34-B1

ディンタイフォン（鼎泰豐）

Din Tai Fung

飲茶で有名なレストランがショッピングモール、パシフィックプレイスの4階に入る。定番の小籠包や点心、餃子などから、チャーハン、焼きそば、肉まんなどまで、日本人好みのメニューが豊富。厨房はガラス張りになっていて、小籠包を作っている様子を見ることができる。

住 600 Pine St., Seattle
☎ (206) 682-9888
URL www.dintaifungusa.com
営 毎日11:00～21:00（時期により異なる）
カード A M V

R 日本の文化を伝承する寿司職人
寿司／ダウンタウン／MP.34-A2

スシカシバ

Sushi Kashiba

東京・銀座で研鑽を積んだ加柴司郎氏が2015年パイク・プレイス・マーケットにオープンした寿司屋。ダウンタウンのしろう寿司を2014年に引退したあと、多くの人のリクエストにより、再度、寿司を握ることになった。シアトルいちの人気店だけあり、事前に予約を入れたい。

住 86 Pine St., Suite 1, Seattle
☎ (206) 441-8844
URL sushikashiba.com
営 水～月17:00～21:00
休 火
カード M V

R 美容にもいいものを
ヘルシーフード／キャピトルヒル／MP.36-A2

バーブボウル

Verve Bowls

近年、日本でもスーパーフードが脚光を浴びているが、シアトルで食べるならここと、地元の人が口を揃える店。アサイーにバナナやブルーベリー、イチゴ、グラノーラなどが入ったBerry Yum（$12.50～）がおすすめ。店は建物の中庭にあるので、Pine St.から通路を通っていくこと。

住 715 E. Pine St., Seattle
☎ (206) 422-1319
URL www.vervebowls.com
営 毎日8:00～18:00
カード M V

R ビタミン不足の解消にいいかも
ヘルシーフード／クイーンアン／MP.73

エメラルドシティ・スムージー

Emerald City Smoothie

シアトル周辺で約10店舗展開するスーパーフードの専門店。アサイーやマンゴー、パイナップル、グラノーラなどが入ったVegan Berry Blast Acai Bowl（$10.25～）やイチゴやバナナ、ホエイプロテインが入ったPower Fuel Smoothie（$10.95～）などがある。

住 1835 Queen Anne Ave. N., Seattle
☎ (206) 397-4747
URL www.emeraldcitysmoothie.com
営 月～金8:00～21:00（金～20:00）、土9:00～20:00、日10:00～19:00
カード A M V

R サイフォン式コーヒーもあり
コーヒー／ダウンタウン／MP.34-A2

シアトル・コーヒーワークス

Seattle Coffee Works

2006年にオープンして以来、サイフォン式コーヒーを導入したり、自社焙煎を始めたりと、シアトルでも異色のカフェ。豆は近郊の優秀な自家焙煎店からも仕入れ、客の好みに合わせて豆を使い分ける。バリスタに好みや焙煎方法を相談して、自分好みのコーヒーを楽しもう。

住 108 Pike St., Seattle
☎ (206) 340-8867
URL www.seattlecoffeeworks.com
営 毎日7:00～17:00
カード A M V

MEMO バラードでおすすめ家族経営のブリュワリー　**ストウプ・ブリューイングStoup Brewing**　MP.67外
住 1108 N.W. 52nd St., Seattle　☎ (206) 457-5524　URL www.stoupbrewing.com　営 毎日12:00～22:00

R スターバックスの記念すべき1号店　コーヒー／ダウンタウン／MP.34-A2

スターバックス・コーヒー

Starbucks Coffee

スターバックスの1号店はここ。見慣れたグリーンのロゴマークではなくオリジナルの茶色のマークで、店内には、金に輝く1号店記念碑がある。おみやげにいいパイク・プレイス・マーケットのロゴ入りマグカップ（$12.95～）は数種類あり、ここでしか買えないので人気だ。テイクアウトのみ。

住1912 Pike Place, Seattle
☎(206) 448-8762
URL www.starbucks.com
営毎日7:00～20:00（時期により異なる）
カード A D J M V

R 深煎り独特の香りが漂う　コーヒー／パイオニアスクエア／MP.35-A1

カフェダルテ

Caffe D'arte

伝統的イタリアンコーヒーが飲めるカフェ。1970年代にイタリアからシアトルに渡ってきたマウロー・チポラ氏が本格的なイタリアコーヒーをアメリカで広めたいと思いオープンした。コーヒー豆の産地によって焙煎時間や焙煎度を変えているから、ベストの状態のコーヒーを提供できるとのこと。

住99 Yesler Way, Seattle
☎(206) 432-9068
URL www.caffedarte.com
営月～土7:00～17:00（土8:00～）、日9:00～16:00
カード A M V

R 極上のコーヒーを味わおう　コーヒー／キャピトルヒル／MP.36-A2

スターバックス・リザーブ・ロースタリー

Starbucks Reserve Roastery

世界中探しても少量しか入手できない高品質のコーヒー豆のみを使ったコーヒーが楽しめる、スターバックス・コーヒーの高級カフェ。店内には、焙煎工場も併設し、コーヒーの焙煎や抽出の様子を見ることができる。3種類のコーヒーをさまざまな抽出方法で試せるフライト（$8.50～）もある。

住 1124 Pike St., Seattle
☎(206) 624-0173
URL www.starbucksreserve.com
営毎日7:00 ～ 22:00
カード A M V

R 自社でていねいに焙煎しているコーヒー豆を使用　コーヒー／キャピトルヒル／MP.36-A2

ビクトローラー・コーヒー・ロースターズ

Victrola Coffee Roasters

個人経営のコーヒー店があまりなかった2000年代、キャピトルヒルにオープン。当時から地元の人には「自分の家のように居心地がいい」と評判が高かった。店内には焙煎機もあり、タイミングがよければ焙煎している様子も見学できる。毎週金曜はコーヒーのテイスティング教室（無料）を開催。

住310 E. Pike St., Seattle
☎(206) 624-1725
URL www.victrolacoffee.com
営毎日7:00～18:00
カード A M V

R 2001年にオープンした、日本人にゆかりのあるカフェ　カフェ／インターナショナルディストリクト／MP.35-A3

パナマホテル・ティー&コーヒーハウス

Panama Hotel Tea & Coffee House

1910年日本人建築家が設計したパナマホテルに併設するカフェ。建物は2006年アメリカ国定歴史建造物に指定された。店内には1942年に日系アメリカ人が強制収容所へ送られたときのスーツケースや当時の日本人街の写真などが展示されている。約40種類ある紅茶や日本茶、クッキー、サンドイッチを楽しめる。

住607 S. Main St., Seattle
☎(206) 515-4000
URL www.panamahotelseattle.net/panama-tea-coffee
営毎日9:00～16:00
カード A M V

R 独特の香りが新鮮　ベーグル／キャピトルヒル／MP.36-B2

エルタナ

Eltana

薪で焼く手作りのベーグルが評判のカフェ。プレーンやゴマ、シナモンレーズンのほか、ケシの実やビーガンなどちょっと珍しいものもある。自分でトッピングを選ぶことができ、クリームチーズをたっぷりとのせ、トマトを挟んだもちもちのベーグル（$5.50）は腹もちがいい。

住 1538 12th Ave., Seattle
☎(206) 724-0660
URL eltana.com
営毎日7:00 ～ 16:00
カード A M V

MEMO **スターバックス・コーヒーの本社ビル**　T・モバイルパークの1km南にあり、スターバックス・リザーブも併設する。本社は一般の立ち入り禁止。**Starbucks Reserve** MP.68-B1 住2401 Utah Ave. S., Seattle ↗

R シアトルの朝はここから始めよう　ベーカリーカフェ／ダウンタウン／MP.34-A2

ル・パニエ

Le Panier

1983年パイク・プレイス・マーケットにオープンしたフレンチ・ベーカリー。クロワッサン（$3.60～）やコロネ（$4.50～）からタルトやケーキ（$5.25～）などまである。店内にはテーブル席もあり、いつも長蛇の列。ここで朝食を取ってから1日を始めるのがいい。

住1902 Pike Place, Seattle
☎(206) 441-3669
URLwww.lepanier.com
営毎日7:00～17:00
カードAMV

R シアトル生まれのドーナツ　ドーナツ／ダウンタウン／MP.34-A1

トップポット・ドーナツ

Top Pot Doughnuts

2002年にキャピトルヒルに誕生したドーナツショップのダウンタウン店。40種類あるドーナツのなかでもオールドファッションとプレーンは甘過ぎず日本人の味覚に合う。開店と同時に立ち寄る会社員に交じって、朝からコーヒーと一緒に食べるのがいい。

住2124 5th Ave., Seattle
☎(206) 728-1966
URLwww.toppotdoughnuts.com
営毎日6:00～19:00（土日7:00～）
カードAMV
クイーンアン支店MP.73

R 1981年にシアトルで誕生したビール会社　ビール／キャピトルヒル／MP.36-A2

レッドフックブリュラボ

Redhook Brewlab

全米に展開しているシアトル発の地ビール会社。2017年に郊外のウッディンビルからシアトル市内にブリュワリーが移転してきた。一番人気のBig Ballard Juicy IPAのほか、Lagersquatch Lagerなど約15種類のビール（$5.50～）を味わえる。生ガキやサラダ、ハンバーガー、ピザなどフードメニューも豊富。

住714 E. Pike St., Seattle
☎(206) 823-3026
URLwww.redhook.com
営水～土17:00～22:00（金土～23:00）、日15:00～20:00
休月火
カードAMV

R 地元に根ざした家族経営のブリュワリー　ビール／フリーモント／MP.36-B3

フリーモント・ブリューイング・カンパニー

Fremont Brewing Co.

ビール好きが高じて、弁護士のマットさんと文化人類学の博士号をもつサラさん夫婦が2009年にブリュワリーをオープン。2022年のワシントン・ビア・アワードで銀賞を獲得したGolden Pilsnerがおすすめ。ワシントン州のクラフトブリュワリーのなかで2番目の生産量を誇る。

住1050 N. 34th St., Seattle
☎(206) 420-2407
URLwww.fremontbrewing.com
営毎日11:00～21:00（木～土～22:00）
カードAMV

R ワインのストックは5000本　ワインバー／ダウンタウン／MP.34-B2

パープルカフェ&ワインバー

Purple Cafe & Wine Bar

ダウンタウンで最も旬なワインバー。2001年にウッディンビルに1号店を出してから、カークランドやベルビューにも支店をオープンした。約5000本のワインをストックし、専任のワインディレクターが料理と合うワインを選んでくれる。旬の食材を生かしたノースウエスト料理もおいしい。おすすめのステーキは$55。

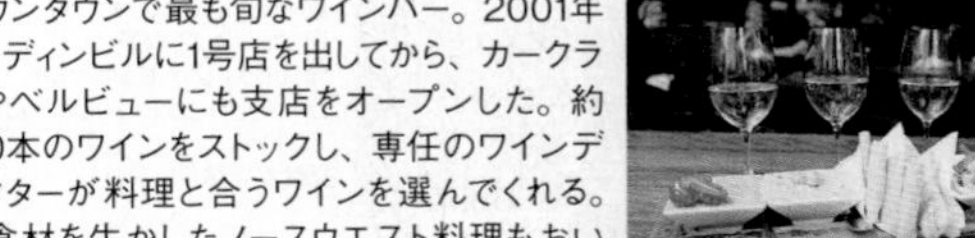

住1225 4th Ave., Seattle
☎(206) 829-2280
URLwww.thepurplecafe.com
営月16:00～21:00、火～日11:30～22:00（日～21:00）
カードAMV

R 有名プレイヤー出演の老舗ジャズスポット　レストラン&ライブハウス／ダウンタウン／MP.34-A1

ディミトリオス・ジャズアレイ

Dimitriou's Jazz Alley

2階席もあり300人収容可能な大型レストラン兼ライブハウス。かなりの大物ミュージシャンも登場する。ショーのみのカバーチャージは$35前後とわりにリーズナブル。食事をすれば$60くらい。通常ひと晩2回の入れ替え制。週末は1～2週間前に予約必須の人気店だ。

住2033 6th Ave., Seattle
☎(206) 441-9729
URLwww.jazzalley.com
営レストラン：通常17:30～、オープニングナイト18:00～。ショー：月～木19:30、2回目のショーがある場合は21:30、金～日19:30、21:30
カードAMV

↘☎(206) 467-2766　URLwww.starbucksreserve.com　営毎日7:00～19:00　カードAMV　行き方サウンドトランジット・リンク・ライトレイル・リンク・ワンラインSodo駅下車、徒歩10分。

SHOP

シアトルのショップ

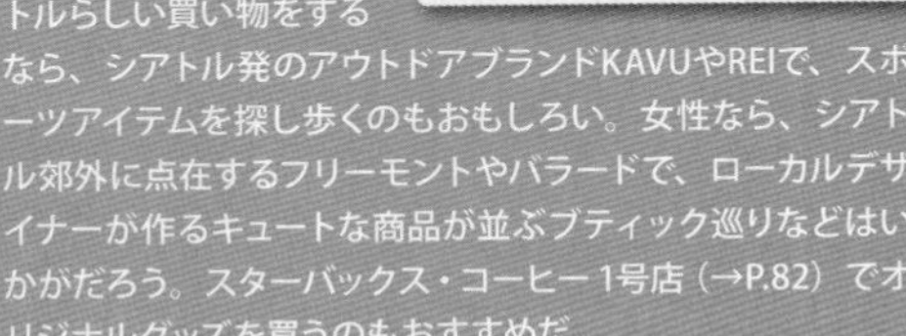

ダウンタウンの中心にあるウエストレイクセンター（→P.54）周辺にショッピングモールやデパートが集中している。シアトルらしい買い物をするなら、シアトル発のアウトドアブランドKAVUやREIで、スポーツアイテムを探し歩くのもおもしろい。女性なら、シアトル郊外に点在するフリーモントやバラードで、ローカルデザイナーが作るキュートな商品が並ぶブティック巡りなどはいかがだろう。スターバックス・コーヒー1号店（→P.82）でオリジナルグッズを買うのもおすすめだ。

S 学生街にある憩いのモールタウン　ショッピングモール／ユニバーシティディストリクト／MP.37-B2

ユニバーシティビレッジ

University Village

四季折々の花で飾られ、とてもリラックスできる。手頃な規模だが、品揃えは充実。Banana Republic、Anthropologie、Brandy Melville、Free Peopleなど、人気どころが並んでいる。Williams-SonomaやCrate and Barrelなどの家庭用雑貨、ガーデニングの店もある。Avedaのコスメやスパ施設が女性に人気だ。

住2623 N.E. University Village St., Seattle
☎(206) 523-0622
URL uvillage.com
営月～土10:00～20:00、日11:00～18:00(店により異なる)
カード A M V(店により異なる)

S シアトル市内最大のショッピングモール　ショッピングモール／シータック周辺／MP.32-B4

ウエストフィールド・サウスセンター

Westfield Southcenter

シアトル・タコマ国際空港の東5kmにあるショッピングモール。Macy'sやNordstromなどのデパートのほか、CoachやFoot Locker、Michael Kors、Victoria's Secretなど約140のショップが入る。ダウンタウンからはメトロバス#150で約45分。

住2800 Southcenter Mall, Seattle
☎(206) 246-0423
URL www.westfield.com
営月～土10:00～21:00、日11:00～19:00
カード A J M V(店により異なる)

S シアトルでいちばんおしゃれなデパート　デパート／ダウンタウン／MP.34-B1

ノードストローム

Nordstrom

もともとは、靴の専門店として1901年にシアトルダウンタウンで創業された歴史のあるデパート。充実した靴売り場は女性用が1階、男性用は地下1階。ChanelやDiorといった有名ブランドのフレームを揃えためがねショップも入る。スパSpa Nordstromもあり。

住500 Pine St., Seattle
☎(206) 628-2111
URL shop.nordstrom.com
営月～土10:00～20:00、日10:30～19:00
カード A J M V

S ノードストロームのディスカウント店　アウトレット／ダウンタウン／MP.34-A1

ノードストローム・ラック

Nordstrom Rack

老舗のデパートであるノードストロームで売れ残った商品を値引きして大量に売っている店。最新アイテムはさすがに見あたらないが、カジュアルな洋服や小物類が非常にリーズナブルな値段で売られている。Nikeのシューズなどアメリカンブランドも安い。

住Westlake Center
400 Pine St., Seattle
☎(206) 448-8522
URL www.nordstromrack.com
営月～土10:00～20:00、日11:00～19:00
カード A J M V

MEMO ダウンタウンにあるショッピングモール　Tiffany & Co.やパイク・プレイス・チャウダー、ディンタイフォン（鼎泰豐）、映画館などが入るパシフィックプレイス。新型コロナウイルス感染症の影響により多く↗

S シアトル郊外のアウトレットモール
アウトレット／シアトル近郊／MP.31-B2

シアトル・プレミアム・アウトレット
Seattle Premium Outlets

Adidas やAnn Taylor、Burberry、Coachをはじめ130店舗のブランドショップが並ぶ日本人にも人気のアウトレット。シアトル市内から車で40分ほど。アウトレット隣に、アメリカ・インディアンが経営するカジノとホテルのTulalip Resort Casino（→P.97）もある。

住10600 Quil Ceda Blvd., Tulalip
☎(360) 654-3000
URL www.premiumoutlets.com
営毎日10:00〜19:00(金土〜20:00)
カード A D M V(店により異なる)
行き方 ダウンタウンからI-5を北に58km。Exit 202で下り、116th St. N.E.を西に600m。Quil Ceda Blvd.を左折した突き当たり。約45分。

S 30歳代きれい女子必訪
ファッション／ダウンタウン／MP.33-A2〜A3

アルハンブラ
Alhambra

20年以上シアトルのおしゃれさんに支持されている老舗セレクトショップ。Gary GrahamやRaquel Allegra、Ulla Johnsonなどニューヨークやロンドンで話題のブランドが並ぶ。素材のよさで選ばれたジャケットやニットは、試してみる価値大。

住2127 1st Ave., Seattle
☎(206) 621-9571
URL www.alhambrastyle.com
営月〜土10:00〜17:00
休日
カード A M V

S きれいめ路線を目指す若者に人気
ファッション／ダウンタウン／MP.34-B1

クラブモナコ
Club Monaco

カナダ生まれのおしゃれなブランドは、20〜40歳代の男女に人気がある。洗練されたデザインと清潔感あふれる色使いが特徴。お手頃な値段で、カジュアルなTシャツ（$35〜）からスーツやドレス（$130〜）まで揃っているのもうれしい。日本未上陸ブランドのひとつ。

住1600 7th Ave., Seattle
☎(206) 223-8229
URL www.clubmonaco.com
営毎日11:00〜19:00(日〜18:00)
カード A M V

S アメリカ芸能人も御用達
ファッション／ダウンタウン／MP.34-A2

フリーピープル
Free People

アメリカの20〜30歳代女性に大人気のセレクトショップ。女性らしさを強調したマキシ丈ワンピースからヒッピー風ベルボトムジーンズまで幅広いアイテムが揃う。特に、花をモチーフにしたデザインは、ガーリー＆ボヘミアンスタイルを目指す女子にぴったり。

住101 Stewart St., Seattle
☎(206) 441-3659
URL www.freepeople.com
営毎日10:00〜18:00(金土〜19:00、日11:00〜)
カード A D M V

S 会社員から多くの支持を受けている
ファッション／ダウンタウン／MP.34-A2

ジャックストロー
Jack Straw

25年以上アパレル業界で働いていたジョンさんが2008年にオープンさせたセレクトショップ。パリやミラノ、アントワープ、ニューヨークなどで買い付けてきたえりすぐりの商品が並ぶ。Engineered GermentsやBoglioliなどニューヨークで人気のブランドが多い。

住1930 1st Ave., Seattle
☎(206) 462-6236
URL www.jstraw.com
営月〜土11:00〜17:00
休日
カード A M V

S ストリートカジュアル・ファッションが揃う
ファッション＆インテリア／ダウンタウン／MP.34-B2

アーバンアウトフィッターズ
Urban Outfitters

アメリカの高校生や大学生に人気のブランド。ストリートカジュアルのウエア類から下着、小物、室内装飾のアクセサリー、本まで幅広く陳列されている。手頃な価格の雑貨も充実し、ジョークの利いた笑えるアイテムも揃う。日本未入荷の化粧品も多数あり。

住1507 5th Ave., Seattle
☎(206) 381-3777
URL www.urbanoutfitters.com
営月〜土10:00〜19:00、日11:00〜18:00
カード A M V

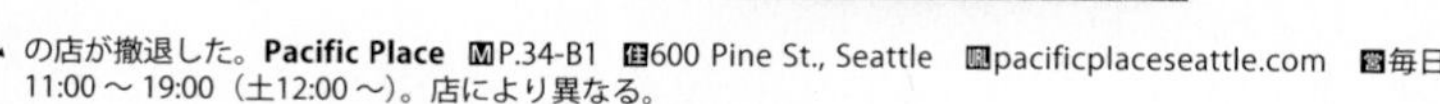
↘の店が撤退した。**Pacific Place** MP.34-B1 住600 Pine St., Seattle URL pacificplaceseattle.com 営毎日11:00〜19:00（土12:00〜）。店により異なる。

S アーバン・アウトフィッターズ（→P.85）の姉妹ブランド　ファッション&インテリア／ダウンタウン／MP.34-B2

アンソロポロジー

Anthropologie

30～40歳代の女性がターゲットで、大人かわいいデザインの洋服が人気のライフスタイル・ブランド。靴やアクセサリー、家具、インテリア雑貨まで幅広い商品が並ぶ。花柄のエプロンは日本でも話題になった。モノグラム・マグカップ（$14）はおみやげにもいい。

住1509 5th Ave., Seattle
☎(206) 381-5900
URL www.anthropologie.com
営月～土10:00～19:00、日12:00～18:00
カード A M V

S センス抜群のセレクトショップ　ファッション／パイオニアスクエア／MP.35-B2

ベローリア

Velouria

地元のデザイナーが手作りした服やジュエリー、小物雑貨などを集めたおしゃれなセレクトショップ。いずれもアメリカっぽいキュートさにあふれ、女性なら好きになってしまう品揃えだ。デザイナーでもあるオーナーのテス・デ・ルナ氏がデザインしたアイテムも並ぶ。

住145 S. King St., Seattle
☎(206) 788-0330
URL shopvelouria.com
営木～土12:00～16:00
休日～水
カード A M V

S シアトル生まれのファッションブランド　ファッション／キャピトルヒル／MP.36-A1

フリーマン

Freeman

日本のショップにもオリジナルアイテムを卸している、人気急上昇中のセレクトショップ。オリジナルのファッションアイテムはMade in USAにこだわり、おもな商品はシアトル近郊の工場で作られている。特に、スウェットシャツやフランネルチェックシャツ、レインコートの評判がいい。

住713 Broadway E., Seattle
☎(206) 327-9932
URL www.freemanseattle.com
営月12:00～17:00、木金12:00～18:00、土日11:00～17:00
休火水
カード A M V

S シアトルのファッショニスタ御用達　ファッション／キャピトルヒル／MP.36-B2

ライクリフッド

Likelihood

きれいめストリートカジュアルが揃うセレクトショップ。Air ForceやAir Dunk、DunkなどのNikeの人気スニーカーから、UndercoverやComme Des Garçon、Junya Watanabe、Neighborhoodなど日本のブランドも多数扱う。ピアスやネックレス、リングなどのジュエリーもあり。

住1101 E. Union St., Seattle
☎(206) 257-0577
URL likelihood.us
営木～火11:00～18:00
休水
カード A M V

S カリフォルニア生まれのセレクトショップ　ファッション／キャピトルヒル／MP.36-B2

ベイト

Bait

アメリカン・コミックスとコラボしたアイテムが話題のショップ。オリジナルウエアのほか、NikeやAdidas、Puma、New Balanceなど人気ブランドのスニーカーやStussy、A Bathing Bape、Undefeatedのストリートファッション・アイテムが多数並ぶ。MedicomやFunkoのフィギュアも必見。

住915 E. Pike St., Seattle
☎(206) 257-1178
URL www.baitme.com/stores-seattle
営毎日12:00～20:00（金土～21:00、日～19:00）
カード A M V

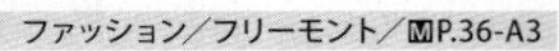

S オーナーのセンスが光る30歳代女性向けのショップ　ファッション／フリーモント／MP.36-A3

レザミ

Les Amis

アメリカで人気のデザイナー Lauren ManoogianやHarris Wharf Londonなど、最先端の女性服を中心に扱うセレクトショップ。日本人のサイズに合ったおしゃれ服を多く揃えるので、ぜひ立ち寄りたい。近年話題になっているGjenmiやWwakeのジュエリーもある。

住3420 Evanston Ave. N., Seattle
☎(206) 632-2877
URL www.lesamis-inc.com
営火～土11:00～18:00
休日月
カード A J M V

S ノスタルジーあふれるTシャツが勢揃い
ファッション／フリーモント／MP.36-A3

デスティー・ネイション・シャツ・カンパニー
Destee Nation Shirt Company

地元のショップやレストランと共同で制作したデザインのTシャツは古きアメリカを思い出させるものばかり。100%コットン、アメリカで生産されているにもかかわらず、1枚$30〜とお手頃価格。壁一面に掛けられたTシャツの数に圧倒されるだろう。

住3412 Evanston Ave. N., Seattle
☎(206) 547-5993
URL desteenation.com
営火〜日11:00〜16:00
休月
カード M V

S ファッション好きのオーナーが始めたショップ
ファッション／フリーモント／MP.36-B3

イームズ・ノースウエスト
Eames NW

2018年にオープンしたセレクトショップ。30〜50歳代の男性向けの商品が多く、アウターやデニム、スニーカーなどのファッションアイテムのほか、財布やコスメなども並ぶ。Alex MillやClarks、Danner、Hiroshi Kato、Jason Markk、New Balanceなどのブランドの取り扱いあり。

住3801 Stone Way N., Seattle
☎(206) 507-9002
URL eamesnw.com
営水〜金11:00〜17:00、土日10:00〜17:00(日〜16:00)
休月火
カード A M V

S シアトルに本社がある靴メーカー
ファッション／フリーモント／MP.36-B3

ブルックス
Brooks

1914年ペンシルバニア州フィラデルフィアで誕生し、1983年シアトルに本社を移したランニングシューズブランド。軽量で衝撃吸収能力が優れたミッドソールを採用しているので、多くのジョガー、ランナーからの評判がいい。タイミングがよければ日本未発売のものを入手できるかも。

住3400 Stone Way N., Seattle
☎(206) 858-5700
URL www.brooksrunning.com
営毎日10:00〜19:00(土日〜18:00)
カード A M V

S ヨーロッパのおしゃれな生活が手に入る
ファッション／バラード／MP.67

リ・ソウル
Re-Soul

ヨーロッパ製のおしゃれな靴を中心に、アクセサリー、家具、アートなどが揃うショップ。おしゃれに暮らしたい若い女性に人気の店だ。ヒール靴もあるが、歩きやすいヒールなしの靴でセンスのいいものが多い。カジュアルだけどひと味違うお財布やバッグもお見逃しなく。お手頃価格もうれしい。

住5319 Ballard Ave. N.W., Seattle
☎(206) 789-7312
URL resoul.com
営毎日11:00〜20:00(日〜17:00)
カード A M V

S 100年たっても残る製品
ファッション／シアトル郊外／MP.68-B1

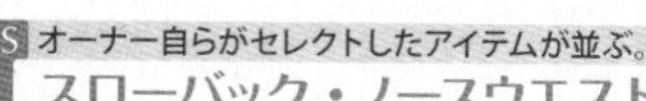

フィルソン
Filson

1890年代カナダのユーコン準州クロンダイク川周辺でわいたゴールドラッシュを目指す人たちに頑丈で着心地のよい衣類を提供したいと考えたC.C.フィルソン氏が1897年に創業した。シアトルの本社店舗は、工場も併設し、窓越しに作業工程を見ることができる。

住1741 1st Ave. S., Seattle
☎(206) 622-3147
URL www.filson.com
営月〜土10:00〜18:00、日11:00〜17:00
カード A M V

S オーナー自らがセレクトしたアイテムが並ぶ。
古着／キャピトルヒル／MP.36-B2

スローバック・ノースウエスト
Throwbacks Northwest

1980〜1990年代のビンテージ商品が多数揃うショップ。特にMLBやNBA、NFLを含む4大スポーツのジャケットやユニホーム、キャップが豊富で、レアアイテムを見つけられる可能性が高い。なかでもNikeのAir JordanとCarharttは在庫が多い。

住1507 11th Ave., Seattle
☎(206) 402-4855
URL throwbacksnw.com
営毎日12:00〜19:00(日〜18:00)
カード A M V

S カリフォルニア州を中心に全米で約40店舗展開している　古着／ユニバーシティディストリクト／M P.37-A2

クロスローズトレーディング

Crossroads Trading

Ralph LaurenやTommy Hilfigerなど人気ブランドの古着が多いと好評な店。お客さんが持ち込んだ古着を買い取って販売するスタイルなので、陳列される商品は随時異なる。学生街にあるからか、Tシャツやスウェットなどのカジュアルファッションのアイテムが多い。比較的、状態のいいものが揃っているのが特徴。

住 4300 University Way N.E., Seattle
☎ (206) 632-1850
URL crossroadstrading.com
営 毎日11:00〜20:00(火〜19:00)
カード A M V

S 憧れの靴を入手したい　靴／ダウンタウン／M P.34-B2

ブリック+モルタル

Brick + Mortar

日本人男性に大人気の靴、Aldenのみを取り扱っている。定番のプレントゥーやチャッカブーツからインディーブーツやVチップまで幅広いセレクション。ブリック+モルタル別注商品があるうえ、日本で購入するよりも比較的安いのがうれしい。

住 1210 4th Ave., Seattle
☎ (206) 588-2770
URL brickmortarseattle.com
営 月〜土10:00〜17:00
休 日
カード A M V

S 1983年にユタ州で誕生したアウトドアブランド　アウトドア／ダウンタウン／M P.34-A2

クール

Kuhl

ブランド誕生時はアルフウエアAlfwearという名前で、スキーや登山ウエアを中心に展開していた。1989年創業者のアルフ・エングウォール氏が自動車事故で亡くなり、Kuhlとして再出発する。カーゴパンツ($99)や長袖シャツ($89〜)など街着としても通用するものが多い。

住 203 Pike St., Seattle
☎ (425) 523-6087
URL www.kuhl.com
営 毎日10:00〜17:00(金土〜18:00)
カード A M V

S アメリカならではのデザインを入手！　アウトドア／ダウンタウン／M P.34-B2

ザ・ノース・フェイス

The North Face

1968年、カリフォルニア州バークレーで誕生したアウトドアブランド。日本で展開しているアイテムは、アメリカとは異なるので、シアトルならではのものを入手できるはずだ。寝袋やテント、ダウンパーカー、スウェットが人気。Tシャツはだいたい$30から。

住 520 Pike St., #100, Seattle
☎ (206) 467-4114
URL www.thenorthface.com
営 毎日10:00〜20:00
カード A M V

S 本格的なアウトドアライフを追求　アウトドア／ダウンタウン周辺／M P.36-A1

アール・イー・アイ

REI

ファッション性と実用性の高い製品が豊富。キャンプや登山用品、カヌー用品、サイクリング用品が充実している。本店のキーワードは「Experience（体験）」。ロッククライミング、ハイキング、地図やコンパスの使い方などのワークショップも定期的に行っている。

住 222 Yale Ave. N., Seattle
☎ (206) 223-1944
URL www.rei.com
営 月〜土9:00〜21:00、日10:00〜19:00
カード A J M V

S おしゃれな雰囲気たっぷり、地元民のたまり場　アウトドア／フリーモント／M P.36-B3

イーボ

Evo

若者に人気のアウトドアショップ。スキーやスノーボード、サーフィンなどのグッズのほか、ジャケットやパンツ、スニーカーなどの取り揃えも豊富だ。屋内型スケートボードパークやアートギャラリー、DJブースなども店内にあり、週末は多くの人でにぎわっている。

住 3500 Stone Way N., Seattle
☎ (206) 973-4470
URL www.evo.com
営 毎日11:00〜20:00
カード M V

MEMO シアトルにもあるダイソー　**Daiso**　M P.35-A3　住 710 6th Ave. S., Seattle　☎ (206)623-3312　営 毎日10:00〜20:00

S シアトル発アウトドアウエア　アウトドア／バラード／MP.67

カブ　KAVU

1993年にシアトルで創業したアウトドアウエアのブランド。小規模だが、季節ごとに新作を発表し、シアトルっ子に人気。日本でも買えるが、直営店だけで取り扱う商品もあり、街着としてもおしゃれに着こなせるアウターを入手しよう。バッグやサングラスなどもおしゃれ。値段もお手頃だ。

住5419 Ballard Ave. N.W., Seattle
電(206) 783-0060
URL kavu.com
営毎日10:00～19:00(日～17:00)
カード A J M V

S ダウンタウンの便利な場所にある　スポーツ／ダウンタウン／MP.34-A1

マリナーズ・チームストア　Mariners Team Store

T・モバイルパーク（→P.59）のほかに、ダウンタウンの真ん中にもショップを構えているシアトル・マリナーズのオフィシャルストア。選手の背番号入りのTシャツや、マリナーズのロゴ入りキャップが並ぶ。マリナーズのファンだけでなくおみやげを探している人にも見逃せないチームストアだ。

住1800 4th Ave., Seattle
電(206) 346-4327
URL www.mlb.com/mariners
営毎日10:00～18:00（日～17:00）。時期により変更あり
カード A J M V

S おみやげ探しにもいい　コスメ／ダウンタウン／MP.34-A1～B2

セフォラ　Sephora

コスメ好きは要チェックのお店。Nars、Laura Mercie、Westan Atelier、Patrick Ta、Makeup by Marioなどのメークアップアーティストが手がけるブランドから、Dr. Brandt、Muradのようなドクターコスメまで幅広く揃い、自由に試すことができる。

住415 Pine St., Seattle
電(206) 624-7003
URL www.sephora.com
営毎日10:00～18:00(日11:00～)
カード A M V

S 全米の20～30歳代女子が注目　コスメ／キャピトルヒル／MP.36-B2

グロッシアー　Glossier

雑誌『Vogue』のアシスタントであったエミリー・ワイス氏が立ち上げたコスメブランド。周りの人たちが本当に欲しがるスキンケアを作りたいと思い、インターネットで販売を始めたのがきっかけだとか。ナチュラルで上品に仕上げてくれるマスカラが話題になった。

住1514 10th Ave., Seattle
URL www.glossier.com
営月～土10:00～19:00、日11:00～18:00
カード A M V カードのみ

S ガラス工房に併設するショップ　雑貨／ダウンタウン／MP.34-A1

シアトル・ガラスブローイング・スタジオ　Seattle Glassblowing Studio

ガラス工芸が盛んなシアトルでは、ガラスのペーパーウエートやオーナメントをおみやげにするのがいい。地元アーティスト作製のガラス細工を販売している工房では、ワークショップも開催。15分コース（$70）や30分コース（$150）では、ハートの置物などを作ることができる。

住2227 5th Ave., Seattle
電(206) 448-2181
URL seattleglassblowing.com
営毎日10:00～18:00
カード A M V

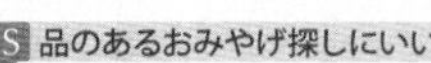

S 品のあるおみやげ探しにいい　雑貨&インテリア／ダウンタウン／MP.34-B3

ワトソン・ケネディ・ファイン・ホーム　Watson Kennedy Fine Home

クッキーやチョコレート、ジャムなどの食料品から、石鹸やボディソープ、キャンドル、香水などまで日常生活に必要となる品々を取り揃える。かわいらしい食器やグラスなどのテーブルウエアは手荷物で持って帰りたい。Inn at the Market（→P.93）の横にも支店がある。

住1022 1st Ave., Seattle
電(206) 652-8350
URL www.watsonkennedy.com
営月～土10:00～17:00
休日
カード A M V

S パリのエッセンスが詰まったギフト店　　雑貨&ギフト／バラード／M P.67

ルッカ　Lucca

うるわしの都、パリにあったパリジャンたちが集まるギフトサロン。そんなコンセプトでオールドバラードにオープンして20年以上たつ。店構えも、フランスにあるギフトショップのように華やかで小粋だ。小物を置く小皿や石鹸、香水瓶、ギフト用のカードなど、どれも粒よりな品揃えでワクワクしてくる。

住5332 Ballard Ave. N.W., Seattle
☎(206) 782-7337
URL www.luccagreatfinds.com
営月～土11:00～18:00(土～19:00)、日10:00～17:00
カード A M V

S 1977年創業の老舗　　キッチン雑貨／バラード／M P.67

カリナリーエッセンシャルズ　Culinary Essentials

シアトルの住民がキッチン用品について多大なる信頼をおいているショップ。取り扱っている商品数が多く、どんな質問にも答えてくれるベテランのスタッフは頼りになる存在だ。週に1回2～3時間の料理教室（$70～）も開催しているので、ウェブサイトで確認しよう。

住5320 Ballard Ave. N.W., Seattle
☎(206) 789-1334
URL www.culinaryessentials.com
営毎日10:00～18:00(日～17:00)
カード M V

S 15万冊の在庫をもつ老舗書店　　書店&文房具／キャピトルヒル／M P.36-B2

エリオット・ベイ・ブック・カンパニー　The Elliott Bay Book Company

1973年パイオニアスクエアにオープンした独立系書店が2010年キャピトルヒルに移転した。2フロアを占める店内には、雑誌から小説、旅行などまであらゆるジャンルの本が並べられている。かわいらしいはがきやトートバッグなどはおみやげに最適。

住1521 10th Ave., Seattle
☎(206) 624-6600
URL www.elliottbaybook.com
営毎日10:00～22:00
カード A J M V

S シアトルに本拠地をおくレコードショップ　　レコード／サウス・レイクユニオン／M P.33-A2

サブポップ　Sub Pop

1988年シアトルに誕生したインディペンデント・レコードレーベルのサブポップ。ニルヴァーナやサウンドガーデン、マッドハニーなどのグランジ・ロックを生み出した。アマゾン本社近くにあるレコード店では、サブポップ制作のレコードのほかに、シアトルゆかりのミュージシャンのアルバムを販売する。

住2130 7th Ave., Seattle
☎(206) 695-2161
URL www.subpop.com
営毎日11:00～18:00
カード A M V

S ワシントン州全般のおみやげが買える店　　食料品&ギフト／ダウンタウン／M P.34-A2

メイド・イン・ワシントン　Made in Washington

旅行者なら必ず通るパイク・プレイス・マーケットにあり、シアトルのみならずワシントン州全般のおみやげが買える。スモークサーモンやジャム、チョコレート、置物、クラフト、雑貨など、上質なものを扱っていてグルメ派のおみやげにもよい。

住1530 Post Alley, Seattle
☎(206) 467-0788
URL www.madeinwashington.com
営毎日9:00～18:00(日～17:00)
カード A J M V

S オバマ元大統領夫妻もお気に入り　　チョコレート／ダウンタウン／M P.34-A2

フランズ・チョコレート　Fran's Chocolates

シアトル随一と呼び声も高いチョコレート。ワシントン大学を卒業したフランさんが1982年シアトルにパティスリーとチョコレートの店をオープン。オーガニック素材を使用して作るチョコレートは、たちまち話題になった。現在も市内のジョージタウン店の店舗兼工場（M P.68-B2）で製造する。

住1325 1st Ave., Seattle
☎(206) 682-0168
URL frans.com
営毎日10:00～18:00
カード A M V

S 生活必需品はここで揃う スーパーマーケット／ダウンタウン／MP.34-A2

ターゲット

Target

全米に展開するスーパーマーケットのダウンタウン店。2nd Ave.沿いのPike St.とUnion St.の間1ブロックを占める。3階建ての建物には、食料品から洋服、日用雑貨までを取り揃えるので、必要なものはここで手に入るだろう。1階にはスターバックス・コーヒーも入る。

住1401 2nd Ave., Seattle
☎(206) 494-3250
URL www.target.com
営毎日8:00〜22:00
カード A M V

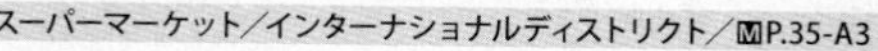

S 日本の食料品と雑貨の殿堂 スーパーマーケット／インターナショナルディストリクト／MP.35-A3

宇和島屋

Uwajimaya

インターナショナルディストリクトの中心部にあり、日系人や観光客に支持される老舗スーパーマーケット。鮮魚や青果、精肉のほか、ラーメンやお茶、日本のお菓子も豊富に置かれ、まるで日本のスーパーのような充実ぶりだ。デリやフードコート、紀伊國屋書店も入っている。駐車場あり。

住600 5th Ave. S., Seattle
☎(206) 624-6248
URL www.uwajimaya.com
営毎日8:00〜20:00
カード J M V

S 自然食品を扱う有名なスーパー スーパーマーケット／フリーモント／MP.36-A3

PCCコミュニティ・マーケッツ

PCC Community Markets

フリーモント住民から絶大なる人気を集めるスーパーマーケット。棚に並ぶ野菜や果物は新鮮だ。それも、地元の農家からできるだけ直接買い取って販売しているからだそう。1994年にオープンして以来、ロハスという言葉をフリーモントに広めた。店内で買った総菜やピザをテラス席で食べるのがいい。

住600 N. 34th St., Seattle
☎(206) 632-6811
URL www.pccmarkets.com
営毎日6:00〜23:00
カード A M V

S 話題のレジなしコンビニ コンビニエンスストア／ダウンタウン／MP.33-A2

アマゾンゴー

Amazon Go

2018年1月にオープンしたアマゾン・ドット・コムのコンビニエンスストア1号店。スマートフォンにアマゾンゴーのアプリをインストールしていないと入店できない。取り扱っている商品は、水やジュース、酒、菓子など。購入したい商品を手に取ってそのまま店舗を出ることができる。

住2131 7th Ave., Seattle
URL www.amazon.com
営月〜金7:00〜21:00
休土日
カード A D J M V（アプリで決済する）

S 雑貨や古着も扱う アンティーク／ウオーターフロント／MP.34-A2

シアトル・アンティーク・マーケット

Seattle Antiques Market

ウオーターフロントのピア59向かいにあるアンティークショップ。19〜20世紀のヨーロッパ家具やアクセサリーから、1940〜1980年代のアメリカ食器やライター、文房具などまで、168坪の建物内にところ狭しと並べられている。程度がいいわりには値段もお手頃なため、掘り出し物に巡り合える可能性は高い。

住1400 Alaskan Way, Seattle
☎(206) 623-6115
URL www.seattleantiquesmarket.com
営毎日10:00〜18:00
カード A M V

S アメリカ雑貨好きにはたまらない アンティーク／フリーモント／MP.36-A3

フリーモント・ビンテージ・モール

Fremont Vintage Mall

ミッドセンチュリーの家具やソファ、椅子などからジュエリーやおもちゃ、陶器、レコードなどまで幅広い品揃えを誇る。なかでも、Fire-KingやPyrexのマグカップや食器は、フリーマーケットで販売されているものよりも程度のいいものが多く、人気だ。

住3419 Fremont Pl. N., Seattle
☎(206) 329-4460
URL fremontvintagemall.com
営毎日11:00〜19:00
カード M V

HOTEL

シアトルのホテル

ダウンタウンの1st～6th Ave.とMadison～Stewart St.のエリアに、チェーン系ホテルや高級ホテルが集中している。ホテル代を少しでも安く抑えるなら、シアトルセンターやユニバーシティディストリクト、シータック空港周辺で探してみよう。バスやサウンドトランジット・リンク・ライトレイル・リンク・ワンライン、モノレールを利用すれば、中心部へのアクセスも悪くない。

ホテル紹介ページの略号（略号とマークは下記参照）

コーヒーメーカー　冷蔵庫／ミニバー　バスタブ　ドライヤー　BOX 室内金庫　ルームサービス　レストラン
F フィットネスセンター／プール　コンシェルジュ　J 日本語スタッフ　コインランドリー／当日仕上げクリーニング　WiFi ワイヤレスインターネット接続　P 駐車場

H シアトルを代表する最高級ホテル　　最高級／ダウンタウン／M P.34-A2

フォーシーズンズ・ホテル・シアトル

Four Seasons Hotel Seattle

シアトル美術館の目の前、パイク・プレイス・マーケットまで1ブロックの所にある。スタッフのサービスや客室の雰囲気、アメニティなど、どれを取っても一流。併設するレストランの評判もいい。できればエリオット湾を見渡せるデラックス・ベイビュー・ルームに泊まりたい。

住 99 Union St., Seattle, WA 98101
☎ (206) 749-7000
FAX (206) 749-7099
URL www.fourseasons.com/seattle
料 ⓈⒹⓉ$744～1676、Su$1956～12615
駐 $65　Wi-Fi 無料
カード A D J M V　147室（♿あり）

H シアトルを代表する老舗ホテル　　最高級／ダウンタウン／M P.34-B2

フェアモント・オリンピック・ホテル

Fairmont Olympic Hotel

歴史的建造物に指定されている由緒あるホテル。1924年のオープン以来、シアトルダウンタウンのランドマークとなっている。2016年には客室の全面改装を終え、さらに重厚さが増した。週5日ほど日本人スタッフがコンシェルジュとして勤務している。

住 411 University St., Seattle, WA 98101
☎ (206) 621-1700
FAX (206) 682-9633
URL www.fairmont.com/seattle
料 ⓈⒹⓉ$300～517、Su$387～1242
駐 $50～70　Wi-Fi $15.99
カード A D J M V　450室（♿あり）

H シアトル随一の高級ホテル　　高級／ダウンタウン／M P.34-A1

ウェスティン・シアトル

The Westin Seattle

ダウンタウンのど真ん中にそびえ立つツインタワーがこのホテルだ。ほとんどの部屋は眺望が抜群。屋内プールやフィットネスセンター、レストランなどの施設も一流だが、そのぶん料金も一流。街なかのどこからでも見えるので、迷子になることはまずないだろう。

住 1900 5th Ave., Seattle, WA 98101
☎ (206) 728-1000
Free (1-888) 627-8513
FAX (206) 728-2259
URL www.marriott.com
料 ⓈⒹⓉ$279～649、Su$659～
駐 $55～65　Wi-Fi 無料
カード A D J M V　891室（♿あり）

H ほっとできる空間がうれしい　　高級／ダウンタウン／M P.34-A1

ホテルアンドラ

Hotel Ändra

ノースウエストの水、森、石を感じさせる落ち着いたデザインが人気のホテル。一歩館内に入ると、暖炉と本棚があるロビーエリア。こぢんまりとしているだけあり、フロントスタッフの対応もいい。併設するレストランのLolaやAssagio Ristoranteは地元の人にたいへん人気があり、予約は必須。

住 2000 4th Ave., Seattle, WA 98121
☎ (206) 448-8600
Free (1-877) 448-8600
FAX (206) 441-7140
URL www.hotelandra.com
料 ⓈⒹⓉ$220～427、Su$288～849
駐 $45　Wi-Fi 無料
カード A D J M V　123室（♿あり）

H ショッピングや食事に便利な立地

高級／ダウンタウン／MP.34-A1

メイフラワーパーク・ホテル

Mayflower Park Hotel

1927年にオープンした、シアトルを代表する老舗ホテル。開業後、幾度も改装を重ねているが、昔の豪華な雰囲気は美しいまま残されている。古いホテルなので壁が厚く、外の騒音はすべてシャットアウト。客室では静かにゆったりと過ごせるはずだ。地下にあるAndaluca Restaurantは、地元誌やトリップアドバイザーなどで高評価のレストラン。朝食と夕食を提供している。1階にあるバーのOliver's Loungeで人気のマティーニも楽しみたい。ショッピングセンターのウエストレイクセンターへは、2階の専用ドアを通って行くことができる。

住405 Olive Way, Seattle, WA 98101
☎(206) 623-8700
Free(1-800) 426-5100
FAX(206) 382-6996
URL www.mayflowerpark.com
料ⓈⒹⓉ$129～399、Su$169～
駐$45 Wi-Fi無料
カードADJMV 160室（♿あり）

2022年に創業95周年を迎えた

落ち着いた雰囲気の客室

H 市内で最大規模のホテル

高級／ダウンタウン／MP.34-B1

ハイアット・リージェンシー・シアトル

Hyatt Regency Seattle

シアトル・コンベンションセンターまで2ブロックと立地のよさから、ビジネス客の利用が多い。スイートルームは30室ある。徒歩圏内にカフェやレストラン、ショッピングモールがあるので便利だ。環境に配慮した建物を評価するLEED認証のゴールドレベルを取得している。

住800 Howell St., Seattle, WA 98101
☎(206) 973-1234
URL www.hyatt.com
料ⓈⒹⓉ$185～389、Su$310～1159
駐$43 Wi-Fi無料
カードADJMV 1260室（♿あり）

H 注目のラグジュアリークラス

高級／ダウンタウン／MP.34-B1

グランド・ハイアット・シアトル

Grand Hyatt Seattle

ダウンタウンにある高級でおしゃれなホテル。コンベンションセンター隣にあり、近くにはショップ、デパートなども多く、街歩きの拠点に最適だ。スタイリッシュなロビーもハイセンスだが、客室も落ち着きと品格を兼ね備え、機能性、居心地とも抜群。

住721 Pine St., Seattle, WA 98101
☎(206) 774-1234
FAX(206) 774-6120
URL www.hyatt.com
料ⓈⒹⓉ$284～434、Su$484～1089
駐$37～58 Wi-Fi無料
カードADJMV 457室（♿あり）

H 歴史的な建物に入る

高級／ダウンタウン／MP.34-B1

ホテルセオドア

Hotel Theodore

ダウンタウンのランドマークとして約90年営業していたルーズベルトホテルが、2017年11月大規模な改修工事を終え生まれ変わった。客室の白い壁やタイルがスタイリッシュで、若者を中心に人気がある。無料の自転車貸し出しサービスあり。

住1531 7th Ave., Seattle, WA 98101
☎(206) 621-1200
FAX(206) 233-0335
URL www.provenancehotels.com
料ⓈⒹⓉ $209～629、Su$299～818
駐$55 Wi-Fi無料
カードAMV 153室（♿あり）

H パイク・プレイス・マーケットの目の前

高級／ダウンタウン／MP.34-A2

イン・アット・ザ・マーケット

Inn at the Market

2015年に改装工事を終えた全79室の小さなホテル。南フランス風の広くて清潔な部屋は、ベッドカバーや家具などもアメリカのホテルにありがちな華美なものではなく、落ち着いていてセンスがいい。大人気のホテルなので予約を取るのが難しい。予約は早めに。

住86 Pine St., Seattle, WA 98101
☎(206) 443-3600
Free(1-800) 446-4484
FAX(206) 448-0631
URL www.innatthemarket.com
料ⓈⒹⓉ$230～690、Su$720～2200
駐$45 Wi-Fi無料
カードADMV 79室（♿あり）

H 全面ガラス窓の建物が目印　　高級／ダウンタウン／MP.34-A2

トンプソン・シアトル
Thompson Seattle

パイク・プレイス・マーケットからStewart St.を1ブロック上がった所にあるブティックホテル。ミッドセンチュリー・スタイルで整えられた客室は、落ち着いた雰囲気で人気だ。13階にあるルーフトップバーのThe Nestは、ウオーターフロントが一望できることから夜遅くまで地元の人でにぎわう。

住110 Stewart St., Seattle, WA 98101
☎(206) 623-4600
FAX(206) 623-4601
URLwww.hyatt.com
料ⓈⒹⓉ$353～602、Su$838～1483
駐$68.62　Wi-Fi無料
カードADJMV　150室（♿あり）

H スタイリッシュなホテル　　高級／ダウンタウン／MP.34-B2

ダブリュー・シアトル
W Seattle

ホール、廊下、客室すべてに、これまでのホテルの既成概念になかったおしゃれなインテリアを配している。室内は、大胆なインテリアに見えて、実はリラックスのために十分な配慮がされている。1階のバーエリアでは1日中音楽が流れて、にぎやか。宿泊客は、20～30歳代のカップルが多い。

住1112 4th Ave., Seattle, WA 98101
☎(206) 264-6000
URLwww.marriott.com
料ⓈⒹⓉ$299～699、Su$342～809
駐$68　Wi-Fi$14.95
カードADJMV　424室（♿あり）

H シアトルのランドマーク　　高級／ダウンタウン／MP.34-B2

シェラトン・グランド・シアトル
Sheraton Grand Seattle

6th Ave.とPike St.の角にある巨大ホテル。ロビーでは無料でWi-Fiに接続できる。プールやビジネスセンターもあるのがうれしい。展望レストランに行かなくとも、淡いベージュの内装の部屋から街を一望して過ごせる。

住1400 6th Ave., Seattle, WA 98101
☎(206) 621-9000
URLwww.marriott.com
料ⓈⒹⓉ$229～559、Su$429～909
駐$60　Wi-Fi$14.95
カードADJMV　1236室（♿あり）

H ビジネスにも観光にも適したロケーション　　高級／ダウンタウン／MP.34-B2

ヒルトン・シアトル
Hilton Seattle

ライトレイルのUniversity Street駅まで3ブロック、ウエストレイクセンターまで4ブロックと立地がいい。ロビーやフロントデスクは14階にあるのでエレベーターで。ロビーがあるフロア以外は、客室のカードキーがないとエレベーターは停まらないので安心だ。

住1301 6th Ave., Seattle, WA 98101
☎(206) 624-0500
URLwww.hilton.com
料ⓈⒹⓉ$209～768
駐$49　Wi-Fi$10.95
カードADJMV　256室（♿あり）

H ビジネス街で快適に泊まれる　　高級／ダウンタウン／MP.34-B2

クラウンプラザ・ホテル・シアトル・ダウンタウン
Crowne Plaza Hotel Seattle Downtown

坂の上のビジネス街中心にあり、パイク・プレイス・マーケットへも徒歩10分ほど。ホテル内にレストラン、バー、売店もあり、ビジネス客には最適なロケーションと設備だ。客室は広々として清潔。浴室もきれいに調っている。都会のど真ん中にあるが、窓が大きいので開放感抜群！

住1113 6th Ave., Seattle, WA 98101
☎(206) 464-1980
URLwww.crowneplaza.com
料ⓈⒹⓉ$190～624、Su$245～684
駐$51.15　Wi-Fi無料
カードADJMV　415室（♿あり）

H 中心街に立つモダンなデザインホテル　　高級／ダウンタウン／MP.34-B3

ホテル・ワンサウザンド・シアトル
Hotel 1000 Seattle

ダウンタウンにあるブティックホテル。海に近い1st Ave.沿いの古い建物をハイテク仕様に全面的に改築したもので、スタンダードルームも広く、大型ベッドと大型TVが設置されている。客室と浴室を仕切る壁がガラスで、シャワーも天井から直接注がれる。ベルマンたちの応対もさわやかだ。

住1000 1st Ave., Seattle, WA 98104
☎(206) 957-1000
URLhotel1000seattle.com
料ⓈⒹⓉ$369～673、Su$557～1454
駐$60　Wi-Fi 無料
カードADMV　120室（♿あり）

H 眺めのよいシティホテル

高級／ダウンタウン／MP.34-B3

ルネッサンス・シアトル・ホテル

Renaissance Seattle Hotel

2010年から14年連続AAAの4ダイヤモンドに輝く高級ホテル。客室は明るいベージュで統一され、大きく開いた窓からダウンタウンが一望できる。ビジネスセンターやフィットネスセンター、24時間対応のルームサービスがあり、ビジネス客の利用が多い。

住515 Madison St., Seattle, WA 98104
☎(206) 583-0300
Free(1-800) 546-9184
FAX(206) 447-0992
URL www.marriott.com
料ⓈⒹⓉ$289〜679、Ⓢ$639〜729
駐$50〜63 Wi-Fi無料
カード A D J M V 557室（♿あり）

H ロッテグループが経営する韓国のホテルチェーン

高級／ダウンタウン／MP.34-B3

ロッテホテル・シアトル

Lotte Hotel Seattle

2020年9月にオープンしたホテル。世界的に有名なデザイナーのフィリップ・スタルク氏がインテリアを担当した。44階建ての高層ビルの1〜16階を占め、全面ガラス窓の客室にはさんさんと太陽光が入り込む。16階にあるレストランCharlotte Restaurant & Loungeも好評だ。

住809 5th Ave., Seattle, WA 98104
☎(206) 800-8110
URL www.lottehotelseattle.com
料ⓈⒹⓉ$325〜793、Ⓢ$700〜6000
駐$72 Wi-Fi無料（アーバン・エクスペリエンス・フィーに含まれる）
カード A D J M V 189室（♿あり）

H 創業から110年以上の老舗ホテル

高級／ダウンタウン周辺／MP.33-B3

ホテルソレント

Hotel Sorrento

ダウンタウンからMadison St.を少し上ったファーストヒルに立つ。2019年に創業110周年を迎えた、シアトルで最も長く営業を続けるブティックホテル。れんが色が特徴的なイタリア・ルネッサンス様式だ。ウエストレイクセンターまで徒歩17分。

住900 Madison St., Seattle, WA 98104
☎(206) 622-6400
FAX(206) 343-6155
URL www.hotelsorrento.com
料ⓈⒹⓉ$199〜419、Ⓢ$259〜719
駐$60 Wi-Fi無料
カード A D M V 76室（♿あり）

H ビートルズが泊まったホテル

高級／ウオーターフロント／MP.33-A2

エッジウオーターホテル

The Edgewater Hotel

1962年開催のシアトル万博のために建てられた、ピア67にあるホテル。ミュージシャン御用達のホテルとして有名で、今まで、レッド・ツェッペリン、フランク・ザッパ、ローリング・ストーンズ、スティーヴィー・ワンダー、ハリー・コニック・ジュニアなど多くの有名人が宿泊した。

客室の家具はパイン材で統一され、落ち着いた雰囲気。ビートルズが釣りをした部屋「ビートルズ・スイート」やパール・ジャムのボーカル、エディ・ヴェダーと彼のファンがデザインした「パール・ジャム・スイート」などもある。できることならエリオット湾が一望できるウオータービューの部屋を予約したい。館内には、シーフードやステーキが人気の高級レストランSix Seven Restaurantやフィットネスセンターもある。

ウオーターフロントにあるシアトル水族館やシアトル・グレイト・ウィール、シーフードレストランまでは、ほんの数ブロックのロケーション。パイク・プレイス・マーケットへは歩いて12分ほど。無料で自転車やギター、レコードプレイヤーも貸し出している。

住2411 Alaskan Way, Pier 67, Seattle, WA 98121
☎(206) 792-5959
Free(1-800) 624-0670
URL www.edgewaterhotel.com
料ⓈⒹⓉ$289〜692、Ⓢ$669〜1359
駐$55 Wi-Fi無料
カード A D J M V 223室（♿あり）

右上／プライベート・バルコニーが付いているウオータービューの部屋もある　左／ビートルズ・スイートには、ビートルズの写真やレコードが飾ってある　右／レストランSix Seven Restaurantからの景色もグッド
©The Edgewater

H ウオーターフロントの高級ホテル　高級／ウオーターフロント／MP.33-A3

シアトル・マリオット・ウオーターフロント
Seattle Marriott Waterfront

ホテルの少ないウオーターフロントエリアにある。場所はピア62/63の間。多くの客室がバルコニー付きで、海側の部屋からは、エリオット湾やオリンピック山塊を望むことができる。ロビーではWi-Fi無料。

住2100 Alaskan Way, Seattle, WA 98121
☎(206) 443-5000
Free(1-800) 455-8254
FAX(206) 256-1100
URLwww.marriott.com
料ⓈⒹⓉ$289〜774、Su$679〜1044
駐$55　Wi-Fi$14.95〜17.95
カードADJMV　361室（♿あり）

H カップケーキやコーヒーでおもてなし　高級／シアトルセンター／MP.33-A1

マックスウェルホテル
The Maxwell Hotel

オペラやクラシックバレエをテーマにした絵画やタイルがロビー周辺に飾られている。シアトルセンターから北へ1ブロック行った所にあり、ダウンタウンからはモノレールが便利。ピザやハンバーガーがおいしいと評判のレストランも入る。Wi-Fiや自転車のレンタルは無料。

住300 Roy St., Seattle, WA 98109
☎(206) 286-0629
Free(1-877) 298-9728
URLwww.staypineapple.com/the-maxwell-hotel-seattle-wa
料ⓈⒹⓉ$176〜788、Su$212〜
駐$37　Wi-Fi無料
カードAMV　139室（♿あり）

H エレガントでエッジが効いている　高級／サウス・レイクユニオン／MP.33-B2

アストラホテル
Astra Hotel

ダウンタウンとユニオン湖の中間に位置し、ウエストレイクセンターまで徒歩15分。屋上にあるルーフトップバーのAltitude Sky Loungeは、ダウンタウンの夜景が楽しめるとあって、連日にぎわっている。ストリートカーのサウス・レイクユニオン・ラインの停留所前にある。2022年2月にオープンした。

住300 Terry Ave. N., Seattle, WA 98109
☎(206) 693-6000
FAX(206) 693-6001
URLwww.marriott.com
料ⓈⒹⓉ$199〜396、Su$440〜1320
駐$65　Wi-Fi無料
カードADJMV　265室（♿あり）

H 上層階がコンドミニアムというホテル　高級／サウス・レイクユニオン／MP.33-B2

パン・パシフィック・ホテル・シアトル
Pan Pacific Hotel Seattle

ユニオン湖南部の再開発地域にある都市型ホテル。ホテル上層階がコンドミニアムで、地上階にスーパーマーケットのWhole Foods Marketもある。ウエストレイクセンターまで徒歩8分。シアトル・ストリートカー・サウス・レイクユニオン・ラインの停留所もホテルの目の前にある。

住2125 Terry Ave., Seattle, WA 98121
☎(206) 264-8111
FAX(206) 654-5047
URLwww.panpacific.com
料ⓈⒹⓉ$329〜589、Su$502〜1339
駐$59　Wi-Fi無料
カードADJMV　153室（♿あり）

H バラードの真ん中にある　高級／バラード／MP.67

ホテル・バラード
Hotel Ballard

わずか29室とこぢんまりとしているだけに、スタッフのサービスも行き渡っている。ホテル周辺には、レストランやカフェ、ショップが並び不自由しない。宿泊客は隣にあるスポーツジムを無料で早朝から使える。ダウンタウンまでメトロバス#40で約35分。

住5216 Ballard Ave. N.W., Seattle, WA 98107
☎(206) 789-5012
URLwww.hotelballardseattle.com
料ⓈⒹⓉ$274〜369、Su$404〜499
駐$20　Wi-Fi無料
カードAMV　29室（♿あり）

H 買い物好きに最適　高級／ベルビュー／MP.32-B2

ハイアット・リージェンシー・ベルビュー・オン・シアトルズ・イーストサイド
Hyatt Regency Bellevue on Seattle's Eastside

日本人にもなじみのあるハイアットホテル系列の高級ブランド。200以上のショップや50のレストラン、映画館などが入るベルビューコレクション（→P.104）にもスカイブリッジでつながっている。シアトルダウンタウンのWestlake駅周辺からサウンドトランジット・バス#550で約40分。

住900 Bellevue Way N.E., Bellevue, WA 98004
☎(425) 462-1234
URLwww.hyatt.com
料ⓈⒹⓉ$260〜639、Su$419〜713
駐$35〜45　Wi-Fi無料
カードADJMV　732室（♿あり）

MEMO ユニオン湖の南岸にあるファミリー向けホテル　シルバー・クラウド・ホテル・シアトル・レイクユニオンでは、無料の朝食が付き、コインランドリーがある。近くにシアトル・ストリートカー・サウス・↗

H カジノとアウトレットで遊べるホテル
高級／シアトル近郊／MP.31-B2

テュラリップ・リゾート・カジノ

Tulalip Resort Casino

シアトルから車で40分のTulalipにある豪華なカジノホテル。1階はカジノ、隣接してアウトレットモールもある。テュラリップ族が運営するホテルらしくロビーに歓迎のトーテムポールが立つ。客室はとてもスタイリッシュ。プールやスパ、レストランも併設され、家族連れに人気がある。

住10200 Quil Ceda Blvd., Tulalip, WA 98271
☎(360) 716-6000
URL www.tulalipresortcasino.com
料ⓈⒹ$169～469、Su$419～768
駐無料　Wi-Fi無料
カード A D M V　370室（あり）

H 最近開発が進み、人気のベルタウン
中級／ダウンタウン／MP.33-A2

エース・ホテル・シアトル

Ace Hotel Seattle

シアトルの中心部に位置するエース・ホテル・シアトルは、こぢんまりとしたヒストリックビルにありながら、新世紀を予感する家具とクラシック感覚のミスマッチングを狙ったインテリアで、話題の1軒だ。新進のショップや評判のレストランも多く存在するエリアにある。一部バス共同。

住2423 1st Ave., Seattle, WA 98121
☎(206) 448-4721
URL acehotel.com/seattle
料バス共同ⓈⒹ$129～、ⓈⒹ$219～299
駐なし　Wi-Fi無料
カード A J M V　28室

H クールでアートなデザインホテル
中級／ダウンタウン／MP.34-B1

ホテルマックス

Hotel MAX

現代絵画や彫刻を随所に飾り、通路側の客室ドアに一面写真を引き伸ばすなど、凝った仕掛けが満載のデザインホテル。客室は少し手狭だが、アートなホテルライフが楽しめそう。毎晩17:00～18:00はビールの無料サービスあり。ロビーには、コーヒーサーバーもある。

住620 Stewart St., Seattle, WA 98101
☎(206) 728-6299
URL www.provenancehotels.com
料ⓈⒹⓉ$159～620
駐$55　Wi-Fi無料
カード A D M V　163室（あり）

H シアトルコンベンションセンターまで4ブロック
中級／ダウンタウン／MP.33-B2

レジデンスイン・シアトルダウンタウン／コンベンションセンター

Residence Inn Seattle Downtown/Convention Center

すべての客室にIHクッキングヒーターや冷蔵庫、電子レンジ、自動食器洗い機が付いているので、滞在中に料理ができるのがいい。スーパーマーケットのWhole Foods Marketやウエストレイクセンターから徒歩約8分。無料の朝食が付く。

住1815 Terry Ave., Seattle, WA 98101
☎(206) 388-1000
FAX(206) 388-0900
URL www.marriott.com
料Su$173～599
駐$56.14　Wi-Fi無料
カード A D J M V　302室（あり）

H 立地のよい中級ホテル
中級／ダウンタウン／MP.34-B1

パラマウントホテル

The Paramount Hotel

ウエストレイクセンターやコンベンションセンターから徒歩5分くらいの便利な場所にある。ロビーはアンティーク調のインテリア、部屋はシンプルだがドライヤー、アイロン、コーヒーメーカーまで、必要な物はすべて揃っている。1階には韓国レストランのChanが入る。

住724 Pine St., Seattle, WA 98101
Free(1-877) 906-8897
URL www.paramounthotelseattle.com
料ⓈⒹⓉ$129～715、Su$279～
駐61　Wi-Fi無料
カード A D M V　146室（あり）

H 中心街でベストバリューのホテル
中級／ダウンタウン／MP.34-B2

エグゼクティブ・ホテル・パシフィック・ダウンタウン・シアトル

Executive Hotel Pacific Downtown Seattle

1928年創業のホテルだが、改装を重ね、清潔。部屋の天井には大きな羽根の扇風機が回り、木目調のフロントエリアなど、クラシックな雰囲気が残っている。ダウンタウンのビジネスディストリクト界隈では、最もコストパフォーマンスがよいホテルのひとつといえる。

住400 Spring St., Seattle, WA 98104
☎(206) 623-3900
Free(1-800) 426-1165
URL executivehotelseattle.com
料ⓈⒹⓉ$129～449、Su$209～608
駐$45　Wi-Fi無料
カード A D J M V　155室

↘ レイクユニオン・ラインの駅も。**Silver Cloud Hotel Seattle-Lake Union**　MP.33-B1　住1150 Fairview Ave. N., Seattle, WA 98109　☎(206) 447-9500　URL www.silvercloud.com　料ⓈⒹⓉ$189～329、Su$209～359

H パイオニアスクエア・パークのすぐ近く　中級／パイオニアスクエア／MP.35-A1

シチズンM・シアトル・パイオニアスクエア・ホテル　CitizenM Seattle Pioneer Square Hotel

サウンドトランジット・リンク・ライトレイル・リンク・ワンラインのPioneer Square駅から徒歩5分。シーフードレストランが並ぶウオーターフロントやアジア料理店が集まるインターナショナルディストリクト、シアトル・マリナーズの本拠地T・モバイルパークへも歩いて行ける。

住 60 Yesler Way, Seattle, WA 98104
☎ (206) 886-0560
URL www.citizenm.com
料 ⓈⒹⓉ$170〜590
駐 なし　Wi-Fi 無料
カード ADJMV　216室

H 古い建物をモダンに改装　中級／パイオニアスクエア／MP.35-B1

コートヤード・シアトルダウンタウン／パイオニアスクエア　Courtyard Seattle Downtown / Pioneer Square

シアトルに古くからあるビルを、外観はそのままに内部を改装したもので、古い建物がもつ天井高とがっしりした造りの部屋が特徴的だ。そこにモダンな家具と液晶TVなどを設置し、ポップな雰囲気に調えてある。スミスタワーやパイオニアスクエア・パークもすぐそば。

住 612 2nd Ave., Seattle, WA 98104
☎ (206) 625-1111
FAX (206) 625-3270
URL www.marriott.com
料 ⓈⒹⓉ$152〜489、Ⓢⓤ$299〜509
駐 $61　Wi-Fi 無料
カード ADJMV　262室（♿あり）

H アムトラック駅の目の前にある　中級／パイオニアスクエア／MP.35-B2

エンバシースイーツ・バイ・ヒルトン・シアトルダウンタウン・パイオニアスクエア　Embassy Suites by Hilton Seattle Downtown Pioneer Square

中国・日本料理レストランが多く集まるインターナショナルディストリクトやライトレイルの駅まで、エレベーターを使って5分と立地がいい。T・モバイルパークも近いので、ナイターで試合が遅く終わっても歩いて帰れる。客室にはキチネットや電子レンジもあり。無料の朝食付き。

住 255 S. King St., Seattle, WA 98104
☎ (206) 859-4400
URL www.hilton.com
料 ⓈⒹⓉ$222〜549、Ⓢⓤ$236〜
駐 $56.14　Wi-Fi 無料
カード AMV　282室（♿あり）

H シアトル・マリナーズの球場が目の前　中級／インターナショナルディストリクト／MP.33-B4

シルバークラウド・ホテル・シアトル-スタジアム　Silver Cloud Hotel Seattle-Stadium

T・モバイルパークの目の前にあり、野球観戦に便利なホテル。客室は明るく広々としている。屋上にプールとスパもあるので、リラックスタイムも充実しそう。1階にはスポーツバー＆グリルのJimmy's on Firstがあり、食事にも困らない。全室に電子レンジ完備。

住 1046 1st Ave. S., Seattle, WA 98134
☎ (206) 204-9800
Free (1-800) 497-1261
URL www.silvercloud.com/seattlestadium
料 ⓈⒹⓉ$169〜479、Ⓢⓤ$339〜589
駐 $48　Wi-Fi 無料
カード AMV　211室（♿あり）

H スイートタイプの部屋が多くあるホテル　中級／シアトルセンター／MP.33-A1

ハンプトン・イン＆スイーツ・シアトルダウンタウン　Hampton Inn & Suites Seattle Downtown

5th Ave.とRoy St.の角にあり、スペースニードルまで徒歩3分、ダウンタウンまで徒歩20分。2022年に改装工事を終えた。全199室のうち72室に台所とリビングが付く。無料の朝食サービスもある。コンピューターが使えるビジネスセンターや会議室、コインランドリーも完備し、ビジネス客にも好評。

住 700 5th Ave. N., Seattle, WA 98109
☎ (206) 282-7700
FAX (206) 282-0899
URL www.hilton.com
料 ⓈⒹⓉ$159〜480、Ⓢⓤ$169〜614
駐 $25　Wi-Fi 無料
カード ADJMV　199室（♿あり）

H スペースニードルに近い　中級／シアトルセンター／MP.33-A2

ハイアット・プレイス・シアトル／ダウンタウン　Hyatt Place Seattle/Downtown

スペースニードルから徒歩5分の所にあるハイアット・リージェンシー系列のホテル。シリアルやデニッシュ、果物などの朝食が無料で付く。ダウンタウンまでは、徒歩で15分。スーパーマーケットのWhole Foods Marketや人気のレストランも徒歩圏内にあり便利だ。

住 110 6th Ave. N., Seattle, WA 98109
☎ (206) 441-6041
FAX (206) 441-6042
URL www.hyatt.com
料 ⓈⒹⓉ$169〜734
駐 $45　Wi-Fi 無料
カード ADJMV　160室（♿あり）

MEMO スペースニードルそばのおすすめホテル　シアトルセンター近くのThe Mediterranean Innは、そばにスーパーマーケットのSafewayやモノレール駅があって便利。屋上からはダウンタウンの絶景も見える。↗

H 客室からユニオン湖が見渡せるホテル

中級／サウス・レイクユニオン／MP.33-A1

コートヤード・シアトルダウンタウン／レイクユニオン
Courtyard Seattle Downtown / Lake Union

1階にはレストランと売店が入るホテル。スペースニードルなど主要な観光名所へもすぐ。ダウンタウンへは、シアトル・ストリートカー・サウス・レイクユニオン・ラインに乗れば約15分。シアトルの中心から少し離れてはいるが、不自由しない。

住925 Westlake Ave. N., Seattle, WA 98109
☎(206) 213-0100
FAX(206) 213-0101
URL www.marriott.com
料ⓈⒹⓉ$166～729
駐$40　Wi-Fi無料
カード A D J M V　250室（♿あり）

H ワシントン大学関係者が利用する

中級／ユニバーシティディストリクト／MP.37-A2

ユニバーシティイン
University Inn

ワシントン大学近くにある家庭的な雰囲気のホテル。近くには、レストランやバー、ショップ、コンビニエンスストアなどがあり、たいへん便利だ。朝食やWi-Fiの接続、自転車の貸し出しが無料。電子レンジ付きの部屋もある。

住4140 Roosevelt Way N.E., Seattle, WA 98105
☎(206) 632-5055
FAX(206) 547-4937
URL www.staypineapple.com
料ⓈⒹⓉ$113～797
駐$15　Wi-Fi無料
カード A J M V　102室（♿あり）

H シータック空港の搭乗カウンターまで歩いて約10分

中級／シータック空港／MP.32-A4

クラウンプラザ・シアトル・エアポート
Crowne Plaza Seattle Airport

サウンドトランジット・リンク・ライトレイル・リンク・ワンラインのシータック空港駅から、エレベーターを降りて徒歩3分と立地がいいホテル。館内には、23:00まで開いているレストランやバーもある。空港へはシャトルバスが20分おきに運行している。シアトルダウンタウンへはライトレイルで約40分。

住17338 International Blvd., Seattle, WA 98188
☎(206) 248-1000
URL www.crowneplaza.com
料ⓈⒹⓉ$159～549
駐$30　Wi-Fi無料
カード A D J M V　260室（♿あり）

H ユニバーシティディストリクトでお手頃価格

エコノミー／ユニバーシティディストリクト／MP.37-A3

カレッジイン
The College Inn

アラスカ-ユーコン博覧会のために1909年に建てられたホテル。部屋からはモントレイクエリアやダウンタウンの美しい風景を見渡せる。2020年に大規模なリノベーションを行い、ほとんどの部屋にシャワーやトイレ、キッチンを備えた。

住4000 University Way N.E., Seattle, WA 98105
☎(206) 633-4441
URL www.collegeinnseattle.com
料ⓈⒹⓉ$114～418
駐なし　Wi-Fi無料
カード A M V　28室

H 管理が行き届いていて安心できる

ホステル／インターナショナルディストリクト／MP.35-A3

ホステリング・インターナショナル・シアトル・アット・アメリカン・ホテル
Hostelling International Seattle at the American Hotel

インターナショナルディストリクトにあるユースホステル。ライトレイルのInternational District/Chinatown駅から徒歩3分と立地がいい。40～50歳代の夫婦や家族連れも宿泊している。近くには中国料理レストランが並び、食事には不自由しない。

住520 S. King St., Seattle, WA 98104
☎(206) 622-5443
URL www.americanhotelseattle.com
料ドミトリー $39～56、個室$82～125
駐なし　Wi-Fi無料
カード A M V　280ベッド（♿あり）

H 私設のホステル

ホステル／ダウンタウン／MP.34-A2

グリーン・トータス・シアトル・ホステル
Green Tortoise Seattle Hostel

パイク・プレイス・マーケットの目の前にあるホステル。2～8人利用のドミトリーと個室があり、無料のWi-Fiと朝食が付く。世界各国のバックパッカーに人気。パイク・プレイス・マーケットへのウオーキングツアーやパブを巡るツアーなども催行されている。

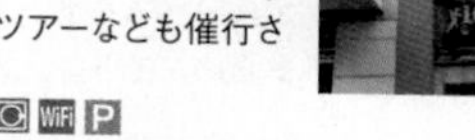

住105 Pike St., Seattle, WA 98101
☎(206) 340-1222
URL www.greentortoise.net
料ドミトリー $41～65、個室$119～139
駐なし　Wi-Fi無料
カード A M V　31室

↘ **The Mediterranean Inn**　MP.37-A1　住425 Queen Anne Ave. N., Seattle, WA 98109　☎(206) 428-4700
URL www.mediterranean-inn.com　料ⓈⒹⓉ$149～349

スポーツ観戦 Sports

野　球
Major League Baseball (M L B)

シアトル・マリナーズ
T・モバイルパーク
MP.33-B4
住1250 1st Ave. S., Seattle
☎(206) 346-4001
URLwww.mlb.com/mariners
料$10～1482。チケットは、ウェブサイトやT・モバイルパークの窓口（ボックス・オフィス）などで購入できる。
行き方ダウンタウンのWestlake駅からサウンドトランジット・リンク・ライトレイル・リンク・ワンラインでStadium駅下車、徒歩10分。もしくは、パイオニアスクエアから徒歩15分。

シアトル・マリナーズ
Seattle Mariners

アメリカンリーグ西地区に所属するシアトル・マリナーズは1977年に創設された。2023年現在、会長付き特別補佐兼インストラクターを務めるイチローや特任コーチの岩隈久志が所属している。過去には、佐々木主浩、長谷川滋利、岩隈久志、青木宣親、菊池雄星、平野佳寿のほか、ランディ・ジョンソン、ケン・グリフィー・ジュニアなど、球界を代表する選手も在籍した。

2022年シーズンは、90勝72敗の地区2位で、ポストシーズンに進むが、ディビジョンシリーズで敗退した。フリオ・ロドリゲス外野手やテオスカー・ヘルナンデス外野手の打撃に注目したい。

COLUMN スタジアムへ入場する際に注意すること

T・モバイルパークへは、30cm×30cm×15cm以内の透明なビニールのかばんか11cm×16cm以内のクラッチバッグのみ持ち込むことができる。三脚や自撮り棒の持ち込みは禁止されている。また、場内は現金での支払いができない。

MEMO **クライメット・プレッジ・アリーナのツアー**　2021年10月に完成したアリーナでは館内ツアーを開催している。クライメット・プレッジ・リビング・ウォールやプレスルーム、ロッカールームなど見学。所要約1時間15分。↗

アメリカンフットボール
National Football League (NFL)

シアトル・シーホークス
Seattle Seahawks

シアトルに本拠地をおくシアトル・シーホークスは、1976年のリーグ拡張にともない創設され、NFC西地区に所属した。翌年AFC西地区に移動するが、2002年、再度NFC西地区に移される。2005年に悲願のスーパーボウル出場を決めるが、敗退。2013年は地区1位でプレイオフへ進出し、勢いそのままにスーパーボウル初制覇を遂げた。2022年のシーズンは、9勝8敗でプレイオフに進出するも、ワイルドカードで敗退。

シアトル・シーホークス
ルーメン・フィールド
MP.33-B4
住800 Occidental Ave S., Seattle
Free(1-888) 635-4295
URLwww.seahawks.com
料$65〜600
行き方ダウンタウンのWestlake駅から、サウンドトランジット・リンク・ライトレイル・リンク・ワンラインでInternational District/Chinatown駅下車、徒歩10分。パイオニアスクエアから徒歩14分。

Seattle Seahawks Pro Shop
MP.33-B4
住800 Occidental Ave., Seattle
☎(206) 682-2900
URLwww.seahawks.com/proshop
営毎日10:00〜17:00(日12:00〜)
カードAMV

アイスホッケー
National Hockey League (NHL)

シアトル・クラーケン
Seattle Kraken

2021-2022年シーズンに創設されたリーグで最も新しいチーム。1年目は戦力が整わず地区最下位に沈んだが、2年目はファンの後押しもあり初のプレイオフ進出。ペンギンズから加入し、才能を開花させたジャレッド・マッキャンが攻撃の中心を担う。

シアトル・クラーケン
クライメット・プレッジ・アリーナ
MP.37-B1
住334 1st Ave. N., Seattle
Free(1-844) 645-7825
URLwww.nhl.com/kraken
料$70 〜 425
行き方シアトルセンター・モノレールのSeattle Center駅から徒歩6分。

サッカー
Major League Soccer (MLS)

シアトル・サウンダーズFC
Seattle Sounders FC

2009年にメジャーリーグサッカー（MLS）に参入。観客数はリーグトップクラス。2回のリーグ優勝と4回のUSオープンカップ優勝を遂げたが、2022年は初めてプレイオフ進出を逃した。試合前にパイオニアスクエアから行われるサポーターと音楽隊の行進マーチ・トゥー・ザ・マッチが有名だ。

シアトル・サウンダーズFC
ルーメン・フィールド
MP.33-B4
住800 Occidental Ave S., Seattle
Free(1-877)657-4625
URLwww.soundersfc.com
料$17〜518
行き方ダウンタウンのWestlake駅から、サウンドトランジット・リンク・ライトレイル・リンク・ワンラインでInternational District/Chinatown駅下車、徒歩10分。パイオニアスクエアから徒歩14分。

エンターテインメント Entertainment

シアトル交響楽団
Seattle Symphony Orchestra

1903年に創設されたシアトル交響楽団は、ダウンタウンの**ベナロヤホールBenaroya Hall**を本拠地とするオーケストラ。年間200以上のコンサートを行う。シーズンは、9月から5月。同楽団には、ビオラの小久保さやか氏とトロンボーンの山本浩一郎氏、日本人奏者が2名在籍する。

シアトル交響楽団
ベナロヤホール
MP.34-A2
住200 University St., Seattle
☎(206)215-4747
Free(1-866) 933-4747
URLwww.seattlesymphony.org
料$22〜
行き方サウンドトランジット・リンク・ライトレイル・リンク・ワンラインのUniversity Street駅下車、目の前。

↘事前にウェブサイトでチケットを予約・購入すること。Tours @ Climate Pledge Arena URLclimatepledgearena.com/tours/ 営時期により異なるが、火土日9:00〜19:00 料大人$49、子供(3〜12歳) $44

Seattle's Suburban Wineries

シアトル近郊のワイン産地
ウッディンビルを歩く Strolling through Woodinville

テイスティングルームのパティオで、くつろぎながらワインを楽しめる

注目を浴びるワイン産地

ウッディンビルWoodinvilleは、近年シアトル近郊で急成長を遂げているワインの産地だ。つい最近まで1960年代に開業したシャトー・サン・ミッシェル（→P.103）とコロンビアワイナリー（2022年廃業）の2大ワイナリーしかなかったが、現在では130を超えるテイスティングルームがオープン。小規模でワインを造るブティックワイナリーも誕生している。テイスティングルームやレストランが集まるのは次の4ヵ所。シャトー・サン・ミッシェルがある**ハリウッド・ディストリクトHollywood District**、その北西にある**ウエスト・バレー・ディストリクトWest Valley District**、レストランも軒を連ねる**ダウンタウンディストリクトDowntown District**、倉庫を改装したワイナリーが並ぶ**ウエアハウスディストリクトWarehouse District**だ。夏にはシャトー・サン・ミッシェルで恒例のコンサートも開かれ、多くの観光客でにぎわう。

ウッディンビル
MP.31-B3
行き方▶シアトルから車かツアーで。車ならシアトルダウンタウンからI-5を北へ3km行き、Exit 168BでWA-520 E.に移る。10km東へ行きI-405 N.へ。7km北上しExit 20Bで下りる。N.E. 124th St.、132nd Ave. N.E.、N.E.143rd St.、137th Pl. N.E.、N.E. 145th St.を北東に進むとシャトー・サン・ミッシェルがあるハリウッド・ディストリクトに到着。約45分。

ウッディンビル
広域図：折込WA-B2
W ワイナリー、テイスティングルーム
0 1km
A B 1 2 N
Efeste
Adrice Wines
Pondera Winery
WIT Cellars
Warehouse District
144th Ave. N.E.
N.E. Woodinville Way
Covington Cellars
Pomum Cellars
Exit 23
522
Sammamish River
131st Ave. N.E.
140th Pl. N.E.
Downtown District
N.E. 175th St.
Pasta Nova Italiano
202
405
124th Ave. N.E.
ウッディンビル観光案内所
Martedi Winery
Woodinville-Redmond Rd.
Willows Lodge P.103
Barking Frog P.103
N.E. 160th St.
Exit 22
West Valley District
Hollywood District
Novelty Hill - Januik Winery P.103
Alexandria Nicole Cellars
N.E. 146th Pl.
DeLille Cellars P.103
N.E. 145th St.
Airfield Estates P.103
JM Cellars
W.T. Vintners
Chateau Ste. Michelle P.103
Exit 20 B
N.E. 124th St.
Dusted Valley
Purple Cafe & Wine Bar
シアトルへ

ウッディンビル観光案内所
Woodinville Visitor Center
MP.102-A1
住13590 N.E. Village Square Dr., Suite 1030, Woodinville
☎(425)287-3298
URL woodinvillewinecountry.com
営毎日11:00〜15:00（時期により異なる）

歩き方▶シアトルからは、ツアーで回るのが理想的。車で行ってもドライバーはワインを楽しめない。アメリカでも飲酒運転は絶対しないように。

シアトル発のツアー▶
ボン・ビバント・ワインツアーズ
Bon Vivant Wine Tours
☎(206) 524-8687 URL bonvivanttours.com
Woodinville Wineries Day Tour
営〈1〜3月、11〜12月〉金〜日10:30〜17:30、〈4〜10月〉毎日10:30〜17:30
料大人$89
シアトルダウンタウンのホテルでピックアップ。1〜2軒の大型ワイナリー、2〜3軒の小規模ブティックワイナリーを巡る。

ワイナリー&テイスティングルーム

W ワシントン州で最も古いワイナリー　ワイナリー／ウッディンビル／MP.102-B2

シャトー・サン・ミッシェル
Chateau Ste. Michelle

1967年からシャルドネやメルローなど、ヨーロッパ伝統のブドウ品種を生産する。コロンビアバレーに広大なワイン畑を所有し、ロハスなワイン造りにも力を注ぐ。グランド・エステート・ツアーに参加すれば、発酵中のタンクや樽熟庫、ボトル詰めの様子を見学したあと、試飲もできる。

住14111 N.E. 145th St., Woodinville
☎(425) 488-1133
Free(1-800) 267-6793
URLwww.ste-michelle.com
営毎日11:00～17:00（金土～19:00）。グランド・エステート・ツアー：月～金11:00、13:00、土日11:00、13:00、15:00　料$55(75分)
料試飲$30(4種類)　カードAMV

W 1992年創業。ボルドースタイルのブレンドワインを作る　テイスティングルーム／ウッディンビル／MP.102-B2

デリールセラーズ
DeLille Cellars

世界で最も影響力があるワイン評論家のひとりロバート・パーカー氏が5つ星をつけたことでも有名なワイナリー。これまで生産してきた800以上のワインは、ワイン専門誌やワイナリーアワードなどで90点以上の評価を得ている。シャルール・エステートやD2は日本のワイン販売店でも取り扱いがある。

住14300 N.E. 145th St., Woodinville
☎(425) 489-0544
URLwww.delillecellars.com
営毎日11:00～18:00
料試飲$25（ワイン5種類、75分）。ワイン2本以上購入の場合、試飲料は無料
カードAMV

W ノベルティヒルとヤヌークの共有試飲室　テイスティングルーム／ウッディンビル／MP.102-A2～B2

ノベルティヒル - ヤヌーク・ワイナリー
Novelty Hill - Januik Winery

Stillwater Creekでノベルティヒルが栽培したシャルドネ、メルローなどのブドウをヤヌークのマイク・ヤヌーク氏がワインに仕上げる。1999年創業したヤヌークは、発酵からボトル詰めまでを行うワイン会社だ。金～日曜の11:00～16:15まで窯焼きピザ（$20～）の販売あり。

住14710 Woodinville-Redmond Rd. N.E., Woodinville
☎(425) 481-5502
URLwww.noveltyhilljanuik.com
営毎日11:00～17:00
料試飲$20～
カードAMV

W ヤキマバレーにあるワイナリーの試飲室　テイスティングルーム／ウッディンビル／MP.102-B2

エアフィールドエステイト
Airfield Estates

ワシントン州のヤキマ渓谷Prosserにある家族経営のワイナリーのテイスティングルーム。1968年に創業者が開墾したブドウ畑は現在900エーカーにまで拡大し、27種のブドウを栽培している。100%自家栽培のブドウを使用するワインを楽しもう。

住14450 Woodinville-Redmond Rd. N.E., #109, Woodinville
☎(425) 877-1274
URLwww.airfieldwines.com
営毎日11:00～18:00（木～土～20:00、日～19:00）
料試飲$15、ワイン購入の場合、試飲料は無料
カードAMV

レストラン

R 名門ロッジの極上ワインディナー　ニューアメリカン／ウッディンビル／MP.102-B2

バーキングフロッグ
Barking Frog

エクセレントシェフのディラン・ヘリック氏が創る料理は、ノースウエストに影響を受けたアメリカン・リージョナル・キュイジーヌ。地元の魚や肉をメインに、野菜もたっぷり使って斬新に仕上げ、素材のもち味を生かしている。ディナーはファイアーピット・ラム（$58）やポークチョップ（$48）など。

住14580 N.E. 145th St., Woodinville
☎(425) 424-2999
URLwww.willowslodge.com
営朝食：月～金7:00～10:30、ブランチ：土日7:00～15:00、ランチ：月～金11:30～14:30、ディナー：毎日17:00～21:00
カードAJMV

ホテル

H ウッディンビルの名門ロッジ　高級／ウッディンビル／MP.102-B2

ウィローズロッジ
Willows Lodge

アメリカの旅行雑誌Conde Nast Travellerから金賞を受賞したノースウエストスタイルの隠れ家リゾート。すべての部屋にパティオかバルコニーを設置し、客室には石造りの暖炉が据えられている。レストランのBarking Frog（→上記）もあり、極上の料理を堪能できるだろう。

住14580 N.E. 145th St., Woodinville WA 98072　☎(425) 424-3900
URLwww.willowslodge.com
料ⓈⒹⓉ$399～999、Su$979～
駐$20　Wi-Fi無料　カードADJMV
84室（あり）　行き方シアトルからは、P.102のウッディンビルの行き方を参考に。シャトー・サン・ミッシェルの斜め前。約35分

COLUMN

シアトルのイーストサイド最大の都市
ベルビューBellevue

シアトルダウンタウンからワシントン湖に架かる浮き橋Floating Bridgeを渡って車で約20分。イーストサイド最大の都市が**ベルビューBellevue**だ。1986年にマイクロソフトMicrosoftが隣町のレドモンドRedmondに本社ビルを移してからは、ハイテク産業の中心地として発展してきた。近年は、T・モバイルT-Mobileやエディー・バウアー Eddie Bauerなどの本社もベルビュー周辺に移転してきて、高層ビルやホテルなどが建設されている。

街の中心はイーストサイド最大のショッピングエリアとして知られる**ベルビュースクエアBellevue Square**界隈。周りを高層のオフィスビルやパフォーミングアート・センター、銀行や高級ホテルが取り囲み、**リンカーンスクエアLincoln Square**という別のモールとも通路でつながれている。

2008年に改装されたベルビュースクエア一帯には、Macy'sやNordstromのデパートのほか、BurberryやCoach、Tiffany & Co.といった有名ブランド、American Eagle OutfittersやJ. Crew、Anthropologie、Free People、Madewellなどのカジュアルブランドなどが約200店舗入る**ベルビューコレクションBellevue Collection**があり、エリア最大級のショッピングスポットとしてにぎわっている。レストランは飲茶で有名なDin Tai FungやBeecher's Handmade Cheese & Caffe Vitaも入店。徒歩圏内には、高級ショッピングモールの**ショップス・アット・ブレバーンThe Shops at the Bravern**があり、Bottega Veneta、Gucci、Hermès、Omega、Moncler、Louis Vuitton、Pradaなどのハイブランドが約15店集まっている。

ベルビュースクエア正面にあるのは、クラフト工芸をメインに展示する**ベルビュー美術館Bellevue Arts Museum**。コレクションをもたず、数ヵ月ごとに変わる特別展のみを開催する。

高級ブランドのショッピングを楽しめるショップス・アット・ブレバーン

また、日本人駐在員が多く住むベルビューは、高級住宅街としても知られているほど比較的治安がよいエリア。ダウンタウンは22:00頃でも近隣のレストランで食事を終えた人たちでにぎわっている。約15のホテルがダウンタウン中心部にはあるので、ショッピングを楽しみたい人やシアトルダウンタウンの喧騒から離れたい人にもおすすめだ。

デール・チフーリ氏のガラス彫刻も飾られているベルビュースクエア

ベルビューへの行き方

車 シアトルから東へ約20km。WA-520でエバーグリーン・ポイント・フローティング・ブリッジ経由か、I-90でレイシー・V・マロウ・メモリアルブリッジ経由のふたとおり。WA-520ならI-405を南へ行き、Exit 13AをN.E. 4th St. W.方向へ。I-90ならI-405を北へ、Exit 13AをN.E. 4th St. W.方向へ走ると中心街に着く。

バス シアトルダウンタウンからは、Union St. & 5th Ave.からサウンドトランジット・バス#550でN.E. 4th St. & 105th Ave. N.E.下車。約40分。シータック空港からは、ライトレイル駅目の前にあるInternational Blvd. & S. 176th St.のバス停からサウンドトランジット・バス#560でBellevue Transit Center下車。約1時間。

ベルビュースクエア
M P.32-B2

ベルビューコレクション
M P.32-B2　住 575 Bellevue Sq., Bellevue
☎ (425) 454-8096
URL bellevuecollection.com
営 月〜土10:00〜21:00、日11:00〜19:00(店により異なる)

ショップス・アット・ブレバーン
M P.32-B2　住 11111 N.E. 8th St., Bellevue
☎ (425) 456-8780
URL thebravern.com
営 月〜土11:00〜19:00、日12:00〜18:00(店により異なる)

ベルビュー美術館
M P.32-B2　住 510 Bellevue Way N.E., Bellevue
☎ (425) 519-0770
URL www.bellevuearts.org
営 水〜日11:00〜17:00　休 月火
料 大人$15、シニア(65歳以上)・学生$12、子供(7〜17歳)$8

ベルビュー観光局
Visit Bellevue Washington
M P.32-B2　住 11100 N.E. 6th St., Bellevue
Free (1-877) 425-2075
URL www.visitbellevuewa.com
営 月〜金8:00〜17:00　休 土日

Washington State
ワシントン州
★シアトルからの小旅行

車とツアーで行く国立公園

オリンピック国立公園
Olympic National Park

ワシントン州 ▶ 市外局番：360

シアトルからピュージェット湾越しに氷河を抱いたオリンピック連山が見える。海からの湿った風が山にぶつかり、半島西側に大量の雨を降らせ、高緯度にしては珍しい温帯雨林の森が生まれた。流木が打ち寄せる海岸と深い温帯雨林。特異な自然環境で1981年、世界遺産に登録された。

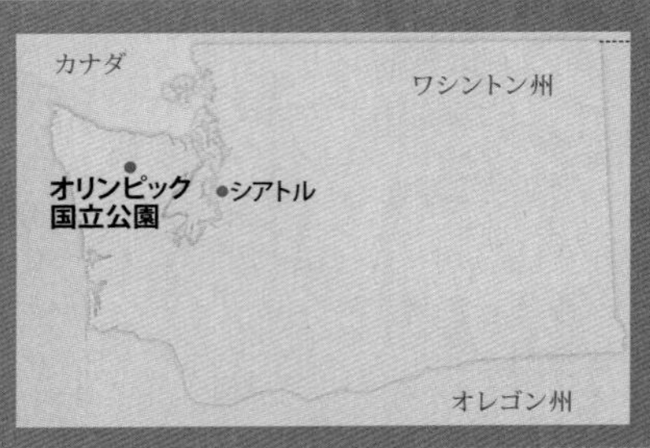

オリンピック国立公園への行き方

オリンピック国立公園のゲートシティは、シアトルから車で約3時間の**ポートエンゼルスPort Angeles**（→P.110）。ファンデフカ海峡に面した港町で、カナダのビクトリアへのフェリーも出ている。シアトルからポートエンゼルスだけを訪れるなら、バスでのアクセスが可能。しかし、国立公園内を自在に回るならレンタカーが必要だ。特にソルダック・ホット・スプリングス、ホー・レイン・フォレストへは、車以外に交通手段がない。カラロック、レイク・キノート、フォークスを結ぶローカルバス便（Jefferson Transit）はあるが、効率が悪い。

レンタカーはポートエンゼルスでも借りられるが、見どころの多くはUS-101沿いに散在するため、ポートエンゼルスから往復するのは時間的にロス。車はシアトル市内かシータック空港で借り、半島を時計回り（あるいは逆）するといい。

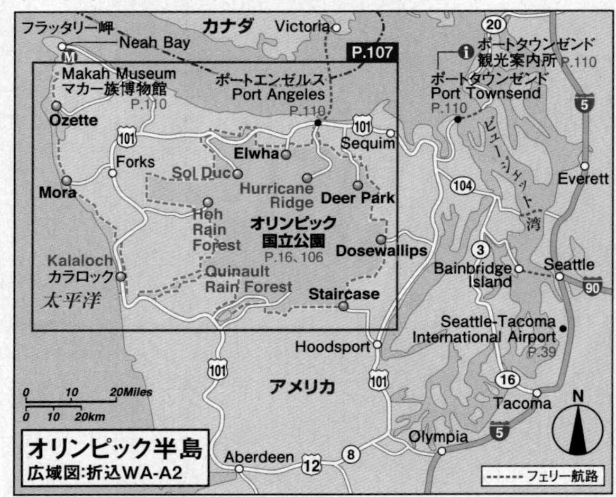

ダンジェネスライン
Dungeness Line
☎(360)417-0700
URL dungeness-line.com
営 シアトルのグレイハウンド・バスディーポからポートエンゼルスまで所要約4時間。
シータック空港(バゲージクレーム南のドア番号02) ／11:50、19:00発
シアトル（グレイハウンド・バスディーポ）／12:15、19:45発
ポートエンゼルス／5:45、12:01発
料 シアトルのグレイハウンド・バスディーポから片道$28～。シータック空港から片道$29～

ワシントンステート・フェリー
Washington State Ferry
☎(206)464-6400
Free (1-888)808-7977
URL www.wsdot.wa.gov/ferries
営 シアトル～ベインブリッジアイランド／早朝から深夜まで40分～1時間25分ごと、所要35分
料 大人$9.45、子供(18歳以下)無料。車とドライバー$16.80～21.40（時期により異なる）

ハリケーンリッジ・シャトル
Hurricane Ridge Shuttle
ポートエンゼルスのダウンタウン(Gateway TC)とハリケーンリッジを結ぶシャトルバス。所要45分。
Free (1-800) 858-3747
URL www.clallamtransit.com/HurricaneRidge
営〈6月下旬～10月上旬〉ポートエンゼルスのダウンタウンを8:15～13:45の間6便発車。
料 大人$1、子供（18歳以下）無料

MEMO ハリケーンリッジ案内所の火事　2023年5月に起こった火事によりハリケーンリッジ案内所は倒壊し、道路は閉鎖された。2023年6月27日にハリケーンリッジへ行く道路の通行止めは解除され、ハリケーンリッ↗

レンタカー&フェリー Rent-A-Car & Ferryboat

シアトルのピア52から**ワシントンステート・フェリー Washington State Ferries**（→P.106側注）のベインブリッジアイランドBainbridge Island行きに乗り、対岸に到着してからはWA-305、WA-3、WA-104を北西に走り、US-101に出る。これを北へ進むとポートエンゼルスへ。ベインブリッジアイランドから約120km。シアトルから約2時間45分。

オリンピック国立公園の歩き方

国立公園はオリンピック半島の中央部と、海岸地域とに分かれている。半島の外周をUS-101が走っていて、ここから園内の見どころへ寄り道しながらぐるりと1周する。

1日目はハリケーンリッジへ登ってポートエンゼルスあたりに1泊し、2日目はクレセント湖やソルダック・ホット・スプリングス、ホー・レイン・フォレストなどを訪れ、フォークスに宿泊。3日目、キノート・レイン・フォレストを訪れて、オリンピア経由でシアトルへ戻るといい。

太平洋の荒波が打ち寄せるルビービーチ

オリンピック国立公園
Olympic National Park
MAP P.31-A2～A3
TEL (360)565-3130
URL www.nps.gov/olym
料 車1台$30、オートバイ$25、徒歩・自転車$15（7日間有効）

アメリカ・ザ・ビューティフル・パス
America the Beautiful Pass
複数の国立公園を訪れる人、何度も繰り返し行く予定の人におすすめのパス。12ヵ月間（2023年1月に使い始めたら2024年1月末日まで）有効。わずか$80で、国立公園、国定公園はもちろん、セントヘレンズ火山のように森林局や土地管理局などが管理する公園にも出入り自由。パス1枚で車の同乗者全員が入園できる。人数で課金される場合は4名まで有効。購入は各公園のゲート、もしくはウェブサイトで。
URL store.usgs.gov/pass

シアトル発のツアー

エバーグリーン・エスケープス
TEL (206) 650-5795
URL www.evergreenescapes.com
オリンピック国立公園ツアー
〈5～10月〉月～土7:30～19:30、
〈11～4月〉月土7:30～19:30
料 大人・子供$265（チップ、税金は除く）

↘ ジのエリアはオープンした。ハリケーンリッジ案内所は2024年5月に再開予定。

オリンピック国立公園のおもな見どころ

ⓘ観光案内所

オリンピック国立公園案内所
Olympic National Park Visitor Center
MP.107-B1
住3002 Mt. Angeles Rd., Port Angeles
☎(360) 565-3130
営毎日9:00〜17:00（時期により異なり、冬季は短縮あり）
ポートエンゼルスのダウンタウンから南東に3kmほど行った公園入口手前にある。ハリケーンリッジに登る前に必ず立ち寄ること。

★★★ オリンピック半島を一望する　MP.107-B1

ハリケーンリッジ Hurricane Ridge

オリンピック国立公園で最も高所まで車で行くことができる展望台。海沿いにあるポートエンゼルスPort Angelesの町から、標高1500m以上のポイントまで、約30kmのつづら折りの急坂を登る。

車道終点からのパノラマはすばらしい。夏でも雪を頂く山々や氷河を見渡すことができる。さらに雄大な眺望を楽しみたければ、ハリケーンヒルHurricane Hillの山頂まで2.5kmほど歩いてみよう（ハリケーンヒル・トレイル→P.113）。ファンデフカ海峡や対岸のビクトリアまで見えるはずだ。夏の日中でも寒いことがあるので上着は必携。

なお、この道路は積雪期9:00から日没までのみ通行可能となる（チェーン必携）。

ハリケーンヒル・トレイルですばらしい眺望を満喫したい

ⓘ観光案内所

ハリケーンリッジ案内所
Hurricane Ridge Visitor Center
※2023年5月に起きた火事により、2023年8月現在閉鎖中。

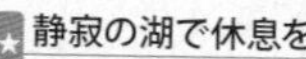

★★ 静寂の湖で休息を　MP.107-B1

クレセント湖 Lake Crescent

ポートエンゼルスからUS-101を西へ約34km走った所にある、その名のとおり三日月形の湖。周囲をなだらかな山々に囲まれた静かなたたずまいが魅力的だ。湖の南岸に沿って国道（US-101）が通っているので、さらに静かさを求めるなら北側の道路を走るといい。時間があれば、レイク・クレセント・ロッジLake Crescent Lodge（→P.111）からUS-101を渡って30分ほど歩いた所にある、メリーミア滝Marymere Fallsを訪れよう（→P.114）。

レイク・クレセント・ロッジ近くの湖畔からボートを漕ぎだそう

ソルダック・ホットスプリングス&プール
Sol Duc Hot Springs & Pool
住12076 Sol Duc Hot Springs Rd., Port Angeles
Free(1-888) 896-3818
営〈3月下旬〜10月下旬〉毎日8:00〜21:00。1時間30分ごとのセッション制
料ワンセッション：大人$18、シニア(62歳以上)・子供(4〜11歳)$12、宿泊者は無料

★★ 季節限定の温泉リゾート　MP.107-B1

ソルダック・ホットスプリングス&プール Sol Duc Hot Springs & Pool

US-101がクレセント湖に別れを告げてしばらくすると、ソルダック・ホットスプリングスへの分かれ道（Sol Duc Hot Springs Rd.）がある。ここを南へ入って静かな渓流ソルダック川Sol Duc Riverを遡ること約20km。温泉リゾートとして知られるソルダック・ホットスプリングス・リゾートに到着だ。ロッジ（→P.111）、レストラン、キャンプ場などが揃っているが、温泉だけを日帰りで楽しむこともできる。炭酸と珪酸を含む温泉はちょっとぬめりがあり、日本の温泉と違って水着を着用してプール感覚で入る。ひなびた風情が漂う日本人好みの温泉地だ。

ソルダックの温水プールで癒やしのひととき

世界的にも珍しい温帯に発達した雨林 MP.107-B2

ホー・レイン・フォレスト
Hoh Rain Forest

オリンピック連山を回り込んだ、国立公園の西側にある温帯雨林。樹木の種類はベイツガやハンノキなどごく普通だが、枝という枝をコケが覆い、アオギヌゴケの仲間が無数に垂れ下がる。この特異な森を育んだのは、年間3500～4300mmという大量の雨。

ホー・レイン・フォレスト（雨林）に到着したら、ビジターセンターで予習をし、建物の裏手に続く森を歩こう。「ホール・オブ・モス（コケの殿堂）・トレイルHall of Mosses Trail（→P.114）」というネーミングをもつこのトレイルは1周約1.3km、ゆっくり歩いても30分ほどの平坦なコースだ。もうひとつの「スプルース・ネイチャー・トレイルSpruce Nature Trail」のトレイルも1周約1.9km、45分もあれば歩けるだろう。

案内所脇のミニトレイル

観光案内所

ホー・レイン・フォレスト案内所
Hoh Rain Forest Visitor Center
MP.107-A1
住18113 Upper Hoh Rd., Forks
☎(360) 374-6925
営毎日9:00～17:00（冬季は金～日10:00～16:00）。1～2月は休み

緑の中にあるホー・レイン・フォレスト案内所

※夏の森の中は、蚊が多いので、レインウエアなどを着用すること。

温帯雨林の西側は流木打ち寄せる美しい海岸 MP.107-A2

カラロック&ルビービーチ
Kalaloch & Ruby Beach

太平洋を望むカラロックロッジKalaloch Lodge（→P.111）を中心に、周辺には7つのビーチがあり、磯の生物を観察できる。岩場には整備されたトレイルも設置され、ハイキングも可能だ。人気のビーチは、カラロックから少し北上したルビービーチ。赤みを帯びた砂浜と岩礁が続き、季節によってはアザラシやクジラの姿を見かけるとか。カラロックビーチとサウスビーチのみキャンプ可能。

海を望むカラロックロッジ

観光案内所

カラロック案内所
Kalaloch Ranger Station
MP.107-A2
住156954 US-101, Forks
☎(360) 962-2283
営夏季のみ木～月9:00～17:00

キノート案内所
Quinault Rain Forest Ranger Station
MP.107-B2
住902 N. Shore Rd., Amanda Park
☎(360) 288-2444
営〈6月下旬～9月中旬〉金～月9:00～16:00
車湖の北岸、温帯雨林の入口にある。US-101からN. Shore Rd.へ入って約10km。案内所&ミニ博物館も兼ねている。

Pacific Ranger District - Quinault Office
MP.107-B2
住353 S. Shore Rd., Quinault
☎(360) 288-2525
営〈5月下旬～9月上旬〉月～金8:00～16:30、土日9:00～16:00、〈9月中旬～5月中旬〉月～金8:00～16:30
※2023年の営業は限定的なので、事前に☎(360) 288-0203で確認を。
車湖の南岸にある。US-101からS. Shore Rd.へ入って3km。国有林の案内所を兼ねている。

ルーズベルトエルクが生息する温帯雨林 MP.107-B2

キノート・レイン・フォレスト
Quinault Rain Forest

国立公園南西部のキノート湖Lake Quinault北岸に広がる温帯雨林。ホー・レイン・フォレストに比べ湿潤でカエデなどの樹木も多く、むせかえるほどの緑にあふれている。キノート湖南岸にはレイク・キノート・ロッジLake Quinault Lodge（→P.111）があり、夏季は毎日9:30&15:30からガイドの案内で雨林を回るバスツアー（所要約4時間）が催行されている（料大人$50、子供（2～11歳）$35、ロッジにて要予約）。ロッジ周辺には約15のハイキングトレイルがあるが、世界最大のシトカ・スプルース（トウヒ）World's Largest Sitka Spruce Treeが見られるThe Big Spruce Tree Trailがおすすめのハイキングトレイルだ。

美しい伝統的なロッジ

MEMO **フォークスが舞台の映画** 2009年に日本でも公開された『トワイライト～初恋～』は、オリンピック国立公園の西にある町フォークスが舞台になっている。女子高校生とバンパイアとの恋を描いた恋愛映画だ。

オリンピック国立公園周辺の見どころ Olympic National Park Outskirts

i 観光案内所

ポートエンゼルス観光案内所
Port Angeles Regional Chamber of Commerce
MP.107-B1
住121 E. Railroad Ave., Port Angeles
☎(360) 452-2363
URL www.portangeles.org
営〈5～9月〉月～金9:30～17:30、土日10:00～17:30（日～15:00）、〈10～4月〉毎日10:00～16:00（土～15:00、日～13:00）
カナダ・ビクトリアへのフェリー（Black Ball Ferry Line）が発着する港にある。

ポートタウンゼンド観光案内所
Port Townsend Visitor Information Center
MP.106
住2409 Jefferson St., Suite B, Port Townsend
☎(360) 385-2722
URL enjoypt.com
営月～金9:00～17:00、土10:00～16:00、日11:00～16:00

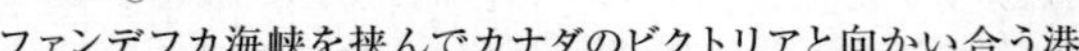

★★★ オリンピック半島観光の中心地 MP.107-B1

ポートエンゼルス Port Angeles

ファンデフカ海峡を挟んでカナダのビクトリアと向かい合う港町。サーモンをはじめ海釣りで有名な所でもあり、またオリンピック国立公園へのゲートシティとしてもにぎわっている。周辺には約20軒のホテルやモーテル、B&Bがあるので、国立公園観光の起点にしてもいい。

ポートエンゼルスの町並み

★★ 映画『愛と青春の旅立ち』の舞台となった町 MP.106

ポートタウンゼンド Port Townsend

ダウンタウンは美しい建築群の宝庫

ピュージェット湾の入口に位置し、古くから港町として栄えた歴史をもつ。観光案内所で地図をもらって町を1周してみよう。ダウンタウンはビクトリア様式の建物が並ぶ町並みが美しく、ジェファソン郡裁判所Jefferson County Courthouse（1892年完成）やセントポール教会St. Paul's Episcopal Church（1865年完成）など見どころは多い。町には25軒ほどのホテルやB&Bがある。

COLUMN

フラッタリー岬への絶景ドライブ

フラッタリー岬Cape Flatteryは、クレセント湖からUS-101を西へ30分ほど走り、WA-113へ右折して1時間ほど行った所にあるアメリカ48州最北西端の岬。途中から合流するWA-112はファンデフカ海峡に沿った景観道路。対岸にカナダを望みながら、アザラシ、アシカ、海鳥、ハクトウワシ、ときには浅瀬にすみついているコククジラに出合うチャンスもある。

小さな漁村をいくつか過ぎると、マカー族先住民居留地の中心地ニアベイNeah Bayに到着。入口にあるガソリンスタンドに立ち寄って居留地入場料Makah Recreation Permit（料1台$20）を払い、標識に従ってさらに12km走る。駐車場から岬へは急坂を下って約20分。

アメリカ本土で最も日本に近い岬

ニアベイにあるマカー族博物館

突端の展望台からは、太平洋の波に打たれてできた洞窟群や、ファンデフカ海峡に出入りする多数の船舶、沖に浮かぶタトゥーシュ島Tatoosh Islandの灯台などが眺められる。

岬からの帰路、ニアベイにある**マカー族博物館Makah Museum**に寄ってもいい。

Makah Museum
MP.106 住1880 Bayview Ave., Near Bay
URL makahmuseum.com 営毎日10:00～17:00
休サンクスギビング、クリスマス、1/1 料$10

MEMO 居留地入場券の購入場所　ニアベイ入口にあるガソリンスタンドのほかに、マカー族博物館（→上記）やHobuck Beach Resort（住2726 Makah Passage, Neah Bay）、Makah Mini Mart（住931 Bayview Ave., Neah Bay）、Washburn's General Store（住1450 Bayview Ave., Neah Bay）などで入手できる。

ホテル

H ポートエンゼルスの中心地

中級／ポートエンゼルス／MP.107-B1

レッド・ライオン・ホテル・ポートエンゼルス

Red Lion Hotel Port Angeles

カナダ・ビクトリア行きのフェリー乗り場に隣接した快適なモーテル。ダウンタウンまで歩いてすぐの場所なので、食事や買い物にも困らないだろう。客室はたいへん清潔だ。朝食はホテルのレストランで食べられる。屋外プールや、ホテルのすぐ海際には快適な遊歩道もあり。

住 221 N. Lincoln St., Port Angeles, WA 98362
☎ (360) 452-9215
URL www.redlion.com
料 ⓈⒹⓉ$169〜429
駐 無料　Wi-Fi 無料
カード A D M V　187室（♿あり）

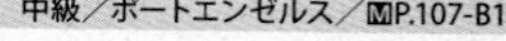

H キャンプ場もある老舗ロッジ

中級／ポートエンゼルス／MP.107-B1

ログキャビン・リゾート

Log Cabin Resort

クレセント湖の北岸にある簡素なロッジ。本館のほかコテージやキャビン、RVパークまで完備したリゾートだが、US-101よりかなり奥に入った場所にあり、車がないと行けない。キッチン付きのキャビンは人気があるので早めに予約したい。

住 3183 E. Beach Rd., Port Angeles, WA 98363
☎ (360) 928-3325
URL www.olympicnationalparks.com
料 バンガロー $175〜、シャレー $216〜、キャビン$249〜
駐 無料　営 5月中旬〜10月上旬
カード A M V　24室（♿あり）

H 上品な木造ロッジ

中級／ポートエンゼルス／MP.107-B1

レイク・クレセント・ロッジ

Lake Crescent Lodge

クレセント湖の南岸にある気持ちのいいロッジ。青く澄んだ湖と湖岸を望むレストランもある。ロビー奥の売店はアメリカ・インディアンのクラフトも充実。1915年に建てられた本館を中心に、コテージやキャビンが林の中に並ぶ。客室も快適に整えられ、とてもリラックスできる。

住 416 Lake Crescent Rd., Port Angeles, WA 98363
☎ (360) 928-3211
FAX (360) 928-3253
URL www.olympicnationalparks.com
料 ロッジ$124〜230、コテージ$232〜331、キャビン$262〜
駐 無料　営 4月下旬〜12月下旬
カード A M V　55室（♿あり）

H 山懐にぽっかり開けた温泉場

中級／ポートエンゼルス／MP.107-B1

ソルダック・ホットスプリングス・リゾート

Sol Duc Hot Springs Resort

ソルダック川のほとりに開けた温泉場。水着で入る温泉プールがあり、長逗留したいロッジだ。広い敷地に点在するキャビンはバスと暖房付き。キッチン付きや冷蔵庫付きもあるので、家族や友人と泊まると楽しそう。32棟のキャビンがある。ロッジの周りには快適なハイキングトレイルもある。

住 12076 Sol Duc Hot Springs Rd., Port Angeles, WA 98363
☎ (360) 327-3583
FAX (360) 327-3593
URL www.olympicnationalparks.com
料 キャビン$249〜318、Su$409〜
駐 無料　営 3月下旬〜10月下旬
カード A M V
キャビン32棟、スイート1室（♿あり）

H 太平洋を眺める絶景のロッジ

中級／フォークス／MP.107-A2

カラロックロッジ

Kalaloch Lodge

太平洋を望む高台にあり、レストランや本館ロッジから荒々しい海が望める。レストランや売店もあり、食事や買い物に立ち寄るにも便利だ。広大な敷地には、本館以外にもキャビンや2階建てのモーテルが点在し、人数に合わせたチョイスが可能。本館スイートはハネムーナーにおすすめだ。

住 157151 US-101, Forks, WA 98331
☎ (360) 962-2271
Free (1-866) 662-9969
URL www.thekalalochlodge.com
料 ロッジ$186〜359、キャビン$276〜490
駐 無料　営 通年
カード A M V
ロッジ10室、キャビン44（♿あり）

H 1926年に建てられた歴史的なロッジ

中級／キノート／MP.107-B2

レイク・キノート・ロッジ

Lake Quinault Lodge

キノート湖の南岸にたたずむ歴史的なロッジ。優雅なロビーや湖を望むレストランなど、訪れるだけでも価値がある。客室は本館のほかにキャビンやボートハウスロッジなどさまざまなタイプがある。ハイキングや釣り、ボート遊びなど、アクティビティも豊富なので2〜3日滞在してもいい。

住 345 S. Shore Rd., Quinault, WA 98575
☎ (360) 288-2900
FAX (360) 288-2901
URL www.olympicnationalparks.com
料 ⓈⒹⓉ$190〜430
駐 無料　営 通年
カード A M V　90室（♿あり）

コーヒーメーカー／冷蔵庫／ミニバー／バスタブ／ドライヤー／BOX 室内金庫／ルームサービス／レストラン／F フィットネスセンター／プール／コンシェルジュ／J 日本語スタッフ／コインランドリー／当日仕上げクリーニング／WiFi ワイヤレスインターネット接続／P 駐車場

オリンピック国立公園でハイキング

世界遺産の国立公園で、氷河を遠望するダイナミックな亜高山帯のハイキングと、コケむす温帯雨林での散策とを満喫したい。いずれもひとりでは行動せずに、仲間と連れだって、雨具や水、行動食なども持参して歩こう。

夏でも雪をまとったオリンピック連山

パークレンジャーからのアドバイス

レンジャーのグレッグ・マーシュ氏

2マイル（3.2km）歩いたら立ち止まろう

ハリケーンリッジの6～8月は乾燥してあまり暑くならないため、昼間はTシャツや半ズボンでも大丈夫だが、朝晩は冷え込むので上着は必要だ。一方、冬は2m～4m50cmもの降雪に見舞われることが多い。ベストシーズンは6～8月。ハリケーンリッジへはポートエンゼルスから車で45分、1598mの高所まで上る。トレイルは駐車場からすぐ始まるが、車があれば、1.5マイル（2.4km）先のHurricane Ridge Rd.終点からハリケーンヒル・トレイルを歩いてほしい。いろいろな発見があるはずだ。（グレッグ・マーシュ談）

ベストシーズンは6～8月

世界遺産にも登録されている「オリンピック国立公園」は、氷河で覆われた高山帯の麓に、ジャングルのような温帯雨林が広がり、そのすぐそばに手つかずの海岸線が70マイル（112km）も続く特異な環境下にある。園内には600マイル（960km）ものハイキングトレイルがあり、1日から数週間かけて自然のなかに入っていけるのが利点。ホー・レイン・フォレストには、40分～1時間で歩けるおすすめのトレイルがある。ベストシーズンは6～8月だが、5月や9月も悪くない。夏は雨が多いので雨具は必ず持参してほしい。蚊や毒蛇などは少ないが、ブラックベアやクーガーは生息している。（ラリー・ゴア談）

レンジャーのラリー・ゴア氏

※グレッグ・マーシュ氏とラリー・ゴア氏はともにオリンピック国立公園のパークレンジャー

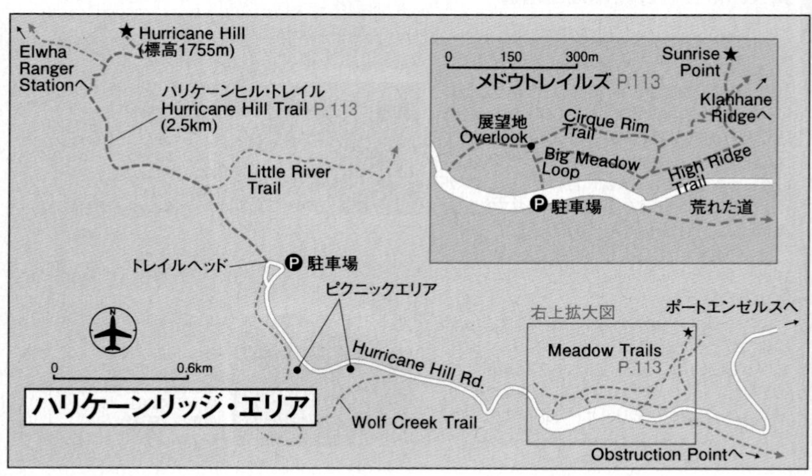

氷河と海を展望する絶景

ハリケーンヒル・トレイル

Hurricane Hill Trail

高山植物の向こうに美しい山並みが

ハリケーンヒル・ロードHurrican Hill Rd.の終点に車を停め、舗装されたトレイルを歩く。ほぼ直線のルートは途中まで車椅子でも通れるほど。ベイリー山脈を望み、舗道沿いの高山植物に心躍らせていると、マーモットやシカが現れるかも。ヒルへの上りが始まる手前で、谷へと下るLittle River Trailとの分岐があるが、正面の丘を目指して進む。標高1755mの山頂からは、カナダとの国境であるファンデフカ海峡が一望できる。

上／レンジャーのグレッグさんの説明を聞く
下／ハリケーンヒル・トレイルの登り口

Hurricane Hill Trail
DATA
レベル：中級
距離：往復約5.2km
標高差：213m
所要：往復3時間
出発点：Hurricane Hill Rd.の終点にある駐車場

レンジャープログラムで歩こう

メドウトレイルズ

Meadow Trails

ハリケーンリッジには、子供でも無理なく歩けるループトレイルが駐車場の脇から始まっている。夏でも雪が残るメドウトレイルズには、背の低いアスペンやリリーが顔をのぞかせ、愛らしい。ときには、ミュールジカも姿を現す。夏のレンジャープログラム（2023年は中止。2024年は再開予定）に参加すれば、レンジャーの解説付きのハイキングが楽しめる。

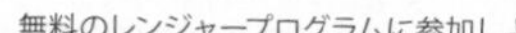

無料のレンジャープログラムに参加しよう

ハリケーンリッジに上る前に、オリンピック国立公園案内所で情報収集しよう

メドウトレイルズ

Meadow Trails
DATA
レベル：初級
距離：周遊800m〜2.4km
所要：20分〜1時間30分
出発点：Hurricane Ridge Rd.とObstruction Point Rd.が合流する所から100m西へ行ったエリア

ホー・レイン・フォレストにあるコケの殿堂

ホール・オブ・モス・トレイル

Hall of Mosses Trail

コケに覆われたベイツガやハンノキの梢にはレースのようなアオギヌゴケの仲間が垂れ下がり、まるでジャングルを思わせる緑の濃さだ。トレイル入口のクリークをのぞくと、青々とした海藻のような藻が漂い、これもまた幻想的。シニアでも楽に歩けるこのコースは、コケやシダで覆い尽くされたレイン・フォレストの美しさを存分に堪能できる。

案内板も設置

Hall of Mosses Trail
DATA
レベル：初級
距離：1周1.3km
所要：30〜60分
出発点：ホー・レイン・フォレスト案内所

上／シニアでも楽に歩けるトレイル
下／歩く前にルートを確認しよう

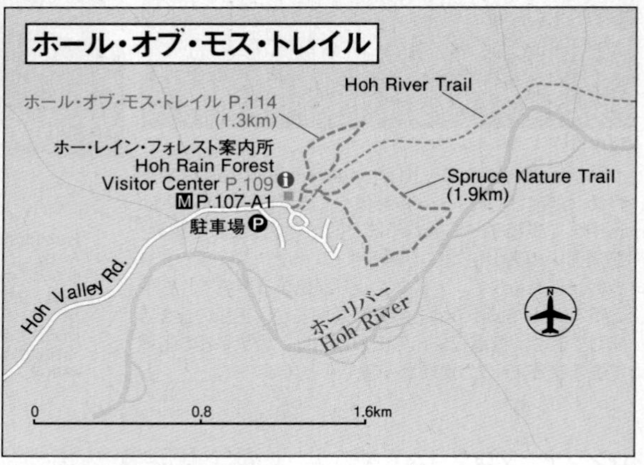

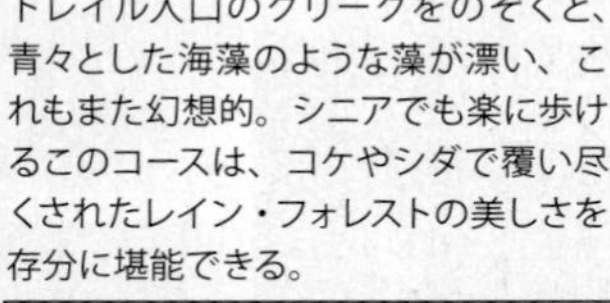

太古の森を抜けメリーミア滝へ

メリーミア・フォールズ・トレイル

Marymere Falls Trail

ストーム・キング・レンジャーステーション（→脚注）から南へ延びるトレイル。US-101の道路下をくぐると、ダグラスファーの古木が生い茂る薄暗い森へと誘われる。アオギヌゴケの仲間が垂れ下がるが、古木が多いせいか少し不気味な雰囲気。20分ほど歩くとBarnes Creekのほとりに出る。木の橋を渡り、急登の崖を回り込むようにひと登りすると、白糸のような**メリーミア滝Marymere Falls**が現れ、爽快な気分になるだろう。

川では魚も保護されている

Marymere Falls Trail
DATA
レベル：中級
距離：往復2.9km
標高差：122m
所要：往復1.5時間〜2時間
出発点：Lake Crescent Lodgeそばのストーム・キング・レンジャーステーション

森の終点で現れるメリーミア滝

MEMO ストーム・キング・レンジャーステーション **Storm King Ranger Station** 住Barnes Pt., South Side of Lake Crescent off US-101, Port Angeles 営夏季の水〜土11:00〜16:00

レイク・キノート・ロッジから歩く

フォールスクリーク・ループ
Falls Creek Loop

オリンピック半島南部のキノート湖Lake Quinault畔にたたずむレイク・キノート・ロッジ（→P.111）。ロッジ周辺にはキノート・レイン・フォレストを巡る数多くのトレイルがあり、誰でも気軽に温帯雨林を満喫できる。ロッジからは湖畔沿いのトレイルを東に歩き、S. Shore Rd.を渡り森へ入ろう。20分ほど歩くとカスケード滝が現れる。このトレイルはCedar Bog Trailともつながり、さらにBig Cedar Trailへも続いていくので、体力と相談しながら歩いてみるといい。

ループトレイルを歩く

Falls Creek Loop
DATA
レベル：初級
距離：2.6km
所要：1時間
出発点：レイク・キノート・ロッジ

湖を望むレイク・キノート・ロッジ

ダンジェネス岬の海岸線を歩く

ダンジェネス国立自然保護区
Dungeness National Wildlife Refuge

ダグラスファーの大木が茂る森を抜け、海岸へと下りていく。真っ青なファンデフカ海峡にナイフのように突き出した岬。砂浜が続く海岸にはひと抱えもありそうな丸太が無数に打ち上げられ、その東側の内海は野鳥保護のために立ち入りが禁止されている。灯台ははるか先だが、1kmも歩けば十分だろう。灯台とは逆方向にハリケーンリッジの山並みが見える。

流木打ち寄せる海岸を歩く

上／セクイムでは6～8月がラベンダーのシーズン
左／2分の1マイル地点にある案内板

Dungeness National Wildlife Refuge
MP.107-B1
DATA
レベル：初級
距離：800m（灯台までは8.8km）
時間：30分～数時間
出発点：ダンジェネス・レクリエーションエリアの駐車場
料金：入園料$3（ひと家族、もしくは大人4人まで）
行き方：セクイムSequimからUS-101を西へ7km、Kitchen-Dick Rd.を右折し、北へ5km。

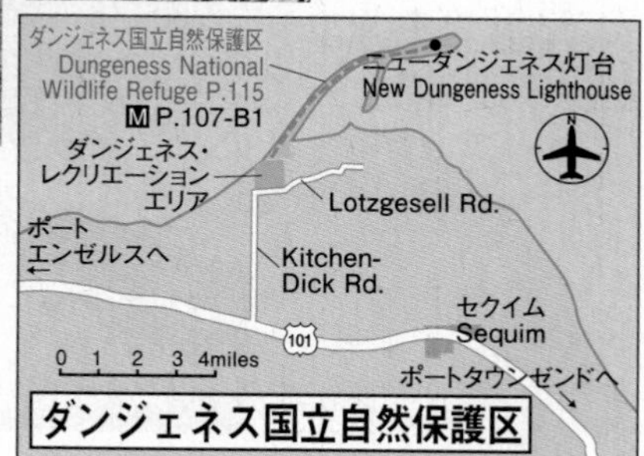

車とツアーで行く国立公園

マウント・レーニア国立公園
Mount Rainier National Park

ワシントン州 ▶ 市外局番：360

マウント・レーニアは、ワシントン州のシンボルであり、カスケード連山の最高峰である。日系移民からは「タコマ富士」の愛称で親しまれてきた。その魅力は何といっても豊かな自然環境にある。夏には、高山植物が一面に咲き誇る。ツアーを利用すれば、誰もがこの大自然を満喫できるはずだ。

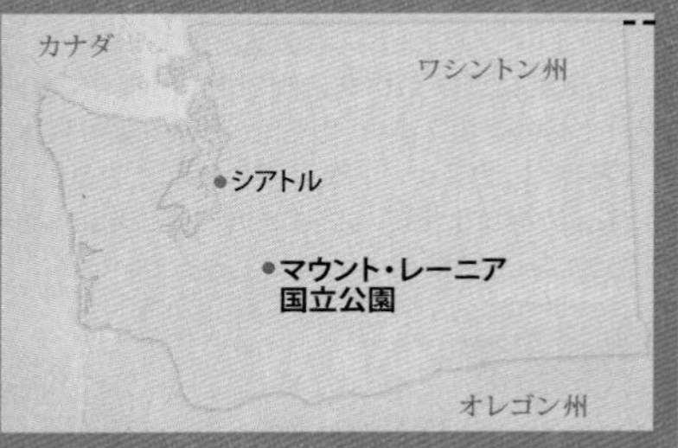

マウント・レーニア国立公園への行き方

車／レンタカー Car / Rent-A-Car

シアトルからI-5を南へ約55km走りタコマへ。タコマからはWA-7、WA-706経由で東へ向かうとメインゲートであるニスカリーエントランスNisqually Entrance（南西口）にたどり着く。シアトルから150km、約2時間30分。

夏は北東口（ホワイトリバー・エントランスWhite River Entrance、7〜9月のみオープン）からのアプローチも考えられる。この場合、シアトルからI-5を南へ走り、Exit 142AでWA-18へ。WA-167とのジャンクションを過ぎるとすぐにWA-164への分岐がある。ここからイナムクローEnumclaw経由でWA-410を南東へ行けばよい。シアトルからホワイトリバー・エントランスまで130km、約2時間30分。ただし、この道路は積雪の状態によって開通期間が変わるので注意が必要だ。

シアトルからニスカリーエントランスを目指す

シアトル発のツアー

エバーグリーン・エスケープスEverGreen Escapesが、シアトル発の日帰りツアーを催行している。訪れる場所は、パラダイスかサンライズに限定されてしまうが、自由時間にハイキングを楽しめるよう工夫されている。

シアトル発のツアー

エバーグリーン・エスケープス
☎(206) 650-5795
URL www.evergreenescapes.com
マウント・レーニア国立公園ツアー／〈5〜10月〉毎日8:00発。〈11〜4月〉火金日8:00発。約10時間30分のツアー。
料 $265（チップ、税金は除く）

リックセッカーポイントより望むマウント・レーニア

MEMO 国立公園のアプリ　国立公園のスタッフが作ったアプリ。国立公園の地図やツアー情報、道路の閉鎖状況などがわかる。The NPS App　URL www.nps.gov/subjects/digital/nps-apps.htm

マウント・レーニア国立公園の歩き方

国立公園へのエントランスは、おもに南西の**ニスカリー Nisqually**、南東の**スティーブンスキャニオンStevens Canyon**、北東のサンライズ側入口の**ホワイトリバー White River**、北西の**カーボンリバー Carbon River**の4ヵ所あるが、通年オープンしているのは南西のニスカリーエントランスと北西のカーボンリバーエントランス。**シアトルからの旅行者は普通ニスカリーエントランスから入る。**国立公園内のビレッジは、**ロングマイヤー Longmire**と**パラダイスParadise**、そして北東側の**サンライズSunrise**の3ヵ所。シアトル発のツアーでは、パラダイスを中心にロングマイヤーやマートル滝、リフレクションレイクなどを訪れる。ベストシーズンは7～9月。その時期は観光客が集中し、たいへん混み合うが、一帯は高山植物が咲き乱れ、本当に美しい。日帰りで回れる範囲はパラダイス周辺のみだ。

なお、真冬でもパラダイスまでの道路は除雪され、天気のよい日にはスノーシューハイクなどを楽しむことができる。

パラダイスでは、スカイライントレイルを歩こう

パラダイスにふいに現れたブラックテイルディア

マウント・レーニア国立公園
Mount Rainier National Park
Ⓜ折込 WA-B3
☎(360) 569-2211
URL www.nps.gov/mora
料 車1台＄30、そのほか（自転車、徒歩など）の方法は1人＄15。7日間有効。年間パス＄55。

ニスカリーエントランス
ⓂP.117-A2
住 39000 WA-706 E., Ashford

ニスカリーエントランスで、入園料を払う

パラダイスの駐車場
駐車場はロウアー・パーキングロットとアッパー・パーキングロットの2ヵ所。夏場は、駐車スペースを確保するのが難しく、多くの車が路上駐車している。その列も長く延び、ビレッジから遠くに停めざるを得ない場合もある。

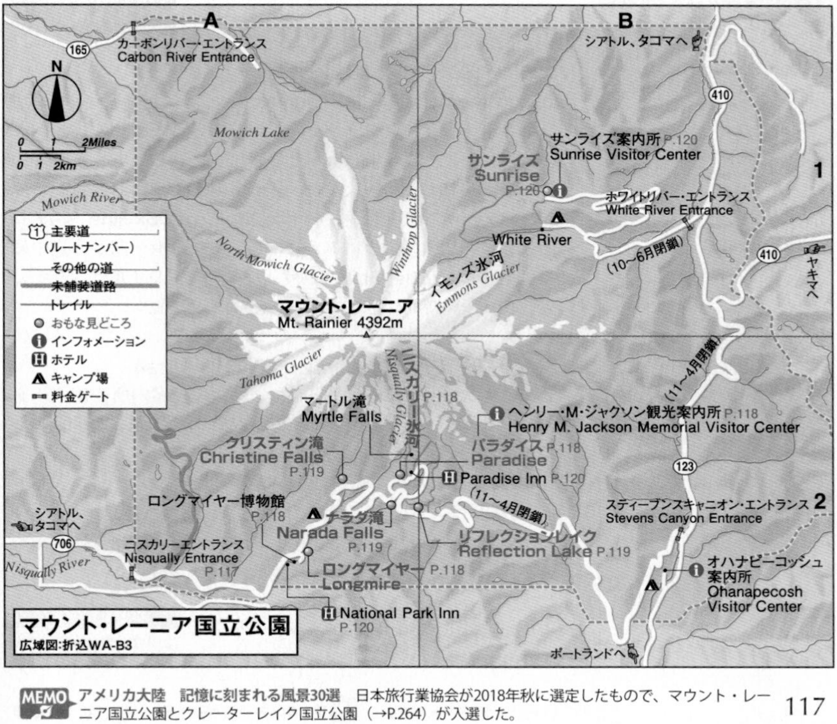

マウント・レーニア国立公園
広域図：折込WA-B3

A　B　1　2
165　410　706　123
N
0　1　2Miles
0　1　2km
カーボンリバー・エントランス Carbon River Entrance
シアトル、タコマへ
Mowich Lake
Mowich River
サンライズ案内所 P.120 Sunrise Visitor Center
サンライズ Sunrise P.120
ホワイトリバー・エントランス White River Entrance
White River
（10～6月閉鎖）
ヤキマへ
North Mowich Glacier
Winthrop Glacier
イモンズ氷河 Emmons Glacier
マウント・レーニア Mt. Rainier 4392m
Tahoma Glacier
ニスカリー氷河 Nisqually Glacier P.118
（11～4月閉鎖）
マートル滝 Myrtle Falls
ヘンリー・M・ジャクソン観光案内所 P.118 Henry M. Jackson Memorial Visitor Center
クリスティン滝 Christine Falls P.119
パラダイス P.118 Paradise
Paradise Inn P.120
ロングマイヤー博物館 P.118
（11～4月閉鎖）
シアトル、タコマへ
ナラダ滝 Narada Falls P.119
リフレクションレイク Reflection Lake P.119
スティーブンスキャニオン・エントランス Stevens Canyon Entrance
ニスカリーエントランス Nisqually Entrance P.117
Nisqually River
ロングマイヤー Longmire P.118
オハナピーコッシュ案内所 Ohanapecosh Visitor Center
National Park Inn P.120
ポートランドへ

主要道（ルートナンバー）
その他の道
未舗装道路
トレイル
おもな見どころ
インフォメーション
ホテル
キャンプ場
料金ゲート

MEMO アメリカ大陸　記憶に刻まれる風景30選　日本旅行業協会が2018年秋に選定したもので、マウント・レーニア国立公園とクレーターレイク国立公園（→P.264）が入選した。

ロングマイヤー
場所ニスカリーエントランスから10km

ロングマイヤー博物館
Longmire Museum
MP.117-A2
☎(360) 569-6575
営〈夏季〉毎日9:00～17:00、〈冬季〉毎日9:00～16:30

博物館前にある1963年に切られたダグラスファー。その大木は1293年から時を刻み始めたもの

ニスカリーエントランス周辺の宿
エントランスのすぐ手前にロッジタイプのモーテルがあるほか、エントランスの西10kmのアシュフォードAshfordにもモーテルがある。

ニスカリーエントランス手前にあるロッジタイプのモーテル

i 観光案内所

ヘンリー・M・ジャクソン観光案内所(パラダイス)
MP.117-A2
☎(360) 569-6571
営〈夏季〉毎日9:30～17:30、〈冬季〉土日祝10:00～16:30(時期により異なる)

パラダイスの観光案内所

マウント・レーニア国立公園のおもな見どころ

国立公園旧本部がおかれた歴史地区 MP.117-A2

ロングマイヤー Longmire

国立公園への道を切り開いた開拓者、ジェームス・ロングマイヤー James Longmireと彼の家族が1888年と1889年に築いた温泉療養施設（ロングマイヤー・メディカル・スプリングス）があった場所。1899年にマウント・レーニア国立公園が誕生し、その建物に国立公園本部がおかれた。現在、一帯は国定史跡の指定を受け、旧本部は往時の歴史を紹介する博物館として一般公開されている。一画に通年営業のホテル、ナショナル・パーク・インNational Park Inn（→P.120）もある。

旧国立公園本部のあった建物

夏に訪れたいマウント・レーニアのハイライト MP.117-A2

パラダイス Paradise

スカイライントレイルへ向かう途上にある、マートル滝

マウント・レーニアの中腹、標高1647m地点にあるビレッジ。ジェームス・ロングマイヤーの息子の嫁、Marthaがこのサブアルパインメドウを見て「まるでパラダイスのよう」と言ったことから、パラダイスと命名された。園内で最もにぎわうビレッジには、**ヘンリー・M・ジャクソン観光案内所Henry M. Jackson Memorial Visitor Center**がある。ビジターセンターからは何本ものハイキングトレイルが延びているが、その代表的なものは、パラダイスの北の丘へ上る**アルタビスタ・トレイルAlta Vista Trail**（1周2.9km）、パラダイス周辺で最高地点のPanorama Point（2074m）まで上る**スカイライントレイルSkyline Trail**（1周8.8km、→P.121）など。スカイライントレイルへ向かう途中には**マートル滝Myrtle Falls**もあり、川の先でトレイルはふた手に分かれていく。時間に応じてルートを検討しよう。

ニスカリービスタ・トレイル Nisqually Vista Trail

パラダイスのヘンリー・M・ジャクソン観光案内所の南西にある、ロウアー・パーキングロットから始まる1周2km、約50分のトレイル。車椅子でも通行可能な平坦なトレイルが、お花畑をぬって続く。20分も歩けば、園内で7番目に大きいといわれている**ニスカリー氷河Nisqually Glacier**を眼前に望むビューポイントだ。氷河の末端から流れ出る水は、ニスカリー川の源流となっている。トレイルの脇には、真っ白なアパランチリリーなどの高山植物が咲き乱れ、たいへん美しい。

氷河の末端から流れる水は、ニスカリー川の源流

逆さタコマ富士を湖面に映す

リフレクションレイク Reflection Lake

MP.117-A2〜B2

パラダイスからParadise Rd.（一方通行）を奥へ進み、Stevens Canyon Rd.で左折、2km行った左側に小さな湖が現れる。それが、リフレクションレイク。天気のよい日なら湖畔の駐車場は車でいっぱいになる。特に風のない日の早朝にはカメラの三脚がズラリと並ぶほど。カメラマンたちのお目当ては、鏡のような湖面に映し出される朝焼けのマウント・レーニアだ。湖の手前にはハウチワマメやセイヨウカノコソウなどの野草が朝露にぬれている。対岸に広がる針葉樹林に光が届く頃になると、マウント・レーニアの氷河も白く輝き出すので、一幅の絵のような絶妙のコントラストを楽しもう。パラダイスだけを訪れる予定の人も、山を下りる前にここまで足を延ばしてみるといい。パラダイスのヘンリー・M・ジャクソン観光案内所の南東から始まるレイクストレイルLakes Trail（1周8km、往復約4時間）を歩いて訪れることもできる。

パラダイスで見られるグレイシャーリリー

湖面に映ったマウント・レーニアを写真に収めたい

ニスカリー川ドライブルートの美しい滝

ナラダ滝とクリスティン滝 Narada Falls and Christine Falls

MP.117-A2

公園の南西のニスカリーエントランスNisqually Entranceから始まるパラダイスロードParadise Rd.は、パラダイスへ行く一本道。カーブを曲がり、標高が高くなるに従って、右に左にさまざまな景色が展開する。急がずに、"View Point展望地"の標識があるリックセッカーポイントRicksecker Pointなどに立ち寄ろう。

見逃せないのはロングマイヤー博物館からパラダイスへ向かう道沿いにある滝。高さ約57mの**ナラダ滝Narada Falls**は、雪解けの水を集めた美しい滝で、短いトレイルを歩いて下れば滝を正面から眺められる。もうひとつの**クリスティン滝Christine Falls**（約21m）は、ニスカリー氷河の解けた水が落ちる滝で、氷河が砕いた岩石に含まれるミネラル分のために乳白色をしている。

なお、このルートは冬でもパラダイスまでは除雪され年中通行できるが、チェーンなどの装備は忘れずに。

雪解け水が流れるナラダ滝

ロングマイヤーからリックセッカーポイントへ向かう途中にあるクリスティン滝

リックセッカーポイントから見たマウント・レーニア。眼下にはニスカリー渓谷

観光案内所

サンライズ案内所
Sunrise Visitor Center
MP.117-B1
☎(360) 663-2425
営〈7月下旬～9月中旬〉毎日 10:00～18:00
休9月下旬～7月中旬

短い夏に観光客が集中する

見どころ豊富なパラダイスよりも高所のビレッジ　MP.117-B1

サンライズ Sunrise

マウント・レーニアの北東斜面にあるビレッジ。標高1950mとパラダイスより高く、積雪が多いため、7～9月の短い期間しか入ることができない。周辺にはトレイルが多く、アラスカを除くと全米最大の**イモンズ氷河Emmons Glacier**も間近に見ることができる。

花好きにおすすめのトレイルは**サワードゥリッジ・トレイルSourdough Ridge Trail**（1周4.5km、往復約2時間）。亜高山帯の植物が彩る草原を横切って尾根の上へ出ると、マウントアダムスMt. Adams（標高3742m）などカスケード山脈の大パノラマが広がる。北側の眺望もすばらしく、天候に恵まれればカナダ国境に近いマウントベイカーMt. Baker（標高3286m）の姿も見えるだろう。

北米原産のサクラソウの仲間、可憐なシューティングスター

至福のひととき

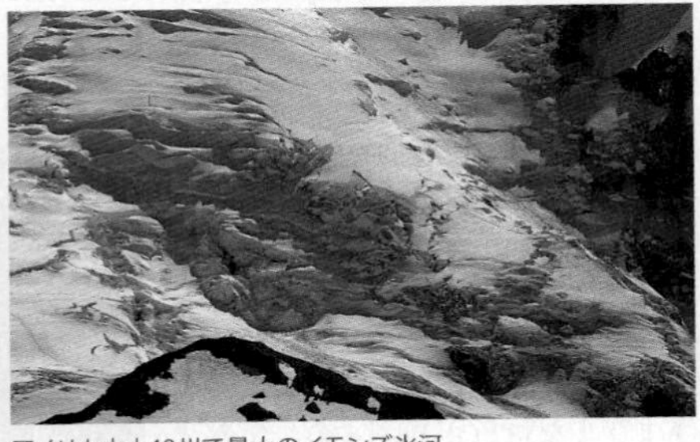
アメリカ本土48州で最大のイモンズ氷河

ホテル

H ニスカリー・ドライブ・ルート沿い　中級／ロングマイヤー／MP.117-A2

ナショナル・パーク・イン National Park Inn

ニスカリーエントランスとパラダイスの間にあり、1911年に建造された由緒あるホテル。1936年と1990年に改装され、内部はモダンな造りになっている。18室はバス付きの部屋。共同バスもきれいで快適。6～8月は必ず事前に予約を。通年営業。

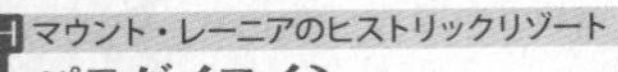

住47009 Paradise Rd. E., Ashford, WA 98304
☎(360) 569-2275
FAX(360) 569-2770
URL mtrainierguestservices.com
料バス付き(4人まで) ⒹⓉ$207～393、バス共同(4人まで) ⒹⓉ$192～318
駐無料　カードAMV　25室(♿2室)

H マウント・レーニアのヒストリックリゾート　中級／パラダイス／MP.117-A2

パラダイスイン Paradise Inn

歴史的建造物として国から指定を受けた石造りのホテルで、20世紀前半のリゾートの雰囲気をたっぷりと味わえる。創業は1916年だが、2008、2018年に大改装を終えた。ロビーには暖炉もあっていい雰囲気だ。非常に混雑するので数ヵ月前からの予約が必要。5月中旬～10月上旬のみの営業。

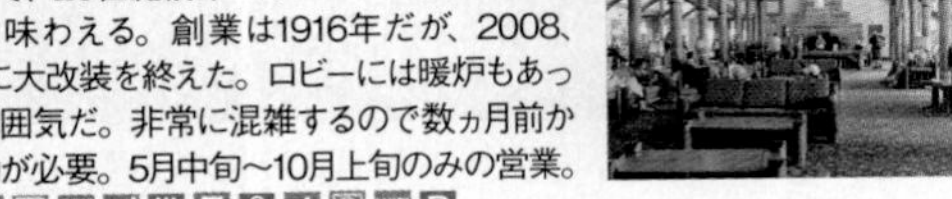

住52807 Paradise Rd. E., Ashford, WA 98304
☎(360) 569-2275 FAX(360) 569-2770
URL mtrainierguestservices.com
料本館ロッジバス共同(2人まで) ⒹⓉ$191～、別館バス付き(4人まで) ⒹⓉ$267～417
駐無料　カードAMV　121室(♿あり)

コーヒーメーカー　冷蔵庫／ミニバー　バスタブ　ドライヤー　BOX 室内金庫　ルームサービス　レストラン　F フィットネスセンター／プール　コンシェルジュ　J 日本語スタッフ　コインランドリー／当日仕上げクリーニング　WiFi ワイヤレスインターネット接続　P 駐車場

COLUMN

マウント・レーニアのハイキングコース

スカイライントレイル
Skyline Trail

パラダイス（→P.118）で半日から1日かけて歩くのにおすすめのトレイル。ニスカリー氷河を眺めながら高山植物の群落のなかを登り、標高2074mの**パノラマポイントPanorama Point**を目指す。1周約9km、所要4時間30分～5時間。途中、数多くのトレイルが交差しているので、時間と体力に合わせてショートカットできる。あらかじめビジターセンターで詳細な地図をもらっておこう。パノラマポイントに簡易トイレがあるが、水場はない。また、真夏でも残雪が多く、雪渓を横切ることもあるので、しっかりとしたハイキングシューズを履くこと。

バローズマウンテン・トレイル
Burroughs Mountain Trail

サンライズ（→P.120）から始まる人気のコースで、標高2256mのSecond Burroughsへ行くことができる。マウント・レーニアで最も高く、高山ツンドラ地帯があるほどなので、真夏でも暖かい服装を用意しよう。イモンズ氷河を見下ろし、マウント・レーニア山頂が間近に迫るダイナミックなトレイルだ。途中、雪渓の水を集めたフローズンレイクFrozen Lakeを通る。First Burroughs（2134m）まで1周8km、所要約3時間。残雪が少なければ、さらにSecond Burroughsまで歩くこともできる。First Burroughsから往復約2km、所要約1時間。途中には水場もトイレもない。

ハイキングをする際の注意

マウント・レーニアはカスケード山脈に属しているとはいえ、富士山と同じ独立峰に近い形をしている。そのため、自ら雲を作りやすく、天候はことのほか変わりやすい。標高4392mの山頂付近から吹き降ろす風は夏でも冷たい。

パラダイスやサンライズ周辺のトレイルは、場所によっては標高2000mを超えるものもある。これが日本ならさわやかな高原といったところだが、何しろここは北緯46度50分。サハリン南部と同じなのだ。ツンドラ（永久凍土）もあるくらいなので、急な寒さには要注意。雲が出て日が陰っただけでも、驚くほど気温が下がり、体温が奪われる。

ハイキングに出かけるときは、たとえ天気がよく暖かくてもウインドブレーカー、ヤッケなど保温性の高い上着が必要だ。雨具も傘ではなく、レインスーツかポンチョを用意したい。傘は風があると役に立たず、落雷の危険もともなう。

またマウント・レーニアの植物は、過酷な条件のもとで必死に生きる、もろく、壊れやすい自然だ。決して、写真を撮るために湿原に踏み込んだり、花をつんだり、野鳥やリスに食べ物を与えたりしてはいけない。

口いっぱいに草をほおばったマーモット

正面に氷河を望みながら、バローズマウンテンを歩く

フェリーで旅する島

サンファンアイランド
San Juan Island

ワシントン州 ▶ 市外局番：360

シアトルの北西110kmにある。172の島々からなるサンファン諸島のなかで、最も人気が高いのがこの島。フライデイハーバーを起点に、シャトルバスで島内観光できる。おすすめのアクティビティはオルカ・ウオッチング。爽快な大自然の営みに感動するはずだ。

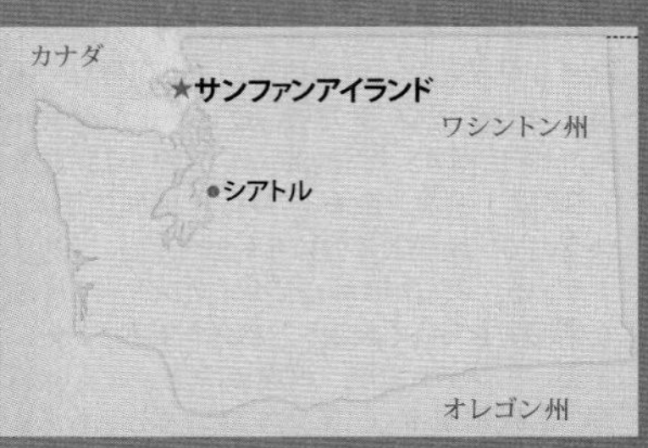

サンファンアイランド
MP.31-A1～A2

フライデイハーバーに到着したサンファン・クリッパー

サンファンアイランドへの行き方

サンファンアイランドのゲートウエイは、島の東端にある**フライデイハーバーFriday Harbour**。手軽にアクセスするなら、シアトルのピア69から出航する**FRSクリッパー・フェリー**のサンファン・クリッパー（2023年は運休）①か、ユニオン湖発の**ケンモア・エア**②の水上飛行機。レンタカーはシアトルの北140kmのアナコルテスAnacortesからワシントンステート・フェリー③に乗船。フェリーターミナルへはシータック空港からシャトルバス④が運行される。

シアトル市内
① 船 ▶ 所要2時間45分～3時間30分 → フライデイハーバー
② 水上飛行機 ▶ 所要1時間 → フライデイハーバー

シータック空港
レンタカー ▶ 所要2時間 → アナコルテス
④ シャトルバス ▶ 所要2時間55分 → アナコルテス
アナコルテス → ③ 船 ▶ 所要1～2時間 → フライデイハーバー

① FRSクリッパー・フェリーのサンファン・クリッパー FRS Clipper ferries/ San Juan Clipper ※2023年は運休（2024年は未定）	Free (1-800) 888-2535 URL www.clippervacations.com 2023年は運休。下記データは2018年のもの 運5月中旬～9月上旬は毎日、9月中旬～10月中旬は金～日のみ運航　シアトル発8：15→フライデイハーバー着11：45、フライデイハーバー発17：00→シアトル着19：45、ホエールウオッチングはフライデイハーバー発12：00～14：30 料大人片道$55、往復$94～110、子供片道$27.50、往復$47～55。ホエールウオッチング付き：大人往復$112～166、子供往復$72～75。ホエールウオッチングのみ：大人$75、子供$37.50。ピア69（住2701 Alaskan Way, Seattle）から出発
② ケンモア・エア Kenmore Air	☎ (425) 486-1257 Free (1-866) 435-9524 URL www.kenmoreair.com 料 大人片道$129～（時期によって異なる） ユニオン湖（住950 Westlake Ave. N., Seattle）から出発。〈5月下旬～10月〉1日2～6便、所要1時間
③ ワシントンステート・フェリー Washington State Ferries	☎ (206) 464-6400 Free (1-888) 808-7977 URL www.wsdot.wa.gov/ferries 料大人$15.20。車と人$59.30～74.50、ともに往路のみチャージ アナコルテス～フライデイハーバーは所要1～2時間。1日7便～（時期により異なる） フェリーに車で乗る場合、事前にウェブサイトから予約したほうがいい。さらに、出航の45分前にはフェリーターミナルで列に並ぶこと。アナコルテス・フェリーターミナル（住2100 Ferry Terminal Rd., Anacortes）から出発
④ ベルエアー・エアポーター・シャトル Bellair Airporter Shuttle	☎ (360) 380-8800 Free (1-866) 235-5247 URL www.airporter.com 料大人片道$54、往復$102、シニア（60歳以上）片道$52、往復$98、子供（2～15歳）片道$42、往復$77、2歳未満無料。シータック空港到着階出口番号02の外から出発。アナコルテスのフェリーターミナルまで所要2時間55分。予約は24時間前までに行うこと

MEMO シアトル・ボーイングフィールド空港からフライデイハーバーへ　ケンモア・エアがシアトルの航空博物館近くのボーイングフィールド空港（住7277 Perimeter Rd. S., Seattle）からフライデイハーバー空港 ↗

サンファンアイランドの歩き方

シアトルやアナコルテスからのフェリーや水上飛行機が到着する**フライデイハーバー**がサンファンアイランドの中心地で、ここに宿を取るとよい。車がない人はおもな見どころとロッシュハーバーとを循環しているサンファントランジットのシャトルバスやレンタルサイクルを組み合わせて、アクティブに動こう。

フライデイハーバーの中心街は、フェリーターミナルから一直線に延びるSpring St.界隈。ホテル、レストランやスーパーマーケット、ショップをはじめ、観光案内所やツアー会社、ホエール博物館などが歩いて回れる範囲に集中している。

フライデイハーバーのスプリング通り

フライデイハーバーから車で約25分、島の北西に位置する**ロッシュハーバーRoche Harbor**には老舗のリゾートホテル、ロッシュハーバー（→P.125）がある。そこから車で約15分南に下った**スナッグハーバーSnug Harbor**にもキャビン風ホテルがある。

ロッシュハーバーのマリーナ

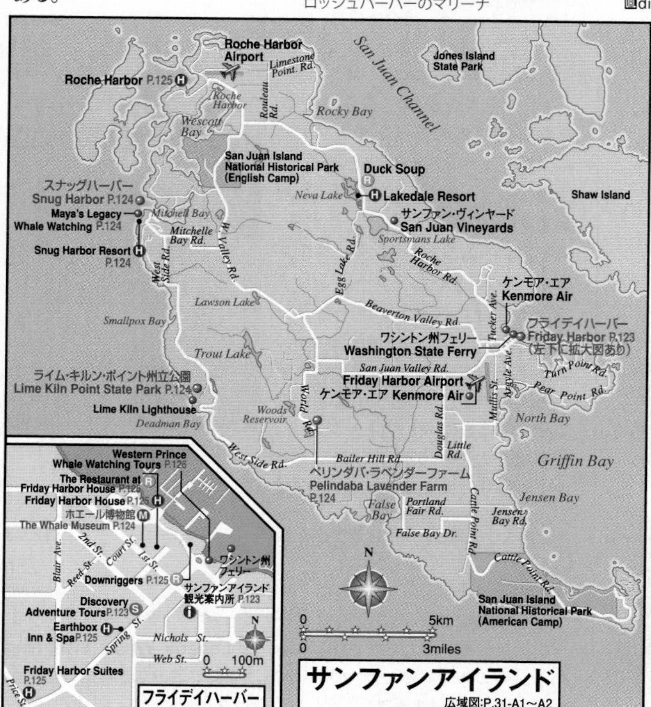

観光案内所

サンファンアイランド観光案内所
San Juan Island Chamber of Commerce & Visitor Information Center
MP.123左下図
住165 1st St., Friday Harbor
☎(360) 378-5240
URLwww.sanjuanisland.org
営毎日10:00～16:00

島内交通

サンファントランジット
San Juan Transit
フライデイハーバー～ロッシュハーバーを結ぶ。
☎(360) 378-8887
URLwww.sanjuantransit.com
営〈6月中旬～9月上旬〉毎日9:25～17:15
料片道：大人$5、子供$3、往復：大人$10、子供$5、1日パス：大人$15、子供$5、2日パス：大人$25、子供$10

レンタサイクル店
Discovery Adventure Tours
MP.123左下図
住260 Spring St., Friday Harbor
☎(360) 378-2559
Free(1-866) 461-2559
URLdiscoveryadventuretours.com
営毎日8:00～17:30（時期により異なる）
料自転車/3時間$25～、1日$35～、電動自転車/3時間$40、1日$50

クジラの看板が目印の案内所

島の見どころを回るシャトルバス

↘（住800 Franklin Rd., Friday Harbor）まで定期便を飛ばしている。所要約40分。料$164～204　営〈4～5月、10～12月〉毎日1～4便、〈6～9月〉毎日8～9便

サンファンアイランドのおもな見どころ

クジラに特化した専門博物館 MP.123左下図

ホエール博物館
The Whale Museum

1979年に400人のボランティアスタッフに支えられてオープンした。オルカもイルカも、クジラと同じクジラ類に属す地球上で最も大きな海洋哺乳動物。その生態が学べる博物館だ。展示室に入ると、天井からつり下がった実物大のオルカOrca（和名シャチ）の模型がまず目に入ってくる。壁際にはクジラの鳴き声が聞けるブースなどもあり、子供でも興味を引くような展示内容だ。ミュージアムショップには、オルカグッズが並び、おみやげ探しも楽しい。シーズンの5〜9月には**ライム・キルン・ポイント州立公園Lime Kiln Point State Park**に調査官が駐在し、オルカやザトウクジラの観察をしているので、興味のある人は行ってみよう。

ハロ海峡沿いの灯台がクジラ調査室

ホエール博物館
住62 1st St., Friday Harbor
☎(360) 378-4710
URL whalemuseum.org
営毎日10:00〜16:00
休1月上旬、おもな祝日
料大人$9、シニア（65歳以上）$6、大学生・子供（6〜18歳）$5、5歳以下無料

ライム・キルン・ポイント州立公園
MP.123
住1567 Westside Rd., Friday Harbor
☎(360) 378-2044
URL www.parks.wa.gov/540/Lime-Kiln-Point
営毎日8:00〜日没
サンファントランジットが停車する。

骨格標本やクジラヒゲが見られるホエール博物館

紫色のラベンダーの絨毯が美しい MP.123

ペリンダバ・ラベンダーファーム
Pelindaba Lavender Farm

3年の歳月をかけて造られた無農薬有機栽培のラベンダーファーム。夏、ラベンダーが咲き誇ると、農場にはラベンダーの香りが漂い、紫色の花の絨毯にうっとりする。毎年7月中旬にはラベンダーフェスティバルが開かれ、ワークショップなども行われる。ファームの一画にある**Gatehouse Farm Store**には、オーガニック・ラベンダーを使ったラベンダー・エッセンシャルオイル（$12〜）やキャンドル、紅茶などの手作り製品が並ぶ。心地よい香りに包まれながら買い物を楽しみたい。

紫色に染まるラベンダーファーム

ペリンダバ・ラベンダーファーム
住45 Hawthorne Ln., Friday Harbor
Free (1-866) 819-1911
URL www.pelindabalavender.com
営〈4月〉水〜日9:30〜17:30、〈5、9〜10月〉毎日9:30〜17:30、〈6〜8月〉毎日9:00〜18:00
休11〜3月（閉門しているが、見学は可）
料無料
Gatehouse Farm Store
住33 Hawthorne Ln., Friday Harbor
☎(360) 378-4248
営ラベンダーファーム（→上記）と同じ
サンファントランジットが停車する。フライデイハーバーの1st St.にも通年営業のギフトショップ（住150 1st St., Friday Harbor 営毎日9:30〜17:00）あり。

鏡のように美しい水面に漕ぎ出そう MP.123

スナッグハーバー
Snug Harbor

島の北西にある小さなハーバー。シーカヤックやホエールウオッチングの基地となっており、**Maya's Legacy Whale Watching**のホエールウオッチングツアーが出港する。ホテル**Snug Harbor Resort**（→脚注）もある。

Maya's Legacy Whale Watching
MP.123
☎(360) 378-7996
URL sanjuanislandwhalewatch.com
ホエールウオッチングツアー／〈4〜6月、9月下旬〉毎日2〜3便、〈7月〜9月中旬〉毎日2〜4便、〈10月〉土日2〜3便、〈11〜3月〉日によって異なる。フライデイハーバーから出発。所要4時間。
料$199

MEMO **Snug Harbor Resort** MP.123 住1997 Mitchell Bay Rd., Friday Harbor, WA 98250 ☎(360) 378-4762 URL www.snugresort.com 料Ⓢ Ⓓ Ⓣ$209〜509

レストラン

R 地元の海の幸を洗練されたひと皿で　ノースウエスト料理／フライデイハーバー／MP.123左下図

レストラン・アット・フライデイハーバー・ハウス The Restaurant at Friday Harbor House

Friday Harbor House（→下記）内のレストランだが、サンファンアイランドで最もおいしいと評判を得ている。地元で収穫された旬の有機野菜を使い、地元の新鮮な魚や肉を使った地産地消が基本。カキやツナなどを上品な味つけでサーブしてくれる。ディナーのメインは$25～44。

住Friday Harbor House, 130 West St., Friday Harbor
☎(360) 378-8455
URL www.fridayharborhouse.com
営朝食：金～火8:00～12:00、ディナー：金～火17:00～20:30
休水木
カードAMV

R パティオ席からハーバーも見渡せる　アメリカ料理／フライデイハーバー／MP.123左下図

ダウンリガー Downriggers

フライデイハーバーのフェリーターミナルまで徒歩3分と立地も抜群のレストラン。ランチどきにはスモークサーモンのサンドイッチ（$25）やパストラミサンドイッチ（$20）、ディナー時はリブアイステーキや和牛のハンバーガー、サーモンやホタテ、タラなどが入ったブイヤベース（$42）を食べられる。

住10 Front St. N., Friday Harbor
☎(360) 378-2700
URL www.downriggerssanjuan.com
営毎日11:00～21:00
カードAMV

ホテル

H 大人のふたり旅に最適なプチホテル　高級／フライデイハーバー／MP.123左下図

フライデイハーバー・ハウス Friday Harbor House

フライデイハーバーの中心に立つ見晴らしのいいホテル。マリーナを見渡す大きな窓と暖炉、座り心地がいいソファが木の香り漂うシンプルな客室にうまく配されている。ジェットバスも設置され、大人好みの洗練された客室だ。絶品の朝食をレストラン（→上記）で食べられる。

住130 West St., Friday Harbor, WA 98250
☎(360) 378-8455
Free(1-866) 722-7356
FAX(360) 378-8453
URL www.fridayharborhouse.com
料ⓈⒹⓉ$219～639、Ⓢⓤ$369～869
駐無料　Wi-Fi無料
カードAMV　24室(♿あり)

H キッチン付きスイートで落ち着く　高級／フライデイハーバー／MP.123左下図

フライデイハーバー・スイーツ Friday Harbor Suites

マリーナまで徒歩8分の好立地にあり、ほとんどの客室がスイート。キッチンには冷蔵庫や電子レンジ、食器類も設置され、使い勝手もよく、清潔だ。2023年5月にカフェのMedio Cafeがオープン。フェリーターミナルからのピックアップサービスもある。

住680 Spring St., Friday Harbor, WA 98250
☎(360) 378-3031
FAX(360) 378-4228
URL www.fridayharborsuites.com
料ⓈⒹⓈⓤ$184～509
駐無料　Wi-Fi無料
カードADMV　62室（♿あり）

H スタイリッシュなモーテル　中級／フライデイハーバー／MP.123左下図

アースボックス・イン&スパ Earthbox Inn & Spa

フライデイハーバーのフェリー乗り場まで4ブロック。デザイナーズホテルのようにおしゃれでかっこいい。アースカラーを用いた客室は、内装が異なり、落ち着いた雰囲気だ。スパ施設やインドアプールもありくつろげる。

住410 Spring St., Friday Harbor, WA 98250
☎(360) 378-4000
Free(1-800) 793-4756
FAX(360) 378-4351
URL www.earthboxinn.com
料ⓈⒹⓉ$190～515
駐無料　Wi-Fi無料
カードAMV　72室(♿あり)

H 1886年建設のリゾートホテル　中級／フライデイハーバー／MP.123

ロッシュハーバー Roche Harbor

セオドア・ルーズベルト大統領も1906年に宿泊した格式あるホテル。そのときの客室（Presidential Suites）も健在だ。歴史ある旧館と新館(スイート)、コテージなどからなる。客室は広々としており、暖炉が完備されている客室もある。スパの施設も充実し、女性からの人気も高い。

住248 Reuben Memorial Dr., Friday Harbor, WA 98250
☎(360) 378-9820
Free(1-800) 451-8910
URL www.rocheharbor.com
料ⓈⓉ$123～250　Ⓢⓤ$304～、コテージ$316～　駐無料
カードAMV　114室

コーヒーメーカー　冷蔵庫／ミニバー　バスタブ　ドライヤー　BOX 室内金庫　ルームサービス　レストラン
F フィットネスセンター／プール　コンシェルジュ　J 日本語スタッフ　コインランドリー／当日仕上げクリーニング　WiFi ワイヤレスインターネット接続　P 駐車場

命に満ちあふれたサンファンアイランドの
オルカ・ウオッチング

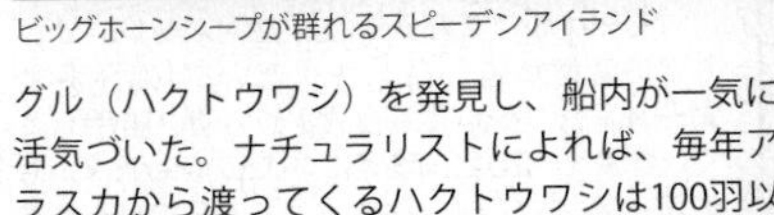

ビッグホーンシープが群れるスピーデンアイランド

ウエスタンプリンスⅡ号で出航

フライデイハーバーの桟橋には、Western Prince Ⅱ号が満員の乗客を乗せて出航を待っていた。ツアーを主催する**ウエスタンプリンス・ホエールウオッチング・ツアーズWestern Prince Whale Watching Tours**は、桟橋の目前に店を構える老舗のツアー会社。サンファンアイランドのホエールウオッチングの草分けとして30年以上のキャリアを誇る。出迎えてくれたのは船長のアイバン。実は昨日、ホエール博物館でオルカの声を聴いたり、ライム・キルン・ポイント州立公園で、ハロ海峡沖を悠然と泳ぐオルカを目にしてからというもの、すっかりこの海獣に魅せられてしまった私。ナチュラリストも乗り込んだこのツアーに、わくわくしている。

アイバンによれば、オルカは数日前、カナダ・ビクトリアの東側で目撃されたとのこと。「100%保証はできないが、環境保護の規定にのっとり船を操縦するので、3～4時間のツアーを楽しんでください」とあいさつがあった。出航してすぐ、ダグラスファーの梢にボールドイーグル（ハクトウワシ）を発見し、船内が一気に活気づいた。ナチュラリストによれば、毎年アラスカから渡ってくるハクトウワシは100羽以上確認されているという。遠目に見た姿は、猛禽類の王者の風格を漂わせていた。

ウエスタンプリンス・ホエールウオッチング・ツアーズのスタッフたち。左からシェーン、船長のアイバン、J.B.、ジュリー

船はサンファン海峡を北上し、春には黄色の花々で埋めつくされるというイエローアイランドの沖を通過。岩礁には冷たい海水を避けるように日なたぼっこをするゼニガタアザラシの群れがいた。依然、オルカは現れないが、アイバンは「おもしろい島をお見せしましょう」と言ってスピーデンアイランドへと船を近づけた。枯れ芝で覆われた島には、なんと、ビッグホーンシープ（大角羊）が群れていた。実は、1970年代、この島に野生の王国を築こうとした兄弟が本土から連れてきたのだという。しかしふたりの事業は失敗。シカとビッグホーンシープだけが残された。場違いな動物たちを見ながらも、私たちは絶えず海のほうを気にしていた。

すると、無線で連絡をとっていたアイバンが、オルカの群れがサンファンアイランドの西側にいることをキャッチ。船は猛スピードでカナダ国境に近いハロ海峡へ急いだ。

写真協力：Western Prince Whale Watching Tours

オルカの出現に大興奮

船上からオルカを探す

オルカとの遭遇に感動

そこには早くも観光船が集まっていた。そのとき、「オルカだ！」。船尾で声が上がった。見ると、黒くてピンと立った尾びれがゆっくりと海へと沈み込もうとしている。オルカの出現に、体中の血が沸き立つほどの興奮を覚えた。

そのオルカが、しばらくして再び姿を現し、それを何度も繰り返しながら、去っていった。ザトウクジラなどのホエールウオッチングでは、一度出現したクジラが再び姿を現すことはめったにないが、オルカの場合、サケを追いかけて比較的浅い海域を泳いでいるためか、何度も現れるのだ。興奮が収まって船内を見回すと、目を輝かせた乗客同士が、撮ったばかりの写真を見せ合ってはしゃいでいる。オルカ・ウオッチングは大人の心も童心へと返すようだ。その後、オルカは何度も船のすぐそばを通過し、そのたびに私たちは大騒ぎをした。

気がつくと、ランチタイムもとうに過ぎていた。朝、スーパーで買ったサンドイッチをほおばりながら、ナチュラリストにオルカについて聞いてみることにした。

研究でわかってきたオルカの暮らし

オリンピック半島の内海からカナダ、バンクーバー島の沿岸にかけて生息するオルカは、3種類のグループに分けられるという。ひとつは「レジデント」と呼ばれる定住型のオルカで、サンファンアイランド近海では2022年にもおよそ70頭が確認されている。もうひとつは「トランジェント」と呼ばれる移動型のオルカで、近海を行ったり来たりしている。トランジェントのオルカが、バンクーバー島北方の定住型オルカと交わることはないという。さらに近年の研究で「オフショア」と呼ばれる回遊型のオルカがいることもわかってきた。彼らは広く太平洋を回遊し、数年に1度この海域に戻ってくる。いずれも「ポッド」と呼ばれる最年長の母親をトップにした母系社会を築き、家族固有のコミュニケーションをもつ。「トランジェントのオルカがレジデントのオルカと交わらないのは、人間も民族によってさまざまな文化をもち固有の文化圏を築いていくでしょ。それと同じで、オルカにもそれぞれ異なる社会があるのよ」とナチュラリストは言う。ホエール博物館で見たサンファンアイランド近海のレジデント、J Pod、K Pod、L Podの説明を思い出した。帰国後、ホエール博物館のウェブサイトを見ると、Podに属する1頭1頭のオルカすべてに名前がつけられ、特徴を記した詳細なデータが公開されていた。

ライム・キルンはオルカ見物の名所

サンファンアイランドには陸からオルカを観察できる絶好のスポットもある。それが、豊富な石灰層を採掘し、石灰窯で焼いて石灰を生産したかつての産業遺跡、ライム・キルン・ポイント州立公園（→P.124）だ。公園の入口でオルカの展示室をのぞき、ダグラスファーの森を抜けて、灯台まで下りていくと、ホエール博物館の調査員がオルカの調査をしている真っ最中だった。かつての灯台は現在は調査室となり、沖を泳ぐオルカを毎日観察し、記録をつけているのだという。

そのとき、岩の向こうでバシャッと大きな音がした。オルカが跳ねたのである。「こんな沿岸にまでオルカはやってくるんですか？」と聞くと、「サンファンアイランドの沿岸はプランクトンが豊富に集まる場所で、それを狙ってたくさんのサケがやってくるんだ。オルカはそのサケを食べにくるんだよ」と教えてくれた。

目の前に広がるハロ海峡はただ波打つだけの光り輝く海ではなく、豊かな生き物たちの営みの場だということを、オルカに気づかせてもらったような気がした。　　（取材：鹿島裕子）

ボールドイーグルの姿も

Western Prince Whale Watching Tours
MP.123左下図
住1 Spring St., Friday Harbor
☎(360) 378-5315
URLorcawhalewatch.com
営〈4月～6月中旬、10月〉毎日12:30、〈6月下旬～9月〉毎日11:00、15:00、11～3月は要問い合わせ。所要3～4時間。
料大人$149、7～12歳$139

フェリーと車で行く半島の旅

キトサップ半島とベインブリッジアイランド
Kitsap Peninsula & Bainbridge Island

ワシントン州 ▶ 市外局番：206／360

数多くの先住民が今も暮らすキトサップ半島は、チーフ・シアトルの墓もある先住民ゆかりの場所。車がないと不便だが、半島と橋でつながれたベインブリッジアイランドは、フェリー乗り場のすぐそばにダウンタウンが広がり、散策や買い物が楽しめる。この島こそ、イチゴ栽培に従事した日系人ゆかりの地だ。

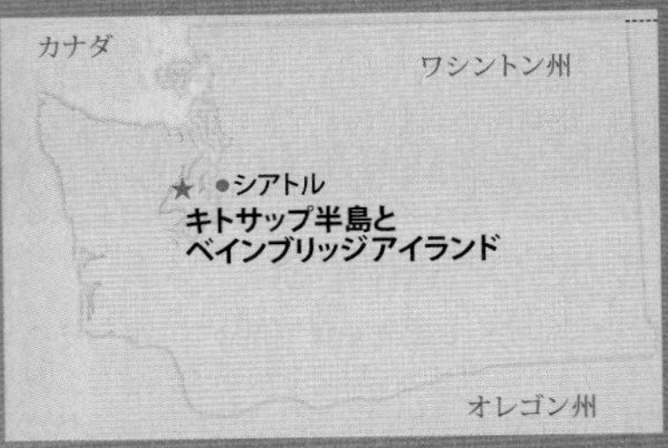

キトサップ半島
MP.31-A2～A3

観光案内所

キトサップ半島観光局
Visit Kitsap Peninsula
URL www.visitkitsap.com

ワシントンステート・フェリー
URL www.wsdot.wa.gov/ferries
料 大人$9.45、車&人$16.80～

ブレマートン・ターミナル
住 1211 1st St., Bremerton

ベインブリッジアイランド・ターミナル（ウィンスロー）
住 1270 Olympic Dr. S.E., Bainbridge Island

タクシー
Viking Cab Co.
☎(360)244-4420

キトサップ半島への行き方

シアトルのピア52（MP.34-A3）からワシントンステート・フェリー（→P.42）が**ブレマートンBremerton**と**ベインブリッジアイランドBainbridge Island**へそれぞれ運航している。

ベインブリッジアイランド発のフェリーからの眺め

キトサップ半島の歩き方

車がある人は、ピア52からブレマートンへフェリーで渡ろう。キトサップ半島を北上し、ポールスボ、スコーミッシュにあるチーフ・シアトルの墓、ポートギャンブルなどを回り、ベインブリッジアイランドへ入るといい。フェリーの着くウィンスローに滞在し、翌日ゆっくりと町を散策したい。車がない人は、シアトルから日帰りでベインブリッジアイランドだけを訪れてみてはいかが？　チーフ・シアトルの墓へは、フェリー乗り場前からタクシーで行くことができる。

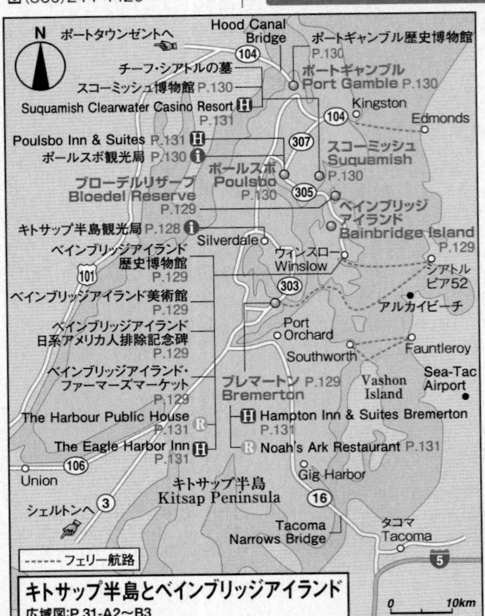

ベインブリッジアイランドのダウンタウン

MEMO キトサップトランジットによるオンデマンドのシェアライド・バスサービスB.I.Ride　Ride Pingoのアプリ（URL www.ridepingo.com）からバスの予約ができる。Kitsap Transit B.I. Ride　URL www.kitsaptransit.com/service/routed-buses/bi-ride　料 $2

キトサップ半島とベインブリッジアイランドのおもな見どころ

★★★ フェリーが発着する

ブレマートン Bremerton

MP.128

フェリー乗り場そばの噴水公園

軍港の町として知られ、港に係留された軍艦**USSターナー・ジョイ号**を見学できる。フェリー乗り場のそばにある**ハーバーサイド噴水公園Harborside Fountain Park**のアートな噴水も見どころのひとつ。公園内には、**ピュージェット湾海軍博物館Puget Sound Navy Museum**（→脚注）もある。ダウンタウンには、操り人形の博物館**バレンティネッティ・パペット博物館Valentinetti Puppet Museum**もあるので、立ち寄ってみるといい。

★★★ 日系移民開拓の島

ベインブリッジアイランド Bainbridge Island

MP.128

日系アメリカ人排除記念碑

シアトルからピュージェット湾を挟んで対岸にある島。シアトルからわずか16kmと近く、シアトルのピア52を出発するフェリーが着くウィンスローWinslowまで所要35分。島民の多くがシアトルへ通勤している。小さなダウンタウンには、ギャラリーやカフェ、レストラン、ショップが軒を連ねるほか、**ベインブリッジアイランド歴史博物館Bainbridge Island Historical Museum**や**ベインブリッジアイランド美術館Bainbridge Island Museum of Art**もある。春から秋の土曜には、**ベインブリッジアイランド・ファーマーズマーケットBainbridge Island Farmers Market**も開催される。

ダウンタウンから南西に6km行った所には、**ベインブリッジアイランド日系アメリカ人排除記念碑Bainbridge Island Japanese American Exclusion Memorial**が立つ。1942年に起きた日系アメリカ人の強制収容が2度と起こらないようにという願いのもと2011年に完成した。2000年に日本でも公開された、戦時下の日系人の不遇を物語る映画『ヒマラヤ杉に降る雪Snow Falling on Cedars』は、この島が舞台だ。

ブローデルリザーブ　Bloedel Reserve

ブローデル家の邸宅

ベインブリッジアイランド北部にある自然園。150エーカーの敷地にワシントン州固有の樹木や植物が移植され、ノースウエスト特有の巨木の森を思わせる二次林や、カモや白鳥が泳ぐ池や鏡池、日本庭園などが点在している。旧ブローデル一族の所有地をブローデル財団が引き継ぎ、一般公開したもの。静寂に包まれた美しい森が広がっている。旧邸宅はビジターセンターだ。要事前予約。

USSターナー・ジョイ号
住300 Washington Beach Ave., Bremerton
☎(360)792-2457
URL www.ussturnerjoy.org
営〈3～10月〉毎日10:00～17:00、〈11～2月〉水～日10:00～16:00
料大人$18、シニア（62歳以上）$15、13～17歳$13、5～12歳$11

ハーバーサイド噴水公園
住251 1st St., Bremerton

バレンティネッティ・パペット博物館
住280 4th St., Bremerton
☎(360)728-2840
URL www.valentinettipuppetmuseum.com
営木～土10:00～16:00（土12:00～）
休日～水
料大人$2、学生$1（寄付制）

ベインブリッジアイランド歴史博物館
MP.128　住215 Ericksen Ave. N.E., Bainbridge Island
☎(206)842-2773
URL bainbridgehistory.org
営水～日10:00～16:00（冬季は短縮あり）　料無料（寄付制）

ベイブリッジアイランド美術館
MP.128　住550 Winslow Way E., Bainbridge Island
☎(206) 451-4000
URL www.biartmuseum.org
営毎日10:00～17:00　料無料

ベインブリッジアイランド・ファーマーズマーケット
URL www.bainbridgefarmersmarket.com
Town Square / City Hall
住280 Madison Ave. N., Bainbridge Island
営〈4～10月〉土9:00～13:00

ベインブリッジアイランド日系アメリカ人排除記念碑
MP.128
住4192 Eagle Harbor Dr. N.E., Bainbridge Island
URL bijaema.org
営24時間

ブローデルリザーブ
MP.128　住7571 N.E. Dolphin Dr., Bainbridge Island
☎(206)842-7631
URL bloedelreserve.org
営〈春季・秋季〉火～日10:00～17:00、〈夏季〉火～日10:00～17:00（木～日～18:00）、〈冬季〉火～日10:00～16:00
休月、おもな祝日
料大人$22～25、シニア（65歳以上）$15～18、13～18歳$10～13、5～12歳$5～8（時期により異なる）
キトサップトランジットKitsap TransitのB.I.Ride（→P.128脚注）で、ダウンタウンから約20分。

MEMO ハーバーサイド噴水公園にある海軍博物館　海軍の歴史や造船について詳しく解説。**Puget Sound Navy Museum**　住251 1st St., Bremerton　URL pugetsoundnavymuseum.org　営水～月10:00～16:00　料無料

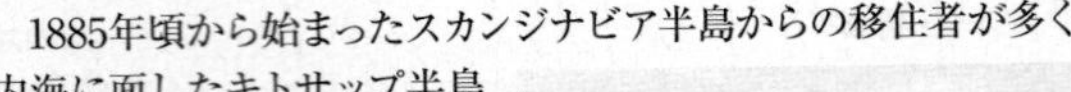

内海に面したリゾートエリア　MP.128

ポールスボ Poulsbo

1885年頃から始まったスカンジナビア半島からの移住者が多く、内海に面したキトサップ半島の保養地。ダウンタウンにはギャラリーやレストランが軒を連ねる。深い入江のリバティー湾Liberty Bayでカヤックや自転車をレンタルしたり、クルーズするといい。

こぢんまりとしたダウンタウン

チーフ・シアトルの墓　MP.128

スコーミッシュ Suquamish

スコーミッシュ族の故郷であり、シアトルの名前の由来ともなった偉大な酋長、**チーフ・シアトルChief Seattle**（→P.72）の墓がある。墓地はSt. Peters Catholic Mission裏手の**スコーミッシュ墓地Suquamish Cemetery**。チーフ・シアトルは1866年に亡くなったが、シアトルに入植した白人と先住民との間に入り、平和の尊さを説いた敬愛される酋長だ。毎年8月中旬には、彼をたたえて**チーフ・シアトル・デイズChief Seattle Days**（3日間）がスコーミッシュダウンタウンで開催される。

チーフ・シアトルの墓

スコーミッシュ博物館　Suquamish Museum

スコーミッシュ族の伝統文化や歴史を保護する目的で作られた先住民の博物館。口頭で伝わる伝承を収集したり、工芸品や古い写真、伝統文化であるカヌーなどを展示している。

海を見ながらそぞろ歩き　MP.128

ポートギャンブル Port Gamble

美しくよみがえった町

キトサップ半島北岸にある企業城下町。1853年メイン州のビジネスマン、アンドリュー・ポープAndrew Popeとウィリアム・タルボットWilliam Talbotが築いた製材所として繁栄した。しかし、その閉鎖とともに町も衰退。その後、企業自らがポープ・リソースPope Resourcesという組織を立ち上げ、町の再生に乗り出した。創建当時のビクトリア様式の建物は、カフェやギャラリーなどに改装され、海を見ながら散歩が楽しめる場所になっている。**ポートギャンブル歴史博物館Port Gamble Historic Museum**もあり。

ポールスボ
行き方 ベインブリッジアイランドのフェリー・ターミナルからWA-305 N.を18km北上し、N.E. Hostmark St.を左折。道なりに進みFront St. N.E.へ入った所。所要約25分。

観光案内所

ポールスボ観光局
Poulsbo Chamber of Commerce
MP.128
住 19168 Jensen Way, #130, Poulsbo
Free (1-888) 490-8545
URL poulsbochamber.com
営 月〜金10:00〜16:00　休 土日

オリンピック・アウトドア・センター
Olympic Outdoor Center
住 18743 Front St. N.E., Poulsbo
☎ (360) 297-4659
URL www.olympicoutdoorcenter.com/pages/poulsbo
営 〈6〜8月〉毎日10:00〜18:00。5、9月は要相談。10〜4月はクローズ
料 カヤック／1時間$22、自転車／1時間$40〜

スコーミッシュ
行き方 ベインブリッジアイランドのフェリー・ターミナルからWA-305 N.を12km北上。橋（Agate Pass Bridge）を渡ったら右折し、Suquamish Way N.E.に入る。3kmほど北上してAugusta Ave. N.E.に入った所。所要約20分。

スコーミッシュ墓地
住 7076 N.E. South St., Suquamish

スコーミッシュ博物館
MP.128
住 6861 N.E. South St., Suquamish
☎ (360) 394-7105
URL suquamishmuseum.org
営 水〜日10:00〜17:00　休 月火
料 大人$5、シニア（55歳以上）・5〜17歳$3、4歳以下無料

ポートギャンブル
車 ベインブリッジアイランドのフェリー・ターミナルからWA-305 N.を21km北上し、WA-307 N.を右折して8km北上。WA-104 W. を左折し5kmほど北へ行った半島の北端。所要約40分。

ポートギャンブル歴史博物館
MP.128
住 32400 N. Rainier Ave., Port Gamble
☎ (360) 297-8078
URL www.portgamble.com/visit/museum
営 〈5〜9月〉木〜日11:00〜16:00
料 無料

MEMO ポールスボ海洋博物館　ポールスボダウンタウンにある博物館では、このエリアで盛んだった海洋の展示が豊富。**Poulsbo Maritime Museum**　住 19010 Front St. N.E., Poulsbo　☎ (360) 994-4943 ↗

レストラン

R ブレマートンにある老舗

アメリカ料理／ブレマートン／MP.128

ノア・アーク・レストラン

Noah's Ark Restaurant

ブレマートンのダウンタウンにある家族経営のレストラン。飾り気はないが、フレンドリーなスタッフとメニューに定評がある。フィラデルフィア・チーズステーキ・サンドイッチ（$10.99～）やフィッシュ＆チップス（$11.99）、ミルクシェイク（$5.99）が人気。

住1516 6th St., Bremerton
☎(360) 377-8100
URL www.noahsark-restaurant.com
営火～土11:00～19:00
休日月
カード A M V

R イーグル港に面して立つレストラン

シーフード＆アメリカ料理／ベインブリッジアイランド／MP.128

ハーバー・パブリック・ハウス

The Harbour Public House

海風が吹く屋外パティオで食べるシーフード料理は最高。一番人気のクラムチャウダー（$22）のほか、ムール貝の酒蒸し、フィッシュ＆チップス（$22）、ダンジネス・クラブ・サンドイッチ（$28）がおすすめ。デザートにキーライムパイもいい。

住231 Parfitt Way S.W., Bainbridge Island
☎(206) 842-0969
URL harbourpub.com
営水～土15:00～21:00（金土11:00～）。時期により異なる
休日～火
カード A M V

ホテル

H 立地がよく便利

中級／ブレマートン／MP.128

ハンプトン・イン＆スイーツ・ブレマートン

Hampton Inn & Suites Bremerton

ブレマートンのフェリー乗り場のそばにあるホテル。客室はとてもきれいで清潔。毎朝、ロビーで無料の朝食サービスが受けられる。ホテル内には売店、フィットネスルームなどもあり、設備もよく整っている。ホテル周辺にはレストランも多いので、食事にも困らないはずだ。

住150 Washington Ave., Bremerton, WA 98337
☎(360) 405-0200
FAX (360) 405-0618
URL www.hilton.com
料ⓈⒹⓉ$127～374、Su$139～394
駐$10　Wi-Fi無料
カード A D M V　105室（♿あり）

H フェリー乗り場から歩いて10分

高級／ベインブリッジアイランド／MP.128

イーグル・ハーバー・イン

The Eagle Harbor Inn

ベインブリッジダウンタウンの中心に位置する。周辺には、カフェやレストラン、スーパーマーケットがあるので便利だ。タウンハウスはキッチンやふたつのバスルーム、リビングルーム、洗濯機などがあり、家族連れでも満喫できる。

住291 Madison Ave. S., Bainbridge Island, WA 98110
☎(206) 207-6796
URL theeagleharborinn.com
料ⓈⒹ$200～280、タウンハウス$410～570
駐無料　Wi-Fi無料
カード A M V　7室（♿あり）

H お手頃価格で滞在できる

エコノミー／ポールスボ／MP.128

ポールスボ・イン＆スイーツ

Poulsbo Inn & Suites

ポールスボのメイン通り沿いに立つモーテル。リバティー湾やダウンタウンまで歩いて15分ほどなので不自由しないうえ、周辺にはコンビニエンスストアやレストランもある。無料の朝食付き。スイートルームには、キッチンや電子レンジが備わっている。

住18680 WA-305, Poulsbo, WA 98370　☎(360) 779-3921
Free (1-800) 597-5151
FAX (360) 779-9737
URL www.poulsboinn.com
料ⓈⒹⓉ$120～140、Su$155～180
駐無料　Wi-Fi無料
カード A D M V　83室（♿あり）

H スコーミッシュのカジノホテル

中級／スコーミッシュ／MP.128

スコーミッシュ・クリアウオーター・カジノリゾート

Suquamish Clearwater Casino Resort

スコーミッシュにあるアメリカ・インディアンが運営するカジノホテル。海に面したログハウスのリゾートで、美しい庭にトーテムポールが立つ。アクティビティも豊富。海側の客室はとても眺めがいい。ウィンスローのフェリー乗り場からシャトルバスのサービスあり。

住15347 Suquamish Way N.E., Suquamish, WA 98392
☎(360) 598-8700
Free (1-866) 609-8700
URL www.clearwatercasino.com
料ⓈⒹⓉ$139～249、Su$199～329
駐無料　Wi-Fi無料
カード A D M V　85室（♿あり）

↘ URL poulsbohistory.com/poulsbo-maritime-museum　営毎日10:00～16:00　料無料

シアトル発のドライブルート

カスケードループ
Cascade Loop

ワシントン州 ▶ 市外局番:509／360／206

カスケード連山を巡るドライブルートはシアトルからの走行距離約750km。ドイツのバイエルン地方を彷彿させるレベンワースや西部劇に登場しそうなウィンスロップなど、個性豊かな町が次々に現れる。そのハイライトは名峰の氷河や湖を眺め尽くすノースカスケード国立公園だ。

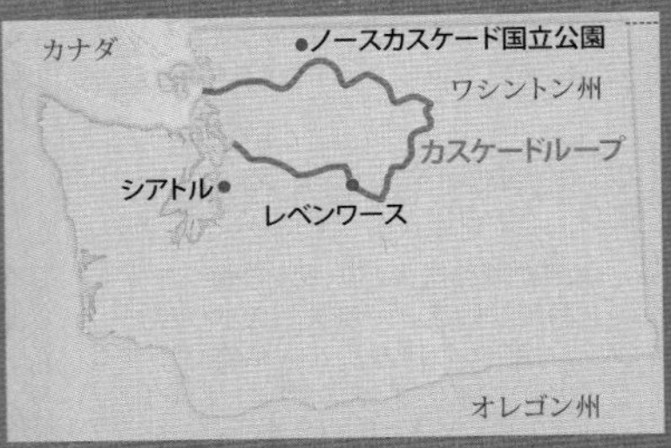

カスケードループ
MP.31-B1～B3

観光案内所
カスケードループ観光協会
Cascade Loop Association
URL cascadeloop.com

ドライブルート

シアトル
↓ I-5 (45km)
エベレット
↓ US-2 (160km) デセプション滝＆スティーブンス峠
レベンワース
↓ US-2 (18km)
カシミア
↓ US-2、WA-285 (18km)
ウェナチー
↓ WA-285、US-97 (64km) オーメガーデン
シェラン湖
↓ US-97、WA-153、WA-20 (96km)
ウィンスロップ
↓ WA-20 (85km)
ノースカスケード国立公園
↓ WA-20 (144km) ワシントン峠＆レイニー峠、ロス湖＆ディアブロ湖展望台
ラ・コナー
↓ WA-20、I-5 (120km)
シアトル

カスケードループとは?
シアトルから1周約470マイル(約750km)の行程。ルート中の、ウィンスロップからディアブロまでのWA-20は、積雪期には閉鎖される。ベストシーズンは春と秋。花が咲き乱れ、新緑も楽しめる春、山の木々が紅葉に染まる秋がいい。ルートに沿って、ホテルは多いが、レベンワースやシェランは人気の観光地なので、夏やクリスマスに訪れる場合は予約をしよう。

カスケードループへの行き方

カスケードループへは、ツアーが催行されていないので、車が頼り。旅の起点はシアトルからI-5で北へ45kmの**エベレットEverette**。ここからUS-2に入り進路を東に取れば、カスケードループの始まりだ。まず、スカイコーミッシュ・レンジャー・ディストリクトSkykomish Ranger District（→脚注）で情報収集しよう。**スティーブンス峠Stevens Pass**でカスケード連山を横切ると、気候は一転、乾燥地帯となる。狭い峡谷へ入り、カーブが連続する区間を過ぎると**レベンワースLeavenworth**に到着。リンゴ畑の河岸段丘の道を快適に走り、**ウェナチーWenatchee**へ向かおう。US-97を北上して、コロンビア川に沿って走ると**シェランChelan**に出る。さらに北上してWA-153、WA-20と進むと山間の**ウィンスロップWinthrop**。このルートのハイライトはこの先、**ワシントン峠Washington Pass**を上り**ディアブロDiablo**へ抜ける区間だ。山岳ルートを4時間も走れば、チューリップの産地**スカジットバレーSkagit Vally**にある**バーリントンBurlington**へと下りきる。

カスケードループの歩き方

上記のドライブルートは、時計と反対回りに走ったほうがワシントン峠付近の眺めがよい。まず、レベンワースに1泊してワシントン州のドイツ村を堪能しよう。2日目はシェラン湖畔のホテルに宿泊。3日目は西部劇風の町ウィンスロップを散策し、メソウバレーThe Methow Valleyを見渡す、絶景のサンマウンテン・ロッジSun Mountain Lodge（→P.139）に投宿。そして4日目、旅のハイライトであるワシントン峠へ向かい、ノースカスケード国立公園を横切り、一気にスカジットバレーへと下る。余裕があれば、骨董の町ラ・コナーLa Connerでもう1泊し、デセプションパス州立公園に立ち寄るといい。

MEMO **スカイコーミッシュ・レンジャー・ディストリクト** スタッフが常駐し、地図やパンフレットなどが入手できる。**Skykomish Ranger District** MP.133-A2 住74920 N. E. Stevens Pass Hwy., Skykomish ↗

カスケードループのおもな見どころ

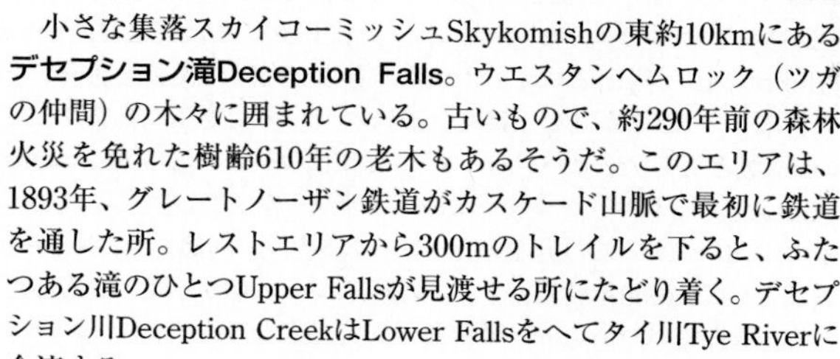

★★★ ドライブの疲れを癒やす滝への散歩 MP.133-B2

デセプション滝&スティーブンス峠 Deception Falls & Stevens Pass

小さな集落スカイコーミッシュSkykomishの東約10kmにある**デセプション滝Deception Falls**。ウエスタンヘムロック（ツガの仲間）の木々に囲まれている。古いもので、約290年前の森林火災を免れた樹齢610年の老木もあるそうだ。このエリアは、1893年、グレートノーザン鉄道がカスケード山脈で最初に鉄道を通した所。レストエリアから300mのトレイルを下ると、ふたつある滝のひとつUpper Fallsが見渡せる所にたどり着く。デセプション川Deception CreekはLower Fallsをへてタイ川Tye Riverに合流する。

デセプション滝からUS-2を13km東に進むと、明るく開けた**スティーブンス峠Stevens Pass**に出る。ここには、夏はハイキング、冬はスキーが楽しめる**スティーブンス峠・ワシントン・スキー・リゾートStevens Pass Washington Ski Resort**がある。

急流を流れ落ちるデセプション滝のアッパー・フォール

デセプション滝
住US-2のマイルポスト56北側

スティーブンス峠・ワシントン・スキー・リゾート
MP.133-B2
住93001 N.E. Stevens Pass Hwy., Skykomish
☎(206) 812-4510
URL www.stevenspass.com

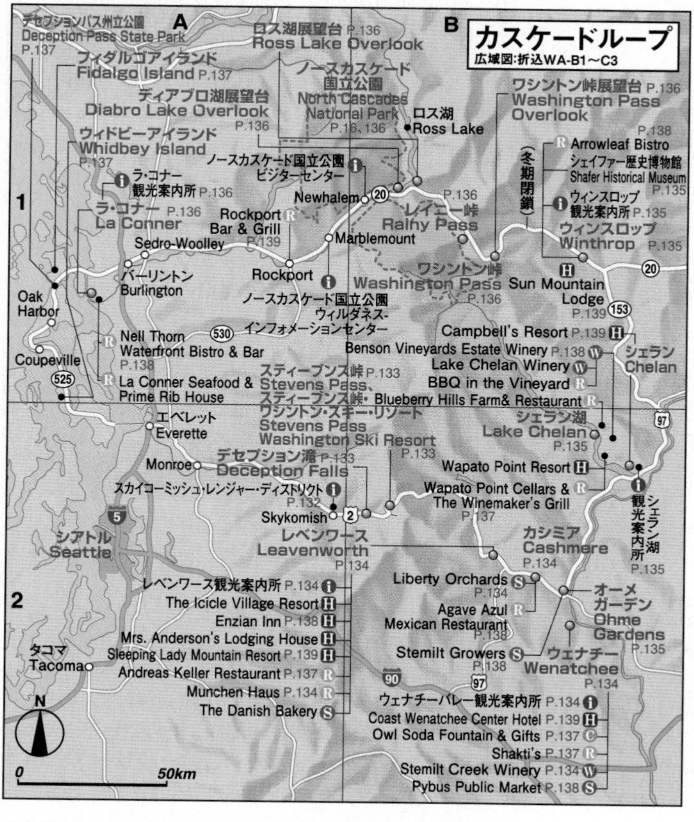

カスケードループ
広域図:折込WA-B1～C3

デセプションパス州立公園 Deception Pass State Park P.137
フィダルゴアイランド Fidalgo Island P.137
ディアブロ湖展望台 Diabro Lake Overlook P.136
ウィドビーアイランド Whidbey Island P.137
ロス湖展望台 P.136 Ross Lake Overlook
ノースカスケード国立公園 North Cascades National Park P.16、136
ロス湖 Ross Lake
ノースカスケード国立公園ビジターセンター
Newhalem
ラ・コナー観光案内所 P.136
ラ・コナー P.136 La Conner
Rockport Bar & Grill P.139
Sedro-Woolley
Marblemount
Rockport
バーリントン Burlington
Oak Harbor
Coupeville
ノースカスケード国立公園ウィルダネス・インフォメーションセンター
Nell Thorn Waterfront Bistro & Bar P.138
La Conner Seafood & Prime Rib House
エベレット Everett
Monroe
スカイコーミッシュ・レンジャー・ディストリクト P.132
Skykomish
シアトル Seattle
タコマ Tacoma
レイニー峠 Rainy Pass P.136
ワシントン峠 Washington Pass P.136
ワシントン峠展望台 P.136 Washington Pass Overlook
（冬期閉鎖）
P.138 Arrowleaf Bistro
シェイファー歴史博物館 Shafer Historical Museum P.135
ウィンスロップ観光案内所 P.135
ウィンスロップ Winthrop P.135
Sun Mountain Lodge P.139
Campbell's Resort P.139
Benson Vineyards Estate Winery P.138
Lake Chelan Winery
BBQ in the Vineyard
Blueberry Hills Farm& Restaurant
シェラン Chelan
シェラン湖 Lake Chelan P.135
Wapato Point Resort
Wapato Point Cellars & The Winemaker's Grill P.137
シェラン湖観光案内所 P.135
スティーブンス峠 P.133 Stevens Pass、スティーブンス峠・ワシントン・スキー・リゾート Stevens Pass Washington Ski Resort P.133
デセプション滝 P.133 Deception Falls
レベンワース Leavenworth P.134
カシミア Cashmere P.134
レベンワース観光案内所 P.134
The Icicle Village Resort
Enzian Inn P.138
Mrs. Anderson's Lodging House
Sleeping Lady Mountain Resort P.139
Andreas Keller Restaurant P.137
Munchen Haus P.134
The Danish Bakery
Liberty Orchards P.134
Agave Azul Mexican Restaurant P.138
Stemilt Growers P.138
オーメガーデン Ohme Gardens P.135
ウェナチー Wenatchee P.134
ウェナチーバレー観光案内所 P.134
Coast Wenatchee Center Hotel P.139
Owl Soda Fountain & Gifts P.137
Shakti's P.137
Stemilt Creek Winery P.134
Pybus Public Market P.138
0 50km

行き方

シアトルからバス(グレイハウンド)で

Greyhound Leavenworth Bus Stop
住200 Ward Strasse, Leavenworth
Free (1-800) 366-3830
URL www.greyhound.com
毎日1便運行。シアトル9:15発、レベンワース12:10着。料$53~。

シアトルから列車(アムトラック)で

Amtrak Icicle Station
住11645 North Rd., Leavenworth
Free (1-800) 872-7245
URL www.amtrak.com
毎日1便運行。シアトル16:55発、レベンワース20:17着。料$41~。

ⓘ観光案内所

レベンワース観光案内所
Leavenworth Chamber of Commerce
MP.133-B2 住940 US-2, Suite B, Leavenworth
☎(509) 548-5807
URL www.leavenworth.org
営毎日9:00~18:00(時期により異なる)

ミュンヘンハウス
MP.133-B2 住709 Front St., Leavenworth ☎(509) 548-1158 URL www.munchenhaus.com 営日~木11:00~21:00、金土11:00~22:00(時期により短縮あり)

リバティオーチャード
MP.133-B2
住117 Mission Ave., Cashmere
Free (1-800) 231-3242
URL www.libertyorchards.com
営ショップ:〈1~3月〉月~金8:30~17:00、〈4~12月〉月~金8:30~17:00、土日10:00~16:00。見学ツアー:〈1~3月〉月~金9:00~17:00、〈4~12月〉月~金9:00~17:00、土日10:00~16:00

ⓘ観光案内所

ウェナチーバレー観光案内所
Wenatchee Valley Chamber of Commerce
MP.133-B2 住137 N. Wenatchee Ave., Wenatchee
☎(509) 662-2116
URL wenatchee.org
営月~金9:00~17:00、土11:00~18:00(時期により異なる)

スティミルト・クリーク・ワイナリー試飲室
MP.133-B2 住3 N. Worthen St. #E-1 Wenatchee(パイバス・パブリック・マーケット内)
☎(509) 888-3040
営月~金11:00~19:00(金~20:00)、土10:00~20:00、日11:00~19:00

ドイツ風の町並みを歩く　MP.133-B2

レベンワース Leavenworth

アルプスの谷間を思わせるかわいらしいドイツ風の町並み。三角屋根の木造家屋の窓辺は花々で飾られ、チロリアンハットにニッカボッカをはいた男性やバイエルン風の民族衣装をまとった女性が歩く。ハイウエイ(US-2)から少し下がった旧鉄道線路沿い(Front St.)が旧市街で、ドイツ風の看板を掲げた民芸品店やドイツ料理レストランが並び、散策が楽しい。ランチどきに立ち寄りたいのが、焼きたてソーセージのスタンド、**ミュンヘンハウスMunchen Haus**だ。パンにウインナソーセージとザワークラフトを挟んで食べるのがおいしい。この町並みは、ゴーストタウン同然だった町の復興策として、1960年代に南ドイツのバイエルン地方を模して造ったもの。現在ではワシントン州屈指の観光地となり、バイエルンの村祭りLeavenworth Maifest、フォークダンス大会AlpenFolk、『サウンド・オブ・ミュージックThe Sound of Music』の野外劇(7~8月)などが行われ、1年中にぎわっている。冬も美しく、なかでも50万個の明かりで通り全体が輝く11月下旬~12月下旬のイルミネーションChristmas Lighting Festivalは、大勢の観光客が訪れる町いちばんのイベントだ。

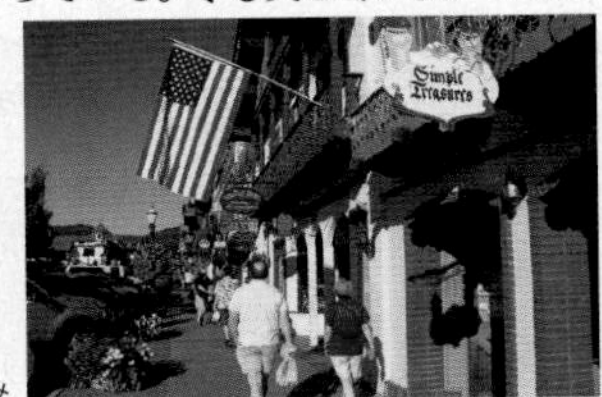

バイエルン風のかわいらしい町並み

アプレ&コトレのキャンディ工場見学　MP.133-B2

カシミア Cashmere

レベンワースからUS-2を18km東に行き、Aplets Wayで右折すると、西部劇に出てきそうな小さなカシミアCashmereの町が現れる。観光ポイントは、1918年創業の老舗のキャンディ工場、**リバティオーチャードLiberty Orchards**。甘いフルーツ果汁を煮詰めて作るゼリー菓子のアプレ&コトレAplets & Cotletsが有名で、工場で手作りされている。工場見学のあとは、直営の売店でできたてのキャンディを買いたい。

キャンディ工場見学ツアーは無料

半砂漠地帯のワインとフルーツの町　MP.133-B2

ウェナチー Wenatchee

ウェナチー川とコロンビア川の合流地に開けたリンゴ産地。もともと乾燥した半砂漠地帯の土壌だったが、運河を拓き、一大リンゴ農園を作り上げた。今ではアプリコットや桃、チェリーなどのフルーツ畑やワイナリーも広がっている。いちばんの見どころは、乾燥した崖に造られた麗しい庭園、**オーメガーデンOhme Gardens**。ダウンタウンには、**スティミルト・クリーク・ワイナリーStemilt Creek Winery**直営の試飲室もある。

MEMO ステヒーキンでのレインボー滝へのツアー　ステヒーキン湖のフェリー乗り場から、5.6km北にあるレインボー滝を見に行くバスツアー。所要約1時間。Rainbow Falls Bus Tour、問い合わせはNorth Cascades↗

オーメガーデン　Ohme Gardens

結婚を機に40エーカーの半砂漠の崖地を購入したハーマン&ルース・オーメ夫妻は、自らその裸地に乾燥に強いセージを植え付け、小道を造り、樹木を植え、緑麗しい庭園に仕上げた。1929年からハーマン・オーメ氏が亡くなる1971年まで、42年間は家族の個人庭園だったが、1991年ワシントン州公園局の管理下となり、現在一般公開されている。

周囲の乾燥した崖とはまるで違う園内は、庭造りの苦労がしのばれ本当に美しい。崖の上からは悠々と流れるコロンビア川とウェナチーの町が望める。

緑豊かな庭園のオーメガーデン

青く澄んだ湖畔のリゾート　MP.133-B2

シェラン湖 Lake Chelan

雄大なコロンビア川に沿って走ると、突如青く澄んだシェラン湖に出る。シェラン湖は長さ81km、深さ453m（全米第3位）の細長い氷河湖。湖の奥地に**ステヒーキンStehekin**という村があり、フェリーがシェランの町から出ている。往復に時間がかかるうえ、ステヒーキンはハイキング基地のような場所なので、体力に自信のある人は行ってみるといい。シェランは近年ワイナリーやリンゴ産地として有名になっており、湖畔のリゾートに宿泊して、ダウンタウンそばの湖畔の散歩道を歩いたり、**ベンソン・ヴィンヤード・エステイト・ワイナリーBenson Vineyards Estate Winery**（→P.138）をはじめとするワイナリー巡りや、ブルーベリー農園でブルーベリー狩りなどをして過ごしたい。

西部劇のセットのような町並み　MP.133-B1

ウィンスロップ Winthrop

1972年のカスケードループ・シーニック・ハイウエイ（WA-20）開通にともない、昔の町並みを撮影した古い写真をもとに、観光客が立ち寄りたくなる西部劇風の町並みに造り替えた。メインストリートにアーケードを造り、昔風の外灯を設置。現役の銀行もガソリンスタンドもオールドスタイルだ。ロデオ大会の**メソウバレー・ロデオMethow Valley Rodeo**や音楽祭の**ウィンスロップ・リズム&ブルース・フェスティバルWinthrop Rhythm & Blues Festival**が開催され、ワイルドウエストの世界に浸ることができる。周辺は牧場地帯なので町を闊歩する本物のカウボーイも見かけられるだろう。時間があればダウンタウンから1ブロック北にある**シェイファー歴史博物館Shafer Historical Museum**にも立ち寄りたい。1890年代のウィンスロップの町並みが再現され、採掘用の機械などが展示されている。

ワイルドウエストの町並み

オーメガーデン
MP.133-B2
住3327 Ohme Rd., Wenatchee
☎(509) 662-5785
URLwww.ohmegardens.com
営毎日9:00～18:00（時期により異なる）
料大人$8、学生（6～17歳）$4、5歳以下無料

ℹ観光案内所
シェラン湖観光案内所
Lake Chelan Chamber of Commerce & Visitor Center
MP.133-B2
住216 E. Woodin Ave., Chelan
☎(509) 682-3503
URLwww.lakechelan.com
営月～金9:00～17:00、土日10:00～16:00（時期により異なる）

シェラン湖フェリー
Lake Chelan Boat Co.
住1418 W. Woodin Ave., Chelan
☎(509) 682-4584
URLladyofthelake.com
Lady Express
営〈4月〉月水金土日8:30、〈5月～10月中旬〉毎日8:30、〈10月下旬〉月水金土日9:30〈11～3月〉月水金日9:30。ステヒーキンで1時間30分の停泊あり。所要約6時間30分
料往復：大人$75.25、シニア（65歳以上）$71、子供（2～11歳）$37.63。5～10月は増便（Lady of The Lake、The Liberty）あり。

ℹ観光案内所
ウィンスロップ観光案内所
Winthrop Visitor Information
MP.133-B1
住202 Riverside Ave., Winthrop
☎(509) 996-2125
URLwww.winthropwashington.com
営毎日10:00～16:00（時期により異なる）

メソウバレー・ロデオ
住Methow Valley Rodeo Grounds。ウィンスロップダウンタウンから南に6.5km
URLwww.methowvalleyrodeo.com
営5月下旬の土日、9月上旬の土日
料大人$15、子供$5

ウィンスロップ・リズム&ブルース・フェスティバル
住19190 WA-20, Winthrop
URLwinthropbluesfestival.com
営7月中旬の金～日
料$40～100（日により異なる）

シェイファー歴史博物館
MP.133-B1
住285 Castle Ave., Winthrop
☎(509) 996-2712
URLwww.shafermuseum.com
営〈5月下旬～9月〉毎日10:00～17:00
料寄付制（$5）

↘Lodge at Stehekin ☎(509) 682-4584　URLwww.lodgeatstehekin.com　営年中催行だが、出発時間は時期により異なるので、ウェブサイトで確認すること。　料大人$10、6～11歳$5

★★★ 氷河を望む国立公園内を走るハイウエイ　MP.133-A1〜B1

ノースカスケード国立公園 North Cascades National Park

氷河をまとったカスケード連山の名峰を車窓から眺められるエリア。ハイウエイ（WA-20）沿いには数多くのハイキングトレイルの入口があり、ショートハイクも楽しめる。カスケードループのハイライトは、ワシントン峠にあるリバティベル山を望む展望台。

ワシントン峠&レイニー峠　Washington Pass & Rainy Pass

ウィンスロップから山道を登り、標高1669mの大曲を越えた所にある。氷河をまとったリバティベル山 Liberty Bell Mountain（標高2359m）の大パノラマが見られる**ワシントン峠展望台 Washington Pass Overlook**に立ち寄ろう。展望台からはリバティベル山をはじめとするカスケード山脈のパノラマがすばらしい。峠を過ぎるといったん下り、再び上った所が標高1480mの**レイニー峠 Rainy Pass**。高山植物を楽しむなら、7〜8月に訪れたい。例年11月〜5月中旬は通行止めになる。

ロス湖展望台&ディアブロ湖展望台 Ross Lake Overlook & Diablo Lake Overlook

レイニー峠を過ぎ、国立レクリエーションエリア内にあるダム湖が**ロス湖 Ross Lake**。湖畔には、湖を望む展望台が用意され、車を停めて小休止できる。**ロス湖展望台**の道路脇には、湖へと下りるハイキングトレイルの入口がある。WA-20をさらに約5km行った所には、**ディアブロ湖展望台**があり、ターコイズブルーに輝く湖が一望できる。夏には、湖畔の町ディアブロ Diablo から、**ディアブロ湖ボート・ツアーズ Diablo Lake Boat Tours**の湖上クルーズツアーが出る。

ターコイズブルーに輝くディアブロ湖

★ クラフトとアンティークの町　MP.133-A1

ラ・コナー La Conner

スウィノミッシュ運河 Swinomish Channel 沿いに拓けた**ラ・コナー La Conner**は、ビクトリア調の古い建物が並ぶヒストリックタウン。地域の工芸品を紹介する**ノースウエスト美術館 The Museum of Northwest Art**をはじめ、**パシフィック・ノースウエスト・キルト&ファイバーアート博物館 Pacific Northwest Quilt & Fiber Arts Museum**や数多くのギャラリー、骨董店が並ぶ。スカジットバレーのチューリップ畑を見たあとで立ち寄りたい、かわいらしい町だ。

ラ・コナーの中心地

ノースカスケード国立公園
☎(360) 854-7200
URL www.nps.gov/noca
営 通年オープン　料 無料

ノースカスケード国立公園ビジターセンター
North Cascades Visitor Center
☎(206) 386-4495
営〈5月中旬〜9月〉毎日9:00〜17:00　休 10月〜5月上旬
場所 WA-20のニューハーレム Newhalem。マイルポスト120から川を渡り、キャンプサイトの先。

ワシントン峠展望台
M P.133-B1
車 US-20のマイルポスト162からWashington Pass Overlook Rd.を北に曲がり、1km進むと駐車場がある。

リバティベル山を間近に望む

ロス湖展望台
M P.133-B1
行き方 WA-20のマイルポスト135と136の間の北側。

ディアブロ湖展望台
M P.133-B1
行き方 WA-20のマイルポスト132の北側。

ディアブロ湖ボート・ツアーズ
North Cascades Institute
☎(360) 854-2589
URL ncascades.org/signup/programs/skagit-tours
Diablo Lake & Lunch Cruise
営〈6月下旬〜9月上旬〉木〜月10:45、所要約3時間
料 大人$45、シニア(62歳以上)$42、子供（3〜12歳）$22、2歳以下無料
Diablo Lake Afternoon Cruise
営〈6月下旬〜9月上旬〉金〜日14:00、所要約2時間
料 大人$30、シニア（62歳以上）$28、子供（3〜12歳）$15、2歳以下無料

観光案内所

ラ・コナー観光案内所
La Conner Chamber of Commerce
M P.133-A1　住 210 Morris St., La Conner　☎(360) 466-4778　URL lovelaconner.com
営 月〜金10:30〜14:30（時期により異なる）
全米で生産されているチューリップの75%がスカジットバレーで栽培されている。4月頃には花の絨毯で埋め尽くされる。チューリップフェスティバルは毎年4/1〜30に開催。
URL tulipfestival.org

MEMO ラ・コナーにある美術館や博物館　**ノースウエスト美術館**　住 121 S. 1st St., La Conner　☎(360) 466-4446　URL www.monamuseum.org　営 日月12:00〜17:00、火〜土10:00〜17:00　料 無料。↗

ワシントン州で随一の景色が楽しめる小島 MP.133-A1

フィダルゴアイランド&ウィドビーアイランド Fidalgo Island & Whidbey Island

ラ・コナーからさらにWA-20を西へ進むと、フライデイハーバー行きのフェリー乗り場、アナコルテス Anacortesがあるフィダルゴアイランドや、デセプションパス州立公園、こぢんまりとした町ラングレイがある小島、**ウィドビーアイランド Whidbey Island**にたどり着く。

デセプションパス州立公園 Deception Pass State Park

毎年200万人以上の観光客が訪れる、ワシントン州でいちばん人気がある州立公園。4134エーカー（16.7km²）の敷地にはキャンプ場もある。浜辺からデセプションパス橋とシミルクベイを見上げる景色は多くの雑誌で取り上げられるほどすばらしい。夏季は駐車場が混むので、覚悟して空くのを待とう。

ウィドビーアイランド
車ラ・コナーからWA-20を25km進むとフィダルゴアイランドやウィドビーアイランドの入口、デセプションパス州立公園に着く。

橋を歩いて渡ることもできるデセプションパス州立公園

デセプションパス州立公園
MP.133-A1
住41229 WA-20, Oak Harbor
☎(360) 675-3767
URL parks.wa.gov/497/Deception-Pass
営〈夏季〉毎日6:30〜日没、〈冬季〉毎日8:00〜日没
料1日券$10、1年パス$30

レストラン

R ドイツのお袋の味 ドイツ料理／レベンワース／MP.133-B2

アンドレアスケラー・レストラン Andreas Keller Restaurant

毎夜アコーディオンの演奏で盛り上がるドイツ・バイエルン地方の家庭料理店。ドイツ風ウインナソーセージの盛り合わせなどもあるが、スモークしたポークチョップやジャーマンウインナー、ジャガイモや赤キャベツなどを盛り合わせたAndreas Keller Sampler（$32.99）がおすすめ。

住(地階)829 Front St., Leavenworth
☎(509)548-6000
URL www.andreaskellerrestaurant.com
営毎日11:30〜20:30（金〜21:00、土〜21:30）
カード A M V

R パティオでのディナーもいい ニューイタリアン／ウェナチー／MP.133-B2

シャクティス Shakti's

気持ちのよい庭を見渡すパティオ席もあり、くつろげる。料理は新鮮な魚介類や自家で切り分けた肉を使った創作料理。ミートソースパスタ（$30〜）などもあり、日本人好みの味だ。ワシントン州のワインを中心に取り揃える。16:00〜17:30のTwilight Dinners（3コースメニュー、$29）がお得。

住218 N. Mission St., Wenatchee
☎(509) 662-3321
URL www.shaktisfinedining.com
営火〜土16:00〜20:00
休日月
カード A M V

R 1926年創業のウェナチーのランドマーク カフェ／ウェナチー／MP.133-B2

オウルソーダ・ファウンテン&ギフト Owl Soda Fountain & Gifts

昔ながらのアメリカンダイナーの雰囲気を楽しめるカフェ。アボカドトーストやローストビーフサンドイッチ、パニーニなどのほか、カップケーキやブラウニー、ミルクシェイク、アイスクリームなどが味わえる。ギフトショップも併設する。

住25 N. Wenatchee Ave, Suite 102, Wenatchee
☎(509) 664-7221
URL owlsodafountain.square.site
営月〜土10:30〜18:00、日12:00〜17:00
カード A M V

R ワインとマッチした料理の数々 ワイナリー&アメリカ料理／マンソン／MP.133-B2

ワパト・ポイント・セラーズ&ワインメイカーズ・グリル Wapato Point Cellars & The Winemaker's Grill

ハンドクラフトワインを造るワイナリーが経営するレストランだけあって、ワインの種類が豊富。広々としたパティオが気持ちよい。料理は良質な牛肉や魚介類を使ったアメリカン。野菜料理やパスタ（$29〜）もある。ワインテイスティング（無料）に参加するのもいい。

住200 S. Quetilquasoon Rd., Manson
☎(509) 687-4000
URL wapatopointcellars.com
営毎日17:00〜20:00。ワインテイスティング：毎日14:00〜16:30
カード M V
行き方シェラン湖から湖北岸のN. Shore Rd.を西進、MansonでQuetilquasoon Rd.を左折、直進した右手。

↘パシフィック・ノースウエスト・キルト&ファイバーアート博物館 住703 2nd St., La Conner ☎(360) 466-4288 URL www.qfamuseum.org 営水〜日11:00〜17:00 休月火 料大人$7、学生$5

レストラン

R 地産地消にこだわるおしゃれレストラン　アメリカ料理／ウィンスロップ／MP.133-B1

アローリーフビストロ　Arrowleaf Bistro

ウィンスロップのダウンタウンで高い評価を得ているビストロ。近隣の畑で収穫された食材のうま味を生かした薄い味付けは、日本人の口にも合う。ローストチキン($36)やステーキ（$38）、グリルド・ポークチョップ（$38）が人気のメニュー。

住207 White Ave., Winthrop
☎(509) 996-3919
営水～日17:00～21:00(時期により異なる)
休月火
カードAMV

R ラ・コナーダウンタンで話題のレストラン　アメリカ料理／ラ・コナー／MP.133-A1

ネルソーン・ウオーターフロント・ビストロ&バー　Nell Thorn Waterfront Bistro & Bar

生ガキ($24～)やムール貝の酒蒸し($23)などからステーキ($42～)やサラダ($11～)まで、幅広いメニューを楽しめる。特に、ダンジネス・クラブ・パスタ（$38）は人気の一品。テラス席からは店の前を流れる川を眺めながら、食事を取ることもできる。

住116 S. 1st St., La Conner
☎(360) 466-4261
URLwww.nellthorn.com
営毎日11:30～20:30
カードAMV

ワイナリー

W シェラン湖を望む美しいワイナリー　マンソン／MP.133-B2

ベンソン・ヴィンヤード・エステイト・ワイナリー　Benson Vineyards Estate Winery

ポール&キャシー・ベンソン夫妻がふたりの息子と1999年から始めた家族経営のワイナリー。近隣で唯一の私有地栽培だ。テイスティングルームの前に広がるシェラン湖を望む23エーカーの畑で12種類のブドウを栽培。赤ワイン10種、白ワイン5種を生産する。

住754 Winesap Ave., Manson
☎(509) 687-0313
URLwww.bensonvineyards.com
営毎日11:00～17:00。冬季は問い合わせのこと
料試飲$15
カードAMV

ショップ

S ウェナチーダウンタウンの2ブロック東　ショッピングモール／ウェナチー／MP.133-B2

パイバス・パブリック・マーケット　Pybus Public Market

カフェやレストラン、ワインショップ、野菜直売所など約20店舗が入る1階建てのモール。なかでも、近隣の畑から直送されたリンゴやトマト、桃は新鮮でおいしい。目の前を流れるコロンビア川を見ながらテイクアウトしたサンドイッチや果物をつまむといい。

住3 N. Worthen St., Wenatchee
☎(509) 888-3900
URLwww.pybuspublicmarket.org
営毎日8:00～21:00(店により異なる)
休サンクスギビング、クリスマス、元日
カード店により異なる

S 老舗の果樹園の直売所　フルーツ直売所／ウェナチー／MP.133-B2

スティミルトグローワーズ　Stemilt Growers

スティミルト一族が1890年代に開墾した果樹畑で作られたチェリー、リンゴ、洋梨、桃、ネクタリンなどを直接販売する店。オーメガーデン（→P.135）の真下にあり、試食も可能で、新鮮な果物が買える。ドライブ途中で食べる果物をここで買うのもいい。

住3615 US-97ALT, Wenatchee
☎(509) 663-7848
URLwww.stemilt.com
営毎日9:00～18:00
カードMV

ホテル

H アルプスを思わせる老舗ホテル　中級／レベンワース／MP.133-B2

エンズィアンイン　Enzian Inn

スイスの山小屋を模したようなレベンワースの老舗ホテル。朝、レストランで、オーナー自らがアルペンホルンを吹くことで有名だ。客室はスイスの山小屋風ですがすがしく快適。プールやフィットネス施設も整い、ホテルの前にはミニゴルフ場もある。アメニティもひととおり過不足なく揃う。

住590 US-2, Leavenworth, WA 98826
☎(509) 548-5269
Free(1-800) 223-8511
FAX(509) 548-9319
URLwww.enzianinn.com
料SDT$255～340、Su$370～480
駐無料　Wi-Fi無料
カードAMV　104室（あり）

MEMO カシミアで人気のメキシコ料理レストラン　Agave Azul Mexican Restaurant　MP.133-B2 住128 Cottage Ave., Cashmere ☎(509) 782-2054 URLwww.agaveazulcashmere.com 営毎日10:30～21:00（金土～22:00）カードAMV

ホテル

H レベンワースの山間に立つ高級リゾート　高級／レベンワース／MP.133-B2

スリーピングレディ・マウンテン・リゾート
Sleeping Lady Mountain Resort

レベンワースのダウンタウンから5km南に行った所にある高級リゾート。ロッジから見える山々が、眠れる美女に見えることから、スリーピングレディと名づけられた。1930年代には市民保全部隊の寮であったが、1950年代にカトリック教会に売却される。1991年このエリアの大地主が購入し、1995年ホテルとしてオープンした。広大な敷地には、地元の作家やガラスアートの第一人者デール・チフーリ氏が制作した彫刻が点在している。ロビー受付がある本館のほかに、スパやレストランなどが入る建物、ロッジが並ぶ。日没後はリゾート内の明かりが消え、夜空に輝く星がきれいに見える。自転車やスキー板のレンタルもしている。

あたたかみのある客室

住7375 Icicle Rd., Leavenworth, WA 98826
☎(509) 548-6344
Free (1-800) 574-2123
FAX (509) 548-6312
URL www.sleepinglady.com
料ⓈⒹⓉ$205～260、Su$400～
駐無料　Wi-Fi無料
カード A D J M V　58室（あり）

デール・チフーリ氏の彫刻

H 客室からの眺めが最高　中級／シェラン／MP.133-B2

キャンベルズリゾート
Campbell's Resort

シェラン湖のほとりに立つ老舗リゾート。すべての客室が湖側にあり、ベランダやバルコニー付き。白砂の専用ビーチで泳いだり、プールで遊んだり、家族連れに大人気。フィットネスセンターやスパもあり、湖を望む気持ちのいいレストランもある。客室には電子レンジもあり。

住104 W. Woodin Ave., Chelan, WA 98816
☎(509) 682-2561
Free (1-800) 553-8225
FAX (509) 682-2177
URL campbellsresort.com
料ⓈⒹⓉ$114～409、Su$434～559
駐無料　Wi-Fi無料
カード A M V　170室（あり）

H ウェナチーのダウンタウンにあり立地がいい　中級／ウェナチー／MP.133-B2

コースト・ウェナチーセンター・ホテル
Coast Wenatchee Center Hotel

コンベンションセンターの隣にあるホテル。徒歩圏内にパイバス・パブリック・マーケット（→P.138）やレストラン、ブリュワリー、カフェなどがある。9階にあるレストランからはコロンビア川を見下ろせるうえ、美しい夜景も楽しめる。

住201 N. Wenatchee Ave., Wenatchee, WA 98801
☎(509) 662-1234
URL www.coasthotels.com/coast-wenatchee-center-hotel
料ⓈⒹⓉ$105～199、Su$255～349
駐無料　Wi-Fi無料
カード A M V　147室

H メソウバレーを見下ろす山岳リゾート　高級／ウィンスロップ／MP.133-B1

サンマウンテン・ロッジ
Sun Mountain Lodge

ウィンスロップのダウンタウンから丘を登ったメソウバレーを望む山頂に立つ。3000エーカーの広大な敷地をもち、乗馬やハイキング、クロスカントリースキーなどアクティビティが楽しめる。美食の宿としても名高く、景色のよいレストランで豪華なディナーを堪能できるだろう。スパやプール、ギフトショップなどもある。数あるアクティビティのなかでも、絶景の風景のなかを歩く乗馬（料 $70）はおすすめ。360度見渡せる山頂の草原を、1時間30分かけて闊歩すれば、心身ともにリフレッシュする。

客室からの眺めもいい

住604 Patterson Lake Rd., Winthrop, WA 98862
☎(509) 996-2211
Free (1-800) 572-0493
FAX (509) 996-3133
URL www.sunmountainlodge.com
料ⓈⒹⓉ$205～395、Su$313～834
駐無料　Wi-Fi無料
カード A D M V　112室（あり）

豪華なリゾートホテル

MEMO ロックポートのおすすめレストラン **Rockport Bar & Grill** MP.133-A1 住52807 Railroad Ave., Rockport URL www.rockportbarandgrill.com 営月～金12:00～21:00（金～24:00）、土日8:00～24:00（日～20:00）

アメリカ西海岸への旅は デルタ航空で

羽田空港から西海岸へ直行便を運航しているデルタ航空。ワンランク上のサービスが揃っているので、約9時間のフライトでも快適に過ごせる。

Point 1 空港や機内でも日本語対応＆アップグレードした空港施設

すべての日本発着便に和食が用意されているうえ、日本語を話す客室乗務員が複数名乗務している。2022年7月、羽田空港第3旅客ターミナル5階にアメリカ系航空会社唯一の空港ラウンジ「デルタ スカイクラブ」がオープン。シアトル・タコマ国際空港では2022年春に新設された国際線到着ターミナルを利用するので、乗り継ぎ時間が大幅に短縮された。

羽田空港にあるラウンジ「デルタ スカイクラブ」

Point 2 座席は「デルタ・プレミアムセレクト」をチョイス

日米路線には、「デルタ・ワン スイート」「デルタ・プレミアムセレクト」「デルタ・コンフォートプラス」「メインキャビン」の4つのクラスの座席タイプが設定されている。なかでも「デルタ・プレミアムセレクト」は、長距離国際線のビジネスクラスとエコノミークラスの中間に設けられた新しいキャビン。シート幅は約48.3センチ、シートピッチは約96.5センチなうえ、調整可能なフットレストを備えているので、ゆったりとした空間で疲れがたまることなく過ごせる。

より広いシート、深いリクライニング、調節可能なフットレストとレッグレストが完備された「デルタ・プレミアムセレクト」

「デルタ・プレミアムセレクト」では、離陸後すぐにアルコール類を含むウェルカムドリンクのサービスがある。食事はミシュラン二つ星を獲得した和食店「一汁二菜うえの」の上野法男シェフ監修の和食メニューを選ぶことも可能。銀製の食器のほか、メインディッシュにはサトウキビの繊維から作られたバガスプレートで提供される。

好きなときに好きなスナックを選べる「プレミアムスナック・バスケット」も準備されている

「デルタ・プレミアムセレクト」では、「デルタ・ワン スイート」と同じノイズキャンセリング・ヘッドセットが利用できるほか、リサイクル素材で作られたブランケットも用意されている。メキシコの職人による手作りのアメニティキットには、グロウン・アルケミスト社のリップバームやハンドローションなどのスキンケア製品が入る。

ファスナーや包装などの使い捨てプラスチックを排除するこだわりがみられるアメニティキット

Point 3 サステイナビリティへの取り組み

ビニール包装やカトラリー、ストローなどの使い捨てプラスチック製品の使用を減らす取り組みを実施し、毎年約490万ポンドの廃棄物の削減を達成。環境に配慮した100%リサイクルペットボトル素材の寝具や缶入りのプレミアムワインも提供している。

竹製カトラリーを国際線メインキャビンに導入

Point 4 デジタルテクノロジーへの対応

T-モバイル社との提携によりアメリカ国内の主要路線において高速Wi-Fiを無料で提供している。さらに、2024年には国際線にも無料Wi-Fiが順次導入される予定。デルタ航空の公式アプリ「Fly Delta」では、フライトの予約・購入、チェックイン、デジタル搭乗券の取得、座席変更、手荷物の追跡などが行える。

アメリカ国内において無料で機内Wi-Fiを提供するのは、アメリカの主要航空会社では初

問い合わせ・予約はこちらへ
デルタ航空予約センター　ナビダイヤル▶0570-077733　URL▶delta.com

Portland
ポートランド
VANS

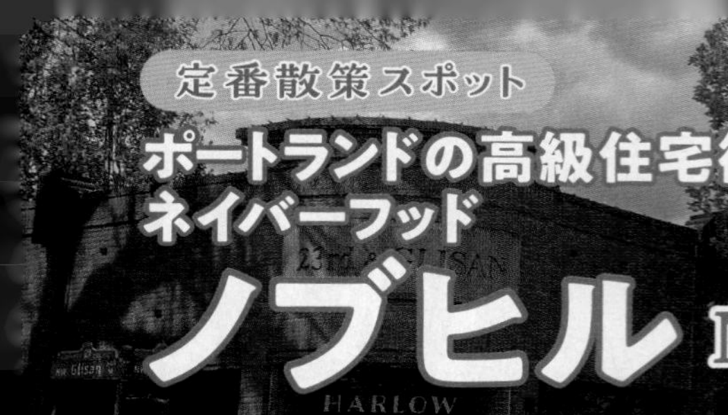

定番散策スポット

ポートランドの高級住宅街にあるネイバーフッド ノブヒル Nob Hill

ビクトリア調のエレガントな建物が立ち並ぶノブヒルは、Nabob（ネイバブ、大金持ち）という言葉に由来している。ダウンタウンより高台にあることから、1880年代に富裕層が住み始めたとか。現在は、レストランやカフェ、ショップが軒を連ね、週末ともなると地元の人たちでにぎわっている。全米に展開しているチェーン店が少なく、ポートランドで誕生した、個人経営のショップが多いのが人気の理由だ。おしゃれな雰囲気が漂うエリアを、地元の人に交じって散策しよう。

A 醸造所を併設するブリュワリー ブレイクサイドブリュワリー

2023年のオレゴン・ビア・アワードで入賞したNoble PilsnerやDouble Hockey Sticksを含め、15種類以上の樽生ビールを取り揃える。

ベルジャンホワイト・ビールのBreakside White（$5.50）とナチョス（$15）

Breakside Brewery
Ⓜ P.148-A3　住 1570 N.W. 22nd Ave., Portland
☎（503）444-7597　URL breakside.com
営 毎日12:00～22:00　カード A M V

B フランスのカフェをイメージした店内がおしゃれ バリスタ

ポートランドで誕生したサードウエイブ系コーヒーショップ（→P.181）のノブヒル店。エチオピアやコロンビアで栽培された豆を厳選して使用する。

バリスタコンテストのチャンピオンがいたコーヒーショップ

Barista
Ⓜ P.148-A1
住 823 N.W. 23rd Ave., Portland
営 毎日6:00～18:00（土日7:00～）　カード A M V

C 素材のよさが光るニットで有名に マーガレットオーレリー

アイルランド出身のマーガレットさんが始めたアパレルブランド。カリフォルニア州を中心に約10店舗展開する。肌触りのいいカーディガンやセーターはハリウッドセレブも愛用。

日本未上陸ブランドなのでマストチェック

Margaret O'Leary
Ⓜ P.148-A1　住 807 N.W. 23rd Ave., Portland
☎（503）707-3352　URL www.margaretoleary.com
営 月～土10:00～18:00、日11:00～17:00　カード A M V

D サステイナブルなアウトドアブランド コトパクシ

大量生産によって生まれた廃材を再利用して作られるアウトドアグッズは、屋外スポーツ愛好家の多いポートランドでも人気。ポップな色使いも魅力的だ。

街歩きでも活躍しそうなアイテムが並ぶ

Cotopaxi
Ⓜ P.148-A1　住 816 N.W. 23rd Ave., Portland
☎（971）501-0115　URL www.cotopaxi.com
営 毎日11:00～19:00（金土10:00～、日～18:00）
カード A M V

ノブヒルってどこにある？

ポートランドダウンタウンから北西へ約2kmの所。中心はN.W. 23rd Ave.とJohnson St.の交差点あたり。N.W. 23rd Ave.の南北約15ブロックにショップやレストランが集まっている。

MP.145-A2〜A3、P.148-A1〜B2、P.148-A3〜B4
行き方 ダウンタウンのS.W. Washington St. & 5th Ave.からバス#15で、N.W. 23rd Ave. & Lovejoy St.下車。または、ポートランド・ストリートカー・NSラインで、NW 23rd & Marshall駅下車。

NW 23rd Av
N.W. Raleigh St.
A
N.W. Quimby St.
N.W. 23rd Ave.
N.W. 22nd Ave.
N.W. 21st Ave.

ストリートカー停留所

N.W. Marshall St.
N.W. Lovejoy St.
バス#15バス停
N.W. Kearney St.
B C D
N.W. Johnson St.
E F
BARISTA FINE COFFEE
N.W. Irving St.
G
N.W. Hoyt St.
H
N.W. Glisan St.
N.W. Flanders St.
0 50m

E ノースウエストユニオン

ポートランド随一の知名度を誇る古着屋

1980〜1990年代製のアパレル商品を多く取り扱う店。ロックバンドのTシャツ、MLBやNBAのユニホームとTシャツはポートランドでも人気。ワンピースが集められたコーナーも見逃せない。

お手頃価格がうれしい

Northwest Union
MP.148-A2 住738 N.W. 23rd Ave., Portland
☎(503) 528-6404 営毎日11:00〜19:00
カード A M V

F バッド＋フィン

ポートランドらしいグッズ探しに最適

地元アーティスト作製の雑貨を多く取り扱うショップ。ウィラメット川に架かる橋やポートランドの看板をデザインしたコースター、グリーティングカードは、バラマキ用のおみやげにいいかも。

ギフトにおすすめのテーブルナプキンやタオルもあり

Budd + Finn
MP.148-A2 住704 N.W. 23rd Ave., Portland
☎(503) 444-7158 URL www.buddfinn.com
営毎日11:00〜18:00 カード A M V

G フォードグレイ

センスあふれるアイテムが揃う

オレゴン州出身のインテリアデザイナー、カトリーナさんが集めてきたアクセサリーやインテリア雑貨、キッチンウエアがところ狭しと並ぶ。

都会的な雰囲気を醸し出す真鍮のマグカップやプレート

Ford Grey
MP.148-A2 住625 N.W. 23rd Ave., Portland
☎(541) 952-2254 URL fordgrey.com
営木〜月11:00〜18:00 休火水 カード A M V

H ハーロウ

肉好きも満足するビーガンレストラン

地元産のグルテンフリー食材を積極的に使い、ポートランドのベジタリアンに支持されている。オーツミルクやアーモンドミルクが入ったスムージーも好評。

カリフラワーやブロッコリーたっぷりのガーデン・スクランブルエッグ（$14）

Harlow
MP.148-A2 住505 N.W. 23rd Ave., Portland
☎(503) 477-8203 URL harlowpdx.com
営毎日9:00〜20:00 カード A M V

Oregon State ▶ 市外局番：503/971

ポートランド
Portland

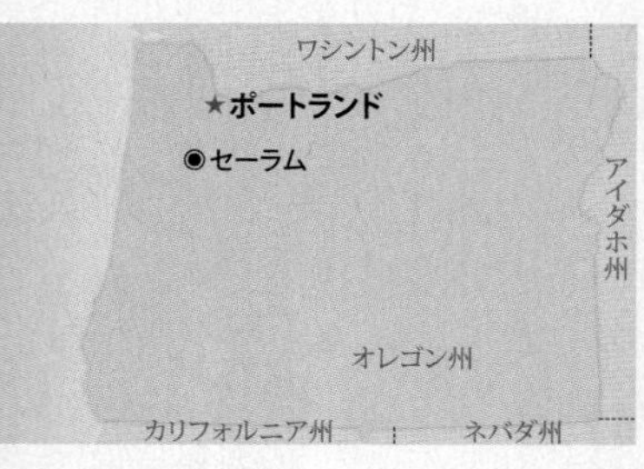

ウィラメット川の両岸に開けたポートランドは、緑に包まれた街並みが印象的な環境先進都市だ。ストリートカーやマックス・ライトレイルがダウンタウンを行き交い、車を使わなくても、こぢんまりとまとまったダウンタウン周辺を移動できる、旅行者にも住民にも快適な街だ。ウィラメット川の西岸は、ダウンタウンのすぐ近くまでノースウエストの森が迫る。その一画はワシントンパークとなって、市民たちに憩いの場を提供している。

かつては街の空洞化が進み、ダウンタウン周辺は曜日を問わず夜になると閑散とする時代もあったが、現在は、週末夜遅くまで明かりがともり、若者でにぎわう活気あふれる街へと変貌を遂げた。

生活水準も高く、リベラルな考え方の住人が多く暮らすこの街は、環境や食への意識も高い。地産地消を何よりも尊び、スーパーマーケットやファーマーズマーケットには、新鮮で安全なローカル野菜や海産物、オーガニックな肉などが数多く並ぶ。レストランのシェフたちはこぞって地元産でオーガニックの食材を取り入れ、旬の恵みを生かしたノースウエスト料理を創作している。また、何でも自分で作ってしまうクリエイティブな精神をもっている人が多い。アウトドアスポーツが盛んで、スローな生活を求める人が多く住むポートランドでは、サイクリングを楽しんだり、ファーマーズマーケットを訪ねたり、ダウンタウン周辺に点在するネイバーフッドを歩きたい。

趣味で始めたことがビジネスになる街

ジェネラルインフォメーション

ブリュワリー巡りもいい

ポートランド	オレゴン州最大の都市 州の経済、金融の中枢
面　　積	約376km²
人　　口	63万5000人（2022年推定）
時　　差	太平洋標準時、日本との時差－17時間 夏時間－16時間
セールスタックス	（売り上げ税）なし
レストランタックス	（飲食税）なし
ホテルタックス	（宿泊税）16%
アルコール	21歳以上
た　ば　こ	バー、居酒屋、ボウリング場を含む飲食店での喫煙不可。
気候と気温	北海道の道央と同緯度に当たり、気候も似ている。春の訪れは4～5月頃。6月中旬～9月中旬が夏季。気温は高いがカラリとして快適。10月中旬から雨季に入り、3月まで雨模様の天気が続くが、ポートランド市内で降雪はまれ。夏の平均気温は21℃。冬の平均気温は5℃。
在米公館	在ポートランド領事事務所（→P.308）

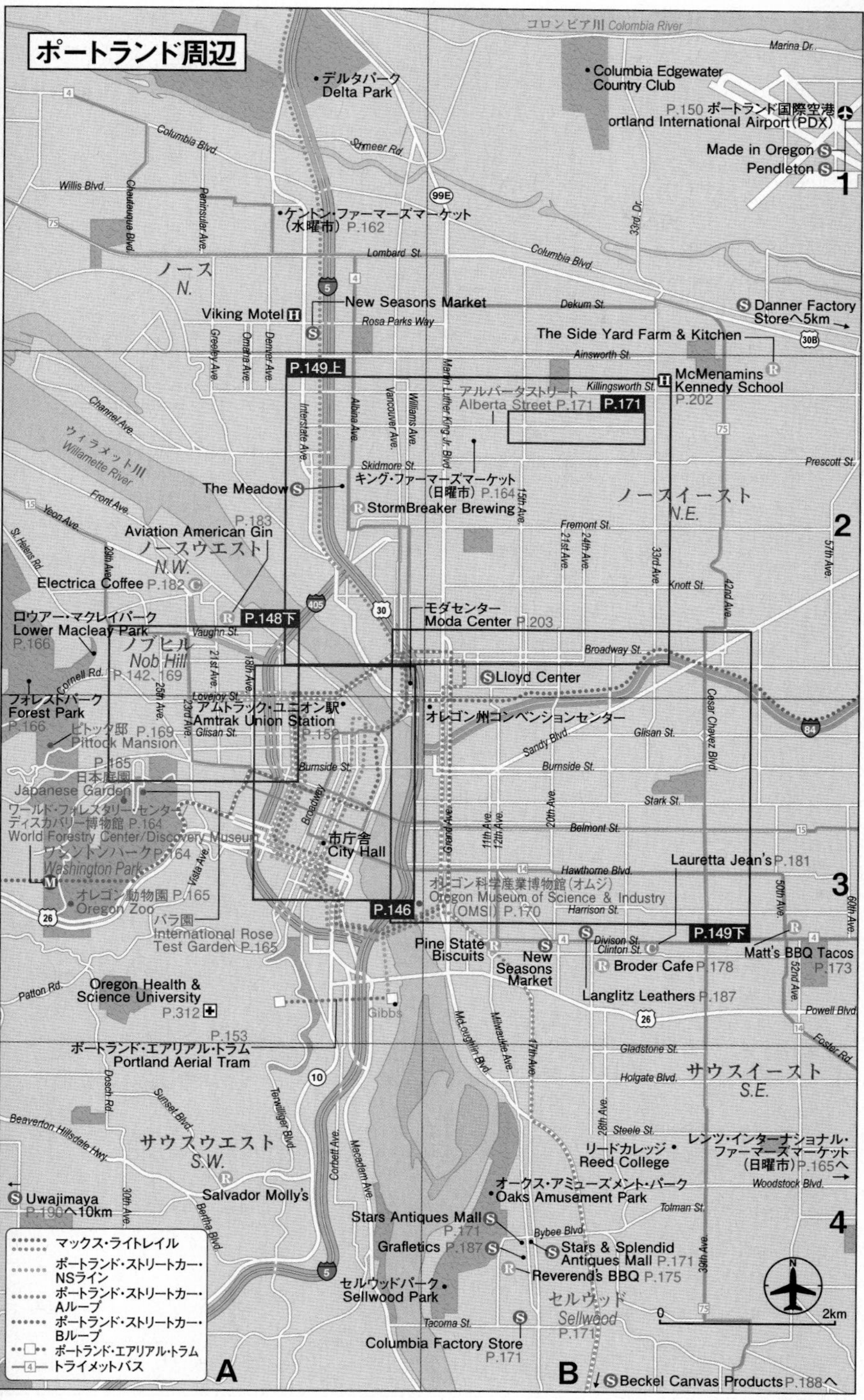
ポートランド周辺
デルタパーク
Delta Park
Columbia Edgewater
Country Club
P.150 ポートランド国際空港
Portland International Airport(PDX)
Made in Oregon
Pendleton
ケントン・ファーマーズマーケット
（水曜市）P.162
ノース
N.
Viking Motel
New Seasons Market
Danner Factory
Store へ5km
The Side Yard Farm & Kitchen
P.149上
McMenamins
Kennedy School
P.202
アルバータストリート
Alberta Street P.171
P.171
The Meadow
キング・ファーマーズマーケット
（日曜市）P.164
StormBreaker Brewing
ノースイースト
N.E.
P.183
Aviation American Gin
ノースウエスト
N.W.
Electrica Coffee P.182
ロウアー・マクレイパーク
Lower Macleay Park
P.166
P.148下
モダセンター
Moda Center P.203
ノブヒル
Nob Hill
P.142, 169
Lloyd Center
フォレストパーク
Forest Park
P.166
アムトラック・ユニオン駅
Amtrak Union Station
P.152
オレゴン州コンベンションセンター
ピトック邸 P.169
Pittock Mansion
P.165
日本庭園
Japanese Garden
ワールド・フォレスタリー・センター／
ディスカバリー博物館 P.164
World Forestry Center/Discovery Museum
ワシントンパーク P.164
Washington Park
市庁舎
City Hall
Lauretta Jean's P.181
オレゴン科学産業博物館（オムジ）
Oregon Museum of Science & Industry
(OMSI) P.170
オレゴン動物園 P.165
Oregon Zoo
P.146
バラ園
International Rose
Test Garden P.165
P.149下
Pine State
Biscuits
New
Seasons
Market
Matt's BBQ Tacos
P.173
Broder Cafe P.178
Langlitz Leathers P.187
Oregon Health &
Science University
P.312
Gibbs
P.153
ポートランド・エアリアル・トラム
Portland Aerial Tram
サウスイースト
S.E.
サウスウエスト
S.W.
リードカレッジ
Reed College
レンツ・インターナショナル・
ファーマーズマーケット
（日曜市）P.165へ
オークス・アミューズメント・パーク
Oaks Amusement Park
Uwajimaya
P.190へ10km
Salvador Molly's
Stars Antiques Mall
P.171
Grafletics P.187
Stars & Splendid
Antiques Mall P.171
Reverend's BBQ P.175
セルウッドパーク
Sellwood Park
セルウッド
Sellwood
P.171
Columbia Factory Store
P.171
Beckel Canvas Products P.188へ
コロンビア川 Colombia River
ウィラメット川
Willamette River
マックス・ライトレイル
ポートランド・ストリートカー・NSライン
ポートランド・ストリートカー・Aループ
ポートランド・ストリートカー・Bループ
ポートランド・エアリアル・トラム
トライメットバス
0
2km
A
B
1
2
3
4

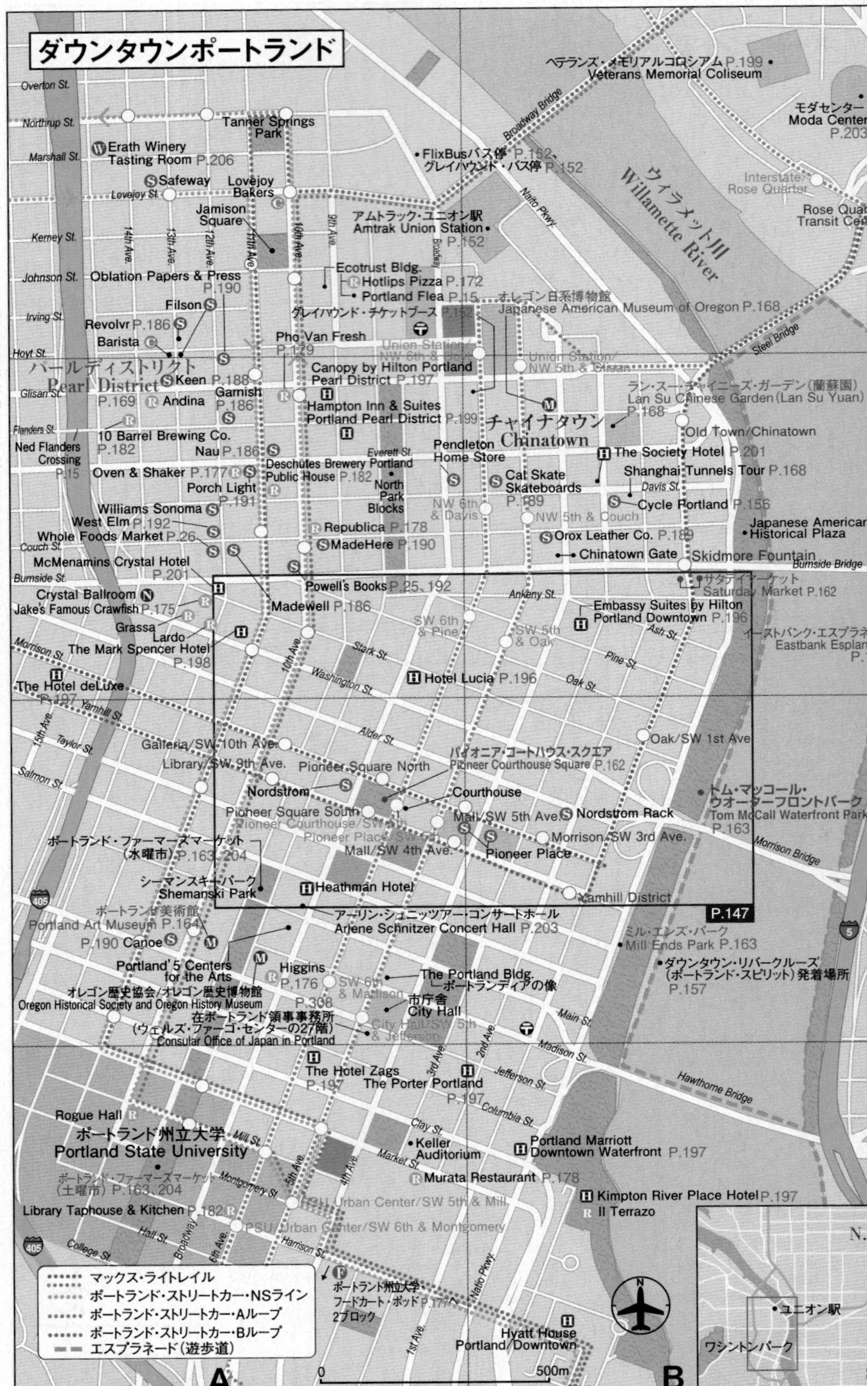

MEMO チャイナタウン周辺は、夕方から早朝の治安が比較的悪いので注意すること（→P.307）。

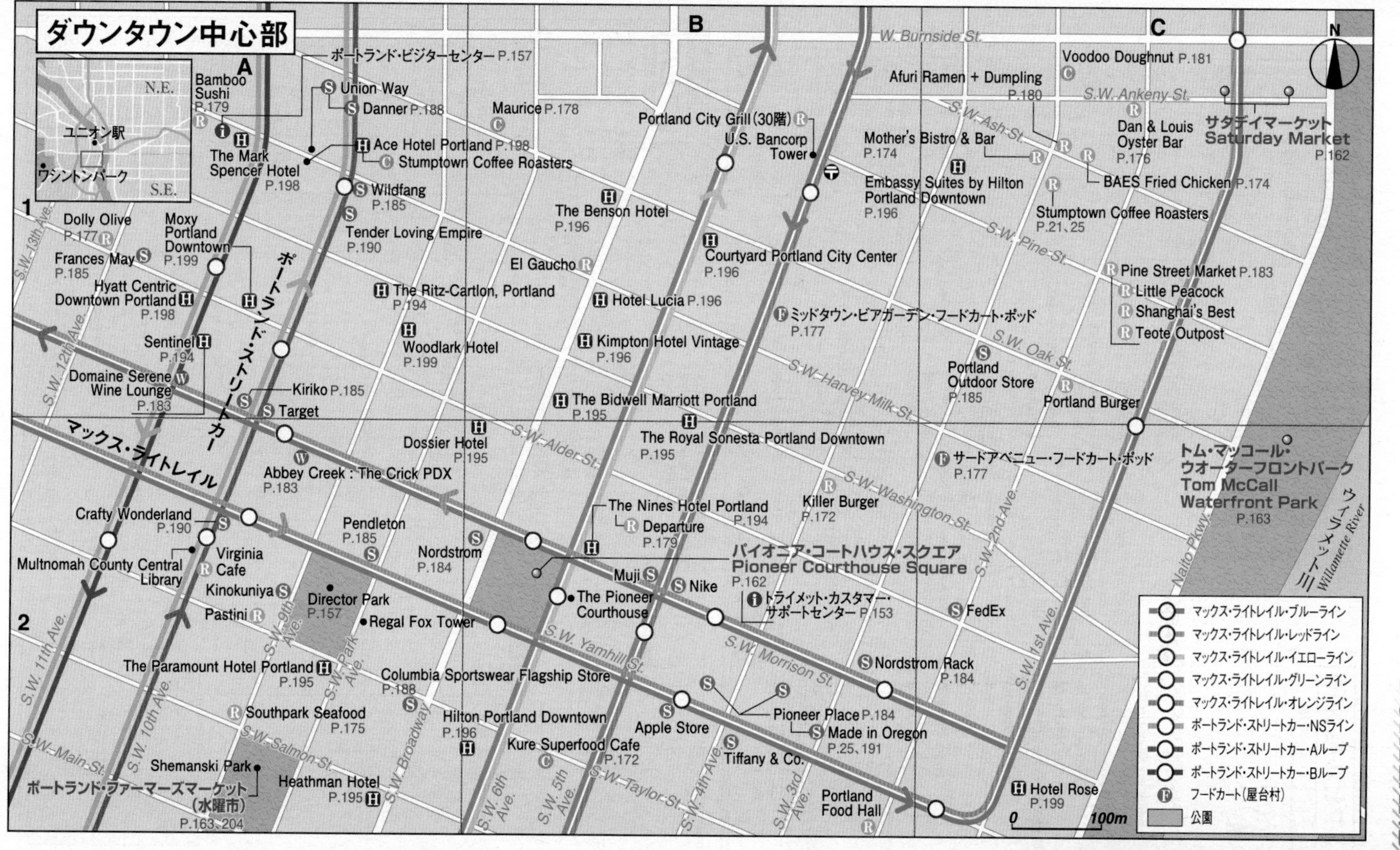
ダウンタウン中心部
A
B
C
1
2
N
N.E.
S.E.
ユニオン駅
ワシントンパーク
ポートランド・ビジターセンター P.157
Bamboo Sushi P.179
The Mark Spencer Hotel P.198
Union Way
Danner P.188
Ace Hotel Portland P.198
Stumptown Coffee Roasters
Maurice P.178
Wildfang P.185
Tender Loving Empire P.190
Dolly Olive P.177
Moxy Portland Downtown P.199
Frances May P.185
Hyatt Centric Downtown Portland P.198
Sentinel P.194
Domaine Serene Wine Lounge P.183
Kiriko P.185
Target
ポートランド・ストリートカー
マックス・ライトレイル
The Ritz-Carlton, Portland P.194
Woodlark Hotel P.199
El Gaucho
The Benson Hotel P.196
Portland City Grill (30階)
U.S. Bancorp Tower
Courtyard Portland City Center P.196
Hotel Lucia P.196
Kimpton Hotel Vintage P.196
ミッドタウン・ビアガーデン・フードカート・ポッド P.177
The Bidwell Marriott Portland P.195
The Royal Sonesta Portland Downtown P.195
Dossier Hotel P.195
Abbey Creek : The Crick PDX P.183
Afuri Ramen + Dumpling P.180
Mother's Bistro & Bar P.174
Embassy Suites by Hilton Portland Downtown P.196
Voodoo Doughnut P.181
Dan & Louis Oyster Bar P.176
BAES Fried Chicken P.174
Stumptown Coffee Roasters P.21、25
サタデイマーケット Saturday Market P.162
Pine Street Market P.183
Little Peacock
Shanghai's Best
Teote Outpost
Portland Outdoor Store P.185
Portland Burger
サードアベニュー・フードカート・ポッド P.177
トム・マッコール・ウォーターフロントパーク Tom McCall Waterfront Park P.163
ウィラメット川 Willamette River
Killer Burger P.172
The Nines Hotel Portland P.194
Departure P.179
パイオニア・コートハウス・スクエア Pioneer Courthouse Square P.162
Muji
Nike
The Pioneer Courthouse
トライメット・カスタマー・サポートセンター P.153
FedEx
Crafty Wonderland P.190
Virginia Cafe
Multnomah County Central Library
Kinokuniya
Pastini
Director Park P.157
Regal Fox Tower
Pendleton P.185
Nordstrom P.184
The Paramount Hotel Portland P.195
Columbia Sportswear Flagship Store P.188
Southpark Seafood P.175
Hilton Portland Downtown P.196
Kure Superfood Cafe P.172
Apple Store
Tiffany & Co.
Pioneer Place P.184
Made in Oregon P.25、191
Nordstrom Rack P.184
Portland Food Hall
Hotel Rose P.199
Shemanski Park
ポートランド・ファーマーズマーケット(水曜市) P.163、204
Heathman Hotel P.195
W. Burnside St.
S.W. Ankeny St.
S.W. Ash St.
S.W. Pine St.
S.W. Oak St.
S.W. Harvey Milk St.
S.W. Alder St.
S.W. Washington St.
S.W. Yamhill St.
S.W. Morrison St.
S.W. Taylor St.
S.W. Salmon St.
S.W. Main St.
S.W. 13th Ave.
S.W. 12th Ave.
S.W. 11th Ave.
S.W. 10th Ave.
S.W. 9th Ave.
S.W. Park Ave.
S.W. Broadway
S.W. 6th Ave.
S.W. 5th Ave.
S.W. 4th Ave.
S.W. 3rd Ave.
S.W. 2nd Ave.
S.W. 1st Ave.
Naito Pkwy.
マックス・ライトレイル・ブルーライン
マックス・ライトレイル・レッドライン
マックス・ライトレイル・イエローライン
マックス・ライトレイル・グリーンライン
マックス・ライトレイル・オレンジライン
ポートランド・ストリートカー・NSライン
ポートランド・ストリートカー・Aループ
ポートランド・ストリートカー・Bループ
フードカート(屋台村)
公園
0
100m

ノブヒル拡大図

0 200m

N

N.W. Pettygrove St.
N.W. Overton St.
N.W. Northrup St.
N.W. Marshall St.
N.W. Lovejoy St.
N.W. Kearney St.
N.W. Johnson St.
N.W. Irving St.
N.W. Hoyt St.
N.W. Glisan St.
N.W. Flanders St.
N.W. Everett St.
N.W. Davis St.
N.W. 25th Ave.
N.W. 24th Ave.
N.W. 23rd Ave.
N.W. 22nd Ave.
N.W. 21st Ave.
N.W. 20th Ave.
N.W. 19th Ave.
N.W. 18th Ave.
N.W. 17th Ave.
N.W. 16th Ave.

パールディストリクトへ

Cycle Dog P.191
Gastro Mania
Justa Pasta
Slabtown Village P.200
Inn at Northrup Station P.200
Marrakesh
Red Onion Thai Cuisine
Starbucks Coffee
Spielman Bagels & Coffee P.181
Little Big Burger
Swagat
Cafe Nell
Santa Fe Taqueria
Salt & Straw
Serrato Restaurant and Bar
Caffe Mingo
Barista P.142
Cotopaxi P.142
Portland Leather
The Meadow
Beau Thai Restaurant
Margaret O'Leary P.142
Tea Chai Te
Northwest Union P.143
Coffee Time
The Fireside
Budd + Finn P.143
Papa Haydn
Prana
Henry Higgins Boiled Bagels P.172
Cinema 21
Ford Grey P.143
Escape from New York Pizza
Couch Park
Tender Loving Empire
McMenamins Rams Head
Smith Teamaker
Blue Moon Tavern Grill
Ned Flanders Crossing P.15
Harlow P.143
Northwest Portland Hostel P.202
Mission Theater
Trader Joe's P.26
Snow Peak
Fish Sauce
Ken's Artisan Bakery P.180
Pottery Barn
Kitchen Kaboodle P.193
Urban Outfitters
Kell's Brewery
Crossroads Trading Co.

N.E.
ユニオン駅
ワシントンパーク
S.E.

ポートランド・ストリートカー（NSライン）
15 トラメットバス

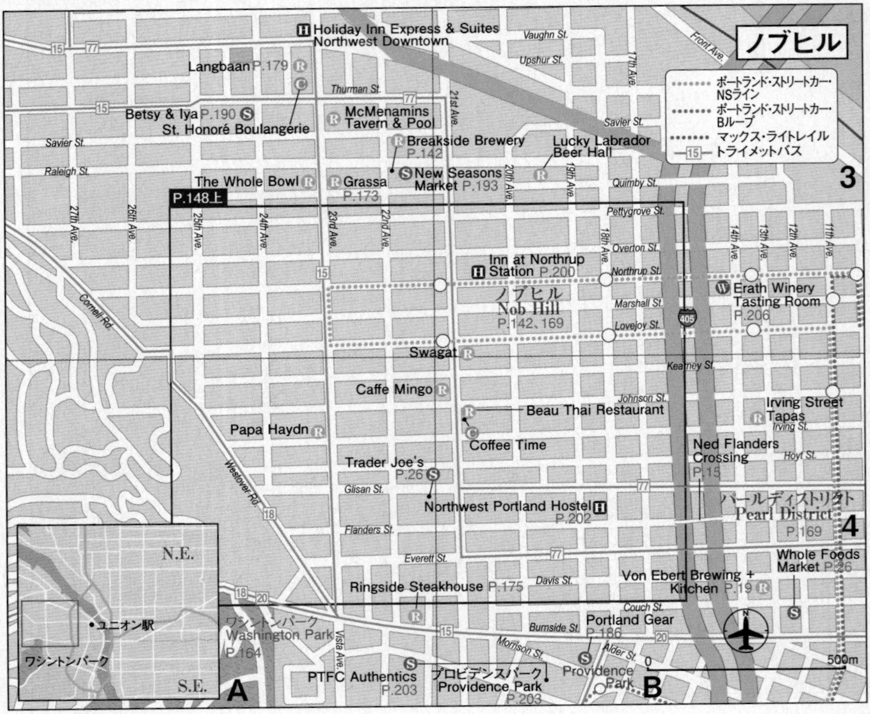

ノブヒル

ポートランド・ストリートカー・NSライン
ポートランド・ストリートカー・Bループ
マックス・ライトレイル
15 トライメットバス

Holiday Inn Express & Suites Northwest Downtown
Vaughn St.
Front Ave.
Upshur St.
Langbaan P.179
Thurman St.
17th Ave.
21st Ave.
Betsy & Iya P.190
McMenamins Tavern & Pool
Savier St.
St. Honoré Boulangerie
Breakside Brewery P.142
Lucky Labrador Beer Hall
Raleigh St.
New Seasons Market P.193
20th Ave.
19th Ave.
Quimby St.
The Whole Bowl
Grassa P.173
P.148上
Pettygrove St.
27th Ave.
26th Ave.
25th Ave.
24th Ave.
23rd Ave.
22nd Ave.
18th Ave.
14th Ave.
13th Ave.
12th Ave.
11th Ave.
Overton St.
Inn at Northrup Station P.200
Northrup St.
Erath Winery Tasting Room P.206
ノブヒル Nob Hill P.142、169
Marshall St.
Cornell Rd.
Lovejoy St.
Swagat
Kearney St.
Caffe Mingo
Johnson St.
Irving Street Tapas
Beau Thai Restaurant
Irving St.
Papa Haydn
Coffee Time
Ned Flanders Crossing P.15
Hoyt St.
Westover Rd.
Trader Joe's P.26
Glisan St.
Northwest Portland Hostel P.202
パールディストリクト Pearl District P.169
Flanders St.
Everett St.
Davis St.
Whole Foods Market P.26
Von Ebert Brewing + Kitchen P.19
Ringside Steakhouse P.175
Couch St.
ワシントンパーク Washington Park P.164
Portland Gear P.186
Burnside St.
Alder St.
Morrison St.
Vista Ave.
PTFC Authentics P.203
プロビデンスパーク Providence Park P.203
Providence Park
0 500m

N.E.
ユニオン駅
ワシントンパーク
S.E.

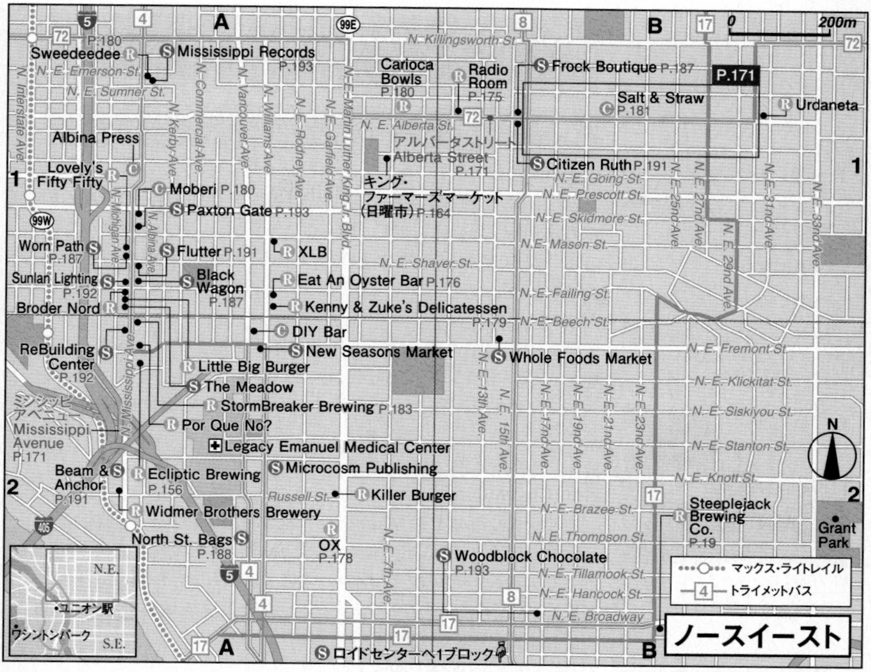

ノブヒル拡大図／ノブヒル／ノースイースト／イーストサイド／ホーソンブルバード

ノースイースト

A B 1 2
0 200m
P.171

Sweedeedee P.180
Mississippi Records P.193
N. E. Emerson St.
N. E. Sumner St.
N. Killingsworth St.
Carioca Bowls P.180
Radio Room P.175
Frock Boutique P.187
Salt & Straw P.181
Urdaneta
N. E. Alberta St.
アルバータストリート
Alberta Street
P.171
キング・ファーマーズマーケット（日曜市）P.164
Citizen Ruth P.191
N. E. Going St.
N. E. Prescott St.
N. E. Skidmore St.
N. E. Mason St.
N. E. Shaver St.
N. E. Failing St.
N. E. Beech St.
N. E. Fremont St.
N. E. Klickitat St.
N. E. Siskiyou St.
N. E. Stanton St.
N. E. Knott St.
N. E. Brazee St.
N. E. Thompson St.
N. E. Tillamook St.
N. E. Hancock St.
N. E. Broadway
N. Interstate Ave.
N. Commercial Ave.
N. Kerby Ave.
N. Vancouver Ave.
N. Williams Ave.
N. E. Rodney Ave.
N. E. Garfield Ave.
N. E. Martin Luther King Jr. Blvd.
N. Michigan Ave.
N. Albina Ave.
N. Mississippi Ave.
N. E. 7th Ave.
N. E. 13th Ave.
N. E. 15th Ave.
N. E. 17th Ave.
N. E. 19th Ave.
N. E. 21st Ave.
N. E. 23rd Ave.
N. E. 25th Ave.
N. E. 27th Ave.
N. E. 29th Ave.
N. E. 31st Ave.
N. E. 33rd Ave.
Russell St.
Albina Press
Lovely's Fifty Fifty
Moberi P.180
Paxton Gate P.193
Worn Path P.187
Flutter P.191
XLB
Sunlan Lighting P.192
Black Wagon P.187
Eat An Oyster Bar P.176
Broder Nord
Kenny & Zuke's Delicatessen P.179
DIY Bar
ReBuilding Center P.192
New Seasons Market
Whole Foods Market
Little Big Burger
The Meadow
StormBreaker Brewing P.183
ミシシッピアベニュー
Mississippi Avenue P.171
Por Que No?
Legacy Emanuel Medical Center
Beam & Anchor P.191
Ecliptic Brewing P.156
Microcosm Publishing
Killer Burger
Widmer Brothers Brewery
North St. Bags P.188
OX P.178
Woodblock Chocolate P.193
Steeplejack Brewing Co. P.19
Grant Park
N.E.
ユニオン駅
ワシントンパーク
S.E.
マックス・ライトレイル
トライメットバス
ロイドセンターへ1ブロック

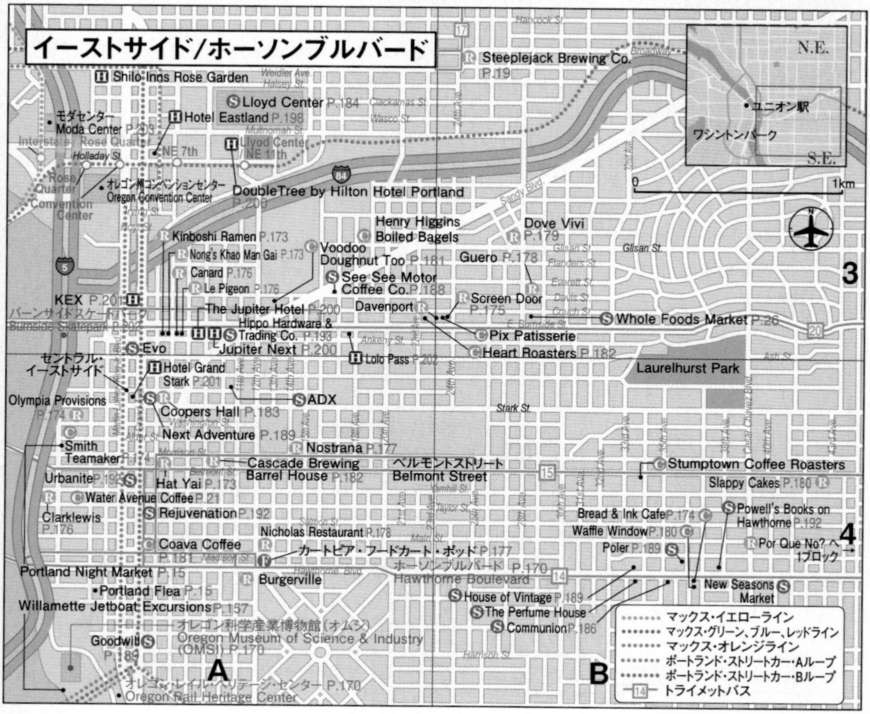

イーストサイド／ホーソンブルバード

A B 3 4
0 1km

Hancock St.
Broadway
Steeplejack Brewing Co. P.19
Shilo Inns Rose Garden
Weidler Ave.
Halsey St.
Lloyd Center P.184
Clackamas St.
Wasco St.
Multnomah St.
モダセンター
Moda Center P.203
Hotel Eastland P.198
Interstate / Rose Quarter
Holladay St.
NE 7th
Lloyd Center / NE 11th
Rose Quarter
Convention Center
オレゴン州コンベンションセンター
Oregon Convention Center
DoubleTree by Hilton Hotel Portland P.200
Sandy Blvd.
Irving St.
Flow St.
Henry Higgins Boiled Bagels
Dove Vivi P.179
Kinboshi Ramen P.173
Nong's Khao Man Gai P.173
Voodoo Doughnut Too P.181
Guero P.178
Glisan St.
Flanders St.
Everett St.
Davis St.
Couch St.
Canard P.176
Le Pigeon P.176
See See Motor Coffee Co. P.188
Screen Door P.175
KEX P.201
Davenport
The Jupiter Hotel P.200
バーンサイドスケートパーク
Burnside Skatepark P.202
Hippo Hardware & Trading Co. P.193
Whole Foods Market P.26
E. Burnside St.
Pix Patisserie
Evo
Jupiter Next P.200
Ankeny St.
Heart Roasters P.182
Lolo Pass P.202
Ash St.
セントラル・イーストサイド
Hotel Grand Stark P.201
Laurelhurst Park
Olympia Provisions P.174
ADX
Stark St.
Coopers Hall P.183
Washington St.
Alder St.
Next Adventure P.189
Smith Teamaker P.174
Morrison St.
Nostrana P.177
Cascade Brewing Barrel House P.182
ベルモントストリート
Belmont Street
Belmont St.
Stumptown Coffee Roasters
Urbanite P.192
Hat Yai P.173
Slappy Cakes P.180
Yamhill St.
Taylor St.
Water Avenue Coffee P.21
Bread & Ink Cafe P.174
Powell's Books on Hawthorne P.192
Clarklewis P.176
Rejuvenation P.192
Salmon St.
Waffle Window P.180
Nicholas Restaurant P.178
Main St.
Por Que No? へ1ブロック
Coava Coffee P.181
Madison St.
カートピア・フードカート・ポッド P.177
Poler P.189
ホーソンブルバード P.170
Hawthorne Boulevard
Hawthorne Blvd.
Portland Night Market P.15
Burgerville
New Seasons Market
Portland Flea P.15
House of Vintage P.189
The Perfume House
Willamette Jetboat Excursions P.157
Communion P.186
オレゴン科学産業博物館（オムジ）
Oregon Museum of Science & Industry (OMSI) P.170
Goodwill P.189
Harrison St.
オレゴン・レイル・ヘリテージ・センター P.170
Oregon Rail Heritage Center
Cesar Chavez Blvd.
N.E.
ユニオン駅
ワシントンパーク
S.E.

マックス・イエローライン
マックス・グリーン、ブルー、レッドライン
マックス・オレンジライン
ポートランド・ストリートカー・Aループ
ポートランド・ストリートカー・Bループ
トライメットバス

ポートランドへの行き方

飛行機

日本から

2023年8月現在、ポートランド国際空港（PDX）へ日本からの直行便は運航していないので、シアトルやサンフランシスコ、ロスアンゼルスなどアメリカ国内で乗り継いで、ポートランドへ。

アメリカ国内から

デルタ航空、ユナイテッド航空、エア・カナダ、アラスカ航空などがポートランドへ乗り入れている。シアトル、サンフランシスコ、ロスアンゼルス、カナダ・バンクーバーなどから直行便を運航。

ポートランド国際空港
MP.145-B1
住7000 N.E. Airport Way, Portland
☎(503) 460-4234
Free(1-877) 739-4636
URL www.flypdx.com

出発ロビー階には、ポートランドのグッズを販売するMade in Oregonやthe Marketがあるので、買い物を楽しんでもいい。空港内は全店無税だ。

Wi-Fi無料でショップやレストランもあって充実したポートランド国際空港

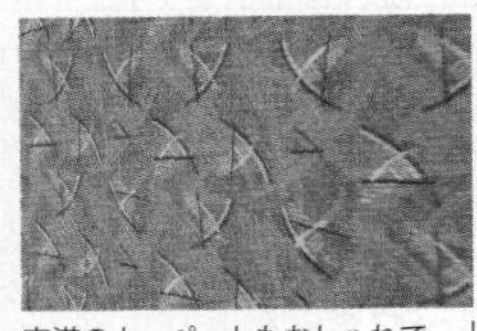
空港のカーペットもおしゃれでSNSによく取り上げられている

ポートランド国際空港
Portland International Airport (PDX)

ダウンタウンの北東14kmのコロンビア川河岸にあり、旅行雑誌で全米No.1の空港に選ばれたほど、施設、サービスが充実している。ダウンタウンへは、トライメットのマックス・ライトレイル・レッドラインや空港シャトルバス、タクシーなどでアクセス可能だ。2023年8月現在、空港は一部改装工事中。

空港到着から荷物ピックアップまで

アメリカ国内からポートランドへ到着した場合、それぞれの航空会社が使用しているコンコースから、バゲージクレームエリアに行き、荷物をピックアップする。

市内へは好みの交通手段で行こう。タクシーやシャトルバス、ホテルの送迎バス乗り場は、バゲージクレーム外の道路の中州にある。なお、バゲージクレームエリア中央にはオレゴン州の観光案内

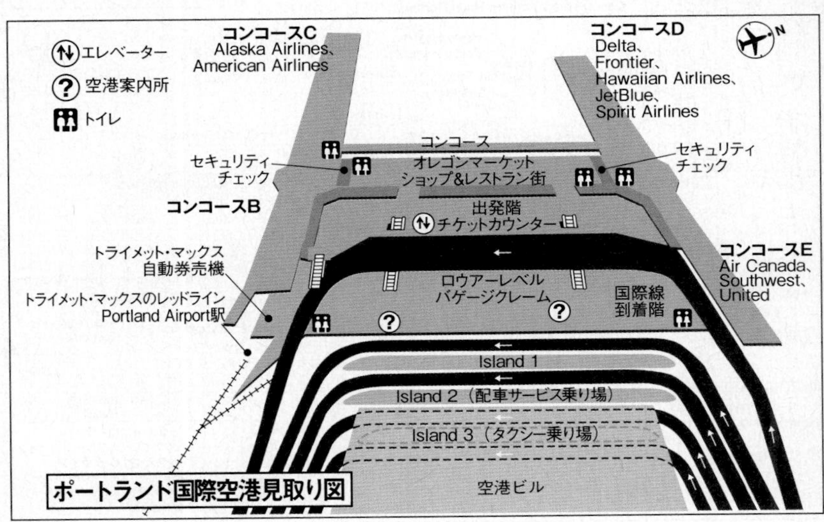

ポートランド国際空港見取り図

所があり、ポートランドだけでなくオレゴン州全域の地図や資料が入手できる。

バゲージクレームエリアの中央にある観光案内所

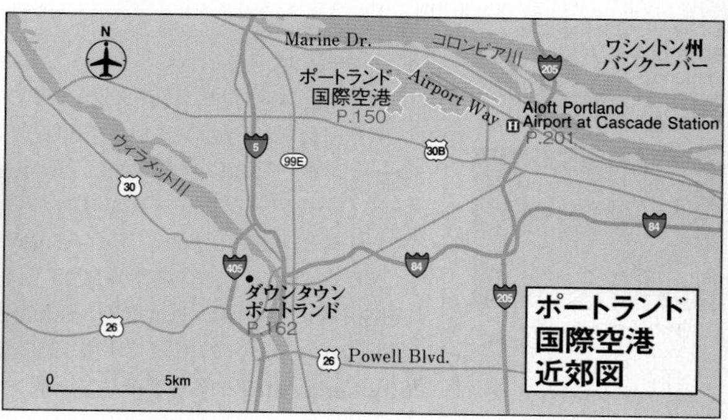

空港から市内へ

マックス・ライトレイル・レッドライン MAX Light Rail Red Line

ポートランド市内の公共交通機関を運営する**トライメット TriMet**のマックス・ライトレイル・レッドラインで、空港からダウンタウンまで乗り換えなしでアクセスできる。中心部まで約40分。駅はバゲージクレーム南端（コンコースB）のすぐ外側にある。空港出口とホーム近くに自動券売機があるので、切符を購入し乗り込もう。乗降駅は車内のアナウンスと表示板で確認できる。

タクシー Taxi

バゲージクレームエリアから駐車場に向かった中州のIsland 3にタクシー乗り場がある。ダウンタウンまで約25分。料金はチップ込みで約$45。

ウーバーとリフトの乗り場は分かれている

配車サービス App Based Rideshares

個人による送迎車サービスのウーバーUberとリフトLyft。乗り場は、バゲージクレームを出て中州のIsland 2にある。

マックス・ライトレイル・レッドライン
URL trimet.org/max
営 ポートランド国際空港発：月～金5:00～翌0:30、土日4:56～翌0:26
料 空港から市内は大人$2.50、1日パス（Paper Hop Ticket）$5
1日パスは、カードリーダーにタップしてから乗車すること。

空港とダウンタウンを結ぶ列車マックスのレッドライン

タクシー
PDX Yellow Cab
☎ (503) 841-6328
URL www.pdxyellowcab.com
Radio Cab
☎ (503) 227-1212
URL www.radiocab.net
Broadway Cab
☎ (503) 333-3333
URL broadwaycab.com

配車サービス
Uber
URL www.uber.com
Lyft
URL www.lyft.com

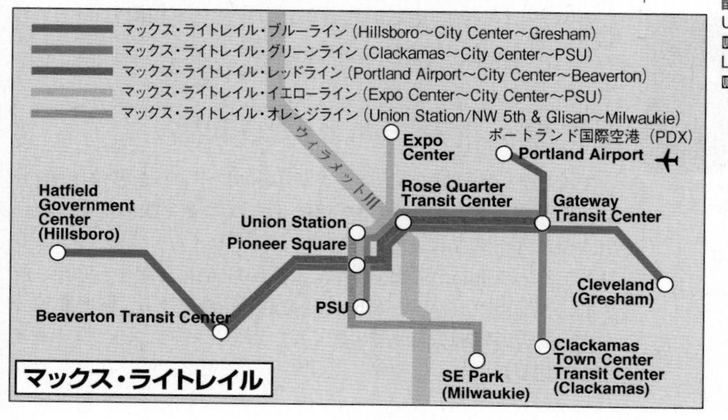

レンタカーセンタービル
住7240 N.E Airport Way, Portland
営毎日7:00 ～ 24:00（レンタカー会社により異なる）

レンタカーセンタービル

レンタカー
Rent-A-Car

アラモ、エイビス、バジェット、ダラー、ハーツなどのおもなレンタカー会社のカウンターは、2021年11月にオープンしたレンタカーセンタービルに移動した。「Rental Car Center」のサインに従って、バゲージクレームエリアからサウストンネルを通ってレンタカーセンタービルへ。

ダウンタウンへは空港からI-205 Sに入り、Exit 21BでI-84 W／US-30 Wに移り西へ8km走る。Salem方面の車線（左側2レーン）からCity Centerの出口で下り、即、右レーンに車線変更して、City Center出口で下りてモリソン橋を渡る。

鉄　道

シアトルからのカスケード号が停車中

アムトラック・ユニオン駅
MP.146-A1～B1
住800 N.W. 6th Ave., Portland
Free (1-800) 872-7245
URL www.amtrak.com
営毎日6:30～22:00
シアトル発1日5便（料大人$33～）、約3時間25分～4時間

鉄道黄金時代の面影を残すポートランドのユニオン駅

アムトラック Amtrakの鉄道で、カナダのバンクーバー、ワシントン州のシアトルやタコマ、オレゴン州のユージーン、カリフォルニア州のサンフランシスコやロスアンゼルス、イリノイ州のシカゴなどからアクセスできる。カスケード号、コーストスターライト号、エンパイア・ビルダー号がユニオン駅Union Stationへ到着。駅は、ダウンタウン中心部から北東1.5kmの所、チャイナタウンの北側にある。

長距離バス

グレイハウンド・チケットブース
MP.146-B2
住427 N.W. 6th Ave., Portland
Free (1-800) 231-2222
URL www.greyhound.com
営毎日8:30～23:30（時期により異なる）
シアトル発1日2便（大人$24.99～）、約4時間20分

グレイハウンド・チケットブース周辺では治安に注意を払うこと

グレイハウンド・バス停
MP.146-A1
住1090 N.W. Station Way, Portland

グレイハウンド Greyhoundで、カナダのバンクーバー、ワシントン州のシアトル、タコマ、オレゴン州のフッドリバー、ユージーン、カリフォルニア州サクラメントなどからアクセスできる。2019年9月、チャイナタウン周辺にあったグレイハウンド・バスターミナルは閉鎖された。2023年8月現在、チケットブースとバス乗り場（バス停）は異なる場所にある。チケットブース周辺はあまり治安がよくないので細心の注意を払うこと。バス停は、アムトラック・ユニオン駅の北300mの所にある。

鉄道駅&バスターミナルから市内へ

アムトラック・ユニオン駅とグレイハウンド・バス停は徒歩4分ほどの距離。ダウンタウン中心部へは、ユニオン駅の南東Glisan St.と5th Ave.の角にあるマックス・ライトレイル・グリーン、オレンジラインのUnion Station/ NW 5th & Glisan St駅から乗車、所要約5分。徒歩ならN.W. 6th Ave.を約1km南に下り、所要約15分だが、周辺の雰囲気はあまりよくないので、マックス・ライトレイルを利用したい。

MEMO **シアトルから格安バスで移動するなら**　グレイハウンドと共同運行するフリックスバスがシアトルとポートランドを結ぶ。**FlixBus** URL www.flixbus.com　バス停は、シアトルはインターナショナルディストリク↗

ポートランドの市内交通

ポートランドの都市部とその近郊の町とを結ぶ公共交通を運営・整備する組織が、**トライメットTriMet**である。**トライメットバス、マックス・ライトレイルMAX Light Rail、ウエス・コミューターレイルWES Commuter Rail、ポートランド・ストリートカーPortland Streetcar**が市内を縦横に走っているので、都市部で車を使う必要はない。パイオニア・コートハウス・スクエアには**トライメット・カスタマー・サポートセンター**があり、Hop Fastpassの購入、情報収集ができる。

トライメットバス TriMet Bus

ポートランド市とその近郊の町をカバーする路線網をもち、周辺の見どころへ行くのに利用したい。チケットはマックス・ライトレイル、ストリートカーにも併用でき、チケット上部に刻印された有効時間（2時間30分）内なら、何回でも乗り換えられる。

自転車も積めるトライメットバス

ダウンタウンの5th Ave.と6th Ave. は**トランジットモールTransit Mall**と呼ばれ、ほとんどのバスがここから発着する。バスルートは複雑だが、トライメットのウェブサイトに路線図が紹介されているので参考にしよう。バス停にはバスの路線番号が表示され、どのバス停に乗りたいバスが来るか、ひと目でわかるようになっている。

ポートランド・エアリアル・トラム Portland Aerial Tram

ポートランド・ストリートカー・NSラインのS. Moody & Gibbs駅前のサウス・ウオーターフロント・ロウアー・トラム・ターミナルSouth Waterfront Lower Tram Terminalと丘の上のオレゴン医科大学Oregon Health Science University（OHSU）とを結ぶトラム。下の駅から丘の上の病院まで約4分。絶景を楽しむアトラクションとしても人気が高い。チケットはロウアー・トラム・ターミナルの券売機で買う。

下の駅を出発するトラム

トライメット
☎(503)238-7433
URL trimet.org
トライメットバス、マックス・ライトレイル、コミューターレイルを運行。
料 $2.50（2時間30分乗り降り自由）、1日パス（Paper Hop Ticket） $5

トライメット・カスタマー・サポートセンター
MAP P.147-B2
住 701 S.W. 6th Ave., Portland
営 月～金8:30～17:30。土日は窓口がクローズ。無料の時刻表、全路線図が入手できるほか、Hop Fastpassなども購入できる。

トライメットバス
URL trimet.org/bus
料 $2.50
バスの運転手はつり銭を持たないので、ぴったりの料金を料金箱に入れるか、1日パスやチケット、Hop Fastpassをカードリーダーにタップする。降りるバス停が近づいたらベルコードを引っ張って知らせること。

トライメットバスのトランジットモール
アムトラック・ユニオン駅とポートランド州立大学(PSU)を結ぶ、5th & 6th Aves.がバスの乗り換えエリア。ほとんどのバスがこのトランジットモールを通る。バス停に路線番号が表示されているのでわかりやすい。

ポートランド・エアリアル・トラム
MAP P.145-A3
URL www.gobytram.com
運行 月～金5:30～21:30、土9:00～17:00、5～10分間隔で運行
料 往復$8、6歳以下無料

COLUMN 電子プリペイドのHop Fastpass

トライメットは、2017年夏、電子プリペイドカードのホップファストパスHop Fastpassの発売を開始した。日本の鉄道でもおなじみのSuicaやIcocaなどと同じように、事前にチャージすることで利用できる。トライメットバスやマックス・ライトレイル、ウエス・コミューターレイル、ポートランド・ストリートカーの乗車に便利だ。カード本体は$3で、トライメット・カスタマー・サポートセンターやスーパーマーケットなどで購入できる。バスやライトレイルに乗る直前に、緑色のカードリーダーにタップすること。

小銭不要で便利なカード

↘トの622 S. Lane St., Seattle（MAP P.35-A3）、ポートランドはアムトラック・ユニオン駅近くの住700 N.W. Station Way, Portland（MAP P.146-A1）。

マックス・ライトレイル
MP.151、P.155
trimet.org/max
$2.50、1日パス（Paper Hop Ticket）$5
チケットは乗り場の自動券売機で購入可能。乗車前にカードリーダーにタップすること。
マックスは全駅に停車するが、プラットホーム側のドアが自動的に開かない場合は、ドアそばにある点灯するボタンを押すとドアが開く。

マックスの駅はわかりやすい

マックスの駅には自動券売機が設置されている

ポートランド・ストリートカー
MP.155
portlandstreetcar.org
運行 月～土5:30～23:30（土7:30）、日7:30～22:30
料 $2、1日パス$5
トライメット・チケットオフィスでチケットの購入や情報収集ができる。

停留所に自動券売機がある

マックス・ライトレイル
MAX(Metropolitan Area Express) Light Rail

ダウンタウンを走るマックスはとても便利

レッドライン、ブルーライン、イエローライン、グリーンライン、オレンジラインの5路線ある鉄道。どの路線もダウンタウンのパイオニア・コートハウス・スクエア周辺を走るので観光に便利だ。

レッドラインは、ポートランド国際空港から、ダウンタウンやワシントンパークWashington Parkを経由して、ビーバートンBeavertonまでを走る。ブルーラインは、東のグレシャムGreshamからダウンタウン、ワシントンパーク、ビーバートンを経由して西のヒルズボロHillsboroへ。イエローラインは、ポートランド北部のエクスポセンターExpo Centerとダウンタウンにあるポートランド州立大学（Portland State University：PSU）を結ぶ。グリーンラインはポートランド南東のクラカマスClackamasからポートランド州立大学へ。オレンジラインは、アムトラック・ユニオン駅からポートランド南東のミルウォーキーMilwaukieを結ぶが、北行きのほとんどの便はダウンタウンでイエローラインに変わり、エクスポセンターまで行く。

乗り場は赤茶の柱サインが目印だ。駅によっては上りと下りが違う通りにあるので注意すること。

ポートランド・ストリートカー
Portland Streetcar

ストリートカーはノブヒルに行くときに便利

AループとBループ、NS（ノースサウス）ラインの3路線ある路面電車。Aループは、ポートランド州立大学やダウンタウン、パールディストリクト、イーストエリア、オレゴン科学産業博物館を時計回りに走る。Bループは、Aループとほぼ同じエリアを時計と反対周りに回る。NSラインは、ノブヒルからパールディストリクト、ダウンタウン、ポートランド州立大学（PSU）、ポートランド・エアリアル・トラム駅へ行く。

ストリートカーの停留所は2～5ブロックごとにあり、15～20分間隔の運行。降りるときは黄色のテープを押すこと。

COLUMN

バイクシェア・プログラムのバイクタウン Biketown

市内にある約180のバイクステーションから電動自転車を借り出すことができるシステム。事前にアプリをダウンロードして、クレジットカードの登録をしておく必要がある。

Biketown
Free (1-866)512-2453　biketownpdx.com
料 ロックの解除$1＋30¢（1分ごと）

自転車についている2次元バーコード（QRコード）をスマートフォンでスキャンし、鍵を解除するだけで自転車の貸し出しが可能

MEMO **トライメットバスとマックス・ライトレイルの料金値上げ**　2024年1月1日からトライメットバスとマックス・ライトレイルの1日パスは$5.60、1回乗車券は$2.80になる予定。

ダウンタウンポートランド・
バス&マックスルート
ウィラメット川
Willamette River
ブロードウエイ橋
Broadway Bridge
メモリアルコロシアム
モダセンター
Rose Quarter TC
オレゴン州
コンベンションセンター
アムトラック・ユニオン駅 P.152
中央郵便局
スティール橋
Steel Bridge
バーンサイド橋
Burnside Bridge
モリソン橋
Morrison Bridge
ホーソン橋
Hawthorne Bridge
パイオニア・コートハウス・スクエア P.162
Portland Transit Mall
ポートランド・トランジットモール
ポートランド州立大学
プロビデンスパーク
マックス・ライトレイル
ポートランド・ストリートカー
オレゴン科学産業博物館
(オムジ) P.170
Marquam Bridge
Tilikum Crossing
Ross Island Bridge
Oregon Health & Science University
Marquam Hill
Upper Tram Terminal
ポートランド・エアリアル・トラム P.153
South Waterfront
Lower Tram Terminal
OHSU Plaza
バスルート/番号
マックス・ライトレイル
ブルーライン
グリーンライン
オレンジライン
レッドライン
イエローライン
ポートランド・ストリートカー
Aループ
Bループ
NSライン
ポートランド・
エアリアル・トラム
病院
公園
500m
0.3miles

現地発のツアー

ピンク・トロリー・シティツアー
Pink Trolley City Tour

ピンク色のトロリーバスが、ポートランドのおもな見どころやエリアをガイドの解説付きで回る。パイオニア・コートハウス・スクエアやワシントンパーク、ホイト樹木園、ノブヒル、パールディストリクト、ウオーターフロントなどを回る。バラ園では30分の停車あり。所要約2時間。

観光に便利な乗り降り自由のトロリーバス

ピンク・トロリー・シティツアー
グレイライン・ポートランド
☎(503) 241-7373
URL www.graylineofportland.com
運行〈5月下旬〜10上旬〉水〜月10:00、14:00発
料 大人（13歳以上）$34、子供（6〜12歳）$17、5歳以下無料
住 1005 S.W. Main St., Portlandから出発

ポートランド・シティ・ツアー
Portland City Tour

パイオニア・コートハウス・スクエアやノブヒル、パールディストリクト、ラン・スー・チャイニーズ・ガーデン、ワシントンパークなどを回る市内観光ツアー。所要約3時間30分。ダウンタウンのホテルでのピックアップあり。

ポートランド・シティ・ツアー
アメリカズ・ハブ・ワールド・ツアーズ
Free (1-800) 637-3110
URL americashubworldtours.com
営 毎日9:00、14:00出発（時期により異なる）
料 $85

サードウエイブ・コーヒー・ツアーズ
Third Wave Coffee Tours

サードウエイブ・ツアーズThird Wave Toursが開催する市内のカフェ巡りツアー。5〜6ヵ所のカフェを回り、バリスタによるコーヒーの抽出方法の説明を聞いたり、カッピングを体験したりする。日本語のガイドが付くオプションあり。要事前予約。

サードウエイブ・コーヒー・ツアーズ
サードウエイブ・ツアーズ
☎(503)468-7001
URL www.thirdwavecoffeetours.com/tours-jp.html
運行 出発時間や集合場所はツアーにより異なるのでウェブサイトで確認を。基本的に水金10:30出発、所要2時間30分〜3時間。
料 $105

ポートランド・ブリュワリー・ツアー
Portland Brewery Tour

日本語ガイドによる、ブリュワリーやビアバーを3軒回るクラフトビール・ツアー（所要約3時間）。スナックが付き、さまざまなビールを試飲できるほか、醸造所ではスタッフによる解説（日本語の通訳付き）もある。要事前予約。

ポートランド・ブリュワリー・ツアー
オ州酒
URL www.oshuushu.com/tours
ポートランド・クラフトビール・ツアー／火〜金14:00、17:00にEcliptic Brewing（M P.149-A2、住 825 N. Cook St., Portland）から出発、料 $190

COLUMN ポートランドでレンタルサイクル

「自転車の首都America's Bicycle Capital」といわれるポートランドは、全米でいちばん自転車道が整備されている街として有名だ。街全体でエコを推奨するだけあり、自転車で通勤・通学する人が多い。それだけに、観光客でも気軽に自転車をレンタルして街巡りができる。注意したいことは、必ず自転車専用道、または車道を走ることと、右側通行、自動車の信号に従うことだ。

Cycle Portland
M P.146-B2　住 180 N.W. 3rd Ave., Portland
Free (1-844) 739-2453　URL portlandbicycletours.com
営 毎日10:00〜18:00
料 レンタル料／シティバイク:2時間$18〜27、1日(10:00〜18:00) $27〜39、電動自転車：2時間$48〜52、1日(10:00〜18:00) $68〜75
カード A M V

ウィラメット川沿いの遊歩道でサイクリングを楽しもう

MEMO コロンビア峡谷へのツアー　アメリカズ・ハブ・ワールド・ツアーズとグレイライン・ポートランドは、コロンビア峡谷へ行く半日ツアーを催行している。**アメリカズ・ハブ・ワールド・ツアーズ**↗

ポートランド・フードカート・ポッド＆パティオ・ツアー
Portland Food Carts, Pods & Patios Tour

セントラルイーストサイドにあるフードカートやフードホール、ブリュワリーを巡るウオーキングツアー。所要約3時間。要事前予約。

ベスト・オブ・ザ・シティ・ポートランド・ウオーキング・ツアー
Best Of the City Portland Walking Tour

ダウンタウンのシーマンスキーパークやミル・エンズ・パーク、ポートランディアの像などを回るウオーキングツアー。ポートランドの歴史や都市開発、芸術、ヒッピー文化について学ぶことができる。所要約2時間。要事前予約。

サイクル・ポートランド・バイシクル・ツアー
Cycle Portland Bicycle Tour

チャイナタウンからトム・マッコール・ウオーターフロントパーク、パールディストリクトなどを自転車で回るエッセンシャルツアー（所要約2時間30分）と、市内のマイクロブリュワリーを2軒巡るブリュワリーツアー（所要約2時間30分）がある。いずれも専門のガイド付き。電動自転車もあり。要事前予約。

ウィラメット・シーニック・エクスカーション
Willamette Scenic Excursions

屋根なしの大型ジェットボートでウィラメット川を往復約25km航行。ダウンタウンのビル群、川沿いに立つ豪邸、大型商船が停泊しているドック、水量が多いときは迫力のウィラメット滝などを見学する。乗り場はオレゴン科学産業博物館のそばにある。要事前予約。

ダウンタウン・リバークルーズ
Downtown River Cruise

ポートランド・スピリットPortland Spiritが催行するクルーズ。昔懐かしの外輪船は、ダウンタウンを出発し、南東のミルウォーキー、北東のパールディストリクト周辺を流れるウィラメット川を1周する。ランチやディナー付きのクルーズもあり。要事前予約。

ポートランドの歩き方

公共交通機関が整い、ひどく治安の悪い地域もあまりないポートランドは、旅行者にとって歩きやすい街だ。おもな見どころやホテルはダウンタウンのSouthwest（サウスウエスト）地区に集中している。もうひとつの観光の中心は、西側の丘に広がるワシントンパーク。バラ園、動物園、森林公園、ピトック邸などがある。

ポートランドの魅力は美術館や博物館巡りだけでなく、地元の人が暮らすネイバーフッドと呼ばれるエリアを散策すること。エリアガイド（→P.158）を参考に特徴ある通りを探そう。ポートランドの滞在は、最低2日は欲しいところ。マックス・ライトレイルとトライメットバスを使って、効率よくポートランドを見て回ろう。

ポートランド・フードカート・ポッド&パティオ・ツアー
ロスト・プレート・フード・ツアーズ
☎(503)409-5593
URL lostplate.com/portland-food-tours
営火〜金13:30、14:30出発(時期により異なる)
料$89

ベスト・オブ・ザ・シティ・ポートランド・ウオーキング・ツアー
アラウンド・ポートランド・ツアーズ
☎(503)998-3170
URL aroundportlandtours.com
営ディレクター・パーク（MP.147-A2、住815 S.W. Park Ave., Portland）を毎日10:00、13:30、16:00、18:00発
料$29

サイクル・ポートランド・バイシクル・ツアー
サイクル・ポートランド
MP.146-B2
住180 N.W. 3rd Ave., Portland
Free (1-844)739-2453
URL portlandbicycletours.com
エッセンシャルツアー／毎日10:00出発、料$49〜69
ブリュワリーツアー／毎日14:00出発、料$55〜75

ウィラメット・シーニック・エクスカーション
ウィラメット・ジェットボート・エクスカーション
MP.149-A4
住1945 S.E. Water Ave., Portland
☎(503)231-1532
URL willamettejet.com
営〈5月下旬〜9月上旬〉毎日14:30発。所要1時間
料大人$39.95〜44.95、子供（11歳以下）$24.95〜29.95

ダウンタウン・リバークルーズ
ポートランド・スピリット
MP.146-B3
☎(503)224-3900
URL portlandspirit.com
営毎日11:30、19:00発（時期により異なる）
料2時間：大人$40〜50、子供$25。要予約
出発トム・マッコール・ウオーターフロントパーク内でSalmon St.との突き当たり（MP.146-B3、住1010 S.W. Naito Pkwy., Portland）

i 観光案内所

ポートランド・ビジターセンター
Portland Visitor Center
MP.147-A1
住1132 S.W. Harvey Milk St., #104, Portland
☎(503)275-8355
Free (1-877)678-5263
URL www.travelportland.com
営月〜土9:00〜17:00、日10:00〜15:00

↘URL americashubworldtours.com、**グレイライン・ポートランド** URL www.graylineofportland.com

ポートランドのエリアガイド

ポートランドは、ウィラメット川とバーンサイド通りBurnside St.を境に、大きく5つのエリア（サウスウエストS.W.、ノースウエストN.W.、サウスイーストS.E.、ノースイーストN.E.、ノースN.）に分けられる。ここでは、さらに細分化して8つのエリアを紹介しよう。

サウスウエスト

ダウンタウンポートランド
Downtown Portland（→P.162）

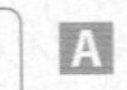

ポートランドの中枢部で、ビジネスや文化の拠点としてホテルやショップ、文化施設が集中する。端から端まで1.5kmしかなく、その中心に、パイオニア・コートハウス・スクエアがある。

ワシントンパーク
Washington Park（→P.164）

ダウンタウンの西側に広がる410エーカーの広さをもつ公園。街のシンボルでもあるバラ園や動物園、日本庭園などがあり、観光スポットになっている。

ノースウエスト

オールドタウンとチャイナタウン
Old Town & Chinatown（→P.168）

ダウンタウンの北側はオールドタウンと呼ばれる古い街並み。ナイトスポットやレストランが多い。4th Ave.を北へ向かうと、ラン・スー・チャイニーズ・ガーデンがあるチャイナタウンに出る。さらに北に行ったアムトラック・ユニオン駅周辺は、夜間の治安があまりよくないので注意すること。

ノブヒル
Nob Hill（→P.169）

D

若い世代や女性たちに人気が高いエリア。閑静な住宅街の中に小さなショップやレストランが並ぶ。中心は、23rd Ave.とJohnson St.あたり。

パールディストリクト
Pearl District（→P.169）

かつての倉庫街がアートギャラリーやインテリアショップとしてよみがえった。カフェやレストランの数も増え、夜もにぎわっている。

サウスイースト

ホーソンブルバード
Hawthorne Boulevard（→P.170）

ポートランドでも古いネイバーフッドのひとつで、ノスタルジーあふれる映画館や、個性的なショップやカフェが並ぶ。ダウンタウンとは対照的に、昔ながらのポートランドを感じることができるエリア。

ホーソンブルバードのランドマークであるバグダッド劇場

ノースイースト

アルバータストリート
Alberta Street（→P.171）

壁画が街を飾り、アートな雰囲気が漂うエリア。毎月最終木曜の夕方は道路が閉鎖され、ストリートフェアが開催されている。クリエイティブな人々が多く住むネイバーフッドだ。

ノース

ミシシッピアベニュー
Mississippi Avenue（→P.171）

ポートランドのDIY精神が垣間見られるエリア。趣味が高じて起業した個人経営のショップやレストランが軒を連ねる。

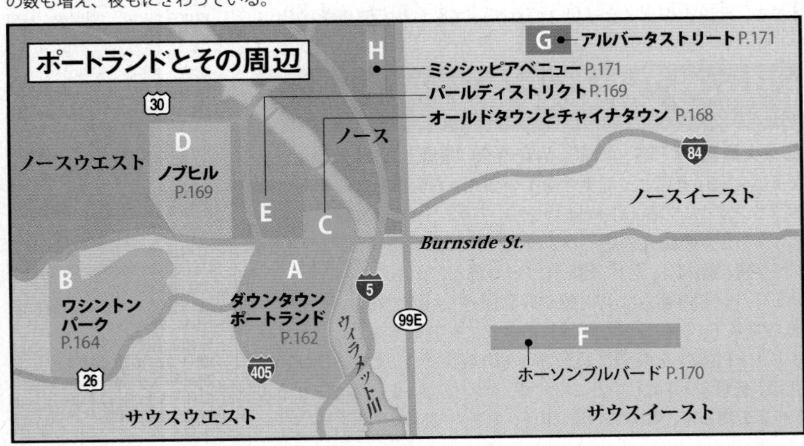

アクセス表

公共の交通機関 バス ストリートカー マックス ※所要の時間はおおよその時間

目的地＼出発地	ダウンタウンポートランド (701 S.W. 6th Ave.)	ワシントンパーク周辺 (Washington Parkマックス・ライトレイル駅)	オールドタウンとチャイナタウン (Old Town/ Chinatownマックス・ライトレイル駅)	ノブヒル (N.W. 23rd Ave. & N.W. Marshall St.)	パールディストリクト (NW 10th St. & Glisan St.)	ホーソンブルバード (S.E. Hawthorne Blvd. & S.E. Cesar Chavez Blvd.)	アルバータストリート (N.E. Alberta St. & N.E. 15th Ave.)
ダウンタウンポートランド (701 S.W. 6th Ave.)		レッド&ブルーライン：Washington Park→Pioneer Square South (12分)	レッド&ブルーライン：Old Town/Chinatown→Pioneer Square North (6分)	NSライン：NW 23rd & Marshall→SW 11th & Alder (19分)	NSライン&Bループ：NW 11th & Glisan→SW 11th & Alder (13分)	14：SE Hawthorne & Cesar Chavez Blvd→SW 6th & Main (22分)	8：NE Alberta & 15th→SW 5th & Morrison (25分)
ワシントンパーク周辺 (Washington Parkマックス・ライトレイル駅)	レッド&ブルーライン：Pioneer Square North→Washington Park (11分)		レッド&ブルーライン：Old Town/Chinatown→Washington Park (18分)	NSライン：NW 23rd & Marshall→SW 11th & Alder 乗り換え レッド&ブルーライン：Galleria/SW 10th Ave→Washington Park (28分)	NSライン&Bループ：NW 11th & Glisan→SW 11th & Alder 乗り換え レッド&ブルーライン：Galleria/SW 10th Ave→Washington Park (20分)	14：SE Hawthorne & Cesar Chavez Blvd→SW Main & 2nd 乗り換え レッド&ブルーライン：Morrison/SW 3rd Ave→Washington Park (40分)	8：NE Alberta & 15th→Rose Quarter TC 乗り換え レッド&ブルーライン：Rose Quarter TC→Washington Park (45分)
オールドタウンとチャイナタウン (Old Town/ Chinatownマックス・ライトレイル駅)	レッド&ブルーライン：Pioneer Square South→Old Town/Chinatown(6分)	レッド&ブルーライン：Washington Park→Old Town/Chinatown(17分)		77：NW 21st & Lovejoy→NW Everett & 2nd (15分)	徒歩12分	14：SE Hawthorne & Cesar Chavez Blvd→SW Main & 2nd 乗り換え レッド&ブルーライン：Yamhill District→Old Town/Chinatown (25分)	8：NE Alberta & 15th→NW Glisan & 3rd (26分)
ノブヒル (N.W. 23rd Ave. & N.W. Marshall St.)	NSライン：Central Library→NW 23rd & Marshall(21分)	レッド&ブルーライン：Washington Park→Library/SW 9th Ave 乗り換え NSライン：Central Library→NW 23rd & Marshall (35分)	77：NW Glisan & 3rd→NW 21st & Lovejoy (16分)		NSライン：NW 10th & Glisan→NW 23rd & Marshall(13分)	15：SE Belmont & Cesar Chavez Blvd→NW 23rd & Lovejoy (44分)	8：NE Alberta & 15th→NW Glisan & 3rd 乗り換え NSライン：NW 10th & Glisan→NW 23rd & Marshall (50分)
パールディストリクト (N.W. 10th St. & N.W. Glisan St.)	NSライン&Aループ：Central Library→NW 10th & Glisan (10分)	レッド&ブルーライン：Washington Park→Library/SW 9th Ave 乗り換え NSライン&Aループ：Central Library→NW 10th & Glisan (20分)	徒歩12分	NSライン：NW 23rd & Marshall→NW 11th & Glisan (10分)		14：SE Hawthorne & Cesar Chavez Blvd→SW 6th & Main 乗り換え NSライン&Aループ：Art Museum→NW 10th & Glisan (38分)	8：NE Alberta & 15th→NW Glisan & 3rd (28分)
ホーソンブルバード (S.E. Hawthorne Blvd. & S.E. Cesar Chavez Blvd.)	14：SW 6th & Main→SE Hawthorne & Cesar Chavez Blvd (23分)	レッド&ブルーライン：Washington Park→Yamhill District 乗り換え 14：SW Main & 2nd→SE Hawthorne & Cesar Chavez Blvd (43分)	レッド&ブルーライン：Old Town/Chinatown→Morrison/SW 3rd Ave 乗り換え 14：SW Main & 2nd→SE Hawthorne & Cesar Chavez Blvd (33分)	15：NW 23rd & Marshall→SE Belmont & Cesar Chavez Blvd (35分)	グリーンライン：Union Station/NW 5th & Glisan→City Hall/SW 5th & Jefferson 乗り換え 14：SW Madison & 4th→SE Hawthorne & Cesar Chavez Blvd (35分)		72：NE Alberta & 15th→NE Killingsworth & 42nd 乗り換え 75：NE 42nd & Killingsworth→SE Hawthorne & Cesar Chavez Blvd (35分)
アルバータストリート (N.E. Alberta St. & N.E. 15th Ave.)	8：SW 6th & Alder→NE Alberta & 15th (27分)	レッド&ブルーライン：Washington Park→Rose Quarter TC 乗り換え 8：Rose Quarter TC→NE Alberta & 15th (45分)	8：NW Everett & 2nd→NE Alberta & 15th (22分)	NSライン：NW 23rd & Marshall→NW 11th & Couch 乗り換え 8：NE Everett & 5th→NE Alberta & 15th (45分)	8：NW Everett & 5th→NE Alberta & 15th (30分)	75：SE Cesar Chavez Blvd & Hawthorne→NE 42nd & Killingsworth 乗り換え 72：NE Killingsworth & 42nd→NE Alberta & 15th (45分)	

※ノースエリアのミシシッピアベニューには、バス#4が南北に走っている。ダウンタウンやチャイナタウンからバス#4に乗車するといい。

Model Course

ポートランドを楽しむモデルコース

初めてのポートランド

公共交通機関で観光地を回る2日間!!

DAY 1 近年注目のエリアをおさえる

9:00 ダウンタウン(→P.162)の**ブードゥードーナツ**(→P.181)で朝食

行列に並ぶ価値あり

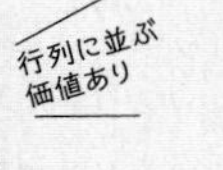

ポートランドでいちばん有名なドーナツ

徒歩10分＋バス #63 15分

9:40 ワシントンパーク(→P.164)にある**バラ園**(→P.165)と**日本庭園**(→P.165)を散策

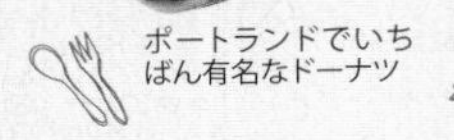

日本庭園のチケット売り場も隈研吾氏がデザインした

徒歩20分

11:30 ノブヒル(→P.142、P.169)散策。**ハーロウ**(→P.143)でランチのあとウインドーショッピング

オレゴン州で取れた野菜を使ったラップサンドイッチ

ストリートカー・NSライン 10分

15:00 パールディストリクト(→P.169)へ。**パウエルズブックス**(→P.192)や**メイド・イン・オレゴン**(→P.191)でおみやげ探し。**デシューツ・ブリュワリー・ポートランド・パブリック・ハウス**(→P.182)のビールで乾杯

フライト(試飲)なら6種類のビールを味見できる

DAY 2 定番の見どころを巡る

9:15 ダウンタウン(→P.162)の**エース・ホテル・ポートランド**(→P.198)に入る**スタンプタウン・コーヒー・ロースターズ**でコーヒーを

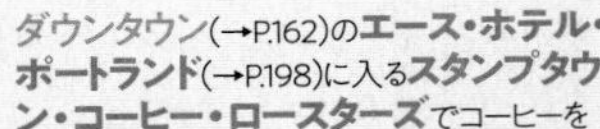

宿泊客でなくても利用できるホテルのロビー

徒歩10分

10:00 **ラン・スー・チャイニーズ・ガーデン**(→P.168)へ

都会の真ん中のオアシス

徒歩10分

11:00 パールディストリクト(→P.169)にある**ホットリップスピザ**(→P.172)で早めのランチ

地元の食材を使ったピザは、ふた切れくらい食べられそう

ストリートカー・Aループ 30分

12:30 **オレゴン科学産業博物館**(→P.170)を見学

バス #6 20分

14:40 **ポートランド美術館**(→P.164)へ

ルノワールやチャイルド・ハッサムの作品を鑑賞

徒歩8分

16:10 パイオニア・コートハウス・スクエア(→P.162)周辺でショッピング。ディナーは、**ヒギンズ**(→P.176)で

ネイバーフッドごとに異なる表情をもつポートランド。
ここでは、初めてポートランドを訪れる人とリピーターの人向けのコースを紹介しよう。

ライトレイル　バス　ストリートカー　徒歩

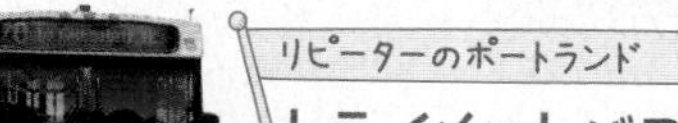
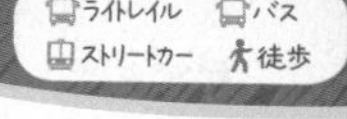

リピーターのポートランド

トライメットバスなどで人気のショップとレストランを訪れる2日間!!

DAY 1 評判のレストランやブリュワリーで満腹に

9:30 パイオニア・コートハウス・スクエア(→P.162)からスタート

バス#4 30分

10:00 ノース(→P.171)にある**スウィーディーディー**(→P.180)で遅めの朝食を

トーストに目玉焼きとフルーツが付いた定番メニュー

徒歩 10分

11:00 ミシシッピアベニュー(→P.171)を散策。少し足を延ばして、話題のセレクトショップ、**ビーム&アンカー**(→P.191)へ

日本人のテイストに合った小物雑貨を豊富に取り扱う

ストリートカー・Aループ 30分

14:15 サウスイースト(→P.170)の**オリンピアプロビジョンズ**(→P.174)でランチ

バス#15 15分

15:15 ダウンタウン(→P.162)にある**パウエルズブックス**(→P.192)や**メイドヒア**(→P.190)でおみやげ探し。ブリュワリーツアーの前に**パイオニアプレイス**(→P.184)のフードコートで軽食を

ポートランドで作られたアイテムをゲット!

バス#4 25分

17:00 地ビールが味わえるブリュワリーツアー、**オ州酒**(→P.156)に参加

ツアーではビール造りの裏話も話してくれる

DAY 2 最旬ショップ目がけて周辺ネイバーフッドへGo!

9:00 ダウンタウン(→P.162)にある**マザーズ・ビストロ&バー**(→P.174)でスクランブルエッグを朝食に

徒歩 10分

10:00 オールドタウンにある**オロックス・レザー・カンパニー**(→P.189)では革製品を入手したい

財布やカード入れは一生使えそうだ

バス#17 30分

11:00 アルバータストリート(→P.171)を散歩。**パイン・ステート・ビスケット**(→P.173)でランチを食べたあと、**タンブルウィードブティック**(→P.187)や**シチズンルース**(→P.191)をチェック

きれいめファッション・アイテムが集まるタンブルウィードブティック

バス#6 20分

14:00 サウスイースト(→P.170)の**ネクストアドベンチャー**(→P.189)で最新アウトドアグッズを探す

バス#14 30分

15:00 ホーソンブルバード(→P.170)でお買い物。**ハウス・オブ・ビンテージ**(→P.189)で古着をチェック

バス#14、70 30分

16:30 セルウッド(→P.171)にあるアンティークショップの**スターズ&スプレンディッド・アンティーク・モール**(→P.171側注)で掘り出し物探し

ダウンタウンエリア周辺で最大級のアンティークモール

バス#19 40分

18:00 パールディストリクト(→P.169)の**メイドウェル**(→P.186)や**リボルバー**(→P.186)で人気のファッション・グッズをゲット。**オーブン&シェイカー**(→P.177)でディナーを

パイオニア・コートハウス・スクエア
住 701 S.W. 6th Ave., Portland
URL www.thesquarepdx.org
行き方 マックス・ライトレイル・ブルー、レッドラインのPioneer Square駅、グリーン、イエローラインのPioneer Courthouse駅下車。
※パイオニア・コートハウス・スクエアにはトライメットの案内所とトイレがある。

パイオニア・コートハウス・スクエアにあるトライメットの案内所

サタデイマーケット
住 2 S.W. Naito Pkwy., Portland
☎ (503) 222-6072
URL www.portlandsaturdaymarket.com
営〈3月上旬～12月下旬〉土10:00～17:00
行き方 マックス・ライトレイル・ブルー、レッドラインのSkidmore Fountain駅下車、徒歩1分。

手作りの石鹸なども販売されているマーケット

ポートランドのおもな見どころ

ダウンタウンポートランド Downtown Portland

人が絶えないダウンタウンのランドマーク　M P.147-B2

★★★ パイオニア・コートハウス・スクエア Pioneer Courthouse Square

ダウンタウンの中心にぽっかりと開いたすり鉢状の広場。もともと駐車場だった所を、市民がブロックを買うという形で建設費を捻出し造り上げたので、各ブロックには寄付をした人の名前が一つひとつ刻まれている。その数はなんと約8万個。広場に下りる階段には大勢の人が腰かけてサンドイッチをほおばったり、のんびり昼寝をしていたりと、まさに市民の憩いの場だ。噴水や天気予報マシーン、舞台があり、休日にはライブやパフォーマンスも行われる。ポートランド滞在中に必ず一度は通る場所だろう。

ポートランドの中心がパイオニア・コートハウス・スクエア

週末ポートランドにいるなら　M P.147-C1

★★ サタデイマーケット Saturday Market

週末に訪れたなら、必ず行きたいサタデイマーケット

トム・マッコール・ウオーターフロントパークTom McCall Waterfront Park（→P.163）および**アンカニースクエアAnkeny Square**で3月上旬から12月下旬までの土曜のみ開かれる青空市。観光客はもちろん、地元の人にとっても定番のイベントだ。定例行事としては全米で最大規模のオープンエアマーケットで、アート&クラフト、おもちゃ、フードなど約300以上の店が参加する。ポートランドが自由な精神の象徴のように、レインボーカラーのろうけつ染めTシャツや麻製品を置く店が多い。最近はフードブースが充実していて、世界各国のファストフードが安価で食べられる。テーブルもあるのでランチに最適だ。

おみやげによさそうなものが見つかるかも

MEMO ポートランド郊外のファーマーズマーケット　水曜市－ **Kenton** M P.145-A1　住 N. Denver Ave. & N. McClellan St., Portland　営〈6～9月〉水15:00～19:00　行き方 マックス・ライトレイル・イエローラインのKenton/ N Denver ↗

安くて安全でおいしいものを買うなら　MP.204

ポートランド・ファーマーズマーケット Portland Farmers Market

ポートランドを訪れたら、市内5ヵ所で開かれているファーマーズマーケットに行ってみたい。季節は春から秋がメイン。会場となる**ポートランド州立大学Portland State University（PSU）**構内、ダウンタウンの**シーマンスキーパークShemanski Park**などには、市民たちがこぞって訪れ、買い物や試食を楽しんでいる。店を出す50以上のベンダー（出店者）はポートランド近郊の農家の人々。新鮮な野菜や果物を直売、その多くがオーガニックである。ほかにもハーブやハチミツ、お茶、手作りパン、チーズ、キノコなど、グルメシティ・ポートランドのおいしいどころが並び、そのほとんどの店で、試食も可能だ。

ポートランドのファーマーズマーケットの果物や野菜はとびきり新鮮

ポートランド・ファーマーズマーケット（→P.204）
URL www.portlandfarmersmarket.org
〈ダウンタウン〉
水曜市―Shemanski Park
MP.147-A2
住S.W. Park Ave. & S.W. Main St., Portland
営〈5～10月〉水10:00～14:00
行き方パイオニア・コートハウス・スクエアから南西に3ブロック、徒歩3分。
土曜市―Portland State University
MP.146-A4
住S.W. Montgomery St. & S.W. Park Ave., Portland
営〈4～10月〉土8:30～14:00、〈11～3月〉土9:00～14:00
行き方パイオニア・コートハウス・スクエアから南西に11ブロック、徒歩15分。
※郊外のファーマーズマーケットは、P.162～165脚注参照。

ギネスブック認定の実績がある世界一小さい公園　MP.146-B3

ミル・エンズ・パーク Mill Ends Park

S.W. Naito Pkwy.の中央分離帯に、半径わずか30cmの花壇がある。見逃してしまいそうに小さい花畑は、実は世界でいちばん小さい公園といわれている。

見逃してしまうほど小さい公園

ミル・エンズ・パーク
住S.W. Naito Pkwy. & S.W. Taylor St., Portland
行き方パイオニア・コートハウス・スクエアから南東に6ブロック。徒歩7分。

ウィラメット川沿いに続く約2kmの緑地帯公園　MP.146-B2～B3

トム・マッコール・ウオーターフロントパーク Tom McCall Waterfront Park

休日ともなると芝生の上でくつろいだり、ジョギングをする市民の姿でいっぱいになる公園。春、夏の間はコンサートやイベントが多く開催され、華やかな雰囲気に包まれる。

バーンサイド橋の北側には、第2次世界大戦中捕虜として米国内陸部の収容所に抑留されていた日系人にささげられた彫刻広場、**ジャパニーズ・アメリカン・ヒストリカル・プラザJapanese American Historical Plaza**があり、周辺には100本の桜の木が植えられている。また、ウィラメット川沿いには蒸気船ポートランド号が停泊し、現在**オレゴン海洋博物館Oregon Maritime Museum**として公開されている。

トム・マッコール・ウオーターフロントパーク
住Naito Pkwy. (bet. S.W. Harrison St. & N.W. Glisan St.), Portland
営毎日5:00～24:00
行き方マックス・ライトレイル・ブルー、レッドラインのSkidmore Fountain駅やOak/SW 1st Ave駅、Yamhill District駅から徒歩2分。

ジョギングをする人、サイクリングをする人、果ては騎馬警官も通るトム・マッコール・ウオーターフロントパーク

オレゴン海洋博物館
住S.W. Naito Pkwy.(at Pine St.), Portland
☎(503) 224-7724
URL www.oregonmaritimemuseum.org
営水金土11:00～16:00
休月火木日
料大人$7、シニア(62歳以上)$5、学生$4、子供$3

↘Ave駅下車、徒歩3分。（P.164に続く）

ポートランド美術館
住1219 S.W. Park Ave., Portland
☎(503) 226-2811
URL portlandartmuseum.org
営水〜日10:00〜17:00
休月火、おもな祝日
料大人$25、シニア(62歳以上)・学生$22、子供(17歳以下)無料
行き方パイオニア・コートハウス・スクエアから南西に6ブロック。徒歩8分。

拡張工事をしているポートランド美術館

アメリカを代表する画家が揃う

M P.146-A3

ポートランド美術館
Portland Art Museum

古今東西の名作約5万点を所蔵する美術館。アジア美術では、日本美術の充実ぶりがすばらしい。江戸や明治時代を中心に掛け軸や浮世絵など約1800点を所蔵。なかには江戸時代の六曲屏風絵や徳川家使用の陶器などもある。

アメリカ絵画は必見のコーナー。建国初期の肖像画家ギルバート・スチュアート、アメリカ西部の大自然を描いたハドソン・リバー派のビアスタット、やわらかい画風が特徴的なアメリカ印象派のチャイルド・ハッサム、独自のタッチが上品なレンブラント・ピールなど、アメリカを代表する画家の作品を多数展示。

北米先住民のコレクションも北西部、カナダ、大平原、南西部、南東部などのエリアごとに豊富に揃う。マスクだけ見ても各種族の特徴が表現されておもしろい。また世界的に有名なプエブロ族マリア・マルチネスの黒い陶器が、まとまって見られるのも貴重。自然界の生物を神として表現したカチナドールも見応えがある。

西洋美術では、印象派のコレクションが秀逸だ。モネの『睡蓮』、ルノワールの人物画やセザンヌ、ピカソといったなじみのある画家のほかにも、ロダンの彫像など、躍動感あふれる作品も揃っている。2023年から始まった拡張工事により、一部展示コーナーが閉鎖されていることがある。

ワシントンパーク
Washington Park

ワシントンパーク
URL explorewashingtonpark.org
営毎日5:00〜22:00
行き方マックス・ライトレイル・ブルー、レッドラインのWashington Park駅下車。
Washington Park Shuttle
ワシントンパーク内を無料のシャトルバスが15〜30分間隔で走る。マックス・ライトレイル・ブルー、レッドラインのWashington Park駅からホイト樹木園ビジターセンター、バラ園、日本庭園を回る。
営〈4〜9月〉毎日9:30〜19:00、〈10〜3月〉毎日10:00〜16:00

市民の憩いの場

M P.145-A3

ワシントンパーク
Washington Park

ポートランドダウンタウンの南西4kmに位置する。410エーカー(1.6km²)の敷地をもち、ワールド・フォレスタリー・センターや動物園、日本庭園、バラ園などが集まる。さらに、木々が生い茂るなかを散歩できるトレイルもあり、週末は家族連れでにぎわっている。

ワールド・フォレスタリー・センター/ディスカバリー博物館
住4033 S.W. Canyon Rd., Portland ☎(503) 228-1367
URL www.worldforestry.org
営水〜日11:00〜16:00
休月火、おもな祝日
料大人・シニア(62歳以上)・子供(3〜18歳) $5、2歳以下無料
行き方マックス・ライトレイル・ブルー、レッドラインのWashington Park駅下車。

森林資源の教育文化施設

M P.145-A3

ワールド・フォレスタリー・センター/ディスカバリー博物館
World Forestry Center / Discovery Museum

自然について家族で学べる所

豊かな森林に育まれて、数少ない原生林が残るオレゴン州ならではの博物館。オレゴン州や世界の森林について楽しく学べる。建物の中央にドーンとそびえる模型の大木の根元には、動物たちのすみかが造られ、中を探検できる。ほかにも映像をとおしてアフリカのクルーガー国立公園でジープツアーに参加したり、シベリア鉄道に乗ってツンドラの森を旅したり、家族揃って楽しめるコーナーがたくさんある。

MEMO (P.163より続き) 日曜市ー King M P.149-A1 住N.E. Wygant St. & N.E. 7th Ave., Portland 営〈5月〜11月中旬〉日10:00〜14:00 行き方S.W. Columbia St. & S.W. 5th Ave.からバス#6でN.E. Martin Luther King Jr. & N.E. Wygant ↗

★★★ 手入れの行き届いた本格的日本庭園

M P.145-A3

日本庭園
Japanese Garden

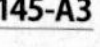

ポートランド市民によるNPO団体「オレゴン日本庭園協会」が計画し、日本人によるデザインで1967年に完成した。以降日本の歴史的な造園技術や庭園美を伝え続けている。菖蒲が咲く池に橋が架けられて、茶室を取り巻く露地庭、玉砂利が敷き詰められている枯山水、東屋や竹垣がアクセントになっている庭など、代表的な様式の日本庭園が5つあるほか、小さな滝や小川が配されている。四季折々に花が咲く木やコケむした石がうまく置かれ、日本人が見ても感心するほどのできばえ。ここでは建築材料を日本から運ぶなどして、より本格派を目指したという。2017年4月には世界的に著名な日本人建築家、隈研吾氏デザインによるギャラリーThe Jordan Schnitzer Japanese Arts Learning CenterやカフェUmami Cafeがオープンした。

枯山水を見事に表現

日本庭園
住 611 S.W. Kingston Ave., Portland
☎ (503) 223-1321
URL japanesegarden.com
営 水～月10:00～18:00（時期により異なる） 休 火、おもな祝日
料 大人$21.95、シニア（65歳以上）$18.95、学生$17.95、子供（6～17歳）$15.95、5歳以下無料
行き方 パイオニア・コートハウス・スクエアやマックス・ライトレイル・ブルー、レッドラインのProvidence Park駅からバス#63、もしくは、マックス・ライトレイル・ブルー、レッドラインのWashington Park駅からWashington Park Shuttleで。

時間があればWashington Park駅で下車し、Vietnam Veterans of Oregon MemorialからスタートするワイルドウッドトレイルWildwood Trailを歩くことをすすめる、所要約40分。

★★★ 約1世紀の歴史をもつバラ園

M P.145-A3

バラ園
International Rose Test Garden

バラの都ポートランドを象徴するような見事なバラ園。ダウンタウンを見下ろす静かな丘に、シーズンである5月下旬～10月には、610種1万株ほどのバラが咲き誇る。ここは1917年に創立されたアメリカで最も古いバラ試験場。市の公園局によって管理されている。併設するギフトショップから無料のツアー（5月下旬～9月上旬の毎日13:00）が出発する。

ポートランドの名物がバラで、最も美しい所がこのバラ園

春から初夏の開花が最も多種類

バラ園
住 400 S.W. Kingston Ave., Portland
営 毎日5:00～22:00（時期により変更あり） 料 無料

ギフトショップ
住 850 S.W. Rose Garden Way, Portland
営 水～月10:00～16:00（時期により異なる） 休 火
行き方 パイオニア・コートハウス・スクエアやマックス・ライトレイル・ブルー、レッドラインのProvidence Park駅からバス#63、もしくは、マックス・ライトレイル・ブルー、レッドラインのWashington Park駅からWashington Park Shuttleで。
東斜面に当たるので、午前中に訪れるほうが美しい。

★★ ゾウの飼育では世界的に知られている

M P.145-A3

オレゴン動物園
Oregon Zoo

アメリカで最初にゾウの赤ちゃんが生まれた動物園。64エーカー（0.2km²）の敷地に232種、1800匹の動物が飼育されている。自然の地形がうまく利用されていて、起伏が多いのがこの動物園の特徴だ。ハクトウワシやビーバーがいる**グレイトノースウエストGreat Northwest**、チンパンジーやオランウータンがいる**プライメイトフォレストPrimate Forests**、ペンギンや北極グマがいる**パシフィックショアPacific Shores**、ライオンやチーターがいる**アフリカAfrica**など6つのエリアに分かれている。なお、園内の**エレファントランドElephant Land**のエリアには、**ズートレインZoo Train**が走っている。

オレゴン動物園
住 4001 S.W. Canyon Rd., Portland
☎ (503) 226-1561
URL www.oregonzoo.org
営 毎日9:00～18:00（時期により異なる）
料 大人$24、子供（2～11歳）$19
行き方 マックス・ライトレイル・ブルー、レッドラインのWashington Park駅から徒歩1分。
※事前にウェブサイトから訪問日時を指定したチケットを購入する必要がある。

ズートレイン
料 2歳以上$5。1歳以下無料

↘St.下車、徒歩5分。日曜市ー **Lents International** M P.145-B4外 住 S.E. 91st St. & S.E. Foster Rd., Portland 営〈6月～11月中旬〉日9:00～14:00 行き方 マックス・ライトレイル・グリーンラインのLents Town Center/Foster Rd駅下車、徒歩5分。

ポートランドでハイキング

ダウンタウンの西に広がるワシントンパークとその北にあるフォレストパークは、ポートランド市民の憩いの場。ダウンタウンからほんの少し足を延ばすだけで、広大な敷地に広がる森林の中に入り込むことができる。

1日ハイキングに時間を費やせるのなら、ロウアー・マクレイパークからフォレストパークForest Parkに入り、ピトック邸にたどり着くマクレイトレイルMacleay Trail（4km、所要1時間30分～2時間）と、ピトック邸からホイト樹木園に続くワイルドウッドトレイル（2.5km、所要45分～1時間）がおすすめだ。

深い森が続くワイルドウッドトレイル

都市のなかに大自然が広がる

フォレストパーク

Forest Park

ワシントンパーク（→P.164）の1.5km北西にあるフォレストパークは、敷地面積5200エーカー（21km²）にも及ぶ全米最大級の都市型公園のひとつ。112種類の鳥類と62種類の動物が生息している。全長113kmほどあるというトレイルでは、ハイキングやランニングのほか、乗馬や犬の散歩をしている人を見かけるだろう。数あるトレイルのなかでも、**マクレイトレイルMacleay Trail**は、初心者でも挑戦しやすいコースとして地元の人だけでなく、旅行者にも人気だ。バスでアクセスできる**ロウアー・マクレイパークLower Macleay Park**からスタートしよう。トレイル沿いにはバルチクリークが流れ、小川のせせらぎがハイキングの暑さを忘れさせてくれる。1.2km先でワイルドウッドトレイル（→P.167）と合流した先には、大恐慌時代に建てられた城を思わせる石造建築の跡地のストーンハウスStone Houseや野鳥の保護施設である**オーデュボン協会Audubon Society**など、立ち寄りポイントがある。

歩き始める前に地図で行程を把握しよう

ワイルドウッドトレイルとの合流地点

かつては公衆便所を備えた休憩所であったストーンハウス

Forest Park（MP.145-A2）
URL portland.gov/parks/forest-park
営 毎日5:00～22:00

Lower Macleay Park（MP.145-A2）
住 2960 N. W. Upshur St., Portland
行き方 S.W. Washington St. & S.W. 9th Ave.からバス#15でN.W. Wardway & Montgomery Park下車、徒歩8分。

Audubon Society
住 5151 N.W. Cornell Rd., Portland
☎ (503)292-6855
URL audubonportland.org
営 毎日10:00～17:00（時期により異なる）

都会のオアシス

ワシントンパーク
Washington Park

ワシントンパークのトレイルは、パーク北を走るS.W. Burnside Rd.の南側に広がる森の中に刻まれている。そのほぼ中心にあるのが、**ホイト樹木園Hoyt Arboretum**。オレゴン動物園やワールド・フォレスタリー・センター／ディスカバリー博物館は、森を貫いて南へと走るバス路線にあるが、バラ園だけは公園の北東、ダウンタウンを見下ろす高台にある。

この看板が目印

ピトック邸の下を走るW. Burnside Rd.を突っ切って森へ入り、**ワイルドウッドトレイルWildwood Trail**を歩き始めるといい。目指すはホイト樹木園のビジターセンターだ。トレイルはよく整備され歩きやすいが、森の深さは想像以上。大きく育った木の下にはシダ類が繁茂し、木漏れ日を浴びたメープルの葉っぱが鮮やかに光り輝いている。森を下るように歩き、バス通りを越えたあたりまでは道はわかりやすいが、そこから先はトレイルが何本も交差するので、道がわからなくなるかもしれない。ワイルドウッドトレイルを東へと下り、バス通りを越え、樹木園の一部でもあるオークトレイルOak Trailへと入れば近くて迷わない。

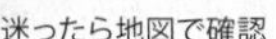
迷ったら地図で確認

トレイルでは野草も見られる

整備されたトレイルがある

ホイト樹木園
Hoyt Arboretum

ワシントンパークのほぼ中央にある樹木園は、総延長12マイル（約19km）ものトレイルが延びるハイキングスポット。ワールド・フォレスタリー・センター／ディスカバリー博物館そばから始まる**ワイルドウッドトレイルWildwood Trail**もその一部なのだ。森林を切り開き、アメリカ・ノースウエストの樹木を植樹し直して、森林教育にふさわしい見事な森を再生している。園内の南側、バス通りであるS.W. Kingston Dr.沿いの園地には、メープルだけを集めた区画もあり、秋には真っ赤な紅葉が楽しめる。樹木園でトイレ休憩を取るとよい。

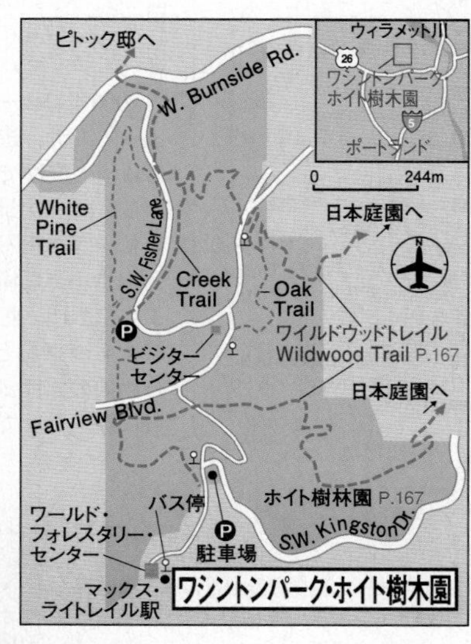

樹木園で出会った子供たち

Hoyt Arboretum
住4000 S.W. Fairview Blvd., Portland
☎(503) 865-8733
URL www.hoytarboretum.org
営樹木園:毎日5:00～22:00、ビジターセンター:毎日10:00～16:00(時期により異なる)
行き方 マックス・ライトレイル・ブルー、レッドラインのWashington Park駅下車。

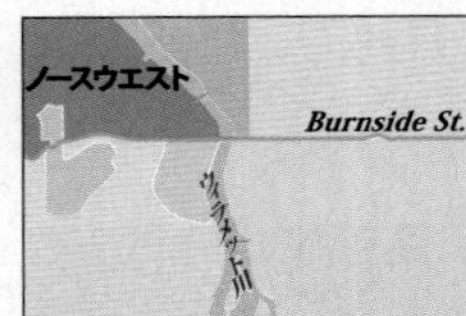

ノースウエスト
Northwest

★★ 1880年代に完成した建物も残る。かつてのダウンタウン　MP.146-A2〜B2

チャイナタウン
Chinatown

ダウンタウンの北を東西に走るBurnside St.、ウィラメット川、Broadway、Hoyt St.に囲まれたエリアにあるチャイナタウン。1940年頃まではニホンマチ（日本町）と呼ばれていたが、第2次世界大戦で日系アメリカ人は強制的に収容所に送り込まれ、このエリアの大部分を中国人が占めるようになった。あまり治安がよくないので注意するように。

チャイナタウン
行き方 マックス・ライトレイル・ブルー、レッドラインのOld Town/Chinatown駅下車。

★★ こぢんまりとしているが、貴重な資料が展示されている　MP.146-B2

オレゴン日系博物館
Japanese American Museum of Oregon

オレゴン州に住んでいた日系アメリカ人の歴史について解説している博物館。1890年代から日系人はポートランドに移り住むが、1941年に始まった太平洋戦争中、強制収容所に抑留された。当時のニホンマチの様子を記した書類や戦中の収容キャンプの写真などが展示されている。

オレゴン日系博物館
住 411 N.W. Flanders St., Portland
☎ (503) 224-1458
URL jamo.org
営 木〜日11:00〜15:00
休 月〜水
料 大人$8、シニア$6、学生$5、子供(11歳以下) 無料
行き方 マックス・ライトレイル・グリーン、イエローラインのNW 6th/Davis駅下車、徒歩約5分。

★★ ダウンタウンの名所、本格派中国庭園　MP.146-B2

ラン・スー・チャイニーズ・ガーデン（蘭蘇園）
Lan Su Chinese Garden (Lan Su Yuan)

2000年にオープンした庭園。中国から招いた65人もの技師によって設計、造園がなされた本格的なもので、中国江蘇省にある運河と庭園で有名な都市、蘇州の庭園様式を用いて造られている。曲がりくねった回廊と、水草の浮き沈みする池に架かる太鼓橋、四季折々に変化を見せる樹木や小さな滝、石がバランスよく配され、丸く太い柱、瓦屋根をもつ東屋と**茶室Teahouse**が園内の雰囲気をいっそう中国風に際立たせている。

都会の中で心静かに時間を過ごせる場所だ

ラン・スー・チャイニーズ・ガーデン(蘭蘇園)
住 239 N.W. Everett St., Portland
☎ (503) 228-8131
URL lansugarden.org
営 〈3月中旬〜10月上旬〉毎日10:00〜19:00、〈10月中旬〜3月上旬〉毎日10:00〜16:00
料 大人$10、シニア(62歳以上) $9、6〜18歳$7
行き方 マックス・ライトレイル・ブルー、レッドラインのOld Town/Chinatown駅下車、徒歩3分。
茶室
☎ (503) 224-8455
営 〈4〜10月〉毎日10:00〜18:00、〈11〜3月〉毎日10:00〜15:30
カード M V

COLUMN

シャンハイトンネル・ツアー

チャイナタウンの地下に広がる通路（シャンハイトンネル）を散策する1時間30分のウオーキングツアー。シャンハイトンネルは、150年以上前ウィラメット川に停泊している船からジャパンタウン（現在のチャイナタウン）にあるレストランや商店に食料品や商品を運ぶために作られたといわれている。しかし、周辺で働く労働者を誘拐し、この地下通路を通って、ウィラメット川に停まっている船に乗せ、奴隷として働かせていたという話も残っており、地下通路に幽霊が出るといううわさも。

Shanghai Tunnels Tour
M P.146-B2
住 226 N.W. Davis St., Portland
☎ (503) 222-9999
URL shanghaitunnels.com
営 〈3〜8月〉水〜日14:00、16:00、18:00、20:00、〈9〜2月〉日14:00、16:00、18:00、20:00
料 $35

標高約300mの丘の上から街を見下ろす、開拓者の豪邸 M P.145-A3

ピトック邸
Pittock Mansion

街のパイオニアのひとり**ヘンリー・ピトックHenry Pittock**の屋敷。1853年ペンシルバニアから移住してきたピトックは、オレゴン州最大の発行部数を誇る新聞『オレゴニアン』の創設者だ。ルネッサンス様式の重厚さと優美さを兼ね備えている石造りの建物は、1914年に完成した。邸宅にはライブラリーやミュージックルームなど23の部屋があり、その内装と家具からは、当時の富豪たちの豪奢な暮らしがしのばれる。キッチンの窓からは市内の絶景が楽しめるので見逃さないように。地下のソーシャルルームには、ピトックの人物像や功績の解説、当時使われていた銀食器、家族の写真などが展示されている。

インターホンやエレベーターなど当時の最新設備が取り入れられたピトック邸

ピトック邸
住 3229 N.W. Pittock Dr., Portland
☎ (503) 823-3623
URL pittockmansion.org
営〈2～5月、9月中旬～12月〉毎日10:00～16:00（火12:00～）、〈6月～9月上旬〉毎日10:00～17:00（火12:00～）
休 1月、サンクスギビング、クリスマス
料 大人$14.50、シニア（65歳以上）$12.50、学生（6～18歳）$10.50、5歳以下無料
行き方 N.W. 5th Ave. & W. Burnside St.からバス#20でW. Burnside Rd. & N.W. Barnes Rd.下車。運転手に「ピトック邸に行く」と言えば、降りる場所を教えてもらえる。看板に従い、Barnes Rd.の坂道を15分登る。

おしゃれをして出かけたい M P.145-A2～A3、P.148-A1～B2、P.148-A3～B4

ノブヒル
Nob Hill

N.W. 21st Ave.と23rd Ave.周辺のエリア、通称“トレンディ・サードTrendy Third”周辺は、250軒もの商店が立ち並ぶファッショナブルな場所。ビクトリア調住宅を改造した個性的なブティックやギフトショップを中心に、おしゃれなレストランやカフェ、地ビールを出すパブが集まり、散策しているだけでも楽しい。Burnside St.から北のLovejoy St.あたりまで店が密集している。

ノブヒル
営 ほとんどの店は月～土10:00から、日11:00からオープン
行き方 S.W. 5th Ave. & S.W. Washington St.からバス#15で、N.W. 23rd Ave. & Lovejoy St.下車。または、ポートランド・ストリートカー・NSラインで。23rd Ave.のほうがややにぎやかだが、21st Ave.には評判のレストランが多い。

ウインドーショッピングだけでもファッションの参考になる

ノースウエスト地区は、南端のBurnside St.から北のWilson St.まで通りの名称がアルファベット順になっているので、現在地の確認に便利。

ダウンタウンでいちばんホットなエリア M P.146-A1～A2

パールディストリクト
Pearl District

ノブヒルとチャイナタウンの中間に位置するパールディストリクトは、100年ほど前に建てられた工場やれんが造りの倉庫街が再開発されたエリア。1980年代からアーティストたちが、倉庫を作品作りのためのスタジオとして使い始め、その後アパートメントや個性的なギャラリー、ユニークなショップ、アンティーク家具屋が次々と入るようになった。レストランやカフェも含めると100軒近い店が並ぶ。絵画や彫刻をはじめ、エスニックアートやガラス細工など、さまざまなジャンルのアートギャラリーがあり、毎月第1木曜の夜はギャラリーが時間を延長して開く「**ファーストサーズデイFirst Thursday**」が名物イベントになっている。

パールディストリクトは、今、若者に人気のエリア

パールディストリクト
行き方 ポートランド・ストリートカー・Aループ、NSラインのNW 10th & Glisan駅下車。
北はN.W. Irving St.、南はN.W. Flanders St.、東西はN.W. 10th～13th Ave. の間がにぎやか。観光案内所またはパールディストリクトの店で、ウオーキングマップがもらえる。

ファーストサーズデイ
営〈6月～10月上旬〉第1木曜の17:00～21:00

MEMO **ノースウエストの治安** Burnside St.の北にあるラン・スー・チャイニーズ・ガーデンやオレゴン日系博物館、マックス・ライトレイルのOld Town/Chinatown駅付近は、日没後の治安があまりよくない。散策の際は、細心の注意を払うこと。

サウスイースト
Southeast

ウィラメット川沿いの遊歩道 MP.146-B1～B4

イーストバンク・エスプラネード
Eastbank Esplanade

ウィラメット川東岸、北はスティールブリッジSteel Bridgeから南はホーソンブリッジHawthorne Bridgeあたりまでを結ぶ約2.5kmの遊歩道。ダウンタウンがある西岸からスティールブリッジを渡って東岸のノースイーストへ行き、イーストバンク・エスプラネードを下ったあと、ホーソンブリッジを渡ってダウンタウンに戻ってくる全長4.8kmのルートは地元の人に人気がある散歩コースだ。

子供たちが大喜び MP.149-A4

オレゴン科学産業博物館（オムジ）
Oregon Museum of Science and Industry (OMSI)

体験しながら学んでいく、子供向けの巨大な博物館。通称「オムジOMSI」。ショッピングができたり、恐竜の化石を発掘するなど、大人の世界が子供サイズで再現されている。約200の試せる展示があり、操作しやすいコンピューターや、地震の揺れを体験できるコーナーはいつもにぎやかだ。巨大スクリーンに展開される大迫力のエンピリカルシアターやプラネタリウムは、大人にもおすすめ。ウィラメット川には潜水艦"USS Blueback Submarine号（SS-581）"も停泊し、ツアーで内部を見学できるようになっている。

2012年にオープンした鉄道博物館 MP.149-A4

オレゴン・レイル・ヘリテージ・センター
Oregon Rail Heritage Center

鉄道好きのボランティアによって作られた博物館。1950年代までワシントン州やオレゴン州で走っていた蒸気機関車3台が保管されている。1941年製のサザンパシフィック4449号The Southern Pacific 4449と1938年製のスポーケン・ポートランド＆シアトル700号The Spokane, Portland & Seattle 700は、実際に走ることができる。

個性的な店が多い MP.149-A4～B4

ホーソンブルバード
Hawthorne Boulevard

サウスイースト地区を横断するホーソンブルバード。店はS.E. 12th Ave.あたりから見え始め、33rd Ave.から42nd Ave.にかけて多く集まっており、ユニークなレストラン、カフェや民族料理、古着、骨董品から雑貨、ブティックまで、あらゆる種類のショップが並んでいる。

1970～1980年代はヒッピーコミュニティで、それほど特徴のある通りではなかったが、1990年代に入って店が多く建ち始め、今や旅行者も立ち寄るポピュラーな通りになった。最近では大資本のチェーン店も数軒進出しているが、地元の人は個人経営の小さな店を応援しているとか。楽器店や中古レコード店、古着屋の充実度は特筆もので、日本の業者も多く買い付けにやってくるそうだ。

イーストバンク・エスプラネード
住S.E. Water Ave. & Hawthorne Blvd., Portland
URL www.portlandoregon.gov/parks
行き方マックス・ライトレイル・イエローラインのInterstate / Rose Quarter駅やブルー、レッド、グリーンラインのRose Quarter TC駅、ポートランド・ストリートカー・AループのSE ML. King & Hawthorne駅下車、徒歩5分。

オレゴン科学産業博物館（オムジ）
住1945 S.E. Water Ave., Portland
☎(503) 797-4000
URL www.omsi.edu
営毎日9:30～17:30（時期により短縮あり）
料大人$18、シニア(63歳以上)$15、子供(3～13歳) $13。エンピリカルシアター：大人$7.50、シニア(63歳以上)$6.50、子供(3～13歳) $6。潜水艦:$8.50。プラネタリウム・レーザーショー:$7.50
行き方マックス・ライトレイル・オレンジラインのOMSI/SE Water駅下車、徒歩1分。もしくは、ポートランド・ストリートカー・Aループ、BループのOMSI駅下車。

オレゴン・レイル・ヘリテージ・センター
住2250 S.E. Water Ave., Portland
☎(503) 233-1156
URL www.orhf.org
営木～日13:00～17:00
休月～水
料無料
行き方ポートランド・ストリートカー・Aループ、BループのOMSI駅下車、目の前。

ホーソンブルバード
37th Ave.近辺が、いちばん店が集中している。
行き方S.W. 4th Ave. & S.W. Madison St.からバス#14でS.E. Hawthorne Blvd. & 34th Ave.下車。

バグダッド劇場周辺がホーソンブルバードの中心

MEMO ラストサーズデイ　アルバータストリートに露店が出たり、野外ライブが行われたりするイベント。住Alberta St. bet. 15th & 30th Ave., Portland　URL www.lastthursdayalberta.org　営6～8月の最終木曜18:00～21:00

アンティーク探しならここへ！ MP.145-B4

セルウッド
Sellwood

ポートランドのヒストリカルなアンティークショップ街が、ダウンタウンから6km南のセルウッドにある。

セルウッド・リバーフロント・パークSellwood Riverfront Parkの南にあるセルウッドブリッジを通るTacoma St.と、Bybee Blvd.やMilwaukie Ave.の交差点あたりにかけてカフェやアンティークショップが集中している。コロンビアスポーツウエアColombia Sportswearのアウトレット（→脚注）もある。

セルウッド
行き方S.W. 5th Ave. & S.W. Taylor St.からバス#19でS.E. Bybee Blvd. & 17th Ave.下車。

大きなアンティークショップ
Stars & Splendid Antiques Mall
MP.145-B4 住7030 S.E. Milwaukie Ave., Portland
☎(503) 235-5990
URLstarsantique.com
営毎日11:00〜18:00
Stars Antiques Mall
MP.145-B4 住7027 S.E. Milwaukie Ave., Portland
営毎日11:00〜18:00

ノースイースト
Northeast

壁画が通りに彩りを加える MP.145-B2、P.171

アルバータストリート
Alberta Street

ポートランドダウンタウンの北東5kmにある通り沿いには、地元の人が注目する個人経営のショップやカフェ、レストランが軒を連ねる。中心は、N.E. 16th Ave.からN.E.30th Ave.の15ブロックほどの約1km。平日の夜や週末は、ゆっくりと時間を過ごす地元の人でにぎわう。夏季は毎月最終木曜日には、ストリートフェスティバルの**ラストサーズデイLast Thursday**（→P.170脚注）が開催される。

アルバータストリート
行き方ダウンタウンのS.W. 6th Ave. & S.W. Main St.からバス#8、17に乗車。#8はN.E. 15th Ave. & Alberta St.で、#17はN.E. 27th Ave. & Alberta St.で下車。

ノース
North

ノース
Burnside St.
ウィラメット川

最注目のネイバーフッド MP.149-A1〜A2

ミシシッピアベニュー
Mississippi Avenue

ダウンタウンの北4kmにあるミシシッピアベニュー地区は、ポートランドらしい自由でヒップな雰囲気がいちばん感じられるネイバーフッド。個人経営のレストランやショップ、バーが多く集まる。DIY精神が垣間見られるショップや趣味が高じてお店を経営するようになったオーナーに会うことができるだろう。

ミシシッピアベニュー
行き方ダウンタウンのS.W. 6th Ave. & S.W. Salmon St.から、バス#4でN. Mississippi Ave. & N.E. Beech St.下車。

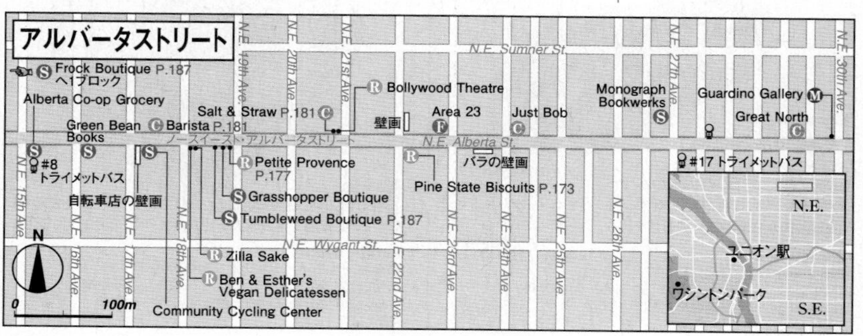

MEMO コロンビアスポーツウエアのアウトレット店 **Columbia Factory Store** MP.145-B4 住1323 S.E. Tacoma St., Portland ☎(503) 238-0118 URLwww.columbia.com 営月〜土10:00〜19:00、日11:00〜18:00 カードAMV

$15で食べられる絶品グルメ10 inポートランド

全米に展開しているチェーン店やファストフード店が少ないポートランドは日本よりも物価が高いうえ、円安の影響もあって食事代がかなりかかる。ここでは、地元の人がすすめるリーズナブルでヘルシーなメニューを中心に10品紹介しよう。

1 ベーグル $11

パストラミビーフとスイスチーズ、ザワークラフトが挟まったベーグルReuben

ヘンリー・ヒギンズ・ボイルド・ベーグル

全米でも有名なシェパード・グレイン社とボブズ・レッドミル社の小麦麦芽を使い、ゆでてから焼くニューヨークスタイルのベーグル店。

Henry Higgins Boiled Bagels
エリア ノブヒル　MP.148-A2
住 628 N.W. 23rd Ave., Portland　☎(503) 242-0055
URL www.hhboiledbagels.com　営 毎日7:00～15:00
カード A M V

2 アサイーボウル $8.99

アサイー、バナナ、イチゴ、オーツミルク、プロテインなどが入ったアサイーボウル Acai Bowl

キュア・スーパーフード・カフェ

新鮮なフルーツや野菜を使ったジューススタンドから始まった店は、ポートランド市内に3店舗もつまでになった。スムージーやエナジードリンクもあり。

Kure Superfood Cafe
エリア ダウンタウン　MP.147-B2
住 518 S.W. Taylor St., Portland　URL kuresuperfoods.com
営 月～金9:00～15:00　休 土日　カード A M V

3 ハンバーガー $9.95と フライドポテト $3.50

ベーコンとアメリカンチーズ、レタス、トマト、グリルドオニオンが入ったハンバーガー Classic Burgerとポテト Fries

キラーバーガー

牛肩肉100%で添加物なしのパティや、冷凍食品を使わないこだわりが人気のハンバーガーショップ。作り置きをせず、注文を受けてから調理するのもグッド。

Killer Burger
エリア ダウンタウン　MP.147-B2
住 510 S.W. 3rd Ave., Portland　☎(503) 946-8946
URL killerburger.com　営 毎日11:00～22:00
カード A M V

4 ピザ $15

ペパロニとパイナップルがのったトマトソースがベースのピザ Pepperpineapple

ホットリップスピザ

地元で取れた有機食材にこだわり、成長ホルモンを使わずに育てている養豚業者から肉を仕入れて作るトッピングが好評。

Hotlips Pizza
エリア パールディストリクト　MP.146-A1
住 721 N.W. 9th Ave., Portland　☎(503) 595-2342
URL www.hotlipspizza.com　営 毎日11:00～21:00
カード A M V

5 ／ビスケットサンドイッチ $12

パイン・ステート・ビスケット

フライドチキンが入ったビスケットサンドイッチをファーマーズマーケットで提供したところ、話題になり、店舗をもつまでになったレストラン。フライドチキンにグレイビーソースをかけたサンドイッチもある。

フライドチキンとベーコン、チーズが挟まれたサンドイッチ The Reggie

Pine State Biscuits
エリア アルバータストリート　MP.171
住2204 N.E. Alberta St., Portland　☎(503) 477-6605
URL pinestatebiscuits.com　営月～木8:00～14:00、金～日7:00～15:00　カード A M V

6 ／パスタ $15

グラッサ

カジュアルな雰囲気ながら本格的なパスタが食べられる、地元の人に評判の店。自家製の生パスタを使用しているので、もちもちの食感が味わえる。

卵とチーズで作られた濃厚なソースに目玉焼きがのっているカルボナーラCarbonara

Grassa
エリア ノブヒル　MP.148-A3
住1506 N.W. 23rd Ave., Portland　☎(971) 386-2196
URL www.grassapdx.com　営毎日11:00～22:00
カード A M V

7 ／タコス $4.25~5.75

マッツBBQタコス

2019年に「ポートランド市内のベスト・フードカート」に選ばれ、現在も人気のフードカートの店。注文が入ってから作る自家製のトルティーヤはアツアツでパリパリ。

スクランブルエッグとブリスケットビーフが入ったBrisket Taco、ワカモレやトマトがミックスされたMigas Taco、豚バラのスライスとオニオンがのったSliced Pork Belly Taco

Matt's BBQ Tacos
エリア サウスイースト　MP.145-B3
住2216 S.E. 50th Ave., Portland.　☎(503) 956-7455
URL mattsbbqtacospdx.com　営月～金11:00～20:30（金～21:00）、土日8:00～21:00（日～20:30）　カード A M V

8 ／カオマンガイ $14

ノンズ・カオマンガイ

わずか$70とふたつのスーツケースしか持たずにタイからアメリカへ来たノンさんが始めたレストラン。オリジナルのソースもやみつきになるほどのおいしさ。

代表的なタイ料理のひとつ。ゆでた鶏肉をご飯に盛りつけたKhao Man Gai

Nong's Khao Man Gai
エリア サウスイースト　MP.149-A3
住609 S.E. Ankeny St., Suite C, Portland
☎(503) 740-2907　URL khaomangai.com
営毎日10:00～21:00　カード A M V

9 ／カレー $13

鶏のもも肉が入ったカレー Chicken Thigh Curry

ハートヤイ

マレーシアとの国境近くにあるタイ南部の町にちなんで名付けられた。活気あふれるストリート屋台で提供されるカレーやフライドチキンからインスピレーションを受けている。

Hat Yai
エリア サウスイースト　MP.149-A4
住605 S.E. Belmont St., Portland　☎(503) 206-8156
URL www.hatyaipdx.com　営毎日11:30～15:00、16:00～21:00（金土～22:00）　カード A M V

10 ／ラーメン $15

マッシュルームと豆腐、野菜が入ったビーガン豆乳塩ラーメンVegan Shio Tonyu

金星ラーメン

東京にベースをもつ、まるきんラーメンで働いていた料理人が独立してオープン。看板メニューの博多豚骨醤油ラーメンのほか、パイタンラーメンや味噌ラーメンなどもある。

Kinboshi Ramen
エリア サウスイースト　MP.149-A3
住609 S.E. Ankeny St., Suite A, Portland
☎(503) 894-9021　URL www.kinboshiramen.com
営毎日11:00～20:00　カード A M V

R ESTAUTANT

ポートランドのレストラン

地産地消を基本に街造りが進められるポートランドは、西海岸でも指折りのグルメシティ。シェフたちは鮮度抜群の地元野菜や地魚、オーガニックの肉などを使い、健全でおいしい「ノースウエスト料理」を創りあげる。レストランが集中するのは、ダウンタウンやノブヒル、パールディストリクトなどのネイバーフッドだが、橋を渡った東岸にも庶民が集うレストランエリアが点在している。どこも外れなくおいしいので、気軽に立ち寄ってみよう。

R アメリカのお袋の味　アメリカ料理／ダウンタウン／MP.147-C1

マザーズ・ビストロ&バー

Mother's Bistro & Bar

シェフのリサさんは世界を食べ歩いた結果、「お袋の味がいちばん」と気づいたという。そこで毎月1回、世界中のお袋の味をレギュラーメニューとして紹介し始めた。気取りのない雰囲気で評判の朝食が食べられる。ソーセージ・スクランブルエッグ（$17）やマイクズ・スクランブルエッグ（$19）がおすすめ。

住121 S.W. 3rd Ave., Portland
☎(503) 464-1122
URLwww.mothersbistro.com
営朝食＆ランチ：水～日9:00～14:00、ディナー：毎日17:00～21:00（木～土～22:00）
カード A J M V

R フライドチキン専門店　アメリカ料理／ダウンタウン／MP.147-C1

ベイ・フライドチキン

BAES Fried Chicken

全米で近年大人気のフライドチキンがポートランドでも話題になっている。フライドチキン・サンドイッチ（$13）やチキン&ワッフル（$16）、3つの部位（キールかドラム、サイ、ウイング）のコンボ（$15）など、フライドチキンを堪能できる。ソースはトラディショナル、ナッシュビルホット、ハニーバターなどあり。

住225 S.W. Ash St., Portland
☎(503) 954-1635
URLwww.baeschicken.com
営毎日11:00～17:00
カード A M V

R つまめる小皿料理　燻製&アメリカ料理／サウスイースト／MP.149-A4

オリンピアプロビジョンズ

Olympia Provisions

ダウンタウン東岸の倉庫街にあるレストラン。地元産の上質な肉を使い、自家で燻したサラミやベーコンの味が大評判に。燻製工房としてはオレゴン州で初のUSDAの認証も受けている。オープンキッチンなので、目の前で野菜や魚の小皿料理が次々と調理されていく。タパス$5～17、メイン$18～50。

住107 S.E. Washington St., Portland
☎(503) 954-3663
URLwww.olympiaprovisions.com
営月～金11:30～21:00（金～22:00）、土日10:00～22:00（日～21:00）
カード A D J M V

R 幅広い客層に人気の明るいカフェ　アメリカ料理／サウスイースト／MP.149-B4

ブレッド&インク・カフェ

Bread & Ink Cafe

1983年に創業したという老舗カフェ。卵料理は、ベーグルやビヤリなどの自家製パンが選べる。定番のオムレツ（$13.50）、スクランブルエッグ（$13.50）のほか、ランチのハンバーガー（$14.95～）も好評。夜はノースウエスト料理が提供される。

住3610 S.E. Hawthorne Blvd., Portland
☎(503) 239-4756
URLbreadandinkcafe.com
営日～木8:00～20:30、金土8:00～21:30
カード A M V

MEMO **ポートランドでいちばん有名な紅茶ブランド**　スミス・ティーメーカーでは、4種類の紅茶をテイスティングできるメニューがある。**Smith Teamaker**　MP.149-A4　住110 S.E. Washington St., Portland↗

R 地元住民のたまり場　アメリカ料理／ノースイースト／MP.149-B1

レディオルーム

Radio Room

1949年に完成したアールデコ様式の建物に入るレストラン。1960年代のミッドセンチュリー・スタイルのインテリアは、古きよき時代を思い出させる。エッグベネディクト（$16.50）やフレンチトースト（$13）などのランチメニューのほか、ディナー時は、ステーキ（$26）やパスタ（$18）もあり。

住1101 N.E. Alberta St., Portland
☎(503) 287-2346
URLwww.radioroompdx.com
営月～金11:00～23:00（木～24:00、金～翌1:00）、土日9:00～翌1:00（日～23:00）
カード A M V

R 平日の朝でも満席になるほどの人気度　アメリカ南部料理／ノースイースト／MP.149-B3

スクリーンドア

Screen Door

ハンバーガーやエッグベネディクトなど約20種類あるメニューのなかでも人気があるのが、ワッフルの上にフライドチキンがのったChicken & Waffle（$16～）とFried Chicken Sandwich（$16）。オリジナルのスパイスで味つけされたチキンはやみつきに。

住2337 E. Burnside St., Portland
☎(503) 542-0880
URLscreendoorrestaurant.com
営朝食&ランチ：毎日9:00～14:30、ディナー：17:00～21:00
カード A M V

R ダウンタウンからちょっと遠いが、足を運ぶ価値あり　バーベキュー／セルウッド／MP.145-B4

レベレンズBBQ

Reverend's BBQ

セントルイス・スタイルのリブ（骨付きの豚バラ、スペアリブ）で有名な店。看板商品のスペアリブ（$23.95～）は、しっかりとした味付けで、骨までしゃぶりつきたくなる。フライドチキン（$12.95）やスモークテンペ（$19.45）もあり。毎日15:00～18:00はハッピーアワー。

住7712 S.E. 13th Ave., Portland
☎(503) 327-8755
URLwww.reverendsbbq.com
営毎日12:00～21:00
カード A M V

R ポートランドいちのステーキハウスと呼び声高い　ステーキ／ノブヒル／MP.148-A4

リングサイドステーキハウス

Ringside Steakhouse

1944年の創業以来、数々の雑誌で取り上げられ、あまたの賞を受賞している高級レストラン。厳選された最高品質のプライムビーフのみを提供する。前菜には、名物のオニオンリング（$12.50）を注文したい。フィレミニヨンは8オンス$68～。

住2165 W. Burnside St., Portland
☎(503) 223-1513
URLwww.ringsidesteakhouse.com
営月～木16:30～21:00、金～日16:00～21:30（日～21:00）
カード A M V

R ポートランドを代表する老舗レストラン　シーフード／ダウンタウン／MP.146-A2

ジェイクス・フェイマス・クローフィッシュ

Jake's Famous Crawfish

1892年創業のシーフードレストラン。クラムチャウダー（$9～）やダンジネスクラブ・ケーキ（$25）、フィッシュ&チップス（$22）、生ガキ（$3.50）などメニューも豊富。マドンナやマイケル・ジョーダンを含め、ハリウッドスター、アスリート、政治家、有名人が多数訪れたとか。

住401 S.W. 12th Ave., Portland
☎(503) 226-1419
URLwww.jakesfamous.com
営毎日11:30～21:00（金土～22:00）
カード A M V

R 「環境に優しく、漁業も大切に」をモットーとする　シーフード／ダウンタウン／MP.147-A2

サウスパークシーフード

Southpark Seafood

オレゴン州だけでなく、ワシントン州やカナダから新鮮なカキを取り寄せていることで評判のレストラン。常時約20種類が取り揃えられ、生ガキ6つで$19～。ランチのクラムチャウダー（$10～）やシュリンプカクテル（$16）がお得だ。

住901 S.W. Salmon St., Portland
☎(503) 326-1300
URLsouthparkseafood.com
営毎日11:30～21:00（金土～22:00）
カード A M V

↘☎(971) 254 3935　URLwww.smithtea.com　営毎日10:00～18:00　カード A M V

R ノースウエストのカキならこの店！　シーフード／ダウンタウン／MP.147-C1

ダン&ルイス・オイスターバー

Dan & Louis Oyster Bar

1907年創業の有名店。店内は船に関する小物であふれ、アンティークな雰囲気が漂う。名物のカキ（6個$18～）は、オレゴン、ワシントン、ブリティッシュコロンビア産を揃え、味も大きさも異なるが、それぞれに美味。生ガキが苦手なら、カキシチュー（$7～）やカキフライはいかが？

住208 S.W. Ankeny St., Portland
☎(503) 227-5906
🌐www.danandlouis.com
営金～月12:00～21:00（金土～22:00）
休火～木
カード A J M V

R カジュアルな雰囲気のなかでシーフードを　シーフード&南部料理／ノース／MP.149-A1

イート・オイスターバー

Eat An Oyster Bar

ニューオリンズの名物、ケイジャン料理が食べられるレストラン。ジャンバラヤ（$14）、シーフードガンボ（$16）、ナマズのフライ（$15）など定番メニューが揃っている。生ガキ（1個$4～）とビールのみの注文も可能なので、周辺を散策したあとの休憩スポットとしても利用できるのがいい。

住3808 N. Williams Ave., Portland
☎(503) 281-1222
🌐eatoysterbar.com
営火～土11:30～22:00
休日月
カード A M V

R 旬の有機食材で創る食の真髄　ノースウエスト料理／ダウンタウン／MP.146-A3

ヒギンズ

Higgins

ファーマーズマーケットにシェフが買い出しに行くなど、旬の地元産有機野菜や近海産の魚介類へのこだわりはほかに類を見ないほどだ。運ばれてきた料理を見てその創造性にさらに脱帽。前菜、主菜とも、ふたりでシェアできるほどの量だ。予算はひとり$50～60くらい。ランチはお手頃な値段。

住1239 S.W. Broadway, Portland
☎(503) 222-9070
🌐higginsportland.com
営ランチ：水～金11:30～14:00、ディナー：水～日17:00～21:00（日16:00～）
休月火
カード A J M V

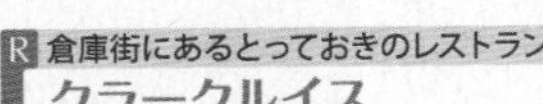

R 倉庫街にあるとっておきのレストラン　ノースウエスト料理／サウスイースト／MP.149-A4

クラークルイス

Clarklewis

無造作に積まれた薪とにぎやかなオープンキッチンがギャラリーのようなレストラン。シンプルな調理法で、魚介類など食材のもつうま味を十分に引き出している。日本人旅行者の評判もよく、パスタは$25～。メニューはデザートも含めて日替わり。ワインも豊富に揃っている。

住1001 S.E. Water Ave., Portland
☎(503) 235-2294
🌐www.clarklewispdx.com
営ブランチ：日10:00～14:00、ディナー：毎日17:00～21:00
カード A M V

R 日本人の口に合うさっぱりした味付け　フランス料理／サウスイースト／MP.149-A3

ル・ピジョン

Le Pigeon

アメリカ料理界で数々の賞を受賞し、全米に名を知られている人気シェフのガブリエル・ラッカー氏がいるレストラン。オープンキッチンなので、カウンター席からシェフが調理している姿を見ることができる。コースメニューのシェフズ・テイスティング・メニュー（$135）から前菜やメインを選ぶ。事前に予約すること。

住738 E. Burnside St., Portland
☎(503) 546 -8796
🌐lepigeon.com
営月～土17:00～22:00
休日
カード A M V

R ル・ピジョン（→上記）の系列レストラン　フランス料理／サウスイースト／MP.149-A3

カナード

Canard

ル・ピジョンの隣にあるこぢんまりとしたビストロ。お酒に合う小皿料理の生ガキ（6個$20～）やクリスピー・ブロッコリー（$16）、フォアグラ・ダンプリング（$24）が味わえる。ワインは約20種類あるほか、カクテルやビールなどアルコールも豊富。

住734 E. Burnside St., Portlnad
☎(971) 279-2356
🌐www.canardrestaurant.com
営毎日16:00～22:00
カード A M V

R 朝食、ランチ、軽食など、あらゆるシーンで利用できる　フランス料理／ノースイースト／MP.171

プティットプロバンス

Petite Provence

フランス生まれのパスカルさんとディディエさん、アランさんの3人がポートランドでも地元で食べていたパンやお菓子を提供したいと思い、1996年ポートランド郊外にベーカリーをオープン。現在は、8店舗までになった。オニオンスープ（$8.75～）やエッグベネディクト（$18.25）が人気。

住1824 N.E. Alberta St., Portland
☎(503) 284-6564
URL www.provencepdx.com
営毎日7:00～16:00(火～木～20:00、金土～21:00)
カード A M V

R 店内に入るとガーリックやオリーブ、セージの香りが漂ってくる　イタリア料理／ダウンタウン／MP.147-A1

ドーリーオリーブ

Dolly Olive

高い天井からぶら下がったキュートな照明や天井まで届く窓がおしゃれ感を倍増している。前菜のオリーブの盛り合わせやイタリアンハム&チーズ・パニーニ（$16）、ナスのパルマ風グラタン（$22）などにワインをペアリングするのがいい。

住527 S.W. 12th Ave., Portland
☎(503) 719-6921
URL www.dollyolivepdx.com
営ランチ：毎日11:00～15:00、ディナー：毎日17:00～21:00(金土～22:00)
カード A M V

R テラス席もある　イタリア料理／パールディストリクト／MP.146-A2

オーブン&シェイカー

Oven & Shaker

石窯で焼かれたピザが人気のレストラン。17:00を過ぎると会社帰りのカップルや夫婦で混み始める。ケールのサラダ（$15）とマルゲリータピザ（$16）をふたりでシェアすればおなかいっぱいになるはず。経験豊富なバーテンダーが作るカクテルも試したい。

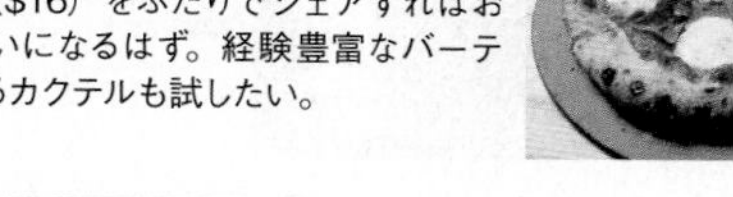

住1134 N.W. Everett St., Portland
☎(503) 241-1600
URL ovenandshaker.com
営毎日12:00～21:00(金土～22:00)
カード A M V

R 薪で焼いたピザが人気　イタリア料理／サウスイースト／MP.149-A4

ノストラーナ

Nostrana

アメリカ料理界のアカデミー賞であるジェームズ・ビアード賞のファイナリストに6度ノミネートされているシェフのキャシー・ウィムズ氏が経営するレストラン。2023年、ピザ専門家により全米トップ50に選ばれたピザ（$16～）は絶対に食したい。隣にはワインバー Enoteca Nostranaもある。

住1401 S.E. Morrison St., #101, Portland
☎(503) 234-2427
URL nostrana.com
営月～土17:00～21:00(金土～22:00)
休日
カード A M V

COLUMN　ポートランドで欠かせない食文化のひとつ、フードカート

1980年代にダウンタウンの駐車場に登場したのが始まりといわれているフードカート（テイクアウト専用の屋台）。ポートランドには現在600以上のフードカートがある。ポッドPODと呼ばれるフードカート専用のスポットに常駐しているのがポートランドのフードカートの特徴だ。ダウンタウンを含め市内にはポッドが数ヵ所あり、韓国料理、タイ料理、ベトナム料理、メキシコ料理、中東料理、アメリカ料理などをお手頃価格で味わうことができる。近年、フードカートで有名になり、市内にレストランをオープンするシェフも増えてきた。

フードカート
URL www.foodcartsportland.com
URL www.travelportland.com/ja/cart-pods

ミッドタウン・ビアガーデン・フードカート・ポッド
M P.147-B1　住324 S.W. 5th Ave., Portland

サードアベニュー・フードカート・ポッド
M P.147-C2
住S.W. 3rd Ave. & S.W. Harvey Milk St., Portland

ポートランド州立大学・フードカート・ポッド
M P.146-A4
住S.W. 4th Ave. & S.W. College St., Portland

カートピア・フードカート・ポッド
M P.149-A4
住1207 S.E. Hawthorne Blvd., Portland

営業時間はポッドや店によって異なるが、ランチどきはオープンしていることが多い

R 近年、最注目のエグゼクティブ・シェフ、ホセ・カマレナ氏が腕を振るう　メキシコ料理／ダウンタウン／MP.146-A2

リパブリカ

Republica

アメリカの料理月刊誌『Bon Appetit』で「2022年度・全米のベスト・ニュー・レストラン・トップ50」に選ばれたレストラン。新鮮な食材をオリジナルスパイスで味付けした創作料理は斬新で驚きの連続だ。7、10種類のおまかせコースのみで、スタート時間は決まっている。事前に予約すること。

住100 N.W. 10th Ave., Portland
☎(541) 900-5836
URL www.republicahospitality.com
営水〜日16:30、20:00(時期により異なる)
休月火
カード A M V

R 地元のメキシコ人も太鼓判を押す　メキシコ料理／ノースイースト／MP.149-B3

グエロ

Guero

ワカモレ（アボカド）が付いたトルティーヤチップ（$7）をつまみに、マルガリータやテキーラのソーダ割りでくつろげる。ボリュームたっぷりのメキシコ風サンドイッチ（$12）は、ポークやチキンなどから肉の種類を選べるがポークがおすすめ。

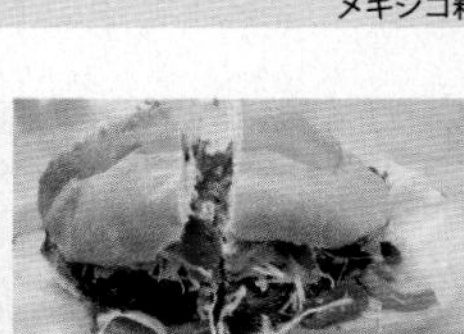

住200 N.E. 28th Ave., Portland
☎(503) 887-9258
URL www.guerotortas.com
営毎日11:00〜22:00
カード M V

R スペインやフランス、イタリア料理の影響を強く受けている　アルゼンチン料理／ノースイースト／MP.149-A2

オックス

OX

2017年ジェームズ・ビアード賞を受賞したシェフのグレッグさんとガブリエルさんが腕を振るう。リブアイステーキ（$68〜）やポークチョップ（$40）などは、薪の火で調理するので、いい香りがする。週末は行列ができるので、開店前に着くようにしたい。

住2225 N.E. Martin Luther King Jr. Blvd., Portland
☎(503) 284-3366
URL oxpdx.com
営毎日17:00〜22:00
カード A M V

R 朝ごはんはここで　スウェーデン料理／サウスイースト／MP.145-B3

ブローダーカフェ

Broder Cafe

地元の人もおすすめする朝食スポット。週末の朝は1時間待ちになることもあるそう。看板メニューのデンマーク風パンケーキAebleskiver($10〜)は、コロコロとして丸く、ひと口サイズ。スモークハムや卵焼きが挟まったサンドイッチBreakfast Sandwich($14〜)やハムかマッシュルームにほうれん草と卵がのったFolorade Agg($14〜)がおすすめ。

住2508 S.E. Clinton St., Portland
☎(503) 736-3333
URL www.broderpdx.com/cafe
営水〜月9:00〜15:00
休火
カード A M V

R 数々の雑誌に取り上げられた、北欧の雰囲気たっぷりのカフェ　北欧カフェ／ダウンタウン／MP.147-B1

モーリス

Maurice

菓子職人として働いていたクリステンさんが自身でカフェを開店。新鮮な食材がふんだんにのったブリオッシュトースト（$23）や地元の農家から直接仕入れたトマトやにんじんのサラダ（$10）など旬のメニューが楽しめる。焼きたてのパイやタルトは持ち帰りにグッド。

住921 S.W. Oak St., Portland
☎(503) 208-4177
URL www.mauricepdx.com
営水〜土11:00〜16:00
休日〜火
カード M V

R 必ず前菜にフムスをオーダーしたい　レバノン料理／サウスイースト／MP.149-A4

ニコラスレストラン

Nicholas Restaurant

レバノン・ベイルートから1982年にポートランドへ移ってきたダイブファミリーがオープンしたレストラン。レモンやヨーグルト、オリーブオイルをふんだんに使ったメニューは胃腸に優しい。ランチ時には、ケバブボウル（$14）やベジタリアン・メッゼ・ボウル（$14）などがある。

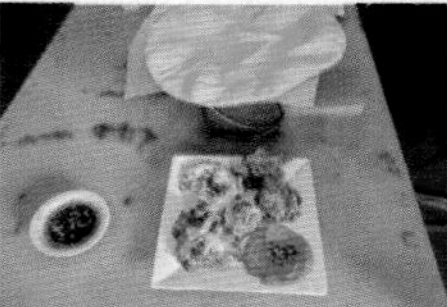

住1109 S.E. Madison St., Portland
☎(503) 235-5123
URL www.nicholasrestaurant.com
営毎日11:00〜20:00(金土〜21:00、日12:00〜)
カード A M V

MEMO 現地在住日本人がすすめる日本料理レストラン　ランチは定食メニューが豊富で、寿司のおまかせやうどん、そばもある。**Murata Restaurant**　MP.146-A4　住200 S.W. Market St., Portland　☎(503) 227-0080 ↗

R できるかぎりオレゴン州の食材を使ったピザが評判に　ピザ／ノースイースト／MP.149-B3

ドベビビ

Dove Vivi

ロスアンゼルスやサンフランシスコの名店で修業したスタッフが2007年にオープンさせた。トウモロコシの粉から作ったピザ生地は外はもちもち、中はさくさくで、ボリュームたっぷり。ふたりでシェアするなら、ホール（6切れ、$33～）がおすすめ。

住2727 N.E. Glisan St., Portland
☎(503) 239-4444
URLwww.dovevivipizza.com
営毎日16:00～21:00
カードMV

R パストラミがおいしいデリ　デリカテッセン／ノース／MP.149-A1

ケニー&ズークス・デリカテッセン

Kenny & Zuke's Delicatessen

ユダヤ料理の定番パストラミ（$17.95～）が食べられる正統派デリ。パストラミとは食塩水につけた牛肉を燻製にしたユダヤの伝統食。おいしい肉を食べさせたい一心で試行錯誤を重ねたケンさんとニックさんの燻製肉は、とてもジューシーだ。ボリューム満点のサンドイッチをぜひ味わいたい。

住3803 N. Williams St., #125, Portland
☎(503) 222-3354
URLwww.kennyandzukes.com
営月～土11:30～19:30
休日
カードJMV

R ルーフトップデッキで眺望を満喫　モダンアジア／ダウンタウン／MP.147-B2

デパーチャー

Departure

ホテルのThe Nines Hotel Portland（→P.194）最上階にあり、デッキからの眺めが最高。ダウンタウンで最もクールなレストランだろう。料理は、アジア料理を現代風にアレンジしたモダンアジアで、地元の食材を使っているのもうれしい。飲茶や寿司、ステーキなどから選べる3コースメニュー（$65）がある。

住525 S.W. Morrison St., 15th Fl., Portland
☎(503) 802-5370
URLdepartureportland.com
営水～日16:00～23:00
休月火
カードAMV

R 事前予約必須の有名店　タイ料理／ノースウエスト／MP.148-A3

ラングバーン

Langbaan

タイのストリートフードをテーマに、ワシントン州やオレゴン州で取れた新鮮な食材を独自に味付けし、上品に洗練させた名店。メニューは約10種類のコース料理のみで、2時間30分の時間制限あり。ワインはスパークリングから白、赤まで約40種類を揃えている。ウェブサイトから事前に予約すること。

住1818 N.W. 23rd Pl., Portland
☎(971) 344-2564
URLwww.langbaanportland.com
営金土18:00、20:45、日17:30、20:15
休月～木
カードAMV

R おしゃれにフォーを味わう　ベトナム料理／パールディストリクト／MP.146-A2

フォー・バン・フレッシュ

Pho Van Fresh

1992年にオープンしてから幾度か店名は変わったが、味は創業当時の本場ベトナムのまま。ランチに食べたいベトナムの麺、フォーは$15.50～とお手頃価格。ミントなどの香菜がたっぷり付いてくる。バインミー（$10.50～）やプリプリのエビが入った生春巻きも美味。

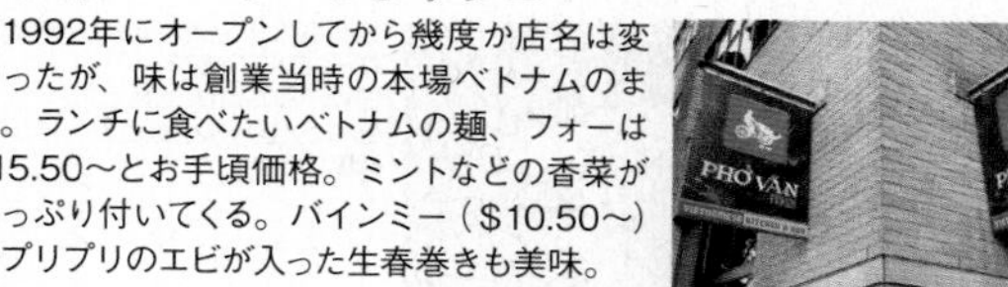

住1012 N.W. Glisan St., Portland
☎(503) 248-2172
URLwww.phovanfresh.com
営月～土11:00～20:00
休日
カードADMV

R 世界初のサステイナブルな寿司屋　寿司／ダウンタウン／MP.147-A1

バンブー寿司

Bamboo Sushi

環境や水産資源に配慮した漁業を行うことにより、海や魚を守る持続可能な漁業を推進する海洋管理協議会MSC（Marine Stewardship Council）の認証を受けたアメリカで初めてのレストラン。地元で取れた水産物を積極的に使用する。にぎりは$8～。

住404 S.W. 12th Ave., Portland
☎(503) 444-7455
URLbamboosushi.com
営毎日16:00～21:00（土日12:00～）
カードAMV

↘URLwww.muratarestaurant.com　営ランチ：月～金11:30～14:00、ディナー月～土17:00～21:00　休日

R ポートランでも人気のスーパーフード　ヘルシーフード／ノース／MP.149-A1

モベリ

Moberi

近年注目を集めているアサイーボウル($8～)やピタヤボウル（$10～）などが手軽に食べられる。スムージー（$7～）は7種類あり、アサイーやケール、ヘンプシード、チアシードなどをトッピングできる。植物性プロテインを入れて、栄養補給してもいい。

住4220 N. Mississippi Ave., Portland
☎(971) 271-7641
URLwww.moberi.com
営毎日8:00～17:00
カードA M V

R ポートランド初のアサイーボウルカフェ　ヘルシーフード／ノースイースト／MP.149-A1

カリオカボウルズ

Carioca Bowls

健康志向の人が多いポートランドで人気の、スーパーフードを専門に提供するカフェ。日本でも話題のアサイーボウル（$10～）はストロベリーやクランベリー、アーモンドなどのトッピングも追加できる。アボカドトースト（$7）、ココナッツウオーター（$3～）などもあり。毎日ヨガ教室を開催している。

住827 N.E. Alberta St., Portland
☎(503) 282-5613
URLwww.cariocabowls.com
営毎日9:00～15:00
カードA M V

R ポートランドいちとの評判のパン屋　ベーカリーカフェ／ノブヒル／MP.148-B2

ケンズ・アーティザン・ベーカリー

Ken's Artisan Bakery

2001年にオープンして以来、数々の地元紙、旅行雑誌に取り上げられている名店。カフェの奥で焼いているので、いつでも焼きたてのパンを食べることができる。特にポートランド近郊で取れたベリーのクロワッサンが人気だ。ランチ時には、サンドイッチやサラダもあり。

住338 N.W. 21st Ave., Portland
☎(503) 248-2202
URLkensartisan.com
営毎日8:00～16:00
カードA M V

R ポートランドでも有名な朝食スポット　カフェレストラン／ノース／MP.149-A1

スウィーディーディー

Sweedeedee

ポートランド郊外から朝食を食べにわざわざ訪れる人もいるほど有名なカフェレストラン。メニューは週替わりだが、フレンチトースト（$16）やベジタブル・サンドイッチ（$15）は定番商品として、ほぼ常にある。予約不可なので朝一番で並びたい。

住5202 N. Albina Ave., Portland
☎(503) 946-8087
URLwww.sweedeedee.com
営水～日9:00～15:00（木～土～21:00、日11:00～）
休月火
カードA J M V

R 自分好みのパンケーキが作れる　パンケーキ／サウスイースト／MP.149-B4

スラッピーケークス

Slappy Cakes

2009年にオープンして以来、地元の雑誌や料理番組でも取り上げられているレストラン。バターミルクやグルテンフリー、ピーナッツバターなどの生地を選んだら、ココナッツやブルーベリー、ストロベリーをトッピングして、目の前のホットプレートで焼こう。

住4246 S.E. Belmont St., Portland
☎(503) 477-4805
URLwww.slappycakes.com
営毎日8:00～13:00(土日～14:00)
カードA M V

R 朝食にも軽食にもいい　ワッフル／サウスイースト／MP.149-B4

ワッフルウインドー

Waffle Window

ストロベリーやバナナ、チョコレートなどからベーコンやハム、チーズが載ったものまで、約20種類あるワッフル専門店。甘さたっぷりのメープルシロップをかければ、疲れも吹き飛ぶかも。晴れた日には、店横のテラス席で食べるのが気持ちいい。

住3610 S.E. Hawthorne Blvd., Portland
☎(971) 255-0501
URLwafflewindow.com
営毎日8:00～15:00(金土～20:00)
カードA M V

MEMO 日本の味が再現されたAfuriのラーメン　**Afuri Ramen + Dumpling**　MP.147- C1　住50 S.W. 3rd Ave., Portland　☎(971) 288-5510　URLwww.afuriramen.com　営毎日11:30～21:00

R ガーリックやハーブ、プレーンなど20種類以上あるベーグル　ベーグル／ノブヒル／MP.148-A1

スピールマンベーグル&コーヒー

Spielman Bagels & Coffee

2011年のオープンから、地元雑誌で「ベストベーグル」に何度も選ばれているベーグルショップ。サワードゥと牛乳、ハチミツを混ぜ合わせて作るベーグルはひとつ$2。ベーグルの外はパリッとしているが中がモッチリしていて食べ応えあり。

住2314 N.W. Lovejoy St., Portland
☎(503) 208-3083
URL www.spielmanbagels.com
営毎日7:00〜14:00
カード A M V

R ポートランド発のドーナツショップ　ドーナツ／ダウンタウン／MP.147-C1

ブードゥードーナツ

Voodoo Doughnut

2003年にオープンして以来、ダウンタウンでドーナツを食べるならここと、早朝から夕方まで行列ができる超人気のお店。Portland Cremeはポートランド市のドーナツに選ばれている。お酒を飲んだあとにBacon Maple Barを食べて締めるのが地元の人に好評だとか。1個$1〜。

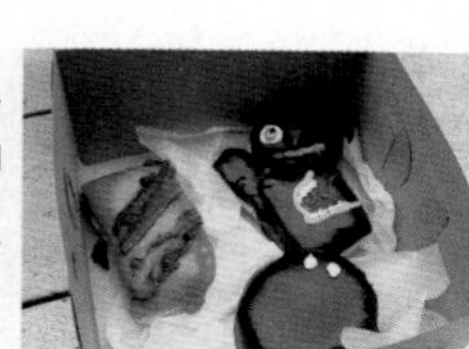

住22 S.W. 3rd Ave., Portland
☎(503) 241-4704
URL voodoodoughnut.com
営毎日5:00〜翌3:00
休サンクスギビング、クリスマス、1/1
カード A M V

R 甘さ控えめのアイスクリーム　スイーツ／ノースイースト／MP.171

ソルト&ストロー

Salt & Straw

2011年にオープンして以来、いつ訪れても長い行列ができているアイスクリーム屋。おいしさの秘密は、オレゴン州ユージーンにある酪農家からオーガニックな乳製品を直接取り寄せているからだとか。それに、乳脂肪分17%のたっぷりの脂質をもつ乳製品を使用しているので香りも濃厚。

住2035 N.E. Alberta St., Portland
☎(503) 208-3867
URL saltandstraw.com
営毎日11:00〜23:00
カード A D J M V

R フルーツのうま味が濃縮されたパイ　スイーツ／サウスイースト／MP.145-B3

ローレッタジーンズ

Lauretta Jean's

ポートランドのファーマーズマーケットで話題になり、2012年サウスイーストエリアにオープンしたパイ専門店。ポートランド近郊で採れたベリーを使用したブルーベリーパイやチェリーパイなど約20種類あるパイのほか、スコーンやキッシュ、マフィンが並ぶ。パイは一切れ$6。

住3402 S.E. Division St., Portland
☎(503) 235-3119
URL www.laurettajeans.com
営月 水 木11:00〜21:00、金〜日9:00〜22:00(日〜21:00)
休火
カード A M V

R 元バリスタ・チャンピオンの店　コーヒー／ノースイースト／MP.171

バリスタ

Barista

2009年ノースウエスト・バリスタ・チャンピオンに輝いたオーナーのビリー・ウィルソン氏が、2010年にアルバータストリートに開店した。かつて倉庫だった所を改装し、フレンチナチュラルな壁紙に木目調のテーブル、革張りの椅子を置いたシックな店内もすてき。

住1725 N.E. Alberta St., Portland
☎(503) 807-0338
営月〜金6:00〜18:00、土日7:00〜18:00
カード J M V

R コーヒーフィルターも製造する　コーヒー／サウスイースト／MP.149-A4

コアバコーヒー

Coava Coffee

エルサルバドルやコロンビア、グアテマラ、コスタリカなど中南米で栽培された豆を使用。併設する倉庫で焙煎前の生のコーヒー豆を保管し、随時自社で焙煎するという。タイミングがよければ、焙煎工程を見ることもできるかも。広々とした店内では、竹製品も展示されている。

住1300 S.E. Grand Ave., Portland
☎(503) 894-8134
URL coavacoffee.com
営毎日7:00〜18:00
カード A M V

MEMO ブードゥードーナツの他店舗情報　**Voodoo Doughnut Too**　MP.149-A3　住1501 N.E. Davis St., Portland　☎(503) 235-2666　営毎日5:00〜翌3:00　休サンクスギビング、クリスマス、1/1

R 自社で焙煎しブレンドする　コーヒー／ノースイースト／MP.149-A3

ハートロースターズ

Heart Roasters

　2009年バーンサイドストリートにオープン。店内中央に設置された焙煎機の周りにテーブルや椅子が置かれている。地元の人に愛されている地域密着型の小規模焙煎カフェ。アフリカや中南米からコーヒー豆を取り寄せる。ほとんどの豆が浅煎りで、ほどよい酸味と軽やかな香りが特徴。

住2211 E. Burnside St., Portland
☎(503) 206-6602
URL www.heartroasters.com
営毎日7:00～15:00(土日8:00～)
カード A M V

R メキシコ産のコーヒーお抹茶が飲める　コーヒー／ノースウエスト／MP.145-A2

エレクトリカコーヒー

Electrica Coffee

　ノブヒルの北、インダストリアルエリアにあるショップSchoolhouse Electric & Supply Co.に併設するカフェ。レストランRepublica (→P.178) のオーナーが共同経営する。自家製の白味噌を使ったエスプレッソは、まろやかながらも力強いコクも感じられる一品。

住2181 N.W. Nicolai St., Portland
☎(971) 238-7394
営火～日8:00～16:00
休月
カード A M V

R さまざまなビールを試したいなら足を運ぶべき店　ビール／ダウンタウン／MP.146-A4

ライブラリー・タップハウス&キッチン

Library Taphouse & Kitchen

　ポートランド州立大学のビルの中に入るタップルーム。50種類以上の樽生ビールを常時取り揃えているので、毎日通う常連さんもいるとか。時期により異なるが、ラガーやIPAは種類が豊富にあるそう。ビールグラスは5オンス、16オンス、32オンス、64オンスと4サイズあるのもいい。

住615 S.W. Harrison St., #B, Portland
☎(503) 725-3204
URL librarytaphouse.com
営月～土11:00～22:00
休日
カード A M V

R オレゴン州ベンドで誕生したビール会社　ビール／パールディストリクト／MP.146-A2

テン・バレル・ブリューイング・カンパニー

10 Barrel Brewing Co.

　にぎやかな雰囲気のなか、料理もビールも楽しめるブリューパブ。樽生ビールは、IPAやラガーなど約20種類ある。ハンバーガー（$15～）やサンドイッチ（$14～）、サラダ（$11～）などフードメニューも豊富なので、ビールを飲まない人と一緒でも楽しめる。

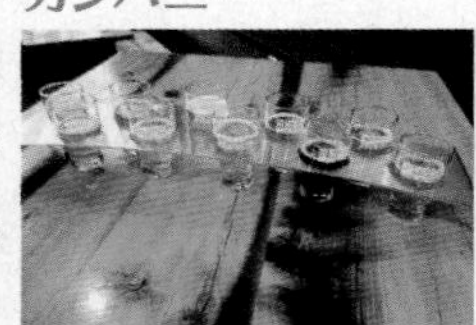

住1411 N.W. Flanders St., Portland
☎(503) 224-1700
URL 10barrel.com/pubs
営毎日11:00～22:00(金土～24:00)
カード A M V

R 1988年ベンドで誕生したオレゴン州でいちばん有名なビール　ビール／パールディストリクト／MP.146-A2

デシューツ・ブリュワリー・ポートランド・パブリック・ハウス

Deschutes Brewery Portland Public House

　オレゴン州中部を流れるデシューツ川にちなんで名前が付けられた。2008年にパールディストリクトにオープン。2023年現在、全米で11番目に販売量の多いクラフトビール会社にまで成長した。2023年のオレゴン・ビア・アワードで銀賞を受賞したKing Crispy Pilsnerは試飲したいビールのひとつ。

住210 N.W. 11th Ave., Portland
☎(503) 296-4906
URL www.deschutesbrewery.com
営毎日11:00～21:00(金土～22:00)
カード A M V

R フルーツの豊潤な香りを楽しもう　ビール／サウスイースト／MP.149-A4

カスケード・ブリューイング・バレル・ハウス

Cascade Brewing Barrel House

　ストロベリーやアプリコット、ブルーベリーなど新鮮な果物を使った酸味が強いサワービールを提供する。ホップの苦味はあまり強くないので、飲みやすいだろう。常時15種類以上の生ビールがあり、サワービールのほかに、IPAやエールもある。

住939 S.E. Belmont St., Portland
☎(503) 265-8603
URL www.cascadebrewingbarrelhouse.com
営水～土16:00～22:00(金土12:00～)、日12:00～20:00
休月火
カード A M V

R 屋外で飲むビールは最高！　ビール／ノース／MP.149-A2

ストームブレイカー・ブリューイング

StormBreaker Brewing

　2014年ポートランドに誕生したブリュワリー。2023年4月には日本のビール醸造所とコラボレーションしたビールを、東京で開催されたビールイベントで販売した。2023年のオレゴン・ビア・アワードで銅賞を受賞したNoble Pilsnerや金賞を受賞したSet Freshies to Hazeをじっくりと味わいたい。

住832 N. Beech St., Portland
☎(971) 703-4516
URL www.stormbreakerbrewing.com
営月～金11:00～22:00(金～23:00)、土日10:00～23:00(日～22:00)
カード A M V

R 世界レベルのピノ・ノワールを造るワイナリーのテイスティングルーム　ワイン／ダウンタウン／MP.147-A1

ドメーヌ・セリーヌ・ワイン・ラウンジ

Domaine Serene Wine Lounge

　ケン＆グレース・エヴェンスタッド夫妻がダンディヒルズに1989年創設したワイナリー。2004年に行われた国際的なソムリエによるブラインド・テイスティングでは、高級ブルゴーニュワインのドメーヌ・ド・ラ・ロマネ・コンティ（DRC）に勝利し、世界的に有名になった。試飲グラス1杯$19～。

住1038 S.W. Alder St., Portland
☎(503) 850-7001
URL domaineserenewinelounge.com/portland
営水～土15:00～21:00(土13:00～)、日13:00～19:00
休月火
カード A M V

R オレゴン州初の黒人によるワインメーカー　ワイン／ダウンタウン／MP.147-A2

アービー・クリーク：ザ・クリックPDX

Abbey Creek : The Crick PDX

　ハイチからの移民の子として育ったバートニー・フォースタン氏が始めたワイナリーのテイスティングルーム。2007年ポートランド郊外の畑でブドウがほったらかしになっているのを目撃したのがきっかけだったという。ピノ・ノワール、ピノ・グリ、シャルドネなどの試飲$25。

住912 S.W. Morrison St., Portland
☎(503) 389-0619
URL www.abbeycreekvineyard.com
営水～日14:00～19:00
休月火
カード A M V

R ワイナリーがオープンしたタップルーム＆レストラン　ワイン＆タップルーム／サウスイースト／MP.149-A4

クーパーズホール

Coopers Hall

　クーパーズホール・オリジナルのワイン約20種類のほか、ゲストワインも20種類ほど取り揃える。4種類のワインを試飲できるフライト（→脚注）は$14～。チーズの盛り合わせ($15～)やサラダ（$11～）、ローストチキン（$25）などと一緒に赤白両方のワインを味わいたい。

住404 S.E. 6th Ave., Portland
☎(503) 719-7000
URL coopershall.com
営火～金16:00～21:00(イベント開催などにより、閉店あり)
休土～月
カード A M V

R 蒸留酒「ジン」のテイスティングルーム　ジン／ノースウエスト／MP.145-A2

アビエーション・アメリカン・ジン

Aviation American Gin

　ポートランド市内に工場があったハウス・スピリッツ・ディスティラリー社が2006年にジン作りを始めた。2018年にはハリウッド俳優のライアン・レイノルズ氏が株式を取得し、経営に携わった。現在ライアンは経営から退いたが、広告塔を務めている。蒸留所の見学ツアー＆テイスティング（約1時間）あり。

住2075 N.W. Wilson St., Portland
☎(503) 946-1539
URL www.aviationgin.com
営木～日12:00～19:00
休月～水
カード A M V
見学ツアー＆テイスティング($35)の催行日時はウェブサイトで確認を。

R えりすぐりのレストランやカフェが集まる　フードホール／ダウンタウン／MP.147-C1

パインストリート・マーケット

Pine Street Market

　1886年に建てられたビルの中にフードホールが2016年オープン。以前は馬小屋やナイトクラブであったフロアに大改装を施した。館内には、飲茶のShanghai's Bestやラテンアメリカ料理のTeote Outpost、タイ料理のLittle Peacockなどが入る。

住126 S.W. 2nd Ave., Portland
URL www.pinestreetpdx.com
営毎日11:00～21:00(金～日～22:00)。店により異なる
カード 店により異なる

MEMO フライト（試飲）とは　ブリュワリーやサイダーのテイスティングルームのメニューにあるフライトとは、少量（約120mℓ）だが、ビールやサイダーを数種類飲み比べできるセットメニューのこと。

SHOP

ポートランドのショップ

ポートランドは消費税がかからないので、この街でショッピングしない手はない。ナイキやコロンビア・スポーツウエア、ダナーなどの有名アウトドアスポーツブランドをまとめ買いしてもいいし、コロンビア峡谷やウッドバーンにあるアウトレットで買い物三昧の1日を過ごしてもいい。ダウンタウンでは、パイオニア・コートハウス・スクエア周辺に有名ブランドのブティックやデパートが並び、いつ行っても、買い物客でにぎわっている。

S 中心にあってとても便利　ショッピングモール／ダウンタウン／MP.147-B2

パイオニアプレイス

Pioneer Place

パイオニア・コートハウス・スクエアに近いダウンタウンのど真ん中にあるモール。ここなら、買い物以外に訪れてもよさそう。ひと休みするなら地階のフードコートへ。GucciやTory Burch、Louis Vuitton、Tiffany & Co.などのブランドショップで、タックスフリー・ショッピングを楽しめる。

住700 S.W. 5th Ave., Portland
☎(503) 228-5800
URL www.pioneerplace.com
営毎日11:00～19:00（日～18:00）
カード A M V（店により異なる）

S 西海岸を中心に展開中のデパート　デパート／ダウンタウン／MP.147-B2

ノードストローム

Nordstrom

今やウエストコーストの各都市ではおなじみのデパート。ポートランドにもパイオニア・コートハウス・スクエアの広場の横という好立地にある。もともとはシアトルの靴屋から始まっただけあり、シューズコーナーはメンズ、レディスともなかなかの充実度を見せている。

住701 S.W. Broadway, Portland
☎(503) 224-6666
URL shop.nordstrom.com
営月～土10:00～20:00、日11:00～19:00
カード A J M V

S 少し時季外れでも安いが勝ち　アウトレット／ダウンタウン／MP.147-B2

ノードストローム・ラック

Nordstrom Rack

デパートのノードストロームでシーズン中に売れ残った商品を30～70%ほどディスカウントして売っている。とにかく欲しい物が決まっていれば、まず最初にのぞいてみたい店だ。ちなみに、ここのショップの店員さんたちはとても愛想がよく、楽しく買い物できる。

住245 S.W. Morrison St., Portland
☎(503) 299-1815
URL www.nordstromrack.com
営毎日10:00～19:00（金土～20:00、日～18:00）
カード A J M V

S ダウンタウンから車で25分　アウトレット／ポートランド郊外／MP.210-A2

コロンビア・ゴージ・アウトレット

Columbia Gorge Outlets

Adidas やColumbia Sportswear、Eddie Bauerなど約25店舗が入るアウトレット。観光客はあまり訪れないので、日本人に人気のCoachやPendleton、Samsoniteでは掘り出し物が見つかるかも。ライトレイルのNE 82nd Ave駅からバス#77で約30分。

住450 N.W. 257th Way, Troutdale
☎(503) 669-8060
URL shopcolumbiagorgeoutlets.com
営毎日10:00～20:00（日～18:00）
カード A M V（店により異なる）

MEMO ダウンタウンからマックス・ライトレイルで行けるショッピングモール　コロナ禍の影響で多くの店が撤退したが、2023年8月現在60店舗以上のショップやファストフード店が入る。Lloyd Center　MP.149-A3 ↗

S 州内最大のアウトレットモール　アウトレット／ポートランド郊外／MP.225-A1

ウッドバーン・プレミアム・アウトレット
Woodburn Premium Outlets

オレゴン州最大のアウトレットモール。ブランド出店数は約110。4棟のビルのほかに、子供たちを遊ばせる遊技施設やセグウエイ、ローラーブレードなどの乗り物も用意されている。軽食が取れるレストランもあるので、家族で買い物三昧の休日を楽しもう。

住1001 Arney Rd., Woodburn
☎(503) 981-1900
URLpremiumoutlets.com/outlet/woodburn
営毎日10:00～19:00(土～20:00)
カードADMV (店により異なる)
行き方ポートランドからI-5 S.のExit 271を下りる。市内から車で約35分

S 幅広い年代のファッションアイテムを扱う　ファッション／ダウンタウン／MP.147-A1

フランセスメイ
Frances May

コーニーさんと孫のパメラさんが2008年オープンしたセレクトショップ。きれいめでおしゃれなアパレル商品が比較的多く、A.P.C.やRaquel Allegra、Eckhaus Latta、Injiri、Stone Islandなどのブランドを取り扱う。ジュエリーや香水などもあり。

住521 S.W. 10th Ave., Portland
☎(503) 227-3402
URLwww.francesmay.com
営毎日12:00～18:00
カードAMV

S ポートランドのヒップスターが通う1店　ファッション&雑貨／ダウンタウン／MP.147-A1

ワイルドファング
Wildfang

マニッシュテイストのファッションを楽しみたい人向けのブランド。アバンギャルドなデザインのTシャツやスウェットが人気だが、日本でも着用できそうなジャケット（$150～）やオールインワン・サロペット（$75～）、トップス（$38～）がおすすめ。

住404 S.W. 10th Ave., Portland
☎(503) 964-6746
URLwww.wildfang.com
営毎日11:00～18:00
カードAMV

S 日本で買うよりも安い　ファッション／ダウンタウン／MP.147-A2

ペンドルトン
Pendleton

1863年英国生まれのトーマス・ケイ氏が、オレゴン州ブラウンズビルにある毛織物工場を支援するために渡米し、自ら工場を開設した。100%ウールのみを使用し、アメリカ・インディアンの伝統的な柄が特徴だ。定番のラグやブランケットのほか、シャツやかばん、財布などもある。

住825 S.W. Yamhill St., Portland
☎(503) 242-0037
URLpendleton-usa.com
営月～土10:00～18:00（金土～19:00）、日11:00～17:00
カードAJMV

S ポートランドで発見する日本のよさ　ファッション&雑貨／ダウンタウン／MP.147-A1

キリコ
Kiriko

長年培われてきた日本の職人の技に敬意を示しつつ、着物などに使われている絹織物を現代風にアレンジした商品が並ぶ。古い布で作ったパッチワークブランケットやトートバッグ、インディゴカラーのバンダナやスカーフなど日常使いに最適なものが多い。

住1001 S.W. Morrison St., Portland
☎(503) 222-0335
URLkirikomade.com
営毎日11:00～18:00(金土～19:00)
カードAMV

S 100年以上もの歴史をもつショップ　ファッション／ダウンタウン／MP.147-C1

ポートランド・アウトドア・ストア
Portland Outdoor Store

緑色の看板が目印で、ポートランドのランドマーク的存在だ。ウエスタンファッション全般を取り扱い、WranglerのデニムやPendletonのジャケット、シャツ、ウエスタンブーツなどの品揃えが豊富。スタッフはベテランばかりなので、サイズや在庫などの質問にもていねいに答えてくれる。

住304 S.W. 3rd Ave., Portland
☎(503) 222-1051
URLportlandoutdoorstore.us
営月～土9:00～15:00
休日
カードAJMV

↘住2201 Lloyd Center, Portland　☎(503) 528-8515　URLwww.lloydcenter.com　営月～土11:00～19:00、日12:00～18:00（店により異なる）

S SNSから始まったビジネス　ファッション／ダウンタウン周辺／MP.148-B4

ポートランドギア
Portland Gear

インスタグラムで20万人以上のフォロワーをもっていたマーカスさんがオープンしたショップ。2014年、ポートランドのネーム入りTシャツをウェブサイトで販売したとたん、評判が広がり、2016年には店舗をもつまでになった。Pのマークが入ったキャップやPortlandのネーム入りスウェットは地元の人も所有するアイテムだ。

住627 S.W. 19th Ave., Portland
電(503) 437-4439
URL portlandgear.com
営毎日11:00～19:00
カード M V

S 若手デザイナーのワンピースがおすすめ　ファッション／パールディストリクト／MP.146-A2

ガーニッシュ
Garnish

デザイナーであるエリカ・ルリー氏の店。彼女がデザインしたフレッシュな雰囲気のワンピースやスカート、シャツやアクセサリーなどが並ぶ。形はとてもシンプルで、色合いも美しく、飽きのこないデザインが主流。袖なしのワンピースが多いので、夏用に1枚いかが？

住404 N.W. 12th Ave., Portland
電(503) 954-2292
URL www.garnishapparel.com
営月～土11:00～17:00(木金～18:00)
休日
カード A M V

S ポートランド生まれのアパレルブランド　ファッション／パールディストリクト／MP.146-A2

ナウ
Nau

「グリーン、エコ・フレンドリー、サステイナブル、オールナチュラル」をモットーに、環境や自然に悪影響を与えないように配慮している。100%オーガニックコットンやリサイクルポリエステルなどのサステイナブルな素材を積極的に使用。BCIコットン製のメンズ・ジャケットは$160。

住304 N.W. 11th Ave., Portland
電(503) 224-9697
URL nau.com
営月～土10:00～18:00、日11:00～17:00
カード A M V

S 日本未上陸ブランド　ファッション／パールディストリクト／MP.146-A2

メイドウェル
Madewell

オバマ元大統領ファミリー御用達のJ. Crewの姉妹ブランドで、20～30歳代の女性がメインターゲット。ちょっとおしゃれをしたいが、高級ブランドで着飾りたくない人に人気がある。しっかりとした縫製で、流行に左右されないデザインがいい。ニット$98～、ワンピース$118～。

住30 N.W. 12th Ave., Portland
電(503) 227-3057
URL stores.madewell.com
営月～土10:00～19:00、日11:00～18:00
カード A M V

S $300以下で上下を揃えられるメンズショップ　ファッション／パールディストリクト／MP.146-A1

リボルバー
Revolvr

モンタナ州ボーズマン生まれのセレクトショップ。アメリカンカジュアル好きにはたまらない品揃えがうれしい。ShinolaやTopo Design、Red Wing、Marine Layerなどのブランドを取り扱うほか、RVCAやBillabongなどのサーフブランドのTシャツもあり。

住604 N.W. 13th Ave., Portland
電(971) 221-9925
URL www.revolvrmens.com
営毎日10:00～20:00(日～18:00)
カード A M V

S おしゃれ男女が集まるセレクトショップ　ファッション／サウスイースト／MP.149-B4

コミュニオン
Communion

ホーソンブルバード沿いにあるブティック。ニューヨークではやっている最新トレンドをいち早く取り揃える。ニットやデニム、ワンピースから、サングラス、バッグなどまで、品揃えも充実し、トータルコーディネートも可能だ。メンズ、レディスともカジュアル＆きれいめ路線向き。

住3556 S.E. Hawthorne Blvd., Portland
電(503) 208-3008
URL communionpdx.com
営水～日12:00～18:00
休月火
カード A M V

S 全米からバイク乗りが集まる

ラングリッツ・レザーズ

ファッション／サウスイースト／MP.145-B3

Langlitz Leathers

バイク好きのロス・ラングリッツ氏が1947年にオープンしたショップ。世界中のバイカー憧れのライダースジャケットや皮パンツ、ショルダーバッグなどを製造・販売する。キーホルダーや財布はおみやげにもいいかも。店舗奥が工房になっているので、タイミングがよければ製造工程をのぞき見できる。

住2443 S.E. Division St., Portland
☎(503) 235-0959
URL www.langlitz.com
営月～金9:00～17:00、土は事前予約制
休日
カード A M V

S 2013年にポートランドで生まれたスポーツブランド

グラフレティックス

ファッション／セルウッド／MP.145-B4

Grafletics

グラフィックデザイナーのリックさんが、ポートランドのスポーツファンの熱狂に感化され、グラフィックとアスレチックを合体したショップをオープンした。オレゴン州の地名が入ったキャップやTシャツ（$19.95～）はポートランド旅行の記念によさそう。

住7013 S.E. Milwaukie Ave., Portland
☎(503) 780-8784
URL grafletics.com
営火～日11:00～15:00
休月
カード A M V

S 子供服をメインに取り扱う

ブラックワゴン

ファッション＆雑貨／ノース／MP.149-A1

Black Wagon

0歳児から小学校高学年ぐらいまでの子供に似合うグッズが揃っている。アパレル商品やスニーカー、サンダルから、おもちゃ、本、アクセサリーなどまで、扱っているアイテムはさまざま。ぬいぐるみや積み木はアメリカらしさがあふれたかわいらしいデザイン。

住3964 N. Mississippi Ave., Portland
☎(503) 916-0000
URL blackwagon.com
営毎日11:00～18:00（土10:00～、日～16:00）
カード A M V

S アウトドアウエアをファッショナブルに着こなせる

ウォーンパス

ファッション／ノース／MP.149-A1

Worn Path

ネックレスアーティストで、オーナーのナイルズ・アームストロング氏が2010年に立ち上げたセレクトショップ。サーフボードからキャンプ用のマグカップまでアウトドア製品が集まる。オリジナルのロゴT入りシャツやキャップは街着としてグッド。

住4007 N. Mississippi Ave., Portland
☎(971) 331-8747
URL www.worn-path.com
営木～月12:00～17:00
休火水
カード A J M V

S おしゃれなブティック

タンブルウィードブティック

ファッション／ノースイースト／MP.171

Tumbleweed Boutique

婦人服の仕立屋カラ・ラーソン氏が2000年に開いたブティック。おしゃれな普段着をコンセプトに自身のレーベルやローカルデザイナーの作品を販売している。ハイセンスなものばかりなので、選ぶのに困ってしまうかも。かばんや靴、アクセサリーもあるので、ぜひ立ち寄ってほしい。

住1812 N.E. Alberta St., Portland
☎(503) 335-3100
URL tumbleweedboutique.com
営毎日12:00～17:00
カード M V

S かわいらしいのに値段がお手頃

フロックブティック

ファッション／ノースイースト／MP.149-B1

Frock Boutique

地元在住のデザイナーが作る女性服を中心に帽子やアクセサリーなどを取り扱う。20歳代女子におすすめのカジュアルなデザインのものが多く、ワンピースやカットソーなどが豊富だ。ここでしか手に入らない一点物がほとんどなので、気に入ったら即購入したい。

住1439 N.E. Alberta St., Portland
☎(503) 595-0379
URL www.frockboutique.com
営毎日10:30～17:00
カード M V

S ポートランドのバイカーが集まる　ファッション&カフェ／ノースイースト／MP.149-A3

シー・シー・モーター・コーヒー・カンパニー　See See Motor Coffee Co.

ヘルメットやベスト、革パンツ、工具などバイク乗りに必要な物が揃うショップ。週末は、ヤマハにまたがったバイカーが続々と集結する。併設するカフェでは、オリジナルのTシャツやバイクの模型、書籍なども販売する。Wi-Fiが利用可能なため、物静かだ。

住1642 N.E. Sandy Blvd., Portland
☎(971) 266-8809
URLwww.seeseemotorcycles.com
営ショップ：毎日10:00〜17:00
カフェ：毎日7:00〜17:00
カードMV

S 日本人に人気のデザインも豊富　靴／ダウンタウン／MP.147-A1

ダナー　Danner

ウィスコンシン州チペアフォールズで誕生したダナーは1936年ポートランドに拠点を移した。イタリアのビブラムソールをアメリカ国内で初めて輸入し、履きやすさをいち早く追い求めた。ゴアテックスを使用したダナーライトは、完全防水ブーツとして有名だ。

住1022 W. Burnside St., Portland
☎(503) 262-0331
URLwww.danner.com
営毎日11:00〜19:00
カードAJMV

S ポートランドでサンダルといったらここ　靴／パールディストリクト／MP.146-A2

キーン　Keen

2003年サンフランシスコで生まれたキーンは、2006年ポートランドのパールディストリクトに本社を移転した。水辺から陸地まで、場所を選ばずに使用できるサンダルNewportが創業当時から変わらぬ人気の商品。つま先を守るトゥプロテクションと滑りにくいソールが特徴だ。

住505 N.W. 13th Ave., Portland
☎(971) 200-4040
URLwww.keenfootwear.com
営毎日10:00〜17:00（金土〜19:00、日11:00〜）
カードAJMV

S 自転車乗りから多大な支持を得ている　かばん／ノース／MP.149-A2

ノースストリート・バッグ　North St. Bags

カリフォルニア州バークレーのバイクショップで働いていたカーティスさんは、世の中には背中を痛めないバックパックがないと気づき、かばん作りを始めた。ナイロン製のバックパック（$145〜）は、ビジネスにもカジュアルにも使える。

住2134 N. Flint Ave., Portland
☎(503) 419-6230
URLnorthstbags.com
営月〜金13:00〜17:00
休土日
カードAMV

S 頑丈なトートバッグは普段使いにいい　かばん／ミルウォーキー／MP.145-B4外

ベッケル・キャンバス・プロダクト　Beckel Canvas Products

州空軍でパラシュートの整備士として働いていたボブ・ベッケル氏が1964年にポートランドで始めたかばん屋。店舗奥の工房でトートバッグやポーチなどを作り続けている。ハンドメイドのテントは、キャンバス生地でできていて、耐久性も抜群。

住11266 S.E. 21st. Ave., Milwaukie
☎(503) 232-3362
URLwww.beckelcanvas.com
営月〜金9:00〜17:00
休土日
カードAMV

S コロンビア・スポーツウエア本店の風格　アウトドア／ダウンタウン／MP.147-A2

コロンビア・スポーツウエア・フラッグシップ・ストア　Columbia Sportswear Flagship Store

ポートランドのランドマーク的存在のコロンビア・スポーツウエア本店。明るく見やすいレイアウトで、新作のカジュアルウエアをはじめ、フライフィッシングウエア、スノーボード用品、登山用品や軽量の登山靴、デイパックなどがずらりと並び、品選びに迷うほど。街着としても着たいウエアが豊富に揃っている。

住911 S.W. Broadway, Portland
☎(503) 226-6800
URLwww.columbia.com
営月〜土9:30〜19:00、日11:00〜18:00
カードAJMV

S アウトドアギアのレンタルも行っている　アウトドア／サウスイースト／MP.149-A4

ネクストアドベンチャー

Next Adventure

アウトドアグッズの品揃えはポートランドでも1、2を争う。スノーボードやキャンピング、ハイキング、クライミングなどに必要なものはすべて揃うだろう。取り扱っているブランドはSierra DesignsやMarmot、Merrellなど。地下では中古品の販売をしている。

住426 S.E. Grand Ave., Portland
☎(503) 233-0706
URL nextadventure.net
営月〜土10:00〜19:00(土〜18:00)、日11:00〜17:00
カード A J M V

S タウンユースにもいいデザイン　アウトドア／サウスイースト／MP.149-B4

ポーラー

Poler

2010年カメラマンのベンジ・ワンガー氏と映像クリエイターのカーマ・ベラ氏が始めたアウトドアショップ。キャンプやサーフィン、スノーボードを楽しむ人が、不自由なく動けるようにと考えて作られたテントや寝袋、バックパックなどが人気。

住3557 S.E. Hawthorne Blvd., Portland
☎(503) 432-8120
URL poler.com
営木〜月11:00〜18:00(日〜17:00)
休火水
カード A M V

S 品揃え抜群のスケボー専門店　スケートボード／チャイナタウン／MP.146-B2

カル・スケート・スケートボード

Cal Skate Skateboards

感激するほどの品揃えを誇るスケートボードショップ。さまざまなデザインが施されたボードは、まさに芸術品。カスタムメイドもOKだから、自分だけのボードを作ってみるのもいい。ウエアやヘルメット、小物なども充実し、店内には小さな練習台もある。店はスケボー情報の発信地としても有名だ。

住210 N.W. 6th Ave., Portland
☎(503) 248-0495
URL www.calsk8.com
営毎日11:00〜18:00、(土10:00〜、日〜16:00)
カード M V

S ポートランドのDIY精神が垣間見られる　革製品／チャイナタウン／MP.146-B2

オロックス・レザー・カンパニー

Orox Leather Co.

ポートランド州立大学（PSU）で経営学を学んだマーティンさんが2005年に設立。父のホセさんと一緒に自宅のガレージでサンダルを作ってサタデイマーケットで販売したところ好評だったため、財布やベルト、かばんなどにも手を広げていった。カードケース（$40〜）やキーホルダー（$40）で経年変化を楽しみたい。

住450 N.W. Couch St., Portland
☎(503) 954-2593
URL www.oroxleather.com
営火〜土9:00〜17:00
休日月
カード A M V

S 古着好きは大集合　古着&アンティーク／サウスイースト／MP.149-B4

ハウス・オブ・ビンテージ

House of Vintage

約70のディーラーが集まったポートランド最大規模のアンティークマーケット。定番のTシャツやパンツなどの古着からカーペット、ソファ、家具まで、ありとあらゆる物が並ぶ。お手頃な値段だけあり、穴あきなどもあるので、じっくりチェックするように。

住3315 S. E. Hawthorne Blvd., Portland
☎(503) 236-1991
URL www.houseofvintagenw.com
営毎日12:00〜19:00
カード M V

S アパレルから生活必需品まで揃う　リサイクルショップ／サウスイースト／MP.149-A4

グッドウィル

Goodwill

近隣に住む住民からの寄付によって集められたアイテムを販売している非営利団体。洋服や靴のほか、家具や雑貨、食器、玩具などもある。取り扱っている商品の程度はピンからキリまでなので、購入する際はほつれやひびなどしっかりと確認したい。とにかく安いグッズを探すならココ。

住1943 S.E. 6th Ave., Portland
☎(503) 238-6165
URL meetgoodwill.org
営毎日10:00〜19:00
カード A M V

S ハンドメイドのジュエリー探しに　アクセサリー／ノブヒル／MP.148-A3

ベッツィ&アイヤ

Betsy & Iya

カフェでくつろいでいたときに、ふと宝石を作ってみようと思ったのがブランドの始まりだったと語るのは、創業者でデザイナーのベッツィさん。スターリングシルバーやブロンズのイヤリング、ブレスレットはすべて店舗奥の工房で作られている。ブロンズやスターリングシルバーのリングは$79～。

住1777 N.W. 24th Ave., Portland
☎(503) 227-5482
URLbetsyandiya.com
営毎日10:00～18:00
カードAMV

S オリジナル便せんを紙から作る　洋紙／パールディストリクト／MP.146-A1～A2

オブレーション・ペーパーズ&プレス

Oblation Papers & Press

旧式の活版印刷機を使い、自社工房で手漉きされた100%コットン洋紙で、オリジナルの結婚式の招待状や赤ちゃん誕生カードを作ってくれる。基本的に、中1日で見本ができ、仕上がりまで2週間。25%料金アップで最速5日仕上げも可能だ。

住516 N.W. 12th Ave., Portland
☎(503) 223-1093
URLwww.oblationpapers.com
営月～土11:00～18:00、日12:00～17:00
カードAMV

S 20～30歳代の若者に人気がある　雑貨&ファッション／ダウンタウン／MP.147-A1

テンダーラビング・エンパイア

Tender Loving Empire

地元のアーティストが作るTシャツやスウェットなどからイヤリング、ネックレスまでハンドメイド作品が並ぶ。一点物が多く、ほかでは手に入らないものばかり。そのほかにも、CDやアートプリント、キャンドル、クラフト作品も取り揃える。ポートランドならではのおみやげ探しにいい。

住412 S.W. 10th Ave., Portland
☎(503) 548-2925
URLwww.tenderlovingempire.com
営毎日11:00～17:00
カードADJMV

S ポートランドを知るうえで見逃せない1店　雑貨／パールディストリクト／MP.146-A2

メイドヒア

MadeHere

ポートランドで誕生したブランドのみを集めたセレクトショップ。観光客だけでなく、地元の人も立ち寄る人気のスポットだ。取り扱っている商品はバラエティに富み、革製品や石鹸、化粧品、かばん、塩、はちみつ、ジャムなどをこの1店で見ることができるのがいい。

住40 N.W. 10th Ave., Portland
☎(503) 224-0122
URLmadehereonline.com
営毎日11:00～18:00
カードAMV

S 図書館前にあり地元の人も大絶賛　雑貨／ダウンタウン／MP.147-A2

クラフティワンダーランド

Crafty Wonderland

ポートランド在住のアーティストによる作品を展示、販売するギャラリー兼ショップ。毎月、品揃えは替わるが、常時200以上の作品が並ぶ。特に、レターセットやシールなど文房具がお手頃の値段でおすすめ。大量生産を嫌い、地元を愛するポートランドの人たちのDIY精神を見ることができるだろう。

住808 S.W. 10th Ave., Portland
☎(503) 224-9097
URLcraftywonderland.com
営毎日11:00～17:00
カードAJMV

S ステーショナリーや陶器が充実　雑貨／ダウンタウン／MP.146-A3

カヌー

Canoe

2005年にオープンしてから、物を大事にするポートランド住民に支持されてきたセレクトショップ。使い捨てではなく、10年、20年と使用できる物しか置かないオーナーの思いが込められている。Eenaなど日本人に人気のブランドも扱う。2015年ポートランド美術館近くに移転した。

住1233 S.W. 10th Ave., Portland
☎(503) 889-8545
URLcanoe.design
営火～土11:00～18:00
休日月
カードAMV

MEMO **日本の雑貨が揃うスーパー**　ポートランドから南西に10km行ったビーバートンには、日系スーパーマーケットの宇和島屋がある。米や日本酒、日本の薬などを販売するので、日本人にはありがたいショップ↗

S おしゃれさん必訪の1店
ビーム&アンカー
雑貨／ノース／MP.149-A2
Beam & Anchor

2階の工房で作られた革製品や陶磁器、宝飾品、石鹸などをメインに、オーナー夫妻が世界各地で買い集めたアイテムが並ぶ。人とのつながり、地元のアーティストを尊重するポートランドらしさがよく表れているセレクトショップだ。インテリア雑貨は日本の住宅と相性がよさそう。

住2710 N. Interstate Ave., Portland
☎(503) 367-3230
URLbeamandanchor.com
営水～日12:00～17:00
休月火
カードAJMV

S 店頭に並ぶのは一点物ばかり
フラター
雑貨&古着／ノース／MP.149-A1
Flutter

オーナーが世界を旅して探し出してきたビンテージ商品が並ぶ。ネックレスやピアス、ブレスレットのほか、リップバームや石鹸、おもちゃなど小物が中心。近年は、地元のアーティストの作品も取り扱うようになった。バラエティ豊かな品揃えなので、おみやげによさそうな物が見つかる可能性が大きい。

住3948 N. Mississippi Ave., Portland
☎(503) 288-1649
URLwww.flutterpdx.com
営毎日12:00～18:00
カードAJMV

S 女性の権利向上をサポートしている
シチズンルース
雑貨／ノースイースト／MP.149-B1
Citizen Ruth

ハンドメイドのジュエリーやポストカード、アクセサリーなどを取り扱うショップ。女性アーティストが作ったものをオーナー自らが選び、女性の権利をサポートする目的で販売している。人種・国籍・ジェンダー差別に反対する標語が描かれたグッズもある。

住1416 N.E. Alberta St., Portland
☎(503) 946-8654
URLcitizenruth.com
営月～金10:00～17:00(金～18:00)、土日9:00～18:00(日～17:00)
カードAMV

S アンティーク雑貨屋
ポーチライト
骨董&雑貨&クラフト／パールディストリクト／MP.146-A2
Porch Light

パールディストリクトにあるアンティーク雑貨店。アメリカ中西部各地から集めた、さまざまな古い物がところ狭しと並び、宝探しができる。陶器やグラス、メタルウエアやガーデングッズ、キルトやリネン、家具まで、時を止めた物たちが美しくディスプレイされている。

住225 N.W. 11th Ave., Portland
☎(503) 222-2238
URLporchlightshop.com
営毎日11:00～17:00(木～日～18:00)
カードAMV

S オレゴン州のおみやげはここで
メイド・イン・オレゴン
ギフト&雑貨／ダウンタウン／MP.147-B2
Made in Oregon

パイオニアプレイス（→P.184）の地下1階にあるギフトショップ。ポートランドだけでなくオレゴン州全般のおみやげを入手できる。バラの石鹸やマリオンベリージャム、チョコレート、オレゴンワインなどがおすすめ。ポートランド国際空港にもある。

住340 S.W. Morrisson St., Suite 1300, Portland
☎(503) 241-3630
URLmadeinoregon.com
営月～土10:00～20:00、日11:00～18:00
カードAJMV

S 環境に優しいドッググッズ
サイクルドッグ
ペットグッズ／ノブヒル／MP.148-B1
Cycle Dog

使い物にならなくなった自転車のタイヤチューブを回収し、自宅で縫い物をしていたオーナーのラネッテさん。犬用の首輪やドッグリーシュがたいへん好評で、ファーマーズマーケットで販売するやいなや、たちまち売り切れになった。タイヤチューブは衛生的であるということが人気の秘訣だそう。

住2056 N.W. Pettygrove St., Portland
☎(503) 318-8066
URLwww.cycledog.com
営毎日10:00～18:00
カードMV

↘だ。日本の書籍が買える紀伊國屋書店も入る。**Uwajimaya** MP.145-A4外 住10500 S.W. Beaverton Hillsdale Hwy., Beaverton ☎(503) 643-4512 URLwww.uwajimaya.com 営毎日9:00～21:00

S 世界最大規模の本屋さん　　書籍／パールディストリクト／MP.146-A2

パウエルズブックス

Powell's Books

街の一画がそっくり本屋さんの敷地になっている。小説やビジネス、アート、旅行などさまざまなジャンルの書籍が揃っているので、いつもにぎわっている。ホーソンブルバード店（MP.149-B4、住3723 S.E. Hawthorne Blvd., Portland）は料理や園芸のカテゴリーの本も扱う。

住1005 W. Burnside St., Portland
電(503) 228-4651
URL www.powells.com
営毎日10:00～21:00
カード A J M V

S ポートランドのDIY精神が理解できる　　ホームセンター／ノース／MP.149-A2

リビルディングセンター

ReBuilding Center

改築の際に出た廃材や、廃屋から探し出してきた建築資材を安価で販売する店。浴槽や便器、玄関ドア、タイルなどが延べ面積3万平方フィート（843坪）に並べられている。ポートランド住民は、部屋の模様替えをするときに、必ず立ち寄るとか。

住3625 N. Mississippi Ave., Portland
電(503) 331-9291
URL www.rebuildingcenter.org
営火～日11:00～18:00
休月
カード A M V

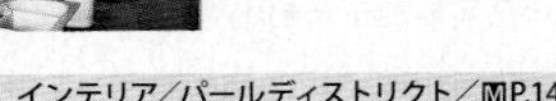

S シンプルでモダンな家具が勢揃い　　インテリア／パールディストリクト／MP.146-A2

ウエストエルム

West Elm

キッチン用品からバス周りのものまで豊富に揃う。シンプルながらセンスあふれるアイテムが多く、マグカップ($8.50～)やプレート($21～)はお手頃価格なので日常使いにいい。特に、オフホワイトの食器はアメリカらしさが感じられる。かわいらしいおみやげを探すのにも最適だ。

住1201 N.W. Couch St., Portland
電(503) 224-4480
URL www.westelm.com
営毎日10:00～19:00（火～18:00、金土～20:00、日～18:00）
カード A M V

S インテリアセンスを磨くのにいい　　ビンテージ家具＆雑貨／サウスイースト／MP.149-A4

アーバナイト

Urbanite

50以上のブティック（個人店）がひとつ屋根の下に集まっているモール。フレンチアンティークやフレンチシック、ミッドセンチュリーの家具や雑貨など、オーナーそれぞれが選んだアイテムが所狭しと並べられている。チェーン店では見つからないものだらけなので、いい出合いがあるかも。

住1005 S.E. Grand Ave., Portland
電(971) 801-2361
URL www.urbanitepdx.com
営木～火9:00～18:00
休水
カード A M V

S インテリアグッズはここでチェック　　家具／サウスイースト／MP.149-A4

リジューブネイション

Rejuvenation

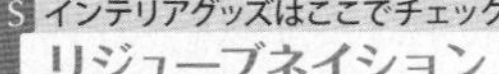

照明器具やアンティークハードウエア、キッチン用品などが1万平方フィート（280坪）のフロアに集まっている。ドアノブや食器などは、日本では見かけないデザインが多く、たくさん買って帰りたくなりそう。アメリカらしいインテリアコーディネートは、この1店ですべて揃うはず。

住1100 S.E. Grand Ave., Portland
電(503) 238-1900
URL www.rejuvenation.com
営月～土10:00～18:00、日11:00～17:00
カード A M V

S 電球だけを扱う専門店　　電化製品／ノース／MP.149-A1

サンランライティング

Sunlan Lighting

昔懐かしのエジソンライトからLEDライトバルブ、ハロゲンランプなどがところ狭しと並べられている。日本の電化製品店ではあまり見かけない花形やヘビ形の電球など、見ているだけでも楽しい。ライトバルブ・レディと呼ばれるオーナーは、電球に関しての知識では右に出る者がいないと知れ渡っている。

住3901 N. Mississippi Ave., Portland
電(503) 281-0453
URL www.sunlanlighting.com
営月～金8:00～17:30、土10:00～17:00
休日
カード A M V

S リノベーションを考えている人向き

金物屋&古道具/サウスイースト/MP.149-A3

ヒッポ・ハードウェア&トレーディング・カンパニー Hippo Hardware & Trading Co.

1976年にオープンした味わいのある金物屋。地下から2階まで、ビンテージのシャンデリア、ライトバルブ、ドアノブ、蛇口、便座などがところ狭しと飾られている。ごちゃごちゃとしているが、在庫点数はポートランドいち。じっくりと、各フロアを見て回りたい。

住1040 E. Burnside St., Portland
☎(503) 231-1444
URL www.hippohardware.com
営水～日10:00～17:00
休月火
カード M V

S 全米トップ25にも選ばれているキッチン用具店

キッチン用品/ノブヒル/MP.148-A2

キッチンカブードル Kitchen Kaboodle

1975年にポートランドで創業された。包丁や鍋からおろし器、コーヒーメーカーまで調理に関するものならほぼすべて揃う。鮮やかなデザインの食器は日本であまりお目にかかれないものが多い。テーブルクロスやエプロン、オーブンミトンなどはおみやげにいいかも。

住2315 N.W. Westover Rd., Portland
☎(503) 241-4040
URL www.kitchenkaboodle.com
営毎日10:00～18:00(日～17:00)
カード A M V

S まるで自然史博物館にいるよう

剥製専門店/ノース/MP.149-A1

パクストンゲート Paxton Gate

カモシカや羊をはじめ、さまざまな動物の剥製が壁一面に飾られている一風変わったショップ。ヘビの頚椎を使った指輪やエイの骨でできているイヤリング、雷鳥やサソリのネックレスなど、ほかでは入手できないおみやげが見つかる可能性大。

住4204 N. Mississippi Ave., Portland
☎(503) 719-4508
URL paxtongate.com
営毎日11:00～19:00
カード A J M V

S 世界中からファンが訪れる有名店

レコード/ノース/MP.149-A1

ミシシッピレコード Mississippi Records

カリフォルニア州オークランドのレコードショップで働いていたエリック・アイザックソン氏が2003年にオープンした。手元にあった5000ドルと500枚のレコードでビジネスをスタート。こぢんまりとしたショップには、ロックやブルースなど多数のレコードやカセットテープが並べられている。

住5202 N. Albina Ave., Portland
☎(503) 282-2990
URL mississippiwreckers.com
営木～日12:00～19:00
休月～水
カード A M V

S 目の前でチョコレート製造工程を眺められる

チョコレート/ノースイースト/MP.149-B2

ウッドブロックチョコレート Woodblock Chocolate

ワイナリーで働いていたチャーレイ&ジェシカ夫妻が、カカオ豆からチョコバー(板チョコ)になるまでの製造(ビーン・トゥ・バー)を自宅キッチンで始めたところ、評判がよく、ショップをオープンさせた。現在は1年間に8万本の板チョコを作るまでになっている。カフェも併設する。

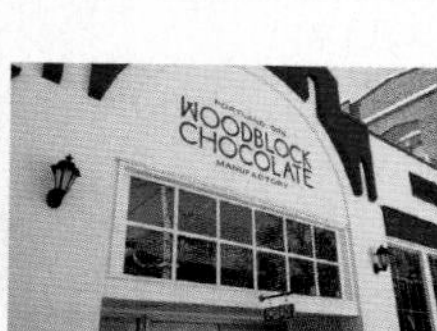

住1715 N.E. 17th Ave., Portland
☎(971) 754-4874
URL woodblockchocolate.com
営水～金11:00～16:00(金～19:00)、土日12:00～19:00(日～17:00)
休月火
カード M V

S ローカルフードを売る個性派スーパー

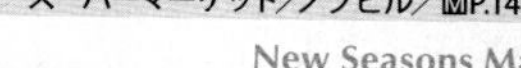
スーパーマーケット/ノブヒル/MP.148-A3

ニューシーズンズ・マーケット New Seasons Market

健全な地元産のローカルフードを販売するために設立されたスーパー。安全でおいしい食料品が揃っている。店内にはパン屋や薬局、お総菜コーナーなどもあり、誰でも利用できる憩いのスペースもあるので、昼食を買ってここで食べるのもいい。おみやげ探しにも重宝する。

住2170 N.W. Raleigh St., Portland
☎(503) 224-7522
URL www.newseasonsmarket.com
営毎日7:00～22:00
カード A J M V

HOTEL

ポートランドのホテル

ホテルの多くがパイオニア・コートハウス・スクエアを中心としたダウンタウン内にある。宿泊費の平均は$200前後と決して安くはないが、快適なホテルばかりだ。こぢんまりした街なので、ダウンタウン内であれば、どこに泊まっても移動は徒歩か、マックス・ライトレイル、ストリートカーでアクセスできる。川の東岸のコンベンションセンターあたりでも不便ではない。

ホテル紹介ページの略号（略号とマークは下記参照）

コーヒーメーカー　冷蔵庫／ミニバー　バスタブ　ドライヤー　BOX 室内金庫　ルームサービス　レストラン　F フィットネスセンター／プール　コンシェルジュ　J 日本語スタッフ　コインランドリー／当日仕上げクリーニング　WiFi ワイヤレスインターネット接続　P 駐車場

H 2023年秋オープン　　最高級／ダウンタウン／MP.147-A1

ザ・リッツ・カールトン・ポートランド

The Ritz-Carlton, Portland

ダウンタウンの中心部にそびえ立つ35階建ての高層ビルに入る。大理石のバスルームや天井までガラス張りの窓など、客室の細部まで豪華さを感じられる。館内にはインドアプールやフィットネスセンター、スパ、高級レストランもあり、優雅に過ごせるはずだ。

住900 S.W. Washington St., Portland, OR 97205
☎(971) 900-4500
URL www.ritzcarlton.com
料ⓈⒹⓉ$473～825、Su$925～5500
駐$65　Wi-Fi 無料
カード A D J M V　251室(♿あり)

H 極上のホテルライフはここで！　　最高級／ダウンタウン／MP.147-B2

ナインズ・ホテル・ポートランド

The Nines Hotel Portland

パイオニア・コートハウス・スクエアを見下ろす歴史的な建物、マイヤー＆フランクビルの高層階を全面的にリノベーションした、ポートランドで最高級のラグジュアリーホテルのひとつ。全331室のうち、ハリウッドセレブ御用達のスイートは32室。客室は、薄い水色で統一され、美しいのひと言に尽きる。ホテルの受付があるロビー階は、吹き抜けのロビーホールとなっていて、天井から光が差し込み、館内とは思えない気持ちよさだ。15階には、市内を見渡すデッキを備えた、アジアンフュージョンの「デパーチャー（→P.179）」もある。毎日16:00～18:00までワインの無料テイスティング・サービスあり。

ロビーエリアに、さんさんと太陽の光が降り注ぐ

住525 S.W. Morrison St., Portland, OR 97204
☎(503) 222-9996
FAX(503) 222-9997
URL www.thenines.com
料ⓈⒹⓉ$269～379、Su$469～4500
駐$63～85　Wi-Fi 無料
カード A D J M V　331室(♿あり)

日本人に好評のツインルーム

H 歴史の香り漂う荘厳さとゆとり　　高級／ダウンタウン／MP.147-A1

センティネル

Sentinel

100年以上の歴史を誇るポートランドのランドマーク的存在。その歴史は1909年に建てられたThe Seward Hotelに遡る。建物は国定史跡に指定され、アメリカ歴史ホテル連盟にもその名を連ねている。客室は少々手狭な印象も受けるが、アメニティや設備は万全。きめ細かな心配りにも定評がある。

住614 S.W. 11th Ave., Portland, OR 97205
☎(503) 224-3400
URL www.provenancehotels.com
料ⓈⒹⓉ$217～449、Su$284～850
駐$55　Wi-Fi 無料
カード A M V　100室(♿あり)

H 格式ときめ細やかなサービス

高級／ダウンタウン／MP.147-A2

ヒースマンホテル

Heathman Hotel

入口でパーソナルコンシェルジュに出迎えられ、重厚なロビーホールへと誘われる。2018年の大改装で、3000冊の本を並べたライブラリーを新設した。自転車の無料貸し出しサービスあり。パイオニア・コートハウス・スクエアのすぐそば。

住1001 S.W. Broadway, Portland, OR 97205
☎(503) 241-4100
FAX(503) 790-7110
URL heathmanhotel.com
料ⓈⒹⓉ$170～379、Su$205～1750
駐$55 Wi-Fi無料
カード A D M V 150室(♿あり)

H ダウンタウンの高級ホテル

高級／ダウンタウン／MP.147-A2

パラマウントホテル・ポートランド

The Paramount Hotel Portland

ダウンタウンの中心にありながら、たいへん静かな環境にある。天井の高いロビーホールは優雅な雰囲気を醸し出す一方、客室は華美な装飾を排したシンプルな設計。ベッドとデスク、清潔な浴室があり、大きな窓からダウンタウンが一望できる。

住808 S.W. Taylor St., Portland, OR 97205
☎(503) 223-9900
URL www.portlandparamount.com
料ⓈⒹⓉ$149～349、Su$589～
駐$49 Wi-Fi無料
カード A D J M V 154室(♿あり)

H きめ細かいサービスが自慢

高級／ダウンタウン／MP.147-B1～B2

ロイヤル・ソネスタ・ポートランド・ダウンタウン

The Royal Sonesta Portland Downtown

1912年に建造された歴史的な建物をリノベーションしたもので、市内でも指折りのラグジュアリー・ブティックホテルだ。館内にあるレストランFinch on Fifthは、オレゴン産の食材を使ったメニューが豊富で地元の人からの評価が高い。ビジネスセンターや24時間使用可能なフィットネスセンターもあり便利。

住506 S.W. Washington St., Portland, OR 97204
☎(503) 222-0001
URL www.sonesta.com
料ⓈⒹⓉ$174～259、Su$199～499
駐$52 Wi-Fi無料
カード A D J M V 221室(♿あり)

H ダウンタウンでの買い物や食事に時間を割きたい人に最適

高級／ダウンタウン／MP.147-B2

ドシエホテル

Dossier Hotel

パイオニア・コートハウス・スクエアまで2ブロックと立地がたいへんいいホテル。Westin Hotelだった建物に2017年リノベーションを行い、おしゃれなブティックホテルとしてよみがえった。客室やロビーエリアにはアート作品が飾られていて、落ち着いた雰囲気が漂う。石鹸やシャンプーなどのアメニティには、地元のブランドを使用するこだわり。併設するレストランのAlderは、オレゴン州産のワインに合うメニューを多く揃えている。朝はロビーにてコーヒーや紅茶のサービスがあるほか、自転車を無料で貸し出している。マックス・ライトレイル・ブルー、レッドラインのPioneer Square駅下車、徒歩2分。

住750 S.W. Alder St., Portland, OR 97205
☎(503) 294-9000
URL www.provenancehotels.com
料ⓈⒹⓉ$146～309、Su$214～1500
駐$55 Wi-Fi無料
カード A D J M V 205室(♿あり)

石造りで、重厚さが漂う外観

シンプルにまとめ上げられた客室

H 安心して泊まれる全米展開のホテルチェーン

高級／ダウンタウン／MP.147-B1

ビドウェル・マリオット・ポートランド

The Bidwell Marriott Portland

パイオニア・コートハウス・スクエアからわずか2ブロック。客室は、間接照明があたたかい雰囲気を醸し出し、落ち着いたダークブラウンの家具と調和している。ラウンジやレストラン、フィットネスセンターがあり、ビジネス客に人気だ。

住520 S.W. Broadway, Portland, OR 97205
☎(503) 226-6300
URL www.marriott.com
料ⓈⒹⓉ$179～354
駐$55 Wi-Fi無料
カード A D J M V 258室(♿あり)

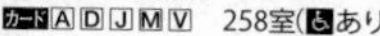

H ブドウ畑のイメージを強調したラグジュアリーホテル　高級／ダウンタウン／MP.147-B1

キンプトン・ホテル・ビンテージ　Kimpton Hotel Vintage

優雅なヨーロッパ調と洗練された現代感覚をマッチさせたおしゃれなホテル。部屋のインテリアもあたたかいイメージでまとめられている。週末はロビーでオレゴンワインのサービスとピアノ演奏が楽しめるのもうれしい。併設するレストランIl Solitoの評判もいい。

住422 S.W. Broadway, Portland, OR 97205
☎(503) 228-1212
Free(1-800) 263-2305
FAX(503) 228-3598
URLwww.hotelvintage-portland.com
料ⓈⒹⓉ$212～654、Su$272～1125
駐$50　Wi-Fi$12.99
カードADJMV　117室(♿あり)

H 居住性抜群のデザインホテル　高級／ダウンタウン／MP.147-B1

ホテルルシア　Hotel Lucia

ダウンタウンの中心、S.W. Broadwayにあるポストモダンを感じさせるホテル。ロビー階はもとより館内のあちこちに、写真や彫刻などの現代アートがふんだんに飾られ、美しい。客室内も心憎いほどセンスのよいファブリックで飾られ、ヒップななかに、わが家のようにくつろげる安らぎも感じられる。

住400 S.W. Broadway, Portland, OR 97205
☎(503) 225-1717
URLwww.provenancehotels.com
料ⓈⒹⓉ$164～499、Su$319～819
駐$55　Wi-Fi無料
カードADMV　127室(♿あり)

H モダンでビジネス利用にも最適　高級／ダウンタウン／MP.147-B1

コートヤード・ポートランド・シティセンター　Courtyard Portland City Center

2016年に既存の建物を全面的にリノベーションして誕生した、環境にも配慮したホテル。客室は、ブティックホテルのようにスタイリッシュで、大きく開いた窓と寝心地のいいベッド、大きなデスクもあり、ビジネス客にも対応している。マックス・ライトレイル・グリーン、イエローラインのSW 6th & Pine駅下車、徒歩1分。

住550 S.W. Oak St., Portland, OR 97204
☎(503) 505-5000
Free(1-800) 321-2211
FAX(503) 505-5600
URLwww.marriott.com
料ⓈⒹⓉ$179～369、Su$239～489
駐$48　Wi-Fi無料
カードADJMV　256室(♿あり)

H 有名人やビジネス客が多い　高級／ダウンタウン／MP.147-B1

ベンソンホテル　The Benson Hotel

1913年に建てられた歴史ある老舗ホテル。クラシックな優美さをそのままに、2023年に全館改装を終え、機能的にも十分近代化されている。インテリアにもかなり気が配られている。クリントン元大統領やマドンナも滞在した。

住309 S.W. Broadway, Portland, OR 97205
☎(503) 228-2000
FAX(503) 471-3920
URLwww.bensonhotel.com
料ⓈⒹⓉ$189～409、Su$229～1086
駐$49　Wi-Fi無料
カードADJMV　287室(♿あり)

H 安心のヒルトンブランド　高級／ダウンタウン／MP.147-B2

ヒルトン・ポートランド・ダウンタウン　Hilton Portland Downtown

パイオニア・コートハウス・スクエアから2ブロック、ダウンタウンの中心に位置する。夜遅くまで営業しているレストランのほか、早朝から営業しているコンビニもあるので、ビジネスパーソンの利用が多い。

住921 S.W. 6th Ave., Portland, OR 97204
☎(503) 226-1611
URLwww.hilton.com
料ⓈⒹⓉ$169～459、Su$309～569
駐$55　Wi-Fi無料
カードADJMV　455室(♿あり)

H 客室すべてがスイートルーム　高級／ダウンタウン／MP.147-C1

エンバシー・スイーツ・バイ・ヒルトン・ポートランド・ダウンタウン　Embassy Suites by Hiton Portland Downtown

中華門のすぐそばにあり、1912年に建てられた由緒ある建物を全面改装した、モダンでシックなホテル。無機質なホテルとは一線を画し、古いホテルのもつ優雅さが漂っている。客室も広いので、家族や友人と滞在するのに最適。地階のレストランで毎朝、無料の朝食サービスが受けられる。

住319 S.W. Pine St., Portland, OR 97204
☎(503) 279-9000
URLwww.hilton.com
料Su$153～708
駐$45～55　Wi-Fi$9.95
カードAJMV　276室(♿あり)

H アートを感じるデザインホテル
高級／ダウンタウン／MP.146-A2

ホテルデラックス
The Hotel deLuxe

旧マロリーホテルが2006年デザイナーズホテルへと変身。パイオニア・コートハウス・スクエアからYamhill St.を西に徒歩7〜8分。マックス・ライトレイルの駅も近く、観光にはたいへん便利だ。通路に飾られたポートレートといい、館内は洗練さのなかに落ち着きを感じさせるデザイン。

住729 S.W. 15th Ave., Portland, OR 97205
☎(503) 219-2094
Free(1-866) 986-8085
FAX(503) 219-2095
URL www.provenancehotels.com
料ⓈⒹⓉ$149〜399、Su$229〜489
駐$50 Wi-Fi無料
カード A D J M V 130室（♿あり）

H ヒルトンホテルが展開しているキュリオ・コレクション・ブランドのひとつ
高級／ダウンタウン／MP.146-A4〜B4

ポーター・ポートランド
The Porter Portland

画一的なサービスやインテリアを排除し、その土地ならではの魅力を余すことなく提供している。客室やロビーエリアは、ポートランドのヒップスターが好みそうな重厚ながらもポップなイメージ。16階にあるバーラウンジのXport Bar & Loungeは、パティオやオープンエアのテラスがあり気持ちがいい。

住1355 S.W. 2nd Ave., Portland, OR 97201
☎(503) 306-4800
FAX(503) 306-4801
URL www.hilton.com
料ⓈⒹⓉ$169〜339、Su$309〜879
駐$49 Wi-Fi無料
カード A M V 297室（♿あり）

H 州立大学そばの憩いのホテル
高級／ダウンタウン／MP.146-A4

ホテルザグズ
The Hotel Zags

ビジネスにも観光にも対応したブティックホテル。ローカルアーティストの作品がところどころに展示されて、ギャラリーのようでもある。特筆すべきは、開放感あふれるロビーと中庭。斬新なデザインの中庭には地元の食材を使ったメニューが人気のレストランがある。

住515 S.W. Clay St., Portland, OR 97201
Free(1-855) 523-6914
URL www.thehotelzags.com
料ⓈⒹⓉ$159〜359、Su$229〜419
駐$28 Wi-Fi無料
カード A D J M V 174室（♿あり）

H ウィラメット川を望むマリオット
高級／ダウンタウン／MP.146-B4

ポートランド・マリオット・ダウンタウン・ウオーターフロント
Portland Marriott Downtown Waterfront

ポートランドで最初にできたマリオットは、ウィラメット川を望むこのホテル。かつてはビジネスエリアだったこのあたりも、エスプラネードができ、観光客でにぎわうようになった。ロケーションがよく、ビジネスにも観光にも使えるホテルだ。

住1401 S.W. Naito Pkwy., Portland, OR 97201
☎(503) 226-7600
FAX(503) 221-1789
URL www.marriott.com
料ⓈⒹⓉ$199〜459
駐$49 Wi-Fi無料
カード A D J M V 506室（♿あり）

H 夜景もきれいなリバービューが楽しめる
高級／ダウンタウン／MP.146-B4

キンプトン・リバー・プレイス・ホテル
Kimpton River Place Hotel

ウィラメット川西岸の遊歩道沿いに立つ、おしゃれだがアットホームなホテル。ホテル内の廊下や壁には木のぬくもりがあふれ、あたたかみが感じられる。川を望む客室は落ち着いた雰囲気。無料で自転車の貸し出しサービスあり。

住1510 S.W. Harbor Way, Portland, OR 97201
☎(503) 228-3233
Free(1-888) 869-3108
FAX(503) 295-6190
URL www.riverplacehotel.com
料ⓈⒹⓉ$294〜457、Su$327〜729
駐$49 Wi-Fi $12.99
カード A D J M V 85室（♿あり）

H フィットネスセンターやビジネスセンターもある
高級／パールディストリクト／MP.146-A2

キャノピー・バイ・ヒルトン・ポートランド・パールディストリクト
Canopy by Hilton Portland Pearl District

2018年パールディストリクトにオープンした。ブリュワリーやレストランなどが数多く集まるエリアにあるので、日没後酔っ払っても歩いて帰れるのがいい。ストリートカー・AループとNSラインのNW 10th & Glisan駅下車、徒歩1分。

住425 N.W. 9th Ave., Portland, OR 97209
☎(971) 351-0230
FAX(971) 351-0231
URL www.hilton.com
料ⓈⒹⓉ$169〜358
駐$49 Wi-Fi無料
カード A M V 153室（♿あり）

H 鮮やかな色使いが若者に好評　高級／ノースイースト／MP.149-A3

ホテルイーストランド
Hotel Eastlund

　オレゴン州コンベンションセンターの斜め前にあるブティックホテル。屋上にあるレストランから、ウィラメット川やダウンタウンのスカイラインが一望できる。マックス・ライトレイルのConvention Center駅から乗り換えなしでパイオニア・コートハウス・スクエアまで行けるのがいい。

住1021 N.E. Grand Ave., Portland, OR 97232
☎(503) 235-2100
FAX(503) 235-3463
URLhoteleastlund.com
料ⓈⒹⓉ$195〜349、Su$249〜559
駐$36　Wi-Fi無料
カードADMV　168室(♿あり)

H 日本語が通じ、部屋はゆったり　中級／ダウンタウン／MP.147-A1

マーク・スペンサー・ホテル
The Mark Spencer Hotel

　Powell's Booksのすぐ近くで、ダウンタウンのほぼ中心にあり、どこに行くにも便利なホテル。宿泊費が比較的高いダウンタウンにあって、このホテルの料金はかなりお得だろう。ほとんどの部屋がキッチン付きなので、自炊しながら長期滞在する旅行者に大人気の宿だ。客室は一部キッチン＋リビングルーム、寝室、バスルームに分かれていて、天井も高く、広々としている。週に3〜5日、日本人スタッフが働いている。建物自体は古いのだが、全面改装し、清潔に整えられている。マックス・ライトレイルのブルー、レッドラインGalleria/JW 10th Ave.駅から徒歩4分。

落ち着いた雰囲気でくつろげる

住409 S.W. 11th Ave., Portland, OR 97205
☎(503) 224-3293
FAX(503) 223-7848
URLwww.markspencer.com
料ⓈⒹⓉ$189〜349、Su$229〜650
駐$28　Wi-Fi無料
カードADJMV　101室

シニア層に人気

H 新感覚のデザインホテル　中級／ダウンタウン／MP.147-A1

エース・ホテル・ポートランド
Ace Hotel Portland

　アメリカ国内のみならず、日本でも注目されている新感覚のブティックホテル。Harvey Milk St.の1ブロックを占める1912年に建てられた建物を改築したもので、改築のコンセプトが斬新である。デザインを手がけたのは若手アーティスト。全79室の客室はコンパクトで、ダブルベッドに小さなシンク、シャワー室とトイレ、クローク、書き物机以外、家具らしいものは一切ない。客室の壁はアーティストが手描きした絵で飾られ、とてもポップ。ダブルベッドに掛けられた大判毛布はPendletonに特注したホテルのロゴ入りオリジナルだ。部屋は、アーミー調でタフな印象なので、シニア層にはやや不向きかもしれない。20〜40歳代の旅行者が多い。

必要最小限のものしかない客室

住1022 S.W. Harvey Milk St., Portland, OR 97205
☎(503) 228-2277
URLwww.acehotel.com/portland
料ⓈⒹⓉ$179〜379、バス共同ⓈⒹⓉ$129〜259
駐$50　Wi-Fi無料
カードAJMV　79室(♿あり)

インスタスポットとして有名

H ハイアット系のブティックホテル　中級／ダウンタウン／MP.147-A1

ハイアット・セントリック・ダウンタウン・ポートランド
Hyatt Centric Downtown Portland

　都会的でスタイリッシュなデザインのインテリアが20〜40歳代の男女に人気。白やグレーを基調とした客室は居心地がいい。マックス・ライトレイルのブルー、レッドラインのGalleria/SW 10th Ave駅まで2ブロック。

住601 S.W. 11th Ave., Portland, OR 97205
☎(503) 595-1234
URLwww.hyatt.com
料ⓈⒹⓉ$155〜269、Su$305〜379
駐$47　Wi-Fi無料
カードADJMV　220室(♿あり)

H スタイリッシュでミニマルなデザイン

中級／ダウンタウン／MP.147-A1

モキシー・ポートランド・ダウンタウン

Moxy Portland Downtown

おしゃれながらリーズナブルな価格が評判のブティック系ホテル。30～40歳代をメインターゲットに、シンプルなインテリアと鮮やかな色使いが特徴的だ。クラフトカクテルや地ビールが味わえるバー Bar Moxyは24時間オープンしている。

住585 S.W. 10th Ave., Portland, OR 97205
☎(971) 339-4717
URLwww.marriott.com
料ⓈⒹⓉ$149～215、Su$638～1392
駐$39～59 Wi-Fi無料
カードADJMV 197室（&あり）

H 歴史的建造物に指定されている建物

中級／ダウンタウン／MP.147-A1

ウッドラークホテル

Woodlark Hotel

1908年に建てられたフランス・ルネッサンス様式のコーネリアスホテル・ビルと、1912年に完成したウッドラークビルを合体させ、2018年ホテルとしてオープン。約2年にわたる大改装工事で客室やロビーエリアを含めほぼすべてリニューアルした。パイオニア・コートハウス・スクエアまで2ブロックと立地もいい。

住813 S.W. Alder St., Portland, OR 97205
☎(503) 548-2559
URLwww.woodlarkhotel.com
料ⓈⒹⓉ$199～285、Su$305～379
駐$50 Wi-Fi無料
カードAMV 150室（&あり）

H ウオーターフロントにあるホテル

中級／ダウンタウン／MP.147-C2

ホテルローズ

Hotel Rose

トム・マッコール・ウオーターフロントパークの目の前に立つホテル。リバービューの部屋からは、川の流れを眺めながらバルコニーでのんびりできる。客室は広くはないが、シンプルで清潔。川に面したレストランで気持ちよく時間が過ごせそうだ。無料で自転車の貸し出しあり。

住50 S.W. Morrison St., Portland, OR 97204
☎(503) 221-0711
URLwww.staypineapple.com
料ⓈⒹⓉ$119～394、Su$229～474
駐$20 Wi-Fi無料
カードAJMV 142室（&あり）

H 無料の朝食が付く

中級／パールディストリクト／MP.146-A2

ハンプトンイン&スイーツ・ポートランド・パールディストリクト

Hampton Inn & Suites Portland Pearl District

Powell's Booksまで4ブロックと歩いてダウンタウン方面へ行くことができる。パソコンが使えるビジネスセンターやプール、フィットネスジムが揃っているので、会社員に大人気。ルーフトップパティオもあり。ストリートカー・AループとNSラインのNW 10th & Glisan駅下車、徒歩3分。

住354 N.W. 9th Ave., Portland, OR 97209
☎(503) 222-5200
FAX(503) 222-5201
URLwww.hilton.com
料ⓈⒹⓉ$159～284、Su$189～309
駐$48～60 Wi-Fi無料
カードAMV 243室（&あり）

COLUMN

春のバラ祭り

毎年5月下旬から6月上旬に開催される**ポートランド・ローズ・フェスティバルPortland Rose Festival**（→P.276）。バラの都ポートランドを象徴するこの祭りの間、市内各所で無料のコンサート、女王コンテスト、花火、生け花展、ドラゴンボートのレース、フローラルウオーク、ビールフェスティバルなど、さまざまなイベントが行われ、街はたいへんなにぎわいとなる。

なかでも市民が心待ちにしているのが、6月上旬の土曜に行われるグランド・フローラルパレードGrand Floral Parade。当日は、暗いうちからパレード見物の場所取りに忙しい。

パレードは、ウィラメット川北東のベテランズ・メモリアルコロシアム（MP.146-B1）から出発する。フロート（山車）とマーチングバンドがロイドセンターまで練り歩く。参加しているのは、高校生のマーチングバンドや陸軍のバンド、各地のミス・ロデオ、市長、NBAの人気選手、地元の博物館やはては市の清掃局まで、バラエティに富んでいる。何といっても見事なのは、山車の飾り付け。飾られた花がすべて生花なのである。

ポートランド・ローズ・フェスティバル
URLwww.rosefestival.org

H ノブヒルにある快適でおしゃれなホテル　中級／ノブヒル／MP.148-B1

イン・アット・ノースラップ・ステーション
Inn at Northrup Station

ポートランド・ストリートカーの停留所が目の前にあるおしゃれなオールスイートタイプのホテル。外観は、まるでコンドミニアムかアパートメントのようだ。内装も地元のアーティストが存分にセンスを発揮したレトロヒップな仕上がり。無料の朝食が付く。ビジネスセンターもあり。

住2025 N.W. Northrup St., Portland, OR 97209
☎(503) 224-0543
Free(1-800) 224-1180
URLwww.northrupstation.com
料Su$136～334
駐無料　Wi-Fi無料
カードAMV　70室(♿あり)

H ポートランドで話題のタイニーハウス　中級／ノースウエスト／MP.148-B1

スラブタウンビレッジ
Slabtown Village

タイニーハウスとは、「旅行者も現地に暮らすように滞在したいはず」という考えに基づいた宿泊施設。室内には電子レンジ、冷蔵庫、自動食洗機、シャワー、トイレ、ベッドがあり、普通のワンルームの部屋と変わらない。敷地内や客室に入るにはメールで送られてくるパスワードが必要だ。

住1828 N.W. Overton St., Portland, OR 97209
☎(503) 908-9081
URLwww.slabtownvillage.com
料ⓈⒹⓉ$140～200
駐無料　Wi-Fi無料
カードAMV　3室

H ロイドセンターの目と鼻の先　中級／ノースイースト／MP.149-A3

ダブルツリー・バイ・ヒルトン・ホテル・ポートランド
DoubleTree by Hilton Hotel Portland

コンベンションセンターやモダセンターに歩いて行ける。空港からマックス・ライトレイルで約20分後にはもうホテル到着というのも魅力的。ダウンタウンにもマックス・ライトレイルでアクセス簡単。足回りのよさでおすすめのホテルだ。

住1000 N.E. Multnomah St., Portland, OR 97232
☎(503) 281-6111
URLwww.hilton.com
料ⓈⒹⓉ$149～309、Su$343～699
駐$27　Wi-Fi無料
カードAMV　477室(♿あり)

H ライブ演奏も満喫できるデザインホテル　中級／サウスイースト／MP.149-A3

ジュピターホテル
The Jupiter Hotel

白い壁と白いシーツにクッションがアクセントを添える小気味のいい客室。ホテル内にはライブイベントが楽しめるラウンジバー＆レストランや結婚式がよく行われている中庭もあり、夜遅くまでにぎわっている。パイオニア・コートハウス・スクエアからバス#12や#19で13分。

住800 E. Burnside St., Portland, OR 97214
☎(503) 230-9200
URLjupiterhotel.com
料ⓈⒹⓉ$139～249、Su$249～499
駐$15～25　Wi-Fi無料
カードAMV　81室

H モダンでミニマルなおしゃれホテル　中級／サウスイースト／MP.149-A3

ジュピターネクスト
Jupiter Next

ジュピターホテル（→上記）の向かいにあるジュピターホテル別館。おしゃれな雰囲気はジュピターホテルから引き継ぎつつ、最新のテクノロジーを使ったチェックインのシステムが話題になった。1階にはカフェレストランやギフトショップも併設する。

住900 E. Burnside St., Portland, OR 97214
☎(503) 230-9200
URLjupiterhotel.com/jupiter-next
料ⓈⒹⓉ$159～279、Su269～409
駐$15～25　Wi-Fi無料
カードAMV　67室(♿あり)

COLUMN 夏のブルース・フェスティバル

7月上旬の金～日曜にブルース音楽祭の**ウオーターフロント・ブルース・フェスティバルThe Water Front Blues Festival**が開催される。1988年から始まったもので、過去には、Buddy Guy、The Mavericks、JJ Grey & Mofro、Robert Plantなどの有名ミュージシャンが登場した。会場は、ウィラメット川西岸のトム・マッコール・ウオーターフロントパーク(→P.163)。

ウオーターフロント・ブルース・フェスティバル
URLwaterfrontbluesfest.com

H 1911年に完成した歴史的建物に入る　中級／ノースイースト／MP.149-A3

ケックス
KEX

バスルーム付きの個室のほか、バスルーム共有の個室とドミトリーの3タイプある。それぞれの部屋はユニークで、ひとつとして同じサイズ、デザインの部屋はない。宿泊者専用のサウナが地下にあるほか、1階ロビーエリアには夕方にオープンするカフェ&バー、屋上にはルーフトップバーもある。

住100 N.E. Martin Luther King Jr. Blvd., Portland, OR 97232
☎(971) 346-2992
URL kexhotels.com
料Ⓢ$113～140、ⒹⓉ$190～280、ドミトリー$43～
駐なし　Wi-Fi無料
カードAMV　28室(♿あり)

H コンベンションに参加するビジネス客に人気　中級／サウスイースト／MP.149-A4

ホテル・グランド・スターク
Hotel Grand Stark

ロスアンゼルスに本拠地をおくホテルグループPalisocietyが経営する。全体的に白色を基調とした客室は落ち着きがある。1階にはカフェ、レストラン、バーがあり、地元の人でにぎわう。ダウンタウンからバス#15分で約10分。ホテルの斜め前にはストリートカー・Bループの停留所もある。

住509 S.E. Grand Ave., Portland, OR 97214
☎(503) 231-0101
URL www.palisociety.com/hotels/hotel-grand-stark
料ⓈⒹⓉ$125～335
駐$42　Wi-Fi無料
カードADMV　57室(♿あり)

H 空港そばで立地がいいホテル　中級／ポートランド国際空港周辺／MP.151

アロフト・ポートランド・エアポート・アット・カスケード・ステーション
Aloft Portland Airport at Cascade Station

お手頃な値段でおしゃれな雰囲気が漂う、若者に人気のホテル。客室はシンプルにまとまっているが不自由しない。バーやプール、フィットネスセンターもある。マックス・ライトレイル・レッドラインのCascade駅が目の前。空港まで無料のシャトルサービスあり。近くにはレストランやショップも集まる。

住9920 N.E. Cascades Pkwy., Portland, OR 97220
☎(503) 200-5678
FAX(503) 200-5244
URL www.marriott.com
料ⓈⒹⓉ$179～289
駐$15　Wi-Fi無料
カードADJMV　136室(♿あり)

H 1880年代の船乗りのための宿泊所の面影が残る　エコノミー／チャイナタウン／MP.146-B2

ソサエティホテル
The Society Hotel

チャイナタウンで30年以上空いていた建物を400万ドルかけてリノベーションし、2015年オープンした。客室のタイプは、バスとトイレがあるスイートルーム、バスとトイレが共同のドミトリーやプライベートルームの3種類。フロントスタッフは24時間常駐しているので安心だ。

住203 N.W. 3rd Ave., Portland, OR 97209
☎(503) 445-0444
FAX(503) 278-3438
URL www.thesocietyhotel.com
料ドミトリー$49～73、ⓈⒹⓉ$122～197、Ⓢⓤ157～240
駐$15　Wi-Fi無料
カードAJMV　38室(♿あり)

H パイオニア・コートハウス・スクエアから徒歩8分　エコノミー／ダウンタウン／MP.146-A2

マクミナミンズ・クリスタル・ホテル
McMenamins Crystal Hotel

歴史的建造物に指定されているホテル。過去100年の間に直営のライブハウスで演奏を行った歌手にちなんで、館内はデコレーションが施され、色鮮やかだ。1階はレストランやバーが入り、地下にはプール、2階にはボールルームがある。スイートルーム以外の部屋はバスやトイレが共同。

住303 S.W. 12th Ave., Portland, OR 97205
☎(503) 972-2670
URL www.mcmenamins.com/crystal-hotel
料ⓈⒹ$129～175、Ⓢⓤ$189～255
駐なし　Wi-Fi無料
カードADMV　51室(♿あり)

COLUMN　秋のポートランドマラソン

毎年10月前半の日曜日、伝統的な国際マラソン大会が開催される。日本人ランナーが優勝したこともあり、世界各国から参加者が集まる大会だ。ウィラメット川沿いやセント・ジョンズ・ブリッジを走る42.195kmのコース。スタートとゴールはダウンタウンのパイオニアプレイス近く。

ポートランドマラソン
URL www.portlandmarathon.org

H 1915年創立の小学校を改装したホテル　エコノミー／ノースイースト／MP.145-B2

マクミナミンズ・ケネディ・スクール　McMenamins Kennedy School

ディテンション（放課後の居残り）、オナーズ（成績優秀者）などの名前がついたバーや、黒板や本棚が残されたままの客室（元教室）など、とにかくユニーク。ブリュワリーがあり、オリジナル地ビールが飲める。専属アーティストたちの絵も懐かしさいっぱいだ。

住5736 N.E. 33rd Ave., Portland, OR 97211
☎(503) 249-3983
URL www.mcmenamins.com/Kennedy-school
料ⓈⒹⓉ$155～275
駐無料　Wi-Fi無料
カード A D M V　57室（♿あり）

H お手頃価格がうれしい、いち押しの宿泊施設　エコノミー／サウスイースト／MP.149-A3

ロロパス　Lolo Pass

バスルーム付きの個室とトイレ＆シャワーを共有するドミトリーがある。2021年開業とオープンからまだあまり時間がたっていないので館内はきれいで清潔。1階にはカフェやレストラン、ギャラリーが入り、1日中地元の人でにぎわっている。5階には夕方からオープンするルーフトップバーがあるほか、宿泊者が利用できる冷蔵庫やキッチン、電子レンジもあり自炊ができる。ダウンタウンからはバス#20で約10分。ホテルの目の前にバス停がある。周辺には住宅街が広がり、比較的治安がいいエリアだ。徒歩圏内には、カフェやレストランのほか、スーパーマーケットのWhole Foods Marketもある。

住1616 E. Burnside St., Portland, OR 97214
☎(503) 908-3074
URL www.lolopass.com
料ⓈⒹⓉ$125～155、ドミトリー$40～55
駐なし　Wi-Fi無料
カード A D J M V　87室（♿あり）

ロビーエリアにはソファやテーブルがあるうえ、Wi-Fiもつながるのでゆっくりできる

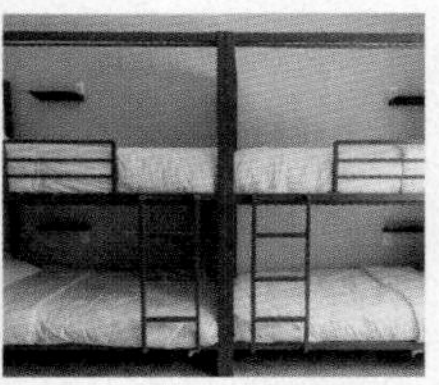

ドミトリーは4人部屋と8人部屋がある

H ノブヒル探訪に絶好のロケーション　ホステル／ノブヒル／MP.148-B2

ノースウエスト・ポートランド・ホステル　Northwest Portland Hostel

築100年以上のアパートを使用するホステリング・インターナショナルのユースホステル。1階にはカフェもある。掲示板は情報満載で旅行者同士の交流が盛んだ。ノブヒルへ徒歩数分、ダウンタウンへ徒歩15分。建物は終日オープンしている。

住479 N.W. 18th Ave., Portland, OR 97209
☎(503) 241-2783
FAX(503) 525-5910
URL www.nwportlandhostel.com
料ドミトリー$38～48、ⓈⒹⓉ$74～149、非会員プラス$3／泊
駐なし　Wi-Fi無料
カード M V　32室（♿あり）、160ベッド

COLUMN　スケボーの聖地　バーンサイドスケートパーク

世界中のスケートボーダーたちの憧れの地が、ポートランドの**バーンサイドスケートパークBurnside Skatepark**だ。イーストサイドのバーンサイド橋Burnside Bridgeの下にあり、広さは1万平方フィート（約930m²）ほど。パークにはスケートボードを愛する老若男女が集い、練習に励んでいる。もともとパークは1990年頃、ボーダーたちがゲリラ的に練習をしていた所。許可を得ずに自分たちで勝手にコンクリートを流し込んで練習場を造ってしまったのである。この既成事実に、ポートランド市も許可せざるを得なかった。ここから、プロのボーダーも巣立っており、「スケートボーダーの神」としてあがめられているトニー・ホークTony Hawkも、このパークが大好きだという。2007年カンヌ国際映画祭60周年記念特別賞を受賞した『パラノイド・パーク Paranoid Park』にも登場する。

バーンサイドスケートパーク
MP.149-A3
行き方 バス#12、19、20のE. Burnside St. & N.E. Grand Ave.下車、徒歩5分。

早朝は比較的すいているパーク

スポーツ観戦 Sports

バスケットボール National Basketball Association (N B A)

ポートランド・トレイル・ブレイザーズ Portland Trail Blazers

ウエスタンカンファレンス北西地区に所属するポートランド・トレイル・ブレイザーズは、1970年に創設され、1976〜1977年シーズンに初めてNBAファイナルの栄冠を手にした。その後、2002〜2003年シーズンまで1シーズンを除いて毎年プレイオフに出場。2000年代半ばは負け越しが続いたが、2013〜2014年シーズンから8シーズン連続でプレイオフへ進出。2022〜2023年シーズンは地区5位で終わった。チーム名は、「道を切り拓く者」という意味で、一般公募によって決まった。

ダウンタウンからマックス・ライトレイルで容易にアクセスできる

ポートランド・トレイル・ブレイザーズ モダセンター
MP.149-A3
住1 N. Center Court St., Portland
☎(503) 235-8771 (チケット)
Free(1-800) 231-8750
URLwww.nba.com/blazers
料$11〜2500
行き方マックス・ライトレイル・ブルー、レッド、グリーンラインのRose Quarter TC駅下車。

サッカー Major League Soccer (M L S)

ポートランド・ティンバーズ Portland Timbers

2010年まで下部リーグに所属したチームを母体とし、2011年にメジャーリーグサッカー(MLS)の18番目のチームとなった。1975〜1982年に存在したNASL(アメリカ最初のプロサッカーリーグ)のチーム名を継いでいる。2015年のリーグ初優勝後、2018年、2021年に準優勝。南米の選手を中心とする攻撃的なチームだ。2万5000人収容のスタジアムはティンバーズ・アーミー率いる熱狂的な応援で盛り上がる。ティンバーズのゴール後にチームマスコットの木こりが電動のこぎりで丸太を切るパフォーマンスも人気だ。NWSL(女子サッカーリーグ)で3度優勝したポートランド・ソーンズFC(→脚注)の試合に2万人を超える観衆が集まることもある。

ポートランド・ティンバーズ プロビデンスパーク
MP.148-B4
住1844 S.W. Morrison St., Portland
☎(503)553-5555(チケット)
URLwww.timbers.com
料$15〜415
行き方マックス・ライトレイル・ブルー、レッドラインのProvidence Park駅下車、目の前。

PTFC Authentics
ポートランド・ティンバーズとポートランド・ソーンズFCのチームストア
MP.148-B4
住1844 S.W. Morrison St., Portland
☎(503)553-5519
営火〜土11:00〜17:00
休日月

エンターテインメント Entertainment

オレゴン交響楽団 Oregon Symphony

アメリカ西部初のオーケストラとして1896年創設されたポートランド・シンフォニー協会が前身で、1967年に現在のオレゴン交響楽団に名称が変更された。**アーリン・シュニッツアー・コンサートホールArlene Schnitzer Concert Hall**を本拠地として、年間約70のコンサートを行う。2021年、デイビッド・ダンツマイアーDavid Danzmayrが音楽監督に就任した。シーズンは9〜5月。

オレゴン交響楽団 アーリン・シュニッツアー・コンサートホール
MP.146-A3
住1037 S.W. Broadway, Portland
☎(503) 228-1353
URLwww.orsymphony.org
料$24〜179
行き方パイオニア・コートハウス・スクエアから南西に2ブロック。

MEMO ポートランド・ソーンズFC 2022年シーズンから杉田妃和選手が所属している。2022年シーズンはNWSLプレイオフでチャンピオンに輝いた。**Portland Thorns FC** URLwww.timbers.com/thornsfc

ファーマーズマーケットで味わう ポートランドの大地の恵み

左／素材そのものの色がしっかりとし、とても新鮮であることがわかる
下／フード類も豊富

長かった雨の季節が終わり、木々が芽吹き始める5月。ポートランドでは、ファーマーズマーケットが活気づいてくる。市民たちにとっても楽しみな季節の到来。家族や友人と連れだって、買い物や買い食いを楽しむのである。

ポートランドのファーマーズマーケットは、1992年にたった13軒の土曜市から始まった。今では、露店の数も200店以上にまで増え、もはやマーケットはポートランド市の財政にも多大な影響を与えている。暖かい時期なら週2日、ダウンタウンのどこかで開かれているので、ぜひのぞいてみよう。

水曜市はダウンタウンの中心、S.W. Park Ave.沿いのS.W. Salmon St.とS.W. Main St.の間にある**シーマンスキーパークShemanski Park**で開催される。どの店の前にも長蛇の列ができ、買い物袋をさげた近隣の住民たちが、オーガニック野菜や果物を次々に買っていく。周囲にオフィスが多いせいか、ここでランチを買って公園のベンチで食べる光景が見られる。一緒に並んでランチをすれば、なんだか住人になったようで、幸せな気分になれるだろう。

土曜市は、**ポートランド州立大学Portland State University（PSU）**の構内で開かれる。色とりどりの新鮮な有機野菜や果物をはじめ、パン、ジャム、ソーセージなど、ロハスな食材が手に入るとあって、家族連れやカップルも買い出しに来る名物市だ。地産地消、食の安全を考えたシェフが集まるところでもあり、ファーマーズマーケットの重要性が、ポートランドの街にしっかり根付いていることを確認できるだろう。

マーケットに出店する露天商の大半は、ポートランド近郊の農家や地元の小売店主たちである。色鮮やかな野菜や果物もそのほとんどがオーガニック。ファーマーズマーケットに並ぶ食材は、健康な大地の恵みというわけだ。

このファーマーズマーケットは、「エコ」にもひと役買っている。遠くから運ばれてくるものは、多くのガソリンを消費し、CO_2を排出する。そのぶん鮮度も落ちる。ポートランドっ子は、ここにも着目し「地産地消」を実践している。さあ、土の香りを求めて、ファーマーズマーケットへ！

ポートランドのファーマーズマーケット

ポートランド・ファーマーズマーケット
Portland Farmers Market

DATA

URL www.portlandfarmersmarket.org
水曜市：シーマンスキーパーク Shemanski Park
M P.147-A2
住 S.W. Park Ave. & S.W. Main St., Portland
営 5～10月の水曜10:00～14:00
土曜市：ポートランド州立大学 Portland State University (PSU)
M P.146-A4
住 S.W. Park Ave. & S.W. Montgomery St., Portland
営 4～10月の土曜8:30～14:00、11～3月の土曜9:00～14:00

※ダウンタウン以外のネイバーフッドでもファーマーズマーケットは開催されている。P.162～165脚注参照のこと。

Oregon State

オレゴン州

★ポートランドからの小旅行

Portland's Suburban Wineries

ポートランド近郊のワイン産地
ウィラメットバレーを歩く

Strolling through Willamette Valley, Oregon Wine Country

ラベンダー畑の向こうに広がるブドウ畑。レックスヒル・ヴィンヤードにて

ピノ・ノワールの名産地に成長

　オレゴン州のワイン産地の中心といえるのが、アメリカ政府公認のブドウ栽培地AVA（American Viticultural Areas）に指定されている**ウィラメットバレーWillamette Valley**だ。ポートランドからユージーンにかけて、南西に細長く広がるウィラメット川沿いの丘陵地。ドライブで訪れると、たおやかに続く丘一面がブドウ畑で覆われ、その牧歌的な風景に癒やされる。実はここ、フランスのブルゴーニュ地方に似た気候風土だという。というのも、西のコースト山脈Coast Rangeが海からの冷たい風を遮り、東のカスケード連山Cascade Rangeが冬の寒気をやわらげ、さらに南西から吹き抜けるほどよい海風が、ブドウ畑に必要な湿潤さをもたらすからだとか。この環境こそ、皮が薄く、繊細で生育が難しいといわれるピノ・ノワール（フランスのブルゴーニュ地方原産の赤ワイン用のブドウ品種）の栽培に適していた。そう、オレゴンワインといえば、今や「**ピノ・ノワールPinot Noir**」が評判なのだ！

David Hill Vineyards & Winery P.208
Abbey Creek Vineyard
コロンビア川へ
Forest Grove
Oyatsupan Bakers P.209
ポートランド Portland
Americas Best Value Inn & Suites Forest Hillsborough
Beaverton
Elk Cove Vineyards P.208
Beacon Hill Winery & Vineyard P.208
Jory
The Allison Inn & Spa P.209
Ponzie Vineyards P.207
Yamhill
Rex Hill P.208
Carlton
Dundee
Domaine Drouhin P.208
Newberg
Sokol Blosser Winery P.208
Fratelli Ponzi Fine Food & Wine
The Dundee Bistro P.209
McMinnville
Dayton
The Vintages Trailer Resort P.209
La Rambla P.209
Woodburn
ウィラメット川
Best Western Dallas Inn & Suites
Silverton
0　10km
Dallas
セーラム Salem
ウィラメットバレー
広域図:P.225-A1～B1

ソーコル・ブロッサー・ワイナリーのピノ・ノワール

MEMO 歴史的なワイナリー **Erath Winery Tasting Room** MP.148-B3 住1439 N.W. Marshall St., Portland ☎(503)538-3318 URLwww.erath.com 営木～月14:00～19:00（金～日12:00～） 料試飲＄50 ↗

レックスヒル・ヴィンヤードのピノ・ノワールはいかが？

ウィラメットバレーのワイナリーWillamette Valley Wineries
MP.206、P.225-A1～B2 URLwillamettewines.com
行き方▶ポートランドから車かツアーで行く。ダンディーDundee方面へは、I-5、OR-99Wで約1時間。ユージーンへはI-5、OR-126で2時間30分～3時間。
歩き方▶ツアーで回るのが理想的。レンタカーで回る場合、起点となる町は、ポートランドかユージーンの2ヵ所。ポートランド発はダンディー周辺などウィラメットバレー北部が中心、それ以南はユージーンを起点に回るとよい。
ポートランド発のツアー▶
アメリカズ・ハブ・ワールド・ツアーズ　America's Hub World Tours
Free(1-800)637-3110 URLamericashubworldtours.com 料$165（テイスティング代込み、チップ・ランチ代除く） 時間12:00ホテルピックアップ、3つのワイナリーを訪問し、18:00ホテル到着

オレゴンワインの歴史

3人の開拓者たち

ウィラメットバレーに最初にブドウが植えられたのは、1847年だが、本格的な栽培が始まったのは1960年代後半。当時、カリフォルニア大学デイビス校でワイン造りを専攻した学生が移り住み、ブルゴーニュ種のブドウ栽培を始めてからだという。そして、この地の名声を一気に高めたピノ・ノワールの栽培が本格化するのは、オレゴンワインの創始者ともいえる3人の男たち、デイビッド・レットDavid Lett、チャールズ・クーリーCharles Coury、ディック・イーラスDick Erathがワイン造りを開始してから。レットと妻のダイアナは1966年、オレゴンで最初のピノ・ノワールとシャルドネ、ピノ・グリを栽培し、**アイリー・ヴィンヤードThe Eyrie Vineyards**を設立した。クーリーは、フォレストグローブにチャールズ・クーリー・ヴィンヤードと園芸店を造り、現在そこはデイビッド・ヒル・ヴィンヤード＆ワイナリーDavid Hill Vineyards & Winery（→P.208）に引き継がれている。そしてイーラスは、1968年に**イーラス・ワイナリーErath Winery**（→P.206脚注）を開き、成功を収めたあと、2006年にそのワイナリーをワシントン州のサン・ミッシェル・ワインエステイトに売却した。その売却益はオレゴンのワイン造りの教育振興団体に寄付され、オレゴンのワイン産業に生かされている。

ユージーン郊外にある、キングエステイトのテイスティングルーム

フランスに学ぶワインメイカー

また、1969年にエンジニアから転身し、この地にやってきたディック・ポンジーDick Ponziは、フランスのブルゴーニュへ何度も調査に出かけたあと、ブドウ栽培を始め、**ポンジー・ヴィンヤードPonzi Vineyards**（→脚注）を翌年創設した。ブドウ園の中に試飲室を造れるよう法改正に着手し、オレゴンワインの発展に尽力したパイオニアとして知られている。

天然のクーラーのようなソーコル・ブロッサー・ワイナリーのワインセラー

小規模ワイナリーの誕生

1970年代になると、都会で専門知識を身に付けていた人たちがウィラメットバレーに移住し、新しいワイナリーを次々にオープンさせた。しかし、その大半は小規模で、副業をもちながらコツコツと努力する日々が続いたのだった。

ピノ・ノワールが評判に

こうした努力が実り、オレゴンワインの名声が一気に高まったのが1979年。パリで開かれた国際ワイン評議会で1975年産のアイリー・ヴィンヤード・サウスブロック・リザーブ・ピノ・ノワールがトップ10に入賞。さらに1985年には、ニューヨークで開かれたブラインドテイスティングで1983年産の約15種類のオレゴン・ピノ・ノワールがブルゴーニュ産と飲み比べられ、上位5位までのすべてをオレゴン産ピノ・ノワールが独占するという快挙を達成した。オレゴンのピノ・ノワールは、ついに世界的評価を得た。オレゴンでは、赤ワインならピノ・ノワール、白ワインならピノ・グリと評価されている。

フランスの名門、オレゴンへ進出

1980年代になると、フランス・ブルゴーニュ地方の名門メゾン・ジョゼフ・ドルーアンJoseph Drouhinの当主ロバート・ドルーアンが、「世界でピノ・ノワールの生育に適しているのは、ブルゴーニュとオレゴンだけ」と宣言し、ダンディーにブドウ畑とワイナリーを造る事態となった。ブルゴーニュとの関係を深めたオレゴンワインは、さらにワイン産業の「グリーン化」も推し進めていったのだ。

↘**Ponzi Vineyards** MP.206 住19500 S.W. Mountain Home Rd., Sherwood ☎(503)628-1227 URLwww.ponzivineyards.com 営毎日11:00～17:00 料試飲＄45（1時間30分）

W 日本へもワインを輸出する

デイトン／MP.206

ソーコル・ブロッサー・ワイナリー

Sokol Blosser Winery

無農薬ワインの称号でもあるライブL.I.V.E.の認証(→脚注)を獲得している。ワインの搾りかすから腐葉土を作り、それらを肥料にブドウ畑の環境を守る努力も怠らないロハスなワイナリーだ。近年、太陽光発電も始めた。ワインセラーは屋根から側面全体を土で覆う画期的な工法で建てられ、LEED銀賞を獲得した環境に優しい建物。

住5000 N.E. Sokol Blosser Ln., Dayton ☎(503) 864-2282
URL sokolblosser.com
営テイスティングルーム：水〜月10:00〜16:00。要事前予約
料試飲$35〜 カード A J M V
行き方ポートランドからI-5、OR-99Wで1時間。Dundeeから10分。Sokol Brosser Ln.との分岐に看板あり。

W オレゴンに進出したブルゴーニュの名門

デイトン／MP.206

ドメイン・ドルーアン

Domaine Drouhin

フランス・ブルゴーニュの名門メゾン・ジョゼフ・ドルーアンの当主が、1988年にオレゴンに開いたワイナリー。ウィラメットバレーを見下ろすレッドヒルの南斜面に、ブドウ畑と試飲室がある。ブドウは密植栽培され、ワインに自家栽培のピノ・ノワールを使う。オレゴンワインの牽引役として、この地のワイン産業に貢献し続けてきた。

住6750 N.E. Breyman Orchards Rd., Dayton ☎(503) 864-2700
URL www.domainedrouhin.com
営テイスティングルーム：毎日10:00〜15:00。要事前予約
料試飲$40〜 カード A J M V
行き方OR-99WをDundeeから5km南下、McDougal Rd.に入り、Breyman Orchards Rd.を3km上る。

W ウィラメットバレーの老舗ワイナリー

フォレストグローブ／MP.206

デイビッド・ヒル・ヴィンヤード&ワイナリー

David Hill Vineyards & Winery

オレゴンワインのパイオニアが開いたワイナリーを1992年に現オーナーのストヤノブ夫妻が購入した。140エーカーの敷地のうち、40エーカーがワイン畑。ピノ・ノワール、ピノ・ブラン、シャスラ、シルバーネル、リースリングの苗木は、約50年前に植えられたものだ。

住46350 N.W. David Hill Rd., Forest Grove
☎(503) 992-8545
URL www.davidhillwinery.com
営毎日11:00〜17:00。要事前予約
料試飲$24〜
カード A M V
行き方Forest GroveからThatcher Rd.、David Hill Rd.を北西に4km。

W 敷地内のキャビンやコテージに宿泊できる

ガストン／MP.206

ビーコンヒル・ワイナリー&ヴィンヤード

Beacon Hill Winery & Vineyard

ナパバレーでいちばんの有名人トニー・ソター氏が、1998年オレゴン州に移り、ピノ・ノワールの栽培に携わっていたことで注目を集めたワイナリー。シャルドネやピノ・ノワールなど12種類のワインを製造している。ワイン畑や醸造所だけでなく、包装にもライブL.I.V.E.認証を得ている。

住22251 N.E. Laughlin Rd., Gaston
☎(503) 662-5212
URL beaconhillwinery.com
営毎日10:00〜17:00
料試飲$25、1泊$225〜
カード A M V
行き方Forest GroveからOR-47を南に20km。

W 創業以来、家族経営を続ける

ガストン／MP.206

エルクコーブ・ヴィンヤード

Elk Cove Vineyards

1974年キャンベル夫妻が荒廃した畑を購入したのがワイナリーの始まり。40頭のヘラ鹿（Elk）がその年の冬、畑で寝転んでいたことから、エルクコーブと名付けられた。ひと粒ひと粒、ブドウを手でつみ、バイオダイナミック農法で造るサステイナブルワインメーカーだ。

住27751 N.W. Olson Rd., Gaston
☎(503) 985-7760
URL elkcove.com
営毎日10:00〜16:00
料試飲$30〜
カード A M V
行き方Forest GroveからOR-47を南に8km行き、Olson Rd.を西に4km。

W ワイン産地の入口にあるワイナリー

ニューバーグ／MP.206

レックスヒル

Rex Hill

ポートランドから近い場所にある家族経営のワイナリー。1982年の創業以来、創業家からウィリアム・ハッチャー・ファミリーがワイン造りのノウハウを引き継ぎ、創業当時と変わらぬ製法でピノ・ノワールを育成。自家農園のブドウはバイオダイナミック農法。

住30835 N. Hwy. 99W, Newberg
☎(503) 538-0666
URL rexhill.com
営テイスティングルーム：毎日10:45〜17:00(金土〜18:00)。要事前予約 料試飲$40〜
カード A M V
行き方NewbergからOR-99W(Hwy. 99W)を東に5km。

MEMO **ライブL.I.V.E.認証とは** ライブ（Low Input Viticulture & Enology）とは、農地内ですべてを循環させるバイオダイナミックより緩やかな農法。

ワイナリー&テイスティングルーム

W ユージーンに試飲室あり　エルマイラ/MP.225-A2

ラヴェル・ヴィンヤード

LaVelle Vineyards

ユージーンから西へ24kmの人里離れた山奥にあるワイナリー。門を入るときれいに手入れされた芝生と試飲室があり、試飲室の裏手にブドウ畑が広がる。ユージーンのホテルValley River Innに入るレストランSweetWaters on the Riverにワインルームがある。ピノ・ノワールやピノ・グリを生産する。

住89697 Sheffler Rd., Elmira
☎(541) 935-9406
URL www.lavellevineyards.com
営毎日12:00～17:00(時期により異なる)
料試飲$12　カード M V
Valley River Inn
住1000 Valley River Way, Eugene
☎(541) 743-1000

W おしゃれなワイナリー　ユージーン郊外/MP.225-A2

キングエステイト・ワイナリー

King Estate Winery

ユージーンの南西にあるキング・ファミリーが営むワイナリーで、1033エーカー(413ヘクタール)の広大な農地のうち465エーカーがブドウ畑。ピノ・グリ、ピノ・ノワール、シャルドネの評判がいい。なかでも、美しく手入れされたブドウ畑を見渡すレストランKing Estate Restaurantも有名だ。

住80854 Territorial Hwy., Eugene
☎(541) 685-5189　URL kingestate.com　営木～月12:00～17:00(時期により異なる)　休火水
料試飲$25～　カード A M V
行き方 ユージーンからOR-126を西に5km行き、Bailey Hill Rd.、Lorane Hwy.、Territorial Hwy.を南東に28km。

レストラン

R 地元紙で高評価を獲得している　スペイン料理/マクミンビル/MP.206

ラ・ランブラ

La Rambla

ウィラメットバレー産のワインを約40種類取り揃えるスペイン料理レストラン。タコのガルシア風($24)やフライドカラマリ($15)、グリルドマッシュルーム($16)など定番のタパス(小皿料理)は25種類以上ある。2～3人でシェアできる量のパエリアは$48。

住238 N.E. 3rd St., McMinville
☎(503) 435-2126
URL laramblaonthird.com
営月～金16:00～21:00(金～22:00)、土日12:00～22:00(日～21:00)　カード A M V
行き方 ポートランドからI-5、OR-99Wを56km南東へ行ったマクミンビルのダウンタウンにある。約1時間。

R ワインレストランの草分け　ノースウエスト料理/ダンディー/MP.206

ダンディービストロ

The Dundee Bistro

ポンジー・ヴィンヤード(→P.207)による話題のビストロ。オーガニックを基本にした料理はワインとの相性も抜群、新鮮でおいしい。隣にテイスティングルームがある。日替わりメニューのほかに、定番のマルガリータピザ($17)やグラスフェッドビーフバーガー($23)あり。

住100-A S.W. 7th St., Dundee
☎(503) 554-1650
URL www.dundeebistro.com
営毎日11:30～20:00
カード A J M V
テイスティングルーム:営毎日12:00～19:00(金～日～21:00)
行き方 OR-99W(Hwy. 99W)沿い。Dundeeの町の中心。

ホテル

H ワイン産地にできた癒やしの園　高級/ニューバーグ/MP.206

アリソンイン&スパ

The Allison Inn & Spa

広大な敷地には庭園やハイキングトレイルが造られ、周囲の自然環境とも調和している。全85の客室はとてもエレガントに調えられ、窓から美しいブドウ畑が見渡せる。レストランのJory Restaurantもあり。

住2525 Allison Ln., Newberg, OR 97132
☎(503) 554-2525
URL theallison.com
料Ⓢ$525～805、Su$675～880
駐無料　Wi-Fi無料
カード A D M V　85室(♿あり)
行き方 ポートランドからOR-99Wを南西に38km、約45分。

H アメリカならではの宿泊を　中級/デイトン/MP.206

ビンテージ・トレイラー・リゾート

The Vintages Trailer Resort

ウィラメットバレーRVパークでは、トレーラーハウスに宿泊できる。車内にはベッド、トイレ、キッチン、コーヒーメーカーなどが揃っているので不自由しない。ほとんどの車にはシャワーが付いているが、パーク内にも共同のシャワー室もある。自転車の無料貸し出しあり。

住16205 S.E. Kreder Rd., Dayton, OR 97114　☎(971) 267-2130
FAX(503) 864-4853
URL www.the-vintages.com
料$99～469　駐無料　Wi-Fi無料
カード A M V　トレーラー36台
行き方 ポートランドからI-5、OR-99Wを50km南に行き、OR-18Wを西に1.5km、約1時間。

MEMO 日本人が焼くパンがアメリカ人にも人気 **Oyatsupan Bakers**　MP.206　住16025 S.W. Regatta Ln., Beaverton　☎(503)941-5251　URL www.oyatsupan.com　営毎日8:00～15:00

バス&車&ツアーで行くエリア

コロンビア峡谷
Columbia River Gorge

オレゴン州・ワシントン州▶市外局番:503/541/509

遠くカナダのロッキー山脈を源に流れる大河コロンビア川。その河口部は、オレゴン州とワシントン州の州境でもあり、雄大な川筋は断崖絶壁が続き、深山から流れる数多の滝を愛でられる景勝地だ。ポートランドから軽快に走れるドライブコースでもあり、滝を見ながらハイキングが楽しめる。

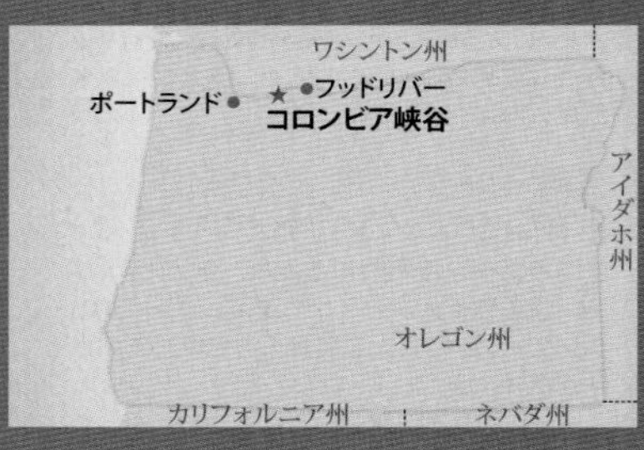

コロンビア峡谷への行き方

バス/グレイハウンド　Greyhound

ポートランドからI-84を東に走るバスがフッドリバーに行く。

バス/コロンビア峡谷エクスプレス Columbia Gorge Express

ポートランド市内にあるマックス・ライトレイル・レッド、ブルー、グリーンラインのGateway/NE 99th Transit Centerからマルトノマ滝やカスケードロックス、フッドリバーまで走る。

車/レンタカー　Rent-A-Car

ポートランドからI-84を東へ、Exit 17で下りて、Crown Point Hwy.を南へ。標識を追って行けば、トラウトデールTroutdaleから**コロンビア川ヒストリック・ハイウエイHistoric Columbia River Highway** に入れる。ブライダルベールから再びI-84に入り、Hood River(ポートランドから所要約2時間)まで行ってOR-35を南下するとマウントフッド(→P.217) だ。夏季は駐車スペースがなくなることが多いので、コロンビア峡谷エクスプレスの利用をすすめる。

グレイハウンド
URL www.greyhound.com
ポートランドからフッドリバーまで1日1便、所要1時間5分。
料 $21〜

コロンビア峡谷エクスプレス
URL www.ridecatbus.org/columbia-gorge-express
営 毎日6:50〜18:50の間、1日約10便。時期により異なる。
料 片道 $10

ポートランドからのツアー
アメリカズ・ハブ・ワールド・ツアーズ America's Hub World Tours
Free (1-800) 637-3110
URL www.americashubworldtours.com
グレイライン・ポートランド Gray Line Portland
☎ (503) 241-7373
URL www.graylineofportland.com

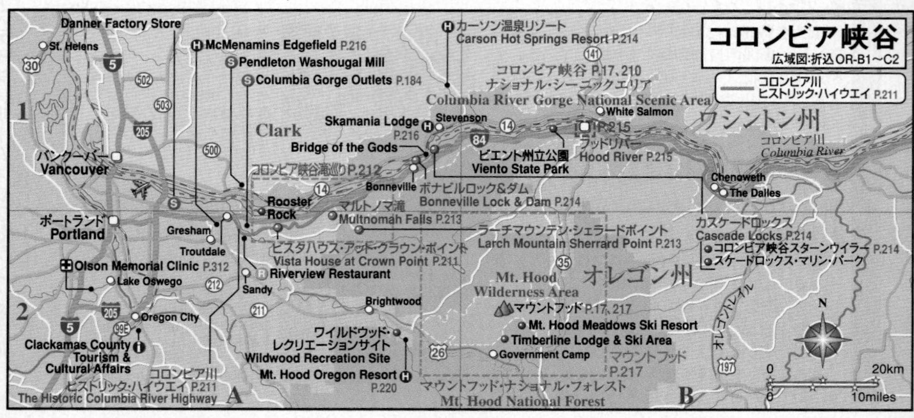

MEMO **コロンビア峡谷のハイキングトレイルや道路の閉鎖**　2017年や2023年7月起こった火事により、コロンビア峡谷にあるトレイルのいくつかは閉鎖されている。↗

コロンビア峡谷のおもな見どころ

★★★ 絶好のドライブルート MP.210-A2～B1

コロンビア川ヒストリック・ハイウエイ
The Historic Columbia River Highway

設計技術者が「自然の美しい場所と自然が最も景観よく見える場所を探し出したうえで、どこに道をつければそこにたどり着けるかに工夫を凝らし」建設されたコロンビア峡谷沿いの歴史街道。コロンビア川を高い所から見下ろしながら、カーブが連続する旧道を運転するのはとても楽しい。道路沿いに大小の滝や清流があり、紅葉の時期は特に美しい景色を楽しめる。なかでも最も有名な滝が**マルトノマ滝Multnomah Falls**（→P.213）だ。

ポートランドダウンタウンの約27km東にあるトラウトデールTroutdaleから、東に向かってハイウエイが延びているが、途中でI-84に合流。Exit 69を下りるとモジャーMosierで再びコロンビア川ヒストリック・ハイウエイに乗ることができ、ザ・ダルズThe Dallesまで続く。沿道にはハイキングに適したトレイルも数多くあるのでチャレンジしてみよう。

ビスタハウスからの風景

★★★ コロンビア峡谷でいちばんの写真撮影ポイント MP.210-A2

ビスタハウス・アット・クラウン・ポイント
Vista House at Crown Point

コロンビア川に突き出す断崖クラウン・ポイント。ここから見下ろすコロンビア峡谷の風景はとてもすばらしい。断崖が続く渓谷の間をコロンビア川がゆったりと流れ、遠くまで見渡せる風景は、まるで一幅の名画のようだ。自然の造形美のなんと美しいこと！　この断崖に立つ石造りの建物が**ビスタハウスVista House**で、オレゴンへの道を開拓した人々の記念碑として1918年に完成した。長年放置され、荒れるに任せていたが、2006年修復工事が終わり、再オープン。地下にはコロンビア峡谷の歴史を展示したコーナーや売店がある。

このビスタハウスを遠望するポイントが、コロンビア川ヒストリック・ハイウエイの入口にある**ウィメンズフォーラム展望台（シャンティクリアポイント）Women's Forum Scenic Viewpoint (Chanticleer Point)**だ。

再建されたビスタハウス

コロンビア川ヒストリック・ハイウエイ
URL www.oregon.gov/ODOT/HWY/HCRH

コロンビア峡谷ナショナル・シーニックエリア
Columbia River Gorge National Scenic Area Office
☎(541) 308-1700
URL www.fs.usda.gov/crgnsa

マルトノマ滝の麓にあるマルトノマフォールズ・ロッジ

マルトノマ滝とベンソンブリッジ

ビスタハウス・アット・クラウン・ポイント
住 40700 Historic Columbia River Hwy., Corbett
☎(503) 344-1368
URL www.vistahouse.com
営 毎日9:00～18:00（時期、天候により変更あり）。金～日9:00～17:00まではスタッフが常駐。
車 ポートランドからI-84を東に進み、Exit 22で下り、Historic Columbia River Hwy.を進む。所要約55分。

ウィメンズフォーラム展望台（シャンティクリアポイント）
MP.212-A2　住 39210 Historic Columbia River Hwy., Corbett
車 ポートランドからI-84をExit 22で下り、Historic Columbia River Hwy.を進む。所要約50分。ビスタハウス・アット・クラウン・ポイントの1.5km手前左側。
※2023年冬から2024年にかけて展望台の改修工事が行われ、その期間閉鎖する予定。

コロンビア川を一望するウィメンズフォーラム展望台

↘最新情報は、ウェブサイトで確認を。URL readysetgorge.com　URL www.fs.usda.gov/recmain/crgnsa/recreation#conditions　URL www.fs.usda.gov/alerts/crgnsa/alerts-notices

アッパー・ラトレル滝

ビスタハウス・アット・クラウン・ポイントからのおおよその距離
Historic Columbia River Hwy.を東へ進む。
・ラトレル滝 :4km
・ブライダルベール滝 :7.5km

ラトレル滝
ポートランドからI-84を約42km東へ進み、Exit 28で下りる。Historic Columbia River Hwy.を西へ5km。所要約45分。
ラトレル滝ハイキングトレイル
レベル：初級〜中級
距離：1周3〜5kmのループトレイル　所要時間 :1〜2時間
標高差 :190m
時期：春〜秋

ブライダルベール滝
ポートランドからI-84を約42km東へ進み、Exit 28で下りる。Historic Columbia River Hwy.を西へ1.5km。所要約40分。
ブライダルベール滝ハイキングトレイル
レベル：初級
距離：2km　所要時間：1〜2時間
標高差 :62m　時期：通年

ワーキーナ滝
ポートランドからI-84を約42km東へ進み、Exit 28で下りる。Historic Columbia River Hwy.を東に5km。所要約45分。
ワーキーナ滝トレイル
レベル：中級
距離：2.2km　所要時間 :1〜2時間
標高差 :172m　時期：通年

コロンビア峡谷滝巡り

コロンビア川ヒストリック・ハイウエイ沿いには100以上の滝がある。なかでも車道沿いから見える下記の滝は必見！　ポートランド方面からフッドリバー方面へと順に紹介しよう。

ふたつの滝を巡る人気トレイル　M P.212-A2

ラトレル滝 Latourell Falls

落差約76m、細く真っすぐに流れ落ちる清楚な滝。キューブ状になった岩には黄緑色のコケが生え、アクセントになっている。

トレイルヘッドからの上りは少々きついが、ハイキングする価値がある滝。ロウアー・ラトレル滝からさらに歩くと滝の裏側へと回り込めるアッパー・ラトレル滝が現れる。このままループを周遊してもいいが、もと来た道を引き返すと早い。

花嫁のベールを思わせる　M P.212-A2

ブライダルベール滝 Bridal Veil Falls

滝つぼに落ちる白い水しぶきが、花嫁がかぶるベールに似ているところからついた名前。落差は約30mとそれほどでもないが、2段階になっている。駐車場から滝つぼまで約5分、カエデやシダが美しいトレイルを歩く。

トレイルも整備された滝　M P.212-A1

ワーキーナ滝 Wahkeena Falls

「ワーキーナ」とはヤカマ先住民の言葉で「最も美しい」という意味なのだとか。マルトノマ滝ほどの落差も迫力もないが、コケむした岩の間を幾段かに分かれて流れ落ちる滝で、最後は急流となって川へと流れ込んでいる。落差約73m。

ワーキーナ滝

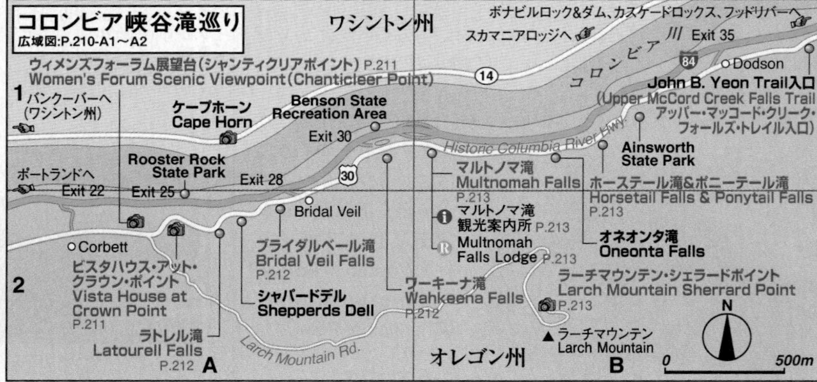

コロンビア峡谷のハイライト

マルトノマ滝 Multnomah Falls

MP.212-B1

峡谷沿いに数ある滝のなかで最も大きな滝。落差165mの上部と21mの下部を合わせた落差186mはオレゴン州最大規模である。滝を間近に望む石橋、**ベンソンブリッジBenson Bridge**まで行ってみよう。水しぶきを浴びながら激しい水音がとどろく滝つぼを見下ろすと、吸い込まれそうな気がする。冬は滝が凍りつき、氷の彫刻が姿を現す。滝の麓にある**マルトノマフォールズ・ロッジMultnomah Falls Lodge**（1925年創建）では、滝を見ながら食事が楽しめる。1階には**ビジターセンターUSDA Forest Service, Multnomah Falls Visitor Center**とギフトショップが入る。5月下旬〜9月上旬に駐車場を利用する場合は、事前にウェブサイトから時間指定のチケット（Multnomah Falls Timed Use Permit、→側注）を入手すること。

道から見えるホーステール滝

ホーステール滝&ポニーテール滝 Horsetail Falls & Ponytail Falls

MP.212-B1

マルトノマ滝から東へ約5km、コロンビア川ヒストリック・ハイウエイから50mほど奥へ歩く。名前のとおり、岩の間からまるで馬のしっぽのように水が流れ落ちるのがホーステール滝。そこからさらに奥へ歩いていくと、ひと回り小ぶりなポニーテール滝がある。こちらは滝の背後にある岩の窪みを歩けるようになっており、滝を裏側から見ることができるのでおすすめ。

ホーステール滝

5つの山を眺める展望台

ラーチマウンテン・シェラードポイント Larch Mountain Sherrard Point

MP.212-B2

コロンビア川ヒストリック・ハイウエイ沿い、ビスタハウスを展望するウィメンズフォーラム展望台/シャンティクリアポイント（Women's Forum Scenic Viewpoint/Chanticleer Point →P.211）との分岐を右に入り、Larch Mountain Rd.を約24kmひたすら進んだ終点が**ラーチマウンテン**だ。駐車場に車を停め、坂道を20分ほど登ると、オレゴン州とワシントン州を代表する山々を遠望する**ラーチマウンテン・シェラードポイント**に到着。360度視界が開け、マウント・レーニアやセントヘレンズ火山、マウントフッド、マウントジェファソン、マウントアダムスまでも見渡せる。登り口は、マルトノマ滝から続くトレイルの終点でもある。

子供でも楽に登って来られる

マルトノマ滝

マルトノマ滝
行き方 ポートランドからI-84を約45km東に進んだ所、Exit 31に駐車場（5月下旬〜9月上旬は事前にチケットを入手すること）がある。滝や観光案内所、ロッジへはインターステートの下にある地下道でアクセスできる。所要約45分。
Multnomah Falls Timed Use Permit
URL www.recreation.gov/timed-entry/10089144 料 $2

マルトノマフォールズ・ロッジ
Multnomah Falls Lodge
MP.212-B1 住 53000 E. Historic Columbia River Hwy., Corbett ☎(503) 695-2376
URL www.multnomahfallslodge.com
営 月〜木9:00〜18:00、金〜日8:00〜20:00（時期により異なる）
2Fにレストランとラウンジがあり、朝食、ランチ、夕食が食べられる。ロッジと名がつくが宿泊施設はない。

観光案内所

マルトノマ滝観光案内所
USDA Forest Service, Multnomah Falls Visitor Center
MP.212-B1
☎(503) 695-2372
営 月〜木9:00〜18:00、金〜日8:00〜20:00（時期により異なる）

ラーチマウンテン・シェラードポイント
営 5月下旬〜11月中旬（天候により異なる）
料 $5（National Forest Recreation Day Pass）

MEMO **ラーチマウンテン・シェラードポイント周辺の道路工事** Larch Mountain Rd.の一部が閉鎖されているため、2024年夏までいくつかのトレイルにアクセスできない。URL www.fs.usda.gov/recarea/crgnsa/recarea/?recid=30070

★コロンビア川のいろいろな側面を見学 MP.210-A1

ボナビルロック&ダム Bonneville Lock & Dam

1937年に8840万ドルを投じて建設された水門とダム。このダムの完成によりザ・ダルズThe Dallesの約6km東側一帯の水面が引き上げられ、本来の川の自然と景観は水没してしまった。後に上流に水力発電所が増設され、周辺地域は電力資源と洪水対策の恩恵を受けたが、先住民の伝統文化と生活に深くかかわっていた漁場や歴史的遺跡は、すっかりなくなってしまったのだ。

晴れた日のダム見学は気持ちがいい

水門は航行する船のためにダムの上流と下流の水のレベルを調整し、水力発電所では約120万キロワットの電力を供給している。屋上から発電所が望めるビジターセンターには、コロンビア川の歴史に関する展示があるほか、コロンビア川を遡ってくるサケのために人工の階段（フィッシュラダー）も設置。サケの様子がガラス越しに観察できる。

ボナビルロック&ダム・ビジターセンター
Bonneville Lock & Dam Visitor Center
☎(541) 374-8820
URL www.nwp.usace.army.mil/bonneville
営毎日9:00〜17:00
休12/24〜1/1
車ポートランドからI-84を東に約61km、Exit 40で下りる。Bonneville Wayを北西に1km行った所。所要約50分。
サケが見られるベストシーズンは4月下旬〜9月中旬。

★伝説の神々の橋 MP.210-A1

カスケードロックス Cascade Locks

WA州側の橋の入口

かつてこのあたりで暮らしていた先住民の伝説から、コロンビア川に架かる橋は「**神々の橋Bridge of the Gods**」（→脚注）と呼ばれている。その橋のたもと、カスケードロックスの町自体は小さいがレストランやギフトショップが集まり、ドライブの途中で立ち寄るのにちょうどよい。また、コロンビア川を下る観光クルーズの**コロンビア峡谷スターンウイーラーSternwheeler Columbia Gorge**の発着点でもある。

カスケードロックス
URL www.cascadelocks.net
車ポートランドからI-84を東に約68km、Exit 44で下りる。Cascade Locks Hwy.を北東に1km行った所。所要約55分。

コロンビア峡谷スターンウイーラー
MP.210-A1
住299 N.W. Portage Rd., Cascade Locks
☎(541) 399-5029
URL sternwheeler.com
1時間観光クルーズHeart of the Gorge Expedition
営〈5月〜10月上旬〉木〜月12:15、13:30、14:45発（時期により異なる）
料大人$40、子供（6〜16歳）$30

★発見から約150年の名湯でスパ体験 MP.210-A1

カーソン温泉リゾート Carson Hot Springs Resort

カスケードロックスから橋を渡った対岸のワシントン州カーソンの町にあるリゾート地。1876年に発見された古い温泉で、宿泊棟のほかに男女別に分かれたスパ施設がある。カーテンで仕切られたバスタブに直接温泉水がひかれ、浸かることができるのがここの特徴。そのほか、温泉プールもあり、宿泊客は無料で利用できる。マッサージは要予約。

カーソン温泉リゾート
住372 St. Martin's Springs Rd., Carson, WA 98610
☎(509) 427-8296
URL www.carsonhotspringswashington.com
車カスケードロックスから、Bridge of the Godsを渡り、Evergreen Hwy.（WA-14）を北東に10km行き、Hot Springs Ave.を2km北上した所。
温泉プール／営毎日9:00〜21:00
料温泉プール1時間$12〜17（宿泊客は無料）。温泉プール25分とラップのコース$30（土日$35）。50分マッサージ$110
ホテル／料ⓈⒹⓉ$210〜527、Ⓢⓤ$388〜669

バスタブ付きの客室もある

MEMO 神々の橋 Bridge of the Gods URL www.portofcascadelocks.org/bridge-of-the-gods 料自動車$3、自転車&徒歩$2

古きよき小さな町 MP.210-B1、P.215

フッドリバー
Hood River

カスケードロックスから東へ30kmほど行った所にある。マウントフッド（→P.217）の麓の町として、1年をとおして観光客でにぎわう。コロンビア川を見下ろす小高い丘の上にある小さな町だが、20世紀初頭は鉄道駅があったため栄えていたという。今でもビクトリア様式建築やイギリス田園風家屋、古い階段などが残り、当時の面影を残している。コロンビア川、フッド川以外にも北にはマウントアダムス、南にはマウントフッドの美しい姿を眺めることができ、自然環境にも恵まれている土地だ。アウトドアスポーツが盛んで、特にフッドリバーの町近くのコロンビア川はウインドサーフィンの好適地として有名だ。さらに、フライフィッシングやカヤック、スタンドアップ・パドルボード（SUP）、乗馬、ゴルフなども楽しめる。そのほか、地ビールや果樹、ワインの栽培も盛んで、日系人が多く暮らしているという。

町のメインストリート、Oak St.界隈

行き方

グレイハウンド
住110 Cascade Ave., Hood River
URL www.greyhound.com
ポートランドから1日1便、所要1時間5分。
料$21～

コロンビア峡谷エクスプレス
URL www.ridecatbus.org/columbia-gorge-express/
営毎日6:50～18:50の間、1日10便。時期により異なる
料片道 $10

車
ポートランドからI-84を東に100km。所要約1時間20分。

観光案内所

フッドリバー観光案内所
Hood River County Chamber of Commerce & Visitor Center
MP.215-B
住300 E. Port Marina Dr., Hood River
☎(541) 386-2000
URL visithoodriver.com
営月～金9:30～16:00（時期により異なる）

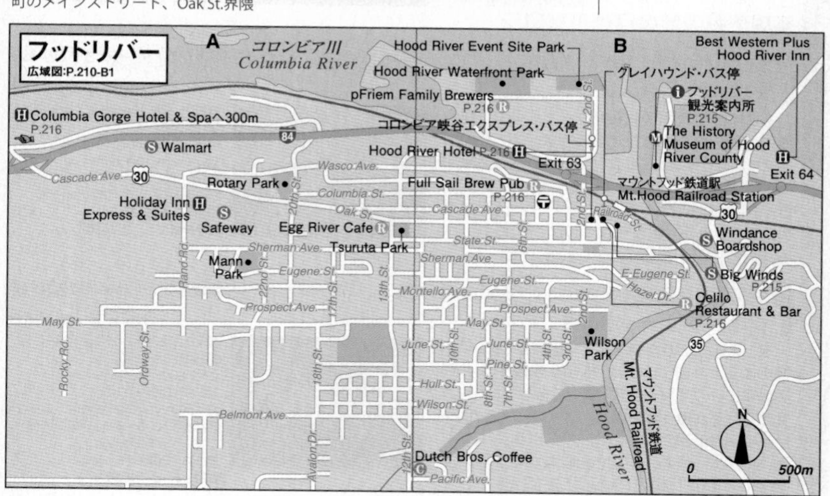

MEMO フッドリバーのウインドサーフィンショップ **Big Winds** MP.215-B 住207 Front St., Hood River Free(1-888) 509-4210 URL www.bigwinds.com 営毎日8:30～17:30

レストラン

R ローカル食材が基本のロハスなレストラン　ノースウエスト料理／フッドリバー／M P.215-B

セライロ・レストラン & バー
Celilo Restaurant & Bar

　缶詰工場として使われていた建物を解体し、その廃材を使って再建されたロハスなレストラン。食材も地元産のオーガニックにこだわり、新鮮でおいしいノースウエスト料理が食べられる。ひと皿ひと皿が見た目にも美しく、かつ斬新。おしゃれな人々が集う場所であり、バーも渋い。メインは$17～。

住16 Oak St., Hood River
☎(541) 386-5710
URLwww.celilorestaurant.com
営火～土17:00～21:00
休日月
カードA M V

R フッドリバー自慢の地ビール屋　ブリュワリー／フッドリバー／M P.215-B

フル・セイル・ブリューパブ
Full Sail Brew Pub

　1987年に地ビール製造を始めた。醸造所の奥がカウンターとテーブル席があるビアバー。人気はペールエールやアンバーエールで、パイントが$7～、グラスが$5.50～。サンドイッチやハンバーガー（$15～）、サラダ、フィッシュ&チップスなどが食べられる。2021年のニューヨーク国際ビール・コンペティションでIPAが金賞を受賞した。

住506 Columbia St., Hood River
☎(541) 386-2247
URLwww.fullsailbrewing.com
営毎日11:00～20:00
カードA M V

R 2012年の創業以来、数々の賞を受賞している　ブリュワリー／フッドリバー／M P.215-B

フリーム・ファミリー・ブリュワーズ
pFriem Family Brewers

　1年をとおして、約20種類の樽生ビールを提供している。2022年のオレゴン・ビア・アワードで金賞を受賞したピルスナーや2021年のグレート・アメリカン・ビア・フェスティバルで銅賞を獲得したIPAを味わいたい。ハンバーガーは$16、サラダは$10～。

住707 Portway Ave., #101, Hood River
☎(541) 321-0490
URLwww.pfriembeer.com
営毎日11:00～21:00
カードA M V

ホテル

H コロンビア峡谷の快適リゾート　中級／スティーブンソン／M P.210-A1

スカマニアロッジ
Skamania Lodge

　コロンビア峡谷のワシントン州側にある川を望むリゾート。木造の玄関を入ると、大きな暖炉と大窓の風景が出迎えてくれる。アメリカ・インディアンのラグデザインがあちこちに飾られているので落ち着く。客室も広くリゾート気分満点。ゴルフやスパ、ハイキングで極上の休日を！

住1131 S.W. Skamania Lodge Way, Stevenson, WA 98648
☎(509) 314-4177
URLwww.skamania.com
料ⓈⒹⓉ$189～409、Ⓢu$314～619、ツリーハウス$589～799
駐無料　Wi-Fi無料
カードA D M V　254室（♿あり）

H ヨーロッパの田園を思わせる雰囲気　エコノミー／トラウトデール／M P.210-A2

マクミナミンズエッジフィールド
McMenamins Edgefield

　もとは郡の貧困者収容所だった。レトロ調の館内と田園風景を思わせる敷地は、おとぎの国にタイムスリップしてしまいそう。町へ行き来するよりはのんびり過ごしたいところ。マックス・ライトレイル・ブルー、グリーン、レッドラインの NE 82nd Ave駅からバス#77で約30分。

住2126 S.W. Halsey St., Troutdale, OR 97060
☎(503) 669-8610
URLwww.mcmenamins.com
料ドミトリー$45～、バス共同ⓈⒹⓉ$69～240、ⓈⒹⓉ$225～295
駐無料　Wi-Fi無料
カードA M V　138室（♿あり）

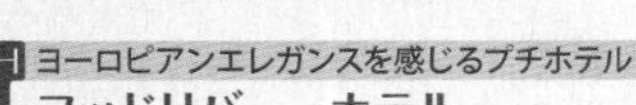

H ヨーロピアンエレガンスを感じるプチホテル　中級／フッドリバー／M P.215-B

フッドリバー・ホテル
Hood River Hotel

　フッドリバーのダウンタウンにある1912年創業のホテル。赤いれんが造りの外観や天井の高いロビーのインテリア、置いてあるベッドや家具がそれぞれ違う客室など、ヨーロッパのカントリーインのようにおしゃれ。スイートルームにはキッチンが付いているので長期滞在にいい。

住102 Oak St., Hood River, OR 97031
☎(541) 386-1900
Free(1-800) 386-1859
FAX(541) 386-6090
URLhoodriverhotel.com
料ⓈⒹⓉ$98～204、Ⓢu$127～365、ドミトリー$59～99
駐$15　Wi-Fi無料
カードA M V　40室

MEMO **Columbia Gorge Hotel & Spa**　39室の豪華リゾート。M P.215-A外　住4000 Westcliff Dr., Hood River, OR 97031　☎(541) 386-5566　FAX(541) 386-9141　URLwww.columbiagorgehotel.com　料ⓈⒹⓉ$159～399、Ⓢu$259～479

バス&車&ツアーで行くエリア

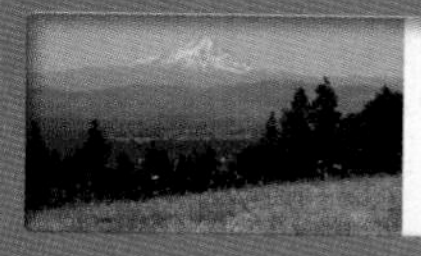

マウントフッド
Mt. Hood

オレゴン州 ▶ 市外局番：503

名峰連なるカスケード連山のなかで、オレゴン州最高峰のマウントフッドの標高は3425m。万年雪に覆われた山頂部は夏でも滑れるスキー場で、山麓の針葉樹林に囲まれたガバメントキャンプは、スノーキャンプを楽しむ拠点となる町だ。

ワシントン州
ポートランド
マウントフッド
アイダホ州
オレゴン州
カリフォルニア州
ネバダ州

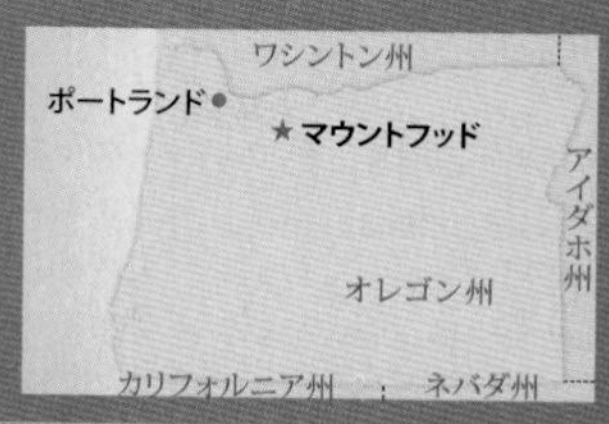

マウントフッドへの行き方

車／レンタカー　Rent-A-Car

ポートランドからI-84を東へ20km。Exit 16で下り、N.E. 238th Dr.、N.E. 242nd Dr.を南下、US-26を南東に62km。所要約1時間50分。

ポートランドからのツアー
アメリカズ・ハブ・ワールド・ツアーズ
America's Hub World Tours
URL www.americashubworldtours.com
シー・トゥー・サミット
Sea To Summit
URL seatosummit.net

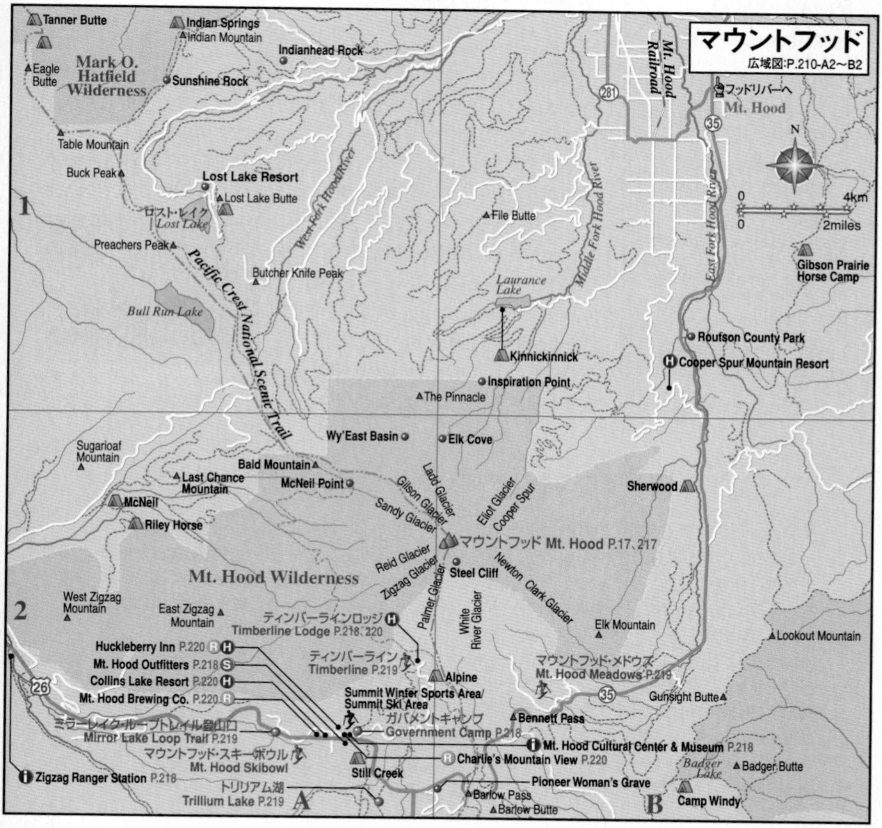

マウントフッド
広域図:P.210-A2～B2
Tanner Butte
Indian Springs
Indian Mountain
Indianhead Rock
Eagle Butte
Mark O. Hatfield Wilderness
Sunshine Rock
Mt. Hood Railroad
フッドリバーへ
Mt. Hood
Table Mountain
Buck Peak
Lost Lake Resort
Lost Lake Butte
ロスト・レイク
Lost Lake
West Fork Hood River
File Butte
Middle Fork Hood River
East Fork Hood River
Preachers Peak
Pacific Crest National Scenic Trail
Butcher Knife Peak
Laurance Lake
Gibson Prairie Horse Camp
Bull Run Lake
Roufson County Park
Kinnickinnick
Cooper Spur Mountain Resort
Inspiration Point
The Pinnacle
Wy'East Basin
Elk Cove
Sugarloaf Mountain
Bald Mountain
Last Chance Mountain
McNeil Point
Ladd Glacier
Gilson Glacier
Sandy Glacier
Eliot Glacier
Cooper Spur
Sherwood
McNeil
Riley Horse
マウントフッド Mt. Hood P.17、217
Reid Glacier
Zigzag Glacier
Steel Cliff
Newton Clark Glacier
Mt. Hood Wilderness
Palmer Glacier
White River Glacier
West Zigzag Mountain
East Zigzag Mountain
ティンバーラインロッジ
Timberline Lodge P.218、220
Elk Mountain
Lookout Mountain
Huckleberry Inn P.220
Mt. Hood Outfitters P.218
Collins Lake Resort P.220
Mt. Hood Brewing Co. P.220
ティンバーライン
Timberline P.219
Alpine
マウントフッド・メドウズ
Mt. Hood Meadows P.219
Gunsight Butte
Summit Winter Sports Area/ Summit Ski Area
ガバメントキャンプ
Government Camp P.218
Bennett Pass
ミラーレイク・ループトレイル登山口
Mirror Lake Loop Trail P.219
マウントフッド・スキーボウル
Mt. Hood Skibowl
Mt. Hood Cultural Center & Museum P.218
Charlie's Mountain View P.220
Badger Lake
Badger Butte
Zigzag Ranger Station P.218
Still Creek
トリリアム湖
Trillium Lake P.219
Pioneer Woman's Grave
Barlow Pass
Barlow Butte
Camp Windy
0
4km
2miles
N
281
35
26

MEMO ポートランドからバスでマウントフッドへ　セントラルオレゴン・ブリーズがポートランドのアムトラックのユニオン駅とガバメントキャンプを結ぶバスを運行している。Central Oregon Breeze URL cobreeze.com

マウントフッド
MP.210-B2

観光案内所

Oregon's Mt. Hood Territory
URL www.mthoodterritory.com

Zigzag Ranger Station
MP.217-A2
住70220 US-26, Zigzag
☎(503) 622-3191
営月～金8:00～16:00(時期により異なる。12:00～13:00はクローズ)

Mt. Hood Cultural Center & Museum
MP.217-A2
住88900 E. Government Camp Loop, Government Camp
☎(503) 272-3301
営毎日9:00～17:00(時期により異なる)

ガバメントキャンプ
車ポートランドからI-84を東へ20km、N.E. 238th Dr.を南下。US-26を62km行った所。

Mt. Hood Skibowl
住87000 US-26, Government Camp
☎(503) 272-3206
URL www.skibowl.com
営〈夏季〉水～月11:00～18:00、〈冬季〉毎日8:00～21:00(時期により異なる)
西面はガバメントキャンプからGovernment Camp Loopを西に1.5km。東面はMultopor Dr.を500m南へ。

ティンバーラインロッジ
住27500 E. Timberline Rd., Timberline
☎(503) 272-3311
URL www.timberlinelodge.com
車ガバメントキャンプ(→上記)よりTimberline Hwy.を北へ9km道なりに進むと、ロッジに着く(→P.220)。
館内ツアー
〈5月下旬～9月上旬〉毎日11:00、13:00、14:00(所要35分)。メインロビーにあるU.S.フォレスト・サービスデスク前から。無料。

マウントフッドのおもな見どころ

マウントフッドの拠点となる町 MP.217-A2

★★★ ガバメントキャンプ Government Camp

マウントフッドへの登り口にあり、ロッジやレストラン、レンタルスキーショップなどが並ぶ。町の南にあるマウントフッド・スキーボウルMt. Hood Skibowlは、東面と西面に分かれている。夏季には、アドベンチャーパークAdventure Parkがオープンし、西面の中腹からマシンで滑り降りるアルパインスライドAlpine Slide(料$25)が人気。乗馬やサイクリングなど、アクティビティも豊富に揃っている。冬季は69のスキーのコースがオープン。特にナイター(36コース)は全米最大規模を誇る。

夏のマウントフッド・スキーボウル西面

工芸家たちの粋を集めたロッジ MP.217-A2

★★★ ティンバーラインロッジ Timberline Lodge

標高3425m(11240フィート)のマウントフッド中腹に立つ歴史的なロッジ。1920年代後半から1930年代、アメリカを襲った大恐慌時代、フランクリン・D・ルーズベルト大統領が、全米から工芸家や芸術家、大工を集め手作りで建てた。正面玄関のドアや階段の手すりなど、ありとあらゆる場所に、芸術的な意匠が施されている。映画『シャイニングThe Shining』のロケ地としても使われた。U.S.フォレスト・サービス・レンジャーU.S. Forest Service Rangerによる**館内ツアーLodge Histrical Tour**も催行される。また、1年のうち約10ヵ月滑れるスキーリゾートとして人気が高い。

館内のインテリアも見る価値大のロッジ

COLUMN マウントフッドで楽しむアウトドアスポーツ

マウントフッドは、1年のうち約10ヵ月スキーができるエリアとして知れ渡っているが、スキー以外でも体験できるアクティビティが豊富にある。夏季には、ハイキングやカヤック、ラフティング、スタンドアップ・パドルボード、マウンテンバイク、釣り、ロッククライミング、キャンピングなど。**マウントフッド・アウトフィッターズMt. Hood Outfitters**ではそれらの道具のレンタルのほか、レッスンの開催、アウトドアギアやスノーパーク・パーミット(→右記)の販売やスキーの雪質情報の提供も行っている。

※11～4月の間は、スキー場に車を停めるのにスノーパーク・パーミット[1Day Sno-Park Permit($4)、3Days Sno-Park Permit($9)、1シーズンSno-Park Permit($25)]が必要になる。

マウントフッド・アウトフィッターズ
Mt. Hood Outfitters
MP.217-A2
住88220 E. Government Camp Loop Rd., Government Camp ☎(503) 809-8530
営毎日9:00～17:00(時期により異なる)
URL mthoodoutfitters.com
場所ガバメントキャンプのメインストリート沿い。

MEMO マウントフッドのスキー場へ行くシャトルバス　ポートランドダウンタウンからSea to Summitがティンバーラインロッジやマウントフッド・スキーボウル、マウントフッド・メドウズへシャトルバスを走らせて↗

マウントフッドの楽しみ方

Kayaking

トリリアム湖

トリリアム湖でカヤック

トリリアム湖(Trillium Lake)は絵はがきでよく目にする63エーカー(0.26 km^2)の人工湖。北側にマウントフッドがそびえ、マウントフッドや森林が湖に映し出されるので有名だ。大きな波や流れがないので、初心者でもカヤックを楽しむことができる。マウントフッド・アウトフィッターズ(→P.218)で道具のレンタルが可能。

Trillium Lake
M P.217-A2
住 35101 NF-2656, Government Camp
URL www.fs.usda.gov/recarea/mthood/recarea/?recid=53634
営 6月上旬～9月下旬　料 $10(駐車場代)
車 ガバメントキャンプからGovernment Camp Loop、US-26を3.5km南東に進み、NF-2656を3km南に行った所。

Hiking

ミラーレイク・ループトレイル

ミラーレイク・ループトレイルでハイキング

ミラーレイク・ループトレイルのミラーレイクまでの上りはスイッチバックを繰り返すが、歩きやすい道だ。それでも195mの標高差を登りきるので登りがいはある。小休止したら、湖の周りを1周するループトレイルを歩こう。北側にマウントフッドが姿を現す。

Mirror Lake Loop Trail
M P.217-A2
レベル：初級
距離：往復7km
標高差：195m
所要：2～3時間
季節：春～秋
料金：車1台につきNorthwest Forest Pass 1日券($5)が必要
出発点：ガバメントキャンプからGovernment Camp Loop、US-26を西（ポートランド方面）へ1.8km走った道路南側の駐車場

ミラーレイク・ループトレイルから見たマウントフッド

ミラーレイク、トム・ディック&ハリー・マウンテン

Skiing

ティンバーライン

ティンバーラインでスキー

1年のうち約10ヵ月オープンしているスキー場のティンバーライン。急斜面と、標高2600mまで登れるリフト(Palmar Lift)が自慢だ。中級者向けのゲレンデが多く、春～夏季には全米オリンピックチームがここで練習する。6～7月は最上級コースのみオープン。

Timberline
M P.217-A2
住 27500 E. Timberline Rd., Timberline
☎ (503) 272-2211　URL www.timberlinelodge.com
営〈10～7月〉毎日9:00～21:00(積雪量により異なる)
料 大人1日リフト(9:00から)券$66～、半日券$56～、夜(16:30以降)券$55
行き方 ティンバーラインロッジ(→P.218側注)を参照。

Skiing

マウントフッド・メドウズ

マウントフッド・メドウズでスキー

マウントフッドで最大のスキー場、マウントフッド・メドウズのコースは初級者、中級者、上級者用とハーフパイプ合わせて85コース。標高2225m、リフト11本、2150エーカー(8.7km^2)あり、幅広い層に向いている。

Mt. Hood Meadows
M P.217-B2
住 14040 OR-35, Mt. Hood
☎ (503) 337-2222　URL www.skihood.com
営〈11月中旬～4月下旬〉毎日9:00～21:00(積雪量により異なる)
料 大人1日(9:00～16:00)券$79～、半日(12:00～16:00)券$70～
車 ガバメントキャンプからOR-26、OR-35を35km北東へ。

↘いる。11～4月の毎日、パールディストリクトを7:15、パイオニア・コートハウス・スクエアを7:30に出発する。
Sea to Summit　☎ (503) 286-9333　URL www.seatosummit.net　料 $99

レストラン

R ガバメントキャンプの目抜き通りにあるランドマーク　アメリカ料理／ガバメントキャンプ／MP.217-A2

ハックルベリーイン
Huckleberry Inn

1966年にオープンした16室あるホテルに併設するレストラン。創業以来、家族経営を守り続け、フレンドリーなスタッフが人気だ。朝食は、オムレツ（$18.25）やフレンチトースト($15.50)、ハックルベリーパイ($12)、ランチ以降はハンバーガー($17.25～)やサンドイッチ($13 ～)などが供される。

住88611 E. Government Camp Business Loop, Government Camp
電(503) 272-3325
営毎日6:00～21:30（時期により異なる）
カードMV

R 家族経営で活気のあるレストラン　アメリカ料理／ガバメントキャンプ／MP.217-A2

チャーリーズ・マウンテン・ビュー
Charlie's Mountain View

40年以上も続く、地元では有名なレストラン。繊細な味付けは期待できないが、アメリカらしいハンバーガーやサンドイッチ($16～)、プライムリブ（$29～）、シーザーサラダ（$10～）などが、ボリュームたっぷりで味わえる。店は山小屋風で、窓も大きく、周囲の景色も美しい。

住88462 E. Government Camp Business Loop, Government Camp
電(503) 272-3333
URL charliesmountainview.com
営月～金11:00～24:00、土日8:00～翌1:00（日～24:00）（時期により異なる）
カードAMV

R ファミレスのようなブリューパブ　ブリューパブ／ガバメントキャンプ／MP.217-A2

マウントフッド・ブリューイング・カンパニー
Mt. Hood Brewing Co.

ガバメントキャンプで人気のブリューパブ。地元の農家から購入した高品質の麦を使い、エールビールを醸造する。パブでできたてを味わおう。料理はサラダやハンバーガー（$17～）といったいわゆるビールに合うアメリカ料理が中心。しかも量が多いので食べきれないかも。

住87304 E. Government Camp Loop, Government Camp
電(503) 272-3172
URL mthoodbrewing.com
営毎日12:00～20:00（時期により異なる）
カードMV

ホテル

H マウントフッドの中腹にある豪華なロッジ　高級／ティンバーライン／MP.217-A2

ティンバーラインロッジ
Timberline Lodge

標高1800m地点にあり、1930年代に大恐慌対策として建てられた丸太と石造りの荘厳なロッジ。1年中雪があるマウントフッドに来るスキーヤー、スノーボーダーたちに人気がある。暖炉には火がくべられ、ロッジ独特のあたたかさを感じるだろう。レストランの評判もいい。

住27500 E. Timberline Rd., Timberline, OR 97028
電(503) 272-3311
URL www.timberlinelodge.com
料シャレー$175～305、ⓈⒹⓉ$245～460
駐無料　WiFi無料
カードMV　70室（♿あり）

H コンドミニアムの空き部屋をレンタル　高級／ガバメントキャンプ／MP.217-A2

コリンズレイク・リゾート
Collins Lake Resort

コンドミニアム・スタイルで、その空き部屋をレンタルしてくれる。例えば1階がガレージで2階が住居スペースの部屋は、キッチン、リビング、ベッドルーム、テラスまで付いて、友人宅に招かれた気分。ただし、2泊以上泊まることが条件だ。町の真ん中にある。

住88149 E. Creek Ridge Rd., Government Camp, OR 97028
電(503) 715-2171
FAX(503) 272-3053
URL www.collinslakeresort.com
料シャレー$180～375、ロッジ$224～600、キャビン$708～

駐無料　WiFi無料
カードAMV　66室（♿あり）

H 美しいゴルフ場が自慢のリゾート　高級／ウェルチ／MP.210-A2

マウントフッド・オレゴン・リゾート
Mt. Hood Oregon Resort

ゴルフ場やテニスコート、スパ施設をもつリゾート。キッチンが付いた部屋は広々としており、使い勝手もよい。冷蔵庫や食器、電子レンジなど必要なものはひととおり揃っているので、簡単な食事なら作れそうだ。ガバメントキャンプの西約20kmの所にある。

住68010 E. Fairway Ave., Welches, OR 97067
電(503) 622-3101
FAX(503) 622-2222
URL www.mthood-resort.com
料ⓈⒹⓉ$141～259、Ⓢu$249～329、ヴィラ$429～
駐無料　WiFi無料
カードAMV　157室（♿あり）

MEMO **マウントフッドへ安く行く方法**　ポートランドからサンディまでマックス・ライトレイル・ブルーラインとサンディ・ローカル＆グレシャム・エクスプレス・バスで行き、サンディからマウントフッド・↗

車で行くエリア

オレゴン東部
Eastern Oregon

オレゴン州▶市外局番：541 ／ 509

アメリカ・インディアンやカウボーイの影響を強く受けているエリア。オレゴントレイルをたどって西に向かった開拓者の雰囲気が漂っている。ハイキングやカヤックを楽しめるジョセフ、開拓時代の面影が残るベイカーシティなどへは、町歩きができるペンドルトンを起点にするといい。

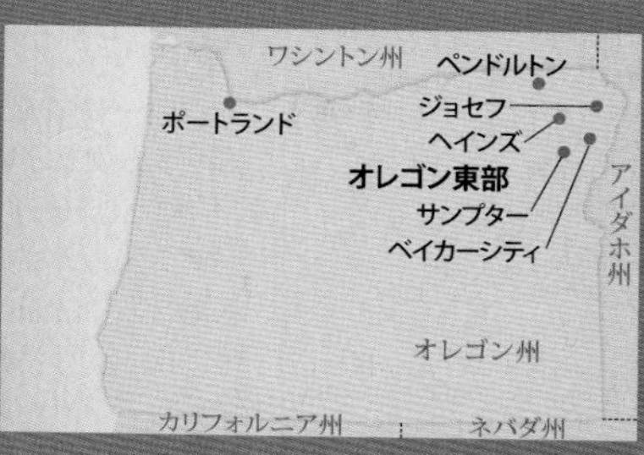

オレゴン東部への行き方

バス／グレイハウンド　Greyhound

ポートランドからフッドリバーを経由して、ペンドルトンとベイカーシティまで乗り換えなしで行ける。ポートランドからペンドルトンまで所要5時間10分、ベイカーシティまで所要7時間10分。どちらも1日1便。

車／レンタカー　Rent-A-Car

ポートランドからI-84を東へ330km行き、Exit 209で下りる。Frazer Ave.を東に1.6km行った所がペンドルトンの中心部。所要約3時間30分。ベイカーシティへは、ポートランドからI-84を東へ480km行き、Exit 304で下りる。OR-7/Campbell St.、Main St.を南西に2km進むとベイカーシティダウンタウンだ。所要約5時間。

グレイハウンド
URL www.greyhound.com
Free (1-800) 231-2222
Pendleton Market Bus Stop
住 2101 S.E. Court Ave., Pendleton
☎ (541) 276-1551
営 毎日9:00～17:30
ダウンタウンまで徒歩約30分。
Baker Truck Corral Stop
住 515 Campbell St., Baker City
ダウンタウンまで徒歩約25分。

ペンドルトンのタクシー
Elite Taxi
☎ (541) 276-8294
ベイカーシティのタクシー
Baker Cab
☎ (541) 523-6070
A1 Taxi
☎ (541) 403-2891

オレゴン東部のおもな見どころ

★★★ ウエスタンカルチャーに触れる　M 折込 OR-C1

ペンドルトン Pendleton

カウボーイハットやウエスタンブーツの店が点在しているダウンタウン。レストランやカフェ、ホテルなどが集まっていて、歩いて観光できる町だ。**ペンドルトン・アンダーグラウンド・ツアーズPendleton Underground Tours**では、歴史的建造物に認定されているダウンタウンのビルの地下を巡る。1900年代初頭、中国から渡ってきた移民が地上に出ることなく移動できる手段として使っていたトンネルには、当時のバーやギャンブル場などが再現されている。また、毎年9月第2週に行われる**ペンドルトン・ラウンドアップPendleton Round-Up**は1910年に始まったロデオ大会。ワイオミング州シャイアンで行われているシャイアン・フロンティア・デイズに次ぐアメリカで2番目に有名・人気のイベントだとか。

ペンドルトン観光局
Travel Pendleton
住 501 S. Main St., Pendleton
Free (1-800) 547-8911
URL www.travelpendleton.com

ペンドルトン・アンダーグラウンド・ツアーズ
住 31 S.W. Emigrant Ave., Pendleton
☎ (541) 276-0730
URL pendletonundergroundtours.org
営 月水～土、出発時間は時期により異なる。所要1時間30分。
休 火日
料 大人$20、6～12歳$15

ペンドルトン・ラウンドアップ
住 1205 S.W. Court Ave., Pendleton
☎ (541) 276-2553
URL www.pendletonroundup.com

↘エクスプレスのバスを利用。片道$5.50、所要約3時間。**Mt Hood Express** URL www.mthoodexpress.com

郊外には、1万年以上前からこの地に住んでいたアメリカ・インディアンの文化や宗教、生活様式についての解説が充実する**タマスリクト文化センターTamástslikt Cultural Institute**がある。

水遊びとハイキングの両方を楽しめるリゾート地 M折込OR-D1

ジョセフ Joseph

ワローワ湖Wallowa Lakeを中心に成り立っている町。**ワローワ湖トラムウエイWallowa Lake Tramway**に乗って、ハワード山山頂（標高2516m）を目指そう。頂では眼下にワローワ湖、東方にアイダホ州のセブンデビルズ山脈を見渡すことができる。カフェレストランSummit Grillから出ているハイキングトレイルは周遊1km〜2.5km。所要45分から1時間30分と初心者でも挑戦できるのがいい。ワローワ湖のほとりには、ネズ・パース族の酋長チーフ・ジョセフのモニュメントChief Joseph Monumentが立つ。1860年代にアメリカ・インディアン居留地で金が見つかったことから、白人が不法に侵入し、土地の所有権をはく奪しようとした。そこで白人との争いを避け、部族を守ったチーフ・ジョセフをたたえて建てられたものだ。

かつて鉱山で栄えた町 M折込OR-D2

ヘインズ Haines

1880年代に鉄道が敷設され、採掘や農業に従事する人が移り住んできた。現在、ダウンタウンの中心わずか5ブロックほどに、ガソリンスタンドや郵便局、教会、スーパーマーケットが集まっている。なかでも、**イースタンオレゴン博物館Eastern Oregon Museum**は、1880年代から現在にいたるまでの歴史がわかる博物館として、観光客の立ち寄りスポットになっている。

1932年に建てられた小学校の体育館を再利用している博物館

アメリカの旅行雑誌で「全米で訪れたい小さな町」に選ばれた M折込OR-D2

ベイカーシティ Baker City

1880〜1900年代にかけて、ゴールドラッシュの中心地としてにぎわった。1920年に完成した屋内プールの跡地に入る**ベイカー・ヘリテージ博物館Baker Heritage Museum**は、このエリアの歴史が学べる博物館。鉱業や農業、林業など、天然資源に恵まれていた町がどのように発展していったのか常設展と特別展で紹介している。郊外には、オレゴントレイルに関する展示が豊富な**オレゴントレイル歴史資料館National Historic Oregon Trail Interpretive Center**がある。1840年代から1880年代にかけて、多くの開拓者がミズーリ州からオレゴン州ウィラメットバレーまで西を目指して歩を進めた道の一部がベイカーシティを通っていたことから、資料館が設立された。

タマスリクト文化センター
住47106 Wildhorse Blvd., Pendleton
☎(541) 429-7700
URL www.tamastslikt.org
営火〜土10:00〜17:00 休日月
料大人$12、子供$5

ジョセフ
行き方 ペンドルトンからI-84を南東に78km行き、OR-82を110km東へ。所要約2時間50分。
ワローワ湖
URL oregonstateparks.org
行き方 ジョセフダウンタウンからOR-351を南へ10km。
ワローワ湖トラムウエイ
住59919 Wallowa Lake Hwy., Joseph ☎(541) 432-5331
URL wallowalaketramway.com
営〈5〜6月、9月〉毎日10:00〜15:30、〈7〜8月〉毎日9:00〜16:30 休10〜4月
料大人$45、学生(12〜17歳) $42、子供(4〜11歳) $39

ヘインズ
行き方 ペンドルトンからI-84を115km南東へ進み、Exit 285で下りる。OR-30を南西へ13km。
イースタンオレゴン博物館
住610 3rd St., Haines
☎(541) 856-3233
URL easternoregonmuseum.com
営〈5月下旬〜9月上旬〉木〜土10:00〜13:00
休9月中旬〜5月中旬、5月下旬〜9月上旬の日〜水
料寄付制($2)

ベイカーシティ
行き方 ヘインズからOR-30を南東へ18km。
ベイカーカウンティ観光案内所
Baker County Chamber & Visitor Bureau
住490 Campbell St., Baker City
☎(541) 523-5855
URL www.visitbaker.com
営月〜金8:30〜16:30(時期により異なる)
ベイカーカウンティ観光局
Baker County Tourism
URL travelbakercounty.com
ベイカー・ヘリテージ博物館
住2480 Grove St., Baker City
☎(541) 523-9308
URL www.bakerheritagemuseum.com
営〈3〜10月〉毎日10:00〜16:00(日12:00〜)
休11〜2月
料大人$9、子供(6〜12歳) $5
オレゴントレイル歴史資料館
住22267 OR-86, Baker City
☎(541) 523-1827
営毎日9:00〜16:00(時期により異なる)
料〈4〜10月〉大人$8、子供(15歳以下)無料、〈11〜3月〉大人$5、子供(15歳以下)無料

MEMO **ロデオ大会についての展示が充実する博物館** ペンドルトン・ラウンドアップが行われる競技場の斜め前にあり、ギフトショップも併設する。**Pendleton Round-Up & Happy Canyon Hall of Fame**↗

★★ 1862年に金が発見された地 　M折込 OR- D2

サンプター
Sumpter

エルクホーン山脈の麓に広がる**サンプターバレー・ゴールドドレッジ州立公園Sumpter Valley Gold Dredge State Park**には、1935年から1954年まで活躍した採金船が停泊している。鉱石の中から金を取り出す専門の船は、400万ドル以上の金を掘りあげた。

サンプター
行き方 ベイカーシティからOR-7を南西へ46km。

サンプターバレー・ゴールドドレッジ州立公園
住 441 Mill St., Sumpter
☎ (541)894-2486
営〈5～10月〉毎日7:00～19:00
休 11～4月
料 無料

レストラン

R ペンドルトンを代表するレストラン 　アメリカ料理／ペンドルトン（M折込 OR- C1）

ハムリーステーキハウス
Hamley Steakhouse

1870年頃に裁判所として使われていた建物に入るレストラン。2007年のオープン以降、観光客だけでなく、地元の人も利用している人気店だ。チキンサンドイッチ（$14～）やハンバーガー（$14～）などからローストビーフ（$22）、リブアイステーキ（$59）までメニューも価格も多彩。

住 8 S.E. Court Ave., Pendleton
☎ (541)278-1100
URL hamley.com
営 火～土11:00～22:00（土～21:00）
休 日月
カード A M V

R ウエスタンカルチャーが満載 　アメリカ料理／ヘインズ（M折込 OR- D2）

ヘインズ・ステーキハウス
Haines Steak House

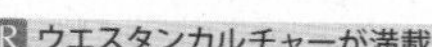

お手頃価格でステーキが食べられるとあって、地元の人でにぎわっているレストラン。サーロインステーキ（$23～）やリブアイステーキ（$25～）などで使用されているビーフは、穀物ではなく草で育てられたもの。館内の中央にある幌馬車はサラダバーになっていて、野菜やフルーツが取り放題だ。

住 910 Front St., Haines
☎ (541)856-3639
URL www.hainessteakhouse.com
営 月水～金16:30～20:00、土15:30～21:00、日12:30～20:00（時期により異なる）
休 火
カード A M V

R 1998年にオープンしたブリュワリー 　ビール／ベイカーシティ（M折込 OR- D2）

バーレイ・ブラウン・ビア
Barley Brown's Beer

ベイカーシティダウンタウンでビールを製造しているメーカーのタップルーム。1年をとおして約30種類のビールを味わうことができる。真向かいには、系列のレストラン（住 2190 Main St., Baker City）もあり、ハンバーガーやサンドイッチ（$13～）が食べられる。

住 2200 Main St., Baker City
☎ (541)523-2337
URL www.barleybrownsbeer.com
営 タップルーム：月～土14:00～20:00、日12:00～17:00
　レストラン：火～土14:00～21:00
カード A M V

R サンプターの中心部にあるレストラン 　アメリカ料理／サンプター（M折込 OR- D2）

キャロルズ・マッドドッグ・レストラン&サルーン Carole's Mad Dog Restaurant & Saloon

1900年に完成した建物に入るレストラン&バー。ミートソースパスタ（$14）やラザニア（$15）、チーズバーガー（$8.50～）、フィッシュ&チップス（$16）などのほか、数人でシェアできるチーズピザ（$11～）やハワイアンピザ（$20～）もある。地元の人のおすすめは、リブアイステーキ（$24～）。

住 175 S. Mill St., Sumpter
☎ (541) 894-2480
営 月12:00～19:00、木～土16:00～20:00（金 土12:00～）、日12:00～19:00
休 火水
カード A M V

ショップ

S ハンドメイドの鞍を求めて、全米からファンが訪れる 　ファッション&雑貨／ペンドルトン（M折込 OR- C1）

ハムリー&カンパニー
Hamley & Co.

ダンガリーシャツやデニム、カウボーイブーツからベルトやアクセサリーなどまで、ウエスタンファッションを一式揃えることができる。特に、地元のデザイナーが作ったジュエリーは、一点物が多く貴重だ。アメリカ・インディアン作成の陶器はおみやげによさそう。

住 30 S.E. Court Ave., Pendleton
☎ (541)278-1100
URL www.hamleyco.com
営 月～土10:00～18:00
休 日
カード A M V

↘住 1114 S.W. Court Ave., Pendleton 　☎ (541)278-0815 　URL roundupallofame.org 　営〈3月下旬～11月上旬〉水～土10:00～16:00（時期により異なる） 　休 日～火、11月中旬～3月中旬 　料 寄付制（$5）

ショップ

S 日本人にも大人気　ファッション&雑貨／ペンドルトン（M折込 OR- C1）

ペンドルトン・ウールン・ミル　Pendleton Woolen Mill

アメリカ・インディアンのカルチャーをモチーフに、独特のデザインを織り込むブランケットが有名なブランド。毛織物工場に併設するショップは、ラグや財布から、シャツ、かばんなどオリジナル商品を取り揃える。一部アウトレット商品もあり。

住1307 S.E. Court Pl., Pendleton
☎(541)276-6911
URL www.pendleton-usa.com
営毎日10:00～17:00
無料のツアー：月～金11:00、15:00発
カード A M V

S 店頭で作業工程を見られる　靴&革製品／ペンドルトン（M折込 OR- C1）

ステープルマンズ・ブーツ&レザー　Staplemans Boots & Leather

ハンドメイドのブーツ作りで定評がある専門店。足型を取ることから始めるので、その人に合った形にカスタムできる。ひざ下までのロングブーツから、くるぶしが隠れるショートブーツ（$350～）まで選び放題。カーフレザーやオーストリッチなどの材質が人気だそう。

住7 S.E. Court Ave., Pendleton
☎(509)531-4703
URL www.staplemans.com
営月～土8:00～18:00
休日
カード A M V

S ハリウッド映画でも使われたハット　ハット／ペンドルトン（M折込 OR- C1）

モンタナピークス・ハット・カンパニー　Montana Peaks Hat Company

すべての材料をアメリカ国内から調達し、できるかぎり手作業でハットを作っている。頭のサイズを測って自分好みのデザインを作れるカスタムハットから、既製品を微調整するハットまでさまざまだ。ウサギやビーバーの皮を使ったフェルト製ハット（$500～）が定番商品。

住24 S. W. Court Ave., Pendleton
☎(541)215-1400.
URL montanapeaks.net
営月火金土8:30～15:00(時期により異なり、夏季は延長あり)
休水木日
カード A M V

ホテル

H インターステートの出口そば　中級／ペンドルトン（M折込 OR- C1）

オックスフォードスイーツ・ペンドルトン　Oxford Suites Pendleton

ペンドルトンダウンタウンまで車で5分の場所にある。ビジネスセンターやスイミングプール、フィットネスセンター、コインランドリーがあり、仕事にもレジャーにも利用できる。無料の朝食が付く。目の前にスーパーマーケットのSafewayとWalmartがある。

BOX F J WiFi P

住2400 S.W. Court Pl., Pendleton, OR 97801
☎(541) 276-6000
Free(1-877) 545-7848
FAX(541) 278-8556
URL www.oxfordsuitespendleton.com
料ⓈⒹⓉⓈⓊ$140～748
駐無料　Wi-Fi無料
カード A M V　87室(♿あり)

H ペンションとロッジのタイプがある　コテージ／ジョセフ（M折込 OR- D1）

イーグルキャップ・シャレー　Eagle Cap Chalets

ワローワ湖から歩いて10分ほどの所にある。ロッジには、キッチンや電子レンジ、食器などの設備が整っていて、自炊をする長期滞在者に好評だ。バーベキューセットの貸し出しもしているので、家族連れの宿泊が多い。親子連れの鹿が駐車場に出没しているので注意するように。

BOX F J WiFi P

住59879 Wallowa Lake Hwy., Joseph, OR 97846
☎(541) 432-4704
URL www.eaglecapchalets.com
料キャビン$128～460、コンドミニアム$196～390、シャレー$98～270
駐無料　Wi-Fi無料
カード A M V　34室(♿あり)

H 日本のテレビでも特集された幽霊ホテル　中級／ベイカーシティ（M折込 OR- D2）

ガイザー・グランド・ホテル　Geiser Grand Hotel

従業員や宿泊客が頻繁に幽霊を目撃しているといわれているホテル。1889年に創業され、1960年代に一時閉鎖したが、1993年に再オープンした。ビクトリア様式のデザインは、歴史的建造物として認定されていて、重厚感がある。2018年に増築工事を行った。

BOX F J WiFi P

住1996 Main St., Baker City, OR 97814
☎(541) 523-1889
Free(1-888) 434-7374
URL www.geisergrand.com
料ⓈⒹⓉ$149～259、ⓈⓊ$199～450
駐無料　Wi-Fi無料
カード A M V　30室(♿あり)

MEMO 数々の賞を受賞しているスピリッツ（蒸留酒）　Glacier 45 Distillery　住1901 Main St., Baker City　☎(541)519-0081　URL glacier45.com　営月～金11:00～18:00、土11:00～14:00（時期により異なる）

鉄道＆バス＆車で行く都市

ユージーン
Eugene

オレゴン州▶市外局番：541

ウィラメット渓谷の中央に位置するオレゴン州第2の都市で、スポーツの盛んなオレゴン大学があることで名高い学園都市だ。町を流れるウィラメット川沿いは、サイクリングトレイルが整備され、サイクリングシティとしても有名。ダウンタウンの周りに広がるあふれる緑が旅人の心を癒やしてくれる。

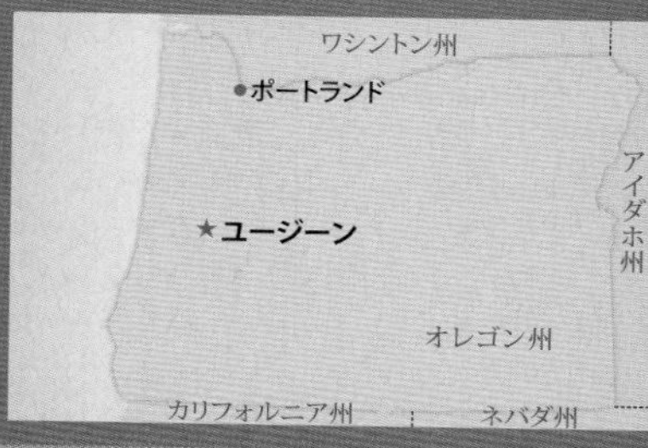

ユージーンへの行き方

飛行機／ユージーン空港　Eugene Airport

シアトルからはアラスカ航空やデルタ航空、ロスアンゼルスからはアラスカ航空、サンフランシスコからユナイテッド航空などが直行便を運航している。シアトルからは所要1時間、ロスアン

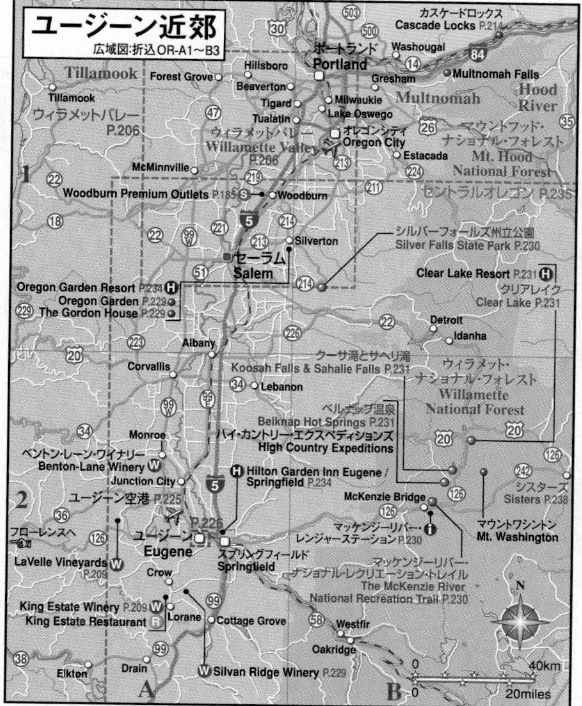

ユージーン空港(EUG)
Eugene Airport
MP.225-A2
住28801 Douglas Dr., Eugene
☎(541) 682-5544

タクシー
ユージーンダウンタウンまで$30〜40、約30分。
Go Taxi, LLC
☎(541) 343-0167
URL www.gotaxiusa.com
Oregon Taxi
☎(541) 434-8294
URL oregontaxi.com

空港シャトル
Groome Transportation
ユージーン空港からオレゴン大学までのシャトルバス。1日8便
Free (1-877) 693-3785
URL groometransportation.com
料 片道$19

ダウンタウンへ車で30分と便利なユージーン空港

ユージーンへはアムトラックが便利

ユージーンの気候
全般的に温暖な気候だが、夏は乾季で、冬は雨季。旅行に適したシーズンは5月〜10月上旬。

MEMO 映画『スタンド・バイ・ミー Stand by Me』のロケ地　ユージーンのほか、近郊のコテージグローブ、ブラウンズビルなどで撮影が行われた。どちらの町も、ユージーンから車で1時間以内でアクセスできる。

ユージーン空港にあるレンタカー会社
アラモAlamo
☎(541) 689-0015
エイビスAvis
☎(541) 688-9053
バジェットBudget
☎(541) 463-0422
ダラーDallar
Free(1-866) 434-2226
エンタープライズEnterprise
☎(541) 689-7563
ハーツHertz
☎(541) 688-9333
ナショナルNational
☎(541) 689-0015

グレイハウンド
グレイハウンド・バス停
MP.226-B1
住131 E. 5th Ave., Eugene
Free(1-800) 231-2222
URLwww.greyhound.com
料ポートランドから片道$21〜
フリックスバス・バス停
MP.226-B2
住1515 Agate St., Eugene

アムトラック駅
MP.226-A1〜B1
住433 Willamette St., Eugene
Free(1-800) 872-7245
URLwww.amtrak.com
営毎日5:10〜21:00
料ポートランドから片道$17〜

ゼルスからは2時間20分、サンフランシスコからは1時間45分。

空港はダウンタウンの北西約16kmに位置し、ダウンタウンへは、タクシーや配車サービス（UberやLyft）を利用するといい。空港内にはレンタカー7社のカウンターが並ぶ。

バス／グレイハウンド　Greyhound

ポートランドからはグレイハウンド（一部フリックスバスFlixBusと共同運行）が走っていて、所要2時間25分〜3時間15分（毎日4便）。グレイハウンドのバス停はユージーンダウンタウンのアムトラック駅（→下記）から1ブロック南東に行った所。フリックスバスは、オレゴン大学ヘイワードフィールド（→P.228）前に停車する。

鉄道／アムトラック　Amtrak

ユージーンは、カナダのバンクーバーからシアトルやポートランドを結ぶ高速列車、カスケード号の南の終着駅。そのほか、コーストスターライト号がシアトルからユージーンを経てロスアンゼルスまで運行している。ポートランドから毎日8便運行、所要約2時間40分。時間によってはアムトラックバスでの運行となる。

アムトラック駅構内のチケット売り場

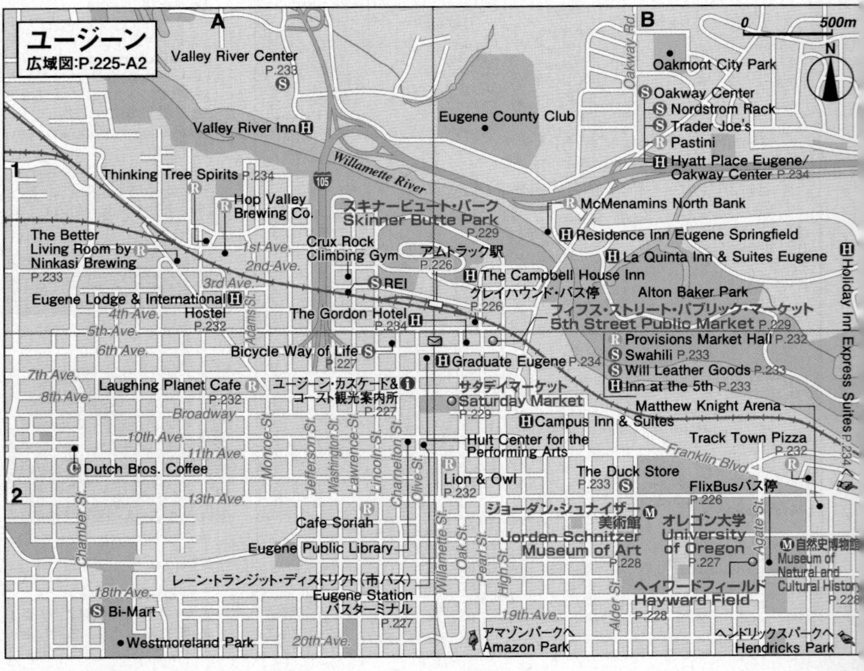

ユージーン
広域図:P.225-A2

A
B
1
2
0　500m
N
Valley River Center P.233
Valley River Inn
Eugene County Club
Oakmont City Park
Oakway Rd.
Oakway Center
Nordstrom Rack
Trader Joe's
Pastini
Hyatt Place Eugene/Oakway Center P.234
Willamette River
105
Thinking Tree Spirits P.234
Hop Valley Brewing Co.
スキナービュート・パーク
Skinner Butte Park P.229
McMenamins North Bank
Residence Inn Eugene Springfield
La Quinta Inn & Suites Eugene
Holiday Inn Express Suites P.234
The Better Living Room by Ninkasi Brewing P.233
1st Ave.
2nd Ave.
3rd Ave.
4th Ave.
5th Ave.
6th Ave.
7th Ave.
8th Ave.
Broadway
10th Ave.
11th Ave.
13th Ave.
18th Ave.
19th Ave.
20th Ave.
Crux Rock Climbing Gym
アムトラック駅 P.226
The Campbell House Inn
REI
Alton Baker Park
Eugene Lodge & International Hostel P.232
グレイハウンド・バス停 P.226
The Gordon Hotel P.234
フィフス・ストリート・パブリック・マーケット
5th Street Public Market P.229
Provisions Market Hall P.232
Swahili P.233
Will Leather Goods P.233
Inn at the 5th P.233
Bicycle Way of Life P.227
Graduate Eugene P.234
Adams St.
Laughing Planet Cafe P.232
ユージーン・カスケード&コースト観光案内所 P.227
サタデイマーケット
Saturday Market P.229
Matthew Knight Arena
Campus Inn & Suites
Hult Center for the Performing Arts
Track Town Pizza P.232
Franklin Blvd.
Dutch Bros. Coffee
Monroe St.
Jefferson St.
Washington St.
Lawrence St.
Lincoln St.
Charnelton St.
Olive St.
Lion & Owl P.232
The Duck Store P.233
FlixBusバス停 P.226
Cafe Soriah
ジョーダン・シュナイザー美術館
Jordan Schnitzer Museum of Art P.228
オレゴン大学
University of Oregon P.227
自然史博物館
Museum of Natural and Cultural History P.228
Eugene Public Library
Willamette St.
Oak St.
Pearl St.
High St.
Alder St.
Agate St.
Chamber St.
レーン・トランジット・ディストリクト（市バス）
Eugene Station バスターミナル P.227
ヘイワードフィールド
Hayward Field P.228
Bi-Mart
Westmoreland Park
アマゾンパークへ Amazon Park
ヘンドリックスパークへ Hendricks Park

MEMO ポートランドから、ユージーンにバスで行くなら　グレイハウンドバスよりもすいているアムトラックバスがおすすめ。窓が大きく景色がよく見えるのがいい。

ユージーンの歩き方

ユージーンのダウンタウン中心部は、北は5th Ave.から南は13th Ave.、西はMonroe St.から東のHigh St.あたりまで。町自体は、東西に細長く広がっており、車や市バス、レンタサイクルなどを上手に活用して動くことが、この町を楽しむ秘訣となる。オレゴン大学へは市バスで向かい、大学周辺は徒歩での移動が速い。また、ダウンタウンで自転車を借りて、ウィラメット川沿いに延びる快適なバイクトレイルRuth Bascon Riverbank Pathを走ってみるのもいい。

市内交通の拠点、ユージーン駅

ウィラメット川の北側にあるバレー・リバー・センターValley River Center周辺や郊外へは、市バスを利用しよう。

市内交通の市バスを運営するのは**レーン・トランジット・ディストリクトLane Transit District（LTD）**。ダウンタウンの真ん中にあるユージーン駅（バスターミナル）Eugene Stationを拠点に、オレゴン大学、バレー・リバー・センター、マッケンジーリバー街道、隣町のスプリングフィールドなど広範囲にバスを走らせている。

観光案内所

ユージーン・カスケード＆コースト観光案内所
Eugene, Cascades & Coast Visitor Center
MP.226-A2
住754 Olive St., Eugene
☎(541) 484-5307
URL www.eugenecascadescoast.org
営月～金8:00～17:00（時期により異なる） 休土日
場所ダウンタウンのOlive St.沿いの7th Ave.と8th Ave.の間

マップやパンフレットなど資料が豊富なユージーン・カスケード＆コースト観光案内所

市内交通

レーン・トランジット・ディストリクト（市バス）
Lane Transit District（LTD）
Eugene Stationバスターミナル
MP.226-A2
住1080 Willamette St., Eugene
Free(1-800) 248-3861
URL www.ltd.org
営月～金7:00～18:00
休土日
料大人$1.75、子供85¢、1日パス大人$3.50、子供（6～18歳）$1.75。市バスに3回以上乗るなら、1日パスを買ったほうがお得。

ユージーンのおもな見どころ

陸上競技の聖地 MP.226-B2

オレゴン大学 University of Oregon

295エーカー（1.2km²）の緑がいっぱいのキャンパスは、学園都市ユージーンを象徴する存在だ。13th Ave.には自転車があふれ、Kincaid St.とPatterson St.の間には学生向けの安いレストランやカフェ、古本屋などが軒を連ねている。構内にある**ヘイワードフィールドHayward Field**や**ジョーダン・シュナイザー美術館Jordan Schnitzer Museum of Art**、**自然史博物館The Museum of Natural and Cultural History**も訪れてみよう。

オレゴン大学
住1585 E. 13th Ave., Eugene
☎(541) 346-1000
URL www.uoregon.edu
場所東西を走る13th Ave.と西側のAlder St.（ダウンタウンから徒歩で10分強）から東側のAgate St.あたりに囲まれたエリアがキャンパス。

COLUMN レンタルサイクルでユージーンを走ろう

ユージーンはそれほど広くないが、数日滞在するなら自転車が便利かつ楽しい。バイクトレイルや全長12マイル（約19km）のウィラメット川沿いサイクリング遊歩道Ruth Bascon River Pathを走ってみると、自転車愛用者が多い理由がよくわかる。レンタルの際に、バイク専用レーンとサイクリングコースが載っている無料地図をもらおう。ダウンタウンのモール（歩行者天国）内やサイドウオーク（歩道）は、自転車を降りて歩かないと交通違反となるので気をつけること。

バイシクル・ウエイ・オブ・ライフ
Bicycle Way of Life
MP.226-A2
住556 Charnelton St., Eugene
☎(541) 344-4105
URL www.bicycleway.com
営月～金10:00～18:00、土日10:00～17:00（時期により異なる）
料1日$30～

MEMO ユージーンの無料情報誌Eugene Weekly イベントやライブ、レストラン情報が満載。町のあちこちに置いてある赤いボックスの中に入っている。毎週木曜日発行。URL www.eugeneweekly.com

人口の約10%をオレゴン大学の学生で占めるユージーンは、別名「トラックタウンUSA TrackTown USA」とも呼ばれている。2021年夏に開催された東京オリンピックには、在校生と卒業生を含め、陸上部から9人が出場した。

ナイキNikeの創業者のひとりビル・バウワーマンBill Bowermanは、オレゴン大学陸上部のコーチとしてジョギングを提唱した名コーチだった。そしてオレゴン大学の卒業生のフィル・ナイトPhilip Knight氏とブルーリボンスポーツBlue Ribbon Sportsを設立。この会社が現在のナイキNikeへと発展していったのだ。

大学正門

正門前の13th Ave.は学生街

ヘイワードフィールドHayward Field

アメリカ陸上競技の聖地といわれている競技場で、オレゴン大学陸上部の練習場でもある。2022年には世界陸上競技選手権大会（通称世界陸上）が行われた。1919年にフットボールスタジアム（ヒストリカル・ヘイワールドフィールド）としてオープンしたヘイワードフィールドは、ペニー＆フィル・ナイト夫妻の寄付を含む2億7000万ドルをかけて、2018年からスタジアムの改修工事を行った。ヘイワードの名は、かつてオレゴン大学で陸上部の監督を務めていたビル・ヘイワード氏の名前に由来する。スタジアム内に立つタワーにはヘイワードホールがあり、オレゴン州の陸上の歴史がわかる展示がある。

10階建てのタワーは、オリンピックの聖火をモチーフにしている

ヘイワードフィールド
MP.226-B2
住1530 Agate St., Eugene
URL hayward.uoregon.edu
営ヘイワードホール：火～金10:00～16:00（時期により異なる） 休土～月 料無料

自然史博物館 Museum of Natural and Cultural History

オレゴン州の数千年にわたる人類の歴史や数百万年に及ぶ自然史を細かく解説した博物館。3億年前の太平洋岸北西部の地形や気候、エコシステムを紹介する「Explore Oregon」と1万5000年前から現在までのオレゴン州の文化的な歴史を解説する「Oregon－Where Past is Present」のコーナーは見逃せない。

北西部のログハウスを模して建てられた博物館

自然史博物館
MP.226-B2
住1680 E. 15th Ave., Eugene
☎(541) 346-3024
URL natural-history.uoregon.edu
営火～日10:00～19:00
休月
料大人$6、シニア・子供(3～18歳) $4、2歳以下無料

博物館の所蔵品は50万点以上

ジョーダン・シュナイザー美術館 Jordan Schnitzer Museum of Art

所蔵品は、アメリカ、ヨーロッパ、韓国、中国、日本と幅広く、1万3000点以上に及ぶ。なかでも、中国と日本をはじめとするアジアの美術作品や工芸品が充実しているのが特徴で、中国服のコレクションは北米有数の規模を誇る。また、アメリカ北西部で特に有名な画家モーリス・グレイブスMorris Gravesのコレクションは、絵画100点、スケッチ400点と世界的にも有数の品揃えだ。さらに、アイオワ州生まれの画家デイビッド・マッコーシュDavid McCoshによる絵画や水彩画、デッサンなども170点ほど収蔵する。美術館内には、ダウンタウンで人気のレストラン、プロビジョンズ・マーケット・ホールProvisions Market Hall (→P.232) がプロデュースするカフェ（→脚注）もあり、学生たちに人気。

ジョーダン・シュナイザー美術館
MP.226-B2
住1430 Johnson Ln., Eugene
☎(541) 346-3027
URL jsma.uoregon.edu
営水～日11:00～20:00（木～日～17:00）
休月火、おもな祝日
料大人$5、子供（18歳以下）無料。第1金曜は入場無料

美しい外観の美術館

MEMO マルシェ・ミュージアム・カフェ　ジョーダン・シュナイザー美術館へ入場せずに、カフェのみの利用も可能。2023年8月現在、一時休業中。**Marché Museum Cafe**　☎(541) 346-6440

ユージーン市民の社交場

MP.226-B2

サタデイマーケット Saturday Market

4月から11月下旬のサンクスギビング頃までの毎週土曜日に、ダウンタウンで開かれるユージーン名物の青空市。屋台、手作りクラフトのブース、エンターテインメントなど、ユージーンのエッセンスが凝縮した楽しいマーケットだ。地元の新鮮な有機農産物が並ぶ併設のファーマーズマーケットも訪れてみよう。

サタデイマーケット
住126 E. 8th St., Eugene (8th Ave.とOak St.の一画)
☎(541) 686-8885
URL eugenesaturdaymarket.org
営〈4月〜11月下旬〉土10:00〜16:00

雨天決行の人気のマーケット

ユージーンらしいショッピングはここで

MP.226-B2

フィフス・ストリート・パブリック・マーケット 5th Street Public Market

内部は吹き抜けに

ダウンタウンの5th Ave.とHigh St.の角にあるこのマーケットは、少々さびれたダウンタウンのなかで最もおしゃれな買い物と食事のスポット。昔、鶏肉の加工場だったという建物を大改造し、ユージーンらしいポップなショップやギャラリー、カフェやレストラン、ホテルが50軒ほど集まっている。

フィフス・ストリート・パブリック・マーケット
住296 E. 5th Ave., Eugene
☎(541) 484-0383
URL www.5stmarket.com
営ショップ：月〜土11:00〜19:00、日11:00〜18:00（時期により異なる）。レストラン：毎日9:00〜20:00（店舗により異なる）

町を眺める絶景スポット

MP.226-A1〜B1

スキナービュート・パーク Skinner Butte Park

ユージーン市内を眺め渡すのに最もよい場所が、町の北側、ウィラメット川近くに小高くそびえるスキナービュートだ。ダウンタウンのHigh St.からScenic Driveの標識に沿って進むと、ビュート北側のへりに着く。かつてこの地に暮らした先住民カラプヤ族Kalapuyasは、この丘をヤポアYapoahと呼び、あがめ、儀式の踊りを執り行ったとか。山の麓は市内で最も古い公園として整備され、ロッククライミングやハイキング、フィッシングなどが楽しめる。

スキナービュート・パーク
住248 Cheshire Ave., Eugene
URL www.eugene-or.gov

スキナービュートからダウンタウンを望む

COLUMN

オレゴン州にもあるフランク・ロイド・ライト設計の建物

ポートランドからユージーンに向かう途中のシルバートンSilvertonという町にはフランク・ロイド・ライトFrank Lloyd Wright設計の家**ゴードンハウスThe Gordon House**がある。1964年にウィラメット川沿いに建てられ、2001年オレゴンガーデンに移された。現在、重要文化財に認定されている建物は、オレゴン州で唯一公開されている貴重なものであり、ツアーでのみ見学できる（所要約45分。事前予約が必要）。その隣には80エーカー（0.3km²）ある庭園**オレゴンガーデンOregon Garden**があり、樹齢400年のカシの木をはじめ、バラや松などが広大な敷地に植えられているさまは見事。

ゴードンハウスThe Gordon House
MP.225-A1
住869 W. Main St., Silverton
☎(503) 874-6006
URL thegordonhouse.org
営〈3月〜11月中旬〉水〜日12:00〜14:00、〈11月下旬〜2月〉金〜日12:00〜14:00（毎正時出発、要事前予約） 料$20

ゴードンハウス見学は事前に予約を

オレゴンガーデンOregon Garden
MP.225-A1 住879 W. Main St., Silverton
☎(503) 874-4294 URL www.oregongarden.org
営〈4〜10月〉毎日10:00〜16:00、〈11〜3月〉毎日10:00〜15:00
料大人$8〜12、シニア（60歳以上）$6〜10、学生（12〜17歳）$5〜9、子供（5〜11歳）$2〜6（時期により異なる）

MEMO シルバンリッジ・ワイナリー　ユージーン郊外にあるワイナリー。**Silvan Ridge Winery** MP.225-A2 住27012 Briggs Hill Rd., Eugene URL silvanridge.com 営毎日12:00〜17:00 料テイスティング（4種類）$10〜

マッケンジーリバー・ナショナル・レクリエーション・トレイル
URL www.fs.usda.gov

行き方

車 ユージーンからI-105、OR-126を東に約88km進む。約1時間。

バス ユージーンから市バスLTD#91で終点のMcKenzie River Ranger Station下車。所要約1時間20分。
LTD#91：ユージーン発：月～金6:00、8:20、14:20、17:35、土日8:30、16:30。マッケンジーリバー・レンジャーステーション発：月～金7:28、9:51、15:58、19:21、土日9:59、18:01

バス停はレンジャーステーションのすぐ脇

ウィラメット・ナショナル・フォレスト
URL www.fs.usda.gov/willamette

i 観光案内所

マッケンジーリバー・レンジャーステーション
McKenzie River Ranger Station
MAP P.225-B2
住 57600 McKenzie Hwy., McKenzie Bridge
☎(541) 822-3381
URL visitmckenzieriver.com
営 月～金8:00～16:30
バス ユージーンから市バスLTD#91で終点のMcKenzie River Ranger Station下車。所要1時間20分。

マッケンジーリバー・ハイウエイ沿いの見どころ
McKenzie River Highway

マッケンジー川沿いのトレイルを歩く MAP P.225-B2

マッケンジーリバー・ナショナル・レクリエーション・トレイル
The McKenzie River National Recreation Trail

このレンジャーステーションで情報収集

森のトレイルを歩く

ユージーンからOR-126を東に1時間も車で走ると、深山幽谷の気配をたたえた**ウィラメット・ナショナル・フォレストWillamette National Forest**の森林地帯が始まる。マッケンジー川沿いを走るOR-126は、景勝道路に指定され、マッケンジーリバー・ハイウエイMcKenzie River Highwayとも呼ばれている。道沿いに温泉や滝などの見どころが点在し、ハイウエイに沿って、森の中に刻まれているのが、このトレイルだ。その始まりは、ユージーンから東に88km走った小さな集落マッケンジービレッジMcKenzie Village。その少し先に観光案内所も兼ねた**マッケンジーリバー・レンジャーステーションMcKenzie River Ranger Station**があり、歩く場合はこのレンジャーステーションから道路を渡り、森へと入ろう。全長は約43km。道路とほぼ平行して北東に延び、途上には、ベルナップ温泉、クーサ滝、サヘリ滝があり、終点近くで真っ青なクリアレイクが現れる。レンジャーステーションまでバス便はあるが、それから先は車のみが頼り。バスを利用して日帰りハイクを楽しむなら、ベルナップ温泉まで片道約6kmが限界だろう。車があれば、途中でショートカットし、温泉や滝、湖へも立ち寄れる。

COLUMN

シルバーフォールズ州立公園でツリークライミング

オレゴン州最大の州立公園である**シルバーフォールズ州立公園**。ポートランドから南東へ75km。9000エーカー(36km^2)の広さをもち、約10のハイキングトレイルがある。なかでも、落差54mのサウスフォールズからスタートするトレイル・オブ・テン・フォールズTrail of Ten Fallsは人気のコース。全長7.2マイル(11.5km)で10の滝を巡る。休憩を入れて2～4時間。子供でも歩けるように整備されているので安心だ。州立公園ではハイキングのほかにツリークライミングも体験できる。**ツリークライミング・アット・シルバーフォールズ**では、初心者向けの体験ツアーを開催しており、ロープの結び方から木の登り方まで、ていねいに教えてくれる。枝によじ登れば、自然との一体感を得られるだろう。

シルバーフォールズ州立公園
Silver Falls State Park
MAP P.225-B1 住 20024 Silver Falls Hwy. S.E., Sublimity ☎(503) 873-8681
URL stateparks.oregon.gov
営 24時間 料 駐車場$5

ツリークライミング・アット・シルバーフォールズ
Tree Climbing at Silver Falls
☎(206) 914-8613
URL www.treeclimbingatsilverfalls.com
ツアー
料 半日(4時間) $149、サンセット(5～6時間) $175

爽快感や達成感を味わえる

ユージーンから行く癒やしの温泉場

MP.225-B2

ベルナップ温泉 Belknap Hot Springs

ユージーンの東90kmに温泉付きの宿泊施設、**ベルナップ温泉ロッジ&ガーデンズBelknap Hot Springs, Lodge & Gardens**がある。温泉はプールになっていて、宿泊客でなくても入湯できる（水着着用のこと）。観光地のリゾートとはほど遠い素朴さが漂っている。温泉のすぐ脇を上流からボートが下ってくるあたりは、いかにも自然あふれるオレゴンらしい光景だ。宿泊施設はロッジやキャビン、RVスペース、テントなど。さらにロッジの駐車場からはラフティングのツアーも出発する。

山間のいで湯

マッケンジー川沿いに立つロッジ

滝を見ながらひと休み

MP.225-B2

クーサ滝とサヘリ滝 Koosah Falls & Sahalie Falls

クーサ滝

マッケンジーリバー・レンジャーステーション（→P.230）からOR-126をさらに約26km北東、ユージーンからは約118km、Ice Cap Camp Ground 入口を左折して突き当たりを右折するとそこがトレイル入口だ。歩き出して間もなく、**クーサ滝**（落差21m）が見えてきて、渓流沿いを緩やかに登って行くと**サヘリ滝**（落差30m）にたどり着く。サヘリ滝はディズニー映画『奇跡の旅Homeward Bound』にも登場した。

刻一刻と表情を変える湖

MP.225-B2

クリアレイク Clear Lake

サヘリ滝の駐車場から北に3km走り、右手に見える**クリアレイク・リゾートClear Lake Resort**の入口を下りていくと湖にたどり着く。クリアレイクは、3000年前にサンド山から流れ出た溶岩によりダムができ、せき止められてできた湖。マッケンジー川の源流である。エメラルドグリーンの湖面は湖底に沈む3000年前の大木がはっきり見えるほど透明だ。湖沿いのトレイルは1周すると数時間かかるので、時間がない場合は時計と反対回りに歩き、橋を渡ったあたりで引き返すのがよいだろう。こちら側のダグラスファーの森のトレイルと、対岸の溶岩トレイルが対照的なのがおもしろい。クリアレイクではボート乗りや釣り、カヌーなどのアクティビティが楽しめる。旅行に適したシーズンは5月〜9月下旬。

鏡のように美しいクリアレイク

ベルナップ温泉（ベルナップ温泉ロッジ&ガーデンズ）
住59296 Belknap Springs Rd., McKenzie Bridge
☎(541) 822-3512
URL www.belknaphotsprings.com
車ユージーンからOR-126を東に92km、OR-242とのジャンクションの少し先を左折。所要約1時間20分。
温泉プール
営毎日9:00〜17:00（宿泊者は〜21:00）
料宿泊しない人は1時間のみで$10
宿泊施設
料ロッジ$125〜200、キャビン$150〜550、テント（2人まで）$35、RVスペース（2人まで）$40〜45
カード M V

ラフティングのツアー ハイ・カントリー・エクスペディションズ High Country Expeditions
住55447 McKenzie River Dr., McKenzie Bridge
☎(541) 822-8288
free (1-888) 461-7238
URL www.highcountryexpeditions.com
料半日ツアー（4時間）：大人$70、子供（12歳以下）$50。1日ツアー（7時間）：大人$110、子供（12歳以下）$80

クーサ滝とサヘリ滝
URL www.fs.usda.gov
営3〜11月（降雪時期はクローズ）
行き方 Ice Cap Camp Ground 入口は見逃しやすい。Ice Cap Camp Ground入口から約800m北に行ったサヘリ滝の駐車場に車を停めて上から下ってきてもよい。クーサ滝&サヘリ滝・ウォーターフォール・ループ・ハイキングトレイル1周約4km。

クリアレイク
車サヘリ滝からOR-126を北東へ2.5km進み、NF-775を600m進む。ユージーンからOR-126を北東に118km、約1時間50分。

クリアレイク・リゾート
MP.225-B2
住NF-775, Sisters
☎(541) 967-3917
URL linnparks.com/parks/clear-lake-resort
営毎日7:00〜19:00（スタッフが常駐している時間）
料キャビン：$50〜140、キャビン14棟
※5月下旬〜9月上旬までレストランもオープンする。

レストラン

R 新鮮な食材を使った美食レストラン　ノースウエスト料理／ユージーン／MP.226-B2

プロビジョンズ・マーケット・ホール

Provisions Market Hall

5th Street Public Market（→P.229）の1階にあるフランスのマルシェを思わせるベーカリー＆レストラン。地元の旬の野菜や果物を使い、食肉や地魚も可能な限りサステイナブルにこだわる評判の店だ。カジュアルな店内はとても居心地がよい。サンドイッチは$7.50～。

住296 E. 5th Ave., Eugene
☎(541) 743-0660
URL provisionsmarkethall.com
営毎日8:00～19:00
カード A M V

R 2023年のジェームズ・ビアード賞セミファイナリスト・シェフの店　アメリカ料理／ユージーン／MP.226-B2

ライオン＆オウル

Lion & Owl

2016年にユージーンダウンタウンの駐車場にエアストリームを停めて、アメリカ料理を提供したのが始まり。ランチはアボカドトースト（$12）やオムレツ（$22）、ハンバーガー（$16）、ディナーはムール貝の酒蒸し（$19）やクラブケーキ（$28）、ニューヨークストリップ・ステーキ（$65）などがある。

住60 E. 11th Ave., Eugene
☎(541) 606-0626
URL lionandowl.com
営ランチ：木～月10:00～15:00、ディナー：木～月17:00～21:00
休火水
カード A M V

R ダックスファンが集う1977年創業の老舗ピザ店　ピザ／ユージーン／MP.226-B2

トラックタウン・ピザ

Track Town Pizza

オレゴン大学の正式マスコット、オレゴン・ダックスと同じ緑と黄色が目印のピザ屋。Matthew Knight Arenaのすぐそばにあり、アメフト部の試合がある日はDucksファンで盛り上がる。おすすめは平日のランチバフェ（$12）でサラダとピザが食べ放題。Ducksの名選手たちの写真が飾られている。

住1809 Franklin Blvd., Eugene
☎(541) 284-8484
URL www.tracktownpizza.com
営毎日11:00～24:00（金土～翌1:00）
カード A M V

R ユージーンらしい健康志向のカフェ　ベジタリアン／ユージーン／MP.226-A2

ラフィング・プラネット・カフェ

Laughing Planet Cafe

健康志向の人が多い、ユージーンらしいカフェ。野菜や豆類を使った料理は、おいしいうえにネーミングもユニークで楽しい気分になる。ここへ来たら、元気になれること間違いなし。チキンやほうれん草、いんげんが入った一番人気のボリウッドボウルは$13。

住760 Blair Blvd., Eugene
☎(541) 868-0668
URL laughingplanetcafe.com
営毎日10:30～21:00
カード M V

COLUMN

『スタンド・バイ・ミー』の風景を求めて

意外に知られていないことだが、アメリカの片田舎に住む少年たちの友情を描いた『スタンド・バイ・ミー Stand by Me』のロケはユージーン周辺で行われた。ロケ地を訪ねても記念碑が立っているわけでなし、大きな観光ネタにもされていない。その情景の変わりなさもあり、あの感動が鮮やかによみがえってくる。ロケ隊はユージーンに滞在し、撮影は周辺の田舎で行われた。町のシーンは、ユージーンの北にあるブラウンズビルBrownsville。町外れの線路こそ撤去されているが、中心部の様子は撮影当時とほとんど変わっていない。

ユージーンの南にある町、カッテージグローブの郊外では、黄金色に揺れる晩夏の草原と線路を歩くシーンが撮影された。線路は1994年に取り除かれ、今は湖へと続く遊歩道へと変わっている。いざ探検に、というシーンで出てきた赤い鉄橋がトレイルの起点だ。深い雑木林の間を歩き出してみると、まさに映画そのままの世界。

鉄路が取り払われた赤い鉄橋

その晩、家でもう一度映画を観る。数時間前にいた場所を数十年前の映画で観て、深く感動してしまった。　（ユージーン在住　柴田勝幸）

MEMO ユージーン・ロッジ＆インターナショナル・ホステル　ユージーンのダウンタウンから北西に1.7km行った所にあるホステル。親身なスタッフがいると評判がいい。 **Eugene Lodge & International Hostel** MP.226-A1↗

レストラン

R オレゴンの恵みで造るビール　ビール&アメリカ料理／ユージーン／MP.226-A1

ベター・リビングルーム・バイ・ニンカシ・ブリューイング The Better Living Room by Ninkasi Brewing

オレゴンの水とモルト、ホップや酵母で造られたこだわりのクラフトビールが味わえる。ニンカシとは古代シュメール人が崇拝したビールの女神のこと。サンドイッチ($16～)やサラダ($7～)、バッファローウイング($12)などがある。樽生ビールは、ラガーやIPA、スタウトなど常時10種類以上取り揃える。

住155 Blair Blvd., Eugene
☎(541) 735-9500
URL ninkasibrewing.com
営火～日12:00～21:00(金土～22:00、日～18:00)
休月
カード A M V

ショップ

S 買い物、食事、映画はここで！　ショッピングセンター／ユージーン／MP.226-A1

バレーリバー・センター Valley River Center

ユージーンダウンタウンから市バスで20分ほどのショッピングセンター。デパートのMacy'sやJC Pennyほか、人気のショップが90店舗以上入っている。一画には、映画館Regal Cinemasもあり、映画を観て食事をして帰るプランもOK。

住293 Valley River Center, Eugene
☎(541) 683-5511
URL www.valleyrivercenter.com
営月～土10:00～21:00、日11:00～19:00
カード A J M V(店により異なる)
交ダウンタウンからLDTバス#66で10～30分。

S オレゴン大学のマスコット、ダックのTシャツはいかが？　書籍&雑貨／ユージーン／MP.226-B2

ダックストア The Duck Store

E. 13th Ave.の大学西門の正面にあるUniversity of Oregon Bookstoreのキャンパス本店。創業はなんと1916年。ウォルト・ディズニーから特別の許可をもらって大学の正式マスコットになった、Ducksのキャラクターがプリントされたてシャツ($20～)やスポーツウエア、文具などを販売している。

住895 E. 13th Ave., Eugene
☎(541) 255-0700
URL www.uoduckstore.com
営毎日8:00～18:00(土日10:00～)。時期により異なる
カード A M V

S アフリカの工芸品ショップ　アフリカ工芸／ユージーン／MP.226-B2

スワヒリ Swahili

アフリカ諸国の珠玉の工芸品をフェアトレードで仕入れ、販売するアフリカンギャラリーのような美しい店。ケニア、タンザニア、スーダン、南アフリカ、マリなどアフリカ各地の店や美術館とネットワークを結び、手作りされたジュエリー、置物、台所用品、絵、陶器、木工品などが並ぶ。

住5th Street Public Market
296 E. 5th Ave., #300, Eugene
☎(541) 868-1598
URL www.swahilimodern.com
営月～土10:00～19:00、日11:00～18:00
カード A M V

S ハンドメイドとアメリカ製にこだわる　革製品／ユージーン／MP.226-B2

ウィル・レザーグッズ Will Leather Goods

1981年ユージーンで誕生したレザーブランド。Made in USAをモットーに上質な革を使用したかばんや財布、筆入れ、ベルトなどを販売する。取っ手が革でできたトートバッグ($250～)はハリウッドセレブにも人気の品。

住5th Street Public Market
296 E. 5th Ave., Suite P1, Eugene
☎(541) 246-8650
URL www.willleathergoods.com
営毎日10:00～18:00(金土～19:00)
カード A M V

ホテル

H フィフス・ストリート・パブリック・マーケットの中にある　高級／ユージーン／MP.226-B2

イン・アット・ザ・フィフス Inn at the 5th

2012年から12年連続、AAAでフォーダイヤモンドに輝く高級ホテル。自転車の無料貸し出しサービスを行っているほか、ダウンタウンやオレゴン大学周辺への無料のシャトルサービスもある。クリスタル・スイートルームには、ふたりが十分入れる大きさのワールプール・バスタブもある。

住205 E. 6th Ave., Eugene, OR 97401
☎(541) 743-4099
FAX(541) 743-0869
URL www.innat5th.com
料ⓈⒹ$255～375、Ⓣ$265～385、Su$395～795
駐$20　Wi-Fi無料
カード A M V　69室(あり)

↘ 住970 W. 3rd Ave., Eugene, OR 97402 URL www.eugenehostel.org 料ドミトリー $39～、個室$79～ カード A M V

ホテル

H チェックイン時にドリンクサービスあり　　高級／ユージーン／MP.226-B2

ゴードンホテル　The Gordon Hotel

30〜40歳代の男女に人気のブティックホテル。高い天井に、打ちっぱなしのコンクリートなど、インダストリアルの要素をデザインに取り入れている。ロビーにあるバーは、地元の人たちが仕事終わりに立ち寄るスポットとして有名だ。空港やオレゴン大学からの無料のシャトルバスサービスや自転車の貸し出しサービスあり。

住555 Oak St., Eugene, OR 97401
☎(541) 762-0555
URL www.thegordonhotel.com
料Ⓢ$239〜329、Ⓣ$245〜355、Su$425〜1000
駐$20　Wi-Fi無料
カードAMV　80室(♿あり)

H ダックのおもちゃがお迎え　　高級／ユージーン／MP.226-B2

グラデュエイト・ユージーン　Graduate Eugene

アメリカやイギリスの大学と提携して、大学近くの町にホテルを展開しているブランド。オレゴン州は木材産業が有名なことから、客室は木目を基調としたデザインで整えられている。レストランもあるロビーエリアには、オレゴン州ゆかりの映画やアスリート、スポーツブランドのポスターや写真が飾ってある。

住66 E. 6th Ave., Eugene, OR 97401
☎(541) 342-2000
URL www.graduatehotels.com/eugene
料ⓈⒹⓉ$179〜335、Su$256〜1089
駐$19〜24　Wi-Fi無料
カードAMV　275室(♿あり)

H 食事も買い物もできる　　中級／ユージーン／MP.226-B1

ハイアット・プレイス・ユージーン／オークウエイセンター　Hyatt Place Eugene / Oakway Center

ダウンタウンの北2kmにあるオークウェイ・ショッピングセンターの中にある。デパートのアウトレット店Nordstrom Rackやスーパーマーケットのtrader Joe'sなどが徒歩圏内にあり便利。5階にあるルーフトップバー Sky Barからは、ダウンタウンを一望できる。無料の朝食付き。

住330 Oakway Rd., Eugene, OR 97401
☎(541) 343-9333
URL www.hyatt.com
料ⓈⒹⓉ$185〜262、Su$235〜307
駐$25　Wi-Fi無料
カードAMV　130室(♿あり)

H 市バスでダウンタウンへアクセスできる　　中級／ユージーン／MP.226-B2外

ホリデイ・イン・エクスプレス・スイーツ　Holiday Inn Express Suites

アメリカだけでなく、世界中に展開しているチェーン系列のホテルだけに、設備も整っており安心だ。室内プールやフィットネスルームもある。無料の朝食付き。ビジネスにもいいが、ファミリーに特におすすめしたいホテルだ。

住2117 Franklin Blvd., Eugene, OR 97403
☎(541) 342-1243
URL www.ihg.com
料ⓈⒹⓉ$158〜299、Su$168〜369
駐無料　Wi-Fi無料
カードADJMV　114室(♿あり)

H オレゴンガーデンに隣接するリゾート　　中級／シルバートン／MP.225-A1

オレゴンガーデン・リゾート　Oregon Garden Resort

ポートランドとユージーンの中間、シルバートンの町にあるリゾートホテル。プールやレストランなどを併設し、スパのサービスもある。すべての客室に暖炉やパティオ、電子レンジがあり、ゆっくり過ごすことができる。朝食無料。

住895 W. Main St., Silverton, OR 97381
☎(503) 874-2500
URL www.oregongardenresort.com
料ⓈⒹⓉ$119〜359
駐無料　Wi-Fi無料
カードAMV　103室(♿あり)

H 車で移動する人には便利な立地　　中級／スプリングフィールド／MP.225-A2

ヒルトン・ガーデンイン・ユージーン／スプリングフィールド　Hilton Garden Inn Eugene/Springfield

ポートランドからユージーンにつながるI-5沿いにあるホテル。館内には、スナックやドリンクを販売するコーナーやインドアプール、フィットネスセンターがある。ユージーンダウンタウンやオレゴン大学まで車で10分。周辺には、家電量販店のBest Buyや巨大スーパーマーケットのTargetのほかレストランや映画館もある。

住3528 Gateway St., Springfield, OR 97477
☎(541) 736-3000
URL www.hilton.com
料ⓈⓉⒹ$207〜401
駐無料　Wi-Fi無料
カードAMV　149室(♿あり)

MEMO ユージーンにあるジンやウオッカのテイスティングルーム　Thinking Tree Spirits　MP.226-A1　住88 Jackson St., Eugene　☎(541) 515-6993　URL www.thinkingtreespirits.com　営月〜土12:00〜22:00（金土〜23:00）、日13:00〜20:00

車&ツアーで旅するエリア

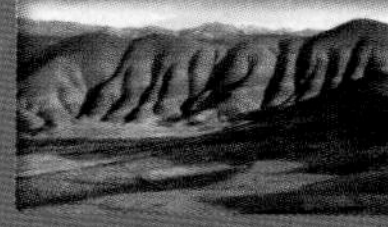

セントラルオレゴン
Central Oregon

オレゴン州 ▶ 市外局番：541

カスケード連山の東側に広がるハイデザートと呼ばれる乾燥地帯に、太古の火山活動で生じた溶岩洞窟や噴石丘が点在する。ベンドの東160kmのジョン・デイ化石層国定公園には、5400万年前から600万年前の地層がそっくり残された貴重な化石地帯もある。その風景は宇宙のように雄大で、見飽きることがない。

ワシントン州
ポートランド
セントラルオレゴン
アイダホ州
ジョン・デイ化石層
国定公園
ベンド
オレゴン州
カリフォルニア州
ネバダ州

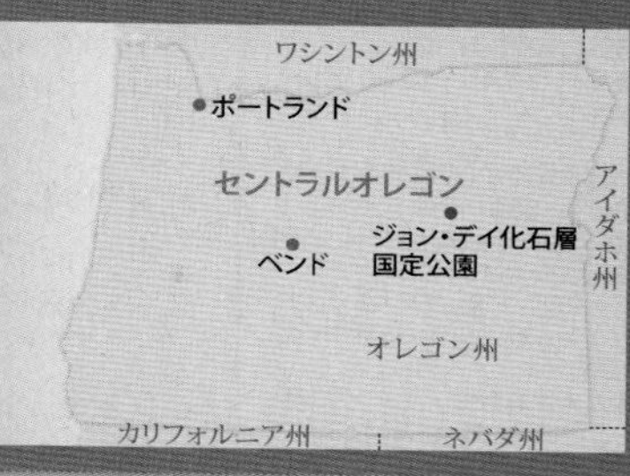

セントラルオレゴンへの行き方

飛行機／ロバーツフィールド・レドモンド空港
Roberts Field-Redmond Municipal Airport (RDM)

セントラルオレゴンで最大の空港。1日約40便の発着があり、デルタ航空、ユナイテッド航空、アメリカン航空、アラスカ航空などがロスアンゼルス、シアトル、サンフランシスコなどから直行便を運航している。

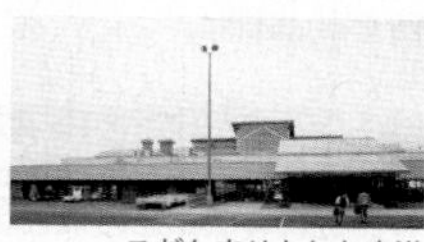

こぢんまりとした空港

ロバーツフィールド・レドモンド空港
MP.235-B2
住2522 S.E. Jesse Butler Cir., #17, Redmond
☎(541) 504-3499
URLwww.flyrdm.com

レドモンド空港シャトル
Bend Destination Transportation
URLdestinationtransportation.com/airport-shuttle-redmond
Shuttle Oregon, LLC
URLshuttleoregon.com/rdm-airport-transportation
料空港からベンドまで1人$50〜

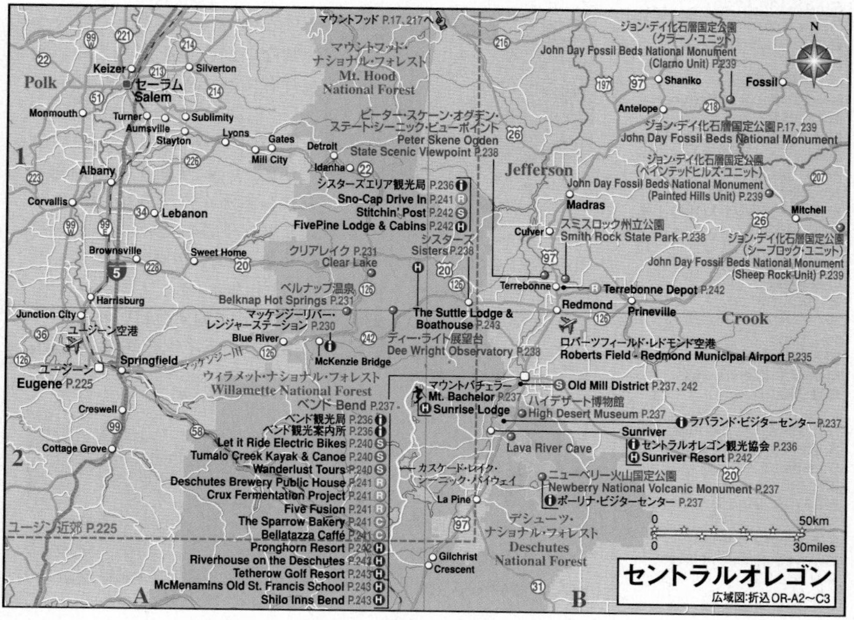

マウントフッド P.17、217へ
マウントフッド・ナショナル・フォレスト
Mt. Hood National Forest
ピーター・スケーン・オグデン・ステート・シーニック・ビューポイント
Peter Skene Ogden State Scenic Viewpoint P.238
ジョン・デイ化石層国定公園（クラーノ・ユニット）
John Day Fossil Beds National Monument (Clarno Unit) P.239
ジョン・デイ化石層国定公園 P.17、239
John Day Fossil Beds National Monument
ジョン・デイ化石層国定公園（ペインテッドヒルズ・ユニット）
John Day Fossil Beds National Monument (Painted Hills Unit) P.239
ジョン・デイ化石層国定公園（シープロック・ユニット）
John Day Fossil Beds National Monument (Sheep Rock Unit) P.239
Polk
Keizer
Silverton
セーラム
Salem
Monmouth
Turner
Aumsville
Sublimity
Stayton
Lyons
Gates
Mill City
Detroit
Idanha
Albany
Corvallis
Lebanon
Brownsville
Sweet Home
Harrisburg
Junction City
ユージーン空港
Springfield
ユージーン
Eugene P.225
Creswell
Cottage Grove
ユージーン近郊 P.225
Shaniko
Fossil
Antelope
Jefferson
Madras
Mitchell
Culver
スミスロック州立公園
Smith Rock State Park P.238
Terrebonne
Terrebonne Depot P.242
Redmond
Prineville
Crook
ロバーツフィールド・レドモンド空港
Roberts Field - Redmond Municipal Airport P.235
シスターズエリア観光局 P.236
Sno-Cap Drive In P.241
Stitchin' Post P.242
FivePine Lodge & Cabins P.242
シスターズ
Sisters P.238
クリアレイク P.231
Clear Lake
ベルナップ温泉
Belknap Hot Springs P.231
マッケンジーリバー・レンジャーステーション P.230
Blue River
McKenzie Bridge
マッケンジー川
The Suttle Lodge & Boathouse P.243
ディー・ライト展望台
Dee Wright Observatory P.238
ウィラメット・ナショナル・フォレスト
Willamette National Forest
ベンド Bend P.237
ベンド観光局 P.236
ベンド観光案内所 P.236
Let it Ride Electric Bikes P.240
Tumalo Creek Kayak & Canoe P.240
Wanderlust Tours P.240
Deschutes Brewery Public House P.241
Crux Fermentation Project P.241
Five Fusion P.241
The Sparrow Bakery P.241
Bellatazza Caffé P.241
Pronghorn Resort P.242
Riverhouse on the Deschutes P.243
Tetherow Golf Resort P.243
McMenamins Old St. Francis School P.243
Shilo Inns Bend P.243
マウントバチェラー
Mt. Bachelor P.237
Sunrise Lodge
Old Mill District P.237、242
ハイデザート博物館
High Desert Museum P.237
ラバランド・ビジターセンター P.237
Sunriver
Lava River Cave
セントラルオレゴン観光協会 P.236
Sunriver Resort P.242
カスケード・レイク・シーニック・バイウェイ
ニューベリー火山国定公園
Newberry National Volcanic Monument P.237
ポーリナ・ビジターセンター P.237
La Pine
デシューツ・ナショナル・フォレスト
Deschutes National Forest
Gilchrist
Crescent
0 50km
0 30miles
セントラルオレゴン
広域図：折込OR-A2〜C3

MEMO ロバーツフィールド・レドモンド空港にあるレンタカー会社 **Alamo & National** ☎(541) 504-2824、**Avis** ☎(541) 923-3750、**Budget** ☎(541) 923-0699、**Enterprise** ☎(541) 504-9226、**Hertz** ☎(541) 923-1411

グレイハウンド
URL www.greyhound.com
料 $60～
ポートランド発／毎日12:23→ベンド着16:25の1日1便。所要6時間。
Bend Bus Station
住 334 N.E. Hawthorne Ave., Bend
☎(541) 923-1732
営 月～土6:45～16:30(土～14:45)

セントラルオレゴン・ブリーズ
☎(541) 389-7469
Free (1-800) 847-0157
URL cobreeze.com
ポートランド発／日～金15:05→ベンド着19:30。所要4時間25分。
料 大人片道$60～、シニア$55～、子供(2～10歳)片道$32～

タクシー
Bend Cab Company
☎(541) 389-8090
Taxi of Bend
☎(541) 390-6781
Coiled Cabs of Bend
☎(541) 810-0188

i 観光案内所

セントラルオレゴン観光協会
Central Oregon Visitors Association
MAP P.235-B2
住 57100 Beaver Dr. Building 6, Suite130, Sunriver
☎(541) 389-8799
URL visitcentraloregon.com
営 月～土9:00～17:00

ベンド観光局
Bend Chamber of Commerce
MAP P.235-B2
住 1567 S.W. Chandler Ave., Bend
☎(541) 382-3221
URL bendchamber.org
営 月～木8:00～17:00、金9:00～16:00

ベンド観光案内所
Visit Bend
MAP P.235-B2
住 750 N.W. Lava Rd., Suite 160, Bend
☎(541) 382-8048
URL www.visitbend.com
営 毎日10:00～16:00

シスターズエリア観光局
Sisters Area Chamber of Commerce
MAP P.235-B1
住 257 S. Pine St., #102, Sisters
☎(541) 549-0251
URL www.sisterscountry.com
営 月～金9:00～14:00(金～12:00)

ロスアンゼルスから所要2時間30分、シアトルから1時間10分、サンフランシスコから1時間40分。

空港内にはAlamo、Avis、Budget、Enterprise、Hertz、Nationalのレンタカー会社のカウンターが並ぶ。ベンドやシスターズなどの周辺地域へ空港シャトルも運行している。Pronghorn Resort (→P.242) や、Tetherow Golf Resort (→P.243) などは空港への送迎サービスがあり便利だ。

バス／グレイハウンド　Greyhound

ポートランドのグレイハウンド・バス停からベンドへ、パシフィッククレスト(グレイハウンドと共同運行)が1日1便運行。

バス／セントラルオレゴン・ブリーズ　Central Oregon Breeze

セントラルオレゴン・ブリーズもポートランドからベンドへバスを運行している。ポートランドのアムトラック・ユニオン駅からポートランド国際空港を経由して、ベンドのグレイハウンド・バスステーションへ

車／レンタカー　Rent-A-Car

ポートランドからI-5を南に78km進み、SalemでOR-22に移る。OR-22を南東に130km進むとUS-20に合流し、そのまま73km行く。所要約4時間。

セントラルオレゴンの歩き方

オチョコ峠から見たPrinvilleの町

公共の交通機関がないエリアなので、レンタカーは欠かせないが、車を運転しない旅行者でも、Pronghorn Resort (→P.242) やTetherow Golf Resort (→P.243) などの高級リゾートに滞在すれば、送迎はもちろんホテル内で数々のアクティビティが満喫できる。リゾート滞在とベンド宿泊を組み合わせれば、町歩きも楽しめるだろう。ツアーに参加したり、ドライバーガイドを雇う方法もある。

広大なエリアなので最低3泊は必要。5泊すれば、**ベンドからニューベリー火山国定公園、ジョン・デイ化石層国定公園、ディー・ライト展望台、シスターズ、スミスロック州立公園まで見学できる。**化石好きならジョン・デイ化石層国定公園だけに的を絞った歩き方もよい。

ジョン・デイ化石層国定公園へは爽快なドライブの旅

セントラルオレゴンのおもな見どころ

★★★ セントラルオレゴンの中心 MP.235-B2

ベンド
Bend

デシューツ川Deschutes River沿いに開けたカスケード連山東側で最大の都市。ドレイク公園Drake Parkそばの**ダウンタウン**は町並みも愛らしく、近年、美食の街との呼び声も高い。ダウンタウンの1km南にある**オールド・ミル・ディストリクトThe Old Mill District**（→P.242）は再開発されたショッピングエリア。ショップやレストラン、映画館などが40軒以上集まる。晴天の日が年間300日以上という気候だが、冬は降雪に見舞われる。町から南西へ車で30分の**マウントバチェラーMt. Bachelor**でスキーや犬ぞり、スノーシューなどのウインターアクティビティに挑戦しよう。

ベンドのメインストリート

ハイデザート博物館
High Desert Museum

ハイデザートとは、この地方特有の乾燥地帯を指す言葉で、ここは乾燥地帯の生き物や歴史、文化、平原部族Plateau Indianの暮らしにスポットを当てた博物館。創設者の名前を冠した**ドナルド・M・カー猛禽類保護センターDonald M. Kerr Birds of Prey Center**には保護されたタカやワシなどの猛禽類も飼育されている。野外の森には1880年代の牧場や水車で回る製材所も展示。いちばんの人気者、**リバーオッター（カワウソ）の飼育室Autzen Otter Exhibit**もお見逃しなく。

リバーオッターの見事な泳ぎっぷりに魅了される

★★★ ニューベリー火山、噴火の証 MP.235-B2

ニューベリー火山国定公園
Newberry National Volcanic Monument

1990年に認定された広さ5万4000エーカー（218km²）の国定公園。観光ポイントは、ベンド近くの**ラバビュートLava Butte**と、はるか南東にそびえるふたつの火口湖をもつ**ニューベリーボルケーノNewberry Volcano**（標高2434m、→脚注）。ビュートとは噴石が堆積してできた噴石丘のことで、セントラルオレゴンでよく目にする火山である。ラバビュートの麓には**ビジターセンター**があり、背後に広がる溶岩流の中を歩くトレイルも整備されている。ビュート頂上まで車で上り、山頂のトレイルCrater Rim Trailを歩こう。ビュートから南に約3kmの場所には溶岩流洞窟の**ラバ・リバー・ケイブLava River Cave**もある。

ベンド
車 ポートランドからI-5を78km南下。Exit 253でOR-22に移る。130km南東に進み、OR-20に合流して73km東へ。所要4時間。

オールド・ミル・ディストリクト
MP.235-B2 住450 S.W. Powerhouse Dr., Bend
☎(541) 312-0131
URL www.oldmilldistrict.com
営 月～土10:00～19:00、日11:00～18:00（店舗により異なる）

マウントバチェラー
MP.235-A2～B2 住13000 S.W. Century Dr., Bend
☎(541) 382-1709
URL www.mtbachelor.com
車 ベンドからCascade Lakes National Scenic Byway/Century Dr.を32km南下。所要30分。

ハイデザート博物館
MP.235-B2
住59800 US-97, Bend
☎(541) 382-4754
URL www.highdesertmuseum.org
営〈11～3月〉毎日10:00～16:00、〈4～10月〉毎日9:00～17:00
料 大人$17～20、シニア（65歳以上）$15～17、子供（3～12歳）$11～12。時期により異なる
車 ベンドからUS-97を12km南へ。所要約15分。
館内にはカフェRimrock Cafeやミュージアムショップもあり。

ニューベリー火山国定公園
URL www.fs.usda.gov
ラバランド・ビジターセンター
Lava Lands Visitor Center
MP.235-B2
住58201 S. US-97, Bend
営〈5月上旬～5月下旬〉木～月10:00～16:00、〈6月～9月上旬〉毎日9:00～17:00、〈9月中旬～10月上旬〉木～月9:00～17:00、〈10月中旬〉金～日10:00～16:00
料 車：1日券（Day Pass）$5
車 ベンドからUS-97を南へ16km行き、NF-9702を入った右側。
ポーリナ・ビジターセンター
Paulina Visitor Center
MP.235-B2
営〈5月下旬～6月上旬、10月上旬〉土日10:00～16:00、〈6月中旬～9月上旬〉毎日9:00～17:00、〈9月中旬～9月下旬〉金～日10:00～16:00
車 ベンドからUS-97を南に38km、US-97にある案内板からForest Service Rd. 21を東へ19km。ポーリナ湖の西。
＊カルデラの広さは500平方マイル

ラバビュート山頂の展望台

MEMO ニューベリーボルケーノ　頂上ポーリナピーク展望台Paulina Peak Observationへ、麓のPaulina Visitor Centerから車で約6km登る。山頂からはポーリナ湖Paulina Lakeとイーストレイク East Lakeが見える。

かわいらしい町並みのシスターズ

シスターズへの行き方
車ベンドからUS-20を北西に35km。

シスターズの野外キルトショー
Sisters Outdoor Quilt Show
住US-20 & S. Pine St., Sisters
☎(541) 549-0989
URLwww.soqs.org
営2024年は7月13日に開催予定

スミスロック州立公園
住9241 N.E. Crooked River Dr., Terrebonne
☎(541) 548-7501
URLstateparks.oregon.gov
URLsmithrock.com
料公園使用料1日につき$5
営毎日 日の出〜日没
車ベンドからUS-97を北東に36km。Terrebonneの町でSmith Rockwayを東へ曲がりLambert Rd.、N.E. Crooked River Dr.を道なりに5km。所要45分。

ロッククライミング・スクール
Smith Rock Climbing School
住825 N.W. Federal St., Bend
☎(541) 633-7450
URLsmithrockclimbing.com
Chockstone Climbing Guides
住9241 N.E. Crooked River Dr., Terrebonne
☎(541) 318-7170
URLwww.chockstoneclimbing.com

ピーター・スケーン・オグデン・ステート・シーニック・ビューポイント
住US 97, Terrebonne

バンジージャンプ
Central Oregon Bungee Adventures
☎(541) 668-5867
URLoregonbungee.com
営5〜10月 料$149

ディー・ライト展望台
住OR-242(McKenzie Hwy.), Blue River
営7月上旬〜10月下旬
URLwww.fs.usda.gov/recarea/willamette/recarea/?recid=4403
車シスターズから西へOR-242を24km行ったMcKenzie Passにある。OR-242は通常7月上旬〜10月下旬のみ通行可能。11月上旬〜6月下旬は降雪のため閉鎖される。Scenic Bywayに指定されている景勝ルートだ。

★★ 開拓当時の建物を再現した町並み MP.235-B1

シスターズ Sisters

名峰スリーシスターズを抱く美しい町。広大な牧草地とポンデローサ松やアスペンの森に囲まれ、自然豊かなエリアだ。かつては林業で栄えた田舎町だったが、古きよき西部を連想するワイルドウエストをテーマに、メインストリートの建物の外観を整え、町並みをデザインし直した。ギャラリーやおしゃれなブティックで買い物を楽しみたい。キルト好きには垂涎のキルトショップがあり**野外キルトショー**(→側注)も毎年開催される。

★★★ ロッククライミングの人気スポット MP.235-B1

スミスロック州立公園 Smith Rock State Park

レドモンド市街からUS-97を車で20分ほど北上すると、牧草地の中に突如現れる切り立った岩峰群が**スミスロックSmith Rock**だ。蛇行して流れるクルックト川Crooked Riverの渓谷風景も美しい。約2000のクライミングルートがあるといわれ、初心者でも登はん可能だ。岩峰群のなかでひときわ有名な岩が西側にある**モンキーフェイスMonkey Face**。園内にはゴールデンイーグルなど多くの野生生物が生息している。

蛇行して流れるクルックト川とスミスロック渓谷

★ 高所恐怖症の人は避けたほうがいいかも MP.235-B1

ピーター・スケーン・オグデン・ステート・シーニック・ビューポイント Peter Skene Ogden State Scenic Viewpoint

スミスロック州立公園の北西5kmにあるビューポイント。クルックト川に架かるハイブリッジHigh Bridgeは、高さ295フィート(90m)の所にあり、近年バンジージャンプのスポットとして注目を浴びている。1926年に完成した橋は、2000年に車道が新しくできたことにより歩行者専用となった。

★★★ 溶岩流の上に立つ見晴し台 MP.235-A1〜A2

ディー・ライト展望台 Dee Wright Observatory

シスターズの西24km、OR-242のマッケンジー峠沿いにある溶岩流の上に築かれた溶岩のモニュメント。標高5187フィート(1580m)にある展望台からは緩やかに広がる溶岩台地とカスケード山脈、北側にマウントフッドやマウントジェファソン、南にスリーシスターズの雄姿を仰げる。

展望台は1930年代の世界恐慌時に、フランクリン・D・ルーズベルト大統領が行ったニューディール政策の一環で築かれたもので、民間軍Civilian Conservation Corpによって1935年に完成した。約1km続くトレイルLava River National Recreation Trailを歩くと、溶岩の流れた跡や溶岩台地を見渡すことができる。

MEMO **マウントジェファソン** マウントフッドに次いでオレゴン州で2番目に高い山。アメリカ合衆国第3代大統領トマス・ジェファソンに敬意を表して名前が付けられた。標高10497フィート(3199m)。

絶景が広がる世界有数の化石発掘現場 MP.235-B1

ジョン・デイ化石層国定公園 John Day Fossil Beds National Monument

ジョン・デイ渓谷の約1万4000エーカー（56.6km²）が国定公園に指定され、**シープロック・ユニットSheep Rock Unit**、**ペインテッドヒルズ・ユニットPainted Hills Unit**、**クラーノ・ユニットClarno Unit**の3ヵ所を見学できる。一般的に化石層は4000万年前のものが発見されることが多いが、このエリアでは5400万～600万年前の地層がそっくり発見された。それにより、太古から現代まで劇的な気候変動にともない変化した動植物の進化の過程を推測できる。

5400万～3700万年前の**クラーノ累層（フォーメーション）Clano Formation**からは、火山活動も盛んでシダが生い茂る熱帯ジャングルにサイのような哺乳類がいたことも判明した。3900万～1800万年前の**ジョン・デイ累層John Day Formation**からは、亜熱帯気候へと変化した証が発見され、1600万～1400万年前の**マスコール累層Mascall Formation**からは、平原となったジョン・デイにハードウッドの森が誕生し、ゾウやシカ、イノシシに似た哺乳類が繁栄した。800万～600万年前の**ラトルスネイク累層Rattlesnake Formation**からは、馬や熊、ラクダ、猫などの祖先の化石も発見されている。

日帰りなら、まず**シープロック・ユニットにある案内所Thomas Condon Visitor Center**を訪れ、館内のギャラリーでジョン・デイ化石層の進化の過程をジオラマで学ぼう。考古学者が化石を調査する様子をガラス越しに見学したり、案内所裏手の展望台からのトレイルThomas Condon Overlook Trail（約0.5km）を歩くのも一興。案内所からOR-19を400m北上した所には、カント・ランチ・ヒストリックホーム＆博物館Cant Ranch Historic Home & Museumがあり、このエリアの歴史が学べる展示がある。さらに、5km北へ行くと、青緑色の地層を望むBlue Basin Areaがあり、トレイルを歩ける。案内所からOR-19、US-26を8km南下するとマスコール累層が見える**展望地Mascall Formation Overlook**もある。

赤や茶色のインクを振りまいたような丘や丘陵地が連なる**ペインテッドヒルズ・ユニット**は、朝夕でまったく違う表情を見せる。色は、ジョン・デイ累層下層の火山灰が気候変動などの浸食作用で地表に露出したもので、鉄やマンガンなどの鉱物が風化作用によって赤やピンク、茶、黄褐色、黒色と変化したもの。絶景の谷間を見渡す展望台とトレイルPainted Hills Overlook and Trailがある。

神秘的なペインテッドヒルズ・ユニット

フォッシルFossilの町から28km西、OR-218沿いにある**クラーノ・ユニット**は、葉っぱや枝、ナッツの化石を見るのに最適。古代、火山灰の泥流で森が覆い尽くされた地層が崖の浸食でむき出しになったため、トレイルを歩けばその化石を自然な状態で観察できる。

シープロック・ユニットからは300万年前、森や草原に暮らしたオレオドンOreodont（→脚注）の化石が発見された

ジョン・デイ化石層国定公園
住32651 OR-19, Kimberly
☎(541) 987-2333
URL www.nps.gov/joda
営Thomas Condon Visitor Center:〈秋季～春季〉毎日10:00～17:00、〈夏季〉毎日9:00～17:00
Cant Ranch Historic Home & Museum:〈3月中旬～9月上旬〉毎日9:00～16:00
シープロック・ユニット、ペインテッドヒルズ・ユニット、クラーノ・ユニットのうち、クラーノ・ユニットはほかの2ヵ所から離れている。日帰りでの見学ならシープロック・ユニットとペインテッドヒルズ・ユニットの2ヵ所。ロバーツフィールド・レドモンド空港からシープロック・ユニットまで160km、車で所要約2時間20分。
シープロック・ユニット
車ベンドからUS-97を26km北へ向かう。レドモンドでOR-126に入り、29km東へ。US-26に合流し126km東へ進む。OR-19を3km北へ。所要約2時間30分。
ペインテッドヒルズ・ユニットから、Bridge Creek Rd./Burnt Ranch Rd.を9km南、US-26を55km東へ。OR-19を3km北へ。所要約1時間15分。
ペインテッドヒルズ・ユニット
車ベンドからUS-97を26km北へ向かう。レドモンドでOR-126に入り、29km東へ。US-26に合流し70km東へ進む。Mitchelの町の6km手前Bridge Creek Rd./Burnt Ranch Rd.を9km北へ。所要約2時間15分。
クラーノ・ユニット
車ベンドからUS-97を95km北上。OR-293を20km東へ進み、OR-218に合流し23km東に（Fossilの町から西に28kmの所）。所要2時間10分。
ペインテッドヒルズ・ユニットからはBridge Creek Rd./Burnt Ranch Rd.を9km南へ、US-26を5km西に行く。OR-207を38km、OR-19を31km北進し、OR-218を南西に28km行く。

ツアー
化石発掘ツアーはないが、案内所にはレンジャーが在駐している。
＊案内所を兼ねたThomas Condon Visitor Centerは、1890年代、ジョン・デイ化石層を最初に発掘した先駆者トマス・コンドンThomas Condonにちなみ命名された。
＊国定公園内は発掘はもちろん、化石、動植物の持ち去りは厳禁。

MEMO オレオドン　約300万年前の古代の森で若葉を食べて暮らす、豚と羊をかけあわせたような動物だった。やがて、ラクダや馬などの草食動物へと進化していったと考えられている。

Bend City E-Bike Tour

ベンドダウンタウン

電動自転車市内ツアー

ハンドルに付いたアクセルを回すだけで前に進むフル電動自転車でベンド市内を巡るツアー。ベテランガイドと一緒にオールド・ミル・ディストリクトやデシューツ川沿いの遊歩道、ドレイク公園、カフェ、撮影スポットに立ち寄る。電動自転車は坂道もスイスイ進むので、体力がない人でも安心だ。ほかに、ベンド市内のブリュワリーやパブを巡るツアー（$150、所要2時間）もある。

Let it Ride Electric Bikes
MP.235-B2
住25 N.W. Minnesota Ave., #6, Bend
☎（541）647-2331
URL www.letitridebend.com
営火～土11:00～17:00（時期により異なる）
料市内ツアー $75（所要1時間30分）

Deschutes River Kayak Tour

ベンド郊外

デシューツ川カヤックツアー

ガイドと一緒に原生林に囲まれたデシューツ川をカヤックで下る。ベンドダウンタウンから車で20分の所にあるデシューツ川沿いのデイ・ユース・エリアから入水。前半は、緩やかな流れのある川を必死にパドリングし、ベンハム滝の手前にある池でひと休憩。後半は、川の流れに乗って入水ポイントまで戻る。さわやかな風を受けながら、往復約5kmのコースを楽しめる。

体力に自信がない初めての人でも、問題ない

Tumalo Creek Kayak & Canoe
MP.235-B2
住805 S.W. Industrial Way, Suite 6, Bend
☎（541）317-9407
URL tumalocreek.com
営毎日9:00～19:00（日～18:00）
カヤックツアー：夏季は水土10:00、春・秋季は金10:00にオールド・ミル・ディストリクト近くにあるオフィスから出発。所要4時間
料$125

Lava Tube Cave Tours

ベンド郊外

溶岩洞窟ツアー

ベンドから南西に20km行ったボイドケイブ（洞窟）Boyd Caveをツアーで探索する。洞窟の中は、乾燥した硬い地盤が続く真っ暗闇が広がる。洞窟は約15万年前、ニューベリー火山の噴火で流出した溶岩流によって形成されたもので、全長約573m。内部は腹ばいにならないと進めない場所や玄武岩が転がる足場の悪い所もある。

歩きやすい靴で、いざ出発

Wanderlust Tours
MP.235-B2
住61535 S. Hwy. 97, Suite 13., Bend
☎（541）389-8359
URL www.wanderlusttours.com
営毎日8:00～17:00（時期により異なる）
洞窟ツアー：〈6～9月〉毎日9:00、14:00、〈10～3月〉毎日13:30、19:00。ベントにあるオフィスからの出発。所要3時間
料大人$110、11歳以下$85（ヘッドランプ、ヘルメット、手袋、移動、ガイド料込み）

R 屋外で飲むビールが最高　ビール&アメリカ料理／ベンド／M P.235-B2

クラックス・ファーメンテイション・プロジェクト　Crux Fermentation Project

バーカウンター奥の醸造室でビールを造っているので、いつでもできたての新鮮なビールが味わえる。エールからピルスナー、IPAまで常時10種類以上の樽生ビールがあり、日本人の口に合うさっぱりしたものが多数を占める。ナチョス($16)やサラダ($12～)、マカロニ&チーズ($15) などあり。

住50 S.W. Division St., Bend
☎(541) 385-3333
URL www.cruxfermentation.com
営毎日11:30～21:00(土日11:00～)
カード A M V

R ベンド発の地ビールレストラン　ビール&アメリカ料理／ベンド／M P.235-B2

デシューツ・ブリュワリー・パブリックハウス　Deschutes Brewery Public House

ベンドダウンタウンの中心にある地ビール工房、Deschutes Brewery直営レストラン。奥にビール工房があり、造りたてのビールを味わえる。カジュアルな雰囲気で食事メニューも豊富(Fish & Chipsは$22)。近隣にはビール工場もあり、毎日ツアーを催行する。

住1044 N.W. Bond St., Bend
☎(541) 382-9242
URL www.deschutesbrewery.com
営毎日12:00～22:00
カード A M V
ビール工場
住901 S.W. Simpson Ave., Bend
ツアー：毎日12:00～18:00(日～17:00)

R 寿司や天ぷらからビビンバ、日本のウイスキーまである　創作日本料理／ベンド／M P.235-B2

ファイブフュージョン　Five Fusion

ニューヨークやロスアンゼルス、ロンドンの有名レストランで修業したシェフのサッシャ・リヨン氏が腕を振るう。伝統的な日本料理にシェフこだわりのだしやスパイスを加えた創作和食はベンドでも有名に。海藻サラダ($6) やマグロのたたき($26)、はまちやトロのにぎり($14～) などがある。

住821 N.W. Wall St., #100, Bend
☎(541) 323-2328
URL www.5fusion.com
営毎日16:00～21:00
カード A M V

R ベンドの朝はここから始めよう　ベーカリーカフェ／ベンド／M P.235-B2

スパローベーカリー　The Sparrow Bakery

2006年のオープン以来、観光客だけでなく地元の人にも評判がいいカフェ。開店と同時に朝食のベーカリーを購入する人で行列ができるほど。クロックムッシュ($12.50) やクロワッサン($4.25～)、ベーコン・サンドイッチ($14.95) がおすすめ。

住2478 N.W. Crossing Dr., #110, Bend
☎(541) 647-2323
URL www.thesparrowbakery.net
営毎日8:00～16:00(土日～15:00)
カード A M V

R 評判のエスプレッソカフェ　カフェ／ベンド／M P.235-B2

ベラターザカフェ　Bellatazza Caffé

ベンドの中心Wall St.にある評判のエスプレッソカフェ。コーヒーのおいしさもさることながら、デニッシュ($2.50～) やジュース類も豊富に揃っているので、朝食をここで取るという人も多い。腕のいいバリスタもいるので、アートなカフェラテもお手のもの。おしゃれな人々が集うカフェだ。

住869 N.W. Wall St., #101, Bend
☎(541) 318-0606
URL bellatazza.com
営毎日7:00～17:00
カード M V

R これぞ、まさにアメリカのドライブ・イン　アメリカ料理／シスターズ／M P.235-B1

スノーキャップ・ドライブ・イン　Sno-Cap Drive In

シスターズダウンタウンの目抜き通りの端にあるレストラン。1952年にミルクセーキスタンドとしてオープンしたが、現在はハンバーガー($8.95～) やホットドッグ($5.95～) も提供している。ソフトクリーム($2.80～) やアイスクリーム($4.50～) も扱っているので、カフェとしても利用できる。

住380 W. Cascade Ave., Sisters
☎(541) 549-6151
営毎日11:00～19:00(時期により異なる)
カード M V

レストラン

R 100年前の駅舎を改装　ニューアメリカン／テルボーン／M P.235-B1

テルボーンデポ　Terrebonne Depot

スミスロックそばにある100年以上前の駅舎を改装したユニークでカジュアルなレストラン。メニューはサラダ($14～)やサンドイッチ($15～)、ハンバーガーやステーキとありきたりだが、どれも地元の新鮮食材が使われ、驚くほどおいしい。バーコーナーには、地ビールもある。

住400 N.W. Smith Rock Way, Terrebonne
☎(541) 527-4339
URL www.terrebonnedepotrestaurant.com
営木～月12:00～20:00
休火水
カード M V

ショップ

S ベンドで注目のショッピングエリア　ショッピングモール／ベンド／M P.235-B2

オールド・ミル・ディストリクト　The Old Mill District

ベンドダウンタウンの南、3本の煙突が目印。かつての製材所跡地が小粋なブティック街へと変身した。レストランやカフェ、映画館もあり、のんびりと買い物が楽しめる。煙突が目印の建物はスポーツブランドショップのREI。ほかにAmerican EagleやVictoria's Secretなどの有名ブティックもある。

住450 S.W. Powerhouse Dr., Bend
☎(541) 312-0131
URL www.oldmilldistrict.com
営月～土10:00～19:00、日11:00～18:00
カード A M V（店により異なる）

S キルター、手芸好き必見！　キルト／シスターズ／M P.235-B1

スティッチンポスト　Stitchin' Post

夏にキルトショーが開催されることで有名なシスターズでいち押しのキルトショップ。美しいキルトの布以外にも毛糸や手芸用品がところ狭しと並んでいる。店の奥ではキルト教室も開催され、多くの受講生がキルト作りに取り組む姿も。初心者用キルトの創作セット($22.50～)もある。

住311 W. Cascade St., Sisters
☎(541) 549-6061
URL stitchinpost.com
営毎日10:00～16:00(金土～17:00、日11:00～)
カード A M V

ホテル

H 重厚な雰囲気の建物が落ち着く　高級／ベンド／M P.235-B2

プロングホーンリゾート(ジュニパーロッジ)　Pronghorn Resort(Juniper Lodge)

ゴルフの帝王と呼ばれた故ジャック・ニクラウスが設計した18ホールのゴルフコースのほか高級レストランやテニスコート、ウオータースライダーなども併設する豪華なリゾート地。キッチンや暖炉付きの部屋もあり、長期滞在も可能だ。

住65600 Pronghorn Club Dr., Bend, OR 97701
Free(1-866) 320-5024
URL www.pronghornresort.com
料ⓈⒹⓉ$189～1415
駐無料　Wi-Fi無料
カード A M V　89室(♿あり)

H ログキャビンの美しいリゾート　高級／シスターズ／M P.235-B1

ファイブパイン・ロッジ&キャビン　FivePine Lodge & Cabins

ベンドから西へ車で30分。見事なログの本館と松林に点在するロッジからなり、Shibui Spa［渋いスパ!、☎(541)549-6164］と名づけられた和のテイストを生かしたリラクセーション施設や、ジムやプール、映画館のほか、ハイキングルートまである。

住1021 Desperado Trail, Sisters, OR 97759
☎(541) 549-5900
URL www.fivepine.com
料キャビン：$186～517、ロッジ：$208～661
駐無料　Wi-Fi無料
カード A M V　44室(♿あり)

H スパやアクティビティ完備の高級リゾート　高級／サンリバー／M P.235-B2

サンリバーリゾート　Sunriver Resort

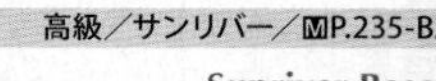

ベンドから南に24km。広大な敷地には、キッチン付きの本館Lodge Villageのほか、2階建てのRiver Lodge、1棟借りられるバケーションホームが点在する。リゾート内に専用飛行場やゴルフコースが4つもあるという広さ。プールやジム、テニスコートも完備。

住17600 Center Dr., Sunriver, OR 97707
Free(1-855) 420-8206
FAX(541) 639-3450
URL www.sunriverresort.com
料ⓈⒹⓉⓈⓊ$178～709
駐無料　Wi-Fi無料
カード A M V　238室(♿あり)

コーヒーメーカー　冷蔵庫／ミニバー　バスタブ　ドライヤー　室内金庫　ルームサービス　レストラン　フィットネスセンター／プール　コンシェルジュ　日本語スタッフ　コインランドリー／当日仕上げクリーニング　ワイヤレスインターネット接続　駐車場

ホテル

H エースホテルのおしゃれさが際立つ
中級／シスターズ／MP.235-A1

サトルロッジ&ボートハウス
The Suttle Lodge & Boathouse

エース・ホテル・ポートランドを経営するスタッフが、2015年にサトル湖沿いに立つロッジを買い取り、リノベーションした。デシューツ・ナショナル・フォレスト内にある15.5エーカー(6万2726m²)の敷地内には、山小屋の雰囲気たっぷりのロッジのほか、キャビンやボートハウス、カクテルバー、ビアガーデンなどが点在する。併設するレストランでは近隣で取れた食材を使った料理を提供。ボートやスタンドアップ・パドルボード(SUP)の貸し出しも行っており、アウトドア好きにはたまらない環境だ。シスターズからUS-20を北西に約20km行く。

丸太小屋の雰囲気たっぷりの本館

湖畔には、レストランやボートハウスが並ぶ

住13300 Hwy. 20, Sisters, OR 97759
☎(541) 3638-7001
URLwww.thesuttlelodge.com
料キャビン$85～1102、ロッジ$165～387
駐無料 Wi-Fi無料
カードAMV キャビン9室、ロッジ11室(♿あり)

H ダウンタウンまでシャトルバスサービスあり
中級／ベンド／MP.235-B2

リバーハウス・オン・デシューツ
Riverhouse on the Deschutes

ベンド中心部を流れるデシューツ川沿いに立つホテル。2016年、半年間に及ぶリノベーションを終えオープンした。客室には電子レンジもあり。目の前には、デパートのMacy'sやレストランのIHOPなどが入ったショッピングモールがあるので便利だ。

住3075 N. Hwy. 97, Bend, OR 97703
☎(541) 389-3111
URLwww.riverhouse.com
料ⓈⒹⓉ$149～999、Ⓢⓤ$215～999
駐無料 Wi-Fi無料
カードAMV 221室(♿あり)

H ゴルフコースが客室の目の前に広がる
中級／ベンド／MP.235-B2

テスロー・ゴルフ・リゾート
Tetherow Golf Resort

スコットランドのセント・アンドリュース・ゴルフコースやバンドン・デューンズ・ゴルフコース(→P.259)をデザインしたデイビッド・マクレイ・キッド氏による18ホールのゴルフコースをもつリゾート。ベンドダウンタウンまでのシャトルバスのサービスもある。

住61240 Skyline Ranch Rd., Bend, OR 97702
Free(1-844) 431-9701
URLtetherow.com
料ⓈⒹⓉ$179～569、Ⓢⓤ$299～599
駐無料 Wi-Fi無料
カードAMV 50室(♿あり)

H ユニークなプチホテル
中級／ベンド／MP.235-B2

マクミナミンズ・オールド・セント・フランシス・スクール
McMenamins Old St. Francis School

1936年に建てられた学校をホテルに改築したもので、かつての教室が客室になっている。壁に描かれた絵は部屋ごとに異なり、エキゾチックな雰囲気。トルコ風呂風の大浴場や映画館、パブやレストランまである。ダウンタウンの中心に位置するので、車のない旅行者には便利なホテルだ。

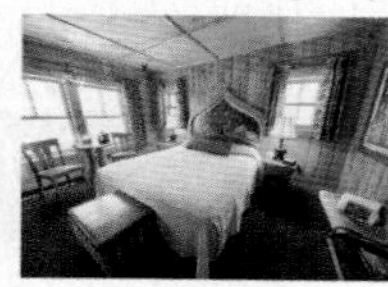

住700 N.W. Bond St., Bend, OR 97701
☎(541) 382-5174
URLwww.mcmenamins.com
料ⓈⒹⓉ$169～390、Ⓢⓤ$209～480
駐無料 Wi-Fi無料
カードADMV 60室(♿なし)

H レンタカー旅行者に便利
中級／ベンド／MP.235-B2

シャイロ・イン・ベンド
Shilo Inns Bend

ダウンタウンの北、River Edge Golf Courseに近いO.B. Liley Rd.沿いにあるので、車で旅する旅行者に便利だろう。歩いてすぐの場所にモールもある。キッチン付きの部屋があるうえ、無料の朝食サービスがあるのがうれしい。プール、レストラン、コインランドリーも完備している。

住3105 O.B. Riley Rd., Bend, OR 97701
☎(541) 389-9600
FAX(541) 382-4310
URLwww.shiloinns.com
料ⓈⒹⓉ$99～239、Ⓢⓤ$139～599
駐無料 Wi-Fi無料
カードAMV 151室(♿あり)

車&ツアーで行くドライブルート

オレゴンコースト
Oregon Coast

オレゴン州▶市外局番：503

太平洋側に沿って続くオレゴンコーストは、生き物の楽園。空にはペリカンやパフィンが舞い、海にはクジラやトドが悠然と泳ぐ。荒波打ち寄せる海岸には巨岩が屹立し、ドラマチックな風景を見せてくれる。コーストの大自然を味わいながら快適なドライブ旅行を楽しもう。おいしいシーフードも待っている。

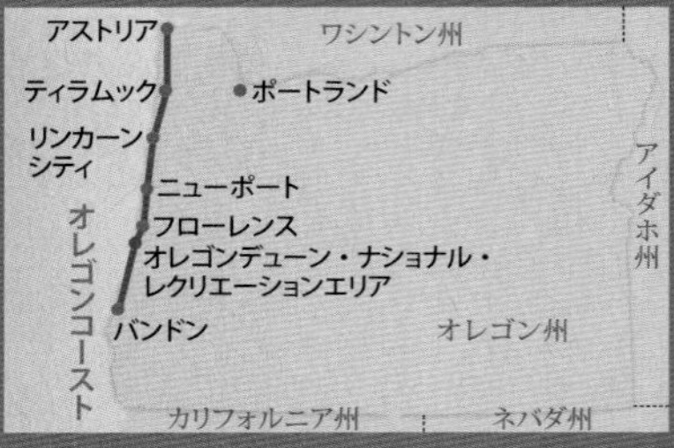

オレゴンコーストの観光情報
URL visittheoregoncoast.com

ドライブルート

- ポートランド
- ↓ US-26、US-101
- アストリア
- ↓ US-BUS101、Ft. Clatsop Rd.
- ルイス&クラーク国立歴史公園 フォート・クラツォップ
- シーサイド
- ↓ US-101、Ecola State Park Rd.
- エコラ州立公園
- キャノンビーチ
- ↓ US-101
- ティラムック
- ↓ OR-131
- スリーケープス・ループ（迂回路）
- ↓ US-101
- ディポベイ
- ↓ US-101
- ヤキーナ岬灯台
- ニューポート
- ↓ US-101
- ケープパペチュア
- ヘセタヘッド灯台
- シーライオン・ケイブス
- オールドタウン・フローレンス
- ↓ US-101
- オレゴンデューン・デイユース・エリア
- US-101、Newmark Ave.、Cape Arago Hwy.
- ショアエイカーズ州立公園
- オールドタウン・バンドン
- フェイスロック

オレゴンコーストとは？
オレゴン州の太平洋側に沿って延びるUS-101は、北はAstoriaから南はBrookingsの先まで総約363マイル(580km)。Astoriaから一気に下れば所要約10時間の距離だ。このUS-101はPacific Coast Scenic Bywayに指定される景勝道路で、その沿線に広がる町や村を総称してオレゴンコーストと呼ばれている。

オレゴンコーストへの行き方

ポートランドからオレゴンコーストへは、車でUS-26を約130km（1時間50分）走り、キャノンビーチCannon Beachへアクセスするのがいちばん速い。ポートランドから西へ向かうこのルートは、週末の夕方に海へ繰り出す人たちが利用するためか、サンセットハイウエイとも呼ばれている。ポートランドからバンドンへ一気に南下するなら、I-5をローズバーグRoseburgまで下り、OR-42を西に向かうとよい（所要約5時間10分）。

オレゴンコーストではレンタカーの旅をおすすめしたいが、無理なら、ポートランド周辺にあるツアー会社のアメリカズ・ハブ・ワールド・ツアーズAmerica's Hub World Toursが、オレゴンコースト北部のハイライトを日帰りで回るツアーを催行している。ツアーに参加すれば、コーストの雄大な自然の一端を感じられるはずだ。

シーライオン・ケイブスの入口とヘセタ岬を望む

オレゴンコーストのドライブルート

本書では、アストリアからバンドンまでのドライブルートを北から順に紹介している。それらをすべて見て歩くには、最低6泊は必要だ。2泊3日ならアストリア～キャノンビーチまで、3泊4日ならオレゴンコーストのハイライトであるニューポート～シーライオン・ケイブス～バンドンなどの旅程で回るとよい。

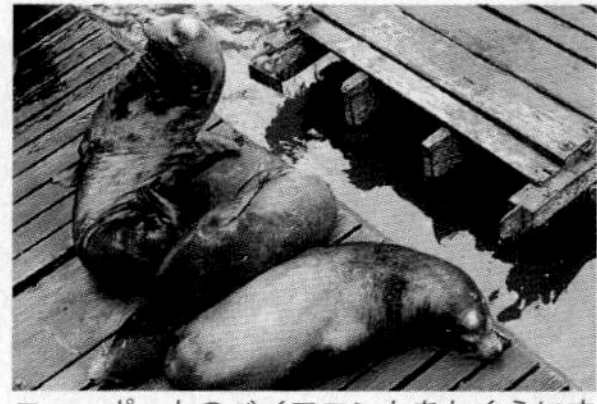
ニューポートのベイフロントをねぐらにするトドたち

MEMO **ポートランド発のツアー** **America's Hub World Tours** URL americashubworldtours.com/oregon-coastal-tour オレゴンコースト・ツアー／営月水土日9:00～18:00 料大人$130～

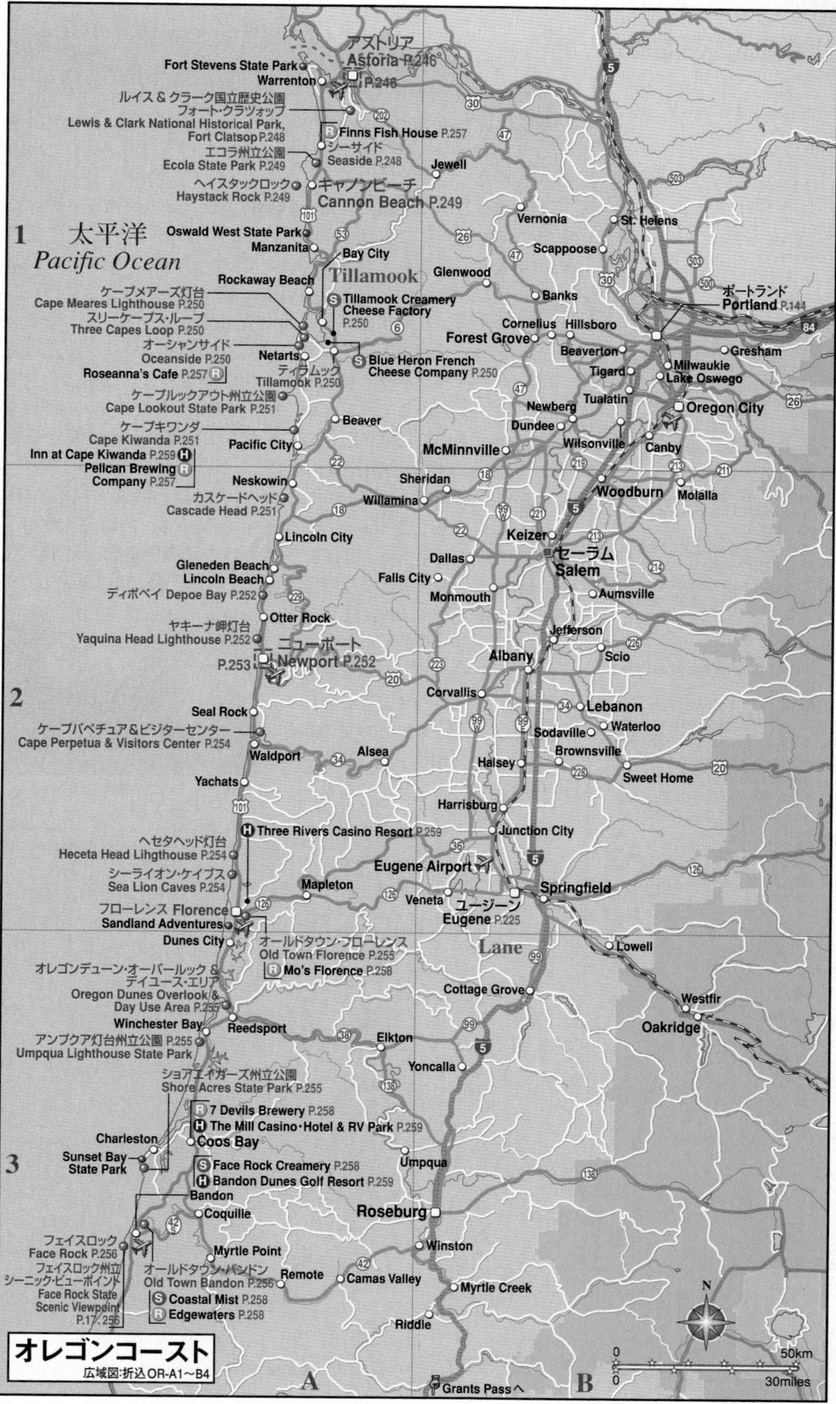
オレゴンコースト
広域図：折込OR-A1～B4
太平洋
Pacific Ocean
アストリア
Astoria P.246
Fort Stevens State Park
Warrenton
ルイス＆クラーク国立歴史公園
フォート・クラツォップ
Lewis & Clark National Historical Park,
Fort Clatsop P.248
Finns Fish House P.257
エコラ州立公園
Ecola State Park P.249
シーサイド
Seaside P.248
ヘイスタックロック
Haystack Rock P.249
キャノンビーチ
Cannon Beach P.249
Jewell
Oswald West State Park
Manzanita
Bay City
Tillamook
Rockaway Beach
ケープメアーズ灯台
Cape Meares Lighthouse P.250
スリーケープス・ループ
Three Capes Loop P.250
オーシャンサイド
Oceanside P.250
Netarts
Roseanna's Cafe P.257
Tillamook Creamery Cheese Factory P.250
Blue Heron French Cheese Company P.250
ティラムック
Tillamook P.250
ケープルックアウト州立公園
Cape Lookout State Park P.251
Beaver
ケープキワンダ
Cape Kiwanda P.251
Inn at Cape Kiwanda P.259
Pelican Brewing Company P.257
Pacific City
Neskowin
カスケードヘッド
Cascade Head P.251
Lincoln City
Gleneden Beach
Lincoln Beach
ディポベイ Depoe Bay P.252
Otter Rock
ヤキーナ岬灯台
Yaquina Head Lighthouse P.252
ニューポート
Newport P.252
P.253
Seal Rock
ケープパペチュア＆ビジターセンター
Cape Perpetua & Visitors Center P.254
Waldport
Alsea
Yachats
Three Rivers Casino Resort P.259
ヘセタヘッド灯台
Heceta Head Lihgthouse P.254
シーライオン・ケイブス
Sea Lion Caves P.254
Mapleton
フローレンス Florence
Sandland Adventures
Dunes City
オールドタウン・フローレンス
Old Town Florence P.255
Mo's Florence P.258
オレゴンデューン・オーバールック＆デイユース・エリア
Oregon Dunes Overlook & Day Use Area P.255
Winchester Bay
Reedsport
アンプクア灯台州立公園 P.255
Umpqua Lighthouse State Park
ショアエイカーズ州立公園
Shore Acres State Park P.255
7 Devils Brewery P.258
The Mill Casino・Hotel & RV Park P.259
Charleston
Coos Bay
Sunset Bay State Park
Face Rock Creamery P.258
Bandon Dunes Golf Resort P.259
Bandon
Coquille
フェイスロック
Face Rock P.256
フェイスロック州立シーニック・ビューポイント
Face Rock State Scenic Viewpoint P.17、256
Myrtle Point
オールドタウン・バンドン
Old Town Bandon P.256
Coastal Mist P.258
Edgewaters P.258
Remote
Camas Valley
Vernonia
St. Helens
Scappoose
Glenwood
Banks
ポートランド
Portland P.144
Forest Grove
Cornelius
Hillsboro
Beaverton
Gresham
Tigard
Milwaukie
Lake Oswego
Tualatin
Newberg
Oregon City
Dundee
Wilsonville
Canby
McMinnville
Sheridan
Willamina
Woodburn
Molalla
Keizer
セーラム
Salem
Dallas
Falls City
Monmouth
Aumsville
Jefferson
Albany
Scio
Corvallis
Lebanon
Waterloo
Sodaville
Brownsville
Halsey
Sweet Home
Harrisburg
Junction City
Eugene Airport
Springfield
Veneta
ユージーン
Eugene P.225
Lane
Lowell
Cottage Grove
Westfir
Oakridge
Elkton
Yoncalla
Umpqua
Roseburg
Winston
Myrtle Creek
Riddle
Grants Passへ
N
0
50km
0
30miles
A
B
1
2
3

オレゴンコーストのおもな見どころ

★★★ ロッキー山脈以西で最古の坂の町　MP.245-A1、P.246

アストリア
Astoria

ポートランドの北西約140kmにあるコロンビア川河口に開けた坂の町。1811年に入植が始まったが、ロッキー山脈以西で最古の歴史を誇る。貿易と林業で栄え、コロンビア川でサケ漁が盛んだった頃は、サケの缶詰工場が川沿いにずらりと並び、にぎわっていたという。その缶詰工場も今は閉鎖され、レストランやホテルへ変わり、サケを運ぶトロッコの軌道に観光トロリーが走っている。ボードウオークも整備され、川沿いのウオーターフロントは、散策が楽しめるエリアとなった。一方、ダウンタウンの目抜き通りCommercial St.界隈には、ビクトリア調の古い建物が残され、町全体に情緒が感じられる。

坂を上った8th St.には、コロンビア川を航行する船の水先案内人として財をなしたジョージ・フラベルGeorge Flavel（1823～1893年）の豪邸もあり、現在**フラベルハウス博物館Flavel House Museum**（→脚注）となって公開されている。1886年に完成したクイーン・アン様式の建物は、保存状態もよく一見の価値あり。坂道沿いに美しい民家が数多くあるので、豪邸・民家ウオッチングを楽しもう。

オレゴン・フィルム博物館の向かいにあるフラベルハウス博物館

海のようなコロンビア川の対岸はワシントン州。アストリア―メグラー橋で渡ることができる。

行き方

ポイント（バス）
The Point (Bus)
Free(1-888) 846-4183
URL oregon-point.com
料 大人$18
ポートランドのユニオン駅からアストリアのトランジットセンターまで1日2便アムトラックと共同でバスを運行。ポートランド発8:40、17:50。アストリアのトランジットセンター（MP.246-A1、住900 Marine Dr., Astoria）まで所要3時間。チケットはアムトラックのウェブサイトから事前に購入すること。

車
ポートランドからUS-30を北西に約150km進むとアストリアダウンタウンに着く。約2時間。

観光案内所

アストリア観光案内所
Astoria-Warrenton Chamber of Commerce
MP.246-A1
住 111 W. Marine Dr., Astoria
☎(503) 325-6311
URL www.travelastoria.com
営 月～金9:00～17:00（時期により異なる）

市バス
Sunset Empire Transportation District
☎(503) 861-7433
URL www.nworegontransit.org
サンセット・エンパイア・トランスポーテーション・ディストリクトがアストリアからキャノンビーチやシーサイドへ行く市バス#101（営月～金6:00～16:00の1日4便）を運行。

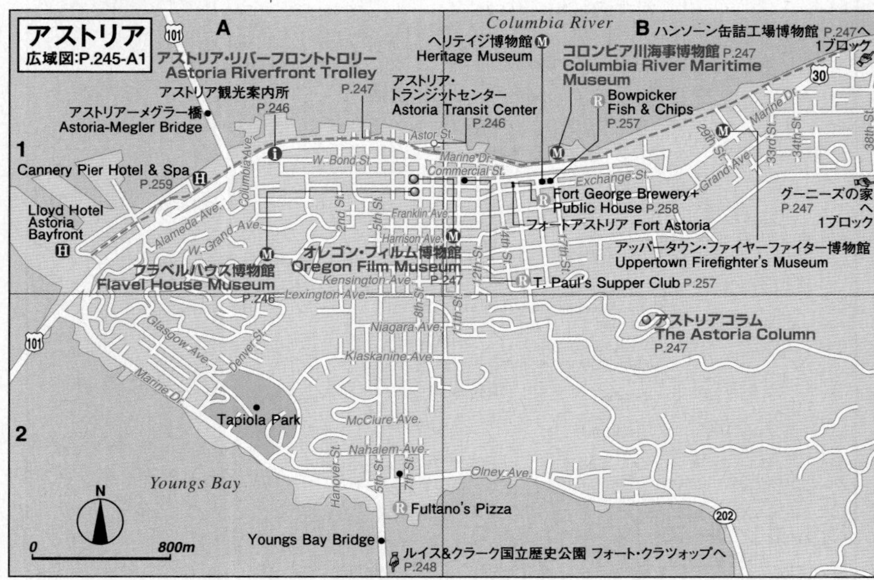

MEMO フラベルハウス博物館　MP.246-A1　住441 8th St., Astoria　☎(503) 325-2203　URL www.cumtux.org　営〈5～9月〉毎日10:00～17:00、〈10～4月〉毎日10:00～16:00　料大人$7、シニア・学生$6、子供（6～17）歳$2

アストリア・リバーフロントトロリー
Astoria Riverfront Trolley

コロンビア川の風景を満喫するなら、往復約1時間かけて川沿いのボードウオークをゴトゴト走る、1913年製のトロリーに乗ってみよう。運転手を務めるボランティアスタッフが、町の歴史やエピソードを紹介しながら町の東西、Astoria Riverwalk InnとトドたちがEast End Mooring Basinの間を運転する。その鉄路は缶詰工場へ荷物やサケを運ぶトロッコ列車の軌道を利用したもので、トロリーはOld Number 300と呼ばれている。もともとサンアントニオで活躍し、そのあとポートランド～オスウェゴ湖間を走った旧式車両。夏の間は午後毎日走っている。料金はたったの$1。

コロンビア川海事博物館
Columbia River Maritime Museum

コロンビア川を航行していたフィッシングボートや沿岸警備船が展示され、コロンビア川で起きた沈没事故や、川がもたらした町の発展や歴史などを解説する博物館。かつて大量に水揚げされていたサケを加工する缶詰工場の様子を、ビデオで観られる。博物館の裏手には1979年まで使われていた、灯台の役目を果たすライトシップ「コロンビア号」が停泊しており、ツアー（営毎日11:00～15:00）で内部を見学できる。

斬新でユニークな外観

アストリアコラム　The Astoria Column

東部からアストリアへやってきた初期の開拓者を称賛し、小高い丘の上に建てられた塔。高さ38.1m、ローマのトロージャンコラムをモデルにしており、塔の表面には14の場面にわたり開拓の様子が描かれている。1926年に建造された塔は悪天候にさらされ、壁画も消えてしまったが、1995年に復元され、1996年、展望台も一般公開された。164段のらせん階段を登りきると、アストリアの町とコロンビア川、360度の大パノラマが広がり、太平洋が眺められる。2016年、大規模改修工事を終えた。

天気のよい日はぜひここへ

オレゴン・フィルム博物館　Oregon Film Museum

1914～1976年まで郡刑務所として使われた建物に入る博物館。『グーニーズThe Goonies』や『アニマルハウスNational Lampoon's Animal House』『フリー・ウィリー Free Willy』などオレゴン州で撮影された映画についての展示がある。

アストリア・リバーフロントトロリー
M P.246-A1～B1
☎(503) 325-6311
URL old300.org
営〈3月中旬～5月中旬〉金～日12:00～18:00、〈5月下旬～11月下旬〉月～木13:00～16:00、金～日12:00～18:00（天候・季節により運休あり）
料1回$1、1日券$2

Pire 39にある**ハンソーン缶詰工場博物館Hanthorn Cannery Museum**は1875年建造で、コロンビア川河口で最も古い缶詰工場。そのすぐそばの川の桟橋にオスのトドたちが群れている。

ハンソーン缶詰工場博物館
M P.246-B1外
住100 39th St., Astoria
URL canneryworker.org/museum
営毎日9:00～18:00
料無料

大人気のトロリー

コロンビア川海事博物館
M P.246-B1
住1792 Marine Dr., Astoria
☎(503) 325-2323
URL www.crmm.org
営毎日9:30～17:00
料大人$16、シニア$12、6～17歳$5

アストリアコラム
M P.246-B2
住1 Coxcomb Dr., Astoria
☎(503) 325-2963
URL www.astoriacolumn.org
営毎日5:00～20:00。ギフトショップは毎日10:00～17:00（時期により異なる）
料無料。車1台につき駐車場代$5

塔の上からアストリアを見る

オレゴン・フィルム博物館
M P.246-A1
住732 Duane St., Astoria
☎(503) 325-2203
URL www.oregonfilmmuseum.org
営〈5～9月〉毎日10:00～17:00、〈10～4月〉毎日10:00～16:00
料大人$6、子供(6～17歳) $2

MEMO 映画『グーニーズThe Goonies』が撮影された家　アストリアのダウンタウン3km西にある。ただし、私邸のため中に入ることはできない。**グーニーズの家Goonies House**　M P.246-B1外　住368 38th St., Astoria

ルイス&クラーク国立歴史公園 フォート・クラツォップ
住92343 Fort Clatsop Rd., Astoria
☎(503) 861-2471
URL www.nps.gov/lewi
営〈6月下旬～9月上旬〉毎日9:00～18:00、〈9月中旬～6月中旬〉毎日9:00～17:00
休クリスマス
料16歳以上$10、15歳以下無料。または5日間有効$10のオレゴン・パシフィックコースト・パスポート(→脚注)
車アストリアから8th St.、7th St.、Warrenton-Astoria Hwy.(US-101)、Fort Clatsop Rd.を南に8km進む。所要約20分。

モカシン作りの実演中

マカー族のカヌー

Lewis & Clark River Paddle Tours
ルイス&クラーク川をガイドとともにカヌーで下るツアー。
☎(503) 861-4425
URL www.nps.gov/lewi/planyourvisit/paddle-tours.htm
営〈7月～9月上旬〉木～日の1日1回、催行時間は異なるのでウェブサイトで確認を。所要3時間
料無料

シーサイド
車ルイス&クラーク国立歴史公園 フォート・クラツォップからFort Clatsop Rd.、Lewis and Clark Rd.を南に20km、所要約30分。

観光案内所
シーサイド観光案内所
Seaside Visitors Bureau
住7 N. Roosevelt Dr., Seaside
☎(503) 738-3097
URL www.seasideor.com
営月～土10:00～14:00、日12:00～16:00(時期によって異なる)

オレゴンコーストのヒストリックサイト MAP P.245-A1

ルイス&クラーク国立歴史公園 フォート・クラツォップ
Lewis & Clark National Historical Park, Fort Clatsop

ルイス&クラーク探検隊の33名の男たちが、1805年12月7日～1806年3月23日まで、砦を築き越冬した場所。トマス・ジェファソン大統領の発案でミシシッピ川以西の探検が決定し、メリウェザー・ルイスMeriwether Lewisを隊長に、ウィリアム・クラークWilliam Clarkと31名の隊員たちは、1804年5月14日セントルイス近くのミシシッピ川を出発した。約4000マイルの道のりを18ヵ月半かけて進み、1805年11月7日ワシントン州のコロンビア川河口の岬、Cape Disappointmentに到着。クラークはその日の日記に、「Ocian in view! O! the joy(原文ママ)」と到着の喜びを記しているが、実はそこは海ではなくコロンビア川の河口だった。川の北岸はあまりに厳しい気象条件だったため、一行は川を渡り、今はLewis & Clark Riverと名前が変わったNetul Riverを遡り、森の中に丸太小屋を建て、カヌーを造り、友好的なクラツォップ族をはじめとするネハレム族、チヌーク族などと交易をし、3ヵ月半余りを無事に生き延び、故郷セントルイスへと帰郷した。彼らはクラツォップ族に敬意を示して、この地を**フォート・クラツォップFort Clatsop**と名づけたのだ。

西の終着地であるこの場所は、長い間捨ておかれたが、郷土史家によって場所が推測され、クラークの書き残した日記や1999年に発見された古地図をもとに復元された。125エーカーに及ぶ敷地内に、ビジターセンターや博物館、丸太小屋の砦、カヌーの船着き場などが復元され、それらを巡るトレイルも整備されている。夏の間は、当時の格好をしたガイドが砦でモカシンを作り、銃を撃ったり、エルクの乾燥肉を作るデモンストレーションを行っているので見逃さないように。

まず、ビジターセンターでルイス&クラーク探検隊の探検の様子を再現したビデオを観てから歩き始めよう。カヌーの船着き場には、隊員たちが仕上げたカヌーのレプリカが置かれているが、そのできばえがイマイチだったことは、博物館に展示されているマカー族のカヌーを見れば一目瞭然だ。当時うっそうとしていた森は、シトカスプルースやウエスタンヘムロックの若木で覆われている。

ビーチリゾート発祥の地 MAP P.245-A1

シーサイド
Seaside

アストリアの25km南、キャノンビーチの15km北にあるオレゴン州最古のビーチリゾート。海岸沿いに全長2.4kmのプロムナードがあり、昔ながらの海水浴場の雰囲気が漂う。海岸沿いにルイス&クラークの銅像、町の南には探検隊一行が塩作りをした塩田跡がある。

海岸沿いにあるルイス&クラークの銅像

MEMO オレゴン・パシフィックコースト・パスポートOregon Pacific Coast Passport ルイス&クラーク国立歴史公園フォート・クラツォップ、エコラ州立公園、ケープルックアウト州立公園、ケープパペチュア、↗

★★ 絶景の海岸線を見渡す

MP.245-A1

エコラ州立公園 Ecola State Park

エコラ州立公園は、シーサイドとキャノンビーチに挟まれたティラムック岬Tillamook Headの沿岸部を保護区にしたもの。公園の南にあるエコラポイントEcola Pointからインディアンポイント Indian Pointまで車道が続く。エコラポイントには岬の突端まで歩けるボードウオークがあり、岬から振り返ると、美しい海岸線の先に巨大なヘイスタックロックとキャノンビーチの絶景が広がっている。さらに北側の海の中には、絶海の岩に築かれたティラムックロック灯台Tillamook Rock Lighthouseが見える。

エコラポイントを散策

★★★ 町歩きが楽しい海辺のリゾート

MP.245-A1

キャノンビーチ Cannon Beach

オレゴンコースト北部で人気の海浜リゾート。メイン通りは、US-101から西に1本入ったヘムロック通りHemlock St.界隈。太平洋にそびえるヘイスタックロックの北側N. Hemlock St.にショップが連なる中心街があり、岩の下手S. Hemlock St.沿いにはロッジが点在している。ほどよい広さの北側の通り沿いには、センスのよいショップやギャラリーが並び、そぞろ歩きが楽しい。ぜひこの町で1泊しよう。

ヘイスタックロック Haystack Rock

キャノンビーチの海の中に堂々とそびえる一枚岩。高さ72mと世界で3番目に高い巨大なモノリス(一枚岩)だ。岩の周囲は、潮が引くと海の生き物たちが生息する潮だまりとなり、大岩に巣くうパフィンやカモメなど数多くの海鳥たちに恩恵をもたらしている。満潮時にはさまざまな海洋生物が観察でき、バードウオッチングも楽しめる。日暮れ時の浜辺はとてもロマンティックで美しい。また、2~10月にかけては、ナチュラリストが案内するツアーHaystack Rock Awareness Programもある。

あまりの大きさに驚くばかり

エコラ州立公園
住3 Mile North of Cannon Beach, Cannon Beach
☎(503) 436-2844
Free(1-800) 551-6949
URL www.oregonstateparks.org/park_188.php
料$5(1日有効)、$30(1年間有効)。または5日間有効$10のオレゴン・パシフィックコースト・パスポート(→P.248脚注)
車シーサイドからUS-101を南に11km進み、Ecola State Park Rd.を2.5km北上。所要約25分。
キャノンビーチの北端からEcola State Park Rd.を森に向かって約3km上ると、公園の南側の駐車場エコラポイントEcola Pointに着く。所要約10分。
夕方、エコラポイントで目を凝らしていると、森の梢にハクトウワシを目撃することもある。

キャノンビーチ
行き方 エコラ州立公園から、Ecola State Park Rd.を2.5km、Spruce St.を1km南へ。所要約15分。
ポートランドからは、US-26を117km西へ進み、US-101を6km南下。所要約2時間。

キャノンビーチ観光案内所
Cannon Beach Chamber of Commerce / Visitor Information Center
住207 N. Spruce St., Cannon Beach
☎(503) 436-2623
URL www.cannonbeach.org
営毎日10:00~17:00(時期により異なる)

散策が楽しいヘムロック通り

ヘイスタックロック
MP.245-A1
行き方 大岩を正面に見るS. Hemlock St.沿いに海岸へと下りる住宅に挟まれた小道がある。詳しくは、Haystack Hill State Parkの西、Viewpoint TerraceとHemlock St.のT字路近く。

Haystack Rock Awareness Program
☎(503) 436-8060
営2~10月。時期と潮位により催行日、催行時間は異なる

↘ヘセタヘッド灯台、ショアエイカーズ州立公園など16ヵ所に入場できる自動車用パス。左記の州立公園や灯台の案内所、入口で購入できる。料$10(5日間有効)

ティラムック
車キャノンビーチからUS-101を南に65km、所要1時間10分。

観光案内所

ティラムックコースト観光案内所
Visit Tillamook Coast
住4506 3rd St., Tillamook
☎(503) 842-2672
URL tillamookcoast.com
営月～金9:00～17:00

ティラムッククリーマリーのチーズ工場
MP.245-A1
住4165 US-101 N., Tillamook
☎(503) 815-1300
URL www.tillamook.com
営毎日10:00～19:00（時期により異なる）
チーズ工場に併設して、スープやマカロニ＆チーズ、ピザを提供するカフェもある。

箱詰めの作業を見学できるティラムッククリーマリーのチーズ工場

ブルーヘロン・フレンチチーズ・カンパニー
MP.245-A1
住2001 Blue Heron Dr., Tillamook
☎(503) 842-8281
URL www.blueheronoregon.com
営毎日8:00～19:00（時期により異なる）

のんびりするならブルーヘロン・フレンチチーズ・カンパニーへ

ケープメアーズ灯台
MP.245-A1
住3500 Cape Meares Loop Rd., Tillamook
☎(503) 842-2244
URL friendsofcapemeareslighthouse.com
営木～日11:00～16:00（時期により異なる）

ケープメアーズ州立公園
営毎日7:00～日没

オーシャンサイド
MP.245-A1
URL stateparks.oregon.gov

★★ 観光ポイントはチーズ工場 MP.245-A1

ティラムック Tillamook

キャノンビーチの南65kmにあるティラムックは酪農の町。定番の観光地である**ティラムッククリーマリーのチーズ工場Tillamook Creamery Cheese Factory**と**ブルーヘロン・フレンチチーズ・カンパニーBlue Heron French Cheese Company**に立ち寄り、フレッシュ牛乳を使ったアイスクリームを味わおう。

★★ 3つの岬を巡る自然豊かな迂回路 MP.245-A1

スリーケープス・ループ Three Capes Loop

ティラムックからOR-131を西へ向かい、ティラムック湾Tillamook Bayを挟んで太平洋に突き出すメアーズ岬をドライブしよう。美しい灯台がある**ケープメアーズCape Meares**、海鳥舞うひなびた避暑地**オーシャンサイドOceanside**、岬の先端まで歩ける**ケープルックアウト州立公園Cape Lookout State Park**、**ケープキワンダCape Kiwanda**などの見どころが続く。ケープキワンダの先で再びUS-101に合流する。約60kmのドライブだ。

ケープメアーズ灯台　Cape Meares Lighthouse

ケープメアーズ州立公園Cape Meares State Park内にあるスリーケープス・ループで必見の場所。駐車場から灯台まで続く小道が美しい。灯台は海を見渡す岬の先端にあり、1889年に建設された古いものだが、1963年に再建され、現在は自動制御で運転されている。高さ11mとオレゴン州で最も低い。無料で内部を見学できる。真っ赤なビーコンが印象的で、透明なレンズをのぞくと風景が逆さまに映る。灯台の脇には海を見渡す展望台があり、沖に浮かぶCape Meares Rockの上に海鵜やパフィンに交じり、シール（アザラシ）やシーライオン（トド）の姿を見かけることも。灯台から北に少し歩くとオクトパスツリーと呼ばれるタコの足のように枝を広げたシトカスプルース（マツの一種）がある。

クジラは見えるかな？

オーシャンサイド　Oceanside

ティラムックの西15kmにあるオーシャンサイドは人口500人余りのこぢんまりとした町。太平洋に面した131号線沿いには、カフェやレストラン、ホテルが並ぶ。気持ちのいいカフェで休憩したら、浜辺へと下りてみよう。ときに朝など、ペリカンの大群が海にジャンプし、餌をあさる場面に出くわしたりする。

穴場のビーチはここ！

ケープルックアウト州立公園　Cape Lookout State Park

トレイルから見た太平洋の大海原

オーシャンサイドの10km南にあるケープルックアウト州立公園は、太平洋に細長く突き出す岬ケープルックアウトCape Lookoutにある。トウヒやツガの古木が茂る森の小道を3kmも歩くと、太平洋の大海原を見渡す崖の上に出る。12〜5月にかけてはアラスカからバハカリフォルニアへ向かう2万頭のコククジラGray Whalesの回遊ルートにあたり、運がよければクジラを見られるかもしれない。歩き始めて約1kmの地点には1943年崖に激突したB-17爆撃機の慰霊碑Cape Lookout Crash Siteもある。道は木の根が張り出し滑りやすいので、ハイキングブーツで万全に。

ケープルックアウト州立公園
MP.245-A1
住13000 Whiskey Creek Rd., Tillamook
URLstateparks.oregon.gov
料駐車場$5(1日有効)。または5日間有効$10のオレゴン・パシフィックコースト・パスポート(→P.248脚注)

ケープキワンダ　Cape Kiwanda

3つの岬のなかではいちばん小さいが、浜に打ち寄せる波はベストとの呼び声高いエリア。自然の色濃いスリーケープス・ループで宿泊するなら、高級リゾートがあるケープキワンダへ。岬と同名のホテルInn at Cape Kiwanda(→P.259)や、地ビール工場直営レストランPelican Brewing Company(→P.257)がある。美しい浜辺の沖合には、一枚岩があり、海鵜やパフィンの巣となっているのだ。

朝のビーチは静かだ

ケープキワンダ
MP.245-A1
URLstateparks.oregon.gov

COLUMN

開発を免れたハイキングスポット
カスケードヘッドCascade Head

スリーケープス・ループはケープキワンダを過ぎ、Pacific Cityの南でUS-101に合流すると、ネスコウィンNeskowinからカスケードヘッドCascade Headの山間部を走る。10km南に進み、山を抜けた付近でThree Rocks Rd.の細道を右折、10分ほど走る。突き当たりを左折し、**ナイトパークKnight Park**の駐車場に車を停め、**カスケードヘッド・プリザーブ・トレイルCascade Head Preserve Trail**と書かれた看板を目印に森へ入ろう。

このトレイルは、1960年代、開発計画がもち上がった森を市民から寄付金をつのり、非営利団体Nature Conservancyが買い取って開発を免れた場所なのだ。その森への登り始めは急で息が切れるが、20分も歩けば風が気持ちよく抜ける尾根筋に出る。左手に真っ青な海を見ながら登る。山のメドウには野草が咲き乱れ、気持ちがいい。振り返ると、オレゴンコーストの大パノラマが広がり、その光景に息をのむことだろう。

歩いたごほうびがこの絶景！

ナイトパーク
URLwww.co.lincoln.or.us/1070/Knight-Park

カスケードヘッド　MP.245-A2
Cascade Head Preserve Trail
URLwww.oregonhikers.org/field_guide/Cascade_Head_Hike
中級コース、往復約11km。

世界でいちばん小さな港　ⓂP.245-A2

ディポベイ Depoe Bay

ニューポートの北20kmにあるディポベイは、ギネスブックに公認されたこともある世界で最も小さな港だ。港は海から水路を入った奥にある。目の前に広がる海はコククジラがアラスカとメキシコの間を回遊するルートだ。クジラを頻繁に見られるとあって、ホエールウオッチングスポットとなっている。また、US-101沿いのデポベイ州立公園には、**ホエールウオッチング・センターWhale Watching Center**があり、スタッフがクジラのいる場所や生態について教えてくれる。

ギネスブックに載った港

オレゴンコーストの自然環境を知る　ⓂP.245-A2

ヤキーナ岬灯台 Yaquina Head Lighthouse

ニューポートから6km北上したヤキーナ岬Yaquina Headには、1870年代に町の河口から場所を移したヤキーナ岬灯台が建てられ、1873年から稼働している。28mの高さの灯台はオレゴン州でいちばん高い。麓にはビジターセンターがあり、灯台の歴史や自然環境を紹介している。ツアーでは、灯台守の衣装をまとったガイドが灯台守の暮らしなどを説明してくれる。

灯台の周りは公園Yaquina Head Outstanding Natural Areaになっており、展望デッキから崖に巣くう海鳥たちを観察できる。パフィンは4月に飛来する。灯台の下のビーチには、車椅子でも下りられる潮だまりが造られ、アザラシやトドが日なたぼっこしている姿を見ることができるだろう。

気持ちのよい場所に立つ灯台

オレゴンコーストの人気タウン　ⓂP.245-A2、P.253

ニューポート Newport

オレゴンコーストで最もにぎわっている観光地。町は、ヤキーナ湾Yaquina Bayに面した**ヒストリック・ベイフロントHistoric Bay Front**と太平洋側の**ナイビーチNye Beach**に分けられる。ヒストリック・ベイフロントからナイビーチへは、シャトルバス（→脚注）よりも歩いたほうが速い。ホテルが並ぶナイビーチはしっとりと落ち着いた大人の町。一方、ヤキーナ湾に面したベイフロントには、おみやげ店やギャラリー、クラムチャウダーで有名な**モーズ本店Mo's Seafood & Chowder**（ⓂP.253-A2）もある。

庶民的なベイフロント

ディポベイ
車カスケードヘッドからUS-101を南に35km、所要約45分。ニューポートからは、US-101を北へ20km。所要約25分。

ⓘ観光案内所
ディポベイ観光局
Depoe Bay Chamber of Commerce
住223 S.W. US-101, #B, Depoe Bay
☎(541) 765-2889
URL www.discoverdepoebay.org

ホエールウオッチング・センター
住119 US-101, Depoe Bay
☎(541) 765-3304
URL stateparks.oregon.gov
営水～日10:00～16:00(時期により異なる)
料無料

ホエールウオッチング・ツアー
Tradewinds Charters
住US-101, Depoe Bay
☎(541) 765-2345
URL www.tradewindscharters.com
営時期により異なるので、事前にウェブサイトで確認を
料1時間：大人$30、子供(5～12歳) $15、2時間：大人$50、子供(5～12歳) $20

ヤキーナ岬灯台
住750 N.W. Lighthouse Dr., Newport
☎(541) 574-3100
URL www.yaquinalights.org
ビジターセンター
営毎日10:00～16:00
料車1台$7(3日間有効)
行き方ディポベイからUS-101を16km南下し、N.W. Lighthouse Dr.を西へ1.6km。所要30分。
ヤキーナ岬灯台の見学はツアーのみ。
ツアー
営毎日10:00～16:00の毎正時出発

ニューポート
車ヤキーナ灯台からN.W. Lighthouse Dr.を東へ1.6km、US-101を南に4.5km。所要10分。ポートランドからは、I-5を110km南下。Exit 234BでUS-20 W. に移り、西へ100km。所要約3時間。

ⓘ観光案内所
ニューポート観光局
Newport Chamber of Commerce
ⓂP.253-A1
住555 S.W. Coast Hwy., Newport
☎(541) 265-8801
URL newportchamber.org
営月～金9:00～16:00

ヒストリック・ベイフロント
ⓂP.253-A1

ナイビーチ
ⓂP.253-A1

MEMO **Newport City Loop**　オレゴンコースト水族館とヒストリック・ベイフロント、ナイビーチ、ヤキーナ岬などニューポート市内を循環するシャトルバス。1日7便、1周1時間～1時間30分。☎(541) 265-4900↗

ヤキーナベイ灯台　Yaquina Bay Lighthouse

ヒストリック・ベイフロントからUS-101を横切った所にある、ヤキーナ湾河口を見下ろすヤキーナベイ州立公園Yaquina Bay State Parkに、現在は稼働していない**ヤキーナベイ灯台Yaquina Bay Lighthouse**が立っている。1871年に建てられた古い灯台は、灯台の明かりが沖を通る船には見えにくいことが判明し、1974年に廃止。しかし、オレゴンコーストで最古の木造灯台として保存され、取り壊されずに現存する。湾を見下ろすこの場所は、ヤキーナベイブリッジと夕日を眺める絶景ポイントだ。

ヤキーナベイ灯台
Ⓜ P.253-A2
☎(541) 574-3100
URL www.yaquinalights.org
営 毎日12:00～16:00（時期により異なり、冬季は短縮や休みあり）
料 寄付制

木造のかわいらしい旧灯台

オレゴンコースト水族館　Oregon Coast Aquarium

ヤキーナ湾を挟んで、ヒストリック・ベイフロントと向き合う対岸には、映画『フリーウィリーFree Willy』に登場した、オルカのケイコ（2003年死亡）が野生に戻るための訓練を受けた水族館がある。

展示の方法や内容の充実度から、全米トップ10の水族館に数えられ、300種類、1万5000匹以上の海の生物が飼育されている。圧巻はおよそ60mの海中トンネルをもつパッセージ・オブ・ザ・ディープPassages of the Deep。ライトアップされた海中のガラストンネルの周りを、大きなエイやサメがすいすい泳いで行く。

オレゴンコースト水族館
Ⓜ P.253-B2
住 2820 S.E. Ferry Slip Rd., Newport
☎(541) 867-3474
URL aquarium.org
営 毎日10:00～18:00（時期により異なる）
料 大人$25.95、シニア（65歳以上）・子供$19.95、12歳以下$15.95。3歳未満無料

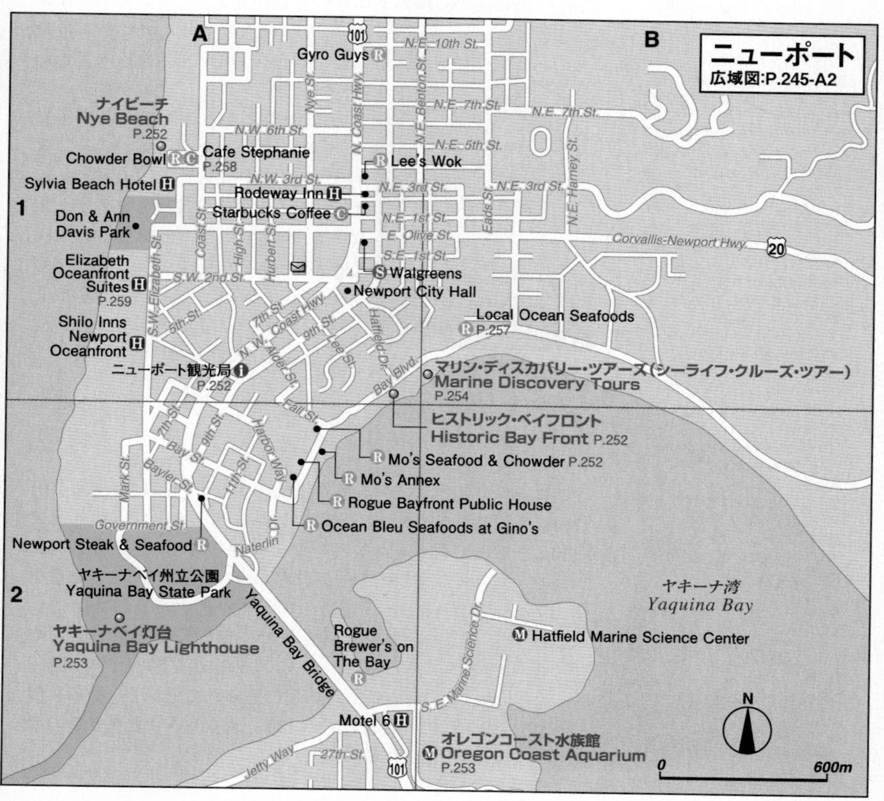

車で上がれる絶景スポット　MP.245-A2

ケープパペチュア&ビジターセンター
Cape Perpetua & Visitors Center

ニューポートの42km南にあるケープパペチュアは、車で岬の展望台まで上がれる絶景スポット。崖の上に築かれたトレイルから、晴れていれば約60km先まで見られるという。まず麓のビジターセンターに立ち寄って情報収集しよう。周囲には数多くのハイキングトレイルがあり、浜辺に下りると海の生き物を観察できる潮だまりもある。

センターのデッキからも海が見渡せる

美しい灯台と灯台守のB&B　MP.245-A2

ヘセタヘッド灯台
Heceta Head Lighthouse

オレゴンコーストで最も絵になる灯台がここ。南からUS-101を走ってくると、アーチを描く美しいケープクリーク橋Cape Creek Bridgeから岬の上に立つ灯台が見えてくる。岬の下には白砂のビーチもあり、デビルズエルボウ州立公園Devils Elbow State Parkに指定され、ピクニックテーブルも置かれている。浜辺の駐車場に車を停め、岬へと上っていこう。途中に灯台守が暮らしたHeceta Head Lightstationの木造家屋があるが、現在は**ヘセタ灯台B&B Heceta Lighthouse B&B**として営業中だ。岬からはシーライオン・ケイブスの先まで雄大なコーストの海が見渡せる。クジラも目撃できるかも。

早朝のヘセタヘッド灯台

世界最大のアシカの洞窟　MP.245-A2

シーライオン・ケイブス
Sea Lion Caves

フローレンスの北にある世界最大のアシカの洞窟は、US-101沿いに入口はあるものの、実際にはエレベーターで海の淵まで約60mを下っていく。エレベーターを降りると、アシカの鳴き声と獣の臭いが鼻をつき、金網の向こうに目を凝らすと、無数のアシカが群れてうごめいている。それを見るだけでも価値があるが、ここのすばらしさは、コーストの自然を満喫できる眺望そのものにある。崖に造られたトレイルを歩き展望台へも行ってみよう。夏ならきっとクジラの姿を見られるはずだ。

オレゴンコーストのハイライトともいえる場所

ケープパペチュア
料$5または、5日間有効$10のオレゴン・パシフィックコースト・パスポート(→P.248脚注)
行き方ニューポートからUS-101を42km。NFD55を左折し、1km進んだCape Perpetua Lookoutを道なりに進むと展望台がある。

観光案内所

ケープパペチュア・ビジターセンター
Cape Perpetua Visitors Center
住2400 US-101, Yachats
☎(541) 547-3289
営〈5月下旬～9月上旬〉水～日10:00～16:00、〈9月中旬～5月中旬〉毎日10:00～16:00
行き方ビジターセンターは、上記のケープパペチュアの行き方で、NFD55で左折せずさらに300m行き、左折した突き当たり。

オレゴン・パシフィックコースト・パスポート(→P.248脚注)

ヘセタヘッド灯台
URLstateparks.oregon.gov
営〈3～5月、10月〉金～月11:00～15:00、〈6～9月〉毎日11:00～17:00
料$5または、5日間有効$10のオレゴン・パシフィックコースト・パスポート(→P.248脚注)
行き方ケープパペチュアからUS-101を南に16km。シーライオンケイブスの2.5km北。

ヘセタ灯台B&B
Heceta Lighthouse B & B
住92072 US-101, Yachats
Free(1-866) 547-3696
URLwww.hecetalighthouse.com
料Ⓢ Ⓓ Ⓣ$209～609

シーライオン・ケイブス
住91560 US-101, Florence
☎(541) 547-3111
URLwww.sealioncaves.com
営毎日9:00～17:30(時期により異なる)
料大人$18、シニア$17、5～12歳$12、4歳以下無料
行き方フローレンスの北18km。ヘセタヘッド灯台からUS-101を南へ2.5km。

MEMO ニューポートで楽しむアクティビティ　マリン・ディスカバリー・ツアーズがシーライフ・クルーズ・ツアーを催行。
Marine Discovery Tours　MP.253-B1　住345 S.W. Bay Blvd., Newport　料大人$60、子供（4～13歳）$35

フローレンスの観光スポットはベイフロント MP.245-A2

オールドタウン・フローレンス
Old Town Florence

フローレンスの町は素通りしてもいいが、ランチを取るならサイウースロウ・リバーブリッジSiuslaw River Bridgeのたもとに広がるBay St.沿いのベイフロント・オールドタウンBayfront Old Townへ行ってみよう。かわいらしいブティックやモーズ・フローレンスMo's Florence（→P.258）などのシーフードレストランが並び、楽しく散策できる。

ギャラリーやショップもあるオールドタウン・フローレンス

i 観光案内所

フローレンス観光局
Florence Area Chamber of Commerce Visitor Center
住290 US-101, Florence
☎(541) 997-3128
URL florencechamber.com
営月～土11:00～15:00。夏季は日11:00～15:00もオープン

オレゴン砂丘を眺めるポイント MP.245-A3

オレゴンデューン・オーバールック&デイユース・エリア
Oregon Dunes Overlook & Day Use Area

フローレンスからクースベイCoos Bayにかけての太平洋岸沿いは、白砂の砂丘が広がる**オレゴンデューン・ナショナル・レクリエーションエリアOregon Dunes National Recreation Area**に指定されている。フローレンスの南にあり、誰もが気軽に砂丘を見られる場所。展望台の**オレゴンデューン・オーバールックOregon Dunes Overlook**から砂丘を眺めたり、砂丘へと下りることもできる。

オレゴンデューン・ナショナル・レクリエーションエリアの南6km南にあるオレゴンデューン・オーバールック&デイユース・エリアからUS-101を南に24km行ったWinchester Bayの先、Salmon Harbor Dr.を右折すると、**アンプクア灯台州立公園Umpqua Lighthouse State Park**に突き当たる。アンプクア灯台前の見晴らし台はクジラ観察のスポットだ。

白砂の上でサンドサーフィンしてる人も

i 観光案内所

オレゴンデューン観光案内所
Oregon Dunes NRA Visitor Center
住855 US-101, Reedsport
☎(541) 271-6000
営月～金8:00～16:00

オレゴンデューン・オーバールック&デイユース・エリア
住81100 US-101, Gardiner
URL www.fs.usda.gov/recarea/siuslaw/recarea/?recid=42467
料$5または、5日間有効$10のオレゴン・パシフィックコースト・パスポート(→P.248脚注)
行き方フローレンスからUS-101を南に18km、Carter Lakeの先。Oregon Dunes Overlook Dr.を右折する。Reedsportの北18km。

アンプクア灯台州立公園
MP.245-A3
☎(541)271-4118
URL stateparks.oregon.gov

海の絶景と美しい庭園 MP.245-A3

ショアエイカーズ州立公園
Shore Acres State Park

オレゴンデューン・ナショナル・レクリエーションエリアの南端にある**クースベイCoos Bay**は木材の集散地として栄えた町。Coos Bayに架かるMcCullough Memorial Bridgeを渡り、North Bend、Charlston Park方面へ向かおう。チャールストンからの海岸沿いはくねくね道。サンセットベイ州立公園Sunset Bay State Parkで車を停め、ペリカンや海鳥が羽を休める海岸を散策し、**ショアエイカーズShore Acres**へ向かうといい。ここは木材で財をなしたルイス・シンプソンLouis Simpsonの旧宅跡地で、州立公園として庭園やバラ園、池などが一般公開されている。11月下旬から12月下旬までの期間は、16:30～21:00までイルミネーションが点灯し、きらびやかだ。

ドライブの疲れを癒やす庭園

ショアエイカーズ州立公園
住89039 Cape Arago Hwy., Coos Bay
☎(541) 888-2472
URL stateparks.oregon.gov
URL shoreacres.net
営毎日8:00～日没（11月下旬～12月下旬は～21:30）
売店：毎日10:30～16:30（時期により異なる）
行き方オレゴンデューン・オーバールック&デイユース・エリアからUS-101を南に56km行き、North BendでNewmark St.を右折、Charlestonを目指す。Cape Arago Hwy.を南に13km。
料$5または、5日間有効$10のオレゴン・パシフィックコースト・パスポート(→P.248脚注)

i 観光案内所

ベイエリア観光案内所
Bay Area Chamber of Commerce Visitor Center
住145 Central Ave., Coos Bay
☎(541) 266-0868
営月～金8:00～17:00

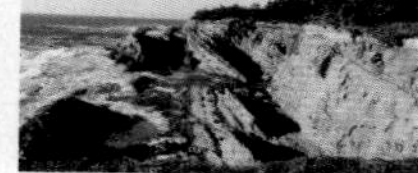
庭園そばの荒々しい海

MEMO フローレンスで楽しむアクティビティ　オレゴンデューン・ナショナル・レクリエーションエリアにある砂丘でデューンバギーが楽しめる。**Giant Dune Buggy Tours** URL www.sandland.com 料1人1時間$20～

オールドタウン・バンドン
行き方 US-101とOR-42Sがぶつかる所がバンドン。オールドタウン・バンドンへはUS-101から2nd St.を(US-101)西へ4～5ブロック。ショアエイカーズ州立公園からCape Arago Hwy.(OR-540)、Libby Ln.、Shinglehouse Rd.を北東に21km行き、US-101を33km南進。所要1時間。
ポートランドからI-5を南に220km進み、Exit 162でOR-38に入る。90km西に行き、US-101を80km南進。所要約5時間30分。

観光案内所

バンドン観光局
Bandon Chamber of Commerce
住300 2nd St., Bandon
☎(541) 347-9616
URL bandon.com
営毎日11:00～15:00(時期により異なる)
観光案内所はUS-101からオールドタウン・バンドンに入るChicago Ave. & 2nd St.の角にある。

コキール川灯台
バンドンの北3kmにあるブラーズ・ビーチ州立公園Bullards Beach State Park内にある。
☎(541) 347-2209
営〈5月中旬～9月〉木～月11:00～17:00
行き方バンドンからUS-101を北へ4.5km。Bullards Beach Rd.を南西に5km進む。所要15分。
Bullards Beach State Park
営毎日7:00～日没
URL stateparks.oregon.gov

コキール川灯台

フェイスロック
M P.245-A3
URL stateparks.oregon.gov
行き方 オールドタウン・バンドンからOcean Dr.、Beach Loop Dr.を南西に3km。

ノスタルジックな港町 M P.245-A3

オールドタウン・バンドン
Old Town Bandon

バンドンで立ち寄りたいのは、かわいらしい雰囲気のオールドタウン・バンドン。端から端まで歩いても1kmにも満たない広さだが、繁忙期にありがちな喧騒さとは無縁ののんびりとした港町だ。桟橋のフィッシング用品店では、カニ漁の仕掛け籠のレンタルもする。町で出会う人々も親切で素朴。ちょっと長居したくなる場所だ。

町から西に行くと、コキール川Coquille Riverの南防波堤に出る。その対岸、北防波堤には**コキール川灯台Coquille River Lighthouse**があり、河口の安全を守っている。太平洋の波は荒々しいが、車を降りて浜辺を散歩してみよう。

みやげ物屋やレストランが軒を並べるオールドタウン・バンドン

オールドタウン・バンドンは海沿いにボードウオークがある

バンドン南部に広がる雄壮な海岸 M P.245-A3

フェイスロック州立シーニック・ビューポイント
Face Rock State Scenic Viewpoint

オールドタウン・バンドンから坂道を上りOcean Dr.、Beach Loop Dr.へと南西に走ると、切り立った崖の下に、さまざまな形をした岩が現れてくる。そのなかのひとつ、**フェイスロックFace Rock**は、頭を海につけた男の人が天を仰ぐ横顔にそっくり。ほかにもトドの姿に似た大岩やテーブル状の岩がそびえ立ち、雄壮な海岸線のアクセントになっている。また、アメリカ・インディアンの言い伝えには、「風が吹くと未婚女性の声が聞こえる」というものがある。崖の上には散策路も造られ、絶景が見られるスポットだ。このBeach Loop Dr.はUS-101の西側を海岸に沿って延びる道路。道沿いにはモーテルやホテルが並び、バンドンの宿泊スポットにもなっている。

まさに男の顔、フェイスロック

雄大な海岸線

R アストリアで一番人気の屋台　シーフード／アストリア／MP.246-B1

ボウピッカーフィッシュ＆チップス
Bowpicker Fish & Chips

コロンビア川海事博物館から2ブロック南に行った所にある。漁船を改造して、屋台として営業。看板メニューのフィッシュ&チップス($10〜)を求めて、常時行列ができる。揚げたての白身魚やポテトにケチャップをかけてかぶりつこう。専用駐車場はなく、ベンチも少ないので、路上駐車し車内で食べるといい。

住1636 Duane St., Astoria
☎(503) 791-2942
URL www.bowpicker.com
営水〜土11:00〜18:00(時期、天候により異なる)
休日〜火
現金のみ

R おしゃれな雰囲気だが、お手頃価格　アメリカ料理／アストリア／MP.246-B1

ティー・ポールズ・サパー・クラブ
T. Paul's Supper Club

アストリアダウンタウンにある上品なレストラン。ステーキやシーフード、パスタ、スープなどメニューが豊富で、毎日通う人も多い。ハンバーガー($16.75)やステーキ($28.50〜)がおすすめ。居心地がよくゆっくりと食事を楽しめる。

住360 12th St., Astoria
☎(503) 325-2545
営火〜土16:00〜21:00
休日月
カード A M V

R アストリアとキャノンビーチの間にある町での食事には　アメリカ料理／シーサイド／MP.245-A1

フィンズ・フィッシュ・ハウス
Finns Fish House

朝から深夜まで開いているレストラン。朝食メニューには、オムレツやスクランブルエッグ、エッグベネディクト($14〜)など卵料理が豊富。ランチ&ディナーメニューには、クラムチャウダー($5〜)やシーザーサラダ($11)、シーフードパスタ($29)、ステーキ($36)などがある。

住227 Broadway, Seaside
☎(503) 738-8330
URL www.finnsfishhouse.com
営毎日7:00〜22:00(金土〜24:00)
カード A M V

R 小さなビーチのレストラン　アメリカ料理／オーシャンサイド／MP.245-A1

ロザンナズカフェ
Roseanna's Cafe

オーシャンサイドのビーチ沿いにある小さなレストラン。1980年代にロザンナさんが始めたレストランだが、1986年にメリッサ・ロールさんが加わってめきめき評判になった。シーフードやサラダ($13〜)、ハンバーガー($13〜)を食べられる。新鮮な食材を使った居心地のいいレストランだ。

住1490 Pacific Ave., Oceanside
☎(503) 842-7351
URL www.roseannascafe.com
営水〜日14:00〜19:00(時期により異なる)
休月火
カード M V

R 潮騒が聞こえるビアレストラン　ビール&アメリカ料理／パシフィックシティ／MP.245-A1

ペリカン・ブリューイング・カンパニー
Pelican Brewing Company

Inn at Cape Kiwanda(→P.259)に併設するビール工場の直営レストラン。昼前から夜までオープンし、食事メニューも充実している。名物のペリカンビールを味わおう。スープやサラダからピザ、ハンバーガーまでメニューも豊富。おすすめはフィッシュ&チップス($23.99)。

住33180 Cape Kiwanda Dr., Pacific City
☎(503) 965-7007
URL pelicanbrewing.com
営毎日11:00〜22:00
カード A M V

R 地元産の新鮮なシーフード　ノースウエスト料理／ニューポート／MP.253-B1

ローカル・オーシャン・シーフード
Local Ocean Seafoods

漁師さん経営のレストランだけあって、シーフードは新鮮。調理もシンプルな味つけで、ニューポートでいち押しのレストランだ。ダンジネスクラブ・ケーキ($11〜31)、アサリのワイン蒸し($24)、フィッシュ&チップス($22〜28)などすべておいしい。

住213 S.E. Bay Blvd., Newport
☎(541) 574-7959
URL www.localocean.net
営フィッシュマーケット：毎日10:00〜21:00(冬季は20:00まで)
レストラン：毎日11:00〜21:00(金土〜21:30)。冬季は毎日11:00〜20:00(金土〜20:30)
カード A M V

レストラン

R ナイビーチの人気カフェ　　カフェ／ニューポート／MP.253-A1

カフェステファニー
Cafe Stephanie

ニューポートのナイビーチにある人気の朝食カフェ。焼きたてのキッシュ($9.95〜)やフレンチトースト($9.95〜)、パンケーキ($8.95〜) など、ローカルや観光客で小さな店内はいつもいっぱいだ。スタッフもきびきびと働き、接客も気持ちいい。朝食やランチをおいしく食べるなら、ここへ。

住411 N.W. Coast St., Newport
☎(541) 265-8082
営毎日8:00〜14:00
カード M V

R オレゴンコースト名物チャウダー　　シーフード／フローレンス／MP.245-A2

モーズ・フローレンス
Mo's Florence

1946年創業のクラムチャウダーの老舗。ニューポートのBay Frontに本店があり、ポール・ニューマンやヘンリー・フォンダなどのハリウッドセレブも訪れたほど有名だ。オールドタウンのフローレンス店は、町いちばんの人気店。大勢の家族連れでにぎわっている。クラムチャウダーは$5.95〜。

住1436 Bay St., Florence
☎(541) 997-2185
URL ilovemoschowder.com
営毎日11:00〜20:00(金土〜21:00)
カード A D J M V

R クースベイのいち押しブリュワリー　　ビール&アメリカ料理／クースベイ／MP.245-A3

セブン・デビルズ・ブリュワリー
7 Devils Brewery

地元アーティストの絵画や彫刻が飾られたおしゃれなブリュワリー。併設する工場で造られた新鮮なビールを楽しみに食事時は行列ができる。オレゴン州産のナッツが入ったスプリングサラダ ($13.50) やビンチョウマグロのサンドイッチ ($17) がおすすめ。

住247 S. 2nd St., Coos Bay
☎(541) 808-3738
URL www.7devilsbrewery.com
営月 水 木 日11:00〜22:00、金 土 11:00〜23:00
休火
カード A M V

R 2階のテーブル席からの景色が最高　　アメリカ料理／バンドン／MP.245-A3

エッジウオーターズ
Edgewaters

地元の人が記念日に利用するちょっとおしゃれなレストラン。オールドタウン・バンドンから500mに西に行ったコキール川沿いにある。白身魚のムニエルやパスタ($27〜) から、サラダやハンバーガー ($20〜)、リブアイステーキ ($46) などまでメニューが豊富なのもうれしい。

住480 1st. S.W., Bandon
☎(541) 347-8500
URL www.edgewaters.net
営水〜日16:30〜20:30(日〜19:30)
休月火
カード A M V

ショップ

S チーズ工房に併設するショップ　　チーズ／バンドン／MP.245-A3

フェイスロック・クリーマリー
Face Rock Creamery

1800年代からチーズ作りが盛んだったバンドンにあるチーズショップ。アメリカ・チーズ・ソサエティー主催のコンテストで数々の賞を受賞しているチーズのほか、バターやアイスクリームなども販売している。特にチェダーチーズは日本にも輸出している看板商品。店内ではチーズ作りを窓越しに見学できる。

住680 2nd St., Bandon
☎(541) 347-3223
URL facerockcreamery.com
営毎日9:30〜17:00(金土〜18:00)
カード A M V

S 食べるのがもったいないほどのきれいさ　　チョコレート／バンドン／MP.245-A3

コースタルミスト
Coastal Mist

ベルギーへ旅行した際に食べたチョコレートに感動したパティシエ夫婦が、2009年オールドタウン・バンドンにチョコレートショップをオープン。素材の味を大切にして作られたひと口サイズのチョコレートは、地元の人から大絶賛を浴び、現在では全米に発送するまで規模を拡大した。

住210 2nd St. S.E., Bandon
☎(541) 347-3300
URL coastalmist.com
営水〜月10:00〜17:30
休火
カード M V

MEMO アストリアのおすすめブリュワリー **Fort George Brewery+Public House** MP.246-B1 住1483 Duane St., Astoria URL www.fortgeorgebrewery.com

ホテル

H 旧缶詰工場を大改装
高級／アストリア／MP.246-A1

キャナリー・ピア・ホテル&スパ
Cannery Pier Hotel & Spa

コロンビア川河口に立つ、旧缶詰工場を美しくリノベーションしたホテル。スパも併設し、大人のリゾートを満喫できる。自転車の無料貸し出しサービスあり。大きく開いた窓やデッキから、朝夕違った表情を見せるコロンビア川の風景を眺め尽くせる。

住 10 Basin St., Astoria, OR 97103
☎ (503) 325-4996
URL www.cannerypierhotel.com
料 ⓈⒹ$319〜479、Su$349〜519
駐 無料　Wi-Fi 無料
カード AMV　46室（♿あり）

H 潮騒がBGM
高級／パシフィックシティ／MP.245-A1

イン・アット・ケープ・キワンダ
Inn at Cape Kiwanda

全室オーシャンビューで、部屋のしつらえもすてき。ソファセット、DVDが楽しめるオーディオも設置されている。客室には冷蔵庫も完備。ミニキッチン付きの部屋もある。通りを挟んだ海側には地ビールが楽しめるPelican Brewing Company（→P.257）があるのもうれしい。

住 33105 Cape Kiwanda Dr., Pacific City, OR 97135
Free (1-888) 965-7001
FAX (503) 965-7002
URL www.innatcapekiwanda.com
料 ⓈⒹⓉ$169〜425、Su$249〜509
駐 無料　Wi-Fi 無料
カード AMV　35室（♿あり）

H ナイビーチにある家族連れの宿泊客が多いホテル
中級／ニューポート／MP.253-A1

エリザベス・オーシャンフロント・スイーツ
Elizabeth Oceanfront Suites

目の前がビーチという絶好のロケーション。すべての部屋が太平洋に面しているので、客室から水平線に沈む夕日を見ることができる。地下には室内プールやジャクージがあり、旅の疲れも取れるはず。ヒストリック・ベイフロントまで徒歩で15分。無料の朝食付き。

住 232 S.W. Elizabeth St., Newport, OR 97365
☎ (541) 265-9400
FAX (541) 265-9551
URL www.elizabethoceanfrontsuites.com
料 ⓈⒹⓉ$153〜591
駐 無料　Wi-Fi 無料
カード ADMV　72室（♿あり）

H カジノも楽しめるホテル
中級／フローレンス／MP.245-A2

スリーリバーズ・カジノ・リゾート
Three Rivers Casino Resort

広いプロパティにさまざまなカジノ施設が並び、ホテル棟はいちばん奥にある。にぎやかなカジノルームの目の前にフロントがある。客室はごく普通に快適で、備品などもよく整い、部屋も広く使い勝手はよい。カジノホテルだけあってレストランは3つある。

住 5647 Hwy. 126, Florence, OR 97439
Free (1-877) 374-8377
URL www.threeriverscasino.com
料 ⓈⒹⓉ$159〜259
駐 無料　Wi-Fi 無料
カード AMV　93室（♿あり）

H 700台のスロットマシン・カジノもある
中級／ノースベンド／MP.245-A3

ミルカジノ・ホテル & RVパーク
The Mill Casino・Hotel & RV Park

バンドンの40km北にある巨大リゾートホテル。敷地内には、カジノやコンサートホール、RVパーク、屋外・屋内プールがある。レストランやラウンジバー、カフェ、ギフトショップ、ゲームセンターも併設しているので、ホテル内ですべて事足りるのがうれしい。

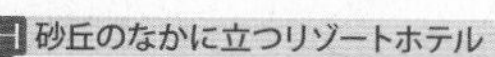

住 3201 Tremont Ave., North Bend, OR 97459
☎ (541) 756-8800
Free (1-800) 953-4800
URL www.themillcasino.com
料 タワー：ⓈⒹⓉ$185〜300、ロッジ：ⓈⒹⓉ$175〜275
駐 無料　Wi-Fi 無料
カード AMV　200室（♿あり）

H 砂丘のなかに立つリゾートホテル
中級／バンドン／MP.245-A3

バンドン・デューンズ・ゴルフ・リゾート
Bandon Dunes Golf Resort

オールドタウン・バンドンの北15kmにある高級リゾート。敷地内には、ホテルやロッジからゴルフコース、フィットネスセンター、レストランなどまである。特に、海沿いに広がる6つのゴルフコースは全米でも有数の難易度を誇り、世界中からゴルファーが集まる。

住 57744 Round Lake Dr., Bandon OR 97411
☎ (541) 347-4380
Free (1-855) 220-6710
URL www.bandondunesgolf.com
料 ⓈⒹⓉ$120〜370、Su$800〜2000
駐 無料　Wi-Fi 無料
カード ADJMV　186室（♿あり）

コーヒーメーカー　冷蔵庫／ミニバー　バスタブ　ドライヤー　BOX 室内金庫　ルームサービス　レストラン
F フィットネスセンター／プール　コンシェルジュ　J 日本語スタッフ　コインランドリー／当日仕上げクリーニング　WiFi ワイヤレスインターネット接続　P 駐車場

車&ツアーで行くエリア

オレゴン南部
Southern Oregon

オレゴン州 ▶ 市外局番：541

およそ7700年前、マザマ山の大爆発で誕生したクレーターレイクは、お椀を伏せたようなマザマ山火口部にできた巨大なカルデラ湖。その水深は594m。世界で9番目に深い湖は、たとえようもない深い青さで輝く。その南西にあるアシュランドは、シェイクスピア劇で盛り上がる美しい町だ。

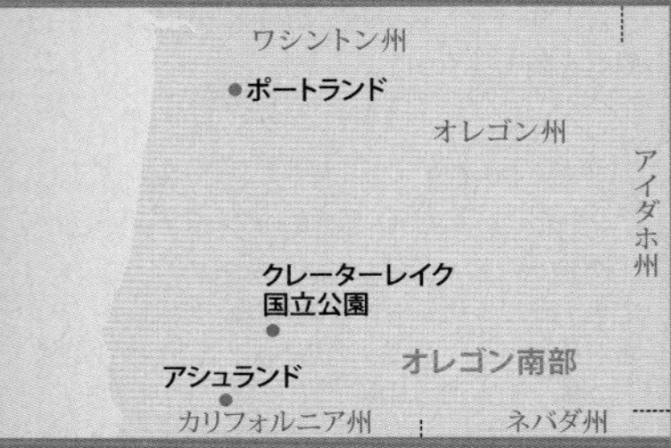

ローグバレー・インターナショナル・メッドフォード空港(MFR)
M P.260-B2
住 1000 Terminal Loop Pkwy., Medford
☎ (541)776-7222
URL jacksoncountyor.org/airport
メッドフォードの町から約5km北にある。シアトルやポートランドからはアラスカ航空が直行便を運航している。

タクシー&シャトルバス
Cascade Shuttle
☎ (541)488-1998
URL www.cascadeshuttle.com

オレゴン南部への行き方

南部の中心となる都市は、**メッドフォードMedford**や**ローズバーグRoseburg**だ。内陸部なら**クラマスフォールズKlamath Falls**が比較的大きな町。ただし、見どころは都市ではなく、周辺に広がる大自然。空路でのアクセスは、**ローグバレー・インターナショナル・メッドフォード空港 Rogue Valley International-Medford Airport**が便利だ。

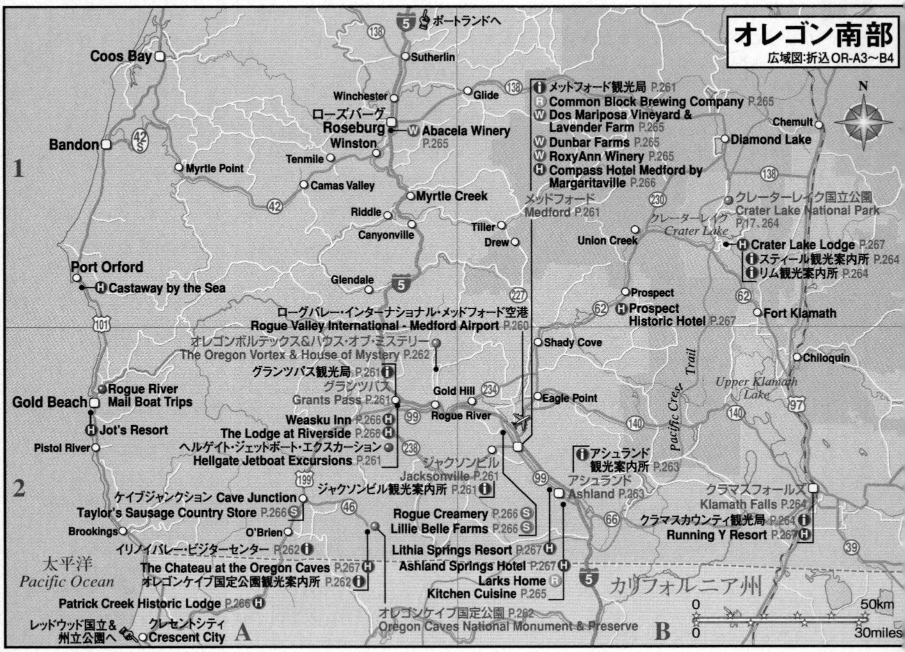

オレゴン南部
広域図：折込OR-A3〜B4

ポートランドへ
Coos Bay
Sutherlin
Bandon
Winchester
Glide
ローズバーグ Roseburg
Abacela Winery P.265
Winston
Tenmile
Myrtle Point
Camas Valley
Myrtle Creek
Riddle
Canyonville
Tiller
Drew
Port Orford
Castaway by the Sea
Glendale
メッドフォード観光局 P.261
Common Block Brewing Company P.265
Dos Mariposa Vineyard & Lavender Farm P.265
Dunbar Farms P.265
RoxyAnn Winery P.265
Compass Hotel Medford by Margaritaville P.266
メッドフォード Medford P.261
Chemult
Diamond Lake
クレーターレイク国立公園 Crater Lake National Park P.17, 264
クレーターレイク Crater Lake
Union Creek
Crater Lake Lodge P.267
スティール観光案内所 P.264
リム観光案内所 P.264
Prospect
Prospect Historic Hotel P.267
Fort Klamath
ローグバレー・インターナショナル・メッドフォード空港 Rogue Valley International - Medford Airport P.260
オレゴンボルテックス&ハウス・オブ・ミステリー The Oregon Vortex & House of Mystery P.262
Shady Cove
Chiloquin
グランツパス観光局 P.261
グランツパス Grants Pass P.261
Gold Hill
Eagle Point
Upper Klamath Lake
Pacific Crest Trail
Rogue River Mail Boat Trips
Gold Beach
Jot's Resort
Pistol River
Weasku Inn P.266
The Lodge at Riverside P.266
Rogue River
ヘルゲイト・ジェットボート・エクスカーション Hellgate Jetboat Excursions P.261
ジャクソンビル Jacksonville P.261
アシュランド観光案内所 P.263
アシュランド Ashland P.263
ジャクソンビル観光案内所 P.261
ケイブジャンクション Cave Junction
Taylor's Sausage Country Store P.266
Brookings
O'Brien
Rogue Creamery P.266
Lillie Belle Farms P.266
クラマスフォールズ Klamath Falls P.264
クラマスカウンティ観光局 P.264
Running Y Resort P.267
イリノイバレー・ビジターセンター P.262
太平洋 Pacific Ocean
The Chateau at the Oregon Caves P.267
オレゴンケイブ国定公園観光案内所 P.262
Lithia Springs Resort P.267
Ashland Springs Hotel P.267
Larks Home Kitchen Cuisine P.265
カリフォルニア州
Patrick Creek Historic Lodge P.266
オレゴンケイブ国定公園 P.262 Oregon Caves National Monument & Preserve
レッドウッド国立&州立公園へ
クレセントシティ Crescent City
0 50km
0 30miles

MEMO ローグバレー・インターナショナル・メッドフォード空港内にあるレンタカー会社　台数に限りがあるので事前に予約したほうがいい。**Alamo** ☎ (541)772-7715、**Avis** ☎ (541)773-7023、**Budget** ☎ (541)773-7023

オレゴン南部のおもな見どころ

★★★ オレゴンワインの産地

メッドフォード Medford

Ⓜ P.260-B2

ローグバレー・インターナショナル・メッドフォード空港があることから、ビジネスの中心として機能しているオレゴン州南部を代表する街。ダウンタウンにはショップやレストランが軒を連ねる。メッドフォードの北を東西に流れるローグ川Rogue River周辺に広がる盆地ローグバレーは、オレゴンワインの産地のひとつ。約60のブドウ畑のほか、30軒以上のワイナリーやテイスティングルームが点在している。

★★ 時が止まった街

ジャクソンビル Jacksonville

Ⓜ P.260-B2

1850年代、周辺で金が発見されたことにより鉱石を掘る労働者が多数移住してきて栄えた街。1880年代、オレゴン・カリフォルニア鉄道がジャクソンビル近くのメッドフォード（→上記）を通ったことにより、街は衰退していった。毎年夏には太平洋沿岸北西部で最高の音楽祭のひとつとして評価の高い、**ブリット音楽&アート・フェスティバルThe Britt Music & Arts Festival**が開催される。

歴史的建造物に指定されている建物が並ぶダウンタウン

★★ ローグ川沿いのこぢんまりとした町

グランツパス Grants Pass

Ⓜ P.260-A2

人口3万9000人の小さな町では、ジェットボートに乗ってローグ川沿いを下るツアー、**ヘルゲイト・ジェットボート・エクスカーションHellgate Jetboat Excursions**が大人気。ジェットボートはスピンしたりドリフトしたり、まるでゴーカートに乗っているかのようだ。全身びしょぬれになるので覚悟するように。ただし、ほとんどの人はレインコートも着ずに楽しんでいる。夏季は天気がよく湿度も低いのでぬれた洋服も30分くらいで乾いてしまうので心配ない。観覧クルーズ（所要2時間）やブランチクルーズ（所要4時間）などもある。

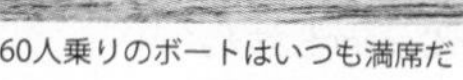
60人乗りのボートはいつも満席だ

真ん中のほうがぬれにくいかも

メッドフォード
車 ローグバレー・インターナショナル・メッドフォード空港からBiddle Rd.を南に約5km。所要約10分。

観光案内所
メッドフォード観光局
Downtown Medford Visitor Center
Ⓜ P.260-B2
住 101 E. 8th St., Medford
☎ (541) 779-4847
URL www.travelmedford.org
営 月〜金10:00〜17:00（金〜15:00）

ジャクソンビル
車 メッドフォードからW. Main St.、OR-238 W.を8km西へ進む。所要約15分。

観光案内所
ジャクソンビル観光案内所
Jacksonville Visitor Information Center
Ⓜ P.260-B2
住 185 N. Oregon St., Jacksonville
☎ (541) 899-8118
URL jacksonvilleoregon.org
営〈1〜4月〉月〜土10:00〜14:00、〈5〜12月〉毎日10:00〜15:00

ブリット音楽&アート・フェスティバル
URL www.brittfest.org

グランツパス
車 ローグバレー・インターナショナル・メッドフォード空港からI-5を西に36km行った所、所要約40分。
ポートランドからI-5を390km南へ進み、Exit 58で下りた所が町の中心。所要約4時間50分。

観光案内所
グランツパス観光局
Visit Grants Pass
Ⓜ P.260-A2
住 198 S.W. 6th St., Grants Pass
☎ (541) 450-6180
営 月〜土10:00〜16:00
URL visitgrantspass.com

ヘルゲイト・ジェットボート・エクスカーション
Hellgate Jetboat Excursions
Ⓜ P.260-A2
住 966 S.W. 6th St., Grants Pass
☎ (541) 479-7204
URL www.hellgate.com
運行／〈5月上旬〜9月中旬〉観覧クルーズ：毎日11:15、14:15発、ブランチクルーズ：毎日9:00発
料 観覧クルーズ：大人・子供$31.95〜36.95、ブランチクルーズ：大人$74.95、子供$56.95

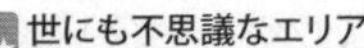
世にも不思議なエリア　MP.260-A2

オレゴンボルテックス&ハウス・オブ・ミステリー
The Oregon Vortex & House of Mystery

グランツパスから北東に35km行った所にある超常現象が見られる場所。「磁場が狂った」エリアとして世界的にも有名で、家が歪んで立っていたり、身長が変わって見えたり、ほうきが垂直に立っていたり、錯覚かと思われる現象がさまざま起こるのだ。ツアーでは、現在の科学では説明できないことが目の前で繰り広げられる。乗り物酔いをしやすい人、三半規管が弱い人は注意したほうがいい。

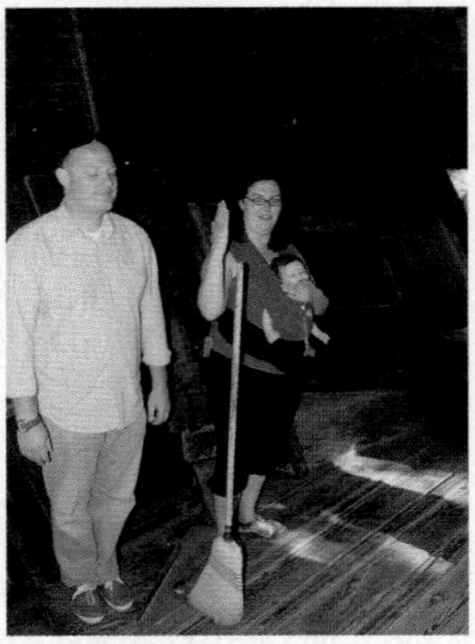
ほうきが立っている!?

2億年の歳月が造った洞窟　MP.260-A2

オレゴンケイブ国定公園
Oregon Caves National Monument & Preserve

オレゴンケイブのなりたちは、2億年という途方もない昔、火山で海と隔てられた海盆が、火山活動とプレート移動によって隆起したことに始まる。

断層によって海盆底からもちあげられた大理石層の割れ目に酸化した水が流れ込み、長い時間をかけて浸食し、地下水道が広がってできあがったのがこの洞窟だ。

この小さな入口の中に長い長い迷路が続いている

ポートランドやメッドフォードから来ると、US-199のCave JunctionからOR-46(Caves Hwy.)に入り、約30kmで到着だ。US-199からOR-46に入ってすぐの右側に**イリノイバレー・ビジターセンターIllinois Valley Visitor Center**があるので、ツアー時間や混雑具合など、確認してからケイブまで登っていこう。ローカル情報も得られる。国定公園内には**オレゴンケイブ国定公園観光案内所Oregon Caves National Monument & Preserve Visitor Center**もある。

洞窟の正面に木造のロッジがある

オレゴンボルテックス&ハウス・オブ・ミステリー
住4303 Sardine Creek Left Fork Rd., Gold Hill
☎(541) 855-1543
URLwww.oregonvortex.com
営毎日9:30〜15:00(時期により異なる)
料大人$22、シニア(62歳以上) $18.50、子供(6〜12歳) $16、5歳以下無料
行き方ローグバレー・インターナショナル・メッドフォード空港からI-5を西に16km行き、Exit 43でOR-99/OR-234に移る。Sadine Creek Rd.を北に6km。
グランツパスからI-5を東に20km、Exit 43でOR-99/OR-234に移る。Sardine Creek Rd.を北に6km。

オレゴンケイブ国定公園
住19000 Caves Hwy., Cave Junction
☎(541) 592-2100
URLwww.nps.gov/orca
料無料
行き方ローグバレー・インターナショナル・メッドフォード空港からI-5を35km北西に進み、Exit 55でUS-199に入る。南へ48km進み、OR-46を30km東へ。
ポートランドからはI-5を約390km南下し、Exit 55でUS-199Sに入る。南へ48km進み、OR-46を30km東へ。

i 観光案内所

オレゴンケイブ国定公園観光案内所
Oregon Caves National Monument & Preserve Visitor Center
MP. 260-A2
住21000 Caves Hwy., Cave Junction
☎(541) 592-2100
営〈5月中旬〉木〜月9:30〜17:00、〈5月下旬〜9月〉毎日9:30〜17:00

イリノイバレー・ビジターセンター
Illinois Valley Visitor Center
MP.260-A2
住201 Caves Hwy., Cave Junction
☎(541) 592-5125
営毎日8:30〜12:00、12:30〜16:00

洞窟ツアー Discovery Cave Tour

洞窟の中はネイチャーガイドに引率されて、1時間30分の洞窟ツアー（→側注）で回ることになる。季節によりツアーの回数も異なる。夏はたいへん混雑し、2時間待ちにまでなるので、事前に予約するか、午前中には到着したい。

洞窟内の気温は摂氏7℃程度なので、必ず上着を持っていこう。520段に及ぶ階段を上り下りすることになるので、健康上、不安のある人にはおすすめできない。また、身長約107cm未満の子供は入れないうえ、チャイルドケアサービスもないので注意すること。

ツアーのスタート前にトイレに行っておこう

クリフ・ネイチャー・トレイル Cliff Nature Trail

最も歩きやすく、見どころいっぱいのトレイルで、洞窟ツアーの終了地点（洞窟出口）からスタートできる。ほかに、ビッグ・ツリー・トレイルBig Tree Trailという観光案内所を起点とするケイブ内のトレイルもあるが、こちらは約5.6kmと長い距離で標高差（343m）もあるため、一般向きではない（所要約2時間30分）。

★★★ シェイクスピア・フェスティバルの町　Ⓜ P.260-B2

アシュランド Ashland

オレゴン南部の中心の町であるメッドフォードから20km南東に行ったアシュランド。人口2万1000人の町は、4月中旬から10月まで、**オレゴン・シェイクスピア・フェスティバル Oregon Shakespeare Festival**が催されることで全米に知れ渡る。1935年に始まったフェスティバルは、過去にはトニー賞も受賞した注目のイベント。毎年約40万人が来場し、約6の劇が演じられ、約800のイベントが行われる。

3つの劇場からなりたつ会場は町の中心に集まり、夏季には、夜の公演に先がけ劇場前の公園で無料のコンサートも催行される。アレン・エリザベサン・シアターAllen Elizabethan Theatreは、2階建てイングリッシュハウスがセットとして常設されている野外ステージ。約1200人を収容する最大の劇場だ。それに加え、屋内劇場のアンガス・バウマー劇場Angus Bowmer Theatreとトーマスシアター Thomas Theatreでは、**バックステージツアーBackstage Tour**も催行される。

オレゴン・シェイクスピア・フェスティバルのメイン会場であるアレン・エリザベサン・シアター

ダウンタウンは、メインストリートを中心に5ブロックほど。ショップやカフェ、レストランが並び、夏季は観光客でにぎわう。2022年10月には、リシアパーク Lithia Parkに日本庭園が再オープンした。

メインストリート沿いは、かわいらしいショップやカフェが並び、シェイクスピアの旗も掲げられている

洞窟ツアー
営〈5月下旬～9月上旬〉毎日10:00～16:00まで。催行回数は時期により異なる。
料大人$10、15歳以下$7
※9月中旬～5月中旬は洞窟ツアーがない。

クリフ・ネイチャー・トレイル
全長：1.6km（洞窟出口から1.1km）
所要時間：45分～1時間
標高差：23m（洞窟出口からトレイル終了まで）

アシュランド
車アシュランドは、ローグバレー・インターナショナル・メッドフォード空港から南東に24km。所要約30分。
ポートランドからはI-5を南に450km、Exit 19で下りる。所要約5時間30分。

ⓘ観光案内所
アシュランド観光案内所
Ashland Chamber of Commerce
ⓂP.260-B2
住110 E. Main St., Ashland
☎(541) 482-3486
URL www.ashlandchamber.com
営月～金10:00～15:00

オレゴン・シェイクスピア・フェスティバル
Box Office
住15 S. Pioneer St., Ashland
Free(1-800) 219-8161
営〈4月中旬～10月〉水18:00～20:00、木～土12:30～14:00、18:00～20:00、日12:30～14:00
URL www.osfashland.org
料$35～75
バックステージツアー
営〈2月中旬～10月〉火～日10:00、所要1時間45分
料$20

アシュランドダウンタウンから徒歩5分の所にあるリシアパーク

クレーターレイクの玄関口　ⓂP.260-B2

クラマスフォールズ Klamath Falls

アメリカ・インディアン（先住民）のクラマス族が居住していたことから、1893年クラマスフォールズと名付けられた街。8ブロックほどのダウンタウンにはカフェやショップが並ぶ。

アメリカで最も深い湖　ⓂP.260-B1

クレーターレイク国立公園 Crater Lake National Park

クレーターレイクは、7700年もの昔、標高3700mあったマウントマザマが大噴火を起こしたあとにできたカルデラ湖だ。大噴火は、セントヘレンズ火山の1980年の爆発のおよそ42倍で、山の3分の1が吹き飛んでしまったという。噴火口に水がたまってできた湖の深さはおよそ594m、全米でいちばん深い。遮るもののない高い標高にある湖面は、青い空を美しく映し出し、より味わい深い色へと変化させる。

リムビレッジから見たウィザード島

リムビレッジ　Rim Village

人気の宿泊施設、**クレーターレイク・ロッジCrater Lake Lodge**（→P.267）のあるリムビレッジが、公園の中心。リム観光案内所、カフェテリアや売店がある。

ボートツアー　Boat Tour

クレーターレイク・ロッジの対岸**クリートウッドコーブCleetwood Cove**から約2時間で湖を1周するボートツアー。リムドライブ沿いのクリートウッドコーブ駐車場から1.6kmの急坂（Cleetwood Cove Trail）を下って行く（30〜50分かかる）と乗り場がある。

シノット展望台　Sinnott Memorial Overlook

リムビレッジにある展望台。左にウィザード島、右には小さくファントムシップ島も見える。

リムドライブから見るファントムシップ島

ウィザード島　Wizard Island

湖の中にある高さ234mのミニ火山。ボートに乗って上陸できる。船着き場から山頂までのトレイルあり。

ファントムシップ島　Phantom Ship

幽霊船という奇妙な名前のついた島は、全長150m、幅60m。実物を見れば名前の由来も、「なーるほど」と思うはず。いくつかの突き上がる岩が、湖面に無気味な影を落とす。Kerr NotchやSun Notchから眺めるとその形がよくわかるだろう。

クラマスフォールズ
🚗ローグバレー・インターナショナル・メッドフォード空港からOR-140を東に110km行き、US-97に移る。出口275で下りた所。所要約1時間40分。

クレーターレイク国立公園
☎(541) 594-3000
URL www.nps.gov/crla
営24時間（冬季は閉鎖される入口あり）
料車1台につき$20〜30（時期により異なる）。7日間有効

ℹ観光案内所

スティール観光案内所
Steel Visitor Center
ⓂP.260-B1
営〈4月下旬〜11月上旬〉毎日9:00〜17:00、〈11月中旬〜4月中旬〉毎日10:00〜16:00

リム観光案内所
Rim Visitor Center
ⓂP.260-B1
営〈5月下旬〜9月下旬〉毎日9:30〜17:00

クレーターレイク国立公園への行き方
周辺は車でのみ移動が可能。ローグバレー・インターナショナル・メッドフォード空港からOR-62を北東へ130km（所要約2時間）で公園の南ゲートに着く。ポートランドからはI-5とOR-138を南下すると、公園の北ゲートまで約5時間50分（450km）。北ゲートは11〜5月の間閉鎖される。
湖を1周するリムドライブRim Driveは53km（所要約3時間）。冬季は閉鎖される。
夏季以外は、いちばん近いガソリンスタンドまで約56km（ChiloquinかProspect、Chemult）離れている。ガソリン残量に注意。
詳しくは、『地球の歩き方 B13 アメリカの国立公園』参照のこと。

ボートツアー
一部の座席はウェブサイト（URL www.travelcraterlake.com）で予約できる。残りは当日、クレーターレイク・ロッジのフロントデスク横にある自動券売機で購入可。ボート出発2時間前に発売を終了する。
ボートに乗る前にクリートウッドコーブ駐車場のチケットブースでチェックインすること。
Free (1-866) 292-6720
営6月下旬〜9月中旬の9:30〜15:45の15分〜2時間おき（天候により異なる）。ウィザード島に上陸できるツアーは、9:45と12:45
料$44、子供$30。ウィザード島ツアー：$55、子供$37

MEMO クラマスカウンティ観光局　**Discover Klamath**　ⓂP.260-B2　住205 Riverside Dr., Klamath Falls　☎(541)882-1501　URL discoverklamath.com　営月〜金9:00〜17:00（時期により異なる）

レストラン

R テラス席で飲むビールは気持ちいい　ビール&アメリカ料理／メッドフォード／MP.260-B2

コモン・ブロック・ブリューイング・カンパニー Common Block Brewing Company

看板メニューのペールエールやピルスナーなど10種類以上の樽生ビール（$4～）を常時取り揃える。ピザ（$13～）やフィッシュ&チップス（$16）、ハンバーガー（$13～）など、フードも豊富。オレンジやザクロ、チェリーのカクテル（$5～）は口当たりがよく、おいしい。

住315 E. 5th St., Medford
☎(541) 326-2277
URL www.commonblockbrewing.com
営毎日11:00～21:00
カード A M V

R アシュランドでいちばんの人気レストラン　アメリカ料理／アシュランド／MP.260-B2

ラークス・ホーム・キッチン・クイジーン Larks Home Kitchen Cuisine

毎日地元の農家から新鮮な食材を買い付けていることで評判のレストラン。シェフのデイモン・ジョーンズ氏が季節ごとに異なる料理を提供する。なかでも、定番のシーザーサラダ（$14）やステーキ（$40）が人気の一品だ。Ashland Springs Hotel（→P.267）に併設する。事前に予約をしておきたい。

住212 E. Main St., Ashland
☎(541) 488-5558
URL larksashland.com
営火～日17:00～20:00（金土～20:30）
休月
カード A M V

ワイナリー&テイスティングルーム

W オレゴン州初、スペイン産の黒ブドウ、テンプラニーリョを使ったワイン　ローズバーグ／MP.260-A1

アバセラワイナリー Abacela Winery

サンフランシスコで免疫学の研修医をしていたアール・ジョーンズ氏が、スペイン産の赤ワインを飲んだことがきっかけで、オレゴン州にワイナリーを創設。2023年のオレゴン・ワイン・アワードで最高金賞を受賞したTempranillo Fiestaがおすすめ。

住12500 Lookingglass Rd., Roseburg
☎(541) 679-6642
URL www.abacela.com
営毎日11:00～17:00
料試飲$20（ワイン5種類）
カード A M V

W ラベンダーとワインを一緒に楽しめる　メッドフォード／MP.260-B2

ドース・マリポーサ・ビンヤード&ラベンダー・ファーム Dos Mariposa Vineyard & Lavender Farm

2018年にミネソタ州からオレゴン州に移住してきたマーク&テリー夫妻。ふたりの娘アメリアとアデュリーンからインスピレーションを得て、スペイン語でちょうちょうの意味をもつドース・マリポサをワイナリーの名称にした。2021年にオープン初の収穫が終わった。ピノ・ノワールがおすすめ。

住3976 Bellinger Ln., Medford
☎(541) 224-7881
URL dosmariposasvineyards.com
営月木14:00～19:00、金～日12:00～20:00（日～19:00）
休火水
料試飲$10～12（ワイン4種類）
カード A M V

W 4世代にわたって続く農家が作るワイン　メッドフォード／MP.260-B2

ダンバーファームズ Dunbar Farms

約110年の歴史をもつ農場に併設するワイナリー&レストラン。ピザやパニーニ、サラダも食べられる。2010年にオレゴン・ワイン・コンペティションで最高金賞を受賞した2010 Dunbar Redがおすすめ。夏季の木～土曜夕方には、ライブミュージックも演奏される。

住2881 Hillcrest Rd., Medford
☎(541) 203-0612
URL www.dunbarfarms.com
営〈4～12月〉木～日11:30～20:00（日～18:00）
料試飲$10（ワイン4種類）
カード A M V

W オレゴン州南部で歴史ある果樹園のひとつ　メッドフォード／MP.260-B2

ロキシーアンワイナリー RoxyAnn Winery

1997年20エーカーの畑にブドウの苗木を植えたのが始まり。2001年に200ケースのクラレット（ボルドーの赤ワイン）が完成した。2023年現在は70エーカーまでワイン畑を広げ、17種類1万3000ケースを製造する。看板ワインのThe Jackがおすすめ。

住3283 Hillcrest Rd., Medford
☎(541) 776-2315
URL roxyann.com
営毎日12:00～19:00
料試飲$12（5種類）
カード A M V

MEMO ポートランド発クレーターレイクへの2泊3日ツアー　America's Hub World Tours　URL americashubworldtours.com/portland-to-crater-lake-3days-2nights　クレーターレイク・ツアー／営6～10月　料$1285～

ショップ

S 世界中に多くのファンをもつチーズメーカー　チーズ／セントラルポイント／MP.260-B2

ローグクリーマリー

Rogue Creamery

1928年創業のチーズ製造会社。ブルーチーズとチェダーチーズが有名で、国際的に権威ある賞を数多く受賞している。近隣の酪農場から新鮮な牛乳を仕入れ、90年以上にわたって伝わるレシピを使用。遺伝子組み換え成長ホルモンを使用しないのがおいしさの秘訣だとか。

住311 N. Front St., Central Point
☎(541) 200-2353
URLwww.roguecreamery.com
営毎日10:00～17:00
カードAMV

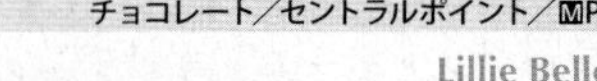

S ハンドメイドとオーガニックにこだわる　チョコレート／セントラルポイント／MP.260-B2

リリー・ベル・ファームズ

Lillie Belle Farms

自宅で作ったチョコレートトリュフを、ファーマーズマーケットで売っていたオーナーのジェフさん。彼のひと口サイズチョコのおいしさは口コミで広まり、数々の雑誌やTV番組で取り上げられるまでになった。彼が所有する2エーカーの畑で取れたフルーツを使用しているのも、こだわりのひとつ。

住211 N. Front St., Central Point
☎(541) 664-2815
URLwww.lilliebellefarms.com
営月～土10:00～17:00
休日
カードAMV

S テイラーファミリーが約100年ソーセージを作り続けてきた　食料品＆カフェ／ケイブジャンクション／MP.260-A2

テイラーズ・ソーセージ・カントリーストア

Taylor's Sausage Country Store

ソーセージやビーフジャーキー、サラミなどの加工食品も取り扱っている精肉店。カフェも併設しており、ホットドッグやハンバーガー、サラダなどを食べられる。毎週金曜の17:30～20:30まではライブミュージックの演奏もあり。

住202 Redwood Hwy., Cave Junction
☎(541) 592-5358
URLtaylorsausage.com
営毎日6:00～19:00(金～20:30、土7:00～、日8:00～)
カードAMV

ホテル

H 南国の雰囲気漂う　中級／メッドフォード／MP.260-B2

コンパスホテル・メッドフォード・バイ・マルガリータビル

Compass Hotel Medford by Margaritaville

メッドフォードダウンタウンから南へ5km行った所にある。ロビーエリアにコーヒーマシンやウオーターサーバーが置いてあるのがありがたい。ホテルで貸し出している自転車を利用すれば、近隣のカフェやスーパーマーケットまで7分ほど。無料の朝食付き。

住2399 S. Pacific Hwy., Medford, OR 97501　☎(541) 446-9700
URLwww.margaritavilleresorts.com/compass-hotel-medford
URLwww.compasshotel.com/medford
料ⓈⒹⓉ$149～339、Su$179～369
駐無料　Wi-Fi無料
カードAMV　111室(♿あり)

H 1924年に建てられた歴史あるロッジ　高級／グランツパス／MP.260-A2

ウィースクイン

Weasku Inn

グランツパスから車で10分の所にある。過去には、クラーク・ゲーブルやウォルト・ディズニーが宿泊した由緒ある宿泊地。1998年に改装工事を行ったので必要最小限のものは客室に備わり不自由しない。暖炉やジャクージの付いた部屋もある。朝食とアフタヌーン・オードブルは無料。

住5560 Rogue River Hwy., Grants Pass, OR 97527
☎(541) 471-8000　FAX(541) 471-7038
URLweasku.com
料ロッジ：ⓈⒹⓉ$158～299、
キャビン：ⓈⒹⓉ$236～336、
リバーハウス：$449～519
駐無料　Wi-Fi無料
カードAMV　19室(♿あり)

H ローグ川沿いに立ち、客室からの景色がいい　中級／グランツパス／MP.260-A2

ロッジ・アット・リバーサイド

The Lodge at Riverside

グランツパスダウンタウンの1km南にあるロッジ風のホテル。ヘルゲイト・ジェットボート乗り場やレストランのTaprock Northwest Grillまで歩いて1分、最寄りのスーパーまで車で約5分と便利だ。ロビーには暖炉があり、木目調の建物があたたかみを感じさせる。朝食は無料。

住955 S.E. 7th St., Grants Pass, OR 97526
☎(541) 955-0600
FAX(541) 955-0611
URLwww.thelodgeatriverside.com
料ⓈⒹⓉ$179～265、Su$359～
駐無料　Wi-Fi無料
カードAMV　33室(♿あり)

MEMO オレゴンケイブ国定公園やレッドウッド国立公園に近いカリフォルニア州のホテル　オレゴンケイブ国定公園への起点となるケイブジャンクションから40km南にある。**Patrick Creek Historic Lodge** 地P.260-A2↗

ホテル

H 洞窟の正面の落ち着いた宿　高級／ケイブジャンクション／MP.260-A2

シャトー・アット・オレゴンケイブ
The Chateau at the Oregon Caves

オレゴンケイブのまさに正面に位置する雄壮なロッジ。部屋の豪華さはないものの、広いラウンジから渓流を望む景観は抜群だ。ケイブの入口が見える部屋もある。ケイブ側から見ると、その大きな木造建築に圧倒される。2023年は改装工事により一時休館。2024年5月再オープン予定。

住20000 Caves Hwy., Cave Junction, OR 97523
☎(541) 592-3400
URL www.chateauoregoncaves.com
料ⓈⒹⓉ$109〜189、Su$185〜219
営5月上旬〜10月上旬
駐無料　Wi-Fi なし
カード A D M V　23室

H アシュランドダウンタウンの格式あるホテル　高級／アシュランド／MP.260-B2

アシュランド・スプリングス・ホテル
Ashland Springs Hotel

アシュランドのメイン通りに立つランドマーク的存在のホテル。重要文化財に認定されており、1925年完成の建物にリノベーションを行い2000年にオープンした。客室はこぎれいにまとまっている。朝食は無料。館内1階には地元の人に人気のレストラン、Larks Home Kitchen Cuisine（→P.265）が入る。

住212 E. Main St., Ashland, OR 97520
☎(541) 488-1700
Free(1-888) 795-4545
FAX(541) 488-0240
URL www.ashlandspringshotel.com
料ⓈⒹⓉ$134〜321、Su$188〜
駐無料　Wi-Fi 無料
カード A M V　70室(♿あり)

H ロマンティックに過ごしたいカップル向け　中級／アシュランド／MP.260-B2

リシア・スプリングス・リゾート
Lithia Springs Resort

アシュランドダウンタウンから車で5分の所にあるコテージ風のリゾート。全室に温泉が出るバスタブが備わる。白を基調とした部屋は清潔感があふれ女性に好評。中庭には鳥が集まる噴水や鯉が泳ぐ池もあり、都会の喧騒を忘れさせてくれる。朝食は無料。

住2165 W. Jackson Rd., Ashland, OR 97520
Free(1-800) 482-7128
URL lithiaspringsresort.com
料ⓈⒹⓉ$98〜249、Su$139〜299
駐無料　Wi-Fi 無料
カード A D M V　38室(♿あり)

H 併設するレストランのテラス席からの景色も最高　高級／クラマスフォールズ／MP.260-B2

ランニング・ワイ・リゾート
Running Y Resort

3600エーカー($14.5km^2$)の広大な敷地には、プロゴルファーの故アーノルド・パーマーが設計した18ホールのゴルフコースのほか、スパ施設やプール、スケート場、フィットネスセンターがある。ゴルフ場が見渡せるバルコニー付きのMountain View Roomがおすすめ。

住5500 Running Y Rd., Klamath Falls, OR 97601
☎(541) 850-5500
URL www.runningy.com
料ⓈⒹⓉ$129〜319、Su$299〜429
駐無料　Wi-Fi 無料
カード A M V　81室(♿あり)

H セオドア・ルーズベルトも愛した村にある　中級／プロスペクト／MP.260-B1

プロスペクト・ヒストリック・ホテル
Prospect Historic Hotel

プロスペクトは、クレーターレイク国立公園の南60kmにある小さな集落。1889年から旅行者を受け入れてきたのがプロスペクト・ヒストリック・ホテルだ。人里離れた小さな集落で、全室シャワー付きのかわいらしい部屋と、併設するディナーハウス(夏季)のおいしい料理に驚かされるだろう。

住391 Mill Creek Dr., Prospect, OR 97536
☎(541) 560-3664
Free(1-800) 944-6490
FAX(541) 560-3825
URL www.prospecthotel.com
料ⓈⒹⓉ$135〜235、Su$275〜350
駐無料　Wi-Fi 無料
カード M V　24室(♿あり)

H これ以上望めない最高ロケーション　高級／クレーターレイク／MP.260-B1

クレーターレイク・ロッジ
Crater Lake Lodge

朝焼けと夕焼けのクレーターレイクを堪能できる最高の宿。ロビーから右手は、大きな暖炉が燃え盛る美しいラウンジ。この雰囲気のよいラウンジとクレーターレイクの眺めで、いくらでも時間が過ぎていってしまいそう。当然いつも混雑しているので予約は早めに。

住565 Rim Dr., Crater Lake, OR 97604
Free(1-855) 866-1909
URL www.travelcraterlake.com
料ⓈⒹⓉ$209〜349
営5月中旬〜10月中旬
駐無料　Wi-Fi 無料
カード A D J M V　71室(♿あり)

↘住13950 Hwy. 199, Gasquet, CA 95543　☎(707)457-3323　URL www.patrickcreekhistoriclodge.com　料ホステル$95〜138、ロッジ$135〜181、スイート$180〜237、キャビン$265〜

レッドウッド国立&州立公園(CA)
Redwood National & State Parks

カリフォルニア州 ▶ 市外局番：707

オレゴン州から州境を越えカリフォルニア州北部へ、世界遺産のレッドウッドの森を目指す。北カリフォルニアに降る大量の雨と夏の霧が、レッドウッドの巨木の森を育んだ。オレゴン州から最も近いスタウトグローブへはホーランド・ヒル・ロードを走る。1周800mの巨木の森は、太古の力を宿している。

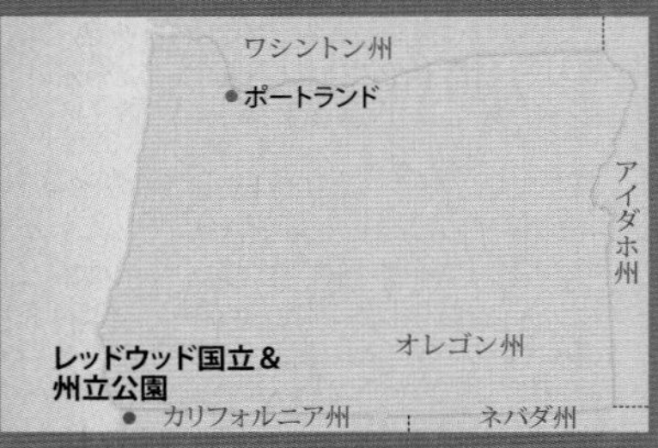

レッドウッド国立&州立公園
MP.12-A2
URL www.nps.gov/redw
料 無料

行き方

クレーターレイク国立公園からクレセントシティ・インフォメーション・センターへはOR-62を南西に進み、OR-234経由でI-5 N.に乗りExit 55で下りUS-199を南下する。280km、約4時間。ただし、OR-62は冬季に閉鎖する場合もあるので事前にウェブサイトなどで調べること。

i 観光案内所

クレセントシティ・インフォメーション・センター
Crescent City Information Center
住 1111 2nd St., Crescent City, CA
☎(707) 465-7306
営〈3～10月〉毎日9:00～17:00、〈11～2月〉木～月9:00～16:00

ヒオウチ・ビジターセンター
Hiouchi Visitor Center
場所 US-199沿い
☎(707) 458-3294
営〈3～10月〉毎日9:00～17:00、〈11～2月〉毎日9:00～16:00

レッドウッド国立&州立公園への行き方

オレゴンコーストからは、US-101を南へ走り、カリフォルニア州北部のクレセントシティCrescent Cityへ。公園は、ここからUS-101に沿って南へ約80kmの範囲に細長く延びており、東西に多くの見どころがある。ハイキングしたり、海岸まで下りたりして、さまざまな角度から巨木の魅力に迫ってみるといい。

なお、オレゴン州内陸部のグランツパスGrants Pass（→P.261）からは、US-199で州境を越え、Hiouchiの町の手前約1.6km地点に**ホーランド・ヒル・ロードHowland Hill Road**の入口がある。わかりにくいので、先にクレセントシティのインフォメーション・センターを訪れて地図を入手するといい。時間があればBoy Scout Treeなどの古木を訪れる**ボーイスカウト・ツリー・トレイルBoy Scout Tree Trail**（往復約8km、約4時間）を歩いてみたい。

ホーランド・ヒル・ロード　Howland Hill Road

クレセントシティから公園最北部へ入り、北東にあるHiouchiの町近くでUS-199に突き当たる片道16km、約50分の道路。**スタウトグローブ・トレイルStout Grove Trail**（1周1km、約30分）などのセコイアの森が続く。かなり狭いのでキャンピングカーや大型車での通行は無理だ。

COLUMN

地上で最ものっぽな生き物

恐竜時代には世界中に繁茂していたといわれるセコイアの木Sequoiasだが、生き残ったのは2種類だけ。ヨセミテ国立公園などに分布するジャイアントセコイア（ビッグツリー）と、背の高さが特徴のコーストレッドウッドだ。コーストレッドウッドの樹高は約100m。最高112mで、35階建てのビルに相当する。分布域はフォグベルトと呼ばれる多湿地帯。水分こそが巨木の森の生みの親だ。樹齢は600～2000年。コーストレッドウッドの樹皮は赤く、厚みが約30cmもあり、防虫、防腐、難燃性に優れたタンニンを含む。このため、木材として19～20世紀にひどく伐採され、原生林の約96%がすでに消滅したといわれる。絶滅寸前で保護され、1980年にユネスコの世界遺産にも登録された、とても貴重な森なのだ。

車&ツアーで行く国定公園

セントヘレンズ火山国定公園（WA）
Mount St. Helens National Volcanic Monument

ワシントン州 ▶ 市外局番：360

オレゴン州からのアクセスがよい、ワシントン州にあるセントヘレンズ火山国定公園。1980年に起こった大噴火は、20世紀後半に起こった噴火のなかで最大級といわれている。その後、2004年9月〜2008年8月まで小さな地震が頻繁に起こった。馬蹄形のクレーターを正面に見るジョンストンリッジから、マグマの鼓動を感じてほしい。

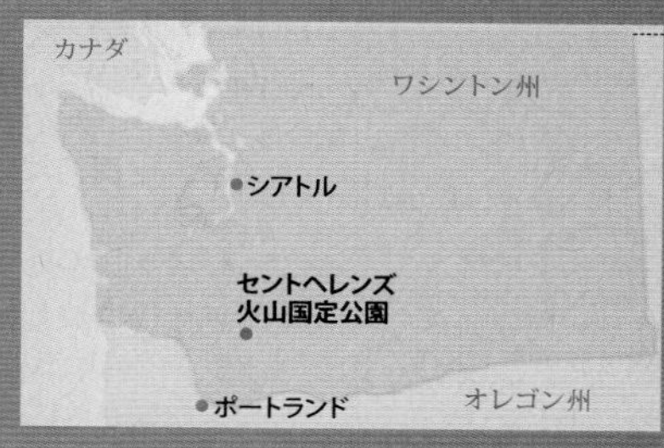

セントヘレンズ火山国定公園への行き方

車／レンタカー（ポートランドから） Rent-A-Car

セントヘレンズ山はワシントン州でも南寄りにあるため、ポートランドからアプローチしたほうが近い。ポートランドからI-5を北へ90km走り、Exit 49で下りてWA-504（Spirit Lake Hwy.）を東へ走ると、9kmほどで噴火の際に誕生したシルバーレイクSilver Lakeに出る。湖畔にシルバーレイク・ビジターセンター（→P.270）があるので立ち寄ろう。ここからジョンストンリッジ展望台（→P.271）までは一本道（WA-504）だ。ポートランドから展望台まで180km、約2時間30分。

車／レンタカー（シアトルから） Rent-A-Car

I-5を南へ190km走り、Exit 49で下りて東へ。あとは上記と同じ。シアトルから、ジョンストンリッジ展望台まで約3時間30分。

ツアー／Tour

夏季のみ、ポートランドから日帰りのバスツアーが出ている。ジョンストンリッジなど数ヵ所の展望台を訪れる。天候や火山の状態によっては中止になる。

火山灰にかすむセントヘレンズ火山

セントヘレンズ火山国定公園
MP.12-A1、P.270

i 観光案内所

セントヘレンズ火山国定公園ヘッドクオーターズ
Mount St. Helens National Volcanic Monument Headquaters
MP.270
住42218 N.E. Yale Bridge Rd., Amboy, WA
☎(360) 449-7800
URLwww.fs.usda.gov
営月〜金8:00〜16:00

ツアー
シー・トゥー・サミット
Sea To Summit
Mount St. Helens Tours
☎(503) 286-9333
URLseatosummit.net
営〈5月中旬〜10月下旬〉火木ポートランド9:00発（時期により異なる）
料$159（所要8時間30分〜9時間）

火山情報に注意
2023年8月現在、セントヘレンズ山の火山活動は沈静化しているが、警戒レベルによっては園内の道路が閉鎖されることがあるので、訪れる前にウェブサイトや電話で最新情報を確認のこと。
☎(360) 449-7800

山頂登山について
セントヘレンズ山では、人間による影響を最小限に抑えるために入山を厳しく制限している。登山を希望する人は必ず事前に入山許可証（$22。11〜3月は無料）を入手すること（→脚注）。足元は堆積物で歩きにくく、斜度もきつい。夏季で往復約8〜11時間。もちろん火山の状態によっては禁止されることもある。入山許可証は、2023年4/1〜5/14までは1日350人、5/15〜10/31までは1日110人に制限された。

MEMO 入山許可証（Climbing Permit） 4〜10月はウェブサイト（URLwww.mshinstitute.org）、11〜3月はスノーパーク・マーブル・マウンテンSno-Park Marble Mountain（MP.270右拡大図、住NF-83, Cougar）で入手できる。

セントヘレンズ火山国定公園の歩き方

2023年5月14日、ジョンストンリッジ展望台へ行くWA-504のマイルポスト49周辺で地滑りが起きた。そのため、2023年8月現在WA-504は通行止めになり、ジョンストンリッジ展望台は一時閉鎖している。2024年春、WA-504とジョンストンリッジ展望台は再開の予定。

アプローチ方法は北西から、北東から、南西からと3とおりあるが、圧倒的に人気があるのは北西からWA-504（Spirit Lake Hwy.）でシルバーレイク・ビジターセンターを経由してジョンストンリッジ展望台へ行くルート。セントヘレンズ火山は噴火の際、北西の山腹が大きく崩れたため、山頂が吹き飛んでできた馬蹄形クレーターや溶岩流の跡、溶岩ドームなどのドラマチックな風景は、北側からしか見ることができないからだ。途中にはいくつもの展望台やギフトショップがあり、走るに従って山が迫ってくる。

なお、セントヘレンズ火山周辺は森林局が管理しており、ビジターセンターへ入るのもトレイルを歩くのも有料！

観光案内所

シルバーレイク・ビジターセンター（セントヘレンズ火山観光案内所）
住3029 Spirit Lake Hwy., Castle Rock, WA
☎(360) 274-0962
URL www.parks.state.wa.us/245/Mount-St-Helens
営〈3月下旬～5月、9月下旬～10月〉毎日9:00～16:00、〈6月～9月中旬〉毎日9:00～17:00、〈11月～3月中旬〉木～月9:00～16:00
料大人＄5、7～17歳$2.50、家族チケット（大人2人＋子供人数制限なし）$15
車I-5のExit 49で下りてWA-504（Spirit Lake Hwy.）を東へ9km走る。ポートランドから約1時間15分。

セントヘレンズ火山国定公園のおもな見どころ

★★★ シルバーレイクの案内所で火山について知る M P.270

シルバーレイク・ビジターセンター（セントヘレンズ火山観光案内所）
Mount St. Helens Visitor Center at Silver Lake

シルバーレイクは2500年以上前の噴火の際、溶岩流が川をせき止めて生まれた湖。湖畔にあるビジターセンターで、まずは16分間のフィルムなどで予習を。噴火の歴史、被害の状況、その後の防災体制、生態学的視点からの展示も豊富だ。周囲の湿原には短いトレイルも整備されている。

ビジターセンターにある模型やジオラマで火山の全体像を把握しよう

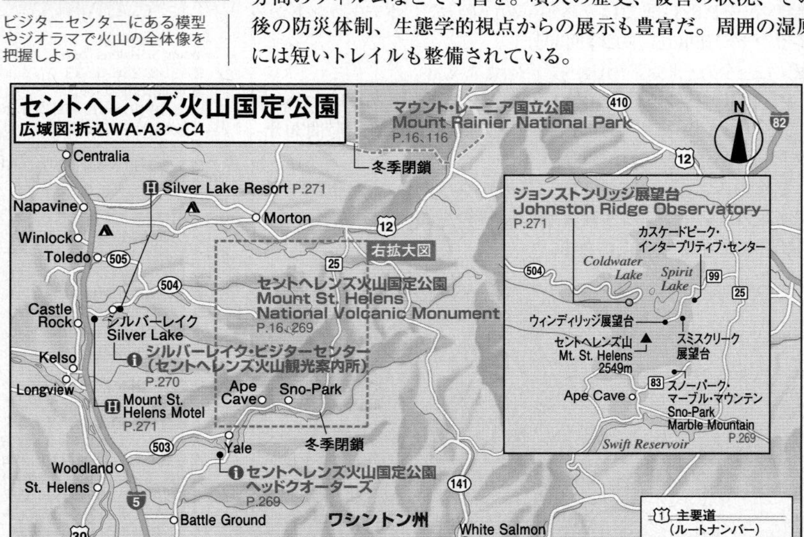

★★★ 標高1327mの尾根にある展望台 MP.270右拡大図

ジョンストンリッジ展望台 Johnston Ridge Observatory

火口が最もよく見える展望台。大噴火の際にここで観測をしていて犠牲になった火山学者デイビッド・ジョンストン氏をしのんで名づけられた。ここから火口までは9kmほどの距離で、馬蹄形のクレーターや溶岩ドーム、地滑りでできた堆積物を眺めることができる。まずは最新技術を駆使したワイドスクリーンによる噴火についての映像を観よう。

周辺の短いトレイルEruption Trail(800m)も歩いてみたい。1980年の噴火後、43年しかたっていない生々しい風景と、そこに力強く再生する緑に自然のドラマを感じるはずだ。**2023年8月現在、地滑りにより一時閉鎖中。**

ジョンストンリッジ展望台
住24000 Spirit Lake Hwy., Toutle, WA
☎(360) 274-2140
営〈5～10月〉毎日10:00～18:00
URLwww.fs.usda.gov
料$8

ホテル

H 湖畔の宿でフィッシング　中級／シルバーレイク／MP.270

シルバーレイク・リゾート Silver Lake Resort

セントヘレンズ火山国定公園のシルバーレイク・ビジターセンターから東へ約1.6km。シルバーレイクの湖畔にあり、部屋の目の前でフィッシングが楽しめるほどだ。バス、トラウト、ナマズなどが釣れるという。キッチン付きのモーテルのほか、キャビンやRVパークもあり。スタッフも親切で居心地がいい。

住3201 Spirit Lake Hwy., Silver Lake, WA 98645
☎(360) 274-6141
URLsilverlake-resort.com
料キャビン$119～191、モーテル$129～181
駐無料 Wi-Fi無料
カード M V　キャビン5室、モーテル7室

H I-5を下りてすぐにある　エコノミー／キャッスルロック／MP.270

マウント・セントヘレンズ・モーテル Mount St. Helens Motel

I-5のExit 49を下りてすぐの所にあり、レンタカー利用者には便利。朝は受付ロビーエリアに、簡単なペストリーとコーヒーのサービスがあって朝食代わりになる。何の飾り立てもないが、客室は広く、清潔で最低限のものは揃っている。

住1340 Mount St. Helens Way N.E., Castle Rock, WA 98611
☎FAX(360) 274-7721
URLwww.mountsthelensmotel.com
料ⓈⒹⓉ$105～150
駐無料 Wi-Fi無料
カード A D M V　33室

COLUMN セントヘレンズ大噴火

標高2549m（8363フィート）のセントヘレンズ山は、カスケード山脈のなかでも最も活動的な成層火山で、過去4000年の間に10回以上噴火している。1980年3月下旬、当時の標高2950mだったこの山で火山性地震が始まり、山頂で水蒸気爆発。北側斜面の一部が1日に2mという勢いで膨張し始めた。

5月18日朝8時32分、山頂直下で起きた地震によって100mにまで膨張した箇所がついに山体崩壊を起こし、30分後にはマグマ本体が噴出して大噴火。岩屑流が最大時速250kmという猛スピードで斜面を駆け下り、57人の犠牲者を出した。川は土石流や泥流で埋め尽くされ、約62km²の森が失われる。爆風による被害も大きく、山頂から10km離れた場所で観測をしていた研究者が爆風でトレーラーごと吹き飛ばされ、直径2mもある大木がなぎ倒された。標高は400m低くなり、堆積物の厚みは100m以上といわれる。約9時間に及ぶ噴火によって噴煙が上空24kmにまで達し、約2週間で地球を1周して世界中の空を覆った。噴出した軽石は北斜面に、火山灰は風に乗ってアメリカ東海岸にまで降り注ぐ。クレーター内に出現した溶岩ドームは、その後も6年間にわたって成長と崩壊を繰り返し、最終的に直径1kmに達した。

噴火の1年後には、すでに山麓で植物が確認されている。最初に発見されたのはルピナス（ハウチワマメ）だったという。40年以上かけてやっと生長した貴重な植物に影響を与えないよう、WA-504沿いのトレイルなど、おもな場所ではペットを連れての立ち入りは禁止されている。

コーヒーメーカー　冷蔵庫／ミニバー　バスタブ　ドライヤー　BOX 室内金庫　ルームサービス　レストラン　F フィットネスセンター／プール　コンシェルジュ　J 日本語スタッフ　コインランドリー／当日仕上げクリーニング　WiFi ワイヤレスインターネット接続　P 駐車場

あなたの**旅の体験談**をお送りください

「地球の歩き方」は、たくさんの旅行者からご協力をいただいて、
改訂版や新刊を制作しています。
あなたの旅の体験や貴重な情報を、これから旅に出る人たちへ分けてあげてください。
なお、お送りいただいたご投稿がガイドブックに掲載された場合は、
初回掲載本を1冊プレゼントします！

ご投稿はインターネットから！

URL www.arukikata.co.jp/guidebook/toukou.html
画像も送れるカンタン「投稿フォーム」
※左記のQRコードをスマートフォンなどで読み取ってアクセス！

または「地球の歩き方　投稿」で検索してもすぐに見つかります

▶投稿にあたってのお願い

★ご投稿は、次のような《テーマ》に分けてお書きください。

《新発見》――――ガイドブック未掲載のレストラン、ホテル、ショップなどの情報
《旅の提案》―――未掲載の町や見どころ、新しいルートや楽しみ方などの情報
《アドバイス》――旅先で工夫したこと、注意したこと、トラブル体験など
《訂正・反論》―――掲載されている記事・データの追加修正や更新、異論、反論など

※記入例「○○編20XX年度版△△ページ掲載の□□ホテルが移転していました……」

★データはできるだけ正確に。

ホテルやレストランなどの情報は、名称、住所、電話番号、アクセスなどを正確にお書きください。
ウェブサイトのURLや地図などは画像でご投稿いただくのもおすすめです。

★ご自身の体験をお寄せください。

雑誌やインターネット上の情報などの丸写しはせず、実際の体験に基づいた具体的な情報をお待ちしています。

▶ご確認ください

※採用されたご投稿は、必ずしも該当タイトルに掲載されるわけではありません。関連他タイトルへの掲載もありえます。
※例えば「新しい市内交通パスが発売されている」など、すでに編集部で取材・調査を終えているものと同内容のご投稿をいただいた場合は、ご投稿を採用したとはみなされず掲載本をプレゼントできないケースがあります。
※当社は個人情報を第三者へ提供いたしません。また、ご記入いただきましたご自身の情報については、ご投稿内容の確認や掲載本の送付などの用途以外には使用いたしません。
※ご投稿の採用の可否についてのお問い合わせはご遠慮ください。
※原稿は原文を尊重しますが、スペースなどの関係で編集部でリライトする場合があります。

Travel Tips
旅の準備と技術

旅の準備

旅の技術

旅の準備 旅の情報収集

インターネットの普及で、いつでもアメリカの情報を得ることが容易になった。特に、観光局のホームページでは観光やイベントの情報、さまざまなケースを想定したモデルプランなどの情報が満載だ。現地では観光案内所で情報収集するのがおすすめ。

日本での情報収集

旅行会社では、パンフレットの商品以外にも航空券、レンタカー、宿の手配なども行っている。細かなリクエストにも対応できるので、まずは旅行会社で相談してみよう。このほか、観光局などの公式ウェブサイトにアクセスすれば、最新の情報が入手できる。

▶シアトル・ワシントン州観光事務所
URL www.visitseattle.jp

▶ポートランド観光協会 日本事務所
☎ (03) 6261-5733
URL travelportland.jp
E TravelPortland.Japan@aviareps.com

▶オレゴン州観光局 日本事務所
☎ (03) 6261-5464
URL traveloregon.jp　E traveloregon.jp@aviareps.com

現地での情報収集

街の概略をつかむための資料を入手するには、観光案内所を利用するといい。通常、人が多く集まる場所や空港、幹線道路沿いなどにも車で立ち寄れる案内所が設けられている。おおむねスタッフが常駐しており、直接質問ができる。なかには、美術館や博物館の入場券をセットにしたパスやアトラクションのチケットを販売しているところもあるので、ぜひ立ち寄ってみよう。現地情報誌（→側注）も役に立つ。

便利なウェブサイト

▶観光局、観光案内所など

●ワシントン州

▶シアトル観光局 URL visitseattle.org
▶サンファンアイランド観光案内所 URL www.sanjuanisland.org
▶キトサップ半島観光局 URL www.visitkitsap.com
▶カスケードループ観光協会 URL www.cascadeloop.com
▶レベンワース観光案内所 URL leavenworth.org

●オレゴン州

▶ポートランド観光協会 URL travelportland.jp〈日本語〉
▶オレゴン州観光局 URL traveloregon.jp〈日本語〉
▶フッドリバー観光案内所 URL visithoodriver.com
▶マウントフッドテリトリー観光局 URL www.mthoodterritory.com
▶ユージーン・カスケード&コースト観光案内所 URL www.eugenecascadescoast.org
▶マッケンジーリバー・レンジャーステーション URL www.fs.usda.gov/main/willamette
▶セントラルオレゴン観光協会 URL visitcentraloregon.com

観光案内所では
地図、バスなどの公共交通機関の時刻表や路線図、観光ガイドのパンフレット類を入手したい。宿を決めていない人にはホテルリストの配布や予約を行っているところもある。

シアトルとポートランドの情報誌
シアトルの現地の情報源として有力なのが、「SoySource」や「Lighthouse」など。日系スーパーや日本食レストランなどで入手できる。ポートランドでは、日本語のフリーペーパー「Lighthouse」のほか、英語のタウン誌「Willamette Week」などが街角のスタンドで入手可。無料。

●SoySource
URL www.soysource.net
●Lighthouse（シアトル&ポートランド）
URL www.youmaga.com
●Willamette Week
URL www.wweek.com

旅の総合情報
●外務省・海外安全ホームページ
URL www.anzen.mofa.go.jp
●地球の歩き方
URL www.arukikata.co.jp
●アメリカの国立公園局
URL www.nps.gov

観光案内所（ワシントン州）
●ウェナチーバレー観光案内所
URL wenatchee.org
●シェラン湖観光案内所
URL www.lakechelan.com
●ウィンスロップ観光案内所
URL www.winthropwashington.com
●ラ・コナー観光案内所
URL www.lovelaconner.com

観光案内所（オレゴン州）
●サザンオレゴン観光局
URL www.southernoregon.org

ポータルサイト（日本語）
●ジャングルシティ
URL www.junglecity.com
●Soysource
URL soysource.net
●ライトハウス
URL www.youmaga.com（シアトル）
URL www.youmaga.com/portland（ポートランド）

MEMO **コンシェルジュ**　ホテルのコンシェルジュを頼ってみるのもひとつの方法。コンシェルジュとは、宿泊客のあらゆる要望に対応するホテルスタッフの一員で、ベテランホテルマンが務めている場合が多い。サー↗

レストラン

R ローカル食材が基本のロハスなレストラン　ノースウエスト料理／フッドリバー／M P.215-B

セライロ・レストラン & バー

Celilo Restaurant & Bar

缶詰工場として使われていた建物を解体し、その廃材を使って再建されたロハスなレストラン。食材も地元産のオーガニックにこだわり、新鮮でおいしいノースウエスト料理が食べられる。ひと皿ひと皿が見た目にも美しく、かつ斬新。おしゃれな人々が集う場所であり、バーも渋い。メインは$17～。

住16 Oak St., Hood River
☎(541) 386-5710
URL www.celilorestaurant.com
営火～土17:00～21:00
休日月
カード A M V

R フッドリバー自慢の地ビール屋　ブリュワリー／フッドリバー／M P.215-B

フル・セイル・ブリューパブ

Full Sail Brew Pub

1987年に地ビール製造を始めた。醸造所の奥がカウンターとテーブル席があるビアバー。人気はペールエールやアンバーエールで、パイントが$7～、グラスが$5.50～。サンドイッチやハンバーガー（$15～）、サラダ、フィッシュ&チップスなどが食べられる。2021年のニューヨーク国際ビール・コンペティションでIPAが金賞を受賞した。

住506 Columbia St., Hood River
☎(541) 386-2247
URL www.fullsailbrewing.com
営毎日11:00～20:00
カード A M V

R 2012年の創業以来、数々の賞を受賞している　ブリュワリー／フッドリバー／M P.215-B

フリーム・ファミリー・ブリュワーズ

pFriem Family Brewers

1年をとおして、約20種類の樽生ビールを提供している。2022年のオレゴン・ビア・アワードで金賞を受賞したピルスナーや2021年のグレート・アメリカン・ビア・フェスティバルで銅賞を獲得したIPAを味わいたい。ハンバーガーは$16、サラダは$10～。

住707 Portway Ave., #101, Hood River
☎(541) 321-0490
URL www.pfriembeer.com
営毎日11:00～21:00
カード A M V

ホテル

H コロンビア峡谷の快適リゾート　中級／スティーブンソン／M P.210-A1

スカマニアロッジ

Skamania Lodge

コロンビア峡谷のワシントン州側にある川を望むリゾート。木造の玄関を入ると、大きな暖炉と大窓の風景が出迎えてくれる。アメリカ・インディアンのラグデザインがあちこちに飾られているので落ち着く。客室も広くリゾート気分満点。ゴルフやスパ、ハイキングで極上の休日を！

住1131 S.W. Skamania Lodge Way, Stevenson, WA 98648
☎(509) 314-4177
URL www.skamania.com
料ⓈⒹⓉ$189～409、Ⓢⓤ$314～619、ツリーハウス$589～799
駐無料　Wi-Fi 無料
カード A D M V　254室（♿あり）

H ヨーロッパの田園を思わせる雰囲気　エコノミー／トラウトデール／M P.210-A2

マクミナミンズエッジフィールド

McMenamins Edgefield

もとは郡の貧困者収容所だった。レトロ調の館内と田園風景を思わせる敷地は、おとぎの国にタイムスリップしてしまいそう。町へ行き来するよりはのんびり過ごしたいところ。マックス・ライトレイル・ブルー、グリーン、レッドラインのNE 82nd Ave駅からバス#77で約30分。

住2126 S.W. Halsey St., Troutdale, OR 97060
☎(503) 669-8610
URL www.mcmenamins.com
料ドミトリー$45～、バス共同ⓈⒹⓉ$69～240、ⓈⒹⓉ$225～295
駐無料　Wi-Fi 無料
カード A M V　138室（♿あり）

H ヨーロピアンエレガンスを感じるプチホテル　中級／フッドリバー／M P.215-B

フッドリバー・ホテル

Hood River Hotel

フッドリバーのダウンタウンにある1912年創業のホテル。赤いれんが造りの外観や天井の高いロビーのインテリア、置いてあるベッドや家具がそれぞれ違う客室など、ヨーロッパのカントリーインのようにおしゃれ。スイートルームにはキッチンが付いているので長期滞在にいい。

住102 Oak St., Hood River, OR 97031
☎(541) 386-1900
Free (1-800) 386-1859
FAX (541) 386-6090
URL hoodriverhotel.com
料ⓈⒹⓉ$98～204、Ⓢⓤ$127～365、ドミトリー$59～99
駐$15　Wi-Fi 無料
カード A M V　40室

MEMO Columbia Gorge Hotel & Spa　39室の豪華リゾート。M P.215-A外　住4000 Westcliff Dr., Hood River, OR 97031　☎(541) 386-5566　FAX (541) 386-9141　URL www.columbiagorgehotel.com　料ⓈⒹⓉ$159～399、Ⓢⓤ$259～479

★★★ 古きよき小さな町

フッドリバー Hood River

MP.210-B1、P.215

カスケードロックスから東へ30kmほど行った所にある。マウントフッド（→P.217）の麓の町として、1年をとおして観光客でにぎわう。コロンビア川を見下ろす小高い丘の上にある小さな町だが、20世紀初頭は鉄道駅があったため栄えていたという。今でもビクトリア様式建築やイギリス田園風家屋、古い階段などが残り、当時の面影を残している。コロンビア川、フッド川以外にも北にはマウントアダムス、南にはマウントフッドの美しい姿を眺めることができ、自然環境にも恵まれている土地だ。アウトドアスポーツが盛んで、特にフッドリバーの町近くのコロンビア川はウインドサーフィンの好適地として有名だ。さらに、フライフィッシングやカヤック、スタンドアップ・パドルボード（SUP）、乗馬、ゴルフなども楽しめる。そのほか、地ビールや果樹、ワインの栽培も盛んで、日系人が多く暮らしているという。

町のメインストリート、Oak St.界隈

行き方

グレイハウンド
住110 Cascade Ave., Hood River
URL www.greyhound.com
ポートランドから1日1便、所要1時間5分。
料$21〜

コロンビア峡谷エクスプレス
URL www.ridecatbus.org/columbia-gorge-express/
営毎日6:50〜18:50の間、1日10便。時期により異なる
料片道 $10

車
ポートランドからI-84を東に100km。所要約1時間20分。

観光案内所

フッドリバー観光案内所
Hood River County Chamber of Commerce & Visitor Center
MP.215-B
住300 E. Port Marina Dr., Hood River
☎(541) 386-2000
URL visithoodriver.com
営月〜金9:30〜16:00（時期により異なる）

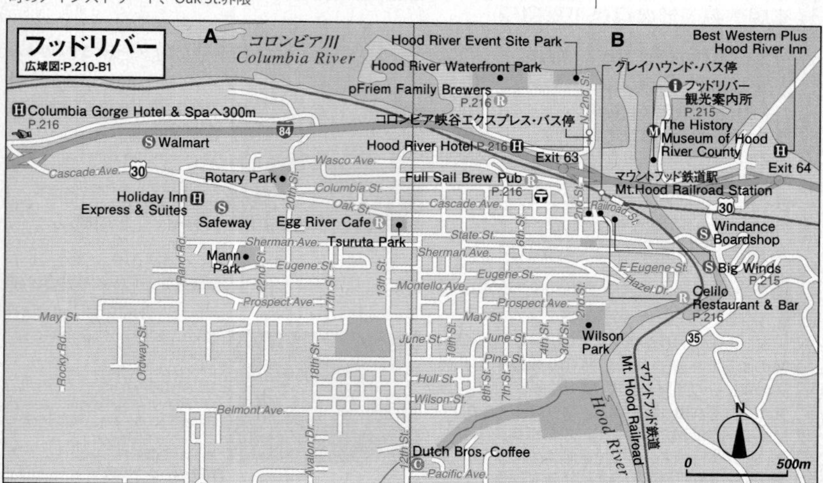

旅の準備

旅のシーズン

国土が広いアメリカは、州や都市によって気候もさまざま。北米大陸西海岸の北部に位置するワシントン州やオレゴン州は、カスケード山脈を境に東部と西部で気象条件が異なる。快適な旅を望むなら、目的地の気候を把握して計画することも大事だ。

ワシントン州とオレゴン州の気候

ワシントン州（シアトル）とオレゴン州（ポートランド）は、西岸海洋性気候に属している。シアトルやポートランドの緯度は北海道よりも北にあるが、太平洋とカスケード山脈に挟まれているため比較的温暖で、冬でもめったに雪は降らない。10〜4月が雨季。5〜9月がベストシーズンで気候が安定している。なお、カスケード山脈より東は、大陸性気候で降水量が少なく、乾燥している。

服装について

春秋は長袖のシャツ1枚でいい。夏は基本的に半袖でよい。ただし、春から秋の朝晩の冷えと屋内の冷房対策として、カーディガンなどの長袖を用意しておこう。秋から春の雨対策には、傘を持つよりも撥水性のあるフード付きのジャンパー（カッパ）などで対応するとよい。冬は日本で着用するようなジャンパー、コート、ダウンジャケットがあれば十分。

アメリカの温度の単位

アメリカでは気温や体温などの温度は、華氏（°F）で表示されるのが一般的。摂氏（℃）への換算は、下の表と側注を参照。

温度換算表

摂氏(℃)	−20	−10	0	10	20	30	40	100
華氏(°F)	−4	14	32(氷点)	50	68	86	104	212(沸点)

月別平均降水量と平均気温
→P.10

日本との時差早見表
→P.11

世界の天気
気象予報のサイトなどで現地の状況を確認しておけば、旅の適切な準備が可能だ。
●**地球の歩き方**
世界の天気＆服装ナビ
URL www.arukikata.co.jp/weather
●**日本気象協会**
URL tenki.jp/world

アメリカのおもな気候
（ケッペン気候区分）
A　西岸海洋性気候
おもな都市：シアトル、ポートランド
B　地中海性気候
おもな都市：ロスアンゼルス、サンフランシスコ
C　乾燥帯砂漠気候
おもな都市：ラスベガス、フェニックス
D　乾燥帯ステップ気候
おもな都市：デンバー
E　亜寒帯湿潤気候
おもな都市：ミネアポリス、デトロイト
F　夏暖冷帯湿潤気候
おもな都市：ニューヨーク
G　温帯湿潤気候
おもな都市：アトランタ、ニューオリンズ
H　熱帯モンスーン気候
おもな都市：マイアミ

華氏⇔摂氏の換算
●**華氏**
＝(摂氏×9／5)＋32
●**摂氏**
＝(華氏−32)×5／9
ひとつの目安として、摂氏0度＝華氏32度を起点にして、だいたい摂氏1度増減すると、華氏は約1.8度増減すると覚えておくとよい。

↘ビスの内容は幅広く、劇場のチケットや飛行機、列車の切符の手配、レストラン紹介や予約、ビジネスサポートなどを行う。なお、コンシェルジュに要望したサービスの提供を受けた場合は、難易度に応じた額のチップを手渡そう。

イベントカレンダー

	1月 January	2月 February	3月 March	4月 April	5月 May	6月 June
シアトル 日の出	7:58	7:36	6:50	6:48	5:52	5:16
シアトル 日の入	16:29	17:11	17:55	19:40	20:22	21:00
ポートランド 日の出	7:51	7:32	6:49	6:48	5:59	5:25
ポートランド 日の入	16:39	17:18	17:58	19:40	20:18	20:53
サマータイム			3月第2日曜から			
ワシントン州&オレゴン州の祝祭日	**1日** 新年元日 New Year's Day **第3月曜** マーチン・ルーサー・キングの日 Martin Luther King, Jr.'s Birthday	**第3月曜** 大統領の日 Presidents' Day			**最終月曜** メモリアルデイ（戦没者追悼の日） Memorial Day	**19日** ジューンティーンス（奴隷解放記念日） Juneteenth
シアトル&ワシントン州のイベント	**シェラン湖ウィンターフェスト** Lake Chelan Winterfest（2024年1月12～21日）シェラン湖周辺で開催される冬のお祭り。氷の彫刻が展示されるほか、アイスで囲まれたドリンクバーも出店する。夜には花火が打ち上げられる。	**ノースウエスト・フラワー&ガーデン・ショー** Northwest Flowers & Garden Show（2024年2月14～18日）シアトル・コンベンションセンターで開催される大規模なフラワーショー。盆栽や生け花などが展示され、ガーデニング用品の販売もある。	**セント・パトリック・デイ・パレード** St. Patrick's Day Parade（2024年3月17日）アイルランドにキリスト教を広めたセント・パトリックの命日に、ダウンタウンからシアトルセンターまでアイルランド系アメリカ人がパレードする。	**スカジットバレー・チューリップ・フェスティバル** Skagit Valley Tulip Festival（2024年4月1～30日）シアトルの100km北にあるスカジット川流域で開催される祭典。色とりどりのチューリップが一面に広がる。	**シアトル国際映画祭** Seattle International Film Festival（5月中旬）ダウンタウンにある劇場やホールで開催される映画祭。250のドキュメンタリーフィルムと150の短編映画が出品され、毎年17万人以上が参加する。	**シアトル・プライド** Seattle Pride（2024年6月1～30日）LGBTQを支援しようとするイベントが1ヵ月間行われる。キャピトルヒルを中心にパレードが行われたり、音楽祭が開催されたりする。
ポートランド&オレゴン州のイベント	**ファータイル・グラウンド・フェスティバル** Fertile Ground Festival（1月下旬）2009年から始まった約10日間の芸術祭。地元アーティストによる演劇やアートイベントがポートランドダウンタウンで行われる。	**ポートランド・ジャズ・フェスティバル** Portland Jazz Festival（2月中旬～下旬）ポートランド市内のコンサートホールやライブ会場で行われるジャズフェスティバル。毎年約3万人が来場する。	**ウドゥンシュー・チューリップ・フェスティバル** Wooden Shoe Tulip Festival（3月中旬～4月）ポートランドの南約50kmのウッドバーンで行われるチューリップのお祭り。40エーカーの畑に100万本のチューリップが咲く。	**ペアブロッサム・パレード&フェスティバル** Pear Blossom Parade & Festival（4月上旬）メッドフォードで行われる、春の到来を祝うイベント。近隣のワイナリーやブリュワリー、レストランなどの露店が出る。	**シンコ・デ・マヨ** Cinco de Mayo（5月上旬）ダウンタウンのトム・マッコール・ウオーターフロントパークで行われるメキシコのお祭り。屋台が出たり、ライブ演奏（マリアッチ演奏）が行われたりする。	**ポートランド・ローズ・フェスティバル** Portland Rose Festival（5月下旬～6月上旬）1907年から続く「バラの都」ポートランド最大のお祭り。色とりどりの花で飾られた山車のパレードやカーニバル、ボートのレースなどが楽しめる。
セール	**ニューイヤーズデイ・セール**	**バレンタインデイ・セール**		**イースターデイ・セール**		**サマーセール**

※日の出、日の入りは2023年の毎月1日の予測時間。

シアトルホテルのハイシーズン

ポートランドホテルのハイシーズン

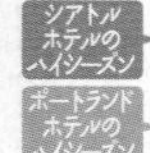

冬

11～3月は比較的雨の多い時期。日没後はぐっと冷え込むので、コートやダウンジャケットなどを持参すること。

春

日中と夜の温度差が激しい。カーディガンなど温度調節しやすい服装で。

	7月 July	8月 August	9月 September	10月 October	11月 November	12月 December
シアトル 日の出	5:16	5:47	6:28	7:08	7:53	7:37
シアトル 日の入	21:12	20:45	19:51	18:50	17:53	16:21
ポートランド 日の出	5:26	5:55	6:32	7:09	7:50	7:30
ポートランド 日の入	21:04	20:40	19:49	18:52	17:59	16:30
サマータイム	→	→	→	→	11月第1日曜	
ワシントン州&オレゴン州の祝祭日	**4日** 独立記念日 Independence Day		**第1月曜** レイバーデイ（労働者の日） Labor Day	**第2月曜** インディジェナス・ピープルズ・デイ（先住民の日） Indigenous People's Day	**11日** ベテランズデイ（退役軍人の日） Veterans Day **第4木曜** サンクスギビングデイ Thanksgiving Day ※ワシントン州とオレゴン州では翌日の金曜も祝日扱い	**25日** クリスマス Christmas Day
シアトルホテルのハイシーズン	■	■	■	■	■	
ポートランドホテルのハイシーズン	■	■				
シアトル&ワシントン州のイベント	**シーフェア** **Seafair** （7月上旬～8月中旬） ワシントン州最大のイベントのひとつ。海軍飛行隊のブルーエンゼルスが空中飛行を披露する航空ショーが開催される。7月4日ユニオン湖に花火が打ち上がる。	**ワシントン州インターナショナル・カイト・フェスティバル** **Washington State International Kite Festival** （8月中旬～下旬） シアトルの南西270kmにあるロングビーチの海岸で、世界中から集まった凧作りのファンが凧揚げを競う。	**フリーモント・オクトーバーフェスト** **Fremont Oktoberfest** （9月中旬） フリーモントで行われるビールのお祭り。クラフトビールやサイダー、フードの露店が100軒以上出る。	**オイスターフェス** **Oyster Fest** （10月上旬） シアトルの南西75kmにあるシェルトンで行われるシーフードのフェスティバル。カキの殻を開ける時間を競う大会も催される。	**イアーショット・ジャズ・フェスティバル** **Earshot Jazz Festival** （10月中旬～11月中旬） 50以上のジャズコンサートがシアトル市内約10ヵ所のコンサートホールやライブハウスなどで行われる。	**スペースニードル・ファイアーワークス** **Space Needle Fireworks** （2023年12月31日） 大晦日の夜から元日にかけて、スペースニードルの周りでは色鮮やかな花火が打ち上げられ、カウントダウンが行われる。
ポートランド&オレゴン州のイベント	**ウオーターフロント・ブルース・フェスティバル** **Waterfront Blues Festival** （7月上旬） トム・マッコール・ウオーターフロントパークで行われるブルースのコンサート。世界的に有名なミュージシャンも出演する。	**プロビデンス・ブリッジ・ペダル** **Providence Bridge Pedal** （8月中旬） ポートランド市内に架かる橋を一部通行制限し、自転車・歩行者専用道にするイベント。普段車上からしか見ることができない光景が見られる。	**ポートランド・グランプリ** **Grand Prix of Portland** （9月上旬） ポートランドの郊外で行われるインディーカーのレース。2018年には日本人レーシングドライバーの佐藤琢磨氏が優勝した。	**ポートランドマラソン** **Portland Marathon** （10月上旬） 1972年から続く日本人にも人気があるマラソン大会。トム・マッコール・ウオーターフロントパークから出発し、セルウッドを経由してダウンタウンに戻ってくる。	**ホリデイ・ツリー・ライトニング** **Holiday Tree Lightning** （11月中旬～12月） パイオニア・コートハウス・スクエアやピトック邸では、クリスマスの飾り付けが施され、ライトアップされる。	**パレード・オブ・クリスマス・シップス** **Parade of Christmas Ships** （12月初旬～中旬） ライトアップされた60隻のボートが、日没後ウィラメット川とコロンビア川を行き来する。
セール	**独立記念日セール**	**バック・トゥ・スクール・セール**	**レイバーデイ・セール**		**ブラックフライデイ** （サンクスギビングの翌日。量販店を中心に大型セール） **アフターサンクスギビング・セール**	**アフタークリスマス・セール**

夏

乾燥しているため、日中は温度が高いわりには過ごしやすい。日没後でもシャツ1枚で十分。

秋

日中は涼しく過ごしやすいが、日没後は肌寒く感じるので上着を忘れずに。

旅のモデルルート

2都市を拠点に世界遺産と国立公園の旅・2週間

❶ 日本 ➡ シアトル（空港でレンタカー）
❷ シアトル：市内観光
❸ マウント・レーニア国立公園に日帰りドライブ
❹～❼ オリンピック国立公園へドライブ
❽ シアトルへ戻る
❾ シアトル ➡ 空路セントラルオレゴンのレドモンド空港へ。空港でレンタカー。ベンド近郊のリゾート滞在
❿ ジョン・デイ化石層国定公園へドライブ
⓫ ベンド近郊のリゾート滞在
⓬ レドモンド ➡ バスでポートランドへ
⓭ ポートランド市内観光
⓮ ポートランド ➡ 日本着（翌日）
▶ レンタカーで世界遺産のオリンピック国立公園を周遊。

シアトルを拠点にワシントン州を周遊・12日間

❶ 日本 ➡ シアトル
❷ シアトル：街歩き
❸ シアトル：アクティビティ
❹～❽ レンタカーでカスケードループへドライブの旅。レベンワース、シェラン、ノースカスケード国立公園を訪ねる
❾ シアトル：ロハスなレストラン巡り
❿ 鉄道でポートランドへ
⓫ ポートランド滞在
⓬ ポートランド ➡ 日本着（翌日）
▶ 山岳ドライブルートとして知られるカスケードループをドライブする旅。長大なルートなので日程に余裕をもって計画することが大切。シアトルでは街歩きを堪能。最後に、鉄道でポートランドも訪れる「夏」の旅。

ポートランドを拠点にオレゴン州を周遊・12日間

❶ 日本 ➡ ポートランド
❷ ポートランド：街歩き
❸ ポートランド：市内をサイクリング
❹～❽ レンタカーでオレゴンコーストへ。バンドンまで南下し、フローレンス、ニューポート、キャノンビーチ、アストリアに宿泊、クジラと海鳥の楽園を満喫する
❾ ポートランド：ネイバーフッドを楽しむ
❿ 鉄道またはバス、飛行機でシアトルへ
⓫ シアトル：街歩きを楽しむ
⓬ シアトル ➡ 日本着（翌日）
▶ 夏、雄大な大自然と海の生き物に触れるオレゴンコーストの旅は、まさに癒やしの旅。ドライブルートも整備され、美しいが、長時間のドライブを避け、日程に余裕をもちたい。

 MEMO 丸数字：❶～⓮は、滞在日数を示す。

旅の準備 旅の予算とお金

計画する旅の内容に応じて支出する費用もさまざまだ。ここでは、基本的な費用を項目別に説明する。また、外貨の持ち出しは現金だけでなく、クレジットカード、海外専用プリペイドカード、デビットカードをうまく組み合わせて利用しよう。

旅の予算

移動にかかる費用

▶飛行機

2023年8月現在、日本からシアトルへはデルタ航空と日本航空、全日空が直行便を運航している。ポートランドへは日本からの直行便がないため、アメリカ国内で乗り継ぐ。

また、アメリカ国内で定期便を運航する会社はユナイテッド航空、デルタ航空、アメリカン航空、アラスカ航空などの航空会社のほか、サウスウエスト航空、ジェットブルーなどのアメリカ国内線格安航空会社（LCC：ローコストキャリア）まで、さまざま。以前はサービスや運賃などに差があったが、最近は大手航空会社も国内線預託荷物の有料化、機内食や機内映画の有料化などに着手し、トータルで比較すると大差ない状態だ。

▶長距離バス（グレイハウンド）

全米を網の目のように走っている長距離バス。おもな都市間は便数も多く、ダウンタウンにターミナルがあるので便利。

▶鉄道（アムトラック）

鉄道駅はダウンタウンにあり、シアトル～ポートランド間は1日5往復、所要3時間30分～4時間。

▶レンタカー

おもにかかる費用は車のレンタル代、保険料、ガソリン代くらい。また、都心部のホテルに宿泊するのなら、駐車場代も予算に入れておこう。

▶宿泊費

客室料金の高低はホテルの周囲の治安のよし悪しにほぼ比例する。この点は各自で判断すること。シーズンによる料金の変動は少なく、平日と週末どちらもあまり差がない。大きなコンベンションなどがあるときは料金が上がり、エリアによっては部屋が取りにくくなるので注意。宿泊費を抑えたいのなら、ユースホステルやモーテル（駐車料金が無料の場合が多い）がおすすめ。近郊に宿を決めた場合は、レンタカーやタクシーなどの移動費も予算に含めよう。

▶食費

個人のスタイルによって予算も違ってくる。食費を切り詰めるのもよいが、雰囲気のよいレストランやその土地ならではの料理を堪能するなど、メリハリのある食事を楽しみたい。予算は、最低でも朝食に$10～20、昼食に$15～40、夕食に$20～60で組んでおきたい。

▶観光に要する費用

観光ツアー代、美術館や国立公園などの入場料、スポーツ観戦など、何をするかで費用もさまざまだ。都市によっては、人気のアトラクションの入場料をセットにしたパス（→脚注）を販売している。

航空券の手配
→P.286

航空券/日本発着の直行便&乗り換え便往復運賃の目安
（2023年8月現在）
※エコノミークラス：東京ーシアトル便（直行便）4万9000円～87万6000円。東京ーポートランド便（乗り換え便）5万2000円～99万1000円。燃油サーチャージや税金、手数料など約8万円もかかる。ただし、シーズンや航空会社により異なる。

航空券/国内線片道運賃の目安
（2023年8月現在）
シアトル～ポートランド間$90～200

長距離バス/片道運賃の目安
（2023年8月現在）
シアトル～ポートランド間$25～65

鉄道/片道運賃の目安
（2023年8月現在）
シアトル～ポートランド間$33～244

レンタル料金の目安
ワシントン、オレゴン州内でエコノミー2/4ドアクラスを借りる場合、諸税金、保険を含み1日$150前後。

ガソリンの価格
（2023年8月現在）
※1ガロン（約3.8ℓ）当たり。価格は地域によって異なる。
シアトル$5.20、ポートランド$4.90

駐車代
※地域やホテルにより異なる。無料～$70前後

宿泊費の目安
最高級ホテルは$350～、高級$220～、中級$150～、エコノミー$85～、ホステルなら$50前後で泊まれる。

クオーターコイン
クオーター（25¢）は、公衆電話や市バス、コインランドリーの利用などで多用するので、できるだけためておくといい。

MEMO シアトルのシティパス CityPass　スペースニードル、シアトル水族館などの入場券をセット販売（→P.46）。購入はシティパスのウェブサイト URL www.citypass.com、各アトラクションのチケットブースで。

市内交通
シアトル→P.43
ポートランド→P.153

2023年8月31日現在の為替交換レート
$1=146.20円
最新の為替レートは「地球の歩き方」ウェブサイトで。
URL www.arukikata.co.jp/rate

海外専用プリペイドカード発行会社
2023年8月現在、発行されているのはおもに下記のとおり。
・アプラス発行
「GAICAガイカ」
URL www.gaica.jp
「MoneyT Globalマネーティーグローバル」
URL www.aplus.co.jp/prepaidcard/moneytg
・トラベレックスジャパン発行
「Multi Currency Cash Passportマルチカレンシーキャッシュパスポート」
URL www.travelex.co.jp/product-services/multi-currency-cash-passport

T/Cの再発行の条件
①T/Cを購入した際に渡されるT/C購入者控えがある。
②紛失したT/Cの番号と金額。
③Holder's Signature欄のみに購入者のサインがしてある。
※T/Cの使用を記録し、T/C購入者控えはT/Cとは別に保管しておくこと。

使い残したT/Cについて
T/Cの日本国内販売は終了しているが、発行済みのT/Cに関しては有効期限がないので、いつでも海外で使用できる。また、日本国内で日本円に換金が可能。日本国内での換金場所については無料0120-779656（アメリカン・エキスプレス）で確認を。換金には、身分証明書が必要になる。

T/Cの署名欄のサインについて
サインは、使用時にパスポートなど身分証明書(ID)の提示を求められることがあるので、パスポートと同じサインをすること。

デビットカードの発行銀行
(2023年8月現在)
JCB、Visaなどクレジットカード国際ブランドによるデビットカードが、複数の金融機関から発行されている。
URL www.jcb.jp/products/jcbdebit
URL www.visa.co.jp/pay-with-visa/find-a-card/debit-cards.html
※発行銀行によっては、利用限度額の設定が可能。

▶市内交通費
空港から市内までライトレイルは1回＄3前後。タクシーはメーター制で基本料金に走行マイルに応じて加算される。

▶そのほかの費用
特別な買い物は予算を別に立て、チップなどの雑費も忘れずに。

外貨の両替

外貨両替は大手銀行のATMや日本国内の国際空港内に入る銀行などで行っている。ほとんどの場合、金種が決まっているパックが基本。$1、$5、$10、$20などの小額紙幣は利便性が高い。**日本円からアメリカドルへの両替は、日本国内のほうが概してレートはよい**が、日本を出発する前に準備できなくても、国際空港には到着ロビーに必ず両替所があり、到着便がある時間帯は常に開いている。最悪ここで外貨両替をすればよい。

アメリカの通貨単位はドル（$）とセント（¢）で、$1.00=100¢。
一般に流通している紙幣は$1、$5、$10、$20。紙幣の大きさはすべて同じ。また、同じ金額の紙幣でも肖像が大きくデザインされたもの、背景が色刷りされたもの、肖像が小さい紙幣も流通している。
コインは、1¢（通称ペニー Penny）、5¢（ニッケルNickel）、10¢（ダイムDime）、25¢（クオーター Quarter）、50¢（ハーフダラー Half Dollar）、$1（ダラーコインDollar Coin）の6種類。

海外専用プリペイドカード

海外専用プリペイドカードは、外貨両替の手間や不安を解消してくれる便利なカードのひとつだ。多くの通貨で国内での外貨両替よりレートがよく、カード作成時に審査がない（本人確認書類とマイナンバー申告は必要）。出発前にコンビニATMなどで円をチャージ（入金）し、その範囲内で渡航先のATMで現地通貨の引き出しができる。各種手数料が別途かかるが、使い過ぎや多額の現金を持ち歩く不安がない。

トラベラーズチェック（T/C）

トラベラーズチェック（以下T/C）は、紛失、盗難時に条件（→側注）を満たしていれば再発行可能な安全性が高い小切手。T/Cは額面の金額どおりに現金と同様に使える。なお、2023年8月現在、日本国内でT/Cは販売されていないが、アメリカでの使用は可能だ。

デビットカード

使用方法はクレジットカードと同様だが、代金の支払いは後払いではなく発行銀行の預金口座から原則即時引き落としとなる。口座の残高以上は使えないので、予算管理にも便利。JCBデビットやVISAデビットがあり、それぞれの加盟店で使用でき、ATMで現地通貨も引き出せる。

クレジットカード

クレジットカードはアメリカ社会において、所有者の経済的信用を保証するものとして欠かせない存在だ。

MEMO **高額の支払いは** 一般に買い物や旅行中の支払いの際、ニセ札の被害を防ぐため、高額商品を扱っていないお店では、＄50や＄100の高額紙幣を受け取ると、身分証明書などの提示を要求され、慎重にチェック↗

クレジットカードの利便性は❶多額の現金を持ち歩かなくてもよい、❷現金が必要なとき、手続きをしておけばキャッシングサービスを受けられる、❸経済的信用の証明として、レンタカーやホテルの予約とチェックイン時に必ず提示を求められる、といったケースに対応できる点。日本で加入できる国際カードはアメリカン・エキスプレスAmerican Express、ダイナースクラブDiners Club、ジェーシービーJCB、マスターカードMastercard、ビザVisaなどがあり、銀行や信販会社でも提携しているところがある。各社に特徴があるが、緊急時のことも考えると複数のクレジットカードを持っていることが望ましい。新規にクレジットカードを作る場合、余裕をみて旅行の1ヵ月前には申し込んでおくとよい。

通常、クレジットカードには利用限度額が設定されている。この限度額は、設定の金額に達するまで使用でき、支払いが済めばその額分再び使用可能になる。海外旅行の際は、一時的に限度額を引き上げることができるので、必要な場合は、問い合わせを。

クレジットカードの使い方

日本と同様ほとんどの店で利用できるが、最低の利用金額を定めているところもある。会計時にカードを渡すと、利用内容が記された伝票が提示されるので、金額などを確認のうえ、署名欄にサインをすればよい。店によっては、端末機でPIN（暗証番号）を入力する場合もある。利用控えの受領を忘れずに。

使用時の注意

基本は、伝票の内容をよく確認してからサインすること。アメリカ本土ではほとんどないが、店独自のレート（不利なケースが多い）で日本円に換算して、日本円で請求される場合があるので、不満があればサインをせずにUSドルでの請求に改めてもらおう。また、カードの悪用を避けるため、会計時も絶対にカードから目を離さないこと。なお、クレジットカードの保管はパスポート並みに気をつけたい。

クレジットカードでキャッシングする

手持ちの現金が少なくなったときに便利なのが、クレジットカードのキャッシングサービス。空港や街なかのATM（操作方法は右側注参照）、提携の金融機関の窓口（カードとパスポートが必要）で、いつでも現地通貨で引き出せる。キャッシングには、ATM利用料や利息がかかり、カード代金の支払い口座から引き落とされる。

チップもクレジットカードで

レストランやバーなどでクレジットカードで支払いをする場合、チップも同様にカードで支払うことができる。カードにサインをする際、飲食料金の下にTip、またはGratuityという欄があるので自分でそこに金額を書き込み、チップを加えた合計金額も一緒に書く。サインをしたら、Customer's Copyのほうをもらっておくこと。チップについては→P.302。

電子マネー

シアトルやポートランドでは、日本と比べて電子マネーでの支払いはあまり普及していない。Apple Payが利用できるカフェやショップはわずかだがある。

カードをなくしたら!?

すぐにカード発行金融機関、もしくは国際カードブランド各社の緊急連絡先（→P.312）に電話し、カードを使えないようにする手続きを取る。警察より先に、そこに連絡して不正使用されないようにしてもらう。手続きにはカードナンバー、有効期限が必要なので、紛失時の届け出連絡先と一緒にメモしておくのを忘れずに。その後警察に行き、紛失届出証明書（ポリスレポート）を発行してもらおう。

ATMでのキャッシング操作手順
※機種により手順は異なる

①クレジットカード、デビットカード、海外専用プリペイドカードの磁気部分をスライドさせて、機械に読み取らせる。機械によっては日本のATMと同様に、カードの裏面を上向きに挿入するタイプや、カードの表面を上向きに挿入口に入れてすぐ抜き取るタイプもある

↓

②ENTER YOUR PIN＝「暗証番号」を入力して、ENTER キーを押す

↓

③希望する取引の種類を選択する。WITHDRAWAL、またはGET CASH＝「引き出し」を指定する

↓

④取引の口座を選択する。クレジットカードの場合、CREDIT、もしくはCREDIT CARD＝「クレジットカード」を指定
※デビットカード、海外専用プリペイドカードの場合はSAVING＝「普通預金」を指定する

↓

⑤引き出す金額を入力するか、画面に表示された金額のなかから、希望額に近い金額を指定して、ENTERを押す

↓

⑥現金とRECEIPT「利用明細」を受け取る
※初期画面に戻っているかを確認し、利用明細はその場で捨てないように。
※途中で手順がわからなくなったら、CANCEL＝「訂正」を選択し、初めからやり直そう。

ICチップがあるクレジットカード

近年シアトルやポートランドではICチップがあるクレジットカードしか受け付けないことがある。最低でも1枚は、ICチップ付きのクレジットカードを持っていくようにしたい。なお、ICチップ付きのクレジットカードで支払う際は、サインではなくPIN（暗証番号）が必要だ。日本出発前にカード発行金融機関に確認し、忘れないようにしよう。

↘される。場合によっては受け取りを拒否されることもあるので、高額の支払いにはクレジットカードがベター。T/Cと同様、パスポートなどの身分証明書を求められることがある。

旅の準備

出発までの手続き

パスポート（旅券）は、あなたが日本国民であることを証明する国際的な身分証明書。これがなければ日本を出国することもできない。そして旅行中は常に携帯しなければならない大切なものだ。

パスポートの取得

一般旅券と呼ばれるパスポートの種類は、有効期間が5年（紺）のものと10年（赤）のものとがある。発行手数料は5年用が1万1000円（12歳以上）または6000円（12歳未満）、10年用が1万6000円で、期間内なら何回でも渡航可能。なお、18歳未満は5年用しか申請できない。アメリカの場合、パスポートの残存有効期間は入国する日から90日以上あることが望ましい。

パスポートの申請から受領まで

初めての申請手続きは、基本的に住民登録をしている居住地の都道府県の旅券課やパスポートセンターで行う（一部の窓口では、新規申請もオンラインでできる)。必要書類を提出し、指定された受領日以降に、申請時に渡された受領証を持って受け取りに行く。必ず本人が出向かなければならない。申請から受領まで約1週間。都道府県庁所在地以外の支庁などで申請した場合は2～3週間かかることもある。パスポートをすでに所有しており、更新手続きをする際は電子申請も可能（→側注)。

現在の居住地に住民票がない人の申請方法

1. 住民票がある都道府県庁旅券課で申請（代理可)。受領は本人のみ。
2. 住民票を現在の居住地に移して申請。
3. 居所申請（住民票を移さずに、現住の居住地で申請）をする場合、学生、単身赴任等一定の条件を満たしていれば可能。代理申請不可。なお、居所申請については各都道府県庁の旅券課に確認すること。

パスポート申請に必要な書類

❶一般旅券発給申請書（1通）

用紙はパスポートセンターや区市町村の役所にもあり、申請時にその場で記入すればよい。18歳未満の場合は親権者のサインが必要になる。

❷戸籍謄本（1通） ※6ヵ月以内に発行されたもの。

❸住民票（1通） ※住基ネット導入エリアに住む人は原則不要。

❹顔写真（1枚） 6ヵ月以内に撮影されたもの。サイズは縦4.5cm×横3.5cm（あごから頭まで3.4±0.2cm)、背景無地、無帽、正面向き、上半身。スナップ写真不可。白黒でもカラーでも可。また、パスポート紛失時などの予備用に2～3枚焼き増しをして持っていくといい。

❺申請者の身元を確認する書類

運転免許証、住民基本台帳カード、マイナンバーカードなど、官公庁発行の写真付き身分証明書ならひとつ。健康保険証、年金手帳、社員証や学生証（これらの証明書類は写真が貼ってあるもののみ有効）などならふたつ必要。窓口で提示する。

外務省パスポート案内
URL www.mofa.go.jp/mofaj/toko/passport

パスポートのサインについて
パスポート申請書の顔写真の下にある「所持人自署」の欄にしたサインが、そのままパスポートに転写される。サインは、日本語でも英語でもどちらでもかまわないが、自分がいつも書き慣れている文字で書くこと。

パスポートの切替発給
残存有効期間が1年未満となったときから、切替発給が可能。申請には右記の申請に必要な書類のうち❶❹❻を提出する(❸が必要な場合もある)。

氏名、本籍の都道府県名に変更があった場合は新たなパスポート、または記載事項変更旅券の申請をする。申請には右記の「パスポート申請に必要な書類」のうち❶❷❹❻を提出(❸が必要な場合もある)。

パスポートの紛失→P.308

機械読取式でない旅券と訂正旅券の取扱いに注意！
国際民間航空機関では、機械読取式でない旅券の流通期限が2015年内で終了したため、国によって入国拒否やビザ免除の対象外とされる場合が考えられる。一部の在外公館で交付された一般旅券には、機械読取式でない旅券があるため確認を。また、2014年3月20日より前に「記載事項の訂正」方式（同日より廃止）で身分事項の変更を行った旅券（訂正旅券）は、訂正事項が機械読取部分またはICチップに反映されておらず、国際基準外とみなされる恐れがある。出入国時や渡航先で支障が生じる場合もあるため、どちらの旅券も新規に取得し直すほうが無難。

旅券(パスポート)の更新手続きが電子申請できるように
2023年3月27日より、パスポートの発給申請手続きが一部オンライン化された。残存有効期間が1年未満になったときに新たな旅券の発給を申請する、いわゆる切替申請・発給の場合には、マイナポータルを通じて電子申請も可能に。

MEMO **パスポートの保管** ICチップのデータに影響する恐れがあるため、かばんや財布のマグネットなど磁気のある物に近づけないように。また、パスポートのなかで所持人が記載できるのは「所持人記入欄」のみ。

❻**有効旅券**　パスポートを以前に取得した人は返納のうえ、失効手続きを行う。希望すれば無効となったパスポートを返却してくれる。

ビザ（査証）の取得

ビザとは、国が発行するその国への入国許可証。観光、留学、就労など渡航目的に応じてビザも異なるが、日本人のアメリカ合衆国入国にあたっては、90日以内の観光、短期商用が目的の渡航であれば、ほとんどの場合ビザの必要はない（**ビザ免除プログラム**）。ただし、ビザなしで渡米する場合、ESTAによる渡航認証を取得しなければならない（→P.284）。

滞在が90日以内でもビザが必要なケース

日本から第三国へ渡航したあと、アメリカに入国する場合、国によってはビザが必要な場合もある。そのような予定の人は必ず、航空会社、旅行会社、アメリカ大使館・領事館に問い合わせること。ただし、直接アメリカに入国したあとにカナダ、メキシコなどに出国、再びアメリカに戻ってくる場合、そのアメリカ滞在の総合計日数が90日以内ならビザは不要。

また、2015年ビザ免除プログラムの改定により、「ビザ免除プログラム」を利用してアメリカに入国する渡航者にいくつかの制限が加わった。詳細は右側注参照。

ビザの申請

非移民ビザを申請する場合は、ほとんどの人は面接（予約制）が必要となる。面接の予約は米国ビザ申請専用のウェブサイト（URL www.ustraveldocs.com/jp）から行う。面接後、7～14日間でビザが発給される。再度面接が必要と判断された場合などでは4～6週間かかるケースもあるので余裕をもつこと。

取得しておくと便利な証書類

国外運転免許証

レンタカーを借りる予定の人には必要不可欠。自分の運転免許証を発行した都道府県の免許センターに出向いて申請する。即日で発給されるが、国内免許の残存有効期間が短い、免停中、違反の罰金が未払いなどの場合には、発給されないこともある。申請に必要なものは国内の運転免許証、パスポート、顔写真1枚（縦4.5cm×横3.5cm）、発給手数料の2350円［都道府県により印鑑（認印）が必要な場合あり］が必要。警察署でも申請できるが、約2週間後の発給となる。

国際学生証（ISICカード）

世界青年学生教育旅行連盟が発行する世界共通の学生身分証明書。これを提示することで博物館の入場料や乗り物料金などが割引になる場合がある。取得はオンラインから。PayPalの決済のみで2200円。

ユースホステル会員証

ユースホステルは、原則として会員制。会員登録の手続きは全国各地にある窓口かオンラインで申し込む。年会費は2500円（19歳以上、継続の年会費は2000円）。必要書類は氏名と住所が確認できるもの。

アメリカ大使館
住 〒107-8420
東京都港区赤坂 1-10-5
☎03-3224-5000(代表)
URL jp.usembassy.gov/ja/

18歳未満のアメリカ入国について
両親に引率されない子供が入国する場合は、子供の片親や親、法的保護者からの同意書（英文）が要求される可能性がある。注意したい。詳細はアメリカ大使館に問い合わせのこと。

ビザに関する質問はカスタマーセンターへ
オペレーター対応の問い合わせは☎050-5533-2737（日本）へ。米国在住者は☎(703) 520-2233(アメリカ)。
eメール、チャット、Skypeでも受け付けている。これらのサービスは無料で、通話料のみ利用者負担となる。詳細はURL www.ustraveldocs.com/jpの「お問い合わせ」を参照。

「ビザ免除プログラムの改定」の施行
「2015年ビザ免除プログラムの改定、およびテロリスト渡航防止法」の施行により、2011年3月1日以降にイラン、イラク、スーダン、シリア、リビア、イエメン、ソマリア、北朝鮮に、2021年1月12日以降にキューバに渡航、または滞在したことがある、などの条件に該当する場合は、ビザ免除プログラムを利用して渡航することができなくなった。これらの条件に該当する渡航者は、アメリカ大使館において通常のビザ申請をする。詳細は在日米国大使館URL jp.usembassy.gov/ja/visas-ja/visa-waiver-program-ja、米国政府の公式ビザ情報サイトURL www.ustraveldocs.com/jp_jp/jp-niv-visawaiverinfo.aspで確認を。

警察庁
URL www.npa.go.jp

ISICカード
URL isicjapan.jp

(財)日本ユースホステル協会
☎(03) 5738-0546
URL www.jyh.or.jp

MEMO **新型コロナワクチン接種証明書アプリ**　念のため、新型コロナワクチン接種証明書アプリをインストールし、新型コロナワクチン接種証明書を取得しておきたい。URL www.digital.go.jp/policies/vaccinecert

ESTA（エスタ）の取得

ESTAの有効期間
原則2年間。ただし、認証期間内でも、パスポートの有効期限が切れるとESTAも無効になる。また、氏名やパスポート番号の変更があった場合は、再度申請を行うこと。

ESTAの代金決済
カード A D J M V

ESTA申請に必要なもの
パスポート、eメールアドレス、クレジットカード

ESTAの記入方法
URL www.arukikata.co.jp/esta

ビザ免除プログラム（→P.283）を利用し、ビザなしで飛行機や船でアメリカへ渡航・通過（経由）する場合、インターネットでESTAによる渡航認証を取得する必要がある。事前にESTAの認証を取得していない場合、航空機への搭乗や米国への入国を拒否されることがあるので注意が必要。一度ESTAの認証を受けると2年間有効で、米国への渡航は何度でも可能（日程や訪問地は渡航のたびに更新する必要はない）。なお、最終的な入国許可は、初めの入国地において入国審査官が行う。

アメリカへの渡航が決まったら、早めにESTAによる渡航認証を申請・取得をしよう（出国の72時間前までの取得を推奨）。登録料は$21。支払いはクレジットカードのみ。ESTA申請は親族、旅行会社（要代行手数料）など本人以外の第三者でも可能。

❶ URL https://esta.cbp.dhs.govにアクセス
画面右上の「Change Language」で日本語を選択。「新規に申請を作成する」をクリックし、「個人による申請」または「グループによる申請」を選択。なお、申請期間中の申請の状況確認を行う場合は、「既存の申請を続行する」を選択すればいい。

❷ セキュリティに関する通告の画面が表示される。内容をよく読み、問題がなければ「確認して続行」をクリック。免責事項の画面が表示される。内容をよく読み、問題がなければ、「はい」を選択。「The Travel Promotion Act of 2009（2009年旅行促進法）」に基づき、申請にかかる手数料、支払いに関しての内容を読む。同意なら「はい」を選択し「次へ」をクリック。

❸ 申請者の情報の入力
「旅券をアップロード」の画面が出てくる。「旅券をアップロード」をクリック。パスポートの顔写真があるページの写真をアップロードする。パスポートの顔写真のページが表示される。「申請への追加」をクリックすると、入力画面が出てくるので、申請者の未入力情報を入力する。
「＊」の印がある項目は回答必須。質問事項は日本語で書かれているが、すべて英語（ローマ字）で入力、またはプルダウンメニューから該当項目を選択する。疑問がある場合は「？」のアイコンをクリックする。
- 申請者／パスポート情報、別の市民権・国籍、電子（e）メールアドレスを入力。
- 登録した電子（e）メールアドレスに4ケタの確認コードが送られてくるので、それを入力。
- 個人情報／連絡先情報、ソーシャルメディア、GEメンバーシップ、両親、勤務先の情報を入力。
- 渡航情報／アメリカ国内での連絡先、アメリカ滞在中の住所、アメリカ内外の緊急連絡先情報を入力。
- 1）〜9）の適格性に関する質問事項に「はい」、「いいえ」で回答。
- 「権利の放棄」と「申請内容に関する証明」の内容を読み、☑チェックを入れる。
- 本人以外が代行して入力した場合は、「第三者による代理申請の場合に限定」の内容を読み、☑チェックを忘れずに。

入力内容をよく確認して、間違いがなければ「次へ」をクリック。

❹ ❸で入力した情報が「申請内容の確認」として表示される。
申請者情報／個人情報、渡航情報、適格性に関する質問など、すべての回答に間違いないかを再確認しよう。各申請内容に間違いがなければ「確認して続行」をクリック。もし間違いがある場合は、申請確認の画面の右上にある「申請内容の内容を変更する」を選択し、情報の修正を行うこと。
申請内容をすべて確認したら、最後にパスポート番号、国籍、姓、生年月日を再入力して「次へ」をクリックする。

❺ 申請番号が発行されるので、申請番号を書き留めるか、印刷する。申請番号は、今後、既存の申請内容を確認するときに必要だ。免責事項を読み、「免責事項」に☑チェックを入れ、「今すぐ支払う」をクリック。

❻ オンライン支払いフォームに進む。ここではクレジットカード名義人氏名、クレジットカード所有者の請求先住所、クレジットカード番号、有効期限、セキュリティコードを正確に入力する。
入力の情報を再度確認したら、「続行」をクリックする。確認画面が表示されるので、間違いがなければ「私はカード発行会社との契約に従い、上記金額を私のクレジットカード口座へ課金することを許可します。」に☑チェックを入れ、「続行」をクリック。支払い手続きが完了すると、登録した電子（e）メールアドレスに、ESTAの申請を受け付けた内容のメールが届く。

❼ ESTA申請受け付けの電子（e）メールを受け取ったあと、通常72時間以内に結果が確定される。

「認証は保留中です」とは、審査中ということ。

「認証は承認されました」とは、渡航認証が承認され、ビザ免除プログラムでの渡航が許可されたことを示す。申請番号、ESTAの有効期限、申請した内容などが記載されたページを印刷し、渡航時に携帯することをすすめる。

「終了」をクリックすると、ESTAの登録は完了。引き続き申請する場合は、「別の渡航者の登録」をクリック。

MEMO **ESTA申請時の注意事項**　インターネットのキーワード検索結果などからESTA申請を行う場合、申請代行会社のサイトを利用していると気づかずにあとで手数料を請求されて驚くケースがあるので、注意を。

海外旅行保険の加入

海外旅行保険とは、旅行中の病気やけがの医療費、盗難に遭った際の補償、あるいは自分のミスで他人の物を破損した際の補償などをカバーするもの。万一のことを考えると、保険なしで旅行するのはかなり危ない。アメリカの医療費は非常に高く、犯罪の発生率も決して低いとはいえない。また、金銭的な補償が得られるということだけでなく、緊急時に保険会社のもつ支援体制が使えることはたいへん心強いもの。保険への加入は本人の意思によるが、保険料は旅行全体の費用からみれば、ごくわずかな出費にすぎない。他人に起こるトラブルは、自分にも起こり得ると考えて、海外旅行保険には必ず加入しよう。

保険の種類

海外旅行保険は必ず加入しなければならない基本契約と、加入者が自由に選べる特約に分かれている。保険の体系や名称は会社により異なるが、基本補償の一例として「治療費用」という項目がある。これは旅行中の傷害（けが）や病気の治療費に対して保険金が支払われるものだ。

そのほかに特約の例として①傷害死亡・後遺障害、②疾病死亡、③賠償責任（旅先で他人にけがをさせたり、ホテルや店で物品を破損した場合の補償）、④携行品損害（自分の持ち物を紛失・破損した場合の補償）、⑤航空機遅延費用（航空機が遅れたため、予定外の宿泊費や食事代がかかった場合の補償）、⑥航空機寄託手荷物遅延等費用（航空機に預けた荷物の到着が遅れ、身の回りのものを購入する費用など）といったものがある。

一般的には、これらの項目をセットにしたパッケージプランが便利。旅行日数に応じて保険金のランクだけを選べばいいので手続きは簡単だ。自分に必要な補償、手厚くしたい補償のみ追加したい場合は、オーダーメイドプランで補償を選択して加入しておけば安心。なお、アメリカの医療費は高額で、例えば盲腸で入院すると150万～240万円かかる。補償額もよく考えておきたい。

保険を扱っているところ

海外旅行保険は損保ジャパン、東京海上日動、AIG損保、エイチ・エス損保、三井住友海上などの損害保険会社が取り扱っている。大手の場合、現地連絡事務所、日本語救急サービスなど付帯サービスも充実している。旅行会社では、ツアー商品などと一緒に保険も扱っているので、申し込みの際に加入することもできる。空港にも保険会社のカウンターがあるので、出国直前でも加入できるが、保険は日本国内の空港と自宅の往復時の事故にも適用されるので、早めの加入が望ましい。

保険金請求について

保険の約款は非常に細かく決められている。自分の持ち物を紛失・破損した場合、購入時期などから判断した時価が支払われる。ただし、現金、トラベラーズチェック、クレジットカードなどは適用外。支払いには、地元警察などへの届け出と被害報告書の作成、保険会社の現地や日本国内のオフィスへの連絡などの条件がある。契約時に受け取る証書としおりの約款には、保険が適用にならない場合や、補償金の請求の際必要な証明書などの注意が書いてあるので、必ず目をとおしておくこと。

クレジットカード付帯保険

各クレジットカード会社の発行するカードには、取得すると自動的に海外旅行保険が付帯されるサービスがあるが、「疾病死亡」が補償されない、補償金額が不足していたため実際には自己負担金が多かったなどのケースがあるので十分注意したい。

空港内の保険取り扱いカウンター

空港では機械での申し込みもできる

「地球の歩き方」ホームページで海外旅行保険について知ろう

「地球の歩き方」ホームページでは海外旅行保険情報を紹介している。保険のタイプや加入方法の参考に。
URL www.arukikata.co.jp/web/article/item/3000681/

旅の準備

航空券の手配

航空運賃は、シーズンや航空会社、直行便や経由便、乗り継ぎ便など、利用条件により大きな差が出る。ここでは、旅の予算の多くを占める航空券についての基礎的な知識を紹介。

日本からの運航便

2023年8月現在、シアトルへは東京国際空港（羽田空港）からデルタ航空と全日空が、成田国際空港から日本航空が直行便を運航している。ポートランドへは日本からの直行便がないため、アメリカ国内で乗り継ぐ。詳細は、下記一覧表を参照。旅行会社では、往復の航空券と宿泊、半日観光などをセットにした格安ツアーを企画販売しており、単独で航空券を手配するより安くなることもある。

航空券の種類

▶普通（ノーマル）運賃

定価（ノーマル）で販売されている航空券で、利用においての制約が最も少ないが、運賃はいちばん高い。種類は一般的にファーストクラス、ビジネスクラス、エコノミークラスの３つに分かれる。

▶正規割引運賃（ペックスPEX運賃）

各航空会社がそれぞれに定めた正規割引運賃のこと。他社便へ振り替えができない、予約後72時間以内に購入すること、購入後の予約変更には手数料がかかるなどの制約があるが、早い段階で旅行計画が進められる人は、普通運賃よりかなり安いペックス運賃を利用できる。

航空券を購入するタイミング

ペックス運賃は、4～9月分は2月頃、10～3月分は7月中旬以降に発表される。詳細は航空会社のウェブサイトで確認するといい。

燃油サーチャージ

石油価格の高騰や変動により、航空運賃のほかに“燃油サーチャージ”といって燃料費が加算される。時期や航空会社によって状況が異なるので、航空券購入時に確認を。

日本出国税

正式名は国際観光旅客税で、2019年1月7日より、日本出国に際してひとり当たり1000円の税金が課せられる。外国人だけでなく日本人（2歳以上）も対象。航空券購入時などに合わせて請求される。

航空会社（日本国内の連絡先）

アメリカン航空（AA）
☎(03) 4333-7675
URL www.americanairlines.jp
デルタ航空（DL）
☎0570-077733
URL ja.delta.com
ユナイテッド航空（UA）
☎(03) 6732-5011
URL www.united.com
日本航空（JL）
☎0570-025-031
URL www.jal.co.jp
全日空（NH）
☎0570-029-333
URL www.ana.co.jp

eチケット

各航空会社では「eチケット」というシステムを導入。利用者は、予約完了後にeメールで届くeチケット控えを携帯することで、航空券紛失の心配はなくなった。控えは紛失しても再発行可能。

シアトルとポートランドへの直行便リスト

2023年8月現在

都市名	出発地	日本発				日本着			
		便名	出発曜日	出発（日本）	到着（現地）	便名	出発曜日	出発（現地）	到着（日本）
シアトル	羽田	DL166	毎日	16:05	9:30	DL167	毎日	11:25	*14:00
		NH118	毎日	17:25	10:35	NH117	毎日	12:30	*14:50
	成田	JL68	毎日	18:05	11:15	JL67	毎日	13:30	*15:30

航空会社の略号　DL：デルタ航空、NH：全日空、JL：日本航空　＊：翌日着

旅の準備 旅の持ち物

旅の荷物は軽いに越したことはない。特に国際線、国内線ともに機内預け（預託荷物）や機内持ち込みの荷物（かばん）のサイズや重量に対して厳しい規制がある。たいていのものは現地調達できるので、悩むようなものは持っていかないほうがいい。

荷物について

荷物で大きく占める衣類は、着回しが利くアイテムを選びたい。洗濯は、小物類なら浴室での洗濯が可能だが、大物類はホテルや街なかのコインランドリーを利用しよう。ワンピースやYシャツなどはホテルのクリーニングサービス（有料）に頼むとよい。なお、医薬分業のアメリカでは、風邪薬、胃腸薬、頭痛薬などを除いては、医師の処方せんがなければ薬が買えないため、薬だけは常備薬を携行すること。

機内に預ける荷物について（預託荷物）

アメリカ同時多発テロ以降、出入国者の荷物検査が強化され、アメリカ運輸保安局（TSA）の職員がスーツケースなどを開いて厳重なチェックを行っている。預託荷物に施錠をしないよう求められているのはそのためで、検査の際にカギがかかっているものに関しては、ロックを破壊して調べを進めてもよいとされている。したがって、預託荷物には高価なものや貴重品は入れないこと。また、預託荷物は利用するクラスやマイレージのステータスによって、無料荷物許容量（→側注）が異なる。かばんのサイズや重量も各航空会社別に規定があるので、利用前に確認を。なお、機内持ち込み手荷物についてもかばんのサイズや個数、重量などが定められており、アメリカの国内線・国際線ともに液体物の持ち込み規制（→側注）があるので必ず確認をしておくこと。

TPOに合わせた服選びを

服装は、現地の季節に合わせてカジュアルなスタイルで出かけよう。日常生活以上に歩く機会が多いので、靴は基本はスニーカー、ドレスアップ用にもう1足準備しておくとよい。日中のラフな服装と変わって、夜はぐんとおしゃれな装いで過ごしたい。男性はネクタイとジャケット、女性はワンピースなどを持っていけば、ハイクラスのショーやディナー、クラブなどへの服装にも対応できる。

持ち物チェックリスト

品目	チェック	品目	チェック	品目	チェック
パスポート		身分証明書など証書類		筆記用具、メモ帳	
現金（日本円とUSドル）		ガイドブック		スリッパ、サンダル	
eチケット控え		シャツ類		カメラ、スマートフォン、充電器、メモリーカード	
ESTA渡航認証のコピー		下着・靴下（2～3組）		ビニール袋	
海外旅行保険証		上着（防寒・日焼け防止）		タオル類	
クレジットカード		帽子、サングラス		ティッシュ（ウエットティッシュ）	
海外専用プリペイドカード		雨具（折りたたみ傘、カッパ）		エコバッグ	
日本の運転免許証と国外運転免許証		医薬品類、化粧品類、目薬 日焼け止め、リップスティック		おしゃれ着	

TSA公認グッズ
スーツケースに施錠できないことに不安を感じる人は、TSA公認の施錠スーツケースやスーツケースベルト、南京錠などを使用しよう。これらTSA公認グッズは、施錠してもTSAの職員が特殊なツールでロックの解除を行うため、かばんに損傷の恐れが少なくなる。

預託荷物について
2023年8月現在、国際線(北米線）エコノミークラスの場合、無料で預けられる荷物は1～2個まで、1個の荷物につき23kg（50lb）以内、3辺の和の合計が157cm以内とされている場合が多い。また、アメリカの国内線において、エコノミークラスの場合は2個まで預けられるが、1個目から有料（$30前後）としている。航空会社により異なるので、詳細は利用航空会社に確認のこと。

機内持ち込み手荷物について
航空会社により異なるが、機内に持ち込める手荷物は1～2個。貴重品やパソコン、携帯電話、壊れやすいものは機内持ち込みにすること。刃物類は預託荷物へ。ライターは通常ひとりにつき1個まで身に付けて機内に持ち込むことができる。バッテリーは脚注参照のこと。
また、国際線航空機内客室への液体物の持ち込みは、出国手続き後の免税店などで購入したものを除き、制限されている。化粧品や歯磨き粉など液体類およびジェル状のもの、ヘアスプレーなどのエアゾール類はそれぞれ100mℓ以下の容器に入れ、容量1ℓ以下の無色透明ジッパー付きの袋(縦横各20cm以下)に入れること。手荷物とは別に検査を受ければ持ち込み可能。
国土交通省 www.mlit.go.jp/koku/15_bf_000006.html

MEMO **電子機器などのバッテリーの持ち込み規制** パソコンや携帯電話などの製品内部にあるリチウムイオン電池は、160Wh以下なら機内持ち込み手荷物、預託荷物に入れることが可能。予備バッテリーに関しては、100Wh～160Whまでならひとり2個まで機内に持ち込める。

旅の技術 出入国の手続き

空港へは出発時刻の3時間前までに着くようにしたい。チェックイン手続きに時間を要するのと、急なフライトスケジュールの変更に対応できるよう、早めの到着を心がけよう。

渡航する前に知っておくこと

2023年7月現在、アメリカ入国には、パスポート（→P.282）、ESTA（→P.284）が必要だ。2023年5月12日よりワクチン接種証明書の提示は不要になった。

日本を出国する

▶国際空港へ向かう

2023年8月現在、シアトルへは東京国際空港（羽田空港）と成田国際空港から直行便が運航している。ポートランドへは、日本からの直行便がないため、アメリカ国内で乗り継ぐ。

空港到着から搭乗まで

❶搭乗手続き（チェックイン）

空港での搭乗手続きをチェックイン（Check-in）といい、航空会社のカウンター、または自動チェックイン機で行う。eチケットを持っている場合は、ほとんどが自動チェックイン機で、各自がチェックイン手続きを行う。自動チェックイン機での手続きは、タッチパネルの操作をガイダンスに従って行う（→下記囲み）。コードシェア便の航空券を持っていて、自動チェックイン機で手続きができなかった場合は、有人のカウンターでチェックイン手続きを行うことになる（航空会社により異なる）。すべての手続きが完了したら、搭乗券が発券される。その後、預託荷物を、航空会社のカウンターに預ければよい。その際、パスポートの提示が求められ、本人確認がある。

東京国際空港（羽田空港）
空港の略号コード "HND"
☎(03) 5757-8111
URL tokyo-haneda.com

成田国際空港
空港の略号コード "NRT"
☎(0476) 34-8000
URL www.narita-airport.jp

関西国際空港
空港の略号コード "KIX"
☎(072) 455-2500
URL www.kansai-airport.or.jp

預託荷物は施錠しない
現在、アメリカ線は機内に預ける荷物（預託荷物）には施錠をしないように求められている。心配な人はスーツケースにベルトを装着するか、TSA公認のロック機能の付いたスーツケースを使用しよう（→P.287側注）。

●セルフチェックインの仕方（航空会社により多少異なる）

航空便の予約・購入後に発行されるeチケットには、従来の紙の航空券の代わりに、利用する航空便の情報がデータで保管されている。近年はeチケットが主流で、国際線やアメリカの国内線のチェックインは、セルフチェックイン機を利用して手続きを行う。

❶空港の出発フロアには、各航空会社のチェックインカウンターが並び、セルフチェックイン機が設置されている。eチケットを持っている場合、ほとんどがセルフチェックイン機での手続きになる。
※コードシェア便（共同運航便）を利用する、入国にビザが必要な場合やパスポートと予約の名前が一致しないなど、状況によりセルフチェックイン機での手続きが進まない場合がある。その際は、迷わず係員に声をかけるか、有人のチェックインカウンターまで申し出ること。

❷アメリカの空港なら画面の表示は当然英語になる。しかし、日本に乗り入れている航空会社なら、日本語対応の機能が備わっている場合が多い。まず、画面上に表示された言語のなかから"日本語"をタッチする。次の案内でチェックインのスタイルを選択。

❸チェックインには本人確認のため、おもにクレジットカード、または航空会社のメンバーズカード、パスポートを読み込ませるなどの方法がある。日本人ならパスポートが便利。記号と数字が並ぶ部分を機械のリーダーに読み込ませる。

❹搭乗するフライトや自分の名前を確認し、宿泊先など該当の情報を入力。予約の旅程が表示されるので内容を確認のうえ"続行"をタッチ。居住国や緊急連絡先などいくつか質問があるので、回答を入力する。次に座席が決まっていない場合は座席を選ぶ。

❺預託荷物の個数を入力し、座席のアップグレードなどの変更を行う場合は、オプションから該当のメニューを選択し手続きする。

❻画面上に搭乗時刻とゲートの案内が表示されるので確認をする。機械下部より搭乗券が出てくるので忘れずに受け取ること。預託荷物がある場合は、搭乗券を持ってチェックインカウンターで荷物を預ける。

MEMO **重い荷物は宅配サービスを利用しよう** 事前の電話で自宅まで集荷に来てくれる。帰国時は空港内のカウンターで手続きを。ABC空港宅配 FREE 0120-919-120　ヤマト運輸 FREE 0120-01-9625

搭乗する飛行機の出発24～72時間前から、航空会社のウェブサイトでチェックイン手続きが行えることもある。早めにチェックイン手続きをすることで、希望する座席を選択できるかもしれない。

❷手荷物検査（セキュリティチェック）

保安検査場では、機内に持ち込む手荷物のX線検査と金属探知機による身体検査を受ける。ノートパソコンなどの大型電子機器、ジャケットなどの上着、ベルトなどの身に付けている金属類はトレイに置いて、手荷物検査と一緒にX線検査を受けること。液体物の機内持ち込みは透明の袋に入れて別にしてからX線検査を受ける（→P.287側注）。

❸税関手続き

高価な外国製品を持って出国する場合、「外国製品持ち出し届」に記入をして申告する。これを怠ると、帰国時に国外で購入したものとみなされ、課税対象になることもある。ただし、使い込まれたものなら心配はない。

❹出国審査

顔認証ゲートへ進み、パスポートをリーダーに置き、顔写真を撮影する。顔認証の処理が済み問題がなければ、ゲートを通過して出国完了となる。その際、スタンプは押されないので、スタンプ希望者はゲート近くにいる職員に申し出ること。

❺搭乗

搭乗便が出るゲートへ向かう。飛行機への搭乗案内は出発時刻の約30分前から始まる。搭乗ゲートでは搭乗券とパスポートを提示する。

アメリカに入国する

アメリカの場合、アメリカ国内線へ乗り継ぎがあっても、必ず最初の到着地で入国審査を行う。シアトルへ羽田や成田からの直行便を利用する場合は問題ないが、アメリカの他の都市で乗り継いで、シアトルやポートランドを訪れる場合は、その乗り継ぎの国際空港で、入国審査を受けることになる。

入国審査から税関申告まで

シアトル・タコマ国際空港（シータック空港）に日本から直行便で到着した場合は、国際線到着施設で荷物をピックアップしてから入国審査を受ける。それ以外の空港へ日本から直行便で到着した場合、下記のように入国審査を受けてから、荷物をピックアップする。

❶入国審査

飛行機から降りたら、"Immigration" の案内に沿って入国審査場に向かう。審査場の窓口は、アメリカ国籍者（U.S. Citizen）、それ以外の国の国籍者（Visitor）の2種類に分かれている。自分の順番が来たら審査官のいる窓口へ進み、パスポートを提出する。なお、US-VISITプログラムにより、現在米国に入国するすべての人を対象に、インクを使わないスキャン装置による両手の指の指紋採取（一部空港）とデジタルカメラによる入国者の顔写真の撮影が行われている。渡航目的や滞在日数、滞在場所など、いくつかの質問が終わり、入国が認められれば、パスポートを返してくれる。審査官の質問に答える際の準備として、eチケットの控えや宿泊先の予約確認書（コンフォメーション・バウチャー）、旅行予定表のプリントアウトなどを手元に準備しておくといい。

ESTAを忘れずに！

ビザなしで渡航する場合は、出発の72時間までにインターネットを通じて渡航認証を受けることが必要（→P.284）。必ず事前に認証を取得し、できれば取得番号の表示された画面を印刷して、携行していくように。航空会社によっては、この番号を確認するところもある。

「地球の歩き方　ホームページ」にも申告の手順が詳しく解説されている。

URL www.arukikata.co.jp/esta

日本出入国時の顔認証ゲート利用

2023年8月現在、成田、羽田、中部、関西、福岡、新千歳、那覇の空港に導入されている「顔認証ゲート」を利用すると、パスポートへのスタンプが省略される。

日本出国税の導入

→P.286

飛行機のドアは出発時刻より早く閉まる

飛行機のドアは出発時刻の10分以上前に閉まることがざら。小さい飛行機ならぎりぎりまでドアを閉めないこともあるが、国際線などの大きな飛行機に乗るときは、買い物などに時間を取られて乗り遅れないように注意しよう。

18歳未満のアメリカ入国時の注意

→P.283側注

2022年5月にオープンしたシアトル国際空港の国際線到着施設

まずはあいさつから
慣れない英語での入国審査は緊張するものだが、審査官の前に進んだら、"Hello."、"Hi."、"Good morning." と、まずはあいさつをしよう。審査終了後も "Thank you." のひと言を忘れずに。

質問の答え方
●観光目的は、観光なら "Sightseeing."、仕事ならば "Business."。
●滞在日数は、5日なら "Five days"、1週間ならば "One week"。
●宿泊先は到着日に泊まるホテル名を答えればよい。
●訪問先は、アメリカを周遊する場合に尋ねられる場合がある。旅程表などを提示して、説明するといい。
●所持金については、長期旅行や周遊する町が多い場合に尋ねられることもある。現金、クレジットカード所有の有無を正直に答えておこう。
入国審査は簡単な英語だが、どうしてもわからないときは通訳Interpreter（インタープリター）を頼もう。

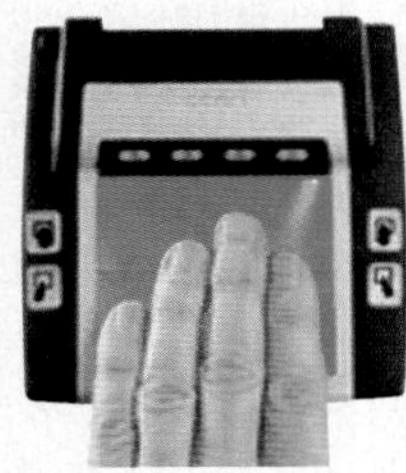
両手全指の指紋採取
©Department of Homeland Security, US-VISIT

空港で荷物が出てこなかったら→P.309

空港から市内へ
シアトル→P.40
ポートランド→P.151

まずは「Ground Transportation」のサインを探して

各都市の国際空港
シアトル→P.39
ポートランド→P.150

審査に必要なパスポートを手渡す

入国審査時に顔写真を撮る

©Department of Homeland Security, US-VISIT

❷荷物をピックアップする

入国審査のあと、バゲージクレームBaggage Claimへ。自分のフライトをモニターで確認して、荷物の出てくるターンテーブルCarouselへ行き、ここで預託荷物を受け取る。タグ（手荷物引換証）を照合する空港もあるので、タグはなくさないように。また、預託荷物が出てこない、スーツケースが破損していたなどのクレームは、その場で航空会社のスタッフに申し出ること。

❸税関検査

現金やT/Cを含め、1万ドル以上の持ち込みは申告が必要。酒類は21歳以上で個人消費の場合は1ℓ、おみやげは$100相当まで無税。たばこは紙巻きたばこ200本相当まで無税。野菜、果物、肉類や肉のエキスを含んだすべての食品は持ち込み禁止。

市内や近郊の町へ

空港から市内へは、公共の交通機関、空港シャトル、タクシー、配車サービス（ウーバー、リフト）、レンタカーなどでのアクセスがある。まずは、空港到着階のバゲージクレームからターミナルを出た所の "Ground Transportation" の看板を探そう。市内へのアクセスの選択に困ったら、インフォメーションデスクで相談してから行動するといい。

シータック空港での市内への交通機関の乗り場は、サウンドトランジット・リンク・ライトレイル・リンク・ワンラインは空港向かいの建物の先、そのほかの交通手段は空港向かいの建物、レンタカー会社のカウンターが集まるレンタカーセンター行きのシャトルバスはバゲージクレームエリアを出た所。

ポートランド国際空港での市内への交通機関の乗り場は、マックス・ライトレイルはバゲージクレームエリア南端、そのほかの交通手段はバゲージクレームエリアを出て、中州にあるIsland2～3、レンタカー会社のカウンターは地下道を通った先にあるレンタカーセンタービル。

アメリカを出国する

❶空港へ向かう

ホテルから空港への交通手段で、一般的なのは空港シャトルバンか

MEMO コピー商品の購入は厳禁！　旅行先では、有名ブランドのロゴやデザイン、キャラクターなどを模倣した偽ブランド品や、ゲーム、音楽ソフトを違法に複製した「コピー商品」を、絶対に購入しないように。↗

タクシー、配車サービス（ウーバー、リフト）の利用だろう。空港シャトルバンはDoor-to-Doorのサービスで、ホテルや個人宅へも来てくれる。ウェブサイトなどで24時間前までに予約をすること。ホテルならフロントに頼んでもいい。空港への最も安い交通手段は、ライトレイルや路線バスなどの公共交通機関。これらを利用する場合は、時間に余裕をもって行動したい。

現在、アメリカ国内の空港のセキュリティが非常に厳しく、とても時間がかかる。国内線の場合は2時間前に、国際線は3時間前までには空港に着くようにしよう。

❷利用航空会社のカウンターに向かう

アメリカのおもな国際空港は、航空会社によってターミナルが違う。空港シャトルバンならドライバーに乗客の利用する航空会社を尋ねられ、そのターミナルで降ろしてもらえる。

❸チェックイン（搭乗手続き）

eチケットでセルフチェックインをし、利用航空会社のカウンターで預託荷物とパスポート、搭乗券を渡す。係員から、預託荷物のタグと搭乗券、パスポートを受け取る。

❹手荷物検査（セキュリティチェック）

搭乗ゲートへ向かう途中にある保安検査場では、係官がパスポートと搭乗券の照合を行う。その後、機内に持ち込む手荷物検査とX線検査を通って搭乗ゲートへ。2023年8月現在、アメリカでは出国審査官がいるゲートで出国スタンプを押してもらうプロセスがない。

余裕をもって早めに搭乗ゲートに向かうこと

日本に入国する

飛行機が到着したら、ゲートを進み検疫へ。コロナ禍日本入国時に義務付けられていたワクチン接種証明書やPCR検査の陰性証明書の提示は、2023年4月29日以降不要になった。

❶検疫

アメリカからの帰国者は基本的に素通りでいいが、体調異常がある場合は検疫官に申し出ること。

❷入国審査

ICパスポートを所持し、身長が135cm以上あり、ひとりで機械の操作を行える人は、顔認証ゲートを利用して手続きをする。その際、入国スタンプは押されないので、入国スタンプが欲しい場合は、ゲート近くの職員に申し出ること。入国できたらバゲージクレームエリアへ行き、ターンテーブルから預託荷物を受け取り、税関へ。

❸動物・植物検疫

果物や肉類を日本に持ち込む場合、検疫所で検疫を受けなければならない。動物や植物などを持ち込む際は、証明書類や検査が必要になる。牛肉加工品の持ち込みは不可（→側注）。

❹税関申告

税関の申告方法は、2パターンある。①バゲージクレームエリアに置いてある、紙製の「携帯品・別送品申告書」（→P.292）を記入して税関職員に提出する。もしくは、②税関検査場の電子申告ゲートにある電子申告端末で、「Visit Japan Web」の税関用の二次元コードとICのパスポートの読み取りを行い、手続きをする。 電子申告端末を利用する場合、アメリカ出国前までに、Visit Japan Web（→側注）への登録をすませておくこと。

肉類・肉加工品に注意

アメリカ、カナダで販売されているビーフジャーキーなどの肉加工品は、日本に持ち込みができない。免税店などで検疫済みシールが添付されていても不可。2017年11月からは、バターやチーズなどの乳製品（おもに販売、または営業上の使用）も検疫の対象になった。

●動物検疫所

URL www.maff.go.jp/aqs/

●植物防疫所

URL www.maff.go.jp/pps

Visit Japan Web

日本入国時の「税関申告」をウェブで行うことができるサービス。必要な情報を登録することでスピーディに入国できる。

URL vjw-lp.digital.go.jp

Visit Japan Webの画面

↘空港の税関で没収されるだけでなく、場合によっては損害賠償請求を受けることも。

携帯品・別送品申告書記入例

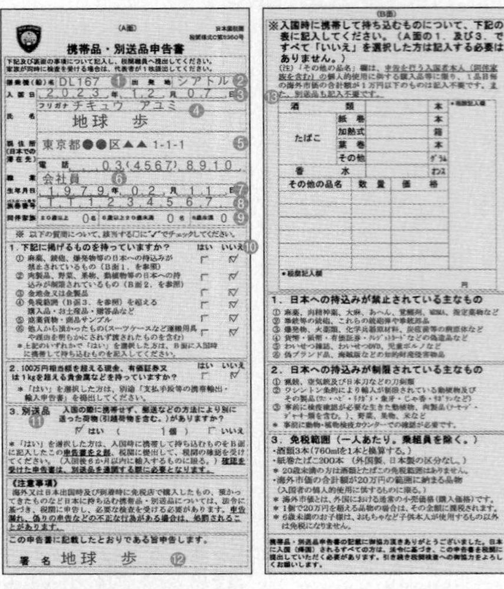
(A面)

携帯品・別送品申告書

搭乗機(船)名 DL167 ❶ 出発地 シアトル ❷
入国日 2023年12月07日 ❸
フリガナ チキュウ アユミ ❹
氏名 地球 歩
現住所(日本での滞在先) 東京都●●区▲▲ 1-1-1 ❺
電話 03(4567)8910
職業 会社員 ❻
生年月日 1979年02月11日 ❼
旅券番号 TT1234567 ❽
同伴家族 0名 0名 0 ❾

※ 以下の質問について、該当する□に"✓"でチェックしてください。

1. 下記に掲げるものを持っていますか? はい いいえ ❿

2. 100万円相当額を超える現金、有価証券又は1kgを超える貴金属などを持っていますか? はい いいえ

3. 別送品 ⓫ 入国の際に携帯せず、郵送などの方法により別に送った荷物(引越荷物を含む。)がありますか?
✓はい (1個) いいえ

《注意事項》

この申告書に記載したとおりである旨申告します。
署名 地球 歩 ⓬

(B面)

※入国時に携帯して持ち込むものについて、下記の表に記入してください。(A面の1. 及び3. ですべて「いいえ」を選択した方は記入する必要はありません。)

⓭

酒類			本
たばこ	紙巻		本
	加熱式		箱
	葉巻		本
	その他		グラム
香水			オンス

その他の品名	数量	価格

1. 日本への持込みが禁止されている主なもの

2. 日本への持込みが制限されている主なもの

3. 免税範囲(一人あたり。乗組員を除く。)

(A面)
❶航空会社名(アルファベット2字の略号)と便名
❷出発地
❸入国日
❹氏名
❺住所と電話番号
❻職業
❼生年月日
❽パスポート番号
❾同伴の家族がある場合の内訳
❿質問の回答欄にチェック
⓫別送品がある場合は「はい」にチェック、個数を記入
⓬署名
(B面)
⓭A面の質問1.、3でいずれかで「はい」を選択した人は、日本入国時に携帯して持ち込むものを記入。不明な点などは係員に確認を

携帯品・別送品申告書について

2023年8月現在、日本に入国(帰国)するすべての人は、税関申告をする必要がある。電子申告端末で手続きをする(→P.291)か、「携帯品・別送品申告書」を1通提出することになっている。海外から別送品を送った場合は「携帯品・別送品申告書」を2通提出し、このうちの1通に税関が確認印を押して返してくれる。返してくれた申告書は、別送品を受け取る際の税関手続きで必要になるので、大切に保管しよう。

なお、帰国後に別送品の申告はできない。申請用紙はバゲージクレームエリアなど税関を通過する前に記入台が設けられているので、別送品がある場合は必ず帰国時に申告しよう。もし、別送品の申請をしなかったり、確認印入りの申請書をなくした場合は、一般の貿易貨物と同様の輸入手続きが必要になるので要注意。

海外から日本への持ち込み規制と免税範囲

海外で購入する際に問題ないと言われても、税関で規制対象品と判明した時点で所有を放棄する、自己負担で現地に送り返す、輸入許可が下りるまで有料で保管されるなどの処置がなされる。

日本へ持ち込んではいけないもの

- 麻薬、覚せい剤、大麻、MDMAなどの不正薬物
- けん銃などの銃砲、これらの銃砲弾、けん銃部品
- わいせつ雑誌、わいせつDVD、児童ポルノなど
- 偽ブランド品、海賊版などの知的財産を侵害するもの
- ワシントン条約に基づき、規制の対象になっている動植物、それらを加工した製品も規制の対象
- ソーセージ、ビーフジャーキーなどの牛肉加工品。免税店で販売されているもの、検疫済みシールが添付されているものでも不可

▶輸出入禁止・規制品について

詳細は税関のホームページを参照。URL www.customs.go.jp

日本入国時の免税範囲(成年者ひとり当たり)

2023年8月現在

	品目		数量または価格	備考
1	酒類		3本	1本760mℓ程度のもの
2	たばこ	葉巻たばこ	50本(ただし、ほかのたばこがない場合)	1箱当たりの数量は、紙巻きたばこ20本に相当する量。(例:IQUOSアイコスの場合200本、gloグローの場合200本)
		紙巻きたばこ	200本(同上)	
		加熱式たばこ	個装等10個(同上)	
		その他のたばこ	250g	
3	香水		2オンス	1オンスは約28mℓ
4	品名が上記1〜3以外であるもの		20万円(海外市場の合計額)	合計額が20万円を超える場合は、超えた額に課税。ただし、1個20万円を超える品物は、全額に課税される。

未成年者の酒類、たばこの持ち込みは範囲内でも免税にならない。
6歳未満の子供は、おもちゃなど明らかに子供本人の使用と認められるもの以外は免税にならない。
※免税範囲についての詳細は税関 URL www.customs.go.jp

旅の技術 現地での国内移動

ワシントン州とオレゴン州を周遊する場合の移動手段は、レンタカー、鉄道、長距離バス、ツアーなどが挙げられる。ワシントン州の移動にはさらにフェリーもある。アメリカ国内移動でメジャーな飛行機は、この2州内の移動に限っては空港と運航便数が少ないため便利ではない。時間に余裕があるのであれば、ぜひ、レンタカーでの周遊をすすめる。短期の滞在でも、シアトルやポートランドの街歩きだけにとどめることなく、ツアーを利用して郊外の見どころへ出かけてみよう。

アメリカ国内線の基礎知識

旅行の形態と航空券

日本と訪問都市１ヵ所を単純に往復する旅行の形態には、往復航空券が適している。一方、2都市以上の複数都市をすべて飛行機で巡る形態を周遊といい、周遊の航空運賃は航空会社により条件が異なり、希望する区間のゾーンによる算定や、5～6都市までの周遊はいちばん遠い都市への運賃が適用されるなど、さまざまな算定方法がある。

また、航空会社は、乗客や貨物の効率的な輸送を図るため、運用の拠点として利用する都市にハブ（中枢）空港をもっている。行きたい都市への直行便がなくても、ハブになっている都市を経由すれば目的の都市にたどり着ける。ただし、ハブの都市を経由すると遠回りになる場合もあるが、その分のマイルも加算される。多少のデメリットはあるが、利用航空会社の路線内でルートを作成するのが大切だ。

選んだ航空会社の路線が訪問予定都市をどうしてもカバーしきれない場合、次の都市まで飛行機に乗るほどでもないときは、ほかの交通機関の利用を考えてみよう。例えば、シアトル～ポートランド間などは長距離バス（→P.294）や鉄道（→下記）の利用がポピュラーだ。シアトルとポートランドの長距離バスのバス停や鉄道の駅は、ほとんどが街の中心地に位置するため、空港←→ダウンタウン間の移動時間と交通費の節約になる。

▶国内線利用の流れ

国内線を利用するときには、「ドメスティックDomestic」と書かれたカウンターでチェックインをする。最近はeチケットによるセルフチェックイン（→P.288）が一般的。チェックインを済ませ、セキュリティチェックを受けてから搭乗ゲートへ。ターミナル内では、各所にあるコンピューターディスプレイで自分の乗るフライトのゲート番号を確認する。目的の空港に到着したら、早めにバゲージクレームBaggage Claimに進み、荷物をピックアップする。大きな空港は、出口で荷物のクレームタグの番号を照合することも多い。

鉄道（アムトラック）

広大なアメリカ大陸を迫力満点に疾走する列車の旅は、単なる移動手段としてではなく、それ自体が大きな楽しみといえる。シアトル～ポートランド間は1日5往復の運行があり、所要3時間30分～4時間。

▶乗車の流れ

乗車券はチケット窓口やアムトラックのウェブサイト、公式アプリで購入できる。窓口では、乗りたい列車の発車時刻と目的地、乗車券

航空券の手配について
→P.286

航空券に関する専門用語

●OPEN(オープン)
航空券の有効期限内であれば、復路のルート変更が可能な航空券。

●FIX(フィックス)
出発前に日程や経路を確定させた往復便の予約を行う必要がある航空券。

●オープンジョー
複数都市を回る際、途中の移動を飛行機以外の手段(鉄道、バスなど)で行うことができる航空券。

●トランジット
最終目的地までの途中にほかの空港に立ち寄ること。乗り継ぎ時間は24時間以内。

●ストップオーバー
途中降機のことで、乗り継ぎ地で24時間以上滞在すること。

コードシェアとは？
路線提携のこと。ひとつの定期便に2社以上の航空会社の便名がついているが、チェックインの手続きや機内サービスは主導運航する1社の航空会社によって行われる。搭乗券には実運航の航空会社名が記載されるが、空港内の案内表示には複数の便名、または実運航の航空会社のみの便名で表示されるなど、ケースバイケース。予約時に必ず、実運航の航空会社を確認すること。

アメリカの国内線を利用するとき
国内線利用で注意したいのが、搭乗予定者がいなくても出発してしまう、出発予定時刻より早く飛行機が出てしまう場合があること。搭乗開始は出発時刻の30分前に行われるので、必ず30分前までには搭乗ゲートで待つことをすすめる。

MEMO **国際線からの乗り継ぎ**　ターミナルが離れている場合、かなり時間を要することもある。同じ航空会社の国内線に乗り継ぐ場合は、ターミナルを変えずに搭乗できるところも多い。

の枚数などを告げよう。ウェブサイトや公式アプリからチケットを購入した場合、登録したeメールアドレスにeチケットが送られてくるので、それを乗務員に見せればいい。

一般的に、安全のため列車の到着と出発時刻の前後以外は駅のホームに入ることができない。長距離列車の場合、列車に乗り込むとき、車掌が座席を指示することがある。また、一部の駅では、ホームへの入口で係員が乗車券をチェックするので、スマートフォンでeチケットの画面を表示したり、チケットを手に持っているようにしよう。列車が動き出してから車掌が検札にやってくる。そのとき乗車券やeチケットの画面を提示すると、バウチャーを頭上の荷物置き場の所に挟んでくれる。席を移動するときは、これを持って移動するように。

長距離バス（グレイハウンド）

グレイハウンドはハワイとアラスカを除く全米48州をカバーするバス会社。提携バス会社と合わせると、行けない町はないといっていいほどその路線網は充実している。シアトル～ポートランド間は1日約15便（グレイハウンドと提携しているフリックスバスを含む）、所要3時間15分～4時間25分。2023年2月にグレイハウンドとフリックスバスが共同運行を始めた。

▶乗車の流れ

バスターミナル、バスディーポ（→脚注）、バス停へは出発時刻の30分前までに行こう。チケットはグレイハウンドやフリックスバスのウェブサイト、グレイハウンドの公式アプリやバスターミナルにあるチケット窓口で購入できる。ウェブサイトや公式アプリで購入し、eチケットを選択すると、登録したeメールアドレスにリンクが送られてきて、自分のスマートフォンでチケットを読み込むことができる。現地のチケット窓口で普通の乗車券を買う場合は、行き先、片道か往復か、枚数などを告げる。バスディーポによっては、自動券売機もある。なお、大きな荷物を預けたい人は、ここで荷物の数を申告し、行き先の書かれた荷物タグをもらうように。

改札が始まるのは出発時刻の10～15分前。改札をするのはバスを運転するドライバーの場合が多い。なお、車体下部のトランクに大きな荷物を預ける人は、改札のときドライバーに頼むこと。再度、バス前方の表示や運転手に行き先を確認したらバスに乗り込もう。最近は満席でもバスを増便することが少なくなったので、出発ゲートを確認したら早めに並ぶこと。席は早い者順で、ほかの町を経由してきたバスでは先客のいない空いた席に座ることになる。目的地に到着したらクレームタグの半券を見せて、係員に荷物を出してもらおう。

フェリー

ワシントン州では、ピュージェット湾に面するシアトルとその周辺の町（ベインブリッジアイランドなど）、カナダのビクトリア、サンファンアイランド（→P.122）への交通にフェリーを利用する。フェリー会社によっては車や自転車の乗船も可能だ。また、ホエール・ウォッチングツアーが付いたフェリーの便もある。

ベインブリッジアイランド行きのフェリー

鉄道の時刻表

確実なのはアムトラック発行の時刻表。大きな駅に用意されており、無料で手に入る。ウェブサイトでは時刻表の確認やチケットの予約もできる。
Free(1-800) 872-7245
URL www.amtrak.com

グレイハウンドの時刻表はウェブで

ウェブサイトのトップページに出発地と目的地、乗車日を入力すると、時刻表だけでなく、運賃も知ることができる。さらに進めばバスターミナルやバスディーポの情報も知ることができる。
Free(1-800) 231-2222
URL www.greyhound.com

バスディーポやバスターミナル

街の中心地にあっても治安の不安定な所にある場合が多い。バス利用のとき以外は、なるべく近くをうろつかないように。

その他バス会社

●ノースウエスタン・トレイルウエイズ
タコマTacoma～シアトルSeattle～エベレットEverett～スポーケンSpokaneを1日1便運行する。
Free(1-800) 366-3830
URL www.northwesterntrailways.com

●ポイント
ポートランドPortland～アストリアAstoriaを1日2便運行する。
Free(1-888) 846-4183
URL www.oregon-point.com

●コースト・トゥ・バレー・エクスプレス
ニューポートNewport～コルバリスCorvallisを1日4便運行する。
☎(541) 766-6821
URL www.co.benton.or.us/ridethebat/page/coast-valley-express-nw-connector

ワシントン州のフェリー
→P.42

MEMO バスディーポとは？　バスターミナルより規模の小さいもので、アメリカではディーポというのが一般的。

レンタカー

空港でレンタカーを借りる

シアトル・タコマ国際空港（シータック空港）では、空港敷地外のレンタカーセンターにレンタカー会社のカウンターが集まる。ポートランド国際空港では、空港に隣接してレンタカーセンタービルがあり、各レンタカー会社のカウンターが並んでいる。

▶シアトル・タコマ国際空港（シータック空港）で借りる

シアトル・タコマ国際空港では、空港北2.5kmにあるレンタカーセンターにおもなレンタカー会社のカウンターが集まる。バゲージクレームを出てドア#02、#26からレンタカーセンター行きのシャトルバスに乗ること。

▶ポートランド国際空港で借りる

2021年11月、おもなレンタカー会社のカウンターが並ぶレンタカーセンタービルがオープンした。バゲージクレームエリアから「Rental Car Center」のサインに従ってエスカレーターで地下に下り、サウストンネルを使ってレンタカーセンタービルへ。

ポートランド国際空港のレンタカーセンター

レンタカーの予約は必ず日本で！

海外でドライブをと決めているのなら、日本で予約をしていくのが断然お得で確実。現地でいきなり借りるとしても、諸手続きに相当な時間と英語力が必要になる。

大手レンタカー会社では、日本人旅行者向けの特別料金や日本支払いのクーポンなど割引料金プランを設定している。特徴や条件も各社さまざまなので、よく検討するといい。

予約の際に決めておく項目

①借り出しと返却の日時、場所（営業所）

借り出し、返却の日時は、「7月23日の午前10時頃」という決め方。飛行機で到着してすぐに借りる場合は、フライト番号と到着予定時刻、そうでないときは宿泊先などの連絡先を伝えておく。

②車種（クラス）

③追加装備（カーナビやチャイルドシートなど）

④運転する人（契約者）と追加ドライバーの有無（同乗者が運転する場合、契約時に登録しなくてはならない）

レンタカーを借りる手続きと返却手続き

▶車を借りる（ピックアップ）

現地に着いたら、いよいよ車を借り出す。レンタカーを借りることをピックアップ、返却することをリターンという。ここでは日本からアメリカの空港に着いて、そのまま空港の営業所から借り出すことを前提にその手順を説明する。

カウンターで予約してあることを告げて、予約確認証、国外運転免許証または運転免許証翻訳フォーム、日本の運転免許証、クレジットカード、クーポンで支払う場合はクーポンを差し出す。クーポンで支払う場合でも、任意保険や保証金のためにクレジットカードの提示が

国外運転免許証について
→P.283
※アメリカで運転するときは、必ず日本の運転免許証と国外運転免許証のふたつを携帯して運転すること。

シアトル・タコマ国際空港のレンタカーセンター

レンタカーで空港から市内へ
シアトル・タコマ国際空港→P.40
ポートランド国際空港→P.152

日本に支社、代理店のあるレンタカー会社

●アラモ Alamo
アラモレンタカー日本予約代理店
URL www.alamo.jp
日本 無料 0120-088-980
☎(03) 5962-0345
営 月〜金9:30〜18:00
休 土日、祝日
アメリカでの予約・問い合わせ先
Free (1-844) 354-6962

●エイビス Avis
エイビスレンタカー日本総代理店
URL www.avis-japan.com
日本 無料 0120-31-1911
営 月〜金11:00〜15:00
休 土日、祝日
アメリカでの予約・問い合わせ先
Free (1-800) 633-3469

●バジェット Budget
バジェットレンタカー日本総代理店
URL www.budgetjapan.jp
日本 無料 0120-113-810
営 月〜金11:00〜15:00
休 土日、祝日
アメリカでの予約・問い合わせ先
Free (1-800) 218-7992

●ダラーDollar
ダラーレンタカー予約センター
URL www.dollar.co.jp
日本 無料 0800-999-2008
営 月〜金9:00〜18:00
休 土日、祝日、年末年始
アメリカでの予約・問い合わせ先
Free (1-800) 800-4000

●ハーツ Hertz
レンタカー予約センター
URL www.hertz-japan.com
日本 無料 0800-999-1406
営 月〜金9:00〜18:00
休 土日、祝日、年末年始
アメリカでの予約・問い合わせ先
Free (1-800) 654-3131

その他のレンタカー会社

●エンタープライズ
URL www.enterprise.com

●ナショナル
URL www.nationalcar.com

MEMO **ダラーレンタカー** ダラー Dollarは日本に代理店があるが、ワシントン州とオレゴン州を取り扱っていないため、英語のウェブサイトから予約や問い合わせをすることになる。

必要になる。

次に車のクラス、返却の日時などレンタル条件の確認を行う。任意で加入する保険については、側注を参照。決して強制ではないが、万一のために加入したい。

契約者以外が運転する場合には、追加ドライバーの登録が必要になる。その際には、追加ドライバーの日本の運転免許証と国外運転免許証、クレジットカードも必要。

最後に契約書にサインをする。契約書の条件を守る義務を生じさせるものなので、**契約書に書かれた条件、内容、特に保険に関する項目を書面上で十分に確認したうえでサインをしよう。**

▶**保険について**

契約に必ず含まれる保険は、大手レンタカー会社の場合、自動車損害賠償保険（最低の対人、対物補償）の保険料が基本料金に含まれている。つまり契約書にサインすると、この保険に加入したことになる。ただし、補償上限額は低いので、任意保険に入ることになる。

また、レンタカー会社が提供するパッケージプランによって、各種保険がカバーする補償範囲は異なるので、それぞれ比較するといい。

なお、契約書の契約事項に違反して車を使用したとき、交通法規に違反して事故を起こしたとき（速度超過、飲酒運転など）、未舗装の道路で起こした事故、契約者や追加運転者として認められた人以外が運転して起こした事故などでは、保険の適用が受けられない。

▶**車を返却する（リターン）**

空港の営業所に返却する場合が多いと思われるので、ここではその簡単な説明をする。「Return」のエリアに車を停めると係員がやってくる。契約書のホルダーを係員に渡すと、係員がガソリン残量や走行マイルなどをチェックし、ホルダーの情報として入力し、支払い手続きをしてくれる。事故を起こした場合は、発生直後に連絡をしていれば、書類の確認をするだけで手続きは完了する。領収書と契約書は、トラブル発生の場合に証拠となるので、大切に保管しておくこと。

アメリカの交通法規

運転の基本はどこでも同じ『安全』。しかし、その安全を実現するための交通法規は、アメリカと日本では少し異なる。なかには日本であまりなじみのないものもある。安全な運転を心がけるためにも、必ず覚えておきたい。

▶**右側通行**

アメリカの車は日本とは反対の左ハンドルで右側通行。最初は不安だが、意外にすぐ慣れてしまう。注意したいのは、右左折や、駐車場や路地などから広い道に出る場合など。慣れてきても、周りに走っている車がないと、左レーンに入ってしまいそうになることがある。初めのうちは常に「センターラインは左側」ということを意識するようにしたい。

▶**赤信号での右折**

アメリカの合理的な交通法規が、いくつかの条件を満たせば、赤信号でも右折ができるということ。ほかの車や歩行者などの動きを見て、安全が確認できたらという条件付きだ。ただし、いつでも赤信号で右折できるわけではないということを認識しよう。信号に“NO（RIGHT）TURN ON RED　赤信号時の右折禁止”の標識が出ている交差点では、信号が青になるまで右折はできない。

任意保険の申し込みと種類

任意保険は、予約時に申し込みできるほか、借り出し時にも、追加加入の意志を確認される。**LDW（またはCDW）**は自車両損害補償制度のこと。乗り手はレンタル中の車自体の盗難、紛失、破損などで生じた損害のすべてを支払わねばならない。これが免除される保険。

PAIは搭乗者傷害保険のこと。運転者も含め、車に搭乗している者全員を対象とし、レンタカーの事故により負傷したときに適用される傷害保険。

PEC（またはPEP）は携行品の損害にかかる保険。レンタカー利用中に携行品（現金などは含まない）に発生した事故（盗難、破損）についての補償。アメリカの場合、PAIとPECはセットで加入しなくてはならない。

LISはレンタル契約時に、自動的に加入となる損害賠償保険（対人対物、LP）の補償をアップする追加自動車損害賠償保険のこと。

Fuel Purchase Option

燃料先払いオプション（Fuel Purchase Option 、FPO）はあらかじめ満タン分のガソリンを購入しておき、返却時には満タンにする必要がないというもの。ガソリン単価は、その地域内では比較的高めの単価を設定している場合が多い。

マイル表記と制限速度

1マイルは約1.6km。最初はスピード感覚がつかめないが、スピードメーターはマイルとkmの両方の表記がされているので、それほどとまどうことはない。

一般的な制限速度は、ハイウエイ55〜70マイル、一般道35〜55マイル、住宅街15〜25マイル、駐車場内5マイル。

フリーウエイ

世界で最もフリーウエイシステムが発達しているアメリカ。レンタカー利用者も、見どころやホテルへ移動するのに必ず利用するはず。フリーウエイ利用法の基本を紹介する。

フリーウエイのルートナンバー

フリーウエイには、番号（ルートナンバー）がついていて、原則として偶数は東西、奇数は南北に走っている。道路沿いの標識で示され、“North”、“East”といった進行方向も併記されているので、どのフリーウエイを、どちらに向かって走っているのかがわかる。

カープールレーン

フリーウエイには交通渋滞を緩和するために、カープールレーンCarpool Laneという車線が設置されていて、白い菱形の標識で表示されている。このレーンは1台の車に2名、あるいは3名以上乗っていなければ走ることができない。

▶**アルコールは禁止**

飲酒運転禁止。車内に飲みかけのアルコール飲料の缶などを置いてあるだけでも違法となる。アルコール類は必ずトランクに入れよう。

JAFとAAAの上手な利用法

JAFの会員であれば、入国から90日間に限り、AAA（アメリカ自動車協会）からAAAの会員と同様のサービス（レッカー移動や修理などのロードサービスの依頼やツアーブックの入手など）を受けられる。必ずJAFの会員証を提示すること。利用は、AAAロードサービスに電話をかけて依頼する。

ガソリンを入れる

アメリカのガソリンスタンド（以下"GS"）にはふたつのシステム、"フルサービスFull Service"と"セルフサービスSelf Service"がある。"セルフサービス"とは自分でガソリンを入れるシステムのこと。**ワシントン州はセルフサービスが多い。その一方、オレゴン州は州法によりセルフサービスでの石油の給油が2023年8月上旬まで認められていなかったため、フルサービスのガソリンスタンドも多く残る。**

セルフサービスの給油の仕方

▶**支払い方法**

支払いの方法には2とおりあって、GSごとに異なる。"Please Pay First"とポンプに書いてある場合は先払い、ない場合はあと払いということ。また、ポンプによっては、クレジットカードで支払うこともできる。近年、ほとんどの都市では料金先払いのGSが多くなっている。

▶**給油の手順**

1) ポンプのノズルを持ち上げ、先端をガスタンクの給油口に入れ、しっかりと差し込む。この状態ではまだスイッチは入っていないので、ガソリンが飛び出すことはない。
2) スイッチが入ると、表示パネルのガロンメーターと料金メーターがリセットされる。
3) ノズルのグリップを握ればガソリンが出てくる。ノズルを引き抜き、もとの位置に戻す。ガスタンクのキャップを忘れずに閉める。
4) おつりがあるなら、キャッシャーへ行く。あと払いなら、キャッシャーでガソリン代を支払う。これですべての手続きが終了。

夜間のGS利用の注意

深夜まで営業しているGSもあるが、何かトラブルがあってもGSの店員は警察に通報する程度。昼間のうちに給油するよう心がけよう。

スクールバス

前方を走っている黄色いスクールバスが停車して、赤いフラッシュが点滅を始めたら、後続車だけでなく、対向車線の車もその場で停車しなければならない。スクールバスの側面から"STOP"というサインが出ている間は、停車していること。

路上駐車について

都心部での路上駐車は、パーキングメーターの利用が多くなる。その際、標識で何時間までなら駐車可能か確認しよう。また、25¢硬貨しか使えないものや、クレジットカードのみ使用可能など、機械によって支払い方法が異なるので注意。

路上駐車では縁石の色に注意

駐車禁止ゾーンは縁石の色によって分けられている。
白→同乗者の降車や郵便ポストを使うときのみ駐車可
緑→標識に記載されている限定された時間のみ駐車可
黄→商業用の荷物の積み降ろし時のみ駐車可。運転者は下車不可
赤→いつでも駐・停車禁止
青→障害者用車両など指定車のみ駐車可

ドライブ中のトラブル

罰金の支払い方法ほか→P.309

JAF総合案内サービスセンター
☎0570-00-2811
URL www.jaf.or.jp

AAAロードサービス
Free (1-800) 222-4357

地図やツアーブックについて
AAAワシントン州オフィス
Free (1-800) 562-2582
AAAオレゴン州オフィス
Free (1-800) 444-8091

ガソリンの単位
1ガロン≒3.785ℓ

ガソリンの種類

レギュラーはUnleaded、ハイオクはPremium、その中間のUnleaded Plusなどがあるが、レンタカーはレギュラーでOK。

COLUMN

ウーバーUberとリフトLyft

シアトルやポートランドでも利用できる、個人による送迎車サービス。タクシーよりも料金が安いうえ、現在いる場所まで来てくれるのが人気の秘訣。夜遅くなってもドア・トゥ・ドアの移動が可能になるので、ひとり歩きするよりも安心だ。ただし、便利な反面、事故が起こったり、レイプが発生したりしている。その点をふまえたうえで、利用する前に、信頼できるドライバーかどうか、ドライバーの評価を参考にするようにしたい。

Uber URL www.uber.com
Lyft URL www.lyft.com

MEMO **クレジットカードでガソリンスタンドを利用する**　ポンプの機械が、日本で発行されたクレジットカードを受け付けないこともある。その場合は、売店のスタッフにクレジットカードで支払うことを告げること。

旅の技術

ホテルの基礎知識

アメリカと日本のホテルで大きく違う点は料金体系。アメリカでは、基本的にひと部屋単位の料金設定なので、ひとりでも4人で泊まっても同じ料金だ。旅をするにあたり、宿泊費はなるべく抑えたい人も多いはず。しかし、宿泊料はホテルの質とサービス、治安を含めた立地条件などに比例していることを念頭にホテル選びをしてほしい。

アメリカの宿泊施設

宿泊施設は最高級ホテルからホステルまで、さまざまだ。料金はシングルルームで最高級$350～、高級$220～、中級$150～、エコノミー$85～といった具合。料金は季節や繁忙期などによって上下し、夏の観光シーズンは特に混雑する傾向にある。基本的には、宿泊者が多いときには料金は高く、少ないときには安い。なお、シアトルとポートランドでは旅行客だけでなくコンベンションで訪れるビジネス客の訪問も多く、コンベンションが集中する時期は宿泊費が一気に上がり、街の中心地での部屋の確保が難しくなる。そんなときは、ビジネス客の使わないエコノミーホテルや空港周辺のホテル、少し郊外にあるホテルやモーテルなどが狙い目だ。

部屋のタイプについて

▶シングルとダブル Single Room & Double Room

アメリカのホテルでシングルサイズのベッドを置いているところは、エコノミーホテルを除き、ほとんどない。ベッドの大きさはダブルのクイーンサイズかキングサイズで、どちらもふたり用。ひとりで行っても広さはふたり用の部屋に通される。

▶ツイン Twin Bedded Room

ベッドがふたつある部屋で、多くの場合それぞれが大きなダブルベッドであることが多い。家族連れならこのタイプの部屋でOK。

▶スイート Suite

寝室と居間が分かれているタイプの部屋で、中級以上のホテルに多い。

ホテルのタックス（税金）について

アメリカでは通常の物品税（セールスタックス）とは別に、ホテルの場合は各都市で設定されたホテルタックスが付く。ほとんどのホテルは、タックスなしの料金を提示しているので注意しよう。また、アメリカの都市によってはホテルタックスのほかに地域特有の課税を設定している町もある。シアトル、ポートランドのホテルタックス→側注を参照。

ホテルの予約について

予約方法は①日本の旅行会社を通じての予約、②ホテルのオフィシャルサイトからオンライン予約（大手ホテルチェーンなら日本に電話予約窓口あり）、③ホテル予約サイトでオンライン予約、などが挙げられる。①の場合、中級以上のホテルなら日本の旅行会社でも予約できる。バウチャーやクーポンを発券するケースが多い。②③の場合、予約に際してはクレジットカードが必要。希望の日にちを入力し、金額も必ず確認すること。予約が完了すると予約番号Confirmation Numberの入った予約確認書が発行される。印刷して携行しよう。

高級ホテル
豪華な室内から、ロビー、レストランなどパブリックスペース、すべてに高級感が漂う。さまざまなサービスも提供しているが、それらが必要なければ、そのぶんお金の無駄となる。

中級ホテル
機能性を重視したホテルが多く、必要なものは揃っている。このクラスは、チェーンホテルや個性的なホテルが多い。同じチェーンであれば設備やサービスはほとんど同じ。

エコノミー
エコノミーホテルは個人で営業しているものが多く、サービスや設備の差が大きいので、自分で見て納得したうえで泊まるように。

モーテル
客室料金の相場は$70～120。車で旅する人向けの宿で、国道沿いやハイウエイの出入口付近に多く点在している。基本的に駐車場は無料、マフィンやフルーツ、コーヒーなどの簡単な朝食も無料で付く場合が多い。

ホステル
安さに重点をおいている人、国際交流したい人向け。部屋の形態はドミトリー(ひと部屋に4～8人収容、男女別室・混合など)、個室もあるがシャワーやトイレが共用などさまざまなケースがある。なお、アメリカには世界的な組織のホステル（→P.283）と私設のユースホステルがある。相場は$50前後。

ベッド&ブレックファースト（B&B）
住居を改築した家族経営の小規模な宿。郊外の瀟洒な町に多く、しっかりとした朝食とかわいらしい装飾の部屋が特徴。相場は$100～300。

おもな都市のホテルタックス
シアトル：15.7%
ポートランド：16%

コンベンション情報
シアトル
URLseattleconventioncenter.com
ポートランド
URLwww.oregoncc.org

MEMO 大手民泊仲介業者のエアービーアンドビー　空いている部屋を貸したい人（ホスト）と部屋を借りたい人（ゲスト）とをつなぐオンラインサービス。利用する際は、レビューや評価を参考にじっくり検討し↗

旅の技術 レストランの基礎知識

シアトルやポートランドは、アメリカのなかでも食に対してのこだわりが強い。地産地消の意識が高く、地元の海や山で取れた新鮮な食材、オーガニックで栽培された有機野菜をふんだんに使った料理が味わえる。また、近郊にはワインの産地があるうえ、地ビールも有名で街なかにブリュワリーが点在しているのも特徴だ。

利用の流れ

❶ 予約をする

人気のあるレストランや有名店では、事前に予約が必要な場合がある。予約は電話、またはレストランのウェブサイトやレストラン予約の総合予約サイトOpen Table（URL www.opentable.com）で予約する方法がある。

❷ レストランへ

予約していれば、店の人に名前を告げる。していない場合は名前と人数を告げて、店の人の案内を待つ。

❸ 席へ案内されたら

案内されたテーブルに着いたら、テーブル担当者がメニューを持ってきてくれ、今日のおすすめ料理（Today's Special）、日替わりの料理などを簡単に説明してくれる。まず、最初に飲み物を注文し、それらが運ばれてくる間にメインのメニューを選んでおこう。メニューは、Appetizer（前菜）、Salad（サラダ）、Soup（スープ）、EntréeやDinner（メインディッシュ）、Dessert（デザート）などに分かれている。ひと皿の量が多いので、胃袋に自信がある人を除いて頼み過ぎないように。

❹ 食事を楽しむ

テーブルの担当者が食事の様子をうかがいに来る。"Is everything OK ?" などと聞いてくるので、おいしければ "Good." "Excellent." などと答えよう。逆に何かおかしかったら説明を。メインを食べ終わる頃に "Have you finished?" と聞きにくるが、まだだったら "I'm still eating." と答えればよい。"Would you like some dessert?" とデザートをすすめにきて、もう食べたくないときは"No, Thank you."と答えよう。

❺ 会計をする

支払いはテーブルで行うのが一般的。「会計をお願いします」"Check, please."でOK。ウエーター /ウエートレスが勘定書きを持ってきてくれる。

▶**現金で支払うケース**で、代金とチップの合計金額と過不足ゼロの現金で会計するときは、勘定書きと一緒に現金をテーブルに置いて店を出てよい。おつりが必要な場合は、ウエーター /ウエートレスに勘定書きと一緒に現金を渡す。戻ってきたおつりのなかからチップ分の現金をテーブルに残して席を立つ。

▶**クレジットカードで支払うケース**は、勘定書きを確認し、カードをその上に置くか、ホルダーに挟む。ウエーター /ウエートレスが一度それを持って下がり、カードとカード用の伝票を持ってくる。飲食代の下にチップを記入する欄があるのでそこに15〜23%程度のチップを料金に加算し、その下に合計金額を記入、署名欄にサインする。カードの伝票は通常2枚複写なので、お客様控えCustomer-copyをレシートとして受け取り、店側の控えを残して席を立つ。チップのみ現金払いも可（→側注）。

ドレスコード
高級レストランでは、たいてい「ドレスコード」といって、ショートパンツ、Tシャツ、ジーンズ、スニーカーなどカジュアルな服装では入店できず、男性ならジャケットにネクタイ、女性ならワンピースなどを着用するという決まりがある。店の雰囲気に合った服装をするように心がけよう。

アルコールについて
ワシントン州、オレゴン州では、21歳未満の飲酒は禁止。また、お酒を買うときは必ず写真付きのID（身分証明書）が必要。ナイトスポットでは入場時にもIDの提示を求められる。飲酒は、公園などの公共の場でも厳禁、罰金も高額なのでご注意を。

ファストフード店、スターバックス・コーヒーのようなコーヒーのチェーン店では
基本的な注文の流れは、注文→支払い→受け取りの順。注文は、写真付きのメニューを指さし、またはセットメニュー（＝コンボCombo）の番号を伝えるだけでOK。もちろん、単品でも注文できる。注文を終えると、"For here or to go?" と店内での食事（here）、または持ち帰り（to go）かを聞かれる。受け取りは、レシートに書かれた番号で呼び出されるパターンがほとんど。なお、ファストフード店ではソフトドリンクが飲み放題のことが多い（店舗の立地により異なる）。空のドリンクのカップを渡されるので、ドリンクバーで好きなだけ注ぐことができる。

チップを現金で支払う場合
カード伝票のチップ欄に斜線を引き、合計金額欄に飲食代金額のみ記入する。チップ分の現金を伝票に添える。

↘てから宿泊先を選ぶように。Airbnb URL www.airbnb.com

旅の技術

ショッピングの基礎知識

アメリカでは予算に応じてバラエティに富んだ買い物が楽しめる。特にポートランドは無税なので、高級ブランド品も安く手に入る。買い物好きにはたまらない街だ。アメリカのどの都市にも、専門店やブランド店が集結したデパートやショッピングモールがあるので、効率よく買い物ができる。

賢くショッピングをするポイント

▶セールの時期

日本では7～8月、1～2月がセールの季節だが、アメリカでは祝祭日に合わせてバーゲンセールが行われる。ただし、セール品は返品不可の店もあるので、よく品定めをしてから買おう。クリスマスセールの時期、デパートの多くは22:00ぐらいまで営業している。アメリカのセール時期は右側注のとおり。

▶服、靴のサイズを確認し、必ず試着を

サイズの表示は日本と違う。服の場合、サイズ表記はインチが基準なので注意すること（カジュアルなものは、Small、Medium、Large）。靴は、メーカーやブランドによって、サイズ表記が異なってくる。まずは、サイズ比較表（→P.301）から自分がどれにあたるか目星をつけておこう。ギフトに選ぶ場合は対象者のサイズ確認も忘れずに。実際にショッピングをするときは、服でも、靴でも買う前に必ず試着をしてみること。メーカーなどによってサイズに相違があるし、作りもアメリカと日本では若干異なる。

▶どこで買い物をする？

短時間で一度に買い物を済ませたい人にはショッピングモールがおすすめ。広い敷地に建てられた大きな建物の中に、デパートや各ブランドの小売店が入っている。また、レストランやフードコートが入っていて、ひと休みにもいい。モールによっては、映画館も入っていて、郊外型の巨大ショッピングモールなら1日遊べる。郊外なら駐車場の料金は無料だが、中心部は有料のことが多い。

また、ブランドものがディスカウント価格で販売されているアウトレットもぜひ行きたい。もはやアメリカンショッピングの定番といってもいいだろう。大型のアウトレットは郊外にあり、公共の交通機関を使って行くことは難しい場合が多い。車、またはツアーを利用して行ってみよう。規模は大きくないが、ノードストローム・ラックやロス・ドレス・フォー・レスのように中心地に出店している都市型のアウトレットもある。

ちょっとしたおみやげなら、スーパーマーケットやドラッグストアもおすすめ。オーガニック系のスーパー、ホールフーズ・マーケットWhole Foods Market（→P.26）では自然派コスメ、アロマセラピー、ヨガグッズなども売っている。また、トレーダージョーズTrader Joe's（→P.26）なら、ワインやナッツ、ドライフルーツが充実している。

セールスタックスについて

アメリカは州や市によって、日本の消費税に相当するセールスタックスの税率が異なる。同じものなら税率の低い都市での買い物が得。

アメリカのバーゲン時期

アメリカは日本に比べてよくバーゲンをやっている。際立って安くなるのがサンクスギビングからクリスマスにかけて。特にバーゲン初日は早朝より店もオープンし、皆いっせいに買い物に繰り出す。クリスマスプレゼントを買うためだ（→P.276～277）。

支払い方法

アメリカではちょっとした金額のものはクレジットカードで支払う。買い物をするとき"How would you like to pay?"とか"Cash or charge?"と尋ねられることがある。「キャッシュ」とは現金のことで、「チャージ」とはクレジットカードによる支払いのこと。

試着する際は3サイズを

日本人はアメリカ人に比べて細身。7～9号の女性は"P"と表示されたPetiteのほうが合う。サイズ表から目星をつけ、その前後と3サイズを試着してみよう。その際、ほころび、キズなどないか要チェック。製品の素材もよく確かめて。

おもな都市のセールスタックス

シアトル10.25%
ポートランドは課税なし

MEMO デパートのおもなウェブサイト　高級デパート●ノードストローム 🌐www.nordstrom.com　中級デパート●メイシーズ 🌐www.macys.com ↗

日本とアメリカのサイズ比較表

●身長

フィート／インチ(ft)	4'8"	4'10"	5'0"	5'2"	5'4"	5'6"	5'8"	5'10"	6'0"	6'2"	6'4"	6'6"
センチメートル(cm)	142.2	147.3	152.4	157.5	162.6	167.6	172.7	177.8	182.9	188.0	193.0	198.1

●体重

ポンド(lbs)	80	90	100	110	120	130	140	150	160	170	180	190	200
キログラム(kg)	36.3	40.9	45.4	50.0	54.5	59.0	63.6	68.1	72.6	77.2	81.7	86.3	90.8

●紳士服標準サイズ

サイズ	Small		Medium		Large		X- Large	
首回り(inches)	14	14½	15	15½	16	16½	17	17½
首回り(cm)	35.5	37	38	39	40.5	42	43	44.5
胸囲(inches)	34	36	38	40	42	44	46	48
胸囲(cm)	86.5	91.5	96.5	101.5	106.5	112	117	122
胴回り(inches)	28	30	32	34	36	38	40	42
胴回り(cm)	71	76	81	86.5	91.5	96.5	101.5	106.5
袖丈(inches)	32½	33	33½	34	34½	35	35½	36
袖丈(cm)	82.5	84	85	86.5	87.5	89	90	91.5

●婦人服標準サイズ

	X-Small	Small		Medium		Large	X-Large		
アメリカサイズ	0〜2	4	6	8	10	12	14	16	18
日本サイズ	5、7	7	9	11	13	15	17	19	−

●靴サイズ

婦人用	アメリカサイズ	4½	5	5½	6	6½	7	7½
	日本サイズ(cm)	22	22.5	23	23.5	24	24.5	25
紳士用	アメリカサイズ	6½	7	7½	8	8½	9	10
	日本サイズ(cm)	24.5	25	25.5	26	26.5	27	28
子供用	アメリカサイズ	1	4½	6½	8	9	10	12
	日本サイズ(cm)	9	10	12	14	15	16	18

※靴の幅

AAA AA A	B C D	E EE EEE
狭い	標準	広い

●ジーンズなどのウエストサイズ

婦人用	サイズ(inches)	26	27	28	29	30	31	32
	サイズ(cm)	56	58	61	63	66	68	71
紳士用	サイズ(inches)	29	30	31	32	33	34	36
	サイズ(cm)	73.5	76	78.5	81	84	86	91.5

●ガールズサイズ

サイズ	X-Small	Small	Medium	Large	X-Large	XX-Large
	5	6〜7	8	10〜12	14	16
身長(cm)	110	120	130	140	150	160

●ボーイズサイズ

サイズ	X-Small	Small	Medium	Large	X-Large	XX-Large
	5	6〜7	8	10〜12	14〜16	18
身長(cm)	110	120	130	140	150〜160	160〜170

●幼児サイズ

サイズ	2歳	3歳	4歳	5歳	6歳	7歳
	2T	3T	4T、4	5T、5	6	7
身長(cm)	90	100	110	110	120	130

●ヨーロッパ・サイズ比較表

	洋服					靴					
日本	7	9	11	13	15	22.5	23.0	23.5	24.0	24.5	25.0
フランス	34	36	38	40	42	35	35½〜36	36½	37〜37½	38	38½〜39
イタリア	36	38	40	42	44						

●身の回りのサイズ

●乾電池

単1=D　単2=C　単3=AA　単4=AAA　単5=N

●用紙サイズ

アメリカの規格は日本と異なる国際判(レターサイズ)

・Letter Size=8.5in×11in=215.9mm×279.4mm

・Legal Size=8.5in×14in=215.9mm×355.6mm
(日本のA4は210×297mm)

●写真サイズ

・3×5=76.2mm×127mm

・4×6=101.6mm×152.4mm
(日本のL版は89mm×127mm)

●液体の容量

・1ティースプーン(日本でいう小さじ)=約4.92mℓ

・1テーブルスプーン(日本でいう大さじ)=約14.78mℓ

・1カップ=約236.58mℓ(日本は200mℓ)

●度量衡

●長さ

・1インチ (inch)≒2.54cm

・1フット(foot)=12インチ≒30.48cm
(複数形はフィートfeet)

・1ヤード(yard)=3フィート≒91.44cm

・1マイル(mile)≒1.6km

●重さ

・1オンス(ounce)≒28.4g

・1ポンド(pound)=16オンス≒454g

●体積

・1パイント(pint)≒0.4ℓ

・1クォート(quart)=2パイント≒0.95ℓ

・1ガロン(gallon)=4クォート≒3.78ℓ

↘ディスカウント系●サックス・オフ・フィフス URL www.saksoff5th.com　●ロス・ドレス・フォー・レス URL www.rossstores.com　●ノードストローム・ラック URL www.nordstromrack.com

旅の技術

チップとマナー

アメリカは、異なる慣習をもつ人々が暮らす多民族国家。これさえ守れば大丈夫！といった絶対的な決まりごとはないが、最低限守りたい慣習やマナーだけはおさえておきたい。「郷に入れば郷に従え」、気持ちよいマナーを心がけて楽しい旅を！

チップについて

アメリカではサービスを受けたらチップを渡す習慣がある。一般的に、どのレストランでも請求書の合計金額の15～23%をチップとしてテーブルに残しておく。グループだと合計金額も高くなるが、人数や時間に関係なく、合計額の15～23%（相場は18%）が基本だ。なお、小額の消費をしたときでも＄1以上のチップを手渡したい。

▶レストランでのチップの支払い方

ウエーター、ウエートレスへのチップは支払い後、会計伝票を載せてきたトレイに残す。クレジットカードでの支払いでもチップを含めて決済できる（記入例は下記を参照）。チップは売上合計金額に対しての15～23%程度とし、タックス分は対象にしなくていい。

会計伝票記入例

Services	40	00
Taxes	4	10
Tip/Gratuity	7	20
Total	51	30

- 売上料金（飲食代）→ Services
- 税金（10.25%の場合）→ Taxes
- チップ（売上料金に対して18% 端数は切り上げる）→ Tip/Gratuity
- 合計売上 → Total

チップ換算早見表

料金($)	15%		20%	
	チップ	合計額	チップ	合計額
5	0.75	5.75	1.00	6.00
10	1.50	11.50	2.00	12.00
15	2.25	17.25	3.00	18.00
20	3.00	23.00	4.00	24.00
25	3.75	28.75	5.00	30.00
30	4.50	34.50	6.00	36.00
35	5.25	40.25	7.00	42.00
40	6.00	46.00	8.00	48.00
45	6.75	51.75	9.00	54.00
50	7.50	57.50	10.00	60.00

簡単なチップの計算法

①料金の端数を切り下げる（または切り上げ）
例）$35.21 → $35.00
②チップが 15% なら、× 0.15
$35.00 → $5.25
③ 20% なら小数点を 1 ケタ上げてから 2 倍に
$3.50 × 2 → $7
④チップの相当額は 15 ～ 23%（$5.25 ～ 8.05）の範囲。通常チップの目安は 18% なのでほぼ中間の数字が相場だ。それぞれのサービスに見合った額を決めればよい。

チップの目安

●ホテルのポーターへ
ホテルの玄関からロビーまで荷物を運ぶドアマンと、ロビーから部屋まで荷物を運ぶポーターにそれぞれ渡す。荷物ひとつにつき$2～3が目安。

●ホテルのハウスキーピング
ベッドひとつにつき$1～2。

●タクシーで
タクシーなどの場合はチップを単体で手渡すのではなく、メーターの表示額に自分でチップを加えて支払うことになる。メーター料金の15～20%とされるが、気持ちよくドライブできたら多めにチップをはずんでもいい。細かい端数は切り上げて支払うのが一般的だ。

●ルームサービスで
ルームサービスを頼んだ場合、まず伝票を見る。サービス料金が記入されていればチップは不要。サービス料金が加算されていなければ伝票にチップの金額を書き、さらに合計金額を書く。現金でもOK。メッセージや届け物などは$1～2。

●ツアーで
ガイドチップはツアー代金の15～25%が目安。

マナーについて

▶飲酒と喫煙

州によって法律が違うが、ワシントン州とオレゴン州は21歳未満の飲酒と、屋外での飲酒は禁じられている。リカーストア（酒類の販売は6:00～翌2:00）、ライブハウス、クラブなどでは、アルコール購入の際にID（身分証明書）の提示を求められることもある。特に注意してほしいのが、公園やビーチ、公道でのアルコールは厳禁。たばこを取り巻く環境となると、さらに厳しい。レストランは屋内、アウトドアのテラスでも禁煙。ホテルも禁煙ルームのほうが断然多い。

▶子供連れの場合

レストランや公共の場などで騒いだら、落ち着くまで外に出ていること。また、ホテル室内や車の中に子供だけを置き去りにしたり、子供をしつけのつもりでたたいたりすると、同様に警察に通報されるので日本人は特に要注意だ。

心がけたいマナー

●あいさつ
道を歩いていて人に触れたら"Excuse me."。もし、ひどくぶつかってしまったり、足を踏んでしまったら"I'm sorry."。人混みの中で先に進みたいときも"Excuse me."だ。無言はたいへん失礼になる。お店に入って、店員に"Hi!"と声をかけられたら、"Hi."または"Hello."などと返事を返そう。また、話をするときは、真っすぐ人の目を見て話すように。

歩行喫煙はNG!!
日本で多く見られる歩行喫煙は絶対にやめてほしい行為だ。

MEMO **列の並び方** キャッシャーやATM、トイレなどで並ぶときは、1列に並んで空いた所から入っていくという、フォーク型の並び方が定着している。

旅の技術 郵便

世界中がデジタル化し、送信ボタンひとつで用件を伝えられる世の中になった。最後に直筆で手紙を書いたのはいつだっただろうかと思う人も多いはず。日記の代わりに自分あてのはがきを書くのもいい。あなたの帰りを待つ家族や友達に、旅行中の感動を伝えよう。

旅の便り、重い荷物は郵便を活用

アメリカから日本への所要日数は、エアメールでだいたい1週間前後。料金は普通サイズのはがき、封書とも$1.50が基本となっている。

かさばる書籍類やおみやげなどの荷物は、郵便で日本に送ってしまえばあとが楽。大きな郵便局ならクッション入りの大型封筒、郵送用の箱なども売っている。

送る方法としては航空便Air Mailのみ。到着の速さによって数種類あり、いちばん安いFirst-Class Mailで4〜14日。あて先住所・氏名、差出人の住所・氏名は英語で書く。印刷物を送る場合はそれを示すPrinted Matters、書籍の場合はBookの表示も書き加える（この場合、中に手紙は入れないこと）。

国際小包の税関申告書の記入の一例〈すべて英語で記入〉

“税関申告書（Customs Declaration and Dispatch Note）のSender's Information”の欄は、“差出人”なので自分の名前を記入する。住所は、アメリカ在住者ならばアメリカの住所を、日本から旅行中であれば日本の住所を英語で記入すればいい。“Addressee's Information”は受取人を記入する。自分あてなら上の“Sender's Information”欄と同じことを書けばいい。

右側の欄は、記載のあて先へ配達できない場合、荷物をどうするかなどを記入する欄。差出人に送り戻すなら“Return to Sender”、廃棄は“Treat as Abandoned”にチェックする。

最下段は内容物について記入。“Quantity”は数量、“Net Weight”は重さ、“VALUE”はおおよその価値をアメリカドルで記入。

上記のほかにも申告書は数種類あり、記入事項も多少異なる。

郵便局
URL www.usps.com

切手の購入
切手は郵便局の窓口かUS Mailのマークのある販売機であれば、額面どおりの額で買えるが、おみやげ店やホテルなどにある小さな販売機は割高だ。もし、どうしても見当たらなかったらホテルのフロントスタッフに尋ねてみるのもいい。

別送品の配送サービスを行っている宅配業者
●ヤマト運輸(国際宅急便)
YAMATO TRANSPORT U.S.A., INC
URL www.yamatoamerica.com
●日本通運(ジェットパック・輸入)
URL www.nittsu.co.jp/sky/express

日本への郵便料金

（2023年8月現在）

Air Mail（First Class International Mail）航空便	
封書 Letters	1オンス（28g）$1.50、0.5〜1オンスごとに$1.30を加算。 最大重量3.5オンス（約99g）
はがき Post Card	$1.50
書籍・印刷物（Printed Matter）エム・バッグ M-bags	11ポンド（約5kg）まで$87.89、1ポンドごとに$7.99加算。 最大重量66ポンド（約30kg）
定額封書 Flat-Rate Envelope	24×31.75cmの封筒に入るだけ$44.80。 最大重量4ポンド（約1.8kg）
定額小包 Flat-Rate Box：Large	30×30.5×14cmの箱に入るだけ$121.30。 最大重量20ポンド（約9kg）
小包 Parcel	1ポンド（453.6g）まで$61.25、2〜66ポンドまで1ポンドごとに$4.20〜4.30を加算。 最大重量66ポンド（約30kg）

M-bagsという郵送方法は、大きな袋に無造作に荷物を入れられ、紛失や破損に対して何の補償もされない方法。
※小包、定額封書、定額小包はPriority Mail（配達に6〜10日要する）を利用した場合。

MEMO **アメリカから別送品を送った場合**　日本入国の際、税関で携帯品・別送品申告書を2通提出する必要がある（→P.292）。

旅の技術 インターネット

近年はインターネットの環境が整い、自分のパソコンやスマートフォンさえあれば、移動中のバスや列車、ホテル、カフェなどでの接続が容易になった。ウェブから最新情報が入手できるなどのメリットを生かして、旅先での行動範囲を広げよう。

スマートフォンのインターネット利用に注意

アメリカで、スマートフォンをインターネットの海外ローミングで利用した場合、高額となるケースがある。日本の携帯電話会社と契約していない現地のキャリアにつながってしまうことが原因だ。通話料が安いIP電話も、インターネット回線を使うので同様の注意が必要。日本を出発する前に、どのような設定にするか、必ず確認をしておくこと!!

携帯電話会社問い合わせ先など→P.306

スマートフォンなどの利用方法はこちらでも

「地球の歩き方」ホームページでは、アメリカでのスマートフォンなどの利用にあたって、各携帯会社の「パケット定額」や海外用モバイルWi-Fiルーターのレンタルなどの情報をまとめた特集ページを公開中。

URL www.arukikata.co.jp/web/article/item/3000211

Seattle Free Public Wi-Fi

URL www.seattle.gov/tech/services/internet-access/free-public-wi-fi

Portland Free Public Wi-Fi

URL www.portland.gov/parks/wifi

海外用モバイルWi-Fiルーター・レンタル会社

●イモトのWiFi

無料 0120-800-540

URL www.imotonowifi.jp

●グローバルWiFi

無料 0120-510-670

URL townwifi.com

無料のWi-Fiを利用する

シアトルはウエストレイクセンター（→P.54）、ポートランドはパイオニアプレイス（→P.184）などのショッピングモール。マクドナルドなどのファストフード店、スターバックス・コーヒーなどのカフェ、スーパーマーケットのホールフーズ・マーケット（→P.26）、公共図書館などで無料のWi-Fiを利用できる。なお、カフェやショップの無料のWi-Fiスポットは、店の出入口などに「Free Wi-Fi」のステッカーが貼ってある。ホテルによってはWi-Fi利用料が無料だったり、アメニティフィーに含まれておりWi-Fiが無料で利用できたりする。

海外用モバイルWi-Fiルーターをレンタルする

1日中どこでもインターネットにアクセスしたい人に最適。ポケットサイズの小型Wi-Fiルーターなら荷物にもならない。1日当たりのデータ通信量無制限の定額のものやデータ通信量により料金プランが設定されているものがある。基本的にルーター1台で複数人が接続可能。

利用方法として、海外用モバイルWi-Fiルーター・レンタル会社のウェブサイトから事前に予約し、自宅や空港カウンターなどでWi-Fiルーター一式を受け取る。現地では、電源を入れてIDとパスワードを入力するだけで接続可能。帰国後、空港カウンターで返却するか、宅配便で送り返す。

携帯電話会社の海外パケット定額サービスを利用する

日本で使っているスマートフォンをアメリカでも電話番号やSMS（ショートメッセージ）のアドレスを変更せずに使用できる。一般的に、海外で利用するためのパケット定額サービスを携帯電話会社と契約し、スマートフォンのモバイルデータ通信のローミングをオンにするだけ（携帯会社によって異なる）。念のため、旅行前に契約している携帯電話会社のプランや方法を確認しておきたい。

SIMカードを利用する

現地キャリアに対応しているSIMカードを購入し、SIMフリーのスマートフォンにSIMカードを入れ替えて利用する。基本的に定額制で、日数分のデータ通信量無制限やデータ通信量制限ありのプランがある。ただし、SIMカードを入れ替えるので、日本の電話番号やSMSは使用できない。他方、アメリカの電話番号を取得でき、アメリカ国内の通話は無料になることが多い。SIMカードは、旅行出発前にオンラインショップのアマゾン・ドット・コムか、現地のショッピングモールや携帯キャリアショップなどで購入可能だ。

COLUMN

便利なアプリ

シアトルやポートランドでは、スマートフォンがないとかなり不便だ。スポーツ観戦ができなかったり、自転車のレンタルや配車サービスなどの利用ができなかったりする。以下のアプリを利用して、シアトルやポートランドの観光をスムーズに進めたい。

Googleマップ
地図検索サービス

Transit App
交通機関のアプリ

Uber
配車サービス（→P.297）

Lyft
配車サービス（→P.297）

Bird
電動キックボードのシェアリングサービス

BIKETOWN
ポートランドの自転車シェアサービス（→P.154）

Yelp
レストランやショップの口コミサイト

OpentTable
レストランの予約ができる

MLB Ballpark
メジャーリーグの公式アプリ

INFORMATION

アメリカでスマホ、ネットを使うには

スマホ利用やインターネットアクセスをするための方法はいろいろあるが、一番手軽なのはホテルなどのネットサービス（有料または無料）、Wi-Fiスポット（インターネットアクセスポイント。無料）を活用することだろう。主要ホテルや町なかにWi-Fiスポットがあるので、宿泊ホテルでの利用可否やどこにWi-Fiスポットがあるかなどの情報を事前にネットなどで調べておくとよい。ただしWi-Fiスポットでは、通信速度が不安定だったり、繋がらない場合があったり、利用できる場所が限定されたりするというデメリットもある。そのほか契約している携帯電話会社の「パケット定額」を利用したり、現地キャリアに対応したSIMカードを使用したりと選択肢は豊富だが、ストレスなく安心してスマホやネットを使うなら、以下の方法も検討したい。

☆海外用モバイルWi-Fiルーターをレンタル

アメリカで利用できる「Wi-Fiルーター」をレンタルする方法がある。定額料金で利用できるもので、「グローバルWiFi（【URL】https://townwifi.com/）」など各社が提供している。Wi-Fiルーターとは、現地でもスマホやタブレット、PCなどでネットを利用するための機器のことをいい、事前に予約しておいて、空港などで受け取る。利用料金が安く、ルーター1台で複数の機器と接続できる（同行者とシェアできる）ほか、いつでもどこでも、移動しながらでも快適にネットを利用できるとして、利用者が増えている。

▼グローバルWiFi

海外旅行先のスマホ接続、ネット利用の詳しい情報は「地球の歩き方」ホームページで確認してほしい。
【URL】http://www.arukikata.co.jp/net/

旅の技術

電話

ここでは、アメリカ国内外への電話のかけ方をケース別に説明している。また、海外でも日本で利用している携帯電話を持って行動する人も多い。利用法などの詳細は事前に確認しておきたい。

アメリカで電話をかける

公衆電話から

同じ市外局番（エリアコード）内の市内通話の場合1回50¢が一般的だ。違うエリアコードや市外への通話は最初に1をダイヤルし、音声に従って追加の料金を入れる。

携帯電話・スマートフォンから

携帯電話・スマートフォンの国際ローミングサービスを利用すれば電話をかけられるが、国際通話料金が適用される場合が多い。出発前に日本の携帯電話会社に問い合わせること。

ホテルの部屋から

まず外線発信番号（多くの場合8または9）を最初に押す。あとは通常のかけ方と同じだ。ただし、ホテルの部屋からの通話には、アメリカ国内通話無料のトールフリー（→側注）の番号でもサービスチャージが加算されるので注意するように。

どのようにかけるか？

ダイヤル直通

自分で料金を支払う最も基本的なもの。オペレーターを通さずに直接、日本の相手先の電話番号につながる。国際通話の場合はプリペイドカード（→下記）か、スマートフォン・携帯電話を使うのが一般的。

日本語オペレーターによるサービス（コレクトコール）

オペレーターを介して通話するもので、料金は日本払いのコレクトコールのみ。料金は高いが、24時間年中無休、日本語対応なので安心だ。

スマートフォンで通話アプリを使う

スマートフォンに無料通話アプリ（LINE、Skype、Messenger、FaceTimeなど）をダウンロードしておくと、Wi-Fi環境下で無料通話することができる。

プリペイドカード通話とは

プリペイドカードに記載されている金額に達するまで割安でアメリカ国内や日本へ通話できる。カードを電話機に挿入するのではなく、カードに記載された専用番号を押し、続いて相手先の電話番号を入力するだけ。プリペイドカードは、日本やアメリカの空港、ドラッグストア、コンビニなどで販売している。

トールフリーとは
アメリカ国内で通話料無料の電話番号のこと。(1-800)、(1-888)、(1-877)、(1-866)、(1-855)、(1-844)、(1-833)で始まる。日本からや、アメリカ国内で日本の携帯電話から利用する場合は有料。

日本語オペレーターによるサービス(コレクトコール)
サービスアクセス番号
●KDDI(ジャパンダイレクト)
Free(1-877) 533-0051

日本での国際電話に関する問い合わせ先
NTTコミュニケーションズ
無料0120-003300
ソフトバンク
無料0088-24-0018
au無料157※1
NTTドコモ 無料151※2

携帯電話・スマートフォンを紛失した際のアメリカからの連絡先
au☎(011) +81+3+6670-6944 ※1
NTTドコモ☎(011) +81+3+6832-6600 ※2
ソフトバンク☎(011) +81-92-687-0025 ※3
※1 auの携帯から無料、一般電話からは有料
※2 NTTドコモの携帯から無料、一般電話からは有料
※3 ソフトバンクの携帯から無料、一般電話からは有料

アメリカから日本へ電話をかける場合　例：(03)1234-5678 へかける場合※1

011	+	81	+	3	+	1234-5678
国際電話識別番号		日本の国番号		市外局番の最初の 0 を取る※2		相手先の番号

※ 1：公衆電話から日本にかける場合は上記のとおり。ホテルの部屋からは、外線につながる番号を頭に付ける。
※ 2：携帯電話などへかける場合も、[090][080][070] などの最初の 0 を除く。

旅の技術 旅のトラブルと安全対策

旅の安全対策とは、あらゆるトラブルを未然に防ぐことではなく、事故や盗難に遭うことを前提に、いかに被害を最小限に食い止められるかの対応力が大事である。日本人が海外で遭遇しやすいトラブル事例を挙げながら、対処方法を紹介しよう。

アメリカの治安

シアトルやポートランドは、アメリカのなかでも比較的治安は安定しており、おもな観光エリアは、一部を除き昼間なら特に問題なく歩ける。しかし、アメリカは日本と比べ犯罪率が高く、どの街にもなるべく近寄らないほうがいいエリアがある。

シアトル

シアトルは比較的治安のよい都市であるが、あくまでもアメリカ国内での話。シアトルのダウンタウンでは、観光客を狙ったひったくりや車上狙いが多発している。特に日本人は現金を多く所持していると思われているので、昼夜を問わず注意しておきたい。また、現金だけでなくカメラやスマートフォンなどを狙った路上強盗事件も多い。歩きながらの視聴や操作にも十分な注意を払おう。

なお、シアトルやその近郊都市ではギャングの活動が盛んで、ギャング同士の抗争が絶えない。深夜の繁華街などでの発砲事件が起きているので、深夜の外出は極力避けるように。

シアトルの中心部で特に気をつけたいのが、Pike St.の3rd Ave.から1st Ave.周辺（MP.33-A3～B3）と4th Ave.のJames St.からJackson St.周辺（MP.33-B3～B4）。オキシデンタル・スクエア・パーク周辺（MP.35-A1～B2）は夕方から早朝にかけて治安が悪い。

ポートランド

ポートランドも比較的治安のよい都市のひとつ。殺人、強盗などの凶悪犯罪は少ないが、ポートランドの北東部の住宅地でギャング同士の抗争が発生している。ひと気のない場所にはむやみに立ち入らず、深夜の行動も控えたほうが無難だ。また、ひったくりやスリの被害も多い。貴重品の管理はしっかりとしておこう。コロナ後、ダウンタウンにホームレスが増え、テントや道路で寝ている人を見かけるようになった。できるだけ近づかず無視すること。

ポートランドで気をつけておきたいエリアは、早朝と夜間のチャイナタウンやオールドタウン（MP.146-A1～B2）。

街の歩き方

海外の街を歩くと、いかに日本はきれいで安全な国であるかに気づかされるはず。昼間は安全な雰囲気でも、夜間では様子がガラリと変わるなどということはざらにある。夜間や人通りの少ない道でのひとり歩きは避ける、細い路地には入らない、死角の多い駐車場も注意が必要。また、人前でお金を見せない、妙に親切な人には注意するなど、これらのことは徹底して守ろう。治安のよい悪いを判断する目安は、やたらとゴミが散乱している、落書きが多いなど。ホームレスや目つきの悪い人がうろついている所は立ち入りを避けたい。また、きちんとした身なりの女性が少なくなったら引き返したほうがいい。夜間の外出はタクシーを使い、車をもっていたとしてもさびしい道は走らないように。

スリ、置き引きの多い場所とは

駅、空港、ホテルのロビー、観光名所、電車やバス、ショッピング街や店内、ファストフード店の中などでは、ほかのことに気を取られがち。「ついうっかり」や「全然気づかぬすきに」被害に遭うことが多い。ツアーバスに乗ったときもバスに貴重品を置いたまま、外に出ないこと。貴重品は必ず身に付けておこう。

こんなふうにお金は盗まれる

犯罪者たちは単独行動ではなく、必ずグループで犯行に及ぶ。例えば、ひとりが写真を撮ってもらうよう頼んでかばんを地面に置いた瞬間に、もうひとりがかばんを奪って逃げていくという具合に、ひとりがカモになる人の気を引いているのだ。

親しげな人に注意

向こうから、親しげに話しかけてくる人、日本語で話しかけてくる人には注意。たいていはカモになる人を探しているのだ。例えば、「お金を落としてしまって困っている」などと話しながら、うまくお金を巻き上げていく人も多い。

本当に大切なものは肌身離さず

なくなったらその旅が不可能になる、パスポートやお金（現金、トラベラーズチェックやクレジットカード）などは常に携帯し、パスポート番号など備忘録は貴重品とは別にしまっておこう。中級以上のホテルに泊まっているなら、ホテルのセーフティボックスに預けるのもよい。

荷物は少なくまとめること

両手がふさがるほど荷物を持って歩いているときは注意力も散漫になりがちだ。スリに狙われやすく、落とし物もしやすくなる。大きな荷物は行動範囲を狭める原因でもある。

MEMO **渡航先で最新の安全情報を確認できる「たびレジ」に登録しよう** 外務省の提供する「たびレジ」に登録すれば、渡航先の安全情報メールや緊急連絡を無料で受け取れる。URL www.ezairyu.mofa.go.jp/index.html

そのほか、気をつけたい事項は下記のとおり。

●服装で注意したいのが、ダボッとしたパンツに、パーカーのフードやキャップを目深にかぶるスタイルのいでたち。現地では、ギャングの一団とみなされることもあるので、注意したい。

●路線バス、ライトレイルなどの公共交通機関の利用は、暗くなってからは人通りがぐんと減るので、バス停やひと気のないプラットホームに立って待っているのはおすすめできない。夜間の移動は、タクシーを利用するように。

●ドライブ時の注意として、車を離れるとき、荷物は後ろのトランクなどに入れ、窓から見える所に置かないようにする。また、特に年末のショッピングシーズンなどは、買い物の荷物を狙った車上荒らしが多発するので要注意。車と金品を狙ったカージャックは、駐車場だけでなく、走行中や信号待ちの際にわざと車をぶつけ、車内から人が降りたすきを狙う場合もある。ドライブ中に何かのアクシデントに巻き込まれたら、できるだけ安全と思われる場所（ガソリンスタンドや警察）まで移動して助けを求めよう。

トラブルに遭ってしまったら

安全な旅を目指して（事後対応編）

▶盗難に遭ったら

すぐ警察に届ける。所定の事故報告書（Police Report）があるので記入しサインする。暴行をともなわない置き引きやスリの被害では、被害額がよほど高額でない限り捜索はしてくれない。報告書は、自分がかけている保険の請求に必要な手続きと考えたほうがよい。報告書が作成されると、控えか報告書の処理番号（Police Case Number）をくれる。それを保険請求の際に添えること。

▶パスポートをなくしたら

万一、パスポートをなくしたら、まず現地の警察へ行き、パスポート紛失届出証明書を発行してもらう。次に在外公館（総領事館、領事事務所→側注）へ行き、新規発給の手続きをする。申請に必要なものは、①顔写真（縦4.5cm×横3.5cmサイズを2枚）、②パスポート紛失届出証明書（現地の警察に発行してもらう）、③戸籍謄本、④紛失一般旅券等届出書、⑤一般旅券発給申請書、⑥本人の国籍確認ができる書類（日本の運転免許証など）、⑦旅行の日程などが確認できる書類。

発給までには、写真を日本に送り本人かどうかを確認するため約1週間かかる。また発給の費用は、10年用は$117、5年用は$80（12歳未満$44）が必要。なお、帰国便の搭乗地国ないし、その国へ向かう途中でなくした場合は、『帰国のための渡航書』（$18、→側注）を発行してもらい帰ることはできる。2～3日で発行。写真と渡航書発給申請書、紛失一般旅券等届出書、パスポート紛失届出証明書、eチケット、戸籍謄本が必要。

▶クレジットカードをなくしたら

大至急クレジットカード会社の緊急連絡センター（→P.312）に電話し、カードを無効にしてもらう。警察に届けるより前に、この連絡をすること。盗難カードでショッピング枠を使われるなど、悪用されることがあるからだ。高額商品の購入でも店側が本人確認を行わなかったり、通信販売は、サインがなくても利用できてしまう。

在シアトル日本国総領事館
Consulate-General of Japan in Seattle
Ⓜ P.34-B1～B2
住 701 Pike St., Suite 1000, Seattle, WA 98101
☎ (206) 682-9107
URL www.seattle.us.emb-japan.go.jp
営 月～金9:00～11:30、13:00～16:30(領事窓口)
※2023年8月現在、日本国総領事館への入館には、事前にウェブサイトから予約する必要がある。

在ポートランド領事事務所
Consular Office of Japan in Portland
Ⓜ P.146-A3
住 1300 S.W. 5th Ave., Suite 2700, Portland OR 97201
☎ (503) 221-1811
URL www.portland.us.emb-japan.go.jp
営 月～金9:30～11:30、13:00～16:30(領事窓口)

※日本国総領事館、領事事務所への入館には、写真付き身分証明書の提示が求められるため、必ず所持して訪問すること。なお、パスポートをなくしたなど、写真付きIDがない場合は、その旨を伝えて入館の許可をもらおう。

帰国のための渡航書
日本直行便、または、「帰国のための渡航書」で入国可能な国(カナダ、韓国)での乗り換え便を利用する場合に限る。

クレジットカードの連絡先がわからない！
万一、連絡先がわからない場合は、自分の持っているカードの国際カードの提携会社(ほとんどVisaかMasterCardのどちらかのはず)に連絡を。その連絡先はホテルや警察、電話帳や番号案内で簡単に調べられる。こんなときのためにも、パスポート番号、クレジットカードなどの番号をメモしたものや、そのコピーを取っておきたい。

▶トラベラーズチェック（T/C）をなくしたら

最寄りの警察で「紛失届出証明書」を発行してもらう。再発行の手続きは、持っていたT/Cを発行しているカスタマーセンターへ連絡を。必要な書類は、①紛失届出証明書、②T/C発行証明書（T/Cを買ったときに銀行がくれた「T/C購入者用控」）、③未使用T/Cのナンバー。

▶お金をすべてなくしたら

盗難、紛失、使い切りなど、万一に備えて、現金の保管は分散することをおすすめする。例えば、財布を落としても、別の場所（衣類のポケットやホテルのセーフティボックス）に保管してある現金があれば急場しのぎになる。それでも、現金をなくしてしまったときのためにも、キャッシングサービスのあるクレジットカード（→P.280）はぜひとも持っておきたい。また、日本で預金をして外国で引き出せるキャッシュカードやデビットカード（→P.280）、海外専用プリペイドカード（→P.280）も出回っているので、これらのサービスを利用するのもいい。

▶病気やけがに見舞われたら

旅先での風邪や下痢の原因は、気候や生活の変化に対応しきれずに起こることが多い。精神的なストレスなども原因のひとつだ。とにかく休息を。日本から常備薬を持参するのがおすすめ。薬を買うには医者の処方せんが必要だが、痛み止め・風邪薬などは処方せんなしで買える。

▶空港で荷物が出てこないとき

最後まで自分の荷物が出てこない場合、バゲージクレーム内の航空会社のカウンターで、諸手続きを行うことになる。クレームタグの半券を示しながら、事情説明と書類記入をする。聞かれることは、側注のとおり。荷物発見後の配送先は、この先数日の滞在ホテルが一般的だが、宿泊先が決まってない人はいっそ荷物を日本に送り返してもらい、必要最低限の品を現地で買い揃えて旅を続けるという手段もある。荷物紛失のため生じた費用の負担については、あらかじめ航空会社に確認を。

▶ドライブ中のトラブル

旅行者の犯しやすい交通違反が、駐車違反とスピード違反。アメリカでは駐車違反の取り締まりはかなり厳しい。スピード違反のとき、パトカーは違反車の後ろにつけると、赤と青のフラッシャーの点滅で停止を指示する。車は右に寄せて停車。警官が降りて近づいてくる間、ハンドルに手を置いて、同乗者とともにじっと待つ。警官が声をかけたら、日本の運転免許証、国外運転免許証とレンタル契約書を見せ、聞かれた質問に答えればいい。

事故や故障の場合は、ひとまずレンタカー会社へ連絡をしよう。事故の場合の対処としてまずは警察とレンタカー会社への連絡。また、相手の免許証番号、車のナンバー、保険の契約番号、連絡先を控えておく。あとは警察やレンタカー会社の指示に従う。また、車を返却するときに必ず申し出て事故報告書を提出すること。

故障の場合、自走できるときは、レンタカー会社に連絡して修理する。自走できないなら、レンタカー会社に連絡したあと、けん引サービスを呼んで対処しよう。

お金をなくして、なすすべのない人は

どうにもならない場合、日本国総領事館、領事事務所（→P.308側注）に飛び込んで相談に乗ってもらうしかない。

携帯電話・スマートフォンをなくしたら

→P.306側注

アメリカの医療システム

ホテルなどの緊急医や救急病院のほかは、医者は予約制。薬を買うには医者の処方せんが必要だが、痛み止め、風邪薬などは処方せんなしで買える。

海外旅行保険のサービスを利用する

日本語を話せる医者を紹介し、病院の予約を取ってくれる。旅行保険会社の連絡先は→P.312を参照。

空港で荷物が出てこなかったときに聞かれるおもな事柄

- 便名の確認
- 預けた空港の確認
- 名札が付いているか
- フライト何分前のチェックインか
- かばんの形と色
- 外ポケットやいちばん上の内容物
- 発見されたときの配送先

ドライブ時の罰金を支払う

駐車違反などの罰金の支払い方法は、マネーオーダー（郵便為替）を作って送るか、ウェブサイトや電話によるクレジットカードの引き落としなどがある。

なお、帰国後でも罰金の処理を怠ると、レンタカー会社を通じて追跡調査が行われる。またアメリカの有料道路（トールToll）で未払いした場合も同様なので、気をつけよう。

旅の技術

旅の英会話

ホテル編

8月11日と12日にツイン（ダブル）ルームを予約したいのですが〈電話で〉。
I'd like to make a reservation for a twin bedded(double) room, August eleventh and twelfth.

今晩、空いているシングルルームはありますか？
Do you have a single room, tonight?

チェックインをお願いします。3泊の予定です。
I'd like to check in. I'll be staying for three nights.

クレジットカードで支払いします。
I'd like to pay by credit card.

部屋の鍵が開きません。
The room key does not work.

バスタオルをもう1枚持ってきてください。
Could you bring me one more bath towel?

レストラン編

もしもし、今晩7:30、2名で夕食を予約したいのですが。私の名前は田中です。
Hello. I'd like to book a table tonignt. Two people at seven thirty p.m. My name is Tanaka.

おすすめのメニューを教えてください。
What do you recommend?
Do you have any special today?

持ち帰り用の容器をください。
May I have a to-go box?

ここで食べます／持ち帰ります。
For here, please. ／
To go, please.

注文をお願いします。
Would you take our order?

お勘定をお願いします。
Check, please.

クレジットカードでお願いします。
I would like to pay by credit card.

街歩き編

空港までのチケットをください。
May I have a ticket to the airport?

これはシアトルセンターへ行きますか？
Does this go to Seattle Center?

片道（往復）切符をお願いします。
One-way (round-trip) ticket, please.

キングストリートに着いたら教えてください。
Please let me know when we get to King St.

パイオニアスクエアへ行くには？
How can I get to Pioneer Square?

ユニオン駅で降ろしてもらえますか？
Would you drop me off at Union Station?

ショッピング編

見ているだけです。
I'm just looking.

○○売り場はどこですか？
Where can I find ○○ section?

これをください。
I'll take this (one).

これを試着してもいいですか？
Can I try this on?

Tシャツを探しています。
I'm looking for some T-shirts.

もう少し大きい(小さい)ものはありますか？
Do you have larger(smaller) one?

MEMO **Google 翻訳アプリ** アプリに入力したテキストや音声などを翻訳したり、音声で読みあげてくれたりする。特に便利なのがスマートフォンのカメラをかざすだけで、英語を日本語に翻訳してくれる機能。↗

緊急時の医療英会話

●ホテルで薬をもらう

具合が悪い。
アイ フィール イル
I feel ill.

下痢止めの薬はありますか。
ドゥ ユー ハヴ エニー アンティダイリエル メディスン
Do you have any antidiarrheal medicine?

●病院へ行く

近くに病院はありますか。
イズ ゼア ア ホスピタル ニア ヒア
Is there a hospital near here?

日本人のお医者さんはいますか。
アー ゼア エニー ジャパニーズ ドクターズ
Are there any Japanese doctors?

病院へ連れていってください。
クッデュー テイク ミー トゥ ザ ホスピタル
Could you take me to the hospital?

●病院での会話

診察を予約したい。
アイドゥライク トゥ メイク アン アポイントメント
I'd like to make an appointment.

グリーンホテルからの紹介で来ました。
グリーン ホテル イントロデュースド ユー トゥ ミー
Green Hotel introduced you to me.

私の名前が呼ばれたら教えてください。
プリーズ レッ ミー ノウ ウェン マイ ネイム イズ コールド
Please let me know when my name is called.

●診察室にて

入院する必要がありますか。
ドゥアイ ハフ トゥ ビー ホスピタライズド
Do I have to be hospitalized?

次はいつ来ればいいですか。
ウェン シュッダイ カム ヒア ネクスト
When should I come here next?

通院する必要がありますか。
ドゥアイ ハフ トゥ カム トゥ ザ ホスピタル レギュラリー
Do I have to come to the hospital regularly?

ここにはあと2週間滞在する予定です。
アイルステイ ヒ ア フォー アナザー トゥ ウィークス
I'll stay here for another two weeks.

●診察を終えて

診察代はいくらですか。
ハ ウ マッチイズ ザ ドクターズ フィー
How much is the doctor's fee?

保険が使えますか。
ダ ズ マイ インシュアランス カバー イット
Does my insurance cover it?

クレジットカードでの支払いができますか。
キャナイ ペイ イット ウィズ マイ クレディットカード
Can I pay it with my credit card?

保険の書類にサインをしてください。
プリーズ サイン ジ インシュアランス ペーパー
Please sign the insurance paper.

※該当する症状があれば、チェックをしてお医者さんに見せよう

□吐き気 nausea	□悪寒 chill	□食欲不振 poor appetite
□めまい dizziness	□動悸 palpitation	
□熱 fever	□脇の下で計った armpit	＿＿＿℃／°F
	□口中で計った oral	＿＿＿℃／°F
□下痢 diarrhea	□便秘 constipation	
□水様便 watery stool	□軟便 loose stool	1日に 回 times a day
□ときどき sometimes	□頻繁に frequently	絶え間なく continually
□風邪 common cold		
□鼻詰まり stuffy nose	□鼻水 running nose	□くしゃみ sneeze
□咳 cough	□痰 sputum	□血痰 bloody sputum
□耳鳴り tinnitus	□難聴 loss of hearing	□耳だれ ear discharge
□目やに eye mucus	□目の充血 red eye	□見えにくい blurry vision

※下記の単語を使ってお医者さんに必要なことを伝えよう

●どんな状態のものを
生の raw
野生の wild
油っこい greasy
よく火が通っていない uncooked
調理後時間がたった a long time after it was cooked

●けがをした
刺された・噛まれた bitten
切った cut
転んだ fell down
打った hit
ひねった twisted
落ちた fell
やけどした burnt

●痛み
ヒリヒリする tingling
刺すように sharp
鋭く keenly
ひどく severely

●原因
蚊 mosquito
ハチ wasp
アブ gadfly
毒虫 poisonous insect
サソリ scorpion
クラゲ jellyfish
毒蛇 viper
リス squirrel
（野）犬 （stray）dog

●何をしているときに
ビーチに行った went to the beach
キャンプをした went camping
登山をした went hiking (climbing)
川で水浴びをした went swimming in the river
自転車に乗っていた riding a bicycle

↘英語表記のメニューにカメラをかざすと、スマートフォンの画面に日本語翻訳が表示される。

旅の技術

旅のイエローページ

■緊急時

●**警察、消防署、救急車** ☎911

●**在シアトル日本国総領事館**

☎(206)682-9107

●**在ポートランド領事事務所**

☎(503)221-1811

■航空会社（アメリカ国内）

日本語対応のオペレーター

●**全日空** Free(1-800)235-9262

●**日本航空** Free(1-800)525-3663

●**アメリカン航空** Free(1-800)237-0027

●**デルタ航空** Free(1-800)327-2850

●**ユナイテッド航空** Free(1-800)537-3366

■空港・交通

●**シアトル・タコマ国際空港（シータック空港）**

☎(206)787-5388

●**ポートランド国際空港** ☎(503)460-4234

●**グレイハウンド** Free(1-800)231-2222

●**アムトラック** Free(1-800)872-7245

■クレジットカード会社（カード紛失・盗難時）

●**アメリカン・エキスプレス**

Free(1-800)766-0106

●**ダイナースクラブ**

☎+81-3-6770-2796(コレクトコールを利用)

●**JCB** Free(1-800)606-8871

●**マスターカード** Free(1-800)307-7309

●**ビザ** Free(1-866)670-0955

■トラベラーズチェック発行会社（T/C紛失時の再発行）

●**アメリカン・エキスプレス・リファンドセンター**

Free(1-800)221-7282

■旅行保険会社（アメリカ国内）

●**損保ジャパン日本興亜**

Free(1-800)233-2203(けが、病気)

Free(1-833)950-0893(けが、病気以外のトラブル)

●**東京海上日動** Free(1-800)446-5571

●**AIG** Free(1-800)8740-119

■日本語が通じる医療機関

シアトル

●**Virginia Mason Medical Center**

※吉岡みのり先生が勤務☎(206)583-2299

※日本語医療サービス（通訳）あり

M P.33-B3

住 1100 9th Ave., Seattle

☎(206)223-6600

営 月～金8:00～17:00、緊急時は24時間対応

●**Harborview Medical Center**

※日本語医療サービス（通訳）あり

※要予約、緊急時は24時間対応

M P.33-B3

住 325 9th Ave., Seattle

☎(206)520-5000

営 月～金7:00～19:00

ポートランド

●**Oregon Health & Science University**

※日本語医療サービス（通訳）あり

※要予約、緊急時は24時間対応

M P.145-A3

住 3181 S.W. Sam Jackson Park Rd., Portland

☎(503)494-8311

営 月～金8:00～17:00

●**Olson Memorial Clinic (Steven Hashiguchi, M.D.)**

※電話予約の際は「ドクター橋口、プリーズ」と告げること

M P.210-A2

住 16463 S.W. Boones Ferry Rd., #300, Lake Oswego, OR 97035

(ダウンタウンから車で約20分)

☎(503)635-6256(要予約)

営 月～金8:00～17:00(水～12:00)

■帰国後の旅行相談窓口

●**日本旅行業協会　JATA**

旅行会社で購入した旅行サービスについての相談は「消費者相談室」まで。

☎(03)3592-1266

URL www.jata-net.or.jp

索引

ワシントン州の見どころ

シアトルのレストラン

シアトルのショップ

シアトルのホテル

オレゴン州の見どころ

ポートランドのレストラン

ポートランドのショップ

ポートランドのホテル

カリフォルニア州の見どころ

地球の歩き方 シリーズ一覧

2023年10月現在

＊地球の歩き方ガイドブックは、改訂時に価格が変わることがあります。＊表示価格は定価（税込）です。＊最新情報は、ホームページをご覧ください。www.arukikata.co.jp/guidebook/

地球の歩き方 ガイドブック

A ヨーロッパ

A01	ヨーロッパ	¥1870
A02	イギリス	¥2530
A03	ロンドン	¥1980
A04	湖水地方＆スコットランド	¥1870
A05	アイルランド	¥1980
A06	フランス	¥2420
A07	パリ＆近郊の町	¥1980
A08	南仏プロヴァンス コート・ダジュール＆モナコ	¥1760
A09	イタリア	¥1870
A10	ローマ	¥1760
A11	ミラノ ヴェネツィアと湖水地方	¥1870
A12	フィレンツェとトスカーナ	¥1870
A13	南イタリアとシチリア	¥1870
A14	ドイツ	¥1980
A15	南ドイツ フランクフルト ミュンヘン ロマンチック街道 古城街道	¥2090
A16	ベルリンと北ドイツ ハンブルク ドレスデン ライプツィヒ	¥1870
A17	ウィーンとオーストリア	¥2090
A18	スイス	¥2200
A19	オランダ ベルギー ルクセンブルク	¥1870
A20	スペイン	¥2420
A21	マドリードとアンダルシア	¥1760
A22	バルセロナ＆近郊の町 イビサ島／マヨルカ島	¥1760
A23	ポルトガル	¥1815
A24	ギリシアとエーゲ海の島々＆キプロス	¥1870
A25	中欧	¥1980
A26	チェコ ポーランド スロヴァキア	¥1870
A27	ハンガリー	¥1870
A28	ブルガリア ルーマニア	¥1980
A29	北欧 デンマーク ノルウェー スウェーデン フィンランド	¥1870
A30	バルトの国々 エストニア ラトヴィア リトアニア	¥1870
A31	ロシア ベラルーシ ウクライナ モルドヴァ コーカサスの国々	¥2090
A32	極東ロシア シベリア サハリン	¥1980
A34	クロアチア スロヴェニア	¥1760

B 南北アメリカ

B01	アメリカ	¥2090
B02	アメリカ西海岸	¥1870
B03	ロスアンゼルス	¥2090
B04	サンフランシスコとシリコンバレー	¥1870
B05	シアトル ポートランド	¥2420
B06	ニューヨーク マンハッタン＆ブルックリン	¥1980
B07	ボストン	¥1980
B08	ワシントンDC	¥2420
B09	ラスベガス セドナ＆グランドキャニオンと大西部	¥2090
B10	フロリダ	¥2310
B11	シカゴ	¥1870
B12	アメリカ南部	¥1980
B13	アメリカの国立公園	¥2090
B14	ダラス ヒューストン デンバー グランドサークル フェニックス サンタフェ	¥1980
B15	アラスカ	¥1980
B16	カナダ	¥2420
B17	カナダ西部 カナディアン・ロッキーとバンクーバー	¥2090
B18	カナダ東部 ナイアガラ・フォールズ メープル街道 プリンス・エドワード島 トロント オタワ モントリオール ケベック・シティ	¥2090
B19	メキシコ	¥1980
B20	中米	¥2090
B21	ブラジル ベネズエラ	¥2200
B22	アルゼンチン チリ パラグアイ ウルグアイ	¥2200
B23	ペルー ボリビア エクアドル コロンビア	¥2200
B24	キューバ バハマ ジャマイカ カリブの島々	¥2035
B25	アメリカ・ドライブ	¥1980

C 太平洋／インド洋島々

C01	ハワイ1 オアフ島＆ホノルル	¥1980
C02	ハワイ島	¥2200
C03	サイパン ロタ＆テニアン	¥1540
C04	グアム	¥1980
C05	タヒチ イースター島	¥1870
C06	フィジー	¥1650
C07	ニューカレドニア	¥1650
C08	モルディブ	¥1870
C10	ニュージーランド	¥2200
C11	オーストラリア	¥2200
C12	ゴールドコースト＆ケアンズ	¥2420
C13	シドニー＆メルボルン	¥1760

D アジア

D01	中国	¥2090
D02	上海 杭州 蘇州	¥1870
D03	北京	¥1760
D04	大連 瀋陽 ハルビン 中国東北部の自然と文化	¥1980
D05	広州 アモイ 桂林 珠江デルタと華南地方	¥1980
D06	成都 重慶 九寨溝 麗江 四川 雲南	¥1980
D07	西安 敦煌 ウルムチ シルクロードと中国北西部	¥1980
D08	チベット	¥2090
D09	香港 マカオ 深セン	¥1870
D10	台湾	¥2090
D11	台北	¥1980
D13	台南 高雄 屏東＆南台湾の町	¥
D14	モンゴル	¥
D15	中央アジア サマルカンドとシルクロードの国々	¥
D16	東南アジア	¥
D17	タイ	¥
D18	バンコク	¥
D19	マレーシア ブルネイ	¥
D20	シンガポール	¥
D21	ベトナム	¥
D22	アンコール・ワットとカンボジア	¥
D23	ラオス	¥
D24	ミャンマー（ビルマ）	¥
D25	インドネシア	¥
D26	バリ島	¥
D27	フィリピン マニラ セブ ボラカイ ボホール エルニド	¥
D28	インド	¥
D29	ネパールとヒマラヤトレッキング	¥
D30	スリランカ	¥
D31	ブータン	¥
D33	マカオ	¥
D34	釜山 慶州	¥
D35	バングラデシュ	¥
D37	韓国	¥
D38	ソウル	¥

E 中近東 アフリカ

E01	ドバイとアラビア半島の国々	¥
E02	エジプト	¥
E03	イスタンブールとトルコの大地	¥
E04	ペトラ遺跡とヨルダン レバノン	¥
E05	イスラエル	¥
E06	イラン ペルシアの旅	¥
E07	モロッコ	¥
E08	チュニジア	¥
E09	東アフリカ ウガンダ エチオピア ケニア タンザニア ルワンダ	¥
E10	南アフリカ	¥
E11	リビア	¥
E12	マダガスカル	¥

J 国内版

J00	日本	¥
J01	東京 23区	¥
J02	東京 多摩地域	¥
J03	京都	¥
J04	沖縄	¥
J05	北海道	¥
J07	埼玉	¥
J08	千葉	¥
J09	札幌・小樽	¥
J10	愛知	¥

地球の歩き方 aruco

●海外

1	パリ	¥1320
2	ソウル	¥1650
3	台北	¥1650
4	トルコ	¥1430
5	インド	¥1540
6	ロンドン	¥1650
7	香港	¥1320
9	ニューヨーク	¥1320
10	ホーチミン ダナン ホイアン	¥1430
11	ホノルル	¥1650
12	バリ島	¥1320
13	上海	¥1320
14	モロッコ	¥1540
15	チェコ	¥1320
16	ベルギー	¥1430
17	ウィーン ブダペスト	¥1320
18	イタリア	¥1320
19	スリランカ	¥1540
20	クロアチア スロヴェニア	¥1430
21	スペイン	¥1320
22	シンガポール	¥1650
23	バンコク	¥1650
24	グアム	¥1320
25	オーストラリア	¥1430
26	フィンランド エストニア	¥1430
27	アンコール・ワット	¥1430
28	ドイツ	¥1430
29	ハノイ	¥1430
30	台湾	¥1320
31	カナダ	¥1320
33	サイパン テニアン ロタ	¥1320
34	セブ ボホール エルニド	¥1320
35	ロスアンゼルス	¥1320
36	フランス	¥1430
37	ポルトガル	¥1650
38	ダナン ホイアン フエ	¥1430

●国内

東京	¥1540
東京で楽しむフランス	¥1430
東京で楽しむ韓国	¥1430
東京で楽しむ台湾	¥1430
東京の手みやげ	¥1430
東京おやつさんぽ	¥1430
東京のパン屋さん	¥1430
東京で楽しむ北欧	¥1430
東京のカフェめぐり	¥1480
東京で楽しむハワイ	¥1480
nyaruco 東京ねこさんぽ	¥1480
東京で楽しむイタリア＆スペイン	¥1480
東京で楽しむアジアの国々	¥1480
東京ひとりさんぽ	¥1480
東京パワースポットさんぽ	¥1599
東京で楽しむ英国	¥1599

地球の歩き方 Plat

1	パリ	¥1320
2	ニューヨーク	¥1320
3	台北	¥1100
4	ロンドン	¥1320
6	ドイツ	¥1320
7	ホーチミン／ハノイ／ダナン／ホイアン	¥1320
8	スペイン	¥1320
10	シンガポール	¥1100
11	アイスランド	¥1540
14	マルタ	¥1540
15	フィンランド	¥1320
16	クアラルンプール／マラッカ	¥1100
17	ウラジオストク／ハバロフスク	¥1430
18	サンクトペテルブルク／モスクワ	¥1540
19	エジプト	¥1320
20	香港	¥1100
22	ブルネイ	¥1430
23	ウズベキスタン サマルカンド ブハラ ヒヴァ タシケント	¥
24	ドバイ	¥
25	サンフランシスコ	¥
26	パース／西オーストラリア	¥
27	ジョージア	¥
28	台南	¥

地球の歩き方 リゾートスタイ

R02	ハワイ島	¥
R03	マウイ島	¥
R04	カウアイ島	¥
R05	こどもと行くハワイ	¥
R06	ハワイ ドライブ・マップ	¥
R07	ハワイ バスの旅	¥
R08	グアム	¥
R09	こどもと行くグアム	¥
R10	パラオ	¥
R12	プーケット サムイ島 ピピ島	¥
R13	ペナン ランカウイ クアラルンプール	¥
R14	バリ島	¥
R15	セブ＆ボラカイ ボホール シキホール	¥
R16	テーマパークｉｎオーランド	¥
R17	カンクン コスメル イスラ・ムヘーレス	¥
R20	ダナン ホイアン ホーチミン ハノイ	¥

地球の歩き方　御朱印

御朱印でめぐる鎌倉のお寺　三十三観音完全掲載　三訂版	¥1650
御朱印でめぐる京都のお寺　改訂版	¥1650
御朱印でめぐる奈良の古寺　改訂版	¥1650
御朱印でめぐる東京のお寺	¥1650
日本全国この御朱印が凄い！　第壱集　増補改訂版	¥1650
日本全国この御朱印が凄い！　第弐集　都道府県網羅版	¥1650
御朱印でめぐる全国の神社　開運さんぽ	¥1430
御朱印でめぐる高野山　改訂版	¥1650
御朱印でめぐる関東の神社　週末開運さんぽ	¥1430
御朱印でめぐる秩父の寺社　三十四観音完全掲載　改訂版	¥1650
御朱印でめぐる関東の百寺　坂東三十三観音と古寺	¥1650
御朱印でめぐる関西の神社　週末開運さんぽ	¥1430
御朱印でめぐる関西の百寺　西国三十三所と古寺	¥1650
御朱印でめぐる東京の神社　週末開運さんぽ　改訂版	¥1540
御朱印でめぐる神奈川の神社　週末開運さんぽ　改訂版	¥1540
御朱印でめぐる埼玉の神社　週末開運さんぽ	¥1430
御朱印でめぐる北海道の神社　週末開運さんぽ	¥1430
御朱印でめぐる九州の神社　週末開運さんぽ　改訂版	¥1540
御朱印でめぐる千葉の神社　週末開運さんぽ　改訂版	¥1540
御朱印でめぐる東海の神社　週末開運さんぽ	¥1430
御朱印でめぐる京都の神社　週末開運さんぽ　改訂版	¥1540
御朱印でめぐる神奈川のお寺	¥1650
御朱印でめぐる大阪　兵庫の神社　週末開運さんぽ	¥1430
御朱印でめぐる愛知の神社　週末開運さんぽ　改訂版	¥1540
御朱印でめぐる栃木　日光の神社　週末開運さんぽ	¥1430
御朱印でめぐる福岡の神社　週末開運さんぽ　改訂版	¥1540
御朱印でめぐる広島　岡山の神社　週末開運さんぽ	¥1430
御朱印でめぐる山陰　山陽の神社　週末開運さんぽ	¥1430
御朱印でめぐる埼玉のお寺	¥1650
御朱印でめぐる千葉のお寺	¥1650
御朱印でめぐる東京の七福神	¥1540
御朱印でめぐる東北の神社　週末開運さんぽ　改訂版	¥1540
御朱印でめぐる全国の稲荷神社　週末開運さんぽ	¥1430
御朱印でめぐる新潟 佐渡の神社　週末開運さんぽ	¥1430
御朱印でめぐる静岡 富士 伊豆の神社　週末開運さんぽ　改訂版	¥1540
御朱印でめぐる四国の神社　週末開運さんぽ	¥1430
御朱印でめぐる中央線沿線の寺社　週末開運さんぽ	¥1540
御朱印でめぐる東急線沿線の寺社　週末開運さんぽ	¥1540
御朱印でめぐる茨城の神社　週末開運さんぽ	¥1430
御朱印でめぐる関東の聖地　週末開運さんぽ	¥1430
御朱印でめぐる東海のお寺	¥1650
日本全国ねこの御朱印&お守りめぐり　週末開運にゃんさんぽ	¥1760
御朱印でめぐる信州 甲州の神社　週末開運さんぽ	¥1430
御朱印でめぐる全国の聖地　週末開運さんぽ	¥1430
御船印でめぐる全国の魅力的な船旅	¥1650
御朱印でめぐる茨城のお寺	¥1650
御朱印でめぐる全国のお寺　週末開運さんぽ	¥1540
日本全国 日本酒でめぐる　酒蔵&ちょこっと御朱印〈東日本編〉	¥1760
日本全国 日本酒でめぐる　酒蔵&ちょこっと御朱印〈西日本編〉	¥1760
関東版ねこの御朱印&お守りめぐり　週末開運にゃんさんぽ	¥1760
52　一生に一度は参りたい！　御朱印でめぐる全国の絶景寺社図鑑	¥2479
53　御朱印でめぐる東北のお寺　週末開運さんぽ	¥1650
D51　鉄印帳でめぐる全国の魅力的な鉄道40	¥1650
御朱印はじめました　関東の神社　週末開運さんぽ	¥1210

地球の歩き方　島旅

1	五島列島　3訂版	¥1650
2	奄美大島～奄美群島1～　3訂版	¥1650
3	与論島　沖永良部島　徳之島（奄美群島②）改訂版	¥1650
4	利尻　礼文　4訂版	¥1650
5	天草　改訂版	¥1760
6	壱岐　4訂版	¥1650
7	種子島　3訂版	¥1650
8	小笠原　父島　母島　3訂版	¥1650
9	隠岐　3訂版	¥1870
10	佐渡　3訂版	¥1650
11	宮古島　伊良部島　下地島　来間島　池間島　多良間島　大神島　改訂版	¥1650
12	久米島　渡名喜島　改訂版	¥1650
13	小豆島～瀬戸内の島々1～　改訂版	¥1650
14	直島　豊島　女木島　男木島　犬島～瀬戸内の島々2～	¥1650
15	伊豆大島　利島～伊豆諸島1～　改訂版	¥1650
16	新島　式根島　神津島～伊豆諸島2～　改訂版	¥1650
17	沖縄本島周辺15離島	¥1650
18	たけとみの島々　竹富島　西表島　波照間島　小浜島　黒島　鳩間島　新城島　由布島　加屋	¥1650
19	淡路島～瀬戸内の島々3～	¥1650
20	石垣島　竹富島 西表島 小浜島 由布島 新城島 波照間島	¥1650
21	対馬	¥1650
22	島旅ねこ　にゃんこの島の歩き方	¥1344

地球の歩き方　旅の図鑑

W01	世界244の国と地域	¥1760
W02	世界の指導者図鑑	¥1650
W03	世界の魅力的な奇岩と巨石139選	¥1760
W04	世界246の首都と主要都市	¥1760
W05	世界のすごい島300	¥1760
W06	地球の歩き方的！　世界なんでもランキング	¥1760
W07	世界のグルメ図鑑　116の国と地域の名物料理を食の雑学とともに解説	¥1760
W08	世界のすごい巨像	¥1760
W09	世界のすごい城と宮殿333	¥1760
W10	世界197ヵ国のふしぎな聖地&パワースポット	¥1870
W11	世界の祝祭	¥1760
W12	世界のカレー図鑑	¥1980
W13	世界遺産　絶景でめぐる自然遺産　完全版	¥1980
W15	地球の果ての歩き方	¥1980
W16	世界の中華料理図鑑	¥1980
W17	世界の地元メシ図鑑	¥1980
W18	世界遺産の歩き方　学んで旅する！　すごい世界遺産190選	¥1980
W19	世界の魅力的なビーチと湖	¥1980
W20	世界のすごい駅	¥1980
W21	世界のおみやげ図鑑	¥1980
W22	いつか旅してみたい世界の美しい古都	¥1980
W23	世界のすごいホテル	¥1980
W24	日本の凄い神木	¥2200
W25	世界のお菓子図鑑	¥1980
W26	世界の麺図鑑	¥1980
W27	世界のお酒図鑑	¥1980
W28	世界の魅力的な道	¥1980
W29	世界の映画の舞台&ロケ地	¥2090
W30	すごい地球！	¥2200
W31	世界のすごい墓	¥1980

地球の歩き方　旅の名言＆絶景

ALOHAを感じるハワイのことばと絶景100	¥1650
自分らしく生きるフランスのことばと絶景100	¥1650
人生観が変わるインドのことばと絶景100	¥1650
生きる知恵を授かるアラブのことばと絶景100	¥1650
心に寄り添う台湾のことばと絶景100	¥1650
道しるべとなるドイツのことばと絶景100	¥1650
共感と勇気がわく韓国のことばと絶景100	¥1650
人生を楽しみ尽くすイタリアのことばと絶景100	¥1650
今すぐ旅に出たくなる！　地球の歩き方のことばと絶景100	¥1650
悠久の教えをひもとく　中国のことばと絶景100	¥1650

地球の歩き方　旅と健康

地球のなぞり方 旅地図 アメリカ大陸編	¥1430
地球のなぞり方 旅地図 ヨーロッパ編	¥1430
地球のなぞり方 旅地図 アジア編	¥1430
地球のなぞり方 旅地図 日本編	¥1430
脳がどんどん強くなる！　すごい地球の歩き方	¥1650

地球の歩き方　GEMSTONE

とっておきのポーランド　増補改訂版	¥1760
ラダック　ザンスカール　スピティ　北インドのリトル・チベット　増補改訂版	¥1925

地球の歩き方　旅の読み物

今こそ学びたい日本のこと	¥1760
週末だけで70ヵ国159都市を旅したリーマントラベラーが教える自分の時間の作り方	¥1540

地球の歩き方　BOOKS

BRAND NEW HAWAII　とびきりリアルな最新ハワイガイド	¥1650
FAMILY TAIWAN TRIP　#子連れ台湾	¥1518
GIRL'S GETAWAY TO LOS ANGELES	¥1760
HAWAII RISA'S FAVORITES　大人女子はハワイで美味しく美しく	¥1650
LOVELY GREEN NEW ZEALAND　未来の国を旅するガイドブック	¥1760
MAKI'S DEAREST HAWAII	¥1540
MY TRAVEL, MY LIFE Maki's Family Travel Book	¥1760
WORLD FORTUNE TRIP　イヴルルド遙華の世界開運★旅案内	¥1650
いろはに北欧	¥1760
ヴィクトリア朝が教えてくれる英国の魅力	¥1320
ダナン&ホイアン　PHOTO TRAVEL GUIDE	¥1650
とっておきのフィンランド	¥1760
フィンランドでかなえる100の夢	¥1760
マレーシア　地元で愛される名物食堂	¥1430
やり直し英語革命	¥1100
気軽に始める！大人の男海外ひとり旅	¥1100
気軽に出かける！　大人の男アジアひとり旅	¥1100
香港　地元で愛される名物食堂	¥1540
最高のハワイの過ごし方	¥1540
子連れで沖縄　旅のアドレス&テクニック117	¥1100
食事作りに手間暇かけないドイツ人、手料理神話にこだわり続ける日本人	¥1100
親の介護をはじめる人へ　伝えておきたい10のこと	¥1000
総予算33万円・9日間から行く！　世界一周	¥1100
台北　メトロさんぽ　MRTを使って、おいしいとかわいいを巡る旅	¥1518
鳥居りんこ　親の介護をはじめたらお金の話で泣き見てばかり	¥1320
鳥居りんこの親の介護は知らなきゃバカ見ることだらけ	¥1320
北欧が好き！　フィンランド・スウェーデン・デンマーク・ノルウェーの素敵な町めぐり	¥1210
北欧が好き！2　建築&デザインでめぐるフィンランド・スウェーデン・デンマーク・ノルウェー	¥1210
地球の歩き方JAPAN　ダムの歩き方　全国版　初めてのダム旅入門ガイド	¥1712
日本全国　開運神社　このお守りがすごい！	¥1522

地球の歩き方　スペシャルコラボ BOOK

地球の歩き方　ムー	¥2420
地球の歩き方　JOJO　ジョジョの奇妙な冒険	¥2420

あとがき

本書は「地球の歩き方」編集室の2023年春の取材と、多くの方々のご協力によって作られています。改訂版の編集にあたりご協力いただいた皆さま、投稿をお寄せいただいた読者の皆さま、ほかすべての皆さまに深く感謝いたします。

STAFF

制　作：梅崎愛莉
編　集：菊地俊哉
表　紙：日出嶋昭男
デザイン：（有）エメ龍夢
校　正：ひらたちやこ
地　図：アルト・ディークラフト
　　　　TOM 冨田富士男
　　　　（株）ジェオ

Producer：Airi Umezaki
Editor：Toshiya Kikuchi
Cover Design：Akio Hidejima
Designer：EMERYUMU, Inc.
Proofreading：Chiyako Hirata
Maps：Alto Dcraft
　　TOM Fujio Tonda
　　GEO Co., Ltd.

Special Thanks

Ms. Liz Johnson / Mr. Sam Castillo, Visit Seattle
Ms. Chantelle Lusebrink, Visit Bainbridge Island
Ms. Yoko Furukawa, Travel Portland
Mr. Greg Eckhart, Travel Oregon
Ms. Meg Trendler, Travel Lane County
Mr. Bob Hackett, Travel Southern Oregon
Ms. Amanda Moreira, Jacksonville Chamber of Commerce and Business Association
Ms. Takumi Ohno, Junglecity Net., Inc.
Ms. Rie Nakata, KANEMASU LLC
Mr. Katsuyuki Shibata, East Meets West
シアトル・ワシントン州観光事務所
オレゴン州観光局 日本事務所
ポートランド観光協会 日本事務所
（有）地球堂、鹿島裕子、ふじもとたかね、久保田康夫、六車健一、植原緑、入澤るい、中村佳子
@ iStock
（敬称略）

本書についてのご意見・ご感想はこちらまで
読者投稿　〒141-8425　東京都品川区西五反田 2-11-8
株式会社地球の歩き方
地球の歩き方サービスデスク「シアトル ポートランド編」投稿係
https://www.arukikata.co.jp/guidebook/toukou.html
地球の歩き方ホームページ（海外・国内旅行の総合情報）　https://www.arukikata.co.jp/
ガイドブック『地球の歩き方』公式サイト　https://www.arukikata.co.jp/guidebook/

地球の歩き方 B05
シアトル ポートランド
ワシントン州とオレゴン州の大自然 2024～2025年版

2023年10月24日　初版第1刷発行

Published by Arukikata. Co., Ltd.
2-11-8 Nishigotanda, Shinagawa-ku, Tokyo, 141-8425, Japan

著作編集　地球の歩き方編集室
発 行 人　新井邦弘
編 集 人　宮田崇
発 行 所　株式会社地球の歩き方　〒141-8425　東京都品川区西五反田 2-11-8
発 売 元　株式会社Gakken　〒141-8416　東京都品川区西五反田 2-11-8
印刷製本　開成堂印刷株式会社

※本書は基本的に2023年4月～5月の取材データと2023年5月～8月の現地調査をもとに作られています。発行後に料金、営業時間、定休日などが変更になる場合がありますのでご了承ください。更新・訂正情報：https://www.arukikata.co.jp/travel-support/

●この本に関する各種お問い合わせ先
・本の内容については、下記サイトのお問い合わせフォームよりお願いします。
　URL ▶ https://www.arukikata.co.jp/guidebook/contact.html
・広告については、下記サイトのお問い合わせフォームよりお願いします。
　URL ▶ https://www.arukikata.co.jp/ad_contact/
・在庫については　Tel 03-6431-1250（販売部）
・不良品（落丁、乱丁）については　Tel 0570-000577
　学研業務センター　〒354-0045　埼玉県入間郡三芳町上富 279-1
・上記以外のお問い合わせは　Tel 0570-056-710（学研グループ総合案内）

© Arukikata. Co., Ltd.
本書の無断転載、複製、複写（コピー）、翻訳を禁じます。本書を代行業者等の第三者に依頼してスキャンやデジタル化することは、たとえ個人や家庭内の利用であっても、著作権法上、認められておりません。
All rights reserved. No part of this publication may be reproduced or used in any form or by any means, graphic, electronic or mechanical, including photocopying, without written permission of the publisher.

※本書は株式会社ダイヤモンド・ビッグ社より2001年7月に初版発行したもの（2018年12月に改訂第15版）の最新・改訂版です。
学研グループの書籍・雑誌についての新刊情報・詳細情報は、下記をご覧ください。
学研出版サイト　https://hon.gakken.jp/